ex libris

horst drawniak

ERNST JÜNGER · SÄMTLICHE WERKE

Ernst Jünger

Sämtliche Werke

Dritte Abteilung
Erzählende Schriften

Band 15 · Erzählende Schriften I

ERZÄHLENDE SCHRIFTEN I

ERZÄHLUNGEN

KLETT-COTTA

Verlagsgemeinschaft Ernst Klett — J. G. Cotta'sche Buchhandlung
Nachfolger GmbH, Stuttgart
Alle Rechte vorbehalten
Fotomechanische Wiedergabe nur mit Genehmigung des Verlages
©Ernst Klett, Stuttgart 1978 · Printed in Germany
Gestaltung: Heinz Edelmann, Den Haag
Fotosatz und Druck: Ernst Klett, Stuttgart
ISBN 3-12-904251-2
ISBN 3-12-904751-4

ERZÄHLUNGEN

INHALT

Sturm 9

Afrikanische Spiele 75

Auf den Marmorklippen 247

Die Eberjagd 353

Besuch auf Godenholm 363

Gläserne Bienen 421

STURM

ERSTDRUCK 1923

Die Stunden vor der Abenddämmerung pflegten die Zugführer der dritten Kompanie gemeinschaftlich zu verbringen. Zu dieser Zeit waren die Nerven frisch, die Kleinigkeiten bekamen wieder Wert und wurden in endlosen Gesprächen hin- und hergereicht. Traf man sich morgens nach Nächten voll Regen, Feuer und tausend verschiedenen Aufregungen, so waren alle Gedanken unzusammenhängend und spitz, man ging mürrisch aneinander vorbei oder trieb die Mißstimmung zu Entladungen, die im Frieden Stoff zu wochenlangen Ehrengerichtssitzungen geboten hätten.

Nach vierstündigem Schlaf dagegen erwachte man als anderer Mensch. Man wusch sich im Stahlhelm, putzte die Zähne und steckte die erste Zigarette an. Man las die von den Essenholern mitgebrachte Post und ließ sich das Kochgeschirr aus der heugefüllten Wärmekiste geben. Dann steckte man die Pistole ein und verließ den Unterstand, um im Graben entlangzuschlendern. Das war die Stunde, zu der man sich beim Leutnant Sturm, dem Führer des mittelsten Zuges, zu treffen pflegte.

Diese Stunde war wie eine Börsenzeit, während deren alle Dinge, die hier von Wichtigkeit waren, gewertet wurden. Der Körper der Kompanie glich einem im Sande verbissenen Tiere, unter scheinbarer Ruhe vibrierend vor Muskelspiel. Der Vormarsch war ein Sprung gewesen, der alle Kraft in die Bewegung gelegt hatte, nun in der Verteidigung waren wieder Menschen untereinander und übten alle Schattierungen des Verkehrs. An dünnen, stets bedrohten Fäden nur hing man mit der Menschheit zusammen, man war isoliert wie ein winterliches Dorf in einem Alpental. So gewann der Einzelne an Interesse: der psychologische Erkenntnistrieb, der in jedem Menschen lebt, mußte sich stets an denselben Erscheinungen befriedigen und wurde stärker dadurch.

Diese Männer, deren Zusammenleben in der Vorstellung des Hinterlandes mit wenigen Worten wie »Kameradschaft« und »Waffenbrüderschaft« abgetan wurde, hatten nichts zu Hause gelassen von dem, was sie im Frieden erfüllt. Sie waren die alten in einem anderen Lande und in einer anderen Form des Seins. Und so hatten sie auch jenen eigentümlichen Sinn mit herausgebracht, der das Gesicht eines anderen, sein Lächeln oder selbst den Klang seiner Stimme bei Nacht erfaßt und daraus eine Gleichung zieht zwischen Ich und Du.

Professoren und Glasbläser, die zusammen auf Horchposten zogen, Landstreicher, Elektrotechniker und Gymnasiasten, die eine Patrouille vereinte, Friseure und Bauernburschen, die nebeneinander in den Minierstollen vor Ort saßen, Materialträger, Schanzer und Essenholer, Offiziere und Unteroffiziere, die in dunklen Winkeln des Grabens flüsterten — sie alle bildeten eine große Familie, in der es nicht besser und nicht schlechter zuging als in jeder anderen Familie auch. Da waren junge, stets fröhliche Burschen, an denen keiner vorübergehen konnte, ohne zu lachen oder ihnen ein freundliches Wort zuzurufen; väterliche Naturen mit Vollbärten und klaren Augen, die eine Zone des Respektes um sich zu breiten und jede Lage durch das richtige Wort zu klären wußten, handfeste Männer des Volkes mit ruhiger Sachlichkeit und hilfsbereitem Griff, windige Gesellen, die während der Arbeitszeit sich in verlassene Stichgräben und Unterstände zurückzogen, um zu rauchen oder zu schnarchen, die aber beim Essen Unglaubliches leisteten und während der Ruhestunden mit verblüffendem Humor das große Wort zu führen wußten. Manche wurden ganz übersehen, sie waren wie Kommas, über die man hinwegliest, und wurden oft erst bemerkt, wenn ein Geschoß ihr Dasein zerschlug. Andere, rechte Stiefkinder, hatten unangenehme Gesichter, saßen in den Ecken für sich, nichts, was sie anfaßten, hatte Schick, und niemand wollte mit ihnen zusammen auf Posten ziehen. Sie wurden durch Spitznamen gezeichnet, und wenn ihre Gruppe eine lästige Sonderarbeit, wie Munitionsschleppen oder Drahtziehen, zu verrichten hatte, so verstand es sich von selbst, daß der Korporal sie dazu aussuchte. Wieder andere wußten einer Okarina gefühlvolle Töne zu entlocken, abends kleine Couplets zu singen oder Führungsringe, Granatsplitter und Kreidesteine zu zierlichen Gegenständen zu verarbeiten; sie waren deshalb gern gesehen. Zwischen den Dienstgraden standen die Mauern einer norddeutschen Disziplin. Dahinter waren die Gegensätze schärfer, die Gefühle lebendiger, doch brachen sie nur in seltenen Augenblicken durch.

Im Grunde zeigte sich in dieser kämpfenden Gemeinschaft, dieser Kompanie auf Leben und Tod, das seltsam Flüchtige und Traurige des menschlichen Verkehrs besonders klar. Wie ein Geschlecht von Fliegen tanzte das durcheinander und war doch von jedem Winde so bald zerweht. Gewiß: wenn die Essenholer unerwartet Grog von der Küche nach vorn brachten oder wenn ein milder Abend die Stimmung schmolz, dann waren alle wie Brüder und zogen auch die Verlassenen in ihren Kreis. Wenn einer gefallen war, standen die anderen an seiner Leiche zusammen, ihre Blicke trafen sich dunkel und tief. Doch wenn der Tod als Wetterwolke über den Gräben hing, dann war jeder für sich; allein stand er im Dunkel, umheult und umkracht, von aufschießenden Blitzen geblendet, und hatte nichts in der Brust als grenzenlose Einsamkeit.

Und wenn sie dann mittags auf den braungebrannten Lehmbänken der Postenstände hockten und bunte Falter von den blühenden Disteln des verrotteten Landes über dem Graben schaukelten, wenn die Geräusche des Kampfes für kurze Stunden schwiegen, kleine Scherze von halblautem Gelächter begleitet wurden, dann schlich oft im glühenden Lichte ein Gespenst aus dem Stollen, starrte dem einen oder dem anderen fahl ins Gesicht und fragte: »Warum lachst du nur? Wozu putzt du dein Gewehr? Was wühlst du in der Erde herum, wie ein Wurm in der Leiche? Morgen vielleicht ist alles vergessen wie der Traum einer Nacht.« Ganz deutlich konnte man die erkennen, denen dieses Gespenst erschienen war. Sie wurden blaß und versonnen, und wenn sie auf Posten zogen, stand ihr Blick unbeweglich in der Richtung ihres Gewehrs auf dem Niemandsland. Wenn sie fielen, sagte wohl ein Freund den uralten Kriegerspruch über ihr Grab:»Fast, als ob er es geahnt hätte. Er war so verändert in letzter Zeit.«

Mancher war auch plötzlich verschwunden; in einer Ecke lagen Gewehr, Tornister und Helm, verlassen wie die abgestreifte Hülle eines Schmetterlings. Nach Tagen oder Wochen wurde er wiedergebracht, die Feldgendarmen hatten ihn auf einem Bahnhof oder in einer Taverne gegriffen. Dann kam das Kriegsgericht und die Versetzung in ein anderes Regiment.

Einen von diesen stillen Leuten fanden die Kameraden eines Morgens tot auf der Latrine, er schwamm in seinem Blut. Sein rechter Fuß war nackt, es stellte sich heraus, daß er sein Gewehr gegen das Herz gerichtet und mit den Zehen den Abzug niedergedrückt hatte. Es war gerade am Tag vor der Ablösung, eine fröstelnde Gruppe stand im Nebel um die hingestreckte Gestalt, die wie ein Sack in dem schmierigen, mit Papierfetzen durchmischten Lehmbrei lag. In den zahlreichen, von Nagelstiefeln hineingebohrten Löchern schillerte ein schwarzbrauner Teer, darauf perlten Blutströpfchen wie rubinfarbenes Öl. War es der ungewöhnliche Tod in dieser Landschaft, zu der das Sterben gehörte wie die Blitzwölkchen der Geschosse, oder war es der ekelhafte Ort: heute empfand jeder besonders peinlich den Hauch von Sinnlosigkeit, der sich über einer Leiche wölbt.

Endlich warf einer eine Betrachtung hin, wie man ein Korkstückchen ins Wasser wirft, um die Strömung zu prüfen: »Da schießt sich nun einer aus Angst vorm Tode tot. Und andere haben sich totgeschossen, weil sie nicht als Freiwillige angenommen wurden. Ich verstehe das nicht.« Sturm, der dabeistand, dachte an das Gespenst. Er konnte wohl verstehen, daß einer, der dahintanzte zwischen Leben und Tod, plötzlich wie ein Nachtwandler zwischen Abgründen erwachte und sich fallen ließ. Lenkten nicht Fixsterne seine Bahn, Ehre und Vaterland, oder war sein Leib nicht gehärtet

durch die Lust am Kampfe wie durch ein Schuppenhemd, so
trieb er als Molluske, als zuckendes Nervengeflecht im Hagel aus Feuer und Stahl.

Freilich — dachte er — wer so die Zügel schleifen ließ,
der mochte zum Teufel fahren: Hier wurde allen Kräften auf
den Zahn gefühlt. Zu sehr war Sturm Kind seiner Zeit, um in
solchem Falle Mitleid zu empfinden. Doch gleich schaltete
ein anderes Bild sich ihm ins Hirn: ein feindlicher Angriff
nach tollem Feuerstoß.

Wie sprangen da die Besten und Stärksten aus ihren Dek-
kungen hervor und wie wurde die Auslese im letzten Eisen-
sturze zerstampft, während unten in ihren Stollen die
Schwächlinge zitterten und den Spruch zu Ehren brachten:
»Lieber fünf Minuten feige als ein ganzes Leben tot«. Kam
hier der Tüchtigste noch zu seinem Recht?

Ja, wer sich darauf verstand, ertastete hier manchen Faden, an den sich eigenartige Gedanken knüpfen ließen. Kürzlich noch hatte Sturm seiner Grabenchronik, die er in den
Wachtpausen stiller Nächte zu führen pflegte, die Bemerkung einverleibt: »Seit der Erfindung der Moral und des
Schießpulvers hat der Satz von der Auswahl des Tüchtigsten
für den Einzelnen immer mehr an Bedeutung verloren. Es
läßt sich genau verfolgen, wie diese Bedeutung allmählich
übergegangen ist auf den Organismus des Staates, der die
Funktionen des Einzelnen immer rücksichtsloser auf die
einer spezialisierten Zelle beschränkt. Heute gilt einer längst
nicht mehr das, was er an sich wert ist, sondern nur das, was
er in bezug auf den Staat wert ist. Durch diese systematische
Ausschaltung einer ganzen Reihe an sich sehr bedeutender
Werte werden Menschen erzeugt, die allein gar nicht mehr
lebensfähig sind. Der Urstaat als Summe nahezu gleichwerti-
ger Kräfte besaß noch die Regenerationsfähigkeit einfacher
Lebewesen: Wurde er zerschnitten, so schadete das den einzelnen Teilen wenig. Bald fanden sie sich zu neuem Zusam-
menschluß und bildeten leicht im Häuptling ihren physi-
schen, im Priester oder Zauberer ihren psychischen Pol.

Eine schwere Verletzung des modernen Staates dagegen

bedroht auch jedes Individuum in seiner Existenz, zum mindesten den Teil, der nicht unmittelbar vom Boden lebt, also den weitaus größten. Aus dieser riesenhaften Gefahr erklärt sich die erbitterte Wut, das atemlose ›jusqu'au bout‹ des Kampfes, den zwei solcher Machtgebilde miteinander führen. Bei diesem Zusammenprall werden nicht mehr wie zur Zeit der blanken Waffe die Fähigkeiten des Einzelnen, sondern die der großen Organismen gegeneinander abgewogen. Produktion, Stand der Technik, Chemie, Schulwesen und Eisenbahnnetze: das sind die Kräfte, die unsichtbar hinter den Rauchwolken der Materialschlacht sich gegenüberstehen.«

An diesen Gedanken erinnerte sich Sturm, als er vor dem Toten stand. Hier hatte wieder ein Einzelner gegen die Sklavenhalterei des modernen Staates nachdrücklich protestiert. Der aber stampfte als unbekümmerter Götze über ihn hinweg.

Dieser Zwang, der das Leben des Individuums einem unwiderstehlichen Willen unterwarf, trat hier in furchtbarer Deutlichkeit hervor. Der Kampf spielte in riesenhaften Ausmaßen, vor denen das Einzelschicksal verschwand. Die Weite und tödliche Einsamkeit des Gefildes, Fernwirkung stählerner Maschinen und die Verlegung jeder Bewegung in die Nacht zogen eine starre Titanenmaske über das Geschehen. Man schleuderte sich den Tod zu, ohne sich zu sehen; man wurde getroffen, ohne zu wissen, woher es kam. Längst hatte der Präzisionsschuß des geschulten Schützen, das direkte Feuer der Geschütze und damit der Reiz des Duells dem Massenfeuer der Maschinengewehre und der geballten Artilleriegruppen weichen müssen. Die Entscheidung lief auf ein Rechenexempel hinaus: Wer eine bestimmte Anzahl von Quadratmetern mit der größeren Geschoßmenge überschütten konnte, hielt den Sieg in der Faust. Eine brutale Begegnung von Massen war die Schlacht, ein blutiger Ringkampf der Produktion und des Materials.

Daher kam auch den Kämpfern, diesem unterirdischen Bedienungspersonal mörderischer Maschinen, oft wochenlang nicht zum Bewußtsein, daß hier Mensch gegen Menschen

stand. Ein Rauchwölkchen, das vorzeitig in die Dämmerung
wirbelte, eine Scholle, die drüben ein unsichtbarer Arm über
Deckung warf, ein halblauter Ruf, den der Wind herüberriß,
das war alles, was sich den lauernden Sinnen bot. Da war es
verständlich, daß einen, der jahrelang in diese Wildnis verschlagen war, das Grauen überwand. Es war im Grunde
wohl dasselbe Gefühl von Sinnlosigkeit, das aus den kahlen
Häuserblöcken von Fabrikstädten zuweilen in traurige Hirne
sprang, jenes Gefühl, mit dem die Masse die Seele erdrückt.
Und wie man dort eilig zum Zentrum schritt, um zwischen
Cafés, Spiegeln und Lichtern das Gewölk der Gedanken zu
splittern, so suchte man hier in Gesprächen, im Trunk und
auf seltsamen Abwegen des Hirnes sich selbst zu entfliehen.

2

Jede Gesellschaft, die durch aufeinander angewiesene Männer gebildet wird, entwickelt sich nach den Gesetzen der organischen Natur. Sie wird aus der Verschmelzung verschie-
dener Keime erzeugt und wächst heran wie ein Baum, der
seine Eigenart einer Reihe von Umständen verdankt. Die erste Begegnung ist eine im Grunde feindliche, man schleicht
maskiert umeinander herum, jeder gibt sich, wie er scheinen
möchte, und späht die schwachen Stellen des anderen aus.
Allmählich beginnen Sympathien zu spielen, gemeinschaftli-
che Abneigungen und Leidenschaften werden entdeckt. Gemeinsame Erlebnisse und Räusche schieben die Grenzen
übereinander, und zuletzt ist die Gesellschaft wie ein Haus,
das man oft und bei manchem Anlaß besuchte: Man hat eine
feste Vorstellung davon und behält sie auch in der Erinnerung bei.

Das Bemerkenswerte ist, daß bei diesem Vorgange wirklich eine Veränderung der Persönlichkeit erfolgt. Jeder wird
an sich beobachtet haben, daß er in diesem Kreise ein anderer ist als in jenem. Wie die Ehe ähnlich macht mit der Zeit,
so beeinflußt jede längere Gemeinschaft ihre Glieder von
Grund aus.

Diese Beeinflussung hatten auch die drei Zugführer der
dritten Kompanie aneinander erfahren. Nach dem Bewe-
gungskriege, der sie rein als Soldaten und Kameraden verbunden, hatten sie sich auch als Persönlichkeiten entdeckt.
Sie waren nach der letzten offenen Schlacht an die Spitze ihrer Züge getreten als Leutnant Döhring, Feldwebel Hugershoff und Fähnrich Sturm. Sie behielten diese Stellen auch in
der folgenden langen Periode des Grabenkampfes; im Laufe
der Zeit wurden auch die beiden anderen zu Offizieren be-
fördert. Vom Geschick des Krieges vorläufig verschont,
schlossen sie sich immer enger zusammen, wie Menschen,
die der Aufenthalt auf einer wüsten Insel vereint.

Allmählich hatte sich bei ihnen das Bedürfnis gebildet, die
Nachmittage gemeinschaftlich zu verbringen. Lagen sie im
Graben, so trafen sie sich im Unterstande Sturms. Während
der Ruhezeit besuchten sie sich in den Quartieren und dehnten, an ein nächtliches Dasein gewöhnt, diese Besuche meist
bis zum Morgen aus. So verwuchsen sie, ohne es zu merken,
zu einem geistigen Körper von ausgesprochener Art.

Neben den Ereignissen des Tages bildete ein gemein-
schaftliches literarisches Interesse den Boden, aus dem ihr
Gespräch erwuchs. Sie waren alle von einer wahllosen, für
die literarische Jugend Deutschlands typischen Belesenheit.
Gemeinsam war ihnen eine Urwüchsigkeit, die sich in ganz
seltsamer Weise mit einer gewissen Dekadenz verwob. Sie
liebten das auf den Einfluß des Krieges zurückzuführen, der
wie eine atavistische Springflut in die Ebenen einer späten,
an jeden Luxus gewöhnten Kultur gebrochen war. So zum
Beispiel trafen sie sich in an Zeit, Ort und Bedeutung weit
auseinanderliegenden Erscheinungen wie Juvenal, Rabelais,
Li-tai-pe, Balzac und Huysmans unbedingt. Sturm hatte diesen Geschmack einmal definiert als Freude am Duft des Bösen aus den Urwäldern der Kraft.

Döhring, der Älteste, war Kavallerie-Reserveoffizier und
Verwaltungsjurist, es schienen ihm indes alle anderen Inter-
essen näher zu liegen als die seines Berufs. Er besaß eine
wunderbare, gefällige Art des Verkehrs der Oberfläche und

pflegte Geist als das sicherste Mittel zu bezeichnen, sich un-
beliebt zu machen. Legte er, wie hier, Wert darauf, näher gekannt zu werden, so zeigte sich, daß seine Glätte das Pro-
dukt einer sehr sorgfältigen Erziehung war und daß er wohl
fähig war, auch feine und komplizierte Dinge in seinen Kreis
zu ziehen. Auch da faßte er leicht und sicher zu, aus einer angeborenen Freude an der Form. Es machte ihm Vergnügen,
eine Stilart zu ergreifen, die er bald wieder fallen ließ. So
sprach er manchmal seine Sätze in archaisierendem Akten-
deutsch, rundete sie bunt und schwerflüssig wie ein Erzähler
in einem arabischen Kaffeehaus oder hackte sie expressioni-
stisch hervor, und die beiden anderen machten gerne mit.

Hugershoff, den Maler, hatte der Ausbruch des Krieges
auf einer Romfahrt überrascht. In Augenblicken schlechter
Laune, die ihn in der letzten Zeit immer häufiger überfiel,
pflegte er darüber zu fluchen, daß er damals zurückgekom-
men war. Während der Ruhezeit malte er zuweilen; nach
einem kunstkritischen Gespräch mit Döhring, das bald zu
einem Zerwürfnis geführt hätte, war es stillschweigende
Übereinkunft geworden, nicht mehr über seine Bilder zu
sprechen. Er bezeichnete sich als reinen Koloristen, was insofern zutraf, als man außer der Farbe nichts auf seinen Bildern erkennen konnte. Als inneres Wesen seines Schaffens
betonte er die Ekstase. Sturm erinnerte sich, daß er damals
geäußert hatte: »Wenn ich ein weißes Licht brauche, dann
schmeiße ich es hin, habe ich keinen Pinsel zur Hand, dann
nehme ich das erste, was mir liegt, und wenn es ein alter
Heringskopf ist. Sieh dir doch einen Rembrandt an, da ist
vielleicht eine Schicht Himmel, ein Streifen Wald und ein
Wiesengrund davor, das kannst du dir umgekehrt an die
Wand hängen, und du hast immer noch einen starken Eindruck davon.« Döhring hatte ihm erwidert, daß es doch nicht
gerade der Zweck eines Rembrandt wäre, umgekehrt aufgehängt zu werden, und daß er sich kaum zwei größere Gegensätze denken könnte als gerade Ekstase und einen Heringskopf. Daraus war dann der Streit entstanden. Sonst war
Hugershoff ein umgänglicher Gesellschafter und konnte auf

allen anderen Gebieten wohl Widerspruch vertragen. Als
wilder Erotiker verstand er auch das abstrakteste Wort in
den Bereich der Zote zu ziehen. Um solche Störungen auszu-
schalten, hatte man vereinbart, dieses Thema jedesmal auf
die erste halbe Stunde des Beisammenseins zu beschränken.
Diese halbe Stunde glich immer einem historischen, ethno-
graphischen, literarischen, pathologischen und persönlichen
Kuriositätenkabinett. Dann befand sich Hugershoff, der die
erotische Literatur von dem Kamasutra und Petronius bis zu
Beardsley beherrschte, in seinem Element. Dabei war er ein
vorzüglicher Kampfoffizier, mit allen technischen und taktischen Fragen wohl vertraut.

Den stärksten Einfluß in diesem kleinen Kreise übte seltsamerweise Sturm, der Jüngste, aus. Er hatte vor dem Kriege
in Heidelberg Zoologie studiert und war plötzlich, aus mo-
mentaner Geistesverwirrung, wie Döhring meinte, in die Armee getreten. Im Grunde war es wohl der Zwiespalt zwischen einer gleichmäßig hochentwickelten aktiven und kon-
templativen Natur gewesen, der ihn zu diesem Schritt getrieben hatte. Bei Vorgesetzten galt er als ruhige, vertrauens-
würdige Kraft, als Mensch war er beliebt, allerdings in anderer Weise als Döhring. Im Kampf war er tapfer, nicht aus
einem Übermaß an Begeisterung oder Überzeugung, sondern aus einem feinen Ehrgefühl, das die leiseste Anwandlung von Feigheit als etwas Unsauberes von sich wies. In seiner freien Zeit führte er einen umfangreichen Briefwechsel,
las viel und schrieb auch selbst. Diese Tätigkeit wurde von
den beiden anderen mit großer Aufmerksamkeit verfolgt.
Das eigentlich Fesselnde an ihm war wohl, daß er in ganz
ungewöhnlichem Maße vom Geschehen der Zeit abstrahie-
ren konnte. So gab er den Freunden durch seinen Verkehr
das, was sie unbewußt im Trunke, in ihren literarischen und
erotischen Gesprächen suchten: die Flucht aus der Zeit.

3

Auch an jenem Tage, an dessen Morgen er bei dem jungen
Selbstmörder gestanden hatte, saß Sturm in seinem Unterstande und schrieb. Der Unterstand war eigentlich ein kleiner Keller, der sich unter dem Getrümmer eines zerschosse-
nen Hauses erhalten hatte. Sturm hatte vor einem Jahr dieses
Geröll durch eine doppelte Schicht von Sandsäcken verstär-
ken lassen und glaubte sich dadurch gegen die Wirkung kleiner und mittlerer Geschütze gedeckt. Der Zugang führte
durch den freistehenden Torbogen des ehemaligen Hausein-
ganges, an dem oben noch der Name des Besitzers, Jean
Cordonnier, zu lesen war. Da dieser Bogen über dem Grabenrande stand, hatte man ihn durch eine Reihe davorge-
spannter grauer Leinenfetzen gegen Sicht geschützt. Dann
ging es eine kurze steinerne Wendeltreppe hinunter, direkt
in das tonnenförmige Gewölbe, das Sturm bewohnte. Es
mochte im Frieden als Weinkeller gedient haben, darauf deutete ein Haufen alter Faßreifen und ein kleiner Kamin hin,
über dem die Wand bis zur Deckenwölbung schwarz ange-
blakt war. Mauern, Boden und Decke bestanden aus dunkel-
rotem, durch das Alter stark ausgeschliffenem und gesplitter-
tem Ziegelstein.

Ein schmaler Mauerschacht warf in den Raum einen
Lichtbalken, der ein helles Viereck aus einem an die Wand
gerückten Tische schnitt. Der Hintergrund war undeutlich
durch eine Karbidlampe beleuchtet, die in einer Nische
brannte. Auf dem Tische war die winzige zum Schreiben frei-
gehaltene Fläche von Büchern und einem Gewirr von Gegenständen umrahmt. Über einer ausgebreiteten, mit roten
und blauen Zeichen besäten Karte lag ein Zirkel zum Ab-
greifen der Entfernungen, ein Kompaß und eine große Ar-
meepistole. Aus der abgeschnittenen Messinghülse einer
15-Zentimeter-Kartusche sahen drei kurze, geschwärzte Ta-
bakpfeifen hervor, daneben lag ein Lederbeutel voll Shag-
tabak. An der Wand standen eine mit rotem Kartoffelfusel

gefüllte Seltersflasche und ein gedrungenes Weinglas mit
eingeätzten Blumen und der Inschrift: »Des verres et des
jeunes filles sont toujours en danger.« Die Bücher waren
wirr durcheinandergeschichtet, zahlreiche Lesezeichen verrieten, daß der Besitzer sie abschnittsweise nebeneinander zu
lesen schien. Eins lag aufgeschlagen, es war eine alte, in dun-
kelrotes Schweinsleder gebundene Ausgabe der »Veneres et
Priapi uti observantur in gemmis antiquis« des gelehrten
Abenteurers Dancarville. Auf der Seite neben dem Titelkup-
fer stand: »Hugershoff seinem Freunde Sturm zur Erinnerung«. Unter anderem waren auch Vaersts »Gastrosophie«
und »Die feine Stettiner Küche« aus dem Jahre 1747 zu sehen.

An Möbeln waren außer dem Tische noch drei alte, aus
den Häusern des Dorfes zusammengesuchte Lehnsessel, eine
kleine Eßkiste und ein mit Maschendraht bezogenes Bettge-
stell vorhanden. Die Decken des Bettes waren zurückge-
schlagen, über dem Kopfende steckte in einer Mauerfuge ein
Holzkeil, der das Ende einer heruntergebrannten Kerze trug.

Von den Wänden schimmerten Gewehre: ein Karabiner,
ein Infanteriegewehr und eine Zielfernrohrbüchse. Am Trep-
peneingang trug ein langer Draht eine Reihe von Handgranaten, dicht wie Heringe nebeneinandergehängt. Darüber
waren auf ein Wandbrett Kartons voll weißen und bunten
Leuchtkugeln geschichtet. In Mannshöhe wies ein unvollen-
deter Tierfries Mammute und Elentiere im Stile der Höhlen-
menschen von Crô-Magnon auf, die Sturm während der langen Regenzeit des vorigen Herbstes mit der für nachtleuch-
tende Grabenschilder bestimmten Phosphorfarbe gemalt
und die Hugershoff durch das Bildnis einer ungefügen Venus
von Willendorf vervollständigt hatte. Dicht neben dem
Lichtschacht hing in schmalem Altgoldrahmen aus Rosen-
holz eine verkleinerte Kopie der »Allee« von Hobbema.
Sturm hatte sie von seinem ersten Heimaturlaub mitgebracht;
er schätzte dieses Bild besonders, weil er seine Landschaft
während der flandrischen Kämpfe fast unverändert und in
derselben Tönung der Farben kennengelernt hatte. Wenn

abends ein letzter Sonnenstrahl, an dem sich bläuliche Ta-
bakswirbel hochwanden, durch den Lichtschacht fiel, dann
strahlte dieses Meisterwerk einen stillen Goldglanz aus, den
man bis in den letzten Winkel des wüsten Gewölbes empfand.

Sturm war heute schlecht gelaunt. Das mußte an dem ersten traurigen Eindruck dieses Tages liegen. Er hatte den
Körper des Toten in eine Zeltbahn wickeln und durch die
Laufgräben in das Dorf tragen lassen. Dann war er durch seinen Zugabschnitt geschlendert und hatte den Gang der
Schanzarbeiten verfolgt. Alles Technische war ihm zuwider,
und doch hatte der Stellungsbau, der aus einem belanglosen
Stück Natur eine verwickelte Kampfanlage schuf, ihn immer
stärker gefesselt. Er führte das auf den Einfluß des Krieges
zurück, der jede Tätigkeit in einfachere Bahnen warf. Man
wurde handhafter in dieser Luft. Gerade dadurch wurden die
kurzen Stunden, die man dem Geistigen widmen konnte, zu
einem feinen, durch schärfsten Kontrast auf die Spitze ge-
triebenen Genuß.

Vielleicht war es auch das Klare und Bestimmte dieser
Kampfbauten, was ihn so ergriff. Er erinnerte sich, daß er an
einer Uferstraße seiner norddeutschen Vaterstadt oft und
lange einen uralten Stadtturm betrachtet hatte, in dessen fen-
sterlosen, gewaltigen Quaderbau nur schmale Schießscharten geschnitten waren.

Dieser Turm hatte sich als drohende Gebärde über ein
Gewirr von Giebeln gereckt; aus dem erstarrten Meere
wechselnder Stilformen wuchs er allein als feste und ge-
schlossene Einheit empor. Nur der Kampf brachte solche Erscheinungen hervor. Wenn Sturm des Nachts um die Blöcke
der Schulterwehren schritt und hinter jedem eine gerüstete
Gestalt auf einsamer Wache sah, dann hatte er dasselbe Gefühl: gigantisch und fabelhaft. Nicht auf Maschinengeweh-
ren, riesigen Geschützen und dem Gewirr der Telefonleitun-
gen ruhte dieses Gefühl. Das war nur die Form, der augen-
blickliche Stil, in dem das Gewaltige sich vollzog. Das
Eigentliche wurde davon gar nicht berührt, das schien in der

Erde zu ruhen wie ein Tier und kreiste als Geheimnisvolles im Blut. Es war wie ein Ton oder ein Duft, von unnennbaren Erinnerungen schwer. Es mußte wohl die Menschen aller Länder und aller Zeiten in den Nächten des Kampfes erfüllt und ergriffen haben.

Als die Sonne den Nebel zerschmolzen hatte, war Sturm in den verlassenen Stichgraben vor der Kampfstellung gekrochen und hatte sich mit der Zielfernrohrbüchse auf seinem alten Platz, den er den »Anstand« nannte, auf Lauer gelegt. Der Stichgraben bestand nur noch aus einer flachen, von der Sonne hartgebrannten Mulde, die sich durch die verwüsteten Wiesen wand. Wenn mittags das Niemandsland im heißen Glaste flackerte, fing sich in dieser Mulde ein betäubender Duft von gärender Erde und ätherischem Blumenöl. Die Flora des Landes hatte sich seltsam verändert, seitdem nicht mehr die Sense darüberging. Sturm hatte genau beobachtet, wie manche Gewächse, die bislang an Ruinen und Wegrändern ein kaum geduldetes Dasein geführt, allmählich von den weiten Flächen Besitz ergriffen hatten, auf denen hier und da noch Erntemaschinen wie ausgestorbene Tierarten verwitterten. Nun lag über den Feldern ein anderer, heißerer und wilderer Geruch. Und auch die Tierwelt machte diese Verwandlung mit. So war die Schopflerche ganz verschwunden, seitdem die Wege sich nur noch als lange, mit Lattich bewachsene Bänder von der Landschaft hoben. Dafür hatten sich die Feldlerchen ganz unglaublich vermehrt. Wenn der Morgen den ersten Silberstrich an den Ostrand des Horizontes zog, überspannte ihr Getriller das Gefilde wie eine einzige Melodie. Die Weißlinge und Schwalbenschwänze schaukelten nur noch über den Mauerresten des Dorfes, wo ihre Raupen in den verwilderten Gärten auf Kohlpflanzen und Möhren Nahrung fanden. Dagegen schwangen Wolken von Distelfaltern sich um blitzblaue Blütenkörbe, silbergefleckte Bläulinge und die von ihnen unzertrennlichen Dukatenfalter spielten um die grünlichen Wassertümpel, die sich in den Granattrichtern gesammelt hatten. Der Maulwurf wurde seltener, seitdem der Boden immer fester und verwurzelter wurde, dafür siedelten sich Schwärme großer, stinkender Ratten in den Gräben und Kellern des Dorfes an. Wenn man nachts über die grasbewachsenen Straßen zur Stellung ging, schwirrten sie in lautlosen Rudeln den Schritten voran.

Das alles hatte der Mensch gemacht. In seiner Seele ging eine Wandlung vor, und die Landschaft bekam ein neues Gesicht. Denn hinter allem wirkte der Mensch, nur war diese Wirkung oft so gewaltig, daß er sich selbst nicht mehr erkannte darin. Und doch gaben diese Nächte der Wüste, vom Gezuck der Blitze umfaßt und vom ungewissen Schimmer der Leuchtbälle überstrahlt, von seiner Seele ein treues Spiegelbild. Auch Sturm erkannte, wenn er auf seinem Anstand lag, daß er ein anderer geworden war. Denn der Mensch, der hier hinter einer Distelstaude lag und scharf über das Korn des Gewehres nach Beute spähte, war nicht mehr derselbe, der noch vor zwei Jahren mit Selbstverständlichkeit durch den Formenwirbel der Straßen geschritten und mit jeder letzten Äußerung der Großstadt bis in die Fingerspitzen vertraut gewesen war. Und doch, was hatte ihn damals gepackt, ihn, den Menschen der Bücher und der Kaffeehäuser, den Geistigen mit dem nervösen Gesicht? Was hatte ihn zur Armee gerissen, mitten aus der Doktorarbeit heraus? Das war schon der Krieg gewesen, den er im Blute trug wie jeder ausgesprochene Sohn seiner Zeit, lange bevor er als feurige Bestie sich in die Arena der Erscheinung schnellte. Denn der Intellekt hatte sich überspitzt, er sprang als paradoxer Seiltänzer zwischen unüberbrückbaren Gegensätzen hin und her. Wie lange noch, und er mußte im Abgrunde eines irrsinnigen Gelächters zerschmettern. Da schlug wohl jenes geheimnisvolle Pendel, das in allem Lebendigen schwang, jene unfaßbare Weltvernunft, nach der anderen Seite aus und suchte durch die Wucht der Faust, durch Entflammung einer ungeheuren Explosion in das erstarrte Quaderwerk eine Bresche zu schlagen, die zu neuen Bahnen führte. Und eine Generation, eine Welle im Meer, nannte es Un-Sinn, weil sie darüber zugrunde ging.

Jedenfalls, mit den Sinnen wurde heute stärker gelebt. Das
sagte schon das Wehen des Atems, wenn man vorm Feinde
auf Lauer lag. Da war man nichts als gespannter Muskel,
Auge und Ohr. Wer hätte solche Gefühle geträumt vor zwei
Jahren noch? Was stand dahinter? Das Vaterland? Gewiß,
auch Sturm hatte sich dem Rausche von 1914 nicht entziehen
können, doch erst, nachdem sein Geist von der Idee des
Vaterlandes abstrahiert, ahnte er die treibende Kraft in ihrer
vollen Wucht. Nun schienen die Menschen der Völker ihm
längst wie Verliebte, von denen jeder auf eine einzige
schwört und die nicht wissen, daß sie alle von *einer* Liebe besessen sind.

Auch heute war wieder das Unglaubliche geschehen. Er
hatte in seiner glühenden Mulde gelegen, regungslos, eine
Stunde lang, nichts im Auge als eine scharfe Biegung der langen, schmalen Erdlinie, die sich jenseits aus dem Grase hob.
Es war dort eine Stelle, an der man alle zwei Stunden sekun-
denlang die Ablösung eines englischen Postens zu Gesicht
bekam. Richtig, auch diesmal hatte er nicht vergebens gelegen, eben war drüben ein gelber Husch an der Erdkrone vor-
übergestreift. Der aufziehende Posten — nun mußte gleich
der abgelöste an derselben Ecke vorbei. Sturm prüfte noch
einmal das Visier, entsicherte und richtete ein. Jetzt war es
da: ein Kopf unter flachem, graugrünem Helm und ein Stück
Schulter, überragt von der Mündung des umgehängten Gewehrs. Sturm zögerte, als der Kopf auf dem Schnittpunkt des
Fernrohrfadenkreuzes stand.

Das Land lag wieder ruhig und tot, nur die weißen Schier-
lingsdolden zitterten vor Glanz. Hatte er getroffen? Er wußte es nicht. Doch ob der Mensch da drüben jetzt den Lehm
der Grabensohle rot färbte oder nicht, das war nicht das, was
hier in Frage stand. Das Erstaunliche war, daß er, Sturm,
eben versucht hatte, einen anderen zu töten, kalt, klar und
äußerst bewußt. Und wieder drängte sich ihm die Frage auf:
War er noch derselbe wie vor einem Jahr? der Mann, der
noch kürzlich an einer Doktorarbeit »Über die Vermehrung
der Amoeba proteus durch künstliche Teilung« geschrieben

hatte? War ein größerer Gegensatz denkbar als zwischen
einem Menschen, der sich liebevoll in Zustände versenkte, in
denen das noch flüssige Leben sich um winzige Kerne ballte,
und einem, der kaltblütig auf höchstentwickelte Wesen
schoß? Denn der da drüben konnte ebensogut in Oxford studiert haben wie er in Heidelberg. Ja, er war ein ganz anderer
geworden, anders nicht nur in der Tat, sondern — und das
war das Wesentliche — auch im Gefühl. Denn daß er auch
nicht einen Augenblick Reue, sondern eher Befriedigung
empfand, das deutete auf eine im tiefsten verwandelte Sitt-
lichkeit. Und das ging Unzähligen so, die sich längs der Un-
ermeßlichkeit der Fronten beschlichen. Hier gebar ein neues
Geschlecht eine neue Auffassung der Welt, indem es durch
ein uraltes Erlebnis schritt. Dieser Krieg war ein Urnebel
psychischer Möglichkeiten, von Entwicklungen geladen; wer
in seinem Einfluß nur das Rohe, Barbarische erkannte, schäl-
te genau mit der gleichen ideologischen Willkür ein einziges
Attribut aus einem riesenhaften Komplex, wie der, der nur
das Patriotisch-Heroische an ihm sah.

Nach diesem Zwischenspiel war Sturm in den Kampfgra-
ben zurückgekrochen und hatte nicht verfehlt, jedem Essenholer und ablösenden Posten, der ihm auf dem Wege zu seinem Unterstande begegnete, zuzurufen: »Ich habe eben wieder einen umgelegt«. Er hatte dabei genau auf die Gesichter
geachtet, es war nicht eins darunter gewesen, das nicht beifällig gelächelt hätte. Kettler, der Bursche, der das Essen
brachte, hatte es schon im Graben erfahren und sprach seine
Anerkennung aus. Sturm hatte zu ihm eine Art Vertrauens-
verhältnis. Kettler hatte sich von der Kellertreppe aus einen
Gang in die Erde gegraben, in dem er wohnte und schlief.
Bei stärkerer Beschießung pflegte Sturm, der der Bombensi-
cherheit seiner Sandsackpackungen doch nicht ganz traute,
zu ihm hinunterzukriechen. Sie hatten so schon manche
Stunde im Gespräch verbracht.

Kettler war das, was man einen einfachen Mann nennt,
aber Sturm wußte wohl, daß es im Grunde keine einfachen
Leute gab. Wohl gab es solche, die mit vielen anderen diesel-

ben Eindrücke auf dieselbe Weise empfanden, aber deshalb
waren sie von solchen, die anders empfanden, keineswegs
leicht zu verstehen. Sturm versuchte, indem er in Kettler ein-
drang, einen Querschnitt durch den Körper der Gemeinschaft zu ziehen, mit der zusammenzuleben er durch die Verhältnisse gezwungen war. Diese Art der Betrachtung, die
ohne vorgefaßte Begriffe von der Einzelerscheinung auf das
Allgemeine schloß, fiel ihm durch seine wissenschaftliche
Schulung leicht.

Vor allem legte er Wert darauf, sich im Laufe seines Verkehrs mit Kettler die Terminologie dieser Leute zu eigen zu
machen. Denn das war ihm klar: Wer nicht mit ihnen in ihrer
Sprache reden konnte, der stand ihnen fern. Das hatte er bei
den Besuchen der Generalstabsoffiziere in vorderer Linie
gesehen. Es waren gewiß außerordentliche Intelligenzen,
Männer, die über weit mehr als das handwerksmäßige Wissen ihres Berufes verfügten, darunter, und doch hatte Sturm
den bestimmten Eindruck, daß sie nicht mit den Leuten sprechen konnten. Diese Gespräche kamen ihm vor wie ein Hin-
und Herreichen von Wortmünzen, hinter denen jeder Teil
ganz andere Werte sah. Die Worte gingen durch geschliffene
Eisscheiben und verloren die Wärme dabei. Es bestand da
trotz bestem Willen eine tiefe Kluft. Vor hundert Jahren
noch war es leichter gewesen, den adligen Offizier und den
bewaffneten Bauernburschen hatten durchaus auf demselben
Boden gewachsene Anschauungen vereint. Heute standen
sich in dem gehirnpotenzierten Kriegsakademiker und dem
als Ersatzreservisten eingezogenen Fabrikarbeiter zwei
fremde Welten gegenüber. Schon der schnell beförderte Student und der Mann des Volkes standen sich sehr fern. Es war
vor dem Kriege so viel geschrieben worden über die geistige
Hebung des Offizierskorps, daß man das rein Menschliche
ganz darüber vergessen hatte. Und gerade darauf kam es bei
diesem Berufe an. Sturm dachte an den Marschall Vorwärts,
den Papa Wrangel und eine Reihe von Generalen des ersten
Empire, die, obwohl geistig nicht hervorragend, doch Vorzügliches geleistet hatten. Das lag vor allem daran, daß sie

ihre Leute verstanden, daß sie deren Sprache beherrscht hatten bis in die feinsten Fasern hinein. Diese Männer hatten den Körper, den sie führten, seelisch durchdrungen, und das war wichtiger als das physiologische Verständnis des erstklassigen Generalstäblers, der als reinkultiviertes Gehirn verbindungslos über der Masse stand.

Man mußte allerdings zugeben, daß heute die Verhältnisse anders waren als früher. Schon die Entfernungen machten jede engere Fühlung unmöglich. Und auch hier machte sich geltend, daß nicht mehr ein Organ des Staates, sondern der Staat als Ganzes im Kampfe stand. Je mehr Kräfte erfaßt wurden, desto größer mußten die Spannungen und Gegensätze sein. Seitdem die höhere Führung nicht mehr das Schlachtfeld übersehen konnte, ging ihre Entwicklung zwangsläufig auf eine immer schärfere Spezialisierung los. Der menschliche Ausgleich lag der unteren Führung ob. Aber es schwebte immer die riesenhafte Gefahr in der Luft, daß sie die Masse nicht gleichmäßig mit der ganzen Bedeutung des Zieles zu erfüllen verstand. Und brüchige Stellen hielt ein der Belastungsprobe eines langen Krieges unterworfener Körper nicht aus.

Vor allem war es verfehlt, von der Masse zu erwarten, daß sie ihre Lebensformen auf die Dauer bewußt einer Idee unterordnen würde. Das war dasselbe, wie von Fischern zu verlangen, daß sie auf dem Lande lebten. Als Blücher auf dem Marsche nach Waterloo in die Truppe gerufen hatte: »Ich habe es meinem Freunde Wellington versprochen«, hatte er damit die Aufgabe in eine Formel gekleidet, die auch der letzte Musketier verstand. Heute hatte man Worte wie »durchhalten« und »Heldentod« so rastlos gehetzt, daß sie — wenigstens dort, wo wirklich gekämpft wurde — längst einen witzigen Beigeschmack bekommen hatten. Warum erfand man nicht Schlagworte wie: »Jedem Frontkämpfer ein Rittergut«? Sturm hatte einmal vor einem Angriff einen alten Feldwebel gehört: »Kinder, jetzt gehen wir ran und fressen den Engländern die Portionen auf«. Es war die beste Angriffsrede, die er je gehört hatte. Das war sicher ein Gutes

am Kriege, daß er die ganze Phrasenherrlichkeit zusammen-
schmiß. Begriffe, die fleischlos im Leeren hingen, wurden in
ein Gelächter zerstürmt.

Jede Idee brauchte einen stabilen Untergrund, das durfte
man nicht übersehen. Was wäre das Christentum geworden
ohne die Mißverständnisse sozialer Art, die die Masse hinter
seine Ideen stellten? Die Französische Revolution war wirk-
sam gewesen durch das Wort »Freiheit«, in dem sich der
glänzende Gedanke weniger Köpfe und die Magenfrage vieler Körper zur Tat vereint hatten. Heute hieß es »durchhalten«. In diesem Worte erblickten die einen den Willen zum
Kampf, die anderen die Tatsache, daß es knapp zu essen gab.
Da hatte das Schlagwort des alten Feldwebels schon größeren Zug.

Sturm hatte diese Gedankenreihe an das von Kettler ge-
brachte Essen geknüpft, das er aus einem Aluminiumtopfe
löffelte. Es war ein graugrünes Zeug, von den Köchen Dörr-
gemüse, von den Leuten Drahtverhau genannt, das sich
zuerst in seltenen Inselchen zwischen die Flut von Erbsen,
Bohnen und Nudeln geschoben hatte und nun seit langem als
einziges Gericht auf dem Küchenzettel stand. Spärliche rotbraune Rindfleischfäserchen und glitschige Kartoffelbröck-
chen schwammen darin. Das Fleisch hatte sich wie gewöhnlich »verkocht«. Oft bekam Sturm streichholz- oder bindfa-
denartige Strünke in den Mund, die er jedesmal mit einem
kräftigen Fluche auf den Ziegelboden spuckte. Die Ratten
wollten schließlich auch leben. Aber die Verpflegungsfrage
war wirklich schlimm, darüber halfen selbst die besten Leitartikel nicht hinweg. Und besonders den sogenannten einfachen Mann traf das schwer, den vor allem die Muskulatur an
das Leben band. Wenn man dem, wie es hier geschah, Weib,
Essen und Schlaf entzog, dann blieb ihm fast gar nichts mehr.

»In solchen Einöden ist der Mensch der Vita contemplati-
va besser daran«, dachte Sturm, als er das Kochgeschirr auf
den Boden stellte und zwischen den Papieren wühlte, um
endlich ein halbbeschriebenes Blatt hervorzuziehen. »Man
kann das Geschehen auch mit dem Auge des Mittelalters

sehen, dann hat man Waffengeklirr der Burgen und klösterliche Einsamkeit, ist Kriegsmann und Mönch zugleich. Im Grunde erlebt jeder seinen eigenen Krieg. Daß ihn ein Börries von Münchhausen oder ein Löns, der hier im Regiment fiel, anders durchschreiten als ein Lotz oder ein Trakl, versteht sich von selbst.«

Es war ein seltsamer Widerstreit der Kräfte, der Sturm gerade in dieser Zeit zu schreiben zwang. Als Student hatte er die Boheme gestreift, befreundeten Malern kleine, von Baudelaire beeinflußte Kunstkritiken geschrieben und Beiträge an jene Zeitschriften geliefert, die zuweilen wie abenteuerliche Blumen aus dem Verfall der Großstädte wachsen, um nach drei Nummern wieder zu verwelken, weil niemand sie liest. Als Kriegsschüler und Fähnrich hatte er kaum mehr daran gedacht. Und gerade hier, inmitten gesteigerter Tat, war dieses Bedürfnis wieder erwacht.

Dieses Doppelspiel der Leidenschaft, das ihn wie zwischen zwei Frauen aus einer Umarmung in die andere warf, wurde von Sturm als Unglück empfunden. Viel lieber hätte er sich entweder als einen Mann der reinen Tat gesehen, der sich des Hirnes nur als Mittel bediente, oder als einen Denkenden, dem die Außenwelt lediglich als ein zu Betrachtendes von Bedeutung war.

Er schrieb zur Zeit an einer Reihe von Novellen, in denen er versuchte, die letzte Form des Menschen in ihren feinsten Ausstrahlungen auf lichtempfindliches Papier zu bringen. Gern hätte er seine Kräfte in einen Roman versammelt, doch schien ihm das bei diesem Hexenkessel von Erscheinungen noch zu früh. Auch war das eine Arbeit, die sich mit einem Leben voll Aufregungen nicht vereinbaren ließ. So hatte er sich entschlossen, eine Reihe von Typen in festgeschlossenen Abschnitten zu entwickeln, jede aus ihrem eigenen Zentrum heraus. Er plante, sie durch einen Titel zu verknüpfen, der das Gemeinsame ihrer Zeit, Unrast, Sucht und fieberhafte Steigerung, aussprechen sollte.

Heute hatte er indes kaum den Bleistift ergriffen, als er Döhring und Hugershoff sich die Treppe heruntertasten hörte. Sie hatten den ersten Nachmittagspunkt der gewohnten Tagesordnung anscheinend bereits in Döhrings Unterstand erledigt, denn sie setzten, indem sie sich in die beiden leeren Sessel fallen ließen und ihre Gasmasken beiseitestellten, ein Gespräch über die Ereignisse bei Verdun fort, das sie wohl schon im Graben begonnen hatten. Es war die alte Streitfrage, ob der Stier bei den Hörnern zu packen wäre oder nicht.

Sturm konnte sich immer wieder über die Art der Unterhaltung der beiden freuen. Hugershoff focht fast stets eine scharfbestimmte, in ihm von vorneherein lebendige Ansicht durch. Alles, was im Bereich des Gespräches auftauchte, zog er heran und ordnete es dieser Ansicht unter. Er quaderte seine Sätze zu einem Gebäude aufeinander, in dem er sich so festsetzte, daß er nicht mehr daraus zu vertreiben war. Döhring dagegen legte sichtlich mehr auf die geglättete Form des Wortes als auf das Ergebnis des Gespräches Wert. Er wechselte seinen Standpunkt nach Belieben und sprang den Gegner geschmeidig aus den verschiedensten Positionen an. Dabei beschränkte er sich keineswegs auf die Oberfläche, er blendete, ohne Causeur zu sein. Diese Methode wandte er allerdings nur Leuten gegenüber an, die er schätzte; bei anderen schloß er sich vollkommen der Meinung der Gegenseite an und erstickte damit jede Möglichkeit einer unangenehmen oder zwecklosen Auseinandersetzung im Keim. Sturm hatte diese Gewohnheit von ihm angenommen und fand sie außerordentlich praktisch.

Natürlich kam man auf die operativen Aussichten der nächsten Zeit. Die Zwickmühle von Verdun hatte sich auf beiden Seiten festgekeilt, man spürte bereits ein neues Gewitter am Horizont. Auch an dieser Stelle der Front mußte es nicht ganz geheuer sein, sonst wäre das Regiment wohl längst bei Verdun eingesetzt worden, denn es lag nun bereits über ein Jahr an demselben Platz. Viele kleine Anzeichen verrieten, daß die Ruhe, die hier so lange geherrscht hatte, trügerisch zu werden begann. Drüben wurde ganz offen zu einer Offensive gerüstet, deren linker Flügel ungefähr an dieser Stelle abschneiden mußte. Sonst war wochenlang kein

Flieger erschienen, nun wurde vom ersten Dämmerschein bis zum Abend Luftsperre geflogen. Das Schießverfahren der Artillerie war sehr verdächtig geworden. Fortwährend wurden verschiedene Geländepunkte herausgegriffen und mit zwei oder drei Schüssen belegt. Einen unauffälligen, beinahe planlosen Eindruck machte das. Dabei stellten die Licht- und Schallmeßtrupps fest, daß fast jeder Schuß aus einer anderen Batteriestellung kam. In windstillen Nächten erfüllte das Rasseln ferner Munitionswagen die Luft. Döhring erzählte, daß er während seiner Wache in der vergangenen Nacht ein feines, unaufhörliches Hämmern, den Schlag von Metall auf Metall, gehört hätte. Stellte man dort Grabengeschütze auf? Oder baute man Gasflaschen ein?

Es hatte einen sonderbaren Reiz, sich so über das Bevorstehende zu unterhalten, das vielleicht schon sich wie eine unsichtbare Welle überschlug. Unter dem Schaumkamme des Geschehens fühlte man es als eigenartige Kühnheit, so die Möglichkeiten zu erwägen. Die Gefahr lag so nahe, so greifbar, daß man sie nur flüsternd zu erwähnen wagte. Denn es war ja gewiß: wenn das losbrach, was sich hier vorzubereiten schien, würde kaum einer es lebend überstehen. Auf der anderen Seite standen vielleicht schon Tausende zum Sprunge bereit, und die Geschütze reckten ihre Rohre schon zum Ziel. Diesem Leben unter den Mündungen der Kanonen entstrahlte ein starker, betäubender Duft, wie blühenden Blumenwiesen im August. Gerade in dieser kleinen Kulturinsel inmitten der drohenden Wüstenei wurde zuweilen ein Gefühl wach, das jede Kultur vor ihrem Untergange mit dem Schimmer eines letzten und höchsten Luxus umhüllt: das Gefühl einer gänzlichen Zwecklosigkeit, eines Seins, das für kurze Zeit wie ein Feuerwerk über nächtlichen Gewässern stand.

Diesem Gefühl gab Döhring Ausdruck, indem er abschließend sagte:»Unsere Lage erinnert mich an die der Schiffsgesellschaft Sindbads des Seefahrers, die fröhlich auf dem Rükken eines ungeheuren Fisches landete, Zelte aufschlug und sich um die Feuer scharte. Hoffentlich haben auch wir, wenn es uns in die Tiefe reißt, den Gleichmut, ›Allah il Allah‹ zu schreien. Ich schlage vor, mit unseren geringen Mitteln inzwischen zu leben wie jene Römer, die, bevor sie sich die Adern öffneten, noch einmal das Leben mit aller Inbrunst zu umarmen suchten. Sie offenbarten so zwei Tugenden, die jeder ausgesprochene Mann verbindet: die Liebe zum Leben und die Verachtung des Todes zugleich. Da wir hier so wenig haben, wollen wir noch einmal recht gemütlich die Flasche kreisen lassen, eine Pfeife rauchen und hören, was Sturm uns vorzulesen hat.«

»Bedient euch bitte der Flasche, des Tabaks und meiner Pfeifensammlung«, antwortete Sturm, »und ich will den Versuch machen, einen späten Stadtmenschen vor euch auf dem Pflaster erscheinen zu lassen. Es sind allerdings nur die ersten Striche eines Bildes, das ich gestern zu zeichnen begann, allein ich will euch an der späteren Entwicklung teilnehmen lassen.«

Er begann zu lesen:

4

»An einem Frühherbstvormittag schlenderte Tronck den gewohnten Gang über die Straßen der großen Stadt. Es war eine jener wenigen Morgenstunden im Jahr, in denen eine Andeutung von Verwesung die Kraft des Hochsommers mit kaum wahrnehmbaren Schattierungen unterstreicht, eine jener Morgenstunden, in denen man den Entschluß faßt, am Abend den einfarbigen Covercoat durch einen matt gemusterten Übergangsmantel abzulösen. Noch reckten die Bäume der Alleen und Rasenplätze sich in stahlgrüner Rüstung auf, es war eine letzte Steigerung von Grün, durch die Regengüsse des Vortages zu metallischem Glanze poliert. Jedoch war schon hier und da ein Tropfen Gelb, ein Funken Rot in die Laubmassen gespritzt, und zuweilen kreiselte ein geflecktes oder am Rande geflammtes Blatt langsam auf den Asphalt. Mochte der Luftwirbel einer Straßenbahn oder der Flügelstrich eines Vogels es gepflückt haben: man ahnte

schon die Schwere, die in diesen Blättern träumte und sie zur
Erde lockte. Die Kraft, die diesen Reichtum aus den Wurzeln
zur Spitze getrieben hatte, war ermattet und begierig, ihren
Kreislauf zu vollenden. Die Grenzlinien, die Farben und Formen voneinander absetzten, waren etwas verwischt. Die Luft
war durch einen leichten Niederschlag getrübt. Noch war
diese Trübung nicht stärker als das Wölkchen eines Milch-
tropfens in einem Wasserglase, und doch lag in ihrem Geruch schon die Verkündung der Nebelgeschwader, die der
Herbst in Bereitschaft hielt. Es war einer jener Übergänge
im Werden, die von den Sinnen kaum erfaßt, rätselhafte Gefühle der Lust oder der Trauer vom Grunde der Seele lösen.

Tronck, der Hingabe an feinste Stimmungen gewöhnt,
empfand diese kleinen Unvollkommenheiten wie das erste
Fältchen im Augenwinkel oder wie das erste weiße Haar am
Haupte einer schönen Frau: als Zwang, noch einmal zu lieben, noch einmal zu umfassen, ehe der Abend kam. Er war
wie ein Soldat vor der Schlacht, wenn die Lagerfeuer in die
Dämmerung knistern, dem Leben verbunden, wehmütig und
stark zugleich.

Äußerlich schien er unbeteiligt und glatt, ein Dreißigjähriger, der in der eleganten Erscheinung seine Aufgabe sieht.
Obwohl er unauffällig gekleidet war, zog er die Blicke der
Menge an, die um diese Zeit das Gesicht der Straße zu prä-
gen pflegte. Bummler, Pensionäre und kleine Rentner trieben
langsam vorbei, zuweilen auch in blau- oder rosagestreifter
Bluse ein Dienstmädchen, an dem man schon von fern den
kräftigen Geruch der Seife erriet. Banklehrlinge mit schwarzen Mappen unter dem Arm schienen sehr viel Zeit zu haben, sie dehnten den Gang zur Post zu einer kleinen Mor-
genpromenade aus. Die Repräsentanten des soliden Besitzes
hatten Eile, Geschäfte hetzten sie zwischen zwei Kontoren
hin und her, auf ihren Gesichtszügen zuckte die Kalkulation.
Ferner standen vor den Läden kleine Mädchen mit schwarzen Schürzen und begutachteten von außen den Eindruck ihrer Schaufensterdekoration. Hätten sie nicht die linke Hand
ganz unnachahmbar auf die Hüfte gestützt und mit der rech-

ten die Haare gestrichen, so hätte man fast glauben mögen, es wäre ihnen ernst damit.

Diese Leute streiften Tronck, der es kaum bemerkte, mit ihrem hastigen Blick. Alle hatten denselben Eindruck dabei, der bei jedem in eine andere Empfindung umgeschaltet wurde. Die Banklehrlinge bewunderten schlechthin, faßten diesen Eindruck als reine Anzugsfrage auf und verirrten sich beim Weitergehen in die Gefilde kapitalistischer Zukunftsträumerei. Die Bürger waren sichtlich unangenehm berührt, prüften ihre Bügelfalten und brachten durch die Vorstellung eines Bankguthabens oder eines wohlerworbenen Titels ihr Selbstbewußtsein wieder ins Gleichgewicht.

Ein guter Beobachter mußte erkennen, daß Tronck sich mehr für sich selbst anzog als für andere. Nicht Form oder Farbe war das Auffallende an ihm. Sein Anzug spielte in zwei weichen Tönen auf einem Nelkenbraun, das an Kragen und Ärmeln durch die weißen Kanten der Wäsche scharf abgeschnitten wurde. Alles Farbige war auf geringe Differenzen und matte Kontraste gestimmt. Ausgesprochen war nur die Halsbinde, deren Schleife sich wie ein schillernder Falter über dem geschliffenen Steine wiegte, der die Hemdbrust schloß. Was die Form betrifft, die aus Schnitt, Falten und Würfen sprang, so war es dem Eingeweihten klar, daß hier sorgfältiger Einfluß eines Künstlers dem Handwerk des Schneiders höheren Sinn gegeben hatte. Hier war Eigenart in den Grenzen der Mode offenbart. Auch in den Schuhen sprach sich eine Arbeit aus, die es kaum noch gibt, seitdem der Hoflieferantentitel vom Gelächter einer schlecht angezogenen Masse zerschliffen wurde.

Ein Mann, gewohnt, Äußerlichkeiten richtig zu werten, nämlich als eine innere Offenbarung, hätte Troncks Erscheinung als seltsame Mischung von Gebundenheit und Freiheit beurteilt. Es lag etwas von der Art des Priesters oder des Offiziers darin, Strenges und Uniformes, doch war es durchbrochen und gemildert durch eine gewisse künstlerische Leichtigkeit. So müßte ein Mensch sich kleiden, der aus Sehnsucht nach Form sich den Regeln und Gesetzen eines bestimmten

Gesellschaftskreises unterwarf, obwohl er geistig darüberstand.
Überlegenheit spiegelte auch das Gesicht, Energie und Intellekt zugleich. Es war ein feines, blasses Gesicht, während des Gehens von Gedanken überzuckt. Dabei schritt sein Träger mit der Sicherheit des Stadtgebürtigen durch die Menge, der wie ein Nachtwandler alle Hindernisse umgeht, während sein Geist ganz andere Bahnen zieht.«— — —

Sturm hörte auf und warf mit dem Bleistift auf den Rand des Blattes einige Stichworte, die ihm anscheinend während des Lesens eingefallen waren. Dann fragte er, während er sich eine Pfeife stopfte: »Was meint ihr zu diesem Anfang?«

»Ich muß gestehen«, antwortete Hugershoff, »daß mir diese Erscheinung merkwürdig bekannt vorkommt. Du beginnst mit einem sorgfältig ausgemalten Bilde, wie hast du dir die Entwicklung gedacht?«

»Das ist eine Frage, die gar nicht einfach zu beantworten ist. Du erinnerst dich vielleicht der Entrüstung Baudelaires, mit der er erzählt, daß er in einem Atelier ein sauber vorgezeichnetes, quadriertes Bild gesehen hatte, auf das der Künstler von einer Ecke aus peinlich Stückchen um Stückchen die Farbe trug. Ich muß sagen, daß diese Methode mir auch beim Schreiben zuwider ist.

Allerdings rankt sich jede Handlung an einer gewissen Fragestellung hoch. In diesem Falle habe ich die Absicht, den Gegensatz zu untersuchen zwischen dem Bewegungsdrange eines eigenartigen Menschen und der Begrenzung dieses Dranges durch den Rahmen, in den ihn die Umgebung spannt. Wie wenig mir dabei der Stoff an sich bedeutet, wirst du daraus sehen, daß es mir noch gar nicht klar ist, ob ich das Individuum Tronck im Käfig einer Boheme oder einer Beamtenschaft spielen lasse. Das Wichtige ist mir nur, daß sein Dasein überhaupt einer Form sich fügt.

Interesse an solchen Gedankengängen hat mir gerade die Betrachtung unserer kleinen Gemeinschaft erweckt. Wir hatten vor dem Kriege doch alle drei eine Weltanschauung, die irgendwie über das Nationale hinausgriff. Lasen in den Kaffeehäusern nicht nur die deutschen Zeitungen und hatten die Grenzen des Landes nicht nur im örtlichen Sinne überschritten. Trotzdem war es nicht Zwang, was uns hinter unsere Fahne trieb, als sich die Welt in kämpfenden Verbänden gegeneinander stellte. Du zum Beispiel hättest auf der Rückreise in Genf oder Zürich Halt machen und das Schauspiel aus der Ferne betrachten können, ohne daß sich deine bisherige Lebensform geändert hätte. Wie viele unserer Literaten sitzen in dieser Stunde dort. Aber das ist der große Unterschied zwischen ihnen und uns, daß sie betrachten und schreiben, während wir tätig sind. Sie haben den Anschluß verloren, während in uns der große Rhythmus des Lebens schwingt. Hinter welchen Fahnen man steht, ist letzten Sinnes gleich, aber das ist gewiß: der letzte Feldgraue oder der letzte Poilu, der in der Schlacht an der Marne feuerte und lud, ist für die Welt von größerer Bedeutung als alle Bücher, die diese Literaten aufeinanderhäufen können.

Auch wir versuchen, unsere Zeit zu überblicken, doch stehen wir im Zentrum, sie an der Peripherie. Wir haben uns eingeordnet in die Bewegung eines großen, notwendigen Geschehens, oft steht unsere eigene Bewegung, das, was wir Freiheit oder Persönlichkeit nennen, dazu in Widerspruch. Und das, was wir hier auf diesem kümmerlichen Boden erstreben — freie Entfaltung der Persönlichkeit inmitten der straffsten Bindung, die man sich denken kann — möchte ich in dem Menschen Tronck zu abgerundetem Ausdruck bringen.«

»Ich möchte dich übrigens davor warnen«, warf Döhring ein, »in kleinen Äußerlichkeiten zu sehr aufzugehen. Wer die Bücher hier sieht, die du in letzter Zeit bevorzugst, könnte dich für einen Koch, einen Edelsteinhändler oder einen modernen Parfümeur halten. Daß du Vaersts ›Gastrosophie‹ liest, läßt sich verstehen, aber mit der ›Stettiner Küche‹ verlierst du dich im Unwesentlichen.«

Sturm war nachdenklich geworden. »Ich möchte dich an dein eigenes Wort von den Römern erinnern, das du vorhin sprachest. Stelle dir vor, einem zum Tode Verurteilten, der monatelang in einer öden Zelle gesessen hat, würde vor seiner Hinrichtung ein Blumenstrauß geschenkt. Wird er sich da nicht an jeder Farbe, an jedem Blütenblättchen und jedem Staubgefäß in einer ganz besonderen und tieferen Weise erfreuen? Sieh doch, wie Wilde das Stückchen Himmel besingt, das sich den Sträflingen aus den Mauerschächten des Reading-Zuchthauses schneidet. Gerade wenn das Leben bedroht ist, sucht es sich mit möglichst vielem noch in Verbindung zu setzen, es sendet seine Blinkfeuer und Funksprüche aus wie ein versinkendes Schiff. In solchen Zeiten ist der Mensch wie ein Geizhals, der vorm Tode noch einmal seine Schätze durchwühlt. Ich glaube, daß gerade unsere Literatur wieder diese Sucht nach dem Vielfachen spiegeln wird. Es ist die Flucht des Künstlers aus einer heroischen Zeit.«

»Das ist wohl auch der Grund, aus dem du den Krieg fast gar nicht berührst?« fragte Hugershoff.

»Ich habe es zweimal versucht. Aber ich habe dabei gemerkt, daß alles, was über das rein Tatsächliche hinausgeht, mir daran zuwider ist. Ich lebe zu stark darin, um es als Künstler betrachten zu können. Vielleicht wird es mir in fünf Jahren möglich sein. Zur Betrachtung gehört eben Abstand.«

5

Sturm hatte kaum das letzte Wort gesprochen, als ein rasender Krach die Landschaft erschütterte. Es war, als ob eine Reihe von Donnerschlägen sich ineinanderschachtelte mit dem Bestreben, sich an Wut zu überbieten. Eine Kette von Einschlägen toste hintereinander her, so schnell, daß das Bewußtsein sie in eine einzige, furchtbare Erscheinung verschmolz. Das Gewölbe des Kellers wankte, Risse zogen sich durch die Decke, feines Ziegelpulver durchstäubte die Luft und machte das Atmen zur Last. Das Fenster wurde durch den Mauerschacht auf den Tisch geschleudert, scharfe, stickige Luftstöße fuhren in den Raum und schlugen die Flamme der Karbidlampe aus. Gleichzeitig kräuselten sich beizende

Rauchwolken durch Treppe und Lichtschacht herab. Die
Nerven zitterten bei der Wahrnehmung dieses bekannten
Geruches der Explosion, der den Blitzschlag unzähliger Ge-
schosse in die Erinnerung stieß.

Eine Stimme fuhr hoch: »Angriff, Angriff, raus!« Dazwischen: »Kettler, meine Gasmaske. Verfluchte Schweinerei,
Handgranaten her!« Dann stürzten alle Insassen des Kellers
hinaus.

Als Sturm das Freie gewonnen und sich durch ein kurzes
Stückchen Laufgraben in die vordere Linie gearbeitet hatte,
sah er sich von blauweißen Dampfschwaden umhüllt. Alle
Arten von Leuchtzeichen hingen in der Luft, weiße Magnesi-
umlichter, rote Sperrfeueranforderungen, grüne Signale zur
Regelung des Feuers der Artillerie. Der Gegner schien mit
Minen zu arbeiten, die schweren, reißenden Aufschläge klangen nicht nach Granatbeschuß. Ein ununterbrochener Schauer von Erdbrocken rasselte auf den Graben herab, kleine
Stahlstücke zischten wie Hagelschloßen durch das dumpfe
Getöse. Dann stieß ein Eisenvogel mit wachsenden Flügel-
schwüngen zu Boden, Sturm konnte gerade noch in ein Erdloch springen, bevor eine Erscheinung von Feuer ihn wie
einen Sack gegen die ausgeschachtete Lehmwand warf. Der
Einschlag war von einer Stärke, die über die Skala des Ge-
hörs hinausgriff, Sturm nahm die niederstürzende Fontäne
nur noch mit den Augen wahr. Kaum war sie verrauscht, da
flammte es wieder auf. Sturm preßte sich ganz eng in das
Loch, das eine Granate in die Grabenwand geschlagen haben mußte, denn die innere Lehmschicht war schwarzge-
brannt und mit gelbbraunen Pikrinflecken besprengt. Ganz
deutlich sah er dieses Muster mit jener Schärfe der Beobachtung, die sich in solchen Augenblicken auf die nebensächlich-
sten Dinge richtet. Jedesmal, wenn es neben ihm niederfuhr,
riß er die Hand vor die Augen und war sich dabei wohl bewußt, daß er etwas Sinnloses tat. Denn wenn das Geschick
einen Splitter in diese Höhle warf, dann bot die armselige
Hand keinen Schutz. Das schwirrende Eisen hatte solche
Gewalt, daß es nicht nur die Hand, sondern auch das Auge

und den Schädel noch dazu zu durchschlagen imstande war. Dennoch machte er diese Bewegung jedesmal und fühlte sich erleichtert durch sie. Seltsamerweise fuhr ihm ein Witzwort Casanovas dabei durch den Sinn, der, im Duell an der Hand verwundet, von einer Dame gefragt wurde, warum er sie denn nicht hinter dem Leibe verborgen hätte. »Ich war vielmehr bestrebt, meinen Leib hinter der Hand zu verbergen.« Das Hirn arbeitete wie toll unter den springenden Wellen des Blutes, zuweilen wurde ein geradezu lächerlich zusammenhangloses Gedankenbruchstück an die Oberfläche gerissen.

In einem vorüberhuschenden Augenblick der Kaltblütigkeit bemerkte er, daß er vor Angst schwitzte. Er suchte sich seine Erscheinung vorzustellen: ein zitterndes Bündel in zerrissener Uniform, mit geschwärztem, von Schweißstriemen durchzogenem Gesicht und aufgerissenen Augen, aus denen die Furcht zu lesen war. Er stand auf und suchte durch eine Reihe von Flüchen seine Nerven zu beruhigen. Schon glaubte er, sich Heldentum einsuggeriert zu haben, als ein neuer und furchtbarerer Einschlag ihn in sein Loch zurückschleuderte. Ein zweiter, der unmittelbar darauf folgte, brach eine große Scholle vom Grabenrande, die ihn fast begrub. Er wälzte sich von der Erdmasse frei und rannte den Graben entlang. Kein Mensch war auf den Postenständen zu sehen. Einmal stürzte er über einen Haufen von Gerümpel, unter dem ein Toter lag. Durch irgendein Ereignis hatte sich ein langes, gezacktes Brett durch seinen Körper gestoßen, die Augen standen gläsern und aufgequollen aus ihren Höhlen hervor.

Endlich, schon am Flügel seines Zuges, stieß Sturm auf einen Unteroffizier, der geduckt hinter seinem Maschinengewehr stand. Der Mann war ihm bislang wenig aufgefallen, er mußte einer jener Soldaten sein, die man erst in der Schlacht erkennt. Er schlug ihm auf die Schulter und gab ihm die Hand. Dann deutete er fragend mit dem Zeigefinger auf das Land voraus, und der Mann schüttelte den Kopf. Beide lachten; es war ein fremdes Lachen, zu dem sich ihre Gesichter verzerrten. Merkwürdig, wie ruhig Sturm jetzt war. Er stellte sich hinter das Maschinengewehr und schoß in den wallenden Rauch da vorn, bis der Wasserdampf aus den Fugen des Laufmantels zischte. Noch zerbarsten Minen rundum, doch jetzt hämmerte jede Explosion sich als Aufforderung zu trotzigem Aushalten in das Herz. Sturm hatte das schon oft in solchen Augenblicken gemerkt: der Einzelne war ein Schwächling in der Gefahr. Dagegen war es schwer, wenn man beobachtet wurde, ein Feigling zu sein.

Endlich verstummte das Feuer mit derselben Plötzlichkeit, mit der es losgebrochen war. Nur die eigene Artillerie wölbte noch ihre sausenden Kurven über das Land. Der Graben belebte sich. Verwundete wurden zum Sanitätsunterstand getragen, einige klagten, andere waren blaß und regungslos. Die Gruppenführer schickten Meldung, eine Ordonnanz brachte einen Zettel von Döhring:

»Kompanieführer gefallen, ich habe Führung der Kompanie übernommen. Für die Nacht höchste Alarmbereitschaft, weitere Feuerüberfälle und Angriff wahrscheinlich. Ein Zug Pioniere zur Verstärkung unterwegs. Verlustmeldung und Munitionsanforderung zu mir. D.«

Nun kam auch Kettler. Er behauptete, verschüttet gewesen zu sein. Sturm tat so, als glaubte er es. »Ich will jetzt den Zugabschnitt abgehen. Bestellen Sie in einer Viertelstunde die Gruppenführer zur Befehlsausgabe an diese Schulterwehr.«

Der Graben glich einem aufgewühlten Ameisenhaufen. Überall zerrten Leute Bretter und Balken aus dem Weg, schaufelten verschüttete Stellen frei und stützten die Eingänge getroffener Unterstände ab. Manche waren blaß und arbeiteten mechanisch, andere sprachen hastig und aufgeregt. Neben einem Gefreiten war eine Mine niedergefallen, ohne zu krepieren; er beschrieb umständlich den bösartigen Eindruck des Geschosses, das in seinen Augen ein persönliches Wesen zu sein schien. Einem anderen hatte ein großer Splitter das Gewehr aus der Hand geschlagen. Ein dritter faßte seine Eindrücke in den Satz zusammen: »Bei solchen Dingern hört die Gemütlichkeit auf.«

Sturm mußte ihm rechtgeben. Die tatsächliche Wirkung war auffallend gering, zwei Tote und zehn Verwundete, abgesehen von den üblichen Schrammen und Schürfungen. Viel schlimmer war die psychische oder, wie der seltsame Fachausdruck sagte, die moralische Wirkung. Die Kriegstechnik hatte verstanden, in diesen Minen der Idee des Todes einen so gräßlichen Ausdruck zu geben, daß die Granaten als harmlose Dinger dagegen erschienen. Es lag eine furchtbare, mit Hinterlist gepaarte Kraft in ihnen. Alle Sinne, selbst der für die Druckverhältnisse der Luft, der oben in den Nasenschleimhäuten liegen mußte, wurden von ihnen bis zur Überspannung gereizt. Auch darin äußerte sich die Steigerung menschlicher Fähigkeiten durch die Technik: das Angriffsgebrüll, das Klirren der Waffen und Hufe einer früheren Zeit — hier war es um das Tausendfache verstärkt. Daher war hier auch ein Mut erforderlich, der den homerischer Helden bei weitem übertraf.

Es dämmerte. Sturm schritt langsam durch die aufgewühlte Erde des Grabens zurück. Die Postenstände waren nun von Behelmten gefüllt, die schweigend und regungslos auf das Vorfeld starrten. Am Himmel stand eine winzige blaugrüne Wolke, von einem Strahl der schon untergegangenen Sonne rosig umsäumt. Die erste Leuchtkugel trieb hoch, sie gab das Zeichen zu einem feurigen Ballspiel der Angst. Zuweilen ertönte ein halblauter Postenruf, gedämpft und unruhig zugleich. Dann sprang der Feuerstoß eines Maschinengewehrs los wie ein Schrei, mit dem eine Hysterische ihre Nerven entspannt. — — —

Die Gruppenführer standen an der bestimmten Schulterwehr. Sie schlugen die Hacken zusammen, einer meldete: »Sergeant Reuter, Unteroffizier vom Grabendienst. Nichts Neues.« Sturm nahm das Wort:

»Wir haben alle gesehen, wie gefährlich diese Minenüberfälle sind. Greift, was sehr wahrscheinlich ist, der Engländer hinter einer solchen Feuerwelle an, so ist er im Graben, ohne einen Schuß erhalten zu haben. Es darf daher auf keinen Fall wieder vorkommen, daß alle Postenstände unbesetzt sind.

Der Kompanieführer hat für diese Nacht höchste Alarmbereitschaft befohlen. Die Mannschaft hält sich auf den Stollentreppen auf, umgeschnallt, Gewehr in der Hand, Handgranaten am Koppel, die Posten bleiben im Feuer stehen. Unbedingt. Im Fall eines Angriffs stürzt alles hinaus und besetzt die Postenstände. *Sie* mache ich für Ihre Gruppenabschnitte verantwortlich. Ihr Platz ist selbstverständlich auf der obersten Stollenstufe, halten Sie dauernd mit Ihren Posten Verbindung. Machen Sie den Leuten klar, daß sie wehrlos sind, wenn sie der eindringende Gegner noch im Stollen trifft. Die Besetzung der Postenstände ist gleich in jeder Gruppe zu üben. Wir müssen die besonderen Umstände des Kampfes als eine Art Wettspielaufgabe betrachten. In den wenigen Sekunden, die nach Abstoppen des Feuers zur Verfügung stehen, kommt es für den Engländer darauf an, die Entfernung zwischen seinem und unserem Graben zu überwinden, für uns dagegen, so schnell wie möglich die Feuerstellung zu erreichen. Wer zuerst fertig ist, hat gewonnen. Versuchen Sie daher, noch das Drahtverhau vor Ihren Abschnitten auszuflicken, je mehr Aufenthalt der Gegner findet, desto mehr Zeit haben wir. Meldungen erreichen mich vorläufig in meinem Unterstand, im Angriffsfalle bei Gruppe Reuter. Besonderen Dank spreche ich noch dem Unteroffizier Abelmann für mutiges Verhalten im Feuer aus, ich werde nach der Ablösung Meldung darüber erstatten. Ist alles klar oder hat noch jemand eine Frage?«

Es folgte eine Erörterung über Sperrfeuerzeichen, Parole, Handgranatenkapseln und ähnliche Dinge. Dann löste sich die Gruppe auf. Sturm ging noch einmal den Abschnitt entlang. Vor jedem Stollenhals stand eine raunende Gruppe beisammen. Zuweilen hob sich ein Satz heraus: »Dann fegt jeder auf seinen Postenstand und schießt. Parole Hamburg. Der Zugführer ist bei Gruppe Reuter.« Es schien alles in Ordnung. Sturm ging zu seinem Unterstand zurück.

Als er die Treppe hinunterstieg, hatte er das Gefühl, sehr lange nicht an diesem Ort gewesen zu sein. Kaum drei Stunden hatte er den Raum verlassen, und schon hatte sich der feine Schleier zwischen ihn und die Dinge gelegt, den die Zeit zu weben pflegt.

Anscheinend hatte Kettler sich in der Zwischenzeit bemüht, die Unordnung zu beseitigen. Das Fenster war durch eine Papptafel ersetzt, und die Karbidlampe brannte auf dem Tisch. Sturm nahm die Flasche und tat einen langen Zug. Dann setzte er sich auf das Bett und zündete eine Zigarre an. Ihn fröstelte, der Schnaps hatte ihn nicht erwärmt. Es schien ihm seltsam, daß er hier saß. Wie wenig hatte daran gefehlt, daß es ihn getroffen hätte. Daß er jetzt mit verkrampften Gliedern am Boden lag wie der Tote, über den er im Graben gestolpert war. Mit großen, sinnlosen Wunden im Körper und schmutzigem, von dunkelblauen Pulverkörnern gesprenkeltem Gesicht. Eine Sekunde früher, einen Meter weiter — das war das Entscheidende. Nicht der Tod schreckte ihn — der war ja bestimmt — sondern dieses Zufällige, diese taumelnde Bewegung durch Zeit und Raum, die jeden Augenblick in die Vernichtung versinken konnte. Dieses Gefühl, Werte zu bergen und doch nicht mehr zu sein als eine Ameise, die der achtlose Tritt eines Riesen am Straßenrande zertrat. Wozu, wenn es einen Schöpfer gab, schenkte er dem Menschen diesen Drang, sich in das Wesen einer Welt zu bohren, die er niemals ergründen konnte? War es nicht besser, man lebte wie ein Tier oder wie eine Pflanze im Tal als immer mit dieser furchtbaren Angst unter allem, was man auf der Oberfläche handelte und sprach?

Eine Vision enttauchte der Wüste seines Hirns. Er stand elegant gekleidet in einer großen Buchhandlung seiner Vaterstadt. Rings auf den Tischen lagen Bücher, Bücher stapelten in mächtigen Regalen, an denen Leitern lehnten, bis zur Decke empor. Die Einbände waren aus Leder, Leinen, Seide und Pergament. Das Wissen und die Kunst aller Länder und aller Zeiten waren hier auf engstem Raume gedrängt. Auch große, mit Schleifen verschlossene Mappen lagen aus. Man brauchte nur diese Schleifen zu lösen, wenn man in alten Stichen und Reproduktionen herrlicher Bilder wühlen wollte. Auf einer stand in goldenen Lettern »Der

Isenheimer Altar«, auf einer anderen »Die grüne Passion«. Er war im Gespräch mit dem Buchhändler, einem jungen Mann mit ausgemeißeltem Asketengesicht. Namen von Malern, Philosophen, Lyrikern, Dramatikern und berühmten Romanen flogen hin und her. Verlage, Übersetzungen, Ausstattung, Satz und Druck fanden fachmännische Würdigung. Bei jedem Namen blitzten hundert andere auf, und jeder war unerreichbar in seiner Art. Es war ein Gespräch von Kennern, von Fachleuten, die ihr Gebiet übersahen. Die Standpunkte differierten gerade so, daß jedes Bild bei der Betrachtung stereoskopisch vor die Augen trat. Die Rede griff ineinander wie die Teile einer präzisierten Maschine, sie spielte, sie wurde wie ein kostbares Stück von Liebhabern hin und her gereicht. Das allerschönste war, daß sie eigentlich gar keinen Zweck hatte, daß sie nur bewegt wurde aus der Freude heraus, in einem ganz klaren Elemente Meister zu sein. Und immer wurde diese Wollust des Geistes durch eine sinnliche unterstützt, indem man einen Band aus den Regalen zog, ihn öffnete und mit den Fingerspitzen über Einband und Seiten strich. Ja, er, Sturm, war heute auch froh gestimmt. Er war durch die Alleen der Stadt geschritten, auf deren Steinplatten der Herbst ein weites Mosaik brauner, roter und gelber Blätter gebreitet hatte. Die klare, feuchte Luft, die den Schritt so leicht und klirrend machte, die reine Linienführung der großen Gebäude, die metallischen Umrisse der sterbenden Bäume hatten ihn mit jener zitternden und grundlosen Freude erfüllt, die ihn zuweilen überfiel. Er war auf einer uralten Brücke stehengeblieben und hatte gesehen, wie ein angelnder Knabe einen langen, goldschimmernden Aal aus dem Wasser zog. Unter dem leichten Tuch des Anzuges schlug sein Blut warm und jung gegen die Haut. Wie wurde in solchen Stunden das Kleinste bedeutungsvoll. Wohin auch der Blick fallen mochte, der Geist verknüpfte jedes Ding durch schöne und besondere Gedanken mit sich. Es gab Tage, an denen einem alles gelang, an denen man Kraft ausstrahlte wie eine geladene Batterie. Dann war das Geschick nicht mehr ein Ungewisses, das an den Kreuzwegen des Lebens lauerte, sondern ein bunter Garten, dessen Tore man aufstieß und mit starker Hand Blumen und Früchte brach. An solchen Tagen holte man das Letzte aus sich heraus, zu dem man fähig war. Es war eine Gewißheit, die Sturm in solchen Augenblicken aufleuchtete: Die Menschen von früher hatten diesen weiten Umkreis des Genusses nicht gekannt. Denn die Welt der Erscheinungen hatte sich gewaltig vermehrt. Man sprach ein Wort, einen Namen aus — leicht wie ein Hauch und doch von unermeßlichem Gewicht. Man nannte eine Figur des romantischen Deutschland, des Paris von 1850, des Rußland nach Gogol, des Flandern nach den Brüdern van Eyck — und welches Netz von Beziehungen riß man empor. Jedes Wort war ein Baum, der auf den Wurzeln von tausend Vorstellungen stand, ein Licht, das das Gehirn in Büschel von Lichtern zerbrach. Ja, es war ein großes und göttliches Geschenk, daß man an einem Vormittage wie an diesem im Herzen der Großstadt stehen und solche Worte wie Diamanten in den sprühenden Bach eines Gespräches schnellen durfte. An diesem Orte, von Mahagonihölzern und funkelnden Spiegelgläsern umfaßt, fühlte man sich als der bewußte und wertvolle Sohn einer späten Zeit, auf die Jahrhunderte ganz unermeßliche Schätze vererbt. — — —

Sturm schrak hoch. Es war so still gewesen die ganze Zeit. Nun rasselte draußen ein Maschinengewehr. Dann verstummte es, und das Geräusch zischender Leuchtkugeln erfüllte die Luft. Es hatte wohl nichts zu bedeuten — ein nervöser Posten oder eine feindliche Patrouille vorm Draht. Er nahm seine Gedanken wieder auf. Die Ahnung der Vernichtung beschlich ihn wie ein Gespenst, das er nicht bannen konnte. Wenn es ihn vorhin getroffen hätte? Dann wäre wohl alles, was ihn eben noch warm und glänzend durchflutet hatte, kalt und stumm. Dann klebte vielleicht dieses Gehirn, als dessen Träger er sich manchmal mit so zärtlichem Stolze fühlte, als rosiger Schwamm an irgendeiner Stelle der Grabenwand. Und die Augen, die sich an einer Flut erlesener Dinge in der Erkenntnis des Schönen geübt, starrten trübe und wässerig in ein fahles Nichts. Auch die Hände, die so oft auf Seide und seltenen Fellen, auf elastischen Frauenkörpern und feinen Polituren von Marmor, Bronze und Porzellan tastend geruht, hielten dann nichts als einen Fetzen Erde im verkrampften Griff.

Wozu alles Prächtige, dessen man sich erfreute, wenn es so in die eisige Versenkung schoß, wenn es sinnlos im Abgrund zersplitterte wie ein geschliffener Kelch? Gewiß, diese Zerstörung war keine Ausnahme im großen kosmischen Schwung. Krieg war wie Sturm, Hagel und Blitz, er stampfte ins Leben, achtlos wohin. In den Tropen gab es Wirbelwinde, die wie wilde Tiere durch die ungeheuren Wälder rasten. Sie knickten gefiederte Palmenbäume oder rissen sie mit den Wurzeln aus und stießen andere damit zu Boden. Sie fegten die großen, nach Vanille duftenden Orchideen von den Zweigen und töteten Scharen der funkelnden Kolibris. Sie schwemmten unsäglich bunten Schmetterlingen den Schmelz von den Flügeln und warfen die jungen Papageien aus dem Nest. Und doch nahm die Natur diese Verwüstung ihres Bildes gleichmütig hin und brachte neue und schönere Wesen hervor. Aber war das ein Trost für den Einzelnen? Der lebte nur einmal im Licht, und wenn er verging, dann erlosch mit ihm auch das Bild seiner Welt. — — —

Schritte kamen die Treppe hinunter. Es war Döhring, begleitet von einem fremden Offizier. Sturm freute sich, daß eine menschliche Stimme die Stille durchschnitt. Döhring schien frisch und sicher zu sein.

»Das war eine windige Sache vorhin, wir hätten uns fast die Kartoffeln von unten besehen können. Ich will den Kompaniebefehlsstand hierher verlegen, der Unterstand des armen Oberleutnants Wendt wurde gleich von einer der ersten Minen kurz und klein geschlagen. Wendt und seine beiden Ordonnanzen waren sofort tot. Ich bin eben noch einmal durch den ganzen Graben gegangen und habe gesehen, daß du das Nötige bereits befohlen hast. Hugershoff läßt grüßen, er bleibt während der Nacht am linken Flügel. Er hat eine gehörige Beule am Hinterkopf. — Verzeihung übrigens, Herr Leutnant von Horn, Führer des Pionierzuges — Herr Leutnant Sturm.«

Die beiden verbeugten sich. Es wurde beschlossen, die Nacht gemeinsam zu wachen. Kettler erschien aus seiner Höhle, hackte mit dem Seitengewehr die Bretter von Handgranatenkisten auseinander und entzündete ein Feuer im Kamin. Die Flasche und die Kartusche mit den Pfeifen wurden neben der Karbidlampe auf den Sims gestellt, die Sessel um das Feuer gerückt. Der Pionier hatte als erfahrener Krieger eine Flasche voll Rum mit heraufgebracht. Kettler mischte ihren Inhalt mit etwas Wasser in einem Kochgeschirr und hing es an ein dreikantiges französisches Bajonett, das als Kochstange in das Gemäuer des Kamins getrieben war. Bald durchzog ein starker Geruch von Grog den Raum, jeder rauchte und hielt einen heißen Blechbecher in der Hand. Die Gesichter der drei Männer in den grauen, mit Lehm beschmierten Uniformröcken waren hager und durch scharfe Lichtdifferenzen ausgebohrt. Ihre Schatten zuckten im Spiele des Feuers über die düsteren Wände, an denen die Leuchtfarbe der vorsintflutlichen Zeichnungen phosphoreszierte. Das Gespräch war rauh, sachlich und landsknechtshaft, es handelte von den Erlebnissen des Kampfes und von dem, was zu erwarten war.

Der Pionier erwies sich als eine Natur, die für solche Lagen geboren war. Hier bekam das einfache und männliche Wort, dessen Träger an den Biertischen des Hinterlandes so unscheinbar saßen, einen kühnen, metallischen Klang. Horn kannte nur das Waffenhandwerk, aber *das* kannte er. Offiziersfamilie, Kadettenkorps, eine kleine Garnison an der Westgrenze und dann der Krieg. Er war einer der Leute, für die der Umgang mit Sprengstoffen das Gewöhnliche und die nächtliche Begegnung mit dem Feinde selbstverständlich war, einer der Leute, die man sich eben nur als Krieger vorstellen kann. Er war einer der ersten gewesen, die in Lüttich eingedrungen waren, und hatte seitdem in mancher Sturmwelle sich mit Pistole und Handgranate gegen die feindlichen Gräben geworfen. Wenn alles drunter und drüber ging, war er in seinem Element. Sturm drängte sich die Frage auf, was aus diesem Menschen geworden wäre, wenn der Krieg

gefunden und die Mineure verschüttet hätte. Mein Hauptmann, dem ich die Geschichte meldete, kam auf eine geniale Idee. Er forderte vom Heerespionierdepot eine Reihe von Stahlflaschen voll Preßgas an, die noch in derselben Nacht an den Ort des Zusammenstoßes geschleppt wurden. Am Morgen begaben wir uns mit Horchapparaten dorthin. Wir hatten telephonisch die Artillerie verständigt und sie gebeten, von einer bestimmten Stunde an die Schachtausgänge unter Feuer zu halten. Unten legten wir das Loch wieder frei, steckten eine Gasflasche nach der anderen hindurch und ließen sie ab. Es war für uns natürlich ganz ungefährlich, denn der Ventilator sog das Gas sehr schnell an. Wir konnten sein Summen ganz deutlich mit unseren Apparaten hören.

Nach einer Weile geschah das, was wir vorausgesehen hatten: das Geräusch verstummte für einen Augenblick und sprang dann wieder an. Der Franzmann hatte seinen Ventilator umgestellt und versuchte, die Gaswolken zurück und uns auf den Hals zu treiben. Nun dämmten wir das Loch sorgfältig ab und frühstückten in aller Ruhe, die Hörmuscheln am Ohr. Wir vernahmen das Geräusch etwa noch eine Viertelstunde lang, dann wurde es schwächer, und endlich war alles still. Durch Gefangenenaussagen erfuhren wir später, daß wir die Besatzung wie Ratten ausgeräuchert und die ganze Schachtanlage für Monate verpestet hatten. Außerdem hatte die herausströmende Belegschaft noch starke Verluste durch das Feuer unserer Artillerie.

Ja, bei Lens, da haben wir eigentlich den Krieg erst richtig kennen gelernt. Einige Tage vor dieser Sache — — —«

Ein Erlebnis gab das andere. Zuweilen erschien Kettler und warf einen Armvoll Holz auf das Feuer. Als das Kochgeschirr geleert war, verschwand der Pionier für kurze Zeit und kehrte mit gefüllter Feldflasche zurück. Er schien sich gut vorgesehen zu haben.

»Wissen Sie«, meinte er, »beim Bechern erkennt man seine Leute. Einmal zusammen ›Prost‹ gesagt zu haben, ist besser als der bekannte Scheffel Salz. Finden Sie nicht auch?«, wandte er sich an Sturm.

»Allerdings, ich habe mich viel mit solchen Beobachtungen befaßt. Sowohl an anderen und an Tieren als auch an mir selbst.«

»An Tieren?«

»An Tieren. Ich war nämlich Zoologe. Geben Sie zum Beispiel einem Hahn Alkohol. Er kräht, springt und flattert wie toll. Das beruht neben der Steigerung des Gesamtorganismus vor allem auf der Erschlaffung der Hemmungselemente der Ganglien.

Das ist ein besonderes Kennzeichen des Alkoholrausches. Jeder kann es an sich beobachten. Wohl hundertmal am Tage spürt man Gelüste, die flüchtig vom Grunde des Hirnes tauchen und vorüberziehen. Man möchte ein grundloses Gelächter anschlagen, mit der Faust auf den Tisch hauen, sich zu einem anderen Menschen in Beziehung setzen, indem man ihm grobe oder liebenswürdige Dinge sagt. Manchmal hat man auch den Wunsch, Grimassen zu ziehen, mit der Zungenspitze seine Nase zu berühren oder eine verrückte Melodie zu pfeifen. Man gibt diesen Wünschen vielleicht sogar nach, wenn man sich allein im Zimmer befindet. In Gegenwart von anderen jedoch versteckt man diesen Tanz von Begierden, die unaufhörlich nach Äußerung verlangen, unter der Maske der Konvention.

Gerade diese Hemmungen verschwinden unter dem Einfluß des Alkohols. Man zeigt sich, wie man ohne Hülle ist. Damit offenbart sich durchaus nicht das eigentliche Wesen, denn das eigentliche Wesen eines Menschen ist etwas, von dem man sich ebensowenig wie von dem Ding an sich eine Vorstellung machen kann. Aber die Persönlichkeiten verlieren die Schale und schmelzen sich leichter ineinander ein. Die Gefühle berühren sich unmittelbar, sie werden nicht mehr durch Eigenschaften wie Höflichkeit, Überlegung, Schüchternheit und Zurückhaltung getrennt. Man schlägt sein Gegenüber freundschaftlich auf die Schulter, wenn man Lust dazu hat, oder faßt es um die Taille, wenn es ein Mädchen ist. Man schüttet sein Herz aus. Man läßt Gefühle strömen. Man empfindet: nur im Rausche, nur in diesem

Kragen das geschnittene, hagere Gesicht scharf unterstrich. Mit den tiefen, erwachenden Atemzügen eines beginnenden Rausches sog er das Gelärm des aufgewühlten Zentrums in sich ein, wie ein wildes Tier, das sein Lager verläßt, um Beute zu machen. Wie früher zu dieser Stunde das Abenteuer ihn über klickenden Draht in das wüste Niemandsland getrieben, jagte auch jetzt Hang zum Erlebnis ihn in die wirbelnde Brandung nächtlicher Großstadt. Intelligent, verursachte ihm der periodische Rausch der Abende Widerwillen, doch war zuviel Selbstbewußtes, Brutalität in ihm, als daß er empfinden konnte, wie höherer Zwang ihn allnächtlich auf dieselbe Fährte hetzte. Er nahm die Jagd hinter dem Weibe als etwas dem Körper Gegebenes, das Unbehagen als Wellental des Rausches und dachte, gerade weil er stark lebte, weiter nicht über sein Dasein nach.

Langsam, gespannt, ließ er sich von der Schlange geputzter Menschen treiben. Sein scharfer, aufs Wesentliche geschulter Blick umfaßte die Vorübergehenden, drang in sie ein, erzwang, wie gewechselter Pistolenschuß, aus Frage Antwort. Oft verzog sich ein Frauenmund zum Lächeln als Resultat blitzschnell gezogener Gleichung. Dieses Tasten der vielen Augen förderte seinen Gang, machte ihm das bloße Schreiten zur Lust, trug ihn sieghaft durch die dichte Ausstrahlung brünstiger Gedanken und Wünsche. Jeder Schritt schien ihm ein Quellenschlagen, jeder Pflasterstein Feld eines riesigen Glücksspiels, jedes Weib vielleicht Trägerin von etwas Ungeahntem, lange Gesuchtem.

Allmählich verdichtete sich dieses Gefühl zum Rausche, heischte Äußerung. Er empfand heftigen Wunsch, den Überfluß seiner Kraft auszuschütten in irgendein Gefäß, ihre geschwellte Welle an irgendeinem Weibe zu zerschellen. Alle, die er hier sah, erschienen ihm wenig geeignet. Der Weg zu ihnen führte durch Cafés, Weinstuben, dunkle Alleen; sie verlangten Werbung, Entwicklung, einen kleinen Roman. Sozusagen einen Roman im Fünfgroschenformat, aber immerhin einen Roman. Sie wollten hören, erzählen, gerade da als Persönlichkeit genommen werden, wo er die Aufgabe der seinen suchte. Das Natürlichste der Welt zerschlugen diese Weiber in die kleine Münze bürgerlicher Umgangsformen. Der Abend würde sich abrollen wie ein kitschiger, oft gesehener Film. Wortklischees wälzten sich in seinem Hirn. ›Was denken Sie von mir?‹ In die Stadt verschlagene Bauernjungen mochte dieses Überwindertum mit Weltgefühl beglükken, seine Männlichkeit lehnte sich dagegen auf. Er dachte an nächtliche Patrouillen nach kurzen, gewaltigen Feuerstößen, brutalen Sturmlauf, Stahlhelme, Handgranaten. Kaum fünf Minuten, und man hatte den Gegner niedergedonnert. Nach Jahren zielbewußten, konzentrierten Erlebens verlangte seine Erotik männlicheren Stempel, Rückkehr zu urwüchsiger Einfachheit. So wie er Alkohol nur in den starken, unverwässerten Formen schätzen gelernt, mußte er jedes Erlebnis genießen: als tollen Sturmlauf zum Ziel.

Plötzlichem Entschlusse folgend, bog er in eine Nebenstraße, wo sich die Liebe unter freierer, zielbewußter Form aufdrängte. Schon das Äußere der in Seide gepreßten rastlosen Wandlerinnen war darauf eingestellt, die erregten Sinne zu fesseln. Grelle Farben, seltsam geformte Hüte, Strümpfe, deren Gewebe das Fleisch nur nackter hervorbrechen ließ, künstliche Wohlgerüche, rauschender Wäsche entsteigend. All diese Mädchen schienen ihm wie seltsame Blumen, wie Trugblüten, bestrebt, Schwärme befruchtender Insekten durch Verschwendung von Duft und Farbe anzulocken. Ihre reklamemäßige Aufmachung, die plakatartige Auffälligkeit taten ihm wohl. Hier war das Triebhafte klar offenbart. Er empfand sich als asiatischer Despot, dem durch barbarischen Prunk gehuldigt wurde. Das alles wurde nur ihm, nur der Männlichkeit zu Ehren zur Schau getragen.

Eine Vorüberschreitende fesselte seinen Blick. Kopf und Gesicht waren Schablone, doch wurden sie von wundervollem Körper getragen. Geschmeidig flossen die Formen ineinander, gaben dem Gang eine Fülle verhaltener Kraft wie bei ganz großen Raubtieren. Er sprach sie an und ging mit ihr.

Mitten in der Nacht erwachte er. Nach kurzem Besinnen

den Versuch, sich durch das Dickicht zu winden, so entglitten
seine Schätze ihm unterwegs, und er brachte nur ein Gelächter oder ein farbloses Nichts zutage.

Nach solchem Erlebnis, das sich an Straßenecken und
ganz alltäglich abspielte, ohne daß die anderen es auch nur
ahnten, entzog er sich für Tage jeder Berührung. Zigaretten
rauchend, lag er in seiner Wohnung auf dem Sofa, las oder
starrte gedankenlos gegen die Decke. Er liebte Gogol, Dostojewski und Balzac, Dichter, die die menschliche Seele wie
ein rätselhaftes Tier als Jäger beschlichen und beim Gloste
der Grubenlichter in fernste Schächte drangen, um zwischen
Kristallen und zackigem Urgestein den Rausch des Forschers zu kosten. Lesen war ihm mehr als Nachfühlen und
Freude an fremdem Gedankenspiel; es war ihm eine Form
des Lebens, die, im Geistigen rollend, ohne Reibung ihn zu
allen denkbaren Leiden und Wonnen riß. Diese Großen
preßten ihm das Wirrnis von Gleichungen in knappe und inhaltsreiche Formeln, schmolzen im Feuer ihrer Kraft das
wahre Leben aus Widersprüchen, Längen und Überflüssigkeiten in klare und ewige Form. Menschen traten auf, vom
Hirn geschliffen, vom Herzen durchglüht, um durchsichtig
wie Glas als Mittelpunkt einer Batterie von Scheinwerfern
Verborgenstes zu offenbaren. Man sah von außen Blut rot
durch Adern spritzen, Nervengeflechte unter dem Wechselspiel des Willens zucken, tausend Bogenlampen knattern im
Kraftwirbel der Gehirne. Überschwung und gestauter
Drang, toll über Grenzen und Hürden zu schnellen, wurden
verständlich, ehe sie im Herrlichen zerflammten oder im
Furchtbaren verrauchten. Man kämpfte mit Helden, verriet
mit Verrätern, mordete mit Mördern und mußte, in ihre
Kreise gebannt, Kampf, Verrat und Mord als innere Notwendigkeiten erkennen. Und über allen als Sonne, unbeweglich, stand der Dichter, der Künstler, schleuderte Strahlen gegen das Geschehen und ließ es in gewollter Bahn um seine
Achse schwingen. Er war ein Begnadeter, ein bewußt in den
großen Stromkreis Geschlossener, ein Auge Gottes. Einen
schlug Haß, den anderen Liebe zu Boden, einer tötete ein al

tes Weib, ohne zu wissen, warum; im Dichter fanden alle und alles Erlösung und Verständnis. Er war das große Bewußtsein der Menschheit, eine elektrische Entladung über der Wüste der Herzen. In ihm kristallisierte sich seine Zeit, fand Persönliches ewigen Wert. Er war die in grellen Schaum zerbrechende Spitze einer dunklen Woge, die im Meere der Unendlichkeit glitt. — — —

Von solchen Gedanken ließ Falk sich gern treiben. Empfindsam, spannte sich oft in ihm Drang zur Äußerung, um jedesmal an der Form zu scheitern. Hatte er stundenlang auf ein leeres Blatt gestarrt, die Feder zur Hand, so war er um so mehr verzweifelt über seinen Mangel an Fruchtbarkeit, als er besten Boden in sich wußte. Wie beim Umgang mit Menschen, lag auch hier alles Keimdrängende in so harte Schale geschlossen, daß es im Dunkel verdarb. Dann war es ihm Erleichterung, das Dichterische als Unbegrenztes, überall Lebendiges zu erfassen, als Weltenäther, in dem der Menschheit Gestirne auf- und niederschwangen. So spürte er im fremden Gefühl das eigene und ahnte, daß die Glut, die wie ein verborgener Schiffsbrand in ihm schwelte, irgendwo einmal ihren Ausdruck finden mußte. Was schadete es, vergeudete ein Baum zehntausend Samenkörner in den Herbst? Erwuchs nur ein einziges, erblühten dann nicht zehntausend Hoffnungen zu einer Erfüllung?

Zuweilen indes empörte sich das Individuum in ihm gegen dieses wollüstig-willenlose Zerfließen ins Kosmische. Es mußte doch einen Sinn haben, daß sich das Umfassende so in unzählige Werte splitterte. Und war er nur der Splitter kleinster, er wollte Erfüllung, Erlebnis raffen, ehe er wieder zu Grunde sank. Dann warf er Bücher und Papiere zur Seite und stürzte sich in die kreisende Stadt.

Unter allen Beziehungen, die dort mit Tönen, Lichtern und bunten Fetzen die Vielheit zur Masse schmolzen, war er eingestellt auf eine: die geschlechtliche. Jene Liebe der Städte, die in dumpfer Rotglut jeden Abend auf allen Pflastersteinen brannte, war der einzige Ausweg, auf dem er sich zu entrinnen hoffte. Es war für ihn kein Weg, der verschlungen durch

Augen, Faltenspiel der Gesichter, das alles brachte jenes merkwürdige Gemisch von Offenbarung und Verhüllung hervor, das ihn immer wieder als Witterung seltener Genüsse auf neue Fährten hetzte. Manchmal durchschoß ihn auch hier die Wut vor der Begrenzung, er hätte alle zugleich umfassen, sie ihrer Geheimnisse berauben und erkennend sich in Beziehung zu ihnen setzen mögen.

Schnellte solchen Gefühles Spannung ihn gegen eine Einzelne, so war sein Erleben jedesmal das gleiche, mochte es am Abendtische riesiger Bierpaläste, hinter roten Plüschvorhängen kleiner Weinstuben, in einem in Farben zerspritzenden Varieté, auf Waldwegen oder an Seeufern spielen. Jedesmal floß ein Gespräch hin und her, bei dem er, lässig und ein wenig melancholisch, einen recht sympathischen und unbedeutenden Eindruck machte. Er ließ sich erzählen, fragte nach Kleinigkeiten, Dienstzeit, Frühstückspause, Büchern, Freundinnen, Liebhabern, erfand irgendeinen Fall, eine Begebenheit und erbat das Werturteil. Manchmal widersprach er, um die Stärke des Gegendruckes zu prüfen, manchmal stimmte er zu, um durch Zurückweichen zu stärkerer Blöße zu reizen.

So setzte er Ausschnitte zum geistigen Bilde der fremden Persönlichkeit zusammen, und alle diese Bilder waren sich ähnlich zum Überdruß. Während er diese Gebäude errichtete, Fehlendes aus dem Fluß der Linien erratend, hier und da Einzelheiten des Milieus und des Temperamentes liebevoller ausmalend, verrauchte unmerklich das andere, das Idealgebäude, das er jedesmal zuvor erschaffen. Nichts blieb als eine Erfahrung. Und immer gewisser wurde ihm, daß Erfahrung Enttäuschung und Leben als Summe der Erfahrungen der Enttäuschungen größte bedeutete.

Was konnte ihm da, nachdem er alles Wesentliche schon in Besitz genommen, erkannt und verachtet hatte, die körperliche Durchdringung noch bieten? Es war der ganze Genuß und die ganze Qual in eine Sekunde zusammengedrängt. Es war Haß und Liebe, Verheißung und Erkenntnis, Betrug und Selbstbetrug, Flug und Sturz in atemloser Tat verkörpert. Es war das Tierische, dem alles entströmte und in das alles wieder mündete. Ekel der Rest.

Stunden kamen, in denen er sich höhnte, bei so vielen das ewig Eine zu suchen. Nicht mehr sollten diese Verwalterinnen des großen Mysteriums durch tausendfache Priesterkünste zu immer neuem Götzendienste ihn reizen, ruhig und massig wollte er sich vor ihre Altäre pflanzen und das geheimnisvolle Allerheiligste mit gutem Appetit als täglich Brot verspeisen. Bekehrung zum Bürgerlichen, Begrenzten, Examen, Position, Heirat, ein blondes Glück und Flachland voraus. Machte er indes den Versuch, durch längere Bindung, durch ein Verhältnis Brücke und Übergang in jene Landschaft der sicheren Horizonte zu finden, so mußte er jedesmal die Unmöglichkeit erkennen. Länger als drei Tage hatte er das noch nie ertragen, ohne sich in eine gereizte, unbefriedigte Stimmung zu verlieren.

Nein, da war es schon besser, auch den letzten Hauch geistiger und sentimentaler Umhüllung mit festem Zugriff zu zerreißen. Abends saß er oft bei schwerflüssigem Biere im Kellergewölbe einer kleinen, uralten Brauerei, in der seit Jahrhunderten Studenten beisammenhockten. Dieses Bierhaus lag in einer engen, verwinkelten Gasse, die sonst nur Freudenhäuser barg, deren spitze Giebel in der Höhe zusammenstießen. So sickerte das Licht der Sterne nur spärlich auf runde Pflasterköpfe, in rostigen Gittern hängende Laternen flackerten im Winde. Wenn es regnete, huschten lautlose Gestalten in weiten Mänteln vorüber, um in Türen zu verschwinden. Schatten schwankten auf und nieder und hüllten die Winkel in spukhafte Unwirklichkeit. Irgendwo schwang ein trunkenes Selbstgespräch um drei sinnlose Worte, sprang aus Grollen und Kreischen Krawall in die Nacht.

Hier hatte sich das Mittelalter verfangen und ruhte im Zeitlosen, während ganz nahe der Abend in brausenden Katarakten durch die Lichter schnellte.

Auf den eichenen Bänken rings an den Wänden der Bierstube saßen Leute, die den Ton zu wahren wußten, Männer und wenige Frauenzimmer. Eine Brutalität von historischen

Ausmaßen war Trumpf. Riesige Krüge wurden gestürzt, scharf gewürzte Würste, die ein schlampiges Weib noch in der Pfanne prasselnd aus der Küche an die Tische trug, in Massen verzehrt. Tabaksrauch, krachender Aufschlag von Knobelbechern, Einschlag von Witzen und Gelächterdonner stopften die Höhle bis in die letzte Ecke voll Lärm und Dunst. Mit Streichhölzern wurden Schnäpse ausgeraten und die Summe mit Kreide auf den Tisch gestrichen. Der Höhepunkt wurde jedesmal angekündigt durch das Erscheinen eines verwachsenen Greises, der eine Zither auf den Tisch stellte und sonderbare Lieder zu krächzen begann.

Dann toste es durcheinander, jeder schrie, grölte, lachte, war Mittelpunkt von Menschen, Tönen und Lichtern, die der Rausch in rasende Kreise zerdrehte. Scharfe Gefühle strahlten aus dem Zerfließenden, ballten sich um helle und dunkle Pole. Umarmungen rissen zueinander, ewige Brüderschaften wurden besiegelt. Waren sie geringer darum, daß sie schon morgen vergessen sein würden? Einer, der still am Tische saß, wurde jäh verprügelt und ohne Hut und Mantel in die Nacht gestoßen. Er hatte durch seine Existenz Unlust erregt. Das war genug, war Frevel gegen das Gefühl. Gefühl war alles. Warum? Weil man es fühlte. Einer weinte, seine Welt zerfloß ganz in Traurigkeit. Einem Mädchen wurde unwohl, es wurde hinter den Schanktisch geschleppt. In einer Ecke stand eine Gruppe beisammen, die fortwährend wie auf Kommando die Köpfe nach hinten warf, um Schnäpse durch die Gurgeln rinnen zu lassen. Einer hielt eine Rede, begeisternd, genial, vom Hochdruck der Gedanken zersprengt, und wurde auf Gipfel des Jubels geschleudert. Was tat es, daß niemand zugehört? Tatsächlichkeiten hatten ihre Bedeutung verloren, tausend Möglichkeiten rollten leicht und blendend vorüber und wurden schon im Keime verstanden. Die Vorstellungen zerflammten zu glühenden Urnebeln des Rausches, so fein und beweglich, daß sie mühelos alles durchdrangen. Die Herzen sprangen gegen die Rippen wie rote Raubtiere gegen Käfiggitter und stießen immer stärkere, immer heißere Blutwellen durch die Gehirne, diese Gehirne, die sonst so kalt und blutarm im Verständlichen hingen. So entzündeten sich die verborgenen Kräfte des Blutes zur Wiedergeburt von Zuständen, die schon sehr fern im Dämmer lagen. Das Ungeteilte, der Ursprung, wurde lebendig und schrie nach Entladung, nach einfacher und wilder Tat. Das war ein schönes, kräftiges Gefühl, ein Sichwiederfinden aus dem qualvollen Unsinn der Vernunft. Bis endlich die Luft sich so verdichtete, daß sie wie ein Pulverschlag alle durch einen engen Gang ins Freie warf. Dort zerschellte die geballte Menschenladung in Gelächter und Getöse, um sich wie ein Heer von Plünderern in die umliegenden Häuser zu zerstreuen.

Mit einem gewissen Vergnügen bemerkte Falk zuweilen, daß er sich zurückbildete, zwar gröbere, doch einfachere Formen entwickelte. Zuerst war er wie ein verwunschener Prinz durch die Paläste des Bösen geschritten, hatte auch hier Schicksal und Persönliches erträumt und aus der Vorstellung, zwischen Verlorenen verloren zu sein, den Schutt nach goldenen Adern und diamantenen Splittern durchforscht. Das hatte er bald verworfen als Leidenschaft für romantische Ladendiener, durch Hintertreppenromane tausendfach erschöpft. Er stellte seine Ansprüche niedriger, gab gangbare Münze und kam so auf seine Kosten. Schon war er imstande, seinen Wünschen klare Namen zu geben und Selbstbewußtes, Selbstverständliches auszuströmen wie ein Tischlergeselle bei Wochenschluß.

Eines Abends saß Falk in der Straßenbahn, sein gewohntes Ziel zu suchen. Er las, denn er liebte es, auf kurzer Fahrt, in Cafés, während des Abendessens Bruchstücke von Büchern in sich aufzunehmen und so geistige Bilder von Lärm, Musik und Masse umrahmen zu lassen. Das brachte seltsame Stimmungen, er war in Indien, im Rom der Cäsarenzeit, in einem philosophischen System und im Brennpunkt der Großstadt zugleich, so daß im Wechsel verschiedenster Räume, Zeiten und Vorstellungen der Augenblick seine Aufdringlichkeit verlor. Dieser Zustand, der, wollte man ihn näher fixieren, sein Feinstes verflüchtigen würde, gab Falk das

Gefühl, sich einer Beschränkung, einer Gesetzmäßigkeit recht geschickt entzogen zu haben.

Als er einmal aufblickte, saß ein Mädchen ihm gegenüber, das gleiche Buch in der Hand wie er. Es war Hippolyte Taines ›Balzac‹, man konnte dieses Zusammentreffen also als nicht ganz alltäglich bezeichnen; ein Lächeln deutete das an, ein Gespräch bestätigte es. Falk lud dieses Mädchen, das er für eine Studentin oder Akademikerin hielt, ein, mit ihm den Abend zu verbringen. Seine Einladung wurde angenommen.

Die übliche Flasche Wein zuvor, dachte er, als sie saßen, nun wird die Sache rollen bis zur Zigarette hinterher. Prost, Hände besehen, Fingerring, Vorname, bitte nicht, na, also. Er lehnte sich in das verschlissene Sofa und warf den ersten Groschen in den Gesprächsautomaten.

Allein bald verlor er diese Lässigkeit, beugte sich vor, bekam scharfe Augen und wog sorgfältig die Sätze, ehe er sie von sich stieß. Er spürte Widerstand, Parade und Schwung im Handgelenk. Aber das war es nicht, er fühlte: Verständnis. Schon beim ersten Anschlag der Klingen war es in ihn zurückgespritzt, reißend, elektrisch, ungeahnt. Er fühlte sich in einen fremden Stromkreis geschaltet, in ein flüssiges und bewegliches Element verschlagen, dessen Vorhandensein ihm bisher ganz verborgen gewesen. Eine leichte Heiterkeit, die sehr fern im Knabenhaften lag, federte ihn über alle Hemmungen, die sonst seine Wege sperrten.

Bald machte er, da ihn die Nähe anderer Menschen störte, den Vorschlag, seine Wohnung aufzusuchen, der mit einer Unbedenklichkeit angenommen wurde, die ihn freudig erstaunte. Auf dem Wege hing sie sich ganz lose in seinen Arm, so lose, daß er ihren Gang wie etwas Unwirkliches und doch sehr Lebendiges neben sich spürte.

Das Zimmer war warm und dunkel. Falk öffnete die Tür des glühenden Ofens, der ein mattes Rot in den Raum strömte. Das war wie ein Hochofen in einer Nebellandschaft, hier und da gab eine schärfere Linie eine Andeutung von Stuhl, Tisch oder Buch. Nur eine Rauchwolke von Falks Zigarette schwamm klar über dem Ungewissen als Feinstes und Sinnfälligstes.

Falk nahm seiner Begleiterin Mantel und Hut ab und bat sie, sich zu setzen. Sie bedankte sich.

›Ich finde es nett hier. Es liegt Stimmung in diesem Rotglanz, der Ihr Zimmer verhängt. Von allen Farben ist Rot mir die liebste. Es ist ein Schrei, eine Herausforderung, ein Unbedingtes.‹

›Das ist wahr. Es zwingt uns, in Feuer zu starren, und ruft seltsame, ferne Erinnerungen wach. Es hat etwas Lockendes und Wildes. Ein Mädchen erzählte mir einmal, daß es einen Hut von der Form einer großen roten Scheibe besäße und damit nie über die Straße ginge, ohne von Männern angesprochen zu werden. Ich sah Menschen im Kampf — — —‹

›Haben Sie Blut gesehen? Sie scheinen noch jung.‹

›Ich kam als Knabe, der kaum ein Gewehr schwingen konnte, in eine große Schlacht. Wir waren die ganze Nacht stumpf und übermüdet gegen ein fernes Gewitter marschiert, das rot am Horizont hing. Am Morgen schritten wir durch ein Dorf, in dem ein seltsames, hastiges Leben flutete. Ein Pferd mit großen, wilden Augen raste bügelklirrend über die Straße. Irgendwo wurde eine Tür eingeschlagen. Zwei Leute schleppten einen dritten vorüber, der die Arme am Boden schleifen ließ. Ganz nahe, in Gärten und hinter Häusern, krachte es, als ob eiserne Tonnen auseinandersprängen. Wir gingen wie durch einen Traum. Hinter dem Dorfe waren die Felder verlassen, nur einige Tote lagen am Wege.

Das ist nicht wahr, dachte ich, und spürte dabei eine unbeteiligte Neugier, wie sich alles entwickeln würde. Wir hielten hinter einem Waldstück, eine scharfe Stimme stieß einige Sätze heraus, deren Sinn wir nicht verstanden. Dann durchquerten wir den Wald in kleinen Abteilungen. Am anderen Rande sahen wir kleine Erdaufwürfe vor uns, aus denen auf uns geschossen wurde. Wir liefen, warfen uns hin, schossen und sprangen weiter.

Klatschend und knallend zerriß die Luft neben unseren Schädeln. Das geht nicht gut, das geht nicht gut, brauste es in meinen Ohren, ich mag es wohl auch unaufhörlich vor mich hingeschrien haben. Ich ließ mich fallen und legte mich hinter einen Busch, und die Geschosse schwirrten wie ein Hornissenschwarm. Kaum lag ich, als ein harter Stoß mir den Helm herunterschlug. Ich fuhr mit der Hand zum Kopfe und fühlte es warm und feucht. Als ich hinsah, war sie blutüberflossen. Ich strich über mein Gesicht, Blut brannte in den Augen, Blut floß in den Mund, schal und heiß.

Ich stand auf. Die Landschaft hatte sich seltsam verändert. Eine blutige Sonne kreiste über zinnoberroten Feldern. Geschrei, Schüsse und Gedanken waren in Rot getaucht. Vorn bei den Erdaufwürfen tanzten rote Gestalten durcheinander. Eine reißende Welle erfaßte mich und stieß mich mit unwiderstehlicher Gewalt vor. Ich raste wie ein schreiender Teufel über die Ebene und stürzte mich kopfüber in das Gemetzel. Mein Gewehr war geladen, doch ich packte es wie eine Keule am Lauf und schlug um mich, ohne Freund und Feind zu unterscheiden, bis ich vor Blutverlust zu Boden stürzte.

Ich erwachte in einem weißen Bett und durfte bald aufstehen. Vorher hatte ich oft gedacht, daß der Kampf mich ernst und männlich machen würde, doch als ich im Lazarettkittel durch einsame Alleen schritt, empfand ich nur das zarte Gefühl eines Genesenden. Das Ungeheure hatte mich nicht berührt, es lag am Grunde als Unerklärliches, das wie eine feurige Insel erschienen und versunken war. Nur eine gewisse Angst, ein Gefühl, unbewußt ganz unermeßliche Gewalten zu bergen, blieb zurück; ein Gefühl, wie es viel schwächer einer empfinden mag, der morgens nach sinnlosem Rausche erwacht in der Erkenntnis, lange Stunden mit Hochdruck und doch bewußtseinsfern gelebt zu haben.‹

›Also spürten Sie Reue oder wenigstens Ekel?‹

›Das könnte ich nicht sagen. Grauen und Bewunderung vielmehr und Gewißheit, nie so stark, nie so geschlossen gewesen zu sein. Ich hatte getötet, das ließ sich nicht leugnen, und nicht in der Verteidigung, sondern im Angriff. Auch mußte ich gestehen, daß alle nationalen und heroischen Ideale, die mir bisher die treibenden Kräfte schienen, im Leidenschaftlichen verzischt waren wie Wassertropfen auf glühenden Eisenplatten.

Wenn ich mit anderen darüber sprach, merkte ich, wie wenig der Mensch im Grunde in sich zu Hause ist. Die einen suchten das Getane zu heiligen, die anderen zu entschuldigen, die dritten verdammten es, allen also schien nicht ihre Empfindung, sondern das, was sie später darüber gedacht und hineingelegt, das Wesentliche. Was sie erzählten, hatten sie gar nicht erlebt, es stammte — — —‹ ‹‹

8

Als Sturm bis hierher gelesen hatte, wurde er plötzlich von Hugershoff am Arm gepackt: »Still, hat nicht eben jemand draußen geschrien?« Sie lauschten. Wirklich, da! Langgezogen erscholl der Ruf eines nahen Postens, merkwürdig dünn und grell: »Aaachtung, Mine!«

Ein Rauschen und Flattern folgte und mündete in eine ungeheure Explosion. Der Keller schwankte, sein Gemäuer krachte in allen Fugen, eine schwere Mine schien ihn unmittelbar getroffen zu haben. Die Lampe war erloschen, das Feuer niedergebrannt. Aus einer Ecke erscholl die Stimme des Pioniers: »Licht, zum Teufel, Licht!« Von der Treppe her hörte man Kettler klagen: »Zu Hilfe, Herr Leutnant, ich bin verschüttet, Luft, Luft!«

Das Wilde der Szene wurde gesteigert durch die unaufhörlich sich folgenden Detonationen, unter deren Erschütterungen der Keller bebte wie ein Schiff im Orkan. Die winzigen Pausen zwischen den schweren Einschlägen waren durch prasselndes Gewehrfeuer gefüllt. Es war unzweifelhaft: der Angriff brach los.

Endlich gelang es Sturm, inmitten der Verwirrung die Streichhölzer zu finden. Er strich eins an und sah, daß die Lampe verschwunden war. Ohne zu zögern, packte er das Heft, aus dem er vorgelesen hatte, riß einige Seiten heraus und steckte sie an. Er ließ die brennenden Blätter zu Boden fallen, während der Pionier Bücher und Bilder zerriß, um mit ihren Fetzen die Flammen zu unterhalten.

Als die Insassen des Kellers, die sich eilig bewaffnet hatten, hinausstürzen wollten, stellte sich ihnen ein neues Hindernis entgegen: die Kellertreppe war bis an die Decke von großen Mauerstücken gesperrt. Die erste Mine mußte gerade auf die Treppe gefallen sein.

»Durch den Lichtschacht«, rief der Pionier, dessen Stimme wieder ihren ruhigen, klaren Klang bekommen hatte. Döhring riß die Papptafel hinweg, so daß das Licht eines dämmerigen Morgens durch das Fenster in den Raum fiel. Der Pionier stieg auf den Tisch, hob die Arme über dem Kopf zusammen und zwängte sich durch den engen Schacht, während Döhring ihn von hinten unterstützte. Dann ließ er sich ein Gewehr hinausreichen und zog Döhring und Hugershoff nach. Sturm wollte ihnen folgen, doch der Gedanke an Kettler riß ihn zurück. Er machte sich daran, die Steine fortzuzerren, die vor das Erdloch gefallen waren. Bald hatte er die Öffnung freigelegt, es gelang ihm, Kettler am Kragen zu packen und herauszuziehen. Er ließ den Körper, an dem kein Zeichen des Lebens zu bemerken war, auf den Steinen liegen und eilte den anderen nach.

Als er draußen ankam, fand er die Kameraden schon im Kampf. Das Minenfeuer war verstummt, im Rücken stand eine Wand von Artillerieeinschlägen. Döhring und Horn lagen an der Frontwand eines großen Granattrichters und schossen. Hugershoff lag bereits am Boden, er schien tot oder schwer verwundet zu sein. Als Sturm in den Trichter sprang, wandte der Pionier sich um und sah ihn mit wildem Gesichtsausdruck an. Ein Geschoß hatte seine Stirn gestreift, aus einer tiefen Rille unter der Haargrenze strömte das Blut herunter. Er zog sein Gewehr zurück und schraubte mit der rechten Hand an dem Entfernungsplättchen des Zielfernrohrs, während er mit der linken das Blut aus den Augen wischte. Sturm schlug Döhring auf die Schulter: »Was ist los?«

»Der Engländer sitzt im Graben.«

Wirklich, von vorn scholl das dumpfe, unverkennbare Bersten von Handgranaten. Zuweilen erschien eine lehmfarbene

Silhouette über dem Grabenrand, machte eine Wurfbewegung und verschwand. Nun brachte auch Sturm sein Gewehr vor und schoß. Es galt, blitzschnell das Ziel zu erfassen und abzuziehen. So lagen die drei Männer nebeneinander und schossen, bis die heiße Luft über den Läufen zitterte. Allmählich wurde es still. Sturm beugte sich zu Hugershoff nieder, um ihn zu verbinden, allein nach einem Blick auf das wachsgelbe Gesicht warf er das Verbandspäckchen fort.

Döhring sah nach der Uhr. »Die Grabenbesatzung scheint erledigt zu sein. Horn, wir müssen versuchen, Ihren Pionierzug — — —«

Ein Maschinengewehr, das überraschend aus der linken Flanke einsetzte, riß ihm das Wort vom Mund. Geschosse kämmten hart über den Trichter hinweg oder zerschellten auf seinem Rand. Horn erhielt einen zweiten Treffer, der ihm ein Achselstück und einen handgroßen Fetzen aus der Uniform fegte. Die Lage sah böse aus. Der Gegner schien links schon weit in die Laufgräben eingedrungen zu sein. Die drei Kampfgenossen hockten am Grunde des Trichters beisammen, es war unmöglich, unter der sausenden Garbe den Kopf zu erheben. Sturm sah von einem zum andern, er hatte ein seltsames Gefühl des Unbeteiligtseins. Ihm war, als sähe er einem fremden Schauspiel zu. Döhring war sehr blaß, seine Faust spannte sich fest, doch mit leichtem Zittern um den Pistolenkolben. Die Ruhe des Pioniers war bewundernswert. Er nahm seine Feldflasche vom Taillenhaken, entkorkte sie, trank sie aus und schleuderte sie fort: »Schade um alles, was nicht getrunken wird.«

Nun entwickelten sich die Ereignisse sehr schnell. Der pfeifende Sturm der Geschosse brach plötzlich ab. Als sich die drei erhoben, sahen sie einen englischen Stoßtrupp vor sich stehen. »You are prisonners«, rief ihnen eine Stimme zu. Sturm blickte starr auf das Gesicht des Pioniers. Das war wie eine Flamme, weiß und durchloht. Dann kam die Antwort. »No Sir«, begleitet von einem Pistolenschuß. —

Eine Salve von Handgranaten und Gewehrschüssen krachte hoch. Die Gestalten verschwanden unter einer Wolke aus Feuer, spritzender Erde und weißlichem Qualm. Als sich der Dunst verzogen hatte, stand Sturm noch allein. Er hob noch einmal die Pistole vor, dann nahm ihm ein Schlag vor die linke Brustseite Licht und Gehör.

Sein letztes Gefühl war das des Versinkens im Wirbel einer uralten Melodie.

AFRIKANISCHE SPIELE

ERSTAUSGABE 1936

1

Es ist ein wunderlicher Vorgang, wie die Phantasie gleich einem Fieber, dessen Keime von weither getrieben werden, von unserem Leben Besitz ergreift und immer tiefer und glühender sich in ihm einnistet. Endlich erscheint nur die Einbildung uns noch als das Wirkliche, und das Alltägliche als ein Traum, in dem wir uns mit Unlust bewegen wie ein Schauspieler, den seine Rolle verwirrt. Dann ist der Augenblick gekommen, in dem der wachsende Überdruß den Verstand in Anspruch nimmt und ihm die Aufgabe stellt, sich nach einem Ausweg umzusehen.

Das war der Grund, aus dem das Wörtchen »fliehen« seinen besonderen Klang für mich besaß, denn von einer bestimmten Gefahr, die seine Anwendung berechtigt hätte, konnte schlecht die Rede sein — vielleicht abgesehen von den sich häufenden und in den letzten Wochen recht drohend gewordenen Klagen der Lehrerschaft, die sich mit mir wie mit einem Schlafwandler beschäftigte.

»Berger, Sie schlafen, Berger, Sie träumen, Berger, Sie sind nicht bei der Sache«, war da der ewige Reim. Auch meine Eltern, die auf dem Lande wohnten, hatten bereits einige der bekannten Briefe bekommen, deren unangenehmer Inhalt mit den Worten «Ihr Sohn Herbert ...« begann.

Diese Klagen aber waren weniger die Ursache als die Folge meines Entschlusses — oder sie standen vielmehr in jener Wechselwirkung zu ihm, die abschüssige Bewegungen zu beschleunigen pflegt. Ich lebte seit Monaten in einem geheimen Aufstand, der in solchen Räumen schlecht verborgen bleiben kann. So war ich bereits dazu übergegangen, mich am Unterricht nicht mehr zu beteiligen und mich statt dessen in afrikanische Reisebeschreibungen zu vertiefen, die ich unter dem Pult durchblätterte. Wenn eine Frage an mich gerichtet wurde, mußte ich erst all jene Wüsten und Meere überwinden, bevor ich ein Lebenszeichen gab. Ich war im Grunde nur als Stellvertreter eines fernen Reisenden anwesend. Auch liebte ich es, ein plötzliches Unwohlsein vorschützend, das Klassenzimmer zu verlassen, um unter den Bäumen des Schulhofes spazierenzugehen. Dort sann ich über die Einzelheiten meines Planes nach.

Schon hatte der Klassenlehrer das vorletzte Mittel der Erziehung gegen mich ergriffen, das die endgültige Trennung andeuten soll — ich wurde von ihm als Luft behandelt, »mit Nichtachtung gestraft«. Es war ein schlimmes Zeichen, daß selbst diese Strafe nicht mehr verfing — ein Zeichen dafür, wie sehr ich eigentlich schon abwesend war. Diese Absonderung durch Verachtung war mir eher angenehm; sie legte einen leeren Raum um mich, in dem ich mich ungestört meinen Vorbereitungen widmete.

Es gibt eine Zeit, in der dem Herzen das Geheimnisvolle nur räumlich, nur auf den weißen Flecken der Landkarte erreichbar scheint und in der alles Dunkle und Unbekannte eine mächtige Anziehung übt. Lange, halb trunkene Wachträume während meiner nächtlichen Spaziergänge über den Stadtwall hatten mir jene entfernten Länder so nahegerückt, daß nur noch der Entschluß nötig schien, um in sie einzudringen und ihrer Genüsse teilhaftig zu sein. Das Wort »Urwald« schloß für mich ein Leben ein, dessen Aussicht man mit sechzehn Jahren nicht widersteht — ein Leben, das der Jagd, dem Raube und seltsamen Entdeckungen zu widmen war.

Eines Tages stand es für mich fest, daß der verlorene Garten im oberen Stromgeflecht des Niles oder des Kongo verborgen lag. Und da das Heimweh nach solchen Orten zu den unwiderstehlichsten gehört, begann ich eine Reihe von tollen Plänen auszubrüten, wie man sich am besten dem Gebiete der großen Sümpfe, der Schlafkrankheit und der Menschenfresserei nähern könne. Ich heckte Gedanken aus, wie sie wohl jeder aus seinen frühen Erinnerungen kennt: ich wollte mich als blinder Passagier, als Schiffsjunge oder als wandernder Handwerksbursche durchschlagen. Endlich aber verfiel ich darauf, mich als Fremdenlegionär anwerben zu lassen, um auf diese Weise wenigstens den Rand des Gelobten Landes zu erreichen und um dann auf eigene Faust in sein Inneres vorzudringen — natürlich nicht, ohne mich zuvor an einigen Gefechten beteiligt zu haben, denn das Pfeifen der Kugeln kam mir wie eine Musik aus höheren Sphären vor, von der nur in den Büchern zu lesen war und deren teilhaftig zu werden man wallfahrten mußte wie die Amerikaner nach Bayreuth.

Ich war also bereit, auf jedes Kalbsfell der Welt zu schwören, wenn es mich wie Fausts Zaubermantel bis zum Äquator getragen hätte. Aber auch die Fremdenlegion gehörte schließlich nicht zu den dunklen Mächten, die man nur an den nächsten Kreuzweg zu zitieren braucht, wenn man mit ihnen zu paktieren gedenkt. Irgendwo mußte es sie zwar geben, soviel war sicher, denn oft genug las ich in den Zeitungen über sie Berichte von so ausgesuchten Gefahren, Entbehrungen und Grausamkeiten, wie sie ein geschickter Reklamechef nicht besser hätte entwerfen können, um Tunichtgute meines Schlages anzuziehen. Ich hätte viel darum gegeben, wenn einer dieser Werber, die junge Leute betrunken machen und verschleppen und vor denen mit Engelszungen gewarnt wurde, sich an mich herangemacht hätte; doch diese Möglichkeit kam mir für unser so friedlich im Wesertale schlummerndes Städtchen recht unwahrscheinlich vor.

So schien es mir denn richtiger, erst einmal die Grenze zu überschreiten, um damit den ersten Schritt aus der Ordnung in das Ungeordnete zu tun. Ich hatte die Vorstellung, daß das Wunderbare, das Reich der sagenhaften Zufälle und Verwicklungen sich mit jedem Schritt deutlicher offenbaren würde, wenn man den Mut hatte, sich aus dem Gewöhnlichen zu entfernen — man mußte seine Anziehung um so stärker erfahren, je mehr man ihm entgegenging.

Es blieb mir aber nicht verborgen, daß jedem Zustand eine große Schwerkraft innewohnt, aus der sich herauszuspielen der bloße Gedanke nicht genügt. Freilich, wenn ich, etwa abends vor dem Einschlafen, daran dachte, auf und davon zu gehen, schien mir nichts leichter und einfacher, als mich

gleich anzuziehen und auf dem Bahnhof in den nächsten Zug
zu steigen. Aber sobald ich dann mich auch nur zu regen
suchte, fühlte ich mich durch bleierne Gewichte beschwert.
Dieses Mißverhältnis zwischen den ausschweifenden Möglichkeiten der Träumerei und den geringsten Maßnahmen zu
ihrer Verwirklichung bereitete mir viel Verdruß. Wie mühelos ich auch im Geist die unwegsamsten Landschaften nach
Herzenslust zu durchstreifen vermochte, so merkte ich doch
zugleich, daß in der wirklichen Welt auch nur eine Fahrkarte
zu lösen einen weit stärkeren Aufwand voraussetzte, als ich
geahnt hatte.

Wenn man, des Springens ungewohnt, auf einem hohen
Sprungbrett steht, fühlt man sehr deutlich den Unterschied
zwischen einem, der hinunter möchte, und einem anderen,
der sich dagegen sträubt. Wenn der Versuch, sich selbst am
Kragen zu nehmen und hinunterzuwerfen, mißglückt, so bietet sich ein anderer Ausweg an. Er besteht darin, daß man
sich überlistet, indem man den Körper am äußersten Rand
des Brettes solange ins Schwanken bringt, bis man sich
plötzlich zum Absprung gezwungen sieht.

Ich fühlte wohl, daß diesen Bemühungen, mir den ersten
Anstoß in die Abenteuerwelt zu geben, nichts hinderlicher
war als meine eigene Furcht. Mein stärkster Gegner war in
diesem Falle ich selbst, das heißt, ein bequemer Geselle, der
es liebte, die Zeit hinter den Büchern zu verträumen und seine Helden in gefährlichen Landschaften sich bewegen zu sehen, anstatt bei Nacht und Nebel aufzubrechen, um es ihnen
gleichzutun.

Da war aber noch ein anderer, wilderer Geist, der mir zuflüsterte, daß die Gefahr kein Schauspiel sei, an dem man
sich vom sicheren Sessel aus ergötzt, sondern daß eine ganz
andere Erfüllung darin liegen müsse, in ihre Wirklichkeit sich
vorzuwagen, und dieser andere versuchte, mich auf die Bühne hinauszuziehen.

Mir war bei diesen geheimen Unterhaltungen, bei diesen
immer erbitterteren Ansprüchen, die an mich gestellt wurden, oft himmelangst. Auch fehlte es mir an praktischer Be-

gabung; die Aussicht auf all die kleinen Mittel und Schliche, die aufgewendet werden mußten, um fortzukommen, bedrückte mich. Ich wünschte mir, wie alle diese Träumer, Aladins Wunderlampe oder den Ring Dschudars, des Fischers, mit dessen Hilfe man dienstbare Genien beschwören kann.

Auf der anderen Seite drang die Langeweile jeden Tag stärker wie tödliches Gift in mich ein. Es schien mir ganz unmöglich, etwas »werden« zu können; schon das Wort war mir zuwider, und von den tausend Anstellungen, die die Zivilisation zu vergeben hat, schien mir nicht eine für mich gemacht. Eher hätten mich noch die ganz einfachen Tätigkeiten gelockt, wie die des Fischers, der Jägers oder des Holzfällers, allein seitdem ich gehört hatte, daß die Förster heute eine Art von Rechnungsbeamten geworden sind, die mehr mit der Feder als mit der Flinte arbeiten, und daß man die Fische in Motorbooten fängt, war mir auch das zur Last. Mir fehlte hier selbst der mindeste Ehrgeiz, und jenen Gesprächen, wie sie die Eltern mit ihren heranwachsenden Söhnen über die Aussichten der verschiedenen Berufe zu führen pflegen, wohnte ich bei wie einer, der zu Zuchthaus verurteilt werden soll.

Die Abneigung gegen alles Nützliche verdichtete sich von Tag zu Tag. Lesen und Träumen waren die Gegengifte — doch die Gebiete, in denen Taten möglich waren, schienen unerreichbar fern. Dort stellte ich mir eine verwegene männliche Gesellschaft vor, deren Symbol das Lagerfeuer, das Element der Flamme war. Um in sie aufgenommen zu werden, ja nur um einen einzigen Kerl kennenzulernen, vor dem man Respekt haben konnte, hätte ich gern alle Ehren dahingegeben, die man innerhalb und außerhalb der vier Fakultäten erringen kann.

Ich vermutete mit Recht, daß man den natürlichen Söhnen des Lebens nur begegnen könne, indem man seinen legitimen Ordnungen den Rücken kehrt. Freilich waren meine Vorbilder nach den Maßen eines Sechzehnjährigen geformt, der den Unterschied zwischen Helden und Abenteurern noch nicht kennt und schlechte Bücher liest. Gesundheit aber

besaß ich insofern, als ich das Außerordentliche jenseits der
sozialen und moralischen Sphäre vermutete, die mich umschloß. Daher wollte ich auch nicht, wie es diesem Alter oft
eigentümlich ist, Erfinder, Revolutionär, Soldat oder irgendein Wohltäter der Menschheit werden — mich zog vielmehr
eine Zone an, in der der Kampf natürlicher Gewalten rein
und zwecklos zum Ausdruck kam.

Eine solche Zone hielt ich für wirklich; ich verlegte sie in
die tropische Welt, deren bunter Gürtel die blauen Eiskap-
pen der Pole umkreist.

2

Ich hatte mir ein Ultimatum gestellt, dessen Frist eine
Woche nach Beginn der Schule endigte. Das Mittel, das ich
mir ersonnen hatte, um mich auf eine entscheidende Weise
aus dem Gleichgewicht zu bringen, war nicht übel; es bestand darin, daß ich das Schulgeld, mit dem versehen ich
nach den Herbstferien in der kleinen Stadt wieder eingetroffen war, in den Dienst meiner großen Pläne zu stellen beabsichtigte.

Obwohl eine solche Verwendung des Geldes mir unver-
gleichlich sinnvoller erschien als der Zweck, zu dem es
eigentlich berechnet war, zögerte ich lange mit diesem ernst-
haften Schritt. Ich fühlte wohl, daß ich mit ihm unwiderruflich den Kriegspfad betrat und daß die Verfügung über diese
Summe nur statthaft war als eine bereits dem offenen Gegner auferlegte Kontribution. Im Kriege ist bekanntlich alles
erlaubt.

Erst kurz vor Ablauf der Frist, an einem feuchten und dun-
stigen Herbstnachmittag, trat ich mit Zittern und Bangen in
einen Trödlerladen ein, um einen sechsschüssigen Revolver
mit Munition zu erstehen. Er kostete zwölf Mark — das war
eine Ausgabe, die unter keinen Umständen wieder zu erset-
zen war. Ich verließ den Laden mit einem Triumphgefühl, um
mich gleich darauf zu einem Buchhändler zu begeben und
ein dickes Buch »Die Geheimnisse des dunklen Erdteils« zu

erwerben, das ich für unentbehrlich hielt. Es wurde in einem
großen Rucksack verstaut, der dann an die Reihe kam.

Nach diesen Einkäufen fühlte ich, halb mit Befriedigung,
daß mir der Boden unter den Füßen zu brennen begann. Ich
ging in meine Wohnung zurück, um Schuhe und Wäsche ein-
zupacken, und was mir sonst noch für eine lange Reise nötig
schien.

Als ich endlich gerüstet auf der Schwelle stand, kam es
mir vor, als ob mein kleines Zimmer noch nie so gemütlich
gewesen wäre wie gerade heut. Zum ersten Male seit dem
Winter brannte Feuer im Ofen, und das Bett war einladend
aufgeschlagen für die Nacht. Selbst in den Schulbüchern auf
dem wurmstichigen Brett über der Kommode, in der halb-
zerfetzten Ploetzschen Grammatik für den Gebrauch der
Unterprima und in dem dicken lateinischen Handwörterbuch
von Georges offenbarte sich eine heimische Anziehungskraft, ein Bann, der gar nicht so leicht zu brechen war. Es
schien mir mit einem Male sinnlos und unerklärlich, dies alles im Stich zu lassen, es gegen eine ganz ungewisse Zukunft
vertauschen zu sollen, in welcher sicher die gute Frau Krüger mir morgens nicht das Bett machen und abends die brennende Lampe in das Zimmer bringen würde. Es wurde mir
plötzlich deutlich, daß die Fremde auch eine eisige Seite besitzt. Aber das war eine Einsicht, die bereits von außen kam.
Denn schon hatte ich diesen traulichen Kreis verlassen, und
ich fühlte wohl, daß jetzt die Zeit der Überlegungen vorüber,
daß ich selbständig war und damit in einem mir bisher fremden Sinne zu handeln hatte.

Es war ein ungemütliches Wetter, als ich meine Wanderung begann, mehr ein Wetter, um im trockenen Zimmer mit
angezogenen Knien auf dem Sofa zu liegen und zu lesen, wie
ich es gewohnt war, mit einer Kanne voll Tee auf dem Stuhl
daneben und einer kurzen Pfeife in Brand. Wind und Regen
warfen mit vollen Händen zackiges Platanenlaub auf die
Steinplatten der zum Bahnhof führenden Allee. Die Gasla-
ternen spiegelten sich in der feuchten Schwärze des Weges,
der von den vergilbten Blättern wie ein Mosaikband gemu-

stert war. Ich hatte meinen weiten Regenmantel über den
Rucksack gehängt und meine rote Schülermütze, zum äußeren Zeichen meiner neuen Freiheit, mit einem Hut ver-
tauscht. Am Schalter löste ich eine Karte nach der nächsten
Großstadt, die der Provinz ihren Namen gab.

Ich hatte Glück, denn der Zug stand bereits unter Dampf.
Ich war auf das Geratewohl gegangen, weil ich unfähig war,
die rätselhaften Zeichen des Kursbuches und der in den
Wartesälen ausgehängten Tafeln zu entziffern. Alles, was ich
wußte, war, daß Köln, Trier oder Metz in der Nähe der westlichen Grenze lagen, denn meine geographischen Kenntnisse
waren schwach, und für mich begannen gar bald die unbekannten und fabelhaften Länder dieser Welt, wie sie auf den
Landkarten der Alten verzeichnet sind.

Nur den Namen Verdun hatte ich mir gemerkt, denn ich
hatte in der Zeitung gelesen, daß dort der Bürgermeister
einer deutschen Kleinstadt in die Fremdenlegion eingetreten
war. Sein Fall hatte vor kurzem bedeutendes Aufsehen erregt, und das Ausschneiden der Notizen, die sich mit ihm beschäftigten, war vielleicht die einzige Maßnahme gewesen,
die einen sachlichen Zusammenhang mit meinem Plane besaß. Was ich meine Vorbereitung nannte, bezog sich durchaus auf das andere, auf jene rätselhafte, schmerzliche und
doch innige Verwirrung, die sich plötzlich wie ein Wirbel im
stillen Wasser meiner bemächtigt hatte, und auf ihre Deutung als einen Ruf, der aus der Ferne kam.

Ich setzte mich in einen Wagen vierter Klasse, der überfüllt war mit Bauern aus dem Wesertal, kleinen Händlern
und Marktfrauen, die hinter ihren Tragkörben kauerten. Als
der Zug anfuhr, spürte ich, daß ich mich jetzt in einer neuen
Lage befand wie ein Späher in Feindesland, der niemanden
mehr hat, mit dem er sich unterhalten kann. Ich war zufrieden mit mir, denn ich hatte kaum geglaubt, daß ich mich bis
an diesen Punkt bringen würde. Nur hatte ich ein wenig
Angst, daß der Wunsch umzukehren in mir erwachen würde,
und ich nahm mir das Versprechen ab, ihm unter allen Umständen zu widerstehen. Das Rollen und Schlagen der Räder

machte mir Mut, und ich murmelte in ihrem Takte kurze Sätze, etwa »Umkehren ist ausgeschlossen!« vor mich hin.

Auch war mir die Gesellschaft neu, die sich, ohne mich zu beachten, lebhaft unterhielt und durch die Aus- und Zusteigenden mannigfaltigen Wechsel erfuhr. Zuweilen traten merkwürdige Gestalten ein, um kleine, verbotene Schaustellungen zu geben und, nachdem sie mit ihrem Hute die Runde gemacht hatten, am nächsten Haltepunkt wieder zu verschwinden — so ein ausgemergelter Geselle, der, nachdem er sich in einer überraschenden Ansprache wundersamer Künste gerühmt, einen schmalen Degen aus seinem Stocke zog und ihn mehrere Male bis zum Griff im Munde verschwinden ließ. Auch ein dicker, leutseliger Herr, der etwas betrunken war und mit kräftiger Stimme einige Lieder wie »Kehrt ein Student um Mitternacht« oder »Der Liebe geweihter Altar« zum besten gab, fuhr eine Strecke lang mit. So fand ich denn, in meine Ecke gedrückt, daß die Reise ganz gut begann, und die zwei Stunden bis zur Großstadt waren bald vorbei.

Auf dem Hauptbahnhof forderte ich eine Fahrkarte nach Trier und hatte dabei das Gefühl, eine so auffällige Handlung zu begehen wie etwa einer, der ein Billett nach dem Amazonenstrom verlangt. Allein der Mann am Schalter nahm zu meiner geheimen Freude ganz gleichgültig das Geld in Empfang und beantwortete ebenso gleichgültig meine Frage nach der Abfahrtzeit. Der nächste Zug in dieser Richtung fuhr erst mitten in der Nacht, und so gab ich denn meinen Rucksack ab, um in die Stadt zu gehen. Es regnete immer noch, und ich trieb mich eine Zeitlang planlos in den Straßen umher. Es kam mir darauf an, in Bewegung zu bleiben und die Zeit totzuschlagen, deren plötzlicher Überfluß mir lästig war.

Bald wirkte jedoch die Schwerkraft auf mich ein, mit der jede Großstadt sich den Obdachlosen unterwirft, um ihn an ganz bestimmte Punkte zu ziehen. Ich folgte dem Verkehr, der noch lebendig war, bis in die Hauptstraße, um endlich von einem jener überdachten Verkaufsgänge eingesogen zu werden, die man Passagen nennt und in denen man zu jeder Stunde auf Gestalten stoßen wird, deren einzige Aufgabe im Schlendern oder im Verweilen besteht.

Hier fühlte ich mich geborgener, zugehöriger — ich hatte bereits vorhin im Zuge unklar gespürt, daß es für einen, der auf Abenteuer zieht, einen leeren Raum nicht gibt, sondern daß er bald mit unbekannten Kräften Berührung gewinnt. Es wird ihm, allein durch die veränderte Art, sich zu bewegen, ein neues Treiben sichtbar, das dem Müßiggange, dem Verbrechen, dem Vagantentum gewidmet ist — eine breite und überall verteilte Schicht, die das bürgerliche Element begrenzt und ihn als Bundesgenossen in Anspruch zu nehmen sucht.

Dieser Ort, an dem die Straße etwas von der verdächtigen Wärme eines rot beleuchteten Hausflures gewann und die Geschäfte an die Schaubuden auf den Jahrmärkten erinnerten, schien mir wohl geeignet für jemanden, der sich auf der Flucht befand und der zuweilen verstohlen mit der Hand in die Hosentasche fuhr, um den angerauhten Griff eines sechsschüssigen Revolvers zu liebkosen.

Ich verbrachte einige Zeit damit, die zweifelhaften Postkarten zu studieren, die in ungeheuren Mengen hinter den Schaufenstern aushingen. Dann zog mich der grelle Eingang eines Wachsfigurenkabinetts an. Mit beklommener Neugier wandelte ich in vielen verwinkelten Räumen zwischen den starren Abbildern berühmter und berüchtigter Zeitgenossen umher, mannigfaltigen Beispielen für die beiden Richtungen, in denen man die Heerstraße des gewöhnlichen Lebens verlassen kann. Vor dem letzten Zimmer wurde noch ein besonderes Eintrittsgeld erhoben: eine Sammlung von anatomischen, elektrisch beleuchteten Gebilden war dort unter Glasstürzen aufgebaut. Unerhörte Krankheiten waren da mit blauen, roten und grünen Farben auf wächserne Körperteile gemalt. Bei den ganz schrecklichen dachte ich mit einer halb grausenden Befriedigung: »Die kommen gewiß nur in den Tropen vor!«

Dem Wachsfigurenkabinett gegenüber, auf der anderen

Seite des Ganges, lag ein erleuchtetes Restaurant. Beim Eintreten sah ich, daß es automatisch betrieben war. Die verschiedensten, für das Auge bunt zubereiteten Speisen standen auf runden Platten oder in kleinen Aufzügen zur Wahl, und man brauchte nur ein Geldstück einzuwerfen, um durch ein schnurrendes Uhrwerk bedient zu werden. Ebenso konnte man kleine Hähne veranlassen, alle Getränke, die man sich denken mochte, in ein daruntergehaltenes Glas zu sprudeln. Für den, der so, von unsichtbaren Kräften bedient, gespeist und getrunken hatte, standen andere Apparate bereit, die bunte Bilder zeigten oder in Hörmuscheln kurze Musikstücke ertönen ließen. Selbst der Geruchssinn war nicht vergessen, denn es gab auch sinnreiche Zerstäuber, aus denen man sich durch winzige Düsen wohlriechende Flüssigkeiten mit exotischen Namen auf den Anzug sprühen lassen konnte.

Die geisterhafte Bedienung schien mir äußerst bequem und wie geschaffen für einen, der triftige Gründe zur Zurückhaltung besitzt. Ich begann, verschiedene Salate und belegte Brötchen hervorzuzaubern, und trank dazu weit über den Durst, schon aus Neugierde, die Getränke mit den seltsamen Namen kennenzulernen. Ich sah mir die Bilder an, die eins nach dem andern herunterklappten, wenn man an einer Kurbel drehte, und denen man Überschriften wie »Der Besuch der Schwiegermutter« oder »Die gestörte Brautnacht« gegeben hatte. Dann ließ ich mir Musikstücke vorspielen und setzte die Parfümzerstäuber in Tätigkeit.

Diese Zerstreuungen bereiteten mir ein Vergnügen, das, wie jede Berührung mit der automatischen Welt, nicht ohne einen Stich von Bösartigkeit war. Ich wußte nicht, daß gerade an solchen Orten die Polizei ihre besten Fischgründe besitzt.

Es war hohe Zeit, als ich mich wieder zum Bahnhof begab. Der Zug wartete auf einem verödeten Bahnsteige, der vom weißen Licht elektrischer Bogenlampen überflossen war. Fast alle Wagen standen leer. Ich streckte mich auf eine Bank, legte meinen Rucksack unter den Kopf und breitete den Regenmantel über mich aus. Das Lager war hart und ungewohnt, allein ich war von den verschiedenen Likören halb betäubt, so daß ich schon fest eingeschlafen war, ehe die Fahrt begann.

Mitten in der Nacht wachte ich auf. Ein Eisenbahner mit einer kleinen Lampe schüttelte mich und fragte nach meinem Reiseziel. Er sah mich mißtrauisch an, denn ich mußte erst meinen Fahrschein hervorsuchen, um ihm Auskunft geben zu können. Endlich brummte er:

»Hier ist Endstation! Anschluß um fünf Uhr früh!«

Ich nahm also meinen Rucksack auf und setzte mich in den leeren Wartesaal. Ich verspürte nun eine üble Nüchternheit, und auch an die Liköre hatte ich eine fade Erinnerung. Wieder kam mir der Einfall umzukehren, und wieder murmelte ich, allerdings schon bedeutend schwächer, mein »Rückkehr ist ausgeschlossen« vor mich hin. Allerlei lästige Gedanken tauchten auf, wie sie uns in den Morgenstunden solcher Unternehmungen zu beschleichen pflegen, so etwa der, daß es doch selbst in der Schule nicht langweiliger und ungemütlicher sei.

Ein anderer Umstand, der mich beunruhigte, lag in der Wahrnehmung, daß sich mein Zeitgefühl auf eine seltsame Weise zu verändern begann. So schien es mir ganz unglaublich, daß seit meiner Flucht noch nicht einmal ein voller Tag verstrichen war und daß, wenn ich zu Hause geblieben wäre, ich jetzt noch über vier Stunden im Bette liegen könnte, ehe Frau Krüger mich aus dem Schlafe wecken würde. Wie ich auch nachrechnen mochte — es blieb unzweifelhaft, daß ich mich nicht etwa schon seit einem Jahre, sondern erst seit wenigen Stunden auf dem Wege befand. Dieses Mißverhältnis hatte etwas Erschreckendes; es bestätigte mir mehr als alles andere, daß ich in ganz neue Bereiche eingetreten war.

Das Ungemütliche der Lage wurde gleichsam unterstrichen durch die Figur eines Stationsbeamten, der hin und wieder den Saal durchschritt, ohne mich eines Blickes zu würdigen, und den eine Witterung von behaglicher Geschäftigkeit und frisch aufgebrühtem Kaffee umgab. Er trug seinen Dienstrock bequem aufgeknöpft, und ein stattlicher Pfeifenkopf, dem er mächtige blaue Wolken zu entlocken verstand, hing ihm an einem gebogenen Mundstück bis zur Brust herab.

Sein Anblick erfüllte mich halb mit Neid, halb fühlte ich mich auf eine merkwürdige Weise durch ihn erquickt, wie ein Wanderer durch ein Licht, das er in großer Ferne neben seinem Wege leuchten sieht.

3

Am frühen Vormittag war ich in Trier. Hier kaufte ich Proviant: Weißbrot, Butter, Wurst und eine Flasche voll Wein. Nachdem ich in einem Papiergeschäft noch eine »Radfahrkarte der weiteren Umgebung von Trier« erstanden hatte, setzte ich mich auf einer der nach Westen führenden Straßen in Marsch. Ich sah, daß es noch ein gutes Stück bis zur Grenze war, die ich unter großen Vorsichtsmaßregeln bei Nacht und möglichst in einem dichten Walde zu überschreiten gedachte. Diesen Übertritt stellte ich mir als den schwierigsten Teil des Unternehmens vor.

Der Marsch, der hügelauf, hügelab durch eine mit Gehöften locker besäte Herbstlandschaft führte, munterte mich auf. Ich setzte meine kurze Pfeife in Brand und gab mich allerlei angenehmen Träumereien hin.

Diese Pfeife, die mein unzertrennlicher Begleiter war, steckte ich freilich jedesmal, bevor ich ein Dorf durchschritt, wieder ein, denn ich besaß Selbstkritik genug, um zu ahnen, daß sie zu meiner Erscheinung in einem komischen Widerspruch stand, und ein scherzhafter Zuruf hätte mich in meiner Würde gekränkt, auf die ich hielt wie ein Spanier. Übrigens schmeckte mir der Tabak wenig, und ich wagte nicht, mir einzugestehen, daß er mir manchmal sogar ausgesprochene Übelkeit bereitete. Obwohl der Genuß also fast lediglich in der Phantasie bestand, diente das Rauchen doch sehr zur Erhöhung meiner Gemütlichkeit. So hatte ich, bevor ich auf die Afrikabücher verfallen war, an denen ich mich berauschte wie Don Quijote am »Amadis von Gallien«, zu den eifrigen Lesern des »Sherlock Holmes« gezählt, und es war mir stets unmöglich gewesen, einen Satz zu lesen, in dem der Detektiv wieder einmal bedächtig seine kurze Pfeife entzündete, ohne daß ich sogleich eine Pause eingelegt hätte, um ihn durch ein Brandopfer zu bestätigen.

Während des Marsches hatte ich gut Zeit, mich mit meinen Ideen zu beschäftigen. Es waren vor allem zwei ganz verschiedenartige Einbildungen, in die ich mich versponnen hatte; sie erscheinen mir heute sonderbar genug, und es fällt schwer, ihnen aus einem veränderten geistigen Zustand heraus auch nur in ihren Umrissen Leben zu verleihen.

Die erste von ihnen bestand in einem starken Hange zur Selbstherrlichkeit, das heißt, in dem Wunsche, mir das Leben von Grund auf so einzurichten, wie es meinen Neigungen entsprach. Um diesen äußersten Grad der Freiheit zu verwirklichen, schien es mir nötig, jeder möglichen Beeinträchtigung aus dem Wege zu gehen, im besonderen jeder Einrichtung, die eine, wenn auch noch so entfernte, Verbindung zur zivilisatorischen Ordnung besaß.

Es gab da Dinge, die ich vor allem verabscheute. Zu ihnen gehörte die Eisenbahn, dann aber auch die Straßen, das bestellte Land und jeder gebahnte Weg überhaupt. Afrika war demgegenüber der Inbegriff der wilden, ungebahnten und unwegsamen Natur und damit ein Gebiet, in dem die Begegnung mit dem Außerordentlichen und Unerwarteten noch am ehesten wahrscheinlich war.

Dieser Abneigung gegen den gebahnten Weg gesellte sich eine zweite und nicht minder heftige gegen die wirtschaftliche Ordnung der bewohnten Welt. In diesem Sinne galt Afrika mir als das glückselige Land, in dem man vom Erwerb, und im besonderen vom Gelderwerb, unabhängig war. Man lebte da meiner Meinung nach auf eine andere Art, von der Hand in den Mund, indem man sammelte oder erbeutete. Diese unmittelbare Art, das Leben zu fristen, schien mir jeder anderen weit vorzuziehen. Schon früh war mir aufgefallen, daß alles in diesem Sinne Erbeutete, etwa ein in verbotenen Gewässern geangelter Fisch, eine Schüssel voll Beeren, die man im Walde gesammelt hatte, oder ein Pilzgericht in einer ganz anderen und bedeutenderen Weise mundete. Solche Dinge spendete die Erde in ihrer noch nicht durch Grenzen abgeteilten Kraft, und sie hatten einen wilderen, durch die natürliche Freiheit gewürzten Geschmack.

Auf diese Weise gedachte ich mir da drüben ein herrliches Leben zu bereiten, um so mehr, als ich auf den Beistand der Sonne rechnete. In einem Lande, das tagaus, tagein eine starke, wärmende Sonne erleuchtete, konnte man, wie ich glaubte, weder betrübt noch unzufrieden sein.

Auch wußte ich bereits, was ich mit dieser neuen Freiheit beginnen wollte. Zunächst war da das gefährliche Abenteuer, das nach allem, was ich gehört und gelesen hatte, nicht lange auf sich warten ließ. Ich zog seinen Kreis sehr weit und rechnete selbst den Hunger den Abenteuern zu. Konnte mir denn da drüben etwas zustoßen, das nicht abenteuerlich war? Für die Zerstreuung war also wohl gesorgt.

Dann aber gedachte ich mich durch die Betrachtung zu erfreuen. Ich strebte einem Lande zu, in dem alles bedeutender war. Sicher waren dort die Blumen größer, ihre Farben tiefer, ihre Gerüche brennender. Es schien mir jedoch, als ob die Leute, die das Glück gehabt hatten, in jenen Gegenden weilen zu dürfen, sich über diese Dinge ausschwiegen. Wenn man hört, daß einer einen Fisch gefangen hat, so möchte man doch das Tier mit jeder Faser, mit jeder Schmelzschuppe und mit jedem Farbspritzerchen sehen. Man möchte sich die Finger an den stachligen Auswüchsen seines Kopfes blutig ritzen und seinen Leib eng mit den Händen umspannen, um zu prüfen, wie glatt und feucht die Häute, wie stark und geschmeidig die Muskelzüge sind. Ich nahm mir vor, das nicht außer acht zu lassen, und gab mir das Versprechen, daß ich immer, wenn mir so ein fremdes Bild entgegentreten würde, wenigstens für einen Augenblick den Atem anhalten wollte, um dessen eingedenk zu sein, und sollte es mir auch noch so schlecht gehen.

Als ich an die Beeren oder an die Früchte dachte, die den unseren entsprechen mochten, schoß mir durch den Kopf, daß ich vielleicht am besten tun würde, mich drüben gleich nach der Landung abzusondern, um an der wilden Küste entlangzugehen. Man konnte dort von Muscheln leben, deren es doch an jedem Meeresstrand in Hülle und Fülle gab. So zeichnete sich bereits ein neuer Fluchtplan in den alten ein.

Eine andere Frage, die mich beschäftigte, war die, ob ich mir einen Kameraden suchen sollte oder nicht. Ich hielt es für schwierig, einen Begleiter zu finden, und das hing wohl damit zusammen, daß mir ein Mensch von zwanzig Jahren schon sehr alt erschien und im Grunde unfähig zu wirklichen Erlebnissen. Ich war immer geneigt, Mangel an Teilnahme und Abgestumpftheit gegenüber den Dingen vorauszusetzen, und vor allem eine Art der überlegenen Ironie, die ich scheute wie Brennesseln. Schon aus diesem Grunde war ich bestrebt, meine Flucht ganz abzudichten, denn ich wußte wohl, daß sie vielleicht für jeden anderen den Anstrich des Lächerlichen besaß. Gerade hiervor hatte ich Angst — so bereitete mir der Gedanke, daß man an der Grenze vielleicht auf mich schießen würde, ebensoviel Vergnügen, wie mich auf der anderen Seite die Aussicht beunruhigte, daß mich etwa ein friedlicher Zöllner in aller Gemütlichkeit festnehmen und abliefern könnte.

Immerhin spürte ich das Bedürfnis nach Mitteilung, das Bedürfnis, mich zuweilen einem Geiste von starkem und durchdringendem Verständnis anzuvertrauen, der die geheimen Wurzeln unserer Pläne und Taten mühelos erfaßt. Das bringt mich auf die zweite Einbildung, von der ich sprach: sie bestand darin, daß ich in der Tat wähnte, einer solchen geistigen Verbindung teilhaftig zu sein. Gern hätte ich dieses Verhältnis dem so skeptischen und gebildeten Leser des 20. Jahrhunderts unterschlagen, allein es gehört nicht nur zur Vollständigkeit, sondern auch zum Verlaufe des Berichts. Seine Vorgeschichte reichte weit in die Kindheit hinein und in die Zeit, in welcher der innere Horizont durch die Künste des Lesens und Schreibens noch keine Einschnürung erfahren hat.

Ehe wir daher die beschauliche Wanderung zur westlichen Grenze fortsetzen, ist wohl ein kurzer Rückblick angebracht.

4

Ich lag in meiner kleinen Kammer, die durch mein Bett und zwei große Schränke fast ausgefüllt wurde, und war noch vollkommen wach. Die Großmutter war zu Besuch gekommen und saß mit meiner Mutter in einem Nebenzimmer, dessen Tür geöffnet war. Ich sah durch den breiten Spalt den matten Lichtstrahl der mit einem roten, gekräuselten Seidenschirm verhüllten Lampe und hörte dem Gespräch der beiden Frauen zu, das sich mit allerlei Wirtschaftssorgen beschäftigte.

Indem ich so lauschte, wurde ich durch ein fremdes Geräusch überrascht, und zwar durch ein leises, langsames und gedämpftes Trommeln, das offenbar nicht im Nebenzimmer, sondern dicht neben meinem Bett erscholl. Allerdings ist das Wort Überraschung nicht ganz zutreffend, denn das Geräusch war zunächst so schwach, als ob Sandkörner auf ein Trommelfell fielen, aber der Anschlag steigerte sich langsam und eindringlich. Jedenfalls wurde ich keineswegs erschreckt; die Töne glichen einem Vorspiel, durch das der Sinn des Hörers verändert und auf ein besonderes Ereignis vorbereitet wird.

Ich richtete mich vorsichtig auf, während nebenan das Gespräch geruhsam weiterging. Nun wurde mir auch der Ursprung der seltsamen Klänge deutlich: sie rührten von einer Gestalt her, die sich auf den Stuhl gesetzt hatte, der wie gewöhnlich neben meinem Bett stand, und mit Verwunderung sah ich, daß sie sich einer großen, mit chinesischen Schriftzeichen bemalten Teekiste bemächtigt hatte, auf deren Deckel sie mit dem Fingerknöchel schlug. Dieser Teekasten war mit wohlbekannt; mein Vater hatte ihn von einem Soldaten gekauft, der aus dem Chinafeldzug heimkehrte und der ihn beim Brande des Kaiserpalastes erbeutet haben wollte. Er war seit langem geleert und wurde zur Erinnerung an den unvergleichlichen Tee, dessen Duft noch in ihm haftete, unter anderen Dingen auf einem der Schränke verwahrt.

Der Besucher war groß, in mittleren Jahren und von schwerfälliger Figur. Sein Gesicht war häßlich und erinnerte an eine jener Rüben, wie man sie als Kind mit dem groben Messer zurechtzustutzen liebt. Dennoch wirkten die Züge nicht abstoßend; dies verhinderte ein Ausdruck von gutmütiger Melancholie. Ich fühlte mich in späteren Jahren zuweilen an dieses Gesicht erinnert, wenn ich in alten Prachtwerken die Kupferstiche von Tony Johannot betrachtete.

Kaum hatte ich diesen unerwarteten Gesellschafter, der in ein graues, unscheinbares und grob zugeschnittenes Gewand gekleidet war, ins Auge gefaßt, als ich auch schon ein starkes Gefühl der Überlegenheit empfand. Ein solches Besserwissen mag ein großstädtischer Knirps, der während der Sommerfrische in den Scheunen und Ställen eines Gehöftes seine Entdeckungszüge unternimmt, einem alten Knecht entgegensetzen, mit dem er ins Plaudern kommt. Übrigens schien mein Besucher gar nicht darüber beleidigt, daß ich mich in dem lebhaften Gespräch, das sich gleich zwischen uns entspann, ganz unverhohlen über ihn lustig zu machen suchte; es trat im Gegenteil der gutmütige Zug seines Gesichtes immer stärker hervor, und er verfolgte meine Späße wie ein Bauer, der ein Füllen auf der Weide umherspringen sieht. Es begegnete mir hier zum ersten Mal in meinem Leben, daß ich einem anderen und im Grunde stärkeren Geiste an Intelligenz überlegen war und daß dieser andere sich darüber freute; dieses Verhältnis hat mich immer gerührt.

Unser Gespräch war ohne Zweifel merkwürdig, und ich bedauere, daß ich es nicht wiedergeben kann, obwohl seine geheime Figur sich deutlich in meinem Gedächtnis erhalten hat. Die Unterhaltung wurde geführt, indem ich flüsterte und er murmelte; man würde ihren Inhalt wahrscheinlich recht belanglos finden, denn sie drehte sich in der Hauptsache um allerlei Hausgerät. Wir unterhielten uns über Gegenstände, wie sie auf dem Boden, im Keller, in der Küche stehen, kurzum über alles, was zur kleinen Welt des Haushalts gehört.

Alle diese Dinge kannte ich natürlich gut, und ich merkte bald, daß auch der Fremde eine genaue Kenntnis von ihnen besaß. Der eigentliche Witz des Gesprächs bestand nun darin, daß der Besucher sie ganz merkwürdig ausdeutete, ihnen besondere und weither geholte Eigenschaften gab und offenbar das Bestreben besaß, ihnen ein eigenes Leben zuzuschreiben, während ich ihn zu berichtigen und ihm ihre wahre Bedeutung zu erklären hatte.

Das Spiel erheiterte mich außerordentlich, und ich brannte jedesmal auf den Augenblick, in dem ich sagen konnte: »Der Rücheneimer ist doch zum Aufwaschen« oder: »Der Großvaterstuhl ist doch zum Sitzen da.« Damit zwang ich dann auch dem Fremden ein Lächeln ab, als hätte ich ihm die unerwartete Auflösung einer Scherzfrage genannt. Dennoch war er jeder Aufklärung unzugänglich; er nahm jede einzelne Antwort nur an, um gleich darauf wieder zu einem anderen Gegenstande überzugehen.

Es ist schade, daß mir gerade der wichtigste Teil dieses Gespräches, nämlich die Begründungen des Fremden, die ohne Zweifel merkwürdig waren, so ganz entfallen ist. Es gibt ja auch in Träumen eine Schicht, die schnell verblaßt. Eine Vorstellung davon gewinnt man vielleicht, wenn man an die riesigen Höllenlandschaften denkt, mit denen Hieronymus Bosch Schule gemacht hat und auf denen sich ein ungeheures Arsenal von bösartig gewordenen Werkzeugen gegen den Menschen in Bewegung setzt. Der Unterschied war aber der, daß der Fremde den Gegenständen eine durchaus gutmütige Erklärung gab; er schrieb ihnen ein schwerfällig träumendes Dasein zu. Er suchte mich in ihren Kreis einzuführen wie in die Kammer eines alten Dieners, von dem man eines Tages mit Erstaunen entdeckt, daß er auch eine eigene Existenz besitzt.

Wir unterhielten uns neben vielen anderen Dingen auch über die Einrichtung der Speisekammer und über die beiden Hühnchen, die dort auf den Kochtopf warteten. Ich freute mich schon auf den Schmaus, und um so mehr verdroß es mich, daß der Fremde sie als ganz schlecht und ungenießbar bezeichnete. Während wir darüber noch hin und her redeten, schlief ich mitten in der Unterhaltung ein.

Am nächsten Morgen hatte ich den Besucher schon vergessen, und nicht die Erinnerung an ihn, sondern die kindliche Lüsternheit war es, die mich gleich nach dem Betreten der Küche veranlaßte, mich bei unserem Mädchen nach den Hühnchen zu erkundigen. Um so betroffener war ich, als ich erfuhr, daß sie über Nacht verdorben waren und daß man sie schon in der Frühe fortgeworfen hatte. Wirklich sah ich sie, schon halb von Müll bedeckt, im Ascheneimer liegen, und dieser Anblick flößte mir Unbehagen ein. Er erinnerte mich sofort und in jeder Einzelheit an den Fremden, dessen Vorhersage also eingetroffen war, und erst jetzt wurde mir beklommen zumut. Ich schlich mich leise hinaus und machte eine Anstrengung, die der gleicht, mit der man etwas hinunterzuschlucken sucht. Eine Ahnung sagte mir, daß dies eine Angelegenheit sei, über die man nicht mit den Großen sprechen dürfe, ja die man am besten auch in sich selbst ausmerzen müsse, so daß nichts von ihr zurückbliebe.

Meine gute Mutter, der ich erst sehr viel später davon erzählte, meinte dazu, daß ich wohl im Halbschlafe gehört hätte, wie sie mit der Großmutter auch über diese Hühnchen sprach, und die Erklärung erscheint mir, wenn man die lebhafte Einbildung der Kinder bedenkt, einleuchtend.

Merkwürdig bleibt jedoch die Kraft des Eingebildeten, die uns in nicht geringerem Maße bewegt als die mit Händen greifbare Wirklichkeit und die sich darin äußerte, daß der graue Gast mir noch manches Mal und auf lange Zeit hinaus erschien; er war für mich bald kein Fremder mehr. Allerdings sah ich ihn nie wieder in solcher Deutlichkeit.

Ich begegnete ihm fortan meist im ersten Schlaf, und zwar immer an ein und demselben Ort, nämlich in einem alten, weitläufigen Gebäude, das halb an ein Schloß, halb an eine verfallene Mühle erinnerte. Manche Räume dieses Gebäudes waren noch eingerichtet, andere bestanden fast nur noch aus vermodertem Holz, so ein spitz abgedeckter Wehrgang, den ich häufig betrat und der aus feuchten, grün überzogenen

Balken errichtet war, wie man sie zuweilen in Mühlgräben liegen sieht. Manchmal fand ich mich schon mitten in dem verschlungenen Bauwerk vor, manchmal schritt ich erst durch eine düstere Tannenlandschaft darauf zu. Sowie ich das Tor erreicht hatte, gesellte sich der Begleiter mir zu und blieb neben mir, während ich, oft gelangweilt, oft aber auch geängstigt, das Labyrinth der Kammern und Gänge durchschritt.

Aus diesen Träumen erwachte ich mit Unbehagen und lag lange regungslos im Dunkeln, während ich mich bemühte, mir das alte Gebäude zu vergegenwärtigen und es in meiner Vorstellung wieder aufzubauen. Wunderbarerweise aber zerflossen seine Formen und Umrisse um so mehr, je schärfer ich meine Gedanken anstrengte, sie mir zu verdeutlichen.

Ich hatte das Gefühl, daß, wenn mir das gelänge, sich auch die Auflösung der rätselhaften Träume ergeben würde, ihre Bedeutung für die Wirklichkeit. Allein die Räume schienen sich bei jedem neuen Besuche zu verändern gleich Architekturen einer noch flüssigen und nebelhaften Welt, die erst entstehen wollte, oder sie schlossen sich in anderen Teilen auf, und nur eine unbestimmte Erinnerung sagte mir, daß ich schon früher in ihnen geweilt hatte. Manchmal wollte es mir auch scheinen, daß ich mich an ganz anderen Orten, etwa in der Schule, auf Reisen oder in einem Dorfe befände, bis mir plötzlich ein geheimes Kennzeichen verriet, daß ich in dem alten Schlosse war.

Dieser Traum zog sich über Jahre hinaus, oft fast verblassend, dann wieder steigerte er sich zu einer leuchtenden Deutlichkeit. Im Laufe der Zeit wurde die Gestalt meines Begleiters immer schattenhafter, allein ich erkannte sie noch, als ich mich zum letzten Mal in dem öden Bauwerk befand. Dieses letzte Mal unterschied sich von allen anderen dadurch, daß ich das Gebäude auch wieder verließ, was bisher noch nie geschehen war.

Ich trat in den Tannenwald hinaus, dessen Bäume inzwischen zu einer ungeheuren Höhe emporgewachsen waren und weit voneinander entfernt standen. Jeder hatte einen

Bannkreis um sich. Von einer eigentümlichen Kraft belebt, schritt ich aus. Während in dem alten Schlosse das Auge die Dinge nur in trüben Umrissen und wie durch einen grünlichen Nebel hindurch zu entziffern vermocht hatte, waren sie hier auf das schärfste ausgeprägt: der Blick durchdrang einen unbewegt ruhenden, luftleeren Raum. Bald bemerkte ich, daß ich mich im Besitz eines gesteigerten Bewußtseins befand. Nicht nur vermochte ich jede Verzweigung des Geästes, jede Unebenheit der Rinden und Borken zu betrachten wie durch ein starkes Vergrößerungsglas, sondern auch die große Gliederung des Raumes war wie auf einer gestochenen Landkarte einzusehen.

So sah ich nicht nur vom Boden aus die Landschaft, die ich durchwanderte, sondern ich beobachtete aus raubvogelhafter Höhe mich selbst noch einmal innerhalb dieser Landschaft, die von riesenhafter Ausdehnung war, ja die Erde ganz zu bedecken schien. Und ich sah in großer Entfernung, in der Entfernung von Jahren, ein anderes Wesen durch die ausgestorbenen, mit weißgrünen Flechten verhangenen Wälder auf mich zuschreiten, ich sah unseren Weg wie durch Magnetnadeln bestimmt. In diesem Augenblick hörte ich laut den Namen »Dorothea«, allein ich hörte ihn nicht als Ruf, sondern erriet ihn aus einem vierfachen Klang, der dem vollen Anschlag an zwei goldene und zwei silberne Glocken glich.

Das Gefühl der Erheiterung, mit dem ich erwachte, war außerordentlich. Es gibt ja in diesen Jahren eine Art der Trunkenheit, als ob die Luft berauschend sei.

Während der erste Besucher immer tiefer in den Traum zurückgewichen war, trat Dorothea immer deutlicher aus ihm hervor. Zwar blieben ihre Züge unbestimmt, doch das erhöhte ihre Anziehung. Es ging ein Hauch der großen Jugend und wälderhaften Frische von ihr aus, und es schien mir, als sprühe ein Knistern wie vom Bernstein von ihr ab. Im Gegensatz zu dem schwerfälligen Kobold war sie von sprühender Intelligenz. Ich hatte ein starkes Zutrauen zu ihr. Es war, als ob man auf gefährlicher Wanderschaft von einem

Kameraden begleitet würde, der über eine Sicherheit verfügte, vor der man die Bedrohung ganz vergaß.

Allmählich gelang mir eine immer dichtere Annäherung; die Gedanken zogen langsam den Traumstoff in die Wirklichkeit hinein. Im Augenblick jedoch, in dem ich diese Annäherung beschreiben will, fühle ich, daß ich im Dunkeln tappe wie jemand, der den Schwarzen Mann beschreiben soll, von dem er doch in seinem dritten Lebensjahre eine Vorstellung besaß.

Ich entsinne mich nurmehr an Einzelheiten, wie etwa an die, daß ich mit vierzehn Jahren eine leidenschaftliche Jagd auf Schmetterlinge zu treiben begann. In dieser Zeit begegnete es mir häufig, daß mir auf Blütentrauben und Dolden eine neue Form ins Auge fiel, und jedesmal war ich überrascht und tief erheitert wie durch den Einfall eines Geistes von höchst erfinderischer Kraft. In solchen Augenblicken fühlte ich Dorothea ganz nahe, und ich zögerte noch eine kurze, köstliche Weile, ehe ich die Beute ergriff.

Die Falter spielten also die Rolle des Talismans. Aber nicht sie allein, sondern das Schöne überhaupt, gleichviel in welche Formen und Gegenstände es sich kleidete, rief diese Anziehung hervor. Dasselbe galt für das geistige Ebenmaß; wenn ich einen wohlgebildeten Gedanken oder einen ins Schwarze treffenden Vergleich las oder hörte, fühlte ich mich häufig wie durch eine ausgestreckte Hand an den Schläfen berührt — ja ich gewöhnte mich daran, das körperliche Gefühl als Maßstab zu nehmen, und es kam vor, daß mir das eigentliche Verständnis erst nach der Überraschung aufleuchtete. Die Fähigkeit blieb mir erhalten; sie half mir später, als ich zu arbeiten begann, mich in den Bibliotheken und Galerien zu bewegen wie in Wäldern, in denen man Pilze sucht, oder auch während einer Unterhaltung den Sprechenden selbst aufs Korn zu nehmen wie ein Tier, das hinter dem verschlungenen Gebüsch der Worte und Meinungen erscheint.

Diese kurze, blitzartige Berührung war aber nicht die einzige, die mich mit Dorothea verband. Ich fühlte ihre Nähe auch, wenn ich mich wie hier auf dieser Landstraße im Zweifel befand. Wenn ich, wie eben jetzt, den Entschluß faßte, einfach vorwärtszugehen, so wußte ich, daß Dorothea ihn verstand, und ich fühlte ihre Zustimmung wie einen elektrischen Funken, der überspringt, oder wie ein Signal, das in der Ferne erklingt.

Ich war also nicht ohne Mittel, denn Dorothea gehörte zu meinem Eigentum. Ihr Traumbild sollte sich als wertvoller erweisen, als ich vermutete.

Doch kehren wir zur Wirklichkeit zurück.

5

Mit diesen Dingen beschäftigt, legte ich, fast ohne es zu merken, eine tüchtige Wegstrecke zurück. Daß am Nachmittag ein feiner, staubartiger Regen zu fallen begann, war mir nicht unangenehm, denn es erhöhte die Einsamkeit. Überhaupt gehörte es zu meinen Neigungen, bei dichtem Regen spazierenzugehen. Ich besitze dafür noch heute eine Vorliebe als für eine der wenigen Gelegenheiten, bei denen man in unseren Breiten im Freien ungestört seinen Gedanken nachhängen kann. Wenn man, in einen undurchlässigen Mantel gehüllt, im Unwetter die großen Wälder durchstreift, dann ist man selbst in der Nähe der Großstädte so unbehelligt wie der Taucher auf dem Meeresgrund.

Da ich wieder Hunger verspürte, bog ich, um Rast zu halten, in ein enges Bachtal ab, das sich im Wald verlor. Unter einer dichten Gruppe von Kiefern war der Boden noch trocken; hier breitete ich meinen Mantel aus und sammelte für das erste Lagerfeuer die aufgeblätterten Kiefernzapfen ein.

Das Brot war durch die Nässe schon etwas schwammig geworden; ich hielt mich also an die Wurst und den Wein. Es fiel mir ein, daß ich gut tun würde, zu erproben, ob ich auch meiner Lage angemessen bewaffnet war, und ich beschloß, eine kleine Schießübung zu veranstalten, um den Revolver einzuweihen. Ich wählte mir ein Kiefernstämmchen zum Ziel

und sah mit Vergnügen, wie bei den Schüssen der rote Bast
absplitterte und die klaren Harztröpfchen aus dem zerrisse-
nen Holz herabträufelten.

Während ich sodann, mit dem Rücken an einen Baum-
stamm gelehnt und mir die Füße wärmend, das Feuer betrachtete, dessen Glut allmählich unter einer weißen Aschenschicht verblätterte, verfiel ich auf ein sonderbares Spiel. Es
bestand darin, daß ich die geladene Waffe an die Brust setzte
und den Abzug langsam bis zum Druckpunkt zurückspielte.
Mit gespannter Aufmerksamkeit sah ich den Hahn steigen,
bis er in Feuerstellung stand, indes der Druck am Daumen
sich verminderte wie bei der Waage, die ihr Gleichgewicht
gefunden hat. Während dieses Spieles hörte ich, wie der
Wind ganz leise den Stamm bewegte, an dem ich saß. Je
mehr ich mit dem Daumen vorwärtstastete, desto lauter
rauschten die Zweige, aber seltsamerweise trat, wenn ich den
entscheidenden Punkt erreicht hatte, eine völlige Stille ein.
Ich hätte nie gedacht, daß es im Tastgefühl so feine und be-
deutungsvolle Unterschiede gibt. Nachdem ich diese Zeremonie einige Male wiederholt hatte, packte ich das kleine Instrument, dem man eine solche halb unheimliche, halb süße
Melodie entlocken konnte, in den Rucksack ein.

Der Verlauf dieser einsamen Waffenweihe erfüllte mich
mit Befriedigung. Leider aber wurde die angenehme Stimmung gleich darauf durch eine unerwartete Entdeckung be-
einträchtigt. Schon am Vormittag hatte ich den Weg, den ich
zurücklegen wollte, mit Bleistift angestrichen; als ich nun, um
mich über die Fortschritte meiner Wanderschaft zu unterrichten, die Karte öffnete, fiel mir ein ärgerlicher Irrtum auf.
Jenseits der Grenze las ich, in so weit voneinander abgesetz-
ten Buchstaben, daß ich sie ganz übersehen hatte, das Wort
»Luxemburg«. Es war also gar nicht die französische Grenze,
auf die ich mich zubewegte, sondern die eines Landes, von
dem ich noch kaum gehört hatte. Ich mußte den Plan ändern
und beschloß, mich nach Metz zu wenden, um dort einfach in
einen Zug zu steigen, der über die Grenze fuhr.

Kurz vor dem Bachtal hatte ich einen kleinen Bahnhof

durchquert; ich kehrte dorthin zurück und wartete auf den nächsten Zug. Es war eine Kleinbahn, die durch die Gegend schlich und die ich noch zweimal wechseln mußte; die Namen der Haltestellen, welche die Schaffner ausriefen, waren böhmische Dörfer für mich. Die Landleute, die einstiegen, unterhielten sich in einem fremdartigen Dialekt; sie trugen mit ihren Kleidern einen feuchten, warmen Dunst in das Abteil, der behaglich einschläferte. Erst am Abend lief der Zug in den großen und prunkvollen Metzer Bahnhof ein.

Im Schein der Bogenlampen fühlte ich mich unbehaglich; es fiel mir auf, daß meine Kleidung sich bereits in einem gewissen Verfall befand. Die Stiefel waren von einer Schlammkruste bedeckt, der Anzug war durch die Feuchtigkeit gekräuselt, der Kragen aufgeweicht. Auch war ich der Meinung, daß mein Gesicht sich verändert hätte, und die musternden Blicke der Vorübergehenden bereiteten mir Scheu.

Wenn ich mich auch bald in Gegenden zu befinden hoffte, in denen solche Kleinigkeiten keine Rolle spielten, so wurde ich doch jetzt von einem mir neuen Gefühl der Deklassierung bedrückt. Ich merkte hier, daß man die Stärke der Gesellschaftsordnung erst erfährt, wenn man sich aus ihr herausbegeben hat, und daß man von Dingen, auf die man gemeinhin kaum achtet, weit abhängiger ist, als man denkt.

Immerhin war der Zustand noch nicht so weit vorgeschritten, daß keine Abhilfe möglich war. Ich suchte die Bäder auf, die in die Tiefe des Bahnhofes wie antike Katakomben eingelassen waren, und während ich mich im heißen Wasser brühte, wurden die Sachen durch einen Badediener wieder instandgesetzt. Dann löste ich mir gleich eine Fahrkarte nach Verdun für den Zug, der am nächsten Mittag fahren sollte, und begab mich, um eine Unterkunft zu suchen, in die Stadt.

Unter den kleinen Hotels in den Seitengassen wählte ich lange, ehe ich eins fand, das verwahrlost genug aussah, um für einen Unterschlupf passend zu sein. Wer sich auf Abwegen befindet, fühlt sich von den dunklen und zweifelhaften Orten angezogen: das erleichtert die Arbeit der Polizei. Das Zimmer, in dem ich die Nacht verbringen sollte, sah denn

auch wie eine Räuberhöhle aus, und der Kellner, der es auf-
schloß, hatte eine unangenehme, mondscheinblasse Vertrau-
lichkeit.

Obwohl ich sehr müde war, ging ich noch einmal aus und
wurde, durch die engen und gewundenen Gassen schweifend,
bald von einer Stimmung ergriffen, wie sie uns zuweilen in
fremden Städten befällt. Ein geschäftiges Treiben, zu dem
wir in keiner Verbindung stehen, zieht an uns vorüber wie
die Szenen eines chinesischen Theaters oder wie die Bilder
einer Laterna magica. So empfand ich einen dunklen Genuß
beim Anblick der beleuchteten Hauseingänge oder der Spie-
gelscheiben der Cafés, und es kam mir vor, als ob hinter ihnen Höhlen verborgen wären, von geheimen und wunderlichen Tätigkeiten erfüllt. Die Menschen, die auf den Straßen
wimmelten, schienen mir fremdartig, als ob ich sie durch ein
Fernrohr betrachtete, dabei hatte ihr Umtrieb etwas Leichtes, Traumhaftes, wie in einem Puppenspiel. Dieser Eindruck
stellt sich ein, wenn man an den handgreiflichen Absichten
des Lebens unbeteiligt ist; er wurde verstärkt durch Tausende von Soldaten, die die Straßen und Plätze der alten Grenz-
stadt durchfluteten. Es ging von diesen in blaue Uniformen
gekleideten Massen ein Hauch sowohl der Urkraft als auch
des Spielerischen aus, wie er jeder großen Truppenansamm-
lung eigentümlich ist.

Spät kehrte ich in mein Zimmer zurück und verfiel sogleich in einen tiefen Schlaf. Mitten in der Nacht erwachte
ich und sah, in halber Betäubung, daß der Raum in hellem
Mondschein lag. Seltsamerweise war die Türe, die ich fest
verschlossen hatte, leicht angelehnt, und ich bemerkte eine
weiße Hand, die sich langsam durch den Spalt schob. Diese
Hand erfaßte vorsichtig den Stuhl, auf den ich meine Kleider
gelegt hatte, und hob ihn leise hinaus. In dem verworrenen
Zustand, in dem ich mich aufgerichtet hatte, war ich kaum
überrascht, sondern dachte, daß hier wohl der Hausknecht
seines Amtes walte, um meinen Anzug auszubürsten, und
sank gleich wieder in den Schlaf zurück.

Als ich, recht spät am Vormittage, aufstand, fiel mir der

Vorgang dunkel wieder ein. Er schien mir nun doch etwas sonderbar, und ich glaubte, ich hätte ihn geträumt. Mit einem dumpfen Erstaunen stellte ich jedoch beim Anziehen fest, daß meine silberne Konfirmationsuhr verschwunden war. Ebenso fehlte das kleine Geld, das ich in der Hosentasche getragen hatte; meine Börse hatte ich, freilich unabsichtlich, im Rucksack aufbewahrt, der neben dem Bette lag.

Nachträglich verspürte ich ein unangenehmes, eisiges Gefühl, als ob ein Tier durchs Zimmer gekrochen wäre, und ging eilig nach unten, wo mich der Kellner mit einem verdächtigen Lächeln und der Frage, ob ich frühstücken wolle, empfing. Ich wollte jedoch nur bezahlen, und während er mir auf ein Zehnmarkstück wiedergab, hatte ich das Gefühl, daß eine gemeinsame Schuld uns in einer niederen Sphäre schweigend verbände.

6

Da ich nun auf Nacht und Nebel verzichten wollte, hatte ich mir die Rolle eines jungen Mannes zurechtgelegt, der in Frankreich Sprachstudien zu treiben gedenkt. Wenn man solche Winkelzüge beabsichtigt, kommt es vor allem darauf an, daß man selbst an sie glaubt. Ich hatte mir daher eine Fahrkarte zweiter Klasse gelöst und dachte, daß ein gutes Mittagessen dazu beitragen würde, mir die nötige Sicherheit zu verleihen.

Das zu erreichen war um so weniger schwierig, als in Metz die französische Küche ihre Vorposten besitzt, und so fand ich mich denn bald in einer gläsernen Veranda nahe am Bahnhof im Scheine der Herbstsonne vor einer Flasche Haut-Sauternes, dessen Tropfen wie Öl am Glase hafteten, und mit einem Vorgericht von einem Dutzend Weinbergschnecken beschäftigt, die auf den die Stadt umhegenden Hängen besonders köstlich gedeihen.

Die Bewirtung war trefflich, und nach mancherlei gastronomischen Vorbereitungen fühlte ich mich im Besitz einer genügenden Kaltblütigkeit, um ohne Reisepaß über die

Grenze zu gehen. Nicht nur die Schneider machen Leute, sondern auch die Gastwirte, und nach einem üppigen Mahl betritt man die Straße mit einem besonderen Gefühl der Sicherheit.

Das Abteil war fast leer; in seinen Polstern saßen nur eine alte Dame in schwarzem Seidenkleide und ein junger Offizier, der eine mit roten und blauen Zeichen bedeckte Karte betrachtete. In meiner gehobenen Laune trieb ich den Stil der offenen Sicherheit wohl etwas zu weit, denn ich zündete mein Pfeifchen an und paffte munter drauf los. Das trug mir einen entrüsteten Blick der alten Dame ein, die ihr Fenster öffnete und es mit einem starken Ruck herunterfallen ließ, während den Offizier mein Anblick zu erheitern schien. Auf der nächsten Station stieg sie aus, und nicht lange darauf verließ auch der Leutnant das Abteil; gleichzeitig entstiegen den Wagen der dritten Klasse einige Gruppen Infanterie.

Der Zug rollte dann noch kurze Zeit und hatte einen längeren Aufenthalt. Plötzlich durchschoß mich der Gedanke, daß hier vielleicht bereits die Grenze sei. Ich trat ans Fenster, und mein erster Blick fiel auf zwei in grüne Uniformen gekleidete Gendarmen, die an den Wagen entlangschlenderten. Von einem unwillkürlichen Schrecken erfaßt, fuhr ich zurück — das war nicht richtig, denn gleich darauf öffnete sich die Tür, und die beiden traten in das Abteil ein.

Der eine, der einen großen roten Vollbart trug, musterte mich und fragte mit einer schrecklichen Baßstimme:

»Nun, wo wollen wir denn hin?«

Offenbar billigte er mir diese Mehrzahl zu, weil er im Zweifel war, ob ich schon mit Sie anzureden sei. Meine Antwort, die ich mir bereits sorgfältig zurechtgelegt hatte, lautete:

»Ich will nach Verdun zu einer bekannten Familie, bei der ich die französische Sprache erlernen soll.«

Der Rotbart drehte sich nach seinem Kameraden um, dem ein gutmütigeres Temperament innezuwohnen schien; dieser nickte und begnügte sich mit den Worten:

»Das gibts.«

Diese philosophische Sentenz schien jedoch den Rotbart nicht ganz zufriedenzustellen, denn er fragte, nachdem er sich prüfend im Abteil umgesehen hatte:

»Was haben wir denn da in dem Rucksack drin?« und schickte sich an, dieses mein einziges Gepäckstück einer gründlichen Untersuchung zu unterziehen.

Diese Möglichkeit hatte ich freilich nicht berücksichtigt, und ich hielt meine Flucht bereits für gescheitert, denn plötzlich fiel mir der scharf geladene Revolver ein. Allein ich hatte Glück, denn das erste, was er zu Gesicht bekam, war das große Afrikabuch, das ihm schon durch seine Schwere zu imponieren schien, denn er wog es einen Augenblick in der Hand und legte es dann, ohne es zu öffnen, wieder zurück. Wahrscheinlich hielt er es für ein französisches Lexikon und ließ sich durch den gelehrten Anschein täuschen, obwohl er eigentlich von Berufs wegen wissen mußte, daß im Menschen starke Gegensätze verborgen sind und daß man zuweilen auf unerwartete Dinge stößt, wenn man sein Gepäck bis zum Grunde untersucht. Jedenfalls schien ihn der Anblick des Buches von meiner Harmlosigkeit überzeugt zu haben, denn er legte die Hand an die Mütze, was er beim Eintreten nicht getan hatte, und verabschiedete sich sogar mit den Worten:

»Ich wünsche Ihnen eine gute Fahrt.«

Ich hatte also im Laufe unserer kurzen Bekanntschaft gewonnen; hätte er sich indessen etwas länger mit meinem Rucksack beschäftigt, so würde er wohl mit ebenso großer Selbstverständlichkeit und vielleicht mit größerem Vergnügen zum Du übergegangen sein. Gleich darauf fuhr der Zug wieder an, und die Grenze lag hinter mir.

Das kleine Zwischenspiel schien Zuschauer gehabt zu haben; wenigstens stieg gleich nach der Abfahrt ein Schaffner zu mir ein und machte sich über den Gendarmen lustig, indem er mit den Händen über seine graue Bluse strich, als ob er dort einen großen Vollbart streichelte. Von ihm vernahm ich die ersten französischen Sätze und freute mich, daß ich sie dem Sinne nach verstand. Weniger erfreut war ich über das Einverständnis, das er zwischen uns vorauszusetzen schien. Ich besaß noch keine Vorstellung von dem Unterschied, der zwischen den Gelüsten der Übermütigen und denen der Unterdrückten besteht, doch machte ich die Erfahrung, daß man in demselben Maße, in dem man sich von der Autorität entfernt, allerlei zweifelhafte Bundesgenossen gewinnt.

In Verdun erfuhr ich gleich am Bahnhof aus der Inschrift eines Denkmals, die ich zu entziffern suchte, daß ich mich in einer alten, berühmten Stadt befand. Auch hier waren die Straßen schmal und durch Festungsgürtel zusammengeschnürt. Auch hier flanierten Tausende von Soldaten sorglos auf und ab; dieser Anblick wirkte wie ein Spiegelbild, das die Kräfte jenseits der Grenze erst in ihre Bedeutung erhob. Der Gedanke, diese mächtigen Aufstellungen willkürlich der Quere nach durchschnitten zu haben, erhöhte das Gefühl der Einsamkeit auf eine nicht unangenehme Art.

Durch die Erfahrungen der vergangenen Nacht gewitzigt, sah ich mich nach einem vertrauenerweckenden Gasthof um. Aus der Tür eines geräumigen Hauses, die »Cloche d'Or« oder die »Goldene Glocke« genannt, leuchtete jener warme Schimmer, der dem Wanderer Gutes verspricht. Ich trat ein und wurde von einer rundlichen Wirtin empfangen, die mir ein Zimmer anwies, in dem ein mächtiges Himmelbett stand. Nachdem ich die Wäsche gewechselt hatte, stieg ich in eine kleine Gaststube hinab, wo einige junge Soldaten in blauroten Uniformen mit ihren Mädchen tafelten.

In dem Gefühl, den schwierigsten Teil meiner Flucht nunmehr überstanden zu haben, bestellte ich eine große, zart gebräunte Omelette nebst einer Karaffe voll rotem Wein und trank mir zu. Der Wein schmeckte mir — ich bemerkte, daß ich in der Kunst des Trinkens, die letzten Endes auf eine innere Astronomie hinausläuft, Fortschritte zu machen begann. Das hing wohl damit zusammen, daß ich eines Zusatzes bedürftig war, denn wenn man auf Abenteuer zieht, muß man das volle Gegengewicht der Welt in sich tragen, die man erobern will.

In der Absicht, nun die letzte Nacht auf bürgerliche Weise
zu verbringen, suchte ich mein Lager auf. Es störte mich zunächst, daß ich nur ein Deckbett vorfand, das nicht viel größer als ein Kopfkissen war. Endlich entdeckte ich, daß eine
wollene Decke sinnreich um die Matratze geschlungen war,
so daß, wenn man sich durch einen schmalen Spalt gezwängt
hatte, man wie in einer warmen Tasche geborgen war.

In dem Bewußtsein, daß mich hier kein Mensch auf der
Welt vermuten würde, schlief ich ein wie ein Tier in seinem
Nest.

7

An nächsten Morgen begab ich mich gleich, nachdem ich
zum Frühstück eine große Tasse Milchkaffee getrunken hatte, in die Stadt.

Ich gedachte mich nach der Fremdenlegion zu erkundigen
und hatte mir sorgfältig einige Sätze für diese Frage präpariert, allein sobald ich sie anwenden wollte, verschloß mir
eine eigentümliche Verlegenheit den Mund. Es kam mir vor,
als ob ich die Bürger, die hier ihren friedlichen Geschäften
nachgingen, durch ein Anliegen erschrecken wollte, das völlig außerhalb ihres Bereiches lag. Verschiedene Male hielt
ich einen von ihnen an, aber es war mir jedesmal, als ob ich
im Begriffe stünde, mich nach dem Weg zum Monde zu erkundigen. Ich begnügte mich daher, nach irgendeinem Stra-
ßennamen zu fragen, an den ich mich gerade erinnerte, und
holte mir auf diese Weise eine Reihe von liebenswürdigen
Auskünften ein. So floß der Tag dahin, und als die Gaslater-
nen zu brennen begannen, kehrte ich in die »Goldene Glok-
ke« wie in einen sicheren Schlupfwinkel zurück.

Auch während des nächsten Tages fühlte ich mich auf dieselbe Weise befangen wie in einem magischen Kreis. Ich verbrachte ihn, indem ich die Kasernen und öffentlichen Gebäude umstrich, um nach Schildern auszuspähen, denn ich hatte
die Vorstellung, daß es eines geben müsse, auf dem etwa
»Eintritt zur Fremdenlegion« stand. Alle diese Erkundungen

blieben jedoch ergebnislos. Der kalte Sprühregen begann wieder zu fallen und hüllte die Festung in graue Schleier ein. Ich verfiel in einen Zustand der Mutlosigkeit, der sich bis zu dem seltsamen Gedanken steigerte, daß es ein Ding wie die Fremdenlegion vielleicht gar nicht gebe, sondern daß es am Ende von den Zeitungsschreibern erfunden sei.

Die rundliche Wirtin hatte bereits eine fürsorgliche Vorliebe für mich gefaßt. Auf dem Marmorkamin stand neben der in einem gläsernen Gehäuse tickenden Uhr ein Teller mit blauen Trauben und Pfirsichen. Ich hatte eine Art erfunden, den brennenden Leuchter auf den Bettpfosten zu stellen, während die Vorhänge dicht zugezogen waren, so daß ich in dem Bett wie in einer erleuchteten Höhle lag. Auf diese Weise. vor der Welt gesichert, sprach ich dem Obste zu, blätterte in dem großen Afrikabuch und steckte mir auch zuweilen eine Pfeife an. Dabei dachte ich über meine Lage nach.

Der Rest des Schulgeldes betrug immer noch fünfzig Mark — ich konnte also noch eine Reihe von Tagen auf diese unbestimmte und treibende Weise zubringen. Da ich fühlte, daß der Besitz mich in meiner Freiheit behinderte, beschloß ich, mich gleich in der Frühe seiner zu entledigen wie einer Planke, die man von sich stößt, wenn man schwimmen will. Auch nahm ich mir das Versprechen ab, den ersten Polizisten, der mir begegnen würde, anzuhalten, und übte mir die nötigen Sätze ein.

Nachdem ich am Morgen die bescheidene Zeche beglichen und mir von der Wirtin eine gute Reise hatte wünschen lassen, brach ich mit frischen Kräften auf. Ich hatte vor, unverzüglich ans Werk zu gehen.

Meine Schritte führten mich zu den Markthallen, deren lebhafter Morgentrubel schon von weitem zu hören war. Vor den Blumenständen, die in allen Farben des Spätherbstes prunkten, machte ich halt. In der Gosse floß ein trübes Rinnsal entlang und trieb die Köpfe welker Schnittblumen mit sich fort. Es mündete in ein Abflußrohr, das durch einen eisernen Rost verschlossen war. Hier blieb ich stehen und zog das Päckchen hervor, das ich in der »Goldenen Glocke«

vorbereitet hatte und das, in einen Zwanzigmarkschein ein-
gewickelt, ein kleines goldenes Zehnfrankenstück nebst einiger Scheidemünzen enthielt. Es war so schmal, daß es sich
mühelos zwischen zwei Stäben des Rostes hindurchschieben
ließ.

Nachdem die Opfergabe im schlammigen Abwasser verschwunden war, richtete ich mich auf, und mein erster Blick
fiel auf einen wohlgenährten Polizisten, der als freundlicher
Wächter zwischen den bunten Polstern der Astern und Dah-
lien stand. Er trug eine rote, goldbestickte Mütze und einen
kurzen schwarzen Radmantel, der ihm lässig nach hinten
über die Schulter fiel.

Das mußte wohl ein sichtbares Zeichen sein. Indem ich beschloß, die Sache jetzt unter allen Umständen zum Ende zu
bringen, schritt ich unverzüglich auf ihn zu.

»Verzeihung, mein Herr!«

Er drehte sich liebenswürdig nach mir um und machte mir
Mut, fortzufahren, obwohl ich sogleich fühlte, daß ich ins
Stottern geriet:

»Ich bin — — — ich wollte — — — ich komme da von
der Schule — — —«

»Ah, das ist sehr gut. Und Sie wollen sich sicher nach dem
Kolleg erkundigen?«

»Nein, aber ich wollte Sie um Auskunft bitten, wo man
hier in die Fremdenlegion eintreten kann!«

Ich hatte mich bemüht, diesen Satz mit möglichst gleichgültiger Stimme hervorzubringen, ungefähr so, wie man jemand um Feuer bittet; dennoch rief er eine erstaunliche Wirkung hervor. Ungläubigkeit, Schrecken und dann ein gutmütiges Bedauern malten sich auf dem Gesicht des Beamten ab,
der mich eine Weile lang wie erstarrt betrachtete. Dann
blickte er sich plötzlich vorsichtig um und führte mich am
Ärmel in einen Winkel, der durch zwei aneinanderstoßende
Stände gebildet war.

»Ecoutez!« flüsterte er mir mit einer sehr eindringlichen
Stimme zu und fuhr dann nach einer kurzen Pause fort:

»Tun Sie doch sowas nicht! Das ist eine Sache für

Schnapphähne und Landstreicher. Außerdem sind Sie noch viel zu jung; Sie werden da unten im heißen Sande verrecken wie ein Hund. Setzen Sie sich sofort in die Bahn und fahren Sie zu Ihren Eltern zurück.«

Diese Art von Ermahnungen war gerade das, was ich befürchtet hatte. Dennoch froh, endlich einen Punkt des Anschlusses gefunden zu haben, begnügte ich mich, die Beschwörungen dieses seltsamen Schutzengels zuweilen störrisch mit dem Satze zu unterbrechen:

»Nein, nein — ich will zur Fremdenlegion.«

»Ja, aber wissen Sie denn nicht, daß man Sie da drüben brutalisieren und daß man Sie für einen lumpigen Sou am Tage nach Herzenslust schikanieren wird?«

»Das kümmert mich nicht. Ich gehe hin, weils mich hier anwidert.«

Mit einer gewissen Erleichterung bemerkte ich, daß unser Gespräch, das bereits die Aufmerksamkeit der Marktfrauen erregte, den Beamten allmählich wütend zu machen begann. Nachdem er mich noch einmal durchdringend gemustert hatte, sagte er in verändertem Ton:

»Nun gut. Wie Sie wollen. Ich bringe Sie zum Rekrutierungsbüro.«

Und ohne ein Wort weiter zu sprechen, begann er den Berg emporzusteigen, der sich im Kern der Stadt erhebt und der seit Jahrhunderten eine verwitterte Zitadelle auf seinem Rücken trägt. Das Rekrutierungsbüro lag in einem unscheinbaren Gebäude, vor dessen Tor einige unbeschäftigte Soldaten herumlungerten und an dem ich in den beiden letzten Tagen wohl schon ein dutzendmal achtlos vorübergegangen war.

Wir traten ein, und der Polizist gebot mir, auf dem Flur zu warten, während er mit dienstlicher Miene hinter einer Tür verschwand. Ich benutzte seine Abwesenheit, um aus dem kleinen Fenster zu blicken, das eine Aussicht auf die mächtige, von Schießscharten durchbrochene Mauer der Zitadelle eröffnete.

Während dieser Beschäftigung fiel mir auf, daß der Fensterrahmen dicht mit Namen bekritzelt war. In eintöniger Wiederholung war da zu lesen: »Heinrich Müller, Essen, Fremdenlegionär. August Schumacher, Bremen, Fremdenlegionär. Josef Schmitt, Köln, Fremdenlegionär.« Zuweilen war dem Namen auch eine kurze Mitteilung beigefügt, etwa:

»Ich habe die Sache jetzt dick und gehe zur Legion«, oder:

»Nach einjähriger Walze bin ich in Verdun angelangt und lasse mich anwerben.«

Diese Entdeckung hatte für mich etwas Verdrießliches, wie immer, wenn wir wähnen, daß wir uns in eigenartigen Gebieten bewegen, und dann erfahren, daß schon viele andere vor uns genau in derselben Lage gewesen sind. Dennoch war ich gerade dabei, dieses seltsame Register der Taugenichtse aller Länder, in deren Gesellschaft ich nun eintreten sollte, auch um meinen Namen zu vermehren, als der Polizist zurückkam und mich zum Eintritt in das Büro aufforderte.

Hier empfing mich ein Offizier mit weißem, aufgebürstetem Schnurrbart und kurzen, lebhaften Bewegungen. Aus seiner Anrede merkte ich gleich, daß ich nun von der Verwaltung zum Militär gekommen und daß man hier über alle zivilistischen Bedenklichkeiten erhaben war. Er musterte mich wohlgefälligen Blickes und fragte dann, indem er mit dem Zeigefinger auf mich deutete, mit berufsmäßigem Feuer:

»Junger Mann, wie ich höre, wollen Sie nach Afrika. Haben Sie sich das auch gut überlegt? Da unten schlägt man sich jeden Tag!«

Das war natürlich Balsam für meine Ohren, und ich beeilte mich zu antworten, daß ich auf der Suche nach dem gefährlichen Leben sei.

»Das ist nicht übel. Sie werden sich auszeichnen. Ich gebe Ihnen jetzt eine Eintrittserklärung zur Unterschrift.«

Und indem er einem Stoße von Zetteln ein bedrucktes Formular entnahm, fügte er hinzu:

»Sie können sich ruhig einen neuen Namen aussuchen, wenn Sie mit Ihrem alten nicht mehr zufrieden sind. Nach Papieren wird bei uns nicht gefragt.«

Obwohl ich von diesem Angebot nicht Gebrauch machte,

gefiel es mir sehr, denn es stand im offenbaren Gegensatz zu allen Regeln der schulmeisterlichen Welt. Ich setzte daher mit großer Eile meinen Namen unter den Wisch, den zu lesen ich für überflüssig hielt, und begnügte mich, mein Alter um zwei Jahre zu erhöhen. Wahrscheinlich unterschied ich mich darin in keiner Weise von meinen Vorgängern, deren Namen ich draußen an dem Fenster dieser so einfach konstruierten Narrenfalle gelesen hatte, denn der Offizier nahm gleichgültig den Zettel, auf dem ich mich soeben zu einer fünfjährigen Dienstzeit verpflichtet hatte, zurück und legte ihn auf einen anderen Stoß.

Nachdem er mir noch mitgeteilt hatte, daß vor der Abreise in das Gelobte Land eine ärztliche Untersuchung zu absolvieren wäre, rief er einen der Soldaten herein und trug ihm auf, sich mit mir zu beschäftigen.

8

Der Soldat, dem diese kurze Anweisung zu genügen schien, führte mich in eine Kaserne, die außerhalb der Tore lag. Hier brachte er mich in einem kahlen Zimmer unter, an dessen Wänden eine Reihe von Feldbetten aufgestellt war.

Da wir gerade um die Essenszeit ankamen, ging er in die Küche und kehrte mit einem tiefen Teller voll gekochtem Rindfleisch und einem mit Fadennudeln gefüllten Blechnapf zurück. Dann verschwand er und ließ mich bei meinem einsamen Mahle, das ich nur zum kleinsten Teile zu bewältigen imstande war. Ich fand es recht schmackhaft, obwohl es sich natürlich von den Omeletten der »Goldenen Glocke« unterschied.

In gewissen Abständen erschien mein Führer wieder in der Tür, um einen Blick in den Raum zu werfen — er war also offenbar als eine Art von verantwortlichem Wächter angestellt. Da ich indessen mit meiner Lage zufrieden war, störte mich das wenig; ich ergriff vielmehr von einem der Feldbetten Besitz, um mich darauf auszustrecken, und gab mich der Freude über den großen Fortschritt hin, der mir in

meinem Unternehmen gelungen war. Ich war nun an einen
Punkt gelangt, an dem die Dinge sich aus sich selbst entwik-
kelten, und ich empfand besonders den Streich mit dem Gelde als einen ersten Sieg über den Zustand der tatenlosen
Träumerei. Mit weit größerem Genuß als gestern vertiefte
ich mich wieder in mein Afrikabuch. In wenigen Tagen schon
würde ich die Küste dieses großen Kontinents erblicken,
jene Grenze, hinter der sich ohne Zweifel das eigentliche
und stärkere Leben verbarg.

Ich mochte wohl beim Lesen eingeschlafen sein, denn ich
wurde plötzlich durch die Stimme des Soldaten erschreckt,
der unbemerkt eingetreten war.

»Eh, Kleiner, du langweilst dich wohl hier ganz allein? Ich
hab dir da Gesellschaft mitgebracht!«

Diese Ankündigung galt einem blassen, mehr als schäbig
gekleideten jungen Menschen, der sich hinter ihm durch die
Tür des bereits dämmrigen Raumes schob.

Ich begriff, daß es sich hier wohl um einen jener unbekannten Genossen handelte, deren Namen ich vorhin am
Fensterkreuz studiert hatte. Mit einem lebhaften Gefühl der
Freude begrüßte ich die Aussicht auf eine Kameradschaft,
die sich so unerwartet bot. An der Wärme, mit der mir das
Blut zum Herzen schoß, merkte ich, daß ich, mehr als ich
ahnte, nach meiner heimlichen Wanderung der Gesellschaft
eines Menschen bedürftig war.

Mit großer Spannung beobachtete ich daher jede Bewegung des Ankömmlings, der indessen von mir nur sehr oberflächlich Notiz zu nehmen schien. Er sah sich spähend im
Raum um wie ein Tier, das in eine besondere Falle gegangen
ist, bis sein Blick an dem Eßgeschirr haften blieb, das noch
auf dem Tische stand. Nachdem er sich mehr durch eine Geste als durch eine Frage vergewissert hatte, daß ich keinen
Anspruch mehr darauf erhob, machte er sich eilig darüber
her und verschlang die ungeheure Portion mit einer erstaunlichen Geschwindigkeit. Kaum hatte er sie bis auf den letzten
Rest vertilgt, als er den Teller zurückschob und mit spötti-
schem Lächeln murmelte:

»Pferdefleisch!«

Dann fragte er nach Zigaretten, und als ich ihm meinen Tabak angeboten hatte, rollte er mit großer Geschicklichkeit eine Prise davon in Seidenpapier, von dem er ein schmutziges Päckchen aus der Tasche zog. Zum Rauchen streckte er sich auf eines der Betten aus, indem er sich ein mit Bindfaden umschnürtes Bündel als Kopfkissen unterschob, und machte in dieser Lage einige spärliche Mitteilungen über seine Person.

Er hieß Franke, war zwanzig Jahre alt, aus Dresden gebürtig, und stellte sich als Keramiker vor.

»Keramik, so nennt man nämlich«, wie er hinzufügte, »die Kunsttöpferei, die in Dresden eine große Innung besitzt.«

Es schien ihm aber bei den Töpfern nicht besonders gefallen zu haben, denn bald war er seinem sächsischen Meister davongelaufen, um auf den Landstraßen auf Wanderschaft zu gehen. Seine Eltern hatten ihn einige Male durch die Polizei wieder aufgreifen lassen, hatten dann aber, als sich das Spiel zu häufig wiederholte, die Hand von ihm gezogen und ihm ein böses Ende prophezeit. Er war nun schon das zweite Jahr unterwegs und hatte beschlossen, sich für die Legion anwerben zu lassen, weil er den Winter fürchtete.

»In Dresden können sie mir den Buckel langrutschen«, schloß er seine Rede, »verhungern kann ich in Algier ebenso gut.«

Diesen Bericht brachte er nach und nach, gewissermaßen im Selbstgespräch, hervor und schien auch wenig Wert darauf zu legen, daß ich ihn erwiderte. Überhaupt gewann ich bald den Eindruck, daß er sich um nichts kümmerte als um das, was zu seiner eigenen Person im engen und unmittelbaren Zusammenhang stand. Daher ging ein eigentümlicher Hauch der Leere und Kälte von ihm aus — vielleicht war das ziel- und planlose Umhertreiben auf der Landstraße der einzige Zustand, der seinem Wesen angemessen war. Ganz Afrika schien ihm nicht mehr zu bedeuten als eine Art von Winterherberge, und auf meine Erkundigung, welches Leben er denn dort unten zu führen gedenke, ging er überhaupt nicht ein.

Dagegen merkte ich bald, daß er vor allem über zwei Fragen grübelte, auf die er das Gespräch immer wieder zu bringen suchte, obwohl ich sie ihm nicht zu beantworten imstande war. Die eine beschäftigte sich mit einem »Handgeld«, von dessen Höhe er sich phantastische Vorstellungen machte und von dem er aus irgendeinem Grunde annahm, daß es unbedingt gleich morgen früh zu zahlen sei.

Nicht weniger bedrückte ihn die Sorge, ob er morgen schon auf ein Paar neue Stiefel Anspruch hätte, und er wurde nicht müde zu fragen:

»Stiefel müssen sie mir doch geben — die stehen mir doch zu? Meinst du nicht auch?«

Allerdings hatten seine Schuhe, mit denen er sich ohne weiteres ins Bett gelegt hatte, den letzten Grad der Hinfälligkeit erreicht, den man sich vorstellen kann. Auf diese Weise unterhielten wir uns im Dunkeln noch geraume Zeit, bis uns der Schlaf überfiel.

Als ich erwachte, sah ich, daß Franke schon in aller Frühe tätig gewesen war. Er hatte bereits mit großer Findigkeit die Küchenverhältnisse erkundet und nicht nur Kaffee und ein langes Weißbrot mitgebracht, sondern auch ein Päckchen Zigaretten zu erbeuten gewußt, das er sorgfältig meinen Blicken entzog. Nachdem er wieder einige Betrachtungen über die Stiefel und das Handgeld angestellt hatte, zog er sich mürrisch auf sein Bett zurück, während ich von neuem in meinem Buche blätterte.

Unser schweigsames Zusammensein wurde bald durch den Eintritt eines hageren Burschen gestört, der sich, nachdem er uns mißtrauisch gemustert hatte, auf eins der Betten warf und finster vor sich hinbrütete, während er seine langen Beine über die Pfosten hängen ließ. Er machte einen noch weniger geselligen Eindruck als Franke; große, schwarz behaarte Fäuste und das struppige Kopfhaar, das auf einer niedrigen Stirn die zusammengewachsenen Augenbrauen fast berührte, gaben ihm ein Aussehen von urtümlicher Kraft. Dazu kam, daß er vor einer innerlichen Wildheit fortwährend zu zittern schien.

Nachdem er ungefähr zwei Stunden auf diese Weise ge-
brütet hatte, erschreckte er uns plötzlich durch ein furchtbares Gebrüll, indem er uns, aufspringend und einen Schemel in
die Ecke schleudernd, anherrschte, ob es denn gar nichts zu
fressen gebe in dieser Saubucht, der elenden. Wir beeilten
uns, ihm zu überreichen, was von dem Weißbrot übriggeblieben war, und sahen zu, wie er große Scheiben in den Mund
steckte, die er mit einem mächtigen Klappmesser herunterschnitt. Während dieser Beschäftigung taute er ein wenig auf
und teilte uns mit, daß er Reddinger hieß. Er fügte eine dunkle Andeutung hinzu, aus der man sowohl schließen konnte,
daß er bei Nacht und Nebel über die Grenze gegangen war,
als auch, daß er Wert darauf legte, sich als einen vorzustellen, der vor nichts auf der Welt zurückschreckte.

Franke schien über die neue Gesellschaft wenig erfreut.
Als ich am Mittag mit ihm und unserem Soldaten zur Küche
ging, um Essen zu holen, brummte er:

»Solche Kerle dürften sie hier gar nicht nehmen. Das sieht
doch jeder, was der auf dem Kerbholz hat!«

Als ich ihn fragte, was er damit sagen wolle, sah er mich
nur mit spöttischen Blicken an.

So verlief unsere Mahlzeit recht ungemütlich, um so mehr,
als wir immer deutlicher merkten, daß man Reddinger wie
ein rohes Ei behandeln mußte, wenn man nicht einen neuen
Wutanfall hervorrufen wollte. Er saß am Tische wie einer,
der die Gelegenheit zu einem Totschlag abwartet. Es wäre
wohl auch bald zwischen Franke und ihm zu bösen Auftritten gekommen, wenn nicht inzwischen ein vierter in unserem
Bunde erschienen wäre — ein stämmiger, untersetzter
Bursch, der sich Paul Ekkehard nannte und gleich sehr munter ins Zimmer trat.

Er wies sich bald als Meister in allen möglichen und unmöglichen Künsten aus und stattete sofort mit gewandter
Zunge einen Bericht über seine bisherigen Schicksale ab. Er
war eigentlich Schlosser, besaß aber ebenso wie Franke
einen starken Wandertrieb, und man hatte ihn, nachdem er
einige Male verschwunden war, in eine Fürsorgeanstalt ge-

steckt. Dort hatte er sich bald zum Haupt einer Verschwö-
rung gemacht, und eines Tages, als alle Zöglinge auf dem
Hofe zum Appell angetreten waren, war er, wie er uns vor-
führte, »mit lautem Tätärätä« vor den Augen des erstarrten
Personals mit einem Dutzend Genossen ausgebrochen und
einfach aus dem offenen Tore galoppiert.

Auf seinen weiteren Irrfahrten hatte er sich einer wan-
dernden Varietétruppe angeschlossen und dort den Posten
des Parterreakrobaten versehen. Er erzählte uns ferner, daß
er sich mit einigen tüchtigen Genossen seiner Bande verabredet hätte, an verschiedenen Orten über die Grenze zu gehen, um sich in Algier nach Abenteuern umzusehen.

»Und wenn es uns dort unten nicht paßt«, fügte er hinzu,
»dann hauen wir auf dieselbe Weise wieder ab!«

Die Art gefiel mir schon bedeutend besser als die trübe
Kälte Frankes und das halb wahnsinnige Benehmen des
Reddinger. Sie zauberte auch gleich einen gewissen Gemein-
geist hervor. Paul zog seine Jacke aus und brachte, da er unter ihr einen ärmellosen Trikot trug, ein Paar mächtige Arme
zum Vorschein, deren Muskeln er, vielleicht nicht ohne geheime Nebenabsicht, auf eine schlangenartige Weise spielen
ließ, wie man es vor den Zirkusbuden sieht. Besonders impo-
nierte mir, daß dabei eine auf den Bizeps tätowierte, ganz
nackte Dame sich so sinnreich mitbewegte, daß sie den
Bauchtanz auszuführen schien. Paul ließ uns dann einige seiner Glanznummern bewundern, so die Brücke zwischen zwei
Schemeln, den Salto ohne Sprungbrett und den Handstand
auf einer Hand.

Auch zog er eine Mundharmonika hervor und entlockte ihr
so kunstreiche Melodien, daß sogar unser Soldat, der seit dem
Auftauchen des fürchterlichen Reddinger fast unsichtbar
geworden war, den Kopf wieder zur Tür hereinzustecken begann. Man hatte den Eindruck, daß dieses Instrument Pauls
Natur in besonderer Weise entsprach, denn er hatte etwas
stark Ausatmendes, Pausbackiges und gehörte damit wohl
einem Schlage an, von dem das Volk zu sagen pflegt, daß er
auf die unangenehmen Dinge dieses Lebens pustet oder pfeift.

Nachdem er sich so durch Kraft und Talente ein Ansehen geschaffen hatte, fing er an, uns auf den Zahn zu fühlen, wobei er Franke ziemlich verächtlich, mich wohlwollend und Reddinger mit Vorsicht behandelte. Er mußte aus einer Gegend des Rheinlandes stammen, in der das Andenken an den Schinderhannes noch ganz lebendig war, dessen er einige Male als eines großen und bekannten Helden Erwähnung tat. Ohne Zweifel besaß er selbst etwas von dem Zeug, das damals zu einem tüchtigen Räuberhauptmann nötig war.

Spät schlich sich noch ein winziges Kerlchen namens Jakob herein, das einen erschöpften Eindruck machte und sich schüchtern und schweigsam verhielt. Paul nahm sich seiner an und sorgte dafür, daß es noch etwas zu essen bekam. Halb im Einschlafen belauschte ich ein langes Gespräch zwischen den beiden, während dessen Paul den kleinen Jakob geschickt zum Reden zu bringen verstand.

»Köbes«, begann er mit strenger Stimme, »du willst also Maurerlehrling sein? Es ist ja möglich, daß du mal ein paar Wochen auf dem Bau herumgelungert bist. Aber gib vor allem zu, daß du aus einer Fürsorgeanstalt entsprungen bist! Das sieht man dir doch an der Nasenspitze an.«

Der Kleine gab das mit weinerlicher Stimme zu und erzählte dann, etwas aufatmend, daß er bis vor kurzem mit den Besitzern einer Schiffschaukel auf den Jahrmärkten herumgezogen sei.

»Das sind Leute, die man Schockfreier nennt«, unterbrach ihn Paul, der über den Aufbau der fahrenden Welt bis in die Einzelheiten unterrichtet schien, »und die haben dir sicher allerhand Dinge beigebracht?«

Ja, und deshalb hatte sich auch die Gesellschaft in der Nähe der Grenze plötzlich aufgelöst. So hatte der, der das Geld kassierte, einen Ring mit einem aufgelöteten Fünfzigpfennigstück gehabt, den er verkehrt am Finger trug. Wenn nun etwa ein Dienstmädchen oder ein Kind eine Karte für zehn Pfennig löste und mit einer Mark bezahlte, so zählte er noch vier Groschen neben das aufgelötete Stück und schüttete auf diese Weise statt neunzig Pfennig nur vierzig aus der Hand.

Dieser kleine Zug mußte Paul ein ganz außerordentliches Vergnügen bereiten, denn ich hörte, wie er sich vor Lachen im Bett umherwälzte. Er schien sich mit Jakob, mit dem er sich nun in eine geruhsame Unterhaltung über die Freuden und Leiden der Landstraße zu vertiefen begann, auf diese Weise zu beschäftigen, und zwar nicht ohne Grund. Einmal besaß er das Bestreben, andere von sich abhängig zu machen, und dann war ihm offenbar auch ein ursprüngliches Bedürfnis, Schutz zu gewähren, eigen, das ihn vorteilhaft von den beiden anderen unterschied. Der Anblick der Schwäche zog ihn an.

Am Vormittag führte uns unser Soldat in das Häuschen an der Zitadelle zur ärztlichen Untersuchung zurück. Während wir dort, um einen großen Ofen hockend, den Arzt erwarteten, gab sich Franke allerlei angenehmen Betrachtungen über das Handgeld hin und steckte auch die anderen mit seinen Erwartungen an.

Es stand ihm jedoch eine große Enttäuschung bevor. Sowie nämlich der Arzt erschien, drängte er sich eilig zur Untersuchung vor, aber kaum hatte dieser das Hörrohr an seine magere Brust gesetzt, als er ihm auch schon den trockenen Bescheid erteilte:

»Sie aben ein slechtes Herz!«

Ebenso schied er auf den ersten Blick den kleinen Jakob aus, indem er auf ihn deutete und sagte:

»Sie sein zu swack!«

Auch bei mir schien er ähnliche Zweifel zu hegen, schrieb mich aber endlich doch als tauglich ein. Paul Ekkehard und Reddinger dagegen erregten durchaus seine Zufriedenheit. Das Ganze nahm ihn kaum eine Viertelstunde in Anspruch, und er entfernte sich, nachdem er dem Soldaten einige Formulare übergeben und uns an die Kasse verwiesen hatte.

Das Wort »Kasse« rief in Franke einen letzten Hoffnungsschimmer hervor. Es zeigte sich jedoch sofort, daß dort von einem Handgeld weder für ihn noch für sonst jemand auch nur die Rede war — an Orten, an denen man keine Papiere verlangt, pflegt man mit dem Gelde sparsam zu sein.

Der Beamte, zu dem wir kamen, begnügte sich vielmehr, für Reddinger, Paul und mich je einen Fahrschein nach Marseille auszustellen, und schob jedem von uns als Zehrgeld für unterwegs eine Silbermünze zu. Paul und Reddinger zogen lange Gesichter, vor allem aber geriet Franke in eine außerordentliche Aufregung. Er wandte sich hastig an mich und forderte mich auf, dem Zahlmeister die Frage vorzulegen, was denn nun mit ihm geschehen solle. Dieser, der vielleicht den Eindruck hatte, daß er Paßschwierigkeiten oder eine Ausweisung befürchtete, antwortete höflich:

»Sagen Sie dem Herrn, daß er überall hingehen kann, wo es ihm beliebt.«

Diese Antwort aber war keineswegs dazu angetan, Franke zu besänftigen.

»Wo es mir beliebt — mit diesen Stiefeln vielleicht? Der Kerl will sich wohl über mich lustig machen? Aber halt«, unterbrach er sich plötzlich, »übersetz ihm, daß es mir beliebt, nach Marseille zu gehen!«

Er hoffte wohl, auf diese Weise ebenfalls eine Fahrkarte zu ergattern, jedoch der Beamte erwiderte mit der gleichen Liebenswürdigkeit:

»Aber dagegen ist nicht das mindeste einzuwenden — vorausgesetzt, daß es auf eigene Kosten oder zu Fuß geschieht.«

Damit verschloß er, nachdem er uns eine gute Reise gewünscht hatte, seine Tür, und wir pilgerten nach der Kaserne zurück.

Hier hielt Paul mit uns einen Kriegsrat ab, in dem er sich zunächst mit dem Schicksal der beiden durch den Arzt zum Zurückbleiben Verurteilten beschäftigte. Nie um eine Auskunft verlegen, gab er ihnen den Rat, nach Nancy zu wandern und sich dort einer zweiten und vielleicht weniger strengen Untersuchung zu unterziehen. Es schien ihm vor allem daran gelegen, daß Franke die Sorge für den kleinen Jakob übernahm, der verlegen auf seinem Bette saß und mit den Beinchen baumelte.

Ich hielt das eigentlich für selbstverständlich, schon weil

ich mir für einen so nüchternen Gesellen die einsame Wanderung über die verregnete Landstraße als sehr ungemütlich vorstellte. Aber Franke dachte anders; ihm war offenbar jede Art der Abgabe verhaßt. Er brummte, indem er den Kleinen mit einem verächtlichen Seitenblick streifte, daß man ihm die Aufgabe einer Kinderfrau nicht zumuten könne und daß er zu dieser Jahreszeit und mit diesen Stiefeln froh wäre, wenn er sich allein bis Nancy durchbrächte.

Seine Bemerkung brachte mich auf den Gedanken, ihm meinen Regenmantel anzubieten, von dem ich ohnehin glaubte, daß er in Afrika überflüssig sei. Franke, der dieses Kleidungsstück schon verschiedentlich mit neidischen Blicken gemustert hatte, stürzte sich wie ein Geier darauf, und nachdem er ein bindendes Versprechen abgelegt hatte, das Patronat über den kleinen Jakob zu übernehmen, sprach Paul es ihm förmlich zu. Sofort schlüpfte er hinein und legte es, obwohl im Raume eine starke Wärme herrschte, weder beim Essen noch beim Schlafen ab, sondern blieb fortan von ihm ebenso unzertrennlich wie von seiner Haut.

Nachdem dieser Punkt zu seiner Zufriedenheit erledigt schien, wandte sich Paul an Reddinger und mich und forderte uns unsere Münze ab, da er für den Reisevorrat Sorge tragen wolle. Dann verschwand er und kehrte erst in der Dämmerung mit einem Laib Brot, einer Büchse Rindfleisch und zwei Päckchen von dem dunklen, Caporal genannten Tabak zurück. Alles dies war den Köchen abgeschwatzt; er hatte in ihrer Küche ein kleines Harmonikakonzert veranstaltet. Solche Künste gleichen einem natürlichen Kapital, das man an keiner Grenze verzollt. Das Geld dagegen hatte er ganz zum Ankauf einer mächtigen, mit gelbem Wein gefüllten Glasflasche verwandt — von jener bauchigen Form, an die unter dem Halse noch ein kleiner, gebogener Ausguß angeblasen ist.

Wer diese Zusammenstellung sah, mußte an das bekannte Zitat von »einem so winzigen Stück Brot zu einer so unerträglichen Menge Wein« erinnert werden — allein sie leuchtete uns als nicht unverständig ein.

Paul brachte das Brot und das Fleisch in meinem Rucksack unter, den er mit dem Wein zusammen sorgfältig in seinem Bett verstaute, sei es, daß er dem Durste Reddingers mißtraute, der die Flasche bereits mit einem teuflischen Grinsen musterte, sei es aus einem anderen Grund.

Am Abend zog mich Paul in einem unbewachten Augenblick beiseite und steckte mir ein schmales Päckchen zu.

»Für dich habe ich aus der Kantine noch Briefpapier und eine Marke mitgebracht, Herbert — damit du nach Hause schreiben kannst!«

Dieser kleine Zug zeigte deutlicher als alles andere, daß er wirklich ein Führerherz besaß. Er hatte in der Tat, rein durch Beobachtung, den wunden Punkt herausgefunden, der mich immer stärker zu bedrücken begann. Gern hätte ich schon früher ein Lebenszeichen gegeben, allein die Entfernung schien mir noch nicht groß genug.

So setzte ich mich denn im Kreise meiner neuen und merkwürdigen Gesellschaft an den Tisch und schrieb, ohne die besonderen Umstände zu erwähnen, in denen ich mich befand, mit Bleistift einen Brief, der sich wohl wenig von dem unterschied, was seit Robinsons Zeiten bei solchen Gelegenheiten geschrieben worden ist. Wenn ich mich recht erinnere, kam etwas von einem besseren Leben in den Urwäldern darin vor.

Der Zahlmeister hatte uns zwei Züge aufgegeben; der eine fuhr mitten in der Nacht, der andere erst am nächsten Vormittag. Wir entschieden uns für diesen zweiten, und auch Franke, der, nachdem er sich den Mantel angeeignet hatte, in seine kalte Schweigsamkeit zurückgefallen war, erklärte, erst nach dem Mittagessen zu seiner Wanderung aufbrechen zu wollen.

Nachdem wir noch ein wenig über dieses und jenes geplaudert hatten, legten wir uns erwartungsvoll zur Ruh.

9

Der Tag unserer denkwürdigen Reise nach Marseille begann
mit einem Auftritt, der wenig Gutes versprach.

Es war schon spät, aber da draußen ein dichtes Regenwet-
ter herrschte, noch ziemlich dunkel, als ein wildes Geschrei
uns aus dem Schlafe riß. Der Lärm rührte von dem fürchterlichen Reddinger her, der tobend und um sich schlagend
durch die Stube lief. Wir wagten nicht, ihn anzureden, um
seiner Wut keinen Gegenstand zu bieten, und erst, nachdem
ein Unteroffizier, der wohl in diesem Teil der Kaserne die
Wache hatte, herbeigelockt war und gedroht hatte, uns alle
ins Loch zu stecken, erfuhren wir, um was es sich handelte.

Die Sache war die, daß Franke sich verräterischerweise
bei Nacht und Nebel davongemacht hatte; er hatte nicht nur
den kleinen Jakob im Stich gelassen, sondern auch die schönen, derben Stiefel Reddingers gegen seine eigenen ver-
tauscht. Unter immer neuen Wutanfällen zeigte Reddinger
diese Hinterlassenschaft vor, die er bald an die Wand warf,
bald wieder an sich riß. Sie glich einem Messer ohne Klinge
und Griff, denn sowohl die Sohlen als auch das Oberleder
schienen nur noch aus einer Reihe von Löchern zusammengesetzt. Es half aber nichts; er mußte sich bequemen, in sie
hineinzufahren, und auch das gelang erst, nachdem er, weil
sie außerdem noch viel zu klein waren, mit seinem großen
Klappmesser einen Teil der Spitzen von ihnen herunterge-
schnitten hatte. Mit geheimer Genugtuung bewunderte ich
die Umsicht Pauls, der unsere Wegzehrung so vorsorglich
geborgen hatte, denn sonst hätte Franke wohl keinen
Augenblick gezögert, sich ihrer gleichfalls als guter Prise zu
bemächtigen. Es versteht sich, daß er auch an den Mantel gedacht hatte.

Unter diesem Trubel rückte der Augenblick heran, in dem
unser Soldat, der ersichtlich froh war, uns loszuwerden, erschien, und wir traten unter seiner Führung den Weg zum
Bahnhof an. Paul trug sorgsam die große Flasche, ich den

Rucksack, und Reddinger trabte in den Frankeschen Stiefeln, die bei jedem Schritte wie morsche Kähne Wasser zogen, fluchend neben uns her. Der kleine Jakob, der sich nun allein nach Nancy durchschlagen mußte, ging bis zum Bahnhof mit. Paul gab ihm als nächsten Treffpunkt Marseille auf; ich merkte später, daß er sich auf diese Weise zum Mittelpunkt eines weiträumigen Netzes von dunklen Bekanntschaften zu machen verstand.

Endlich saßen wir also zu dritt in einem leeren Abteil des Zuges, der gemächlich nach Süden fuhr. Während wir rauchten und plauderten und Paul zuweilen ein Stücklein auf der Harmonika blies, munterte sich Reddinger durch gewaltige Züge aus der Korbflasche auf. Er geriet auch bald in eine wilde Heiterkeit und begann sich mit funkelnden Augen vor uns zu rühmen, denn der Wein war dick und stark wie Likör.

Wir erfuhren auf diese Weise, daß er in einem entlegenen Gebirgsdorf geboren und unter den unbarmherzigen Prügeln seines Vaters aufgewachsen war. Schon früh hatten sich seine Kräfte entwickelt, und eines Tages, als der Alte sich wieder an ihn heranmachte, schlug er ihn halbtot und ließ ihn allein auf seinem Hof zurück. Er ging dann zu den Tonbrennern, die in einem einsamen Bergtal hausten, und stand bei ihnen als unermüdlicher Arbeiter in Ansehen. Dort formten und brannten sie bei glühender Sonnenhitze große Tonröhren im Akkord und verdienten, wenn man ihm glauben wollte, Geld wie Heu. An den Sonnabenden, an denen sie, ausgedörrt wie Baumstämme, ihren Akkordlohn einheimsten, gingen sie ins Dorf und kehrten mit Unmengen von Branntwein zurück, den sie in Stalleimern an den Mund setzten. Den Höhepunkt dieser Gelage bildeten mörderische Raufereien, die zuweilen damit endeten, daß sie in der Dunkelheit zu ihrer Belustigung mit Revolvern blindlings aufeinander losfeuerten.

Während er dieses und anderes in einer schwer verständlichen Mundart zum besten gab, nahm seine Heiterkeit beängstigende Formen an. Sie machte den Eindruck, als sei er der menschlichen Gesellschaft fremd und in der Einöde aufge-

wachsen wie ein vergessener Zyklop. Bald riß er mit seinem
Messer ungefüge Stücke aus dem Brotlaib heraus, bald hob
er wieder die Flasche mit beiden Armen an den Mund. Endlich setzte er sie zu einem noch gewaltigeren Zuge an, der ihr
ohne Zweifel den Garaus gemacht hätte, wenn Paul ihm
nicht in den Arm gefallen wäre.

Dieser Eingriff, den unsere Sicherheit dringend erforderte,
hätte Reddinger vielleicht in einen neuen Wutanfall versetzt,
allein er war schon zu betrunken dazu. So begnügte er sich,
sein Messer schwerfällig hin und her zu schwenken und mit
einem halb gutmütigen, halb bedrohlichen Grinsen zu brummen:

»Du Lumpehund, mit dem da hab ich als vor wenige Täg
noch ein' kalt gemacht. Oder denkst du ebbe, daß ich umsonst zu dene Franzoseköpp geh?«

Nachdem er sich durch diese Mitteilung den gebührenden
Respekt gesichert hatte, streckte er sich auf die Bank, wo er
bald wie der Menschenfresser im Märchen zu schnarchen
begann. Paul, der ihn prüfend betrachtete, meinte dazu, halb
im Zweifel:

»Du, dem möchte mans fast glauben, was? Wäre jedenfalls gut, wenn wir den wüsten Schlagetot irgendwie loswür-
den, ehe er wieder nüchtern wird.«

Da diese Meinung mir durchaus einleuchtete, hielten wir
eine flüsternde Beratung ab und beschlossen, uns auf dem
nächsten Bahnhof einfach aus dem Staube zu machen, um
diesem Halsabschneider zu entgehen. Sowie der Zug hielt,
stiegen wir vorsichtig aus und warteten hinter einem Schuppen, bis er weiterfuhr.

»So, Herbert«, bestimmte Paul, als die Rauchwolke in der
Ferne verschwunden war, »jetzt bleiben wir erst einmal hier,
bis der nächste kommt. Schade, daß wir das blöde Gesicht
nicht sehen können, wenn der schwarze Herkules aus seinem
Suff aufwacht.«

»Wenn mans so macht wie der«, fügte er prophetisch hin-
zu, »dann kommt man nicht weit. Hätte sich ruhig schon in
Deutschland ins Loch stecken lassen sollen, dann hätt er die
Reise gespart.«

Um solche trefflichen Bemerkungen war er nie verlegen; er hatte sich freilich unter seinen vielen Beschäftigungen, wie ich später erfuhr, auch einmal mit dem Verkauf von gedruckten Horoskopen auf den Wochenmärkten befaßt. Überhaupt langweilte man sich nicht mit ihm.

Der Ort, an den uns der Zufall verschlagen hatte, schien nur aus dem Bahnhof und einigen verstreuten Gutshöfen zu bestehen. Wir schlenderten erst eine Weile durch die regenfeuchten Wiesen und setzten uns dann in den erwärmten Wartesaal. Hier vertieften wir uns in einige zerlesene »Rinaldini«-Hefte, die Paul in der Tasche trug, und stachen dabei unsere Flasche vollends aus, die wohl noch über einen Liter hielt.

Diese Beschäftigung trug uns offensichtlich das Wohlwollen einer Gruppe von Spielern ein, die um einen abgenutzten Billardtisch versammelt war. Es waren lustige Leute, deren grobe Manchesterhosen sich über geschnäbelten Holzschuhen bauschten und die sich während des Spieles häufig aus hohen Kelchgläsern stärkten, in denen eine milchige Flüssigkeit schillerte. Da sie an Scherzworten über unsere große Flasche nicht sparten, gerieten wir ins Gespräch, und bald war Paul, der sich bei dieser Gelegenheit auch als geschickter Billardspieler erwies, mit von der Partie. Wenn die Spitzgläser gefüllt wurden, mußten wir mithalten; ihr Inhalt bestand aus einem grünen Grundstoff, der sich verfärbte, wenn man ihn mit Wasser übergoß.

Dem Getränk wohnte ein süßes Aroma inne, und es rief bald eine sonderbare Wirkung hervor. Wie im Traume hörte ich die Stimme des Gefährten, der sich bei mir erkundigte:

»Du, Herbert — was ist eigentlich mit meinen Beinen los? Mir ist so blümerant zumut, als ob ich auf lauter Federbetten geh.«

Ich konnte ihm darüber keine Auskunft geben, da ich mich selbst im Banne einer eigentümlichen Vorstellung befand — ich glaubte nämlich immer deutlicher zu erkennen, daß ich mich gar nicht in einem Wartesaal, sondern mitten in einem großen Wattemagazin befand. Alle Farben begannen so

freundlich zu leuchten, und alle Dinge wandelten sich in viele
Sorten von weicher, bunter Watte um. Was mich aber an dieser Verwandlung besonders belustigte, das war der Umstand,
daß alle Bewegungen in diesem Magazin ihre Fremdartigkeit
verloren — ich selbst, meine innere Laune, war es vielmehr,
der sie nach Belieben hervorzuzaubern verstand. Wenn es
mir zum Beispiel einfiel, aus irgendeinem der Watteballen
einen besonders gefärbten Bausch herauszuzupfen, so war
das der tiefere Grund dafür, daß einem der Billardspieler ein
kunstvoller Stoß gelang oder daß sich die Tür öffnete und
der Wirt mit einem neuen Tablett voll Gläsern erschien.

So vertrieb ich mir durch höchst angenehme Zauberkünste in diesem Wartesaal die Zeit, die wie im Fluge verfloß.
Wir hätten wohl auch den Zug verpaßt, wenn unsere neuen
Freunde uns nicht zur großen Heiterkeit der Reisenden in
unser Abteil geleitet hätten, während Paul zum Abschied ein
Stücklein auf seiner Harmonika blies. Auch war die verwir-
rende Kraft des Absinths, mit der wir auf diese Weise Bekanntschaft geschlossen hatten, so nachhaltig, daß sie uns bis
zum Abend im Banne hielt. Jedenfalls meinte Paul, als wir in
Dijon ausstiegen, daß dies wohl die schnellste Art zu reisen
sei.

Wir fanden den großen Zug nach Marseille schon unter
Dampf und hatten gerade noch Zeit, einmal um den Bahn-
hofsplatz zu gehen. Paul, der bei seinem Billardspiel einige
kleine Münzen erbeutet hatte, kaufte hier eine Wurst und
eine Tüte gerösteter Kastanien ein.

Während wir im Zuge saßen und vesperten, stand uns
noch eine wenig erfreuliche Überraschung bevor. Wir hörten
nämlich draußen im Gange ein Fluchen und Sakramentieren,
das uns merkwürdig bekannt vorkam, und dazwischen eine
andere Stimme:

»Allez, kommen Sie mit — hier sind schon zwei eingestiegen mit ebensolchen Fahrkarten wie Sie.«

Ein Schaffner öffnete die Tür, und in ihrem Rahmen erschien die Gestalt des fürchterlichen Reddinger, der uns
grinsend anstarrte. Wir merkten jedoch, daß er bedeutend

kleinlauter geworden war; wahrscheinlich hatte er den Nachmittag viel weniger kurzweilig verbracht als wir, vielleicht auch unangenehme Erlebnisse gehabt. Er drückte sich ziemlich wortkarg in eine Ecke und streckte sich bald auf dem schwarzen Wachstuchpolster aus. Seine Gegenwart hatte die zweifelhafte Annehmlichkeit, daß sie uns den Alleinbesitz des Abteils sicherte. Der Zug war überfüllt, und öfters öffnete ein Reisender die Tür, um sie schnell wieder zu schließen, wenn er der riesigen, schnarchenden Holzfällergestalt mit den zerfetzten Stiefeln ansichtig geworden war. Mir war das peinlich, aber Paul meinte, daß solches für jemanden, der nach Afrika gehe, doch ganz gleichgültig sei.

Der Zug fuhr mit hoher Geschwindigkeit durch die Nacht. Ich war fest eingeschlafen und erwachte erst, als er in eine große Stadt einfuhr, deren schwarze Straßen und Plätze im Regen schimmerten. Es war Lyon. Mir war wieder beklommen zumut, und ich war froh, als Paul sich aus seiner Ecke mir zuwendete. Er erzählte mir eine lange Geschichte von dem Fremdenlegionär Rolf Brand, einem der Helden seiner bunten Hefte, den er sehr zu lieben schien.

Als draußen der Schaffner »Tarascon« rief, wachte auch der fürchterliche Reddinger auf. Er war sehr mürrisch und überraschte uns durch die Mitteilung, daß, wer etwa dächte, daß er sich jetzt in Marseille bei den Franzosenköpfen melden würde, in einem gewaltigen Irrtum befangen sei. Als wir ihn fragten, was er denn im Schilde führe, beschränkte er sich auf ein listiges:

»Andere Leut han aa Grütz im Kopf.«

Paul meinte, daß das für einen so langen Kerl gar kein dummer Gedanke sei. Jedenfalls könne es nichts schaden, erst einmal die Stadt und besonders den Hafen und die Schiffe etwas näher anzusehen. Vielleicht ergäbe sich da so allerlei.

Während dieser Unterhaltung klomm der Zug ein Gebirge hinan, dessen weiße Felsen in der Dunkelheit leuchteten. Obwohl die Sterne noch schimmerten, deutete sich schon eine Vorahnung des Morgens an. Ich öffnete das Fenster und wurde durch einen wundersam milden Lufthauch überrascht; es war der Atem des Mittelmeeres, der sich ankündigte. In der Tiefe flimmerten Lichter über Lichter; sie umsäumten kleine Inseln und zogen sich wie Perlenschnüre an geschwungenen Buchten entlang. Dazwischen glänzten die roten und grünen Zeichen fahrender Schiffe auf dem Meer.

Die Fahrt beschleunigte sich, und beim Morgengrauen lief der Zug in den großen Bahnhof von Marseille ein.

10

Der Plan, sich in dieser alten Hafenstadt erst einmal auf eigene Faust umzutun, war für Reisende unserer Art wohl zu naheliegend, um von der Macht, mit der wir paktiert hatten, nicht in Rechnung gezogen zu sein. Jedenfalls wurden wir, als wir guten Mutes zum Ausgang schritten, um spurlos zu verschwinden, durch ein kleines Kommando angehalten, das neben der Sperre stand und die Fahrkarten musterte. Es wurde durch einen Schweizer Korporal geführt, der unsere Absicht erraten zu haben schien und den unsere Verblüffung erheiterte.

Paul, der sich gleich mit ihm anfreundete, sagte, um ihn zu necken, daß wir das nächste Mal eine Station vorher aussteigen würden, und wurde von ihm dafür ein verfluchter Kerl genannt, der seine Sache da unten schon machen würde — im übrigen hätte das ja aber noch fünf Jährchen Zeit.

Außer uns wurden noch zwei oder drei junge Leute auf dieselbe Weise aus dem Strom der Reisenden gefischt, dann setzte sich die kleine Abteilung in Marsch. Wir schritten durch eine breite, vom Bahnhof ausstrahlende Allee, die sich wenig von den Prachtstraßen anderer Großstädte unterschied, und bogen dann in die berühmte Schlagader La Canebière ein. Während dieses Weges rollte Reddinger seine Augen wie ein ins Eisen geratener Wolf; er spähte, ohne den rechten Absprung zu finden, fortwährend nach verborgenen Seitengassen aus, durch die er sich unbemerkt davonmachen könnte.

Bald tat sich der Alte Hafen vor unseren Blicken auf — ein großes, viereckig ummauertes Becken, an dessen Rändern eine Flotte von Fischerbooten und kleinen Segelschiffen ankerte. Hier war das Gewühl außerordentlich. Schreiende und erregte Massen wälzten sich auf den steinernen Kais zwischen den Ständen der Fischhändler, zwischen mit Muscheln und Seeigeln gefüllten Körben und den unter freiem Himmel aufgebauten Stuhlreihen kleiner Hafenkneipen hin und her. Die Luft war erfüllt vom Geruch fremder Rassen, der großen Magazine und der Abfälle des Meeres — vom Atem der händlerischen Anarchie, der die Seestädte durchdringt und belebt.

Unser Korporal, der sich in diesem Trubel recht zu Hause zu fühlen schien und sich mit der Gemütlichkeit bewegte, die man überall wiederfindet, wo es Soldaten und Dienstwege gibt, zog es vor, einen Abstecher in ein dunkles Viertel zu machen, dessen Gassen wie schwarze Schläuche in das Hafenbecken mündeten. Mit ortskundiger Sicherheit bog er in die engste von ihnen ein, in deren Eingang ein riesiger Neger stand, kohlschwarz wie die Mohren der Märchenbücher und in eine himmelblaue, mit leuchtend gelben Arabesken bestickte Uniform gehüllt. Paul erheiterte unseren Führer durch die Frage, ob der hier als Haremswächter angestellt sei, und wurde von ihm belehrt, das sei »grad au contraire« einer von den senegalesischen Tirailleurs.

Die Gasse, die mehr an einen Tunnel erinnerte, schlängelte sich einen Berg hinan; ihr Pflaster war mit Obst- und Muschelschalen und mit Abfällen aller Art bedeckt. Trotz der frühen Morgenstunde sah man schon Betrunkene; hinter den niedrigen Fenstern und vor den dunklen Hausfluren saßen geschminkte Mädchen und starrten die Vorübergehenden mit maskenhaftem Lächeln an. Der Korporal, der sich mit der linken Hand bequem auf sein Seitengewehr stützte, belustigte sich damit, ihnen Scherzworte zuzurufen, wobei es ihm gar keine Schwierigkeiten zu bereiten schien, aus seinem Schwyzer Dütsch ins Französische oder Spanische oder auch in ganz fremdartige Sprachen überzugehen.

Sein eigentliches Ziel jedoch stellte sich als ein tiefer Keller heraus, in dem eine Unmenge von Fässern lagerte. Hier machte er halt und reichte die Feldflasche hinunter, die er an einem langen Schulterbande trug und die sich durch einen außergewöhnlichen, für Wüstenmärsche berechneten Umfang auszeichnete.

Der Küfer, der seine Sorte wohl kannte, steckte einen Trichter in dieses Ungeheuer von Feldflasche und füllte es mit einem fast schwarzen Rotwein an. Der Korporal nahm es wohlgefällig wieder in Empfang und erklärte uns, daß so ein richtiger afrikanischer Wein am frühen Morgen weit gesünder und auch bekömmlicher als Kaffee sei — und um diesen Grundsatz anschaulich zu machen, bekräftigte er ihn gleich durch einen erheblichen Schluck. Wie sein Gebaren überhaupt einen ungewöhnlichen und exotischen Charakter trug, so auch seine Art zu trinken — er hob nämlich die Flasche hoch über den Kopf und fing den dünnen Weinstrahl, den er ihr entspringen ließ, so geschickt mit dem Munde auf, daß auch nicht ein Tropfen verlorenging. Als er bemerkte, daß wir sein Verfahren verwundert betrachteten, bezeichnete er es als einen Trick, dessen Vorteile uns bald einleuchten würden, wenn wir erst einmal mit Kerlen im Zelt kampierten, die beim Ausziehen ihrer Stiefel darauf bedacht sein müßten, daß ihnen auch keine Zehe dabei abhanden käme. Unter solchen trefflichen Belehrungen führte er uns durch ein Labyrinth von Gassen und ineinander geschachtelten Höfen zum Meere zurück.

Das spelunkenhafte Viertel, das wir auf diese Weise durchquerten, bildete den Vorhof für ein verwittertes Kastell, das nun vor unseren Blicken erschien. Es war auf einem aus dem Meere ragenden Felsen errichtet und von der Landseite durch einen Wehrgraben getrennt. Sein rotbraunes Mauerwerk stieg aus dem blauen Wasser zu großer Höhe empor und war nur durch winzige, vergitterte Fenster durchbrochen, unter deren Brüstungen das mürbe Gestein von rostigen Bärten zerfressen war. Die Ecken waren durch starke Türme abgerundet, deren Sockel im Anschlag der Wellen

schwimmende Gürtel von grünen Algen und braunem See-
tang umfluteten. Der Zugang führte über eine hölzerne Brük-
ke, auf der ein Posten in zinnoberroter Uniform Wache
stand; er trug einen Fez, von dem eine schwarze Quaste ihm
bis auf die Hüften fiel.

Über dem dunklen Tore, durch das wir nun eintraten, hing
ein Schildchen mit der Aufschrift »Fort St. Jean«. Wir stiegen
im Inneren der Befestigung einen gewundenen Gang empor;
er führte auf eine offene Plattform, die von Menschen wimmelte.

Das mittelalterliche Bollwerk diente, wie wir bald erfuhren, als An- und Abmusterungsplatz der orientalischen Gar-
nisonen; seine Gänge und Gewölbe waren von einer unruhigen und stets wechselnden Belegschaft erfüllt. Einige der
Gesellen, denen wir begegneten, trugen bunte Uniformen;
die Mehrzahl jedoch trieb sich in zerlumpten Zivilanzügen
herum. Noch ehe das Auge die Einzelheiten dieses Getriebes
erfaßte, drängte sich dem Gefühl sein bösartiger und unge-
setzlicher Charakter auf.

Die Ankunft von Neulingen schien eine gewisse Bedeutung zu besitzen; jedenfalls bildete sich sogleich ein Kreis
um uns, und wir wurden durch Zurufe in den verschiedensten
Sprachen begrüßt. Noch ehe wir begriffen hatten, was man
von uns wollte, ertönte das trompetenhafte Signal, von dem
Paul uns in Verdun berichtet hatte; es rührte von zwei Mit-
gliedern seiner Bande her, die ihn unter freudiger Begrüßung
mit sich fortzogen.

Ich war im Begriff, mich ihnen anzuschließen, als unmittelbar neben mir ein Tumult entstand. Der fürchterliche Reddinger, dem es noch nicht gelungen war, sich aus dem Staub
zu machen, hatte den Kreis durchbrochen und sprang hinter
einem Menschen her, der in langen Sätzen flüchtete und von
dem ich zunächst nur einen flatternden Umhang sah, der mir
merkwürdig bekannt vorkam. Nach wenigen Sprüngen
schon hatte Reddinger ihn gepackt und niedergeworfen, und
nun erkannte ich, daß der am Boden Liegende, den er rüstig
mit Schlägen bearbeitete, kein anderer als Franke war, der es

verstanden haben mußte, sich schon mit dem Nachtzug als blinder Passagier bis hierher durchzuschmuggeln.

Obwohl er jämmerlich schrie, machte niemand Miene, ihm beizustehen. Endlich griff eine der Ronden ein, die auf den Wällen und im Innern des Forts umherstreiften. Es waren zwei Mann, aber ihr Dazwischentreten entfachte Reddinger erst zum vollen Berserkerzorn. Mit seinen langen Armen, die er wie Windmühlenflügel kreisen ließ, schlug er sie in wenigen Augenblicken in die Flucht.

Der Schweizer Korporal, der diesen Auftritt mit großer Gemütsruhe angesehen hatte, gab Reddinger den guten Rat, sich jetzt so schnell wie möglich unsichtbar zu machen, wenn er nicht eine böse Suppe auslöffeln wolle. Reddinger dagegen, der nun erst aufzutauen schien, wollte sich auf nichts einlassen, sondern drohte, dem Lumpenhund und Kesselflikker, der sich Keramiker schimpfe und sich in Verdun so schäbig davongemacht habe, die Beine abzuschlagen, wenn er nicht sofort die Stiefel ausziehen würde. Es stellte sich jedoch heraus, daß Franke in der Verwirrung entkommen war.

Inzwischen rückte von unten die Wache heran und überquerte im Laufschritt den Platz. Ihr Anführer war ein kleiner Teufel von Sergeant mit einem schwarzen Schnurrbärtchen; er ließ sich Reddinger zeigen und forderte ihn auf mitzukommen. Dieser antwortete, daß er hier gar nichts haben wolle als seine Stiefel, und ohne die täte er keinen Schritt vom Platz.

Ich dachte, daß man ihn nun verhaften würde, allein es wurde zunächst ein Mann zur Wache zurückgeschickt, der gleich darauf mit einem Buche wiederkam. Nun wurde es still, und der Sergeant las einen längeren Passus vor. Selbst der Schweizer Korporal zog ein bedenkliches Gesicht; nur Reddinger, an den diese Vorlesung gerichtet war, hörte sie mit verächtlichem Grinsen an — offenbar verstand er kein einziges Wort.

Nachdem die Zeremonie beendet war, wurde kurzer Prozeß gemacht. Der Sergeant trat auf Reddinger zu, um ihn am Rock zu packen, und erhielt dabei einen Faustschlag, der ihm

den langen Schirm seines Käppis über die Augen trieb. Nun
gab es ein großes Gewühl, aber obwohl es Hiebe regnete,
dauerte es doch noch lange, ehe der Wütende so weit gebän-
digt war, daß er fortgeschleppt werden konnte. Erst der kleine Sergeant bereitete dem Auftritt ein Ende, indem er, wie
der Matador vorm letzten Gang, seinen Leuten gebot zu-
rückzutreten und sich dicht vor Reddinger aufstellte. Dieser,
wohl nur gewohnt, von oben nach unten zu schlagen, holte
zu einem neuen Hiebe aus, den der Sergeant parierte, indem
er zurücksprang und dann mit dem Fuß einen kurzen, exer-
ziermäßigen Ausfall tat. Der bösartige Fechterstoß traf Reddinger hart unter dem Magen und warf ihn schnappend auf
den Sand. Er wurde gepackt und in einen der großen Türme
geworfen, den ein johlender Haufe noch längere Zeit umla-
gerte.

Der Schweizer Korporal meinte, daß er sich gut gehalten
habe und wohl das Kriegsgericht passieren werde.

11

Da unsere kleine Reisegesellschaft auf diese Weise aufgeflo-
gen war, streifte ich auf eigene Faust umher, um mir das Fort
ein wenig näher anzusehen.

Prügeleien und Übergriffe waren hier an der Tagesordnung; bald hier, bald dort rottete sich eine Gruppe zusammen und trat eine der Ronden in Tätigkeit. Die Ursache der
meisten Zusammenstöße schien darin zu liegen, daß die ausgedienten Leute in fadenscheinigen blauen Anzügen entlassen waren und nun auf jede Weise versuchten, ihre Garde-
robe zu vervollständigen. Es waren zum größten Teil mit allen
Wassern gewaschene Gesellen, die beutelüstern umherspäh-
ten. Sobald sie jemand erblickten, der noch ein heiles Stück
auf dem Leibe trug, versuchten sie, ihn in einen Winkel zu
ziehen und dort, halb durch Überredung, halb durch Gewalt,
zum Umtausch zu nötigen. Schon um sie loszuwerden, schien
es geraten, auf den Handel einzugehen. Ich tauschte so ein

Paar Soldatenstiefel und einen blauen Flauschrock ein und erhielt noch einige Franken mit in den Kauf.

Nachdem ich mich auf diese Weise der Umgebung angepaßt hatte, konnte ich mich ungestört bewegen und erstieg zunächst die dem Lande abgewandte Brüstung der Mauer, um mich am Anblick des Meeres zu erfreuen.

Ein herrlicher Golf breitete sich da vor den Augen aus. Er war von kahlen weißen Gebirgsketten in weitem Halbkreis umfaßt, und in seiner Mitte stiegen felsige Inseln aus dem Wasser hervor. Eins dieser Eilande war durch ein altes Kastell bewehrt, das gleichsam das Gegenstück zu dem unseren bildete.

Der Anblick dieser Landschaft erheiterte mich ungemein. Auch begann die Sonne so behaglich zu brennen, daß sogar eine kleine Eidechse aus einer der Mauerfugen hervorschlüpfte, ein leuchtend grünes Tierchen mit rotem Rückenstreif. Dem Vorsatz, den ich auf der Landstraße bei Trier gefaßt hatte, getreu, ergriff ich sie und sperrte sie, um sie später in Ruhe zu betrachten, in eine Zigarettenschachtel ein.

Während dieses Zeitvertreibs hatte ich nicht auf den Rucksack geachtet, der dicht hinter mir lag. Als ich mich umwandte, entdeckte ich zu meiner Bestürzung, daß er, ebenso wie mein Hut, spurlos verschwunden war. Mich erschreckte dabei eigentlich weniger der Verlust als die fast zauberhafte Weise, auf die er sich vollzogen hatte, denn ich hatte weder einen Schritt gehört noch einen Schatten gespürt. Es wurde mir allerdings bald klar, daß dieser Ort unter anderem auch ein Treffplatz der geschicktesten Beutelschneider von ganz Europa war.

Überhaupt stellte ich fest, daß die schöne Meeresaussicht auch ihre Schattenseiten besaß. So streifte das Stammpersonal des Forts fortwährend auf der Suche nach Arbeitskräften umher, und während ich noch über den Verlust des Rucksacks grübelte, wurde ich durch einen Fourier angerufen und in einen schmutzigen Hof zwischen zwei Türmen geführt. Dort griff er noch einen kleinen Italiener auf und drückte jedem von uns einen Besen in die Hand, indem er uns durch

Zeichen bedeutete, daß der Platz blitzblank zu fegen sei. Wir machten uns also an die Arbeit, freilich nur, um im ersten unbewachten Augenblick die Besen fortzuwerfen und unserer Wege zu gehen. Dabei liefen wir einem Koch in die Hände, der uns damit beschäftigte, in einem der Gewölbe Zwiebeln in Säcke zu laden und in seine Küche zu schleppen. Danach lud er uns noch einen großen Kessel auf, aus dem das Mittagessen an die Gefangenen auszuteilen war.

Auf einem dieser unfreiwilligen Gänge begegnete ich Paul, der mit seinen beiden Kumpanen gemütlich umherschlenderte und sich weidlich über meine Tätigkeit belustigte. Er berichtete, daß er oben hinter dem großen Turm mit Franke eine gründliche Abrechnung wegen des kleinen Jakob gehalten und ihm dabei auch den Mantel wieder abgenommen habe, was ich recht und billig fand. Da er die Beute gleich darauf an eine der alten Kriegsgurgeln verkauft hatte, steckte er mir ein Zweifrankenstück als meinen Anteil zu. In solchen Dingen war er zuverlässig, wie es sich für einen guten Hauptmann gehört.

Außerdem gab er mir einige Ratschläge, die verrieten, daß er nicht nur sich auf dem Fort schon gründlich umgesehen hatte, sondern auch eine große Erfahrung in allen Kniffen besaß, durch die man der Arbeit aus dem Wege geht. Vor allem müsse man sich hier taub stellen, denn die Kerle, die einen von hinten anriefen, seien viel zu faul, erst den ganzen Platz zu überqueren, sondern winkten immer die heran, die so dumm seien, sich nach ihnen umzudrehen. Auch gebe es hier zwei sichere Plätze, so oben am Wall, wo »Zutritt verboten« stehe und wo man ungestört in der Sonne faulenzen könne. Wenn man aber Geld habe, solle man in die Kantine gehen, da sitze man als zahlender Gast wie in Abrahams Schoß. Auch habe er schon wieder einige tüchtige Burschen kennengelernt, und ich solle trachten, des Abends mit in seinen Schlafsaal und beim Essen an seinen Tisch zu kommen — da werde ich mich nicht langweilen, und auch zu trinken sei etwas da.

»Ich habe mich nämlich zum Tafelmeister ernannt«, fügte

er hinzu, womit er wohl sagen wollte, daß er den Vorsitz
über eine der bunt zusammengewürfelten Tischgesellschaf-
ten übernommen habe, die sich auf ein Glockenzeichen in
den unteren Räumen des Forts versammelten.

Diese Hinweise schienen mir, wie alles, was Paul sagte,
Hand und Fuß zu haben, und ich befolgte sie, indem ich bei
der nächsten Gelegenheit in der Kantine verschwand. Dort
setzte ich mich in eine der Fensternischen, die als lange
Scharten in die Wand gebrochen waren und so dicht über
dem Meeresspiegel lagen, daß man fühlte, wie die Brandung
gegen die Mauer schlug.

Es saßen zwei Gesellen mit am Tisch; der eine war ein
verwüsteter Landsknecht mit totenkopfähnlichem Gesicht.
Er schien Fieber zu haben, denn seine Augen glänzten, und
seine Hände zitterten so heftig, daß er kaum das Glas zum
Munde heranbrachte. Der andere trug einen Anzug aus feinem Stoff; er brütete teilnahmslos vor sich hin.

Es schien mir jetzt an der Zeit, die Eidechse zu betrachten,
die ich oben an der Brüstung gefangen hatte; ich nahm das
kleine Wesen aus der Schachtel und setzte es auf die flache
Hand. Diese Beschäftigung erweckte sogleich die Aufmerksamkeit des jungen, gutgekleideten Mannes, der neben mir
vor sich hinstarrte — er meinte, das sei eine schöne Art, die
jenseits der Alpen kaum anzutreffen sei.

»Aber«, fügte er mit einem trüben Lächeln hinzu, »auf solche Liebhabereien werden Sie jetzt wohl verzichten müssen.«

Ich antwortete ihm, daß man doch dazu weiter nichts als
zwei gute Augen nötig habe, und so kamen wir ins Gespräch.

Leonhard, denn unter diesem Namen stellte sich mir mein
neuer Bekannter vor, befand sich offenbar in der Verfassung
eines Menschen, der plötzlich in einer schrecklichen Lage erwacht und dessen letzte Hoffnung darin besteht, daß sich das
Ganze doch noch als ein Traum erweisen wird. Was er mir
erzählte, war wirr und unzusammenhängend, aber da er froh
zu sein schien, überhaupt jemand gefunden zu haben, mit
dem er sprechen konnte, glaubte ich nach mancher Wiederholung doch einiges zu verstehen.

Leonhard hatte in Freiburg studiert. Seine Eltern waren gestorben, aber er besaß einen älteren Bruder, zu dem er, wie er sagte, in einem innigen Verhältnis stand und in dessen Familie er die Ferien zu verbringen pflegte. So hatte er es auch während dieser Herbstferien gehalten, bis vor wenigen Tagen ein Ereignis eingetreten war, das ihn verstört und völlig verändert zu haben schien. Gerade über diesen Kernpunkt aber schwieg er sich aus, und ich erriet aus seinen Andeutungen nur so viel, daß er im Begriff gewesen war, von einem dunklen Flur aus die Tür zum Eßzimmer zu öffnen, in dem er zum Abendbrot erwartet wurde, als er drinnen Worte hörte, deren Klang ihn stutzen ließ. Er blieb stehen und belauschte auf diese Weise ein Gespräch zwischen seinem Bruder und dessen Frau, das ihn mit der Wucht eines unerwarteten Hiebes traf.

Hier versuchte ich einzuwenden, ein bloßes Gespräch könne doch nicht so furchtbar sein. Leonhard sah mich einen Augenblick an, als ob ich einen vorüberhuschenden Hoffnungsschimmer in ihm erweckt hätte, und sagte dann:

»Wissen Sie — über jeden Menschen gibt es, wenn ich mich so ausdrücken soll, eine Art von letzter Wahrheit, die er selbst nicht kennt oder sich nicht eingesteht und von der er auch nie etwas ahnen darf. Wenn Ihnen diese Wahrheit durch einen Zufall sichtbar wird, dann ist es, als ob Ihnen der Boden unter den Füßen einbräche. Man stürzt in seinen eigenen Abgrund wie ein Schlafwandler, der unvorsichtig angerufen wird. So ist es mir an jenem Abend ergangen; ich habe da Dinge gehört wie in einem bösen Traum. Und ich habe, wie ich ging und stand, mein Geld zusammengerafft und bin ohne Mantel und Hut aus dem Hause gerannt. Dann habe ich das nächste Auto gemietet und bin über die Grenze gefahren und von da weiter nach Paris; dort habe ich eine Reihe von tollen Nächten verbracht. Und wenn Sie mich fragten, wie ich an diesen Ort und in diese Gesellschaft komme, so könnte ich Ihnen diese Frage nicht beantworten. Ich weiß es nicht.«

Dabei haftete sein Blick auf dem alten Trunkenbold, den

gerade ein neuer Fieberanfall schüttelte, und ich befürchtete, ihn gleich in Tränen ausbrechen zu sehen. Er schien sich in jenem Zustande der Unwirklichkeit zu befinden, der zwischen zwei Räuschen liegt. Hier hatte ich also das Beispiel einer Anwerbung, wie sie die Bücher schilderten.

Leonhard hatte ein kluges, aber weiches Gesicht, in dessen Zügen eine leidende Empfindsamkeit zum Ausdruck kam; es war nach einem Typus gebildet, wie man ihn im Süden unseres Landes nicht selten trifft. Er hatte etwas außerordentlich Gutmütiges und dabei, wie ich später merkte, eine Anlage, feurig aufzubrausen wie badischer Wein. Auch hatte er sich eine gute Bildung angeeignet, freilich von jener Art, wie man sie in völliger Sicherheit erwirbt und wie sie in schwierigen Lagen, anstatt vor dem Schmerz zu schützen, die Verwundbarkeit erhöht. Obwohl er Worte bevorzugte, die mir peinlich waren, wie »Harmonie«, »gleichgestimmte Seelen« und ähnliche, tat er mir doch leid, und ich beschloß, ihm beizustehen. Wir trennten uns, indem wir uns für den Abend verabredeten.

Ich suchte nun den Platz am oberen Walle zu erreichen, den Paul mir empfohlen hatte, und es gelang mir, dabei die uniformierten Geister zu vermeiden, die das Gemäuer nach dienstbaren Sklaven abstreiften. Nachdem ich einen engen Gang durchschritten hatte, gelangte ich an eine auf das Meer gerichtete Scharte, die einen versteckten Auslug bot. Hier gab ich der Eidechse ihre Freiheit zurück. Der Platz eröffnete noch bessere Sicht als die untere Brüstung, und die Wölbung des Walles verdeckte das übrige Fort. Die Einsamkeit, die hier oben herrschte, schien mir wie geschaffen, mich in eine meiner Träumereien zu vertiefen: ich stellte mir die Welt als ausgestorben vor. Dabei trat wunderbar das Schweigende heraus. Es trugen wohl auch die nackten Gebirge und das Meer, auf dessen unbewegtem Spiegel kein Segel glänzte, dazu bei. Langsam und mit steigender Lust tastete ich jede Falte der kahlen Felsen und jede Krümmung der Eilande und Buchten ab.

Die Landschaft war von starker geistiger Kraft, und ihre

Rundung bildete den Zauberring, mit dessen Hilfe die Beschwörung Dorotheas mühelos gelang. Ich hatte, seit ich auf den Polizisten zugeschritten war, keine Gelegenheit zur Sammlung mehr gehabt und fühlte, daß ich eines Zuspruches bedürftig war. Besonders das Gespräch mit Leonhard hatte mich geschwächt. Bis dahin hatten die Ereignisse den Anstrich einer spaßhaften Vorbereitung gehabt, und auch der Umstand, daß der Schweizer Korporal uns auf dem Bahnhof abgefangen hatte, gehörte wohl zum Spiel. Vorhin aber hatte mich für einen Augenblick durch die Berührung mit dem Leide eine unbekannte Angst gepackt — es war, als ob der Boden an Festigkeit verlöre und eine noch dünne Sumpfschicht die Sicherheit des Schrittes behinderte.

Dorothea erschien mir heute näher, körperlicher als sonst, und es ist schade, daß mir die Verhandlung, die ich mit ihr führte, wie alles, was sie betrifft, so undeutlich in Erinnerung geblieben ist. Es schien mir wunderlich, daß sie sogleich gegen Leonhard Stellung nahm, denn ich erwartete das Gegenteil. Sie riet mir jedoch, den Verkehr mit ihm zu meiden, ja mich über ihn lustig zu machen — wie ich denn überhaupt ein Bestreben an ihr bemerkte, mich in meinem Stolz zu festigen. Oft hatte ich das Gefühl, daß sie gerade dem Ungeheuerlichen zustimmte. In jeder Freundschaft, jeder Liebe liegt zugleich Unbarmherzigkeit, liegt ein Raub an der Welt. Wie um Leonhard zu kränken, erzählte sie, daß er sich nur hier befinde, weil er vor der Mündung der Pistole zurückgewichen sei. Die Nähe des Todes flöße ihm Grauen ein, und hierauf, nicht auf seiner Lage, beruhe seine Furcht. Eben aus diesem Grunde würden auch die Anstrengungen von Kräften, die schon unterwegs seien, um ihn zu retten, vergeblich sein.

Als sie die Pistole erwähnte, glaubte ich zu erraten, daß sie zugleich auf mein erstes Lagerfeuer anspielte, und wirklich ermahnte sie mich, solche Spiele künftig zu meiden, da in ihnen ein gefährlicher Zauber verborgen sei. Merkwürdiger aber noch als die Erwähnung dieser persönlichen Verhältnisse schien mir eine sachliche Mitteilung, die sie daran knüpfte:

»Wirf den Revolver ins Meer — der Trödler hat dir eine Waffe mit zerbrochener Sicherung verkauft!«

Die Warnung erfreute mich ungemein, und zwar aus einem besonderen Grund. Ich war nämlich begierig auf jede Gelegenheit, durch welche Dorothea eine Beziehung zur gegenständlichen Welt gewann, denn es schien mir, als ob ich durch jede dieser Berührungen mich ihrer fester versicherte. So griff ich denn in die Tasche und zog den Revolver hervor. Nachdem ich ihn durch den kleinen Hebel gesichert hatte, drückte ich ab — und wirklich ertönte sogleich ein Schuß, dessen lauter Hall in dem engen Wallgraben widerklang.

Es war freilich seltsam, daß es bislang noch kein Unglück mit dieser Waffe gegeben hatte, die ich nun wie ein gefährliches Insekt in die Tiefe schleuderte, wo sie mit einem Aufspritzen im blauen Wasser versank.

12

Wie gesagt, erinnere ich mich nur unklar an die Figur dieses Gesprächs. Wenn ich später über sie nachdachte, wollte es mir zuweilen scheinen, als ob sie von vornherein auf den Schuß hin angelegt gewesen sei.

Jedenfalls tauchte unmittelbar darauf hinter einer Biegung des Walles ein kleiner, zierlicher Mann in Offiziersuniform auf. Offenbar hatte ihn der Knall herbeigelockt, denn er fragte sogleich in einem flüssigen, wenn auch fremdartigen Deutsch:

»Junger Mensch, Sie halten hier wohl Schießübungen ab?«

Die Frage setzte mich in Verlegenheit, denn ich glaubte, er wolle mich zur Rechenschaft ziehen. Ich murmelte daher, daß mir »aus Versehen« ein Schuß losgegangen sei.

Der Ankömmling schien jedoch andere Absichten zu verfolgen, denn er setzte sich mir gegenüber auf den Rand der Schießscharte und knüpfte ein Gespräch über die Landschaft an.

»Sie haben hier«, sagte er, »den besten Platz zur Betrachtung des Golfes gewählt. Oben, von der Spitze der Notre Dame de la Garde, die den Schiffen auf dem Meer als Wahrzeichen dient, können Sie zwar einen größeren Umkreis übersehen, aber die Einzelheiten treten zu sehr zurück. Ich habe auf meinen Reisen viele schöne Häfen besucht, aber ich denke, daß dieser es mit ihnen aufnehmen kann. Diese Bergkette, die die Bucht wie der aufgewölbte Rand einer Muschel umfaßt, stellt einen Ausläufer der Seealpen dar — und die weiße Befestigung auf der kleinen Insel gegenüber nennt sich das Château d'If. Vielleicht ist Ihnen der Name bekannt?«

Meine Antwort, daß ich mich seiner aus dem »Grafen von Monte Christo« erinnere, schien ihn zu erfreuen.

»Ah, ein homme de lettres — ich habe mir doch gleich etwas Ähnliches gedacht. Bitte, lassen Sie mich einmal Ihre Hände sehen!«

Und ohne weiteres griff er nach meiner rechten Hand und studierte ihre innere Fläche mit großer Aufmerksamkeit. Dabei fuhr er fort:

»Der Graf von Monte Christo ist natürlich eine erdichtete Figur. Immerhin zeigt man Ihnen da drüben sogar den unterirdischen Gang, den der Abbé Farina gegraben hat. Dort weiter hinten sehen Sie übrigens noch eine literarische Insel — sie trägt das Fort Ratonneau.«

Auch hierzu konnte ich eine Bemerkung machen, die dem Unbekannten zu gefallen schien.

»Wie ich sehe, sind Sie gut instruiert; Sie haben freilich bislang keine Dinge getrieben, durch die man rauhe Hände bekommt. Wenn Sie wollen, möchte ich Sie zum Tee einladen; ich wohne nur wenige Schritte von hier.«

Obwohl ich eigentlich gern geblieben wäre, hielt ich es für unhöflich, diese Einladung auszuschlagen. Ich folgte ihm daher durch den Wallgraben in einen gewölbten Raum, der allerlei Spiegel und Instrumente enthielt und an den ein kleines Wohnzimmer stieß, dessen Einrichtung aus vielen Büchern und einigen maurischen Möbeln bestand.

Während sich mein Wirt damit beschäftigte, an einem Taburett die Teemaschine zu bedienen, bot er mir Zigaretten an und lud mich zur Betrachtung seiner Bücher ein. Dabei setzte er die Unterhaltung fort, indem er sich bemühte, zu beobachten, welches Buch ich gerade in den Händen hielt. Ich hörte auf diese Weise eine Reihe von Urteilen, etwa daß man die »Harzreise« in Frankreich schätze, daß an Hölderlin die »clarté« und an Hoffmann das artifizielle Moment zu bewundern sei. Als er sah, daß ich in einer lateinischen Übersetzung des Hippokrates blätterte, bat er mich, ihm einen Abschnitt vorzulesen, und spann eine Betrachtung an, ob es richtiger sei, occiput zu sagen oder occipüt, wie es auf den französischen Gymnasien üblich sei. Auf diese Weise fühlte er mir behutsam auf den Zahn.

Als ich ihm gegenübersaß, mußte ich von den kandierten Früchten kosten, die er, wie er sagte, aus Konstantinopel bezog.

»Paris und Istanbul sind die beiden einzigen Orte, deren geistiger Luftdruck mir behagt — vielleicht auch noch der südliche Teil von Sizilien und Spanien und die afrikanische Küste, die dem gegenüberliegt. Als ich so alt war wie Sie, habe ich mich auch eine Zeitlang umhergetrieben, auf kleinen Segelschiffen, wie sie mit Wein und Öl beladen zwischen den Inseln verkehren und auf denen man dem Mittelmeer bis in die Eingeweide sieht.«

Während er auf diese Weise erzählte und fortfuhr, mich auf geschickte Weise zu sondieren, hatte ich Muße, meinen neuen Bekannten näher anzuschauen. Es fiel mir auf, daß seine Art, sich zu halten, sich zu bewegen und zu sprechen, zu seiner Uniform in sichtbarem Gegensatze stand — das Mißverhältnis war so stark, daß er sogleich den Eindruck erweckte, verkleidet zu sein. Er mochte etwa fünfundvierzig Jahr sein, hielt sich gebückt und schien trotz der Wärme, die im Zimmer herrschte, von einem beständigen Frösteln geplagt. An seinem mageren Gesicht waren vor allem die Augen bemerkenswert; sie waren fast schwarz und wie lakkiert, auch zeigten sie die Bewegung nicht durch eine Verän-

derung der Strahlung, sondern durch Wärme und Kälte an.
Was er sagte, war sehr bestimmt, und obwohl er häufig nach
den Worten suchen mußte, kam es so heraus, daß es durch
die Übersetzung in gewisser Weise sogar gewann. Mit dieser
levantinischen Leichtigkeit, die Grenzen zu überspringen, verband sich eine sonderbare und liebenswerte Art der Melancholie, die ihn sogleich, wenn er zu sprechen aufhörte, zu überfallen und zu entkräften schien. Übrigens nannte er sich Doktor Goupil und war auf dem Fort als Militärarzt angestellt.

Ich dachte mir, daß er mit dieser Teestunde wohl eine besondere Absicht verfolgen müsse, und so war es in der Tat.
Er ließ sich jedoch Zeit, mich gründlich auszuholen, was ihm
auch, wenigstens hinsichtlich meiner äußeren Lage und meiner Pläne, meisterhaft gelang.

Endlich schien er sich über meinen Fall im klaren, und er
machte mir in der Art, in welcher der Arzt Verordnungen erteilt, während er seine Instrumente fortlegt, einen Vorschlag,
der mich verwunderte.

»Mein lieber Herr Berger, Sie sind in dem Alter, in dem
man die Wirklichkeit der Bücher überschätzt. Es gibt da eine
wunderbare Geographie, aber glauben Sie mir, Ausflüge dieser Art unternimmt man am besten, wenn man bequem auf
dem Rücken liegt und türkische Zigaretten raucht. Sie erwarten da allerhand seltsame Abenteuer und Zufälle? Anteile
am Zauber, am Überfluß exotischer Fruchtbarkeit? Nun gut,
dort unten treffen Sie nichts von alledem, wenn Sie nicht
Dinge zu den Abenteuern rechnen, die freilich die allerge-
wöhnlichsten sind: das Fieber, den Überdruß und den Cafard
— eine besonders bösartige Form des Deliriums. Sie werden
niemand finden, der über diese Dinge besser unterrichtet ist
als ich. Ich untersuche hier jeden, der kommt, und jeden, der
wiederkommt. Glauben Sie mir, was von dort wiederkehrt,
das ist innen und außen so abgetragen, daß es kein Schneider
mehr wenden kann.«

Bei diesen Worten machte er eine der Bewegungen, wie
sie seiner Rasse eigentümlich sind — als ob er einen mürben
Stoff zwischen den Fingern zerriebe — und fuhr dann fort:

»Sie sind noch zu jung, um zu wissen, daß Sie in einer Welt leben, der man nicht entflieht. Sie wollen da außerordentliche Dinge entdecken, aber Sie werden nichts finden als eine Langeweile tödlicher Art. Heute gibt es nichts als die Ausbeutung, und für den, der besondere Neigungen besitzt, sind besondere Formen der Ausbeutung erdacht. Die Ausbeutung ist die eigentliche Form, das große Thema unseres Jahrhunderts, und wer noch andere Ideen hat, fällt ihr am leichtesten, am billigsten anheim. Die Kolonien sind auch Europa, kleine europäische Provinzen, in denen man die Geschäfte ein wenig offener und unbedenklicher treibt. Auch Ihnen, mein lieber Berger, wird es nicht gelingen, die Mauer zu durchbrechen, an der schon Rimbaud scheiterte. Kehren Sie daher zu Ihren Büchern zurück, und kehren Sie schnell, kehren Sie schon morgen zurück!«

Goupil sprach diese Sätze mit vernünftiger Überzeugungskraft und in einem Tonfall, den man in unserer Sprache nicht kennt.

»Achten Sie genau auf das, was ich Ihnen jetzt sage: Morgen früh findet drüben in der großen Kaserne eine letzte Untersuchung vor dem Kommandanten statt — eine reine Formalität, um eine Sparte zu füllen, die in den Transportpapieren steht. Wenn die Reihe an Sie kommt, werde ich Ihre Eignung in Frage stellen; geben Sie dann sogleich mit lauter Stimme die Erklärung ab, daß Sie noch nicht achtzehn Jahr alt sind, und bleiben Sie darauf bestehen. Es entfällt damit die gesetzliche Grundlage, Sie hier zurückzuhalten; wenn Sie erst drüben sind, schert sich kein Mensch mehr darum.

Beachten Sie dies wohl, Sie befinden sich in einer bedenklichen Lage, die ich besser erkenne als Sie selbst. Ich sehe Sie wie jemand, der in einem dunklen Tor verschwindet, und rufe Sie an; Sie werden mir dafür dankbar sein.«

Er streckte mir die Hand hin, und ich schlug ein.

13

Als ich mich von ihm verabschiedet hatte und wieder in den Hof hinunterging, dachte ich über seine Worte nach.

Wunderlicher als sein Vorschlag erschien mir die Begegnung selbst, denn der Anteil, den ein Unbekannter, den wir flüchtig streifen, an uns nimmt, gilt dem Menschen an sich; in ihm birgt sich ein letzter Rest der alten, frommen Gastlichkeit.

Leider muß ich gestehen, daß mich mein Versprechen sogleich zu wurmen begann. Es gefiel mir nicht, daß mein Unternehmen eine so einfache Wendung nahm.

Während ich darüber nachdachte, ließ ich die an diesem Ort gebotene Vorsicht außer acht und lief dem Küchenunteroffizier in die Hände, dem ich am Morgen entronnen war. Ehe ich noch daran denken konnte, mich aus dem Staube zu machen, hatte er sich meiner bemächtigt und mich in seine Küche geschleppt, wo er mich mit einem Kessel voll Linsensuppe belud. Nachdem er mir noch eine schmutzige Schürze vorgebunden hatte, führte er mich in einen der unteren Räume des Forts, aus dem ein gewaltiger Lärm zu hören war.

Wir trafen hier eine wahre Räuberbande an, die sich in allen Sprachen der Welt unterhielt und stritt. Oben an der schmalen Seite eines langen Tisches, zwischen zwei verdächtigen Italienern, saß Paul, der sich unverhohlen über meinen Aufzug belustigte; ganz unten erkannte ich auch Leonhard, der hinter einem rostigen Eßgeschirr brütete.

Nachdem der Unteroffizier aus einem großen Korbe Brot vorgelegt hatte, mußte ich jedem eine Kelle voll Suppe auf den Teller tun, was nicht ohne viel Geschrei abging, da die Kerle anspruchsvoll wie die Fürsten und die Portionen knapp genug waren. Als die Reihe an Leonhard kam, tat ich ihm, um ihn etwas aufzuheitern, zwei gewaltige Kellen auf, so daß sein Teller fast überfloß. Sogleich erhob sich ein Tumult, als ob jemand umgebracht würde; Brotstücke, Teller und abgenagte Schulterblätter flogen durch die Luft, und auch der Unteroffizier und Leonhard bekamen ihr Teil von der Ladung ab. Ich benutzte diesen Knochensturm, um mir die Schürze abzureißen, und machte mich in der Verwirrung aus dem Staub. Da es mir nach solchem Aufruhr auch in der Kantine nicht sicher schien, kaufte ich mir eine Flasche Wein und schlich mich behutsam an meinen alten Platz an der Brüstung zurück.

Die Sterne waren inzwischen aufgegangen; sie waren größer und leuchtender, als ich sie je gesehen hatte, und schimmerten aus der Tiefe zurück. Der Wein gab mir frischen Mut, und ich fühlte meine Neigung wachsen, die Warnungen Goupils in den Wind zu schlagen; sie kamen mir wie ein Eingriff in meine Freiheit vor. Vielleicht war es doch möglich, dachte ich mir, so zu leben, wie man es an den Tieren und Pflanzen sieht, ohne Hilfe, ohne Geld, ohne Brot, ohne alles, was Menschenhand je schuf und berührte — zu leben aus der innersten Kraft. Wie jedem Jungen, so war es auch mir stets unbegreiflich gewesen, daß Robinson von seiner Insel zurückgekehrt war. Man müßte leben wie ein Schiff, alles an Bord, was man nötig hat, und immer gefechtsbereit. Und in einem Anfall von Übermut trank ich mir zu und schleuderte die Flasche in das Meer.

Als ich von der Brüstung sprang, um in das Fort zurückzukehren, fiel mein Blick auf einen weißen Gegenstand, der im Mondlicht schimmerte. Ich hob ihn auf, und siehe da, es war mein großes Afrikabuch, das aus dem Einbande gerissen und übel zugerichtet hier auf dem Pflaster des Rundganges lag. Der mich auf so geschickte Weise der Sorge für meinen Rucksack enthoben, hatte wohl keine Verwendung dafür gehabt. Ich wog es einen Augenblick in der Hand und warf es dann hinter der Flasche her.

Im Fort war es bereits still geworden, und es war nicht leicht, in all den Gängen und Höhlen den Schlafsaal zu finden, in dem Paul mich erwartete. Als ich den gedeckten Gang durchschritt, den wir am Morgen emporgestiegen waren, fiel mir im flackernden Schein einer Laterne ein kleines Fenster auf, das in den Fuß des großen Turmes gebrochen war. Die Öffnung schloß ein Gitter, wie sie heute nicht mehr geschmiedet werden; dicke vierkantige Stangen überschnitten sich und waren an den Kreuzpunkten zum Überfluß mit eisernen Ringen umlegt.

Das Loch mußte wohl einen Insassen bergen, denn als ich stehenblieb, sah ich zwei Hände erscheinen, die sich um die Stäbe klammerten. Gleich darauf tauchte auch das Gesicht des Gefangenen auf, der sich von innen in die Höhe zog. Obwohl es von der Anstrengung verzerrt war, erkannte ich den fürchterlichen Reddinger, der hier wie ein zweiter Michael Kohlhaas wegen seines Stiefelhandels in der Klemme saß. Seine Selbstherrlichkeit hatte gar bald ein schlimmes Ende genommen, wie es so geht, wenn man kein anderes Mittel, als die Leute auf den Kopf zu schlagen, kennt.

Immerhin schien er nicht ganz gedämpft zu sein, denn er stieß noch wilde Drohungen aus; auch beschuldigte er Paul und mich, nicht mit angegriffen zu haben, und meinte in einer seltsamen Überschätzung der Dinge, daß wir dann die Franzosen in die Flucht geschlagen hätten wie Blücher bei Waterloo. Ich konnte ihm, wenigstens was unseren Beistand betraf, nicht ganz unrecht geben, und suchte mich damit zu entschuldigen, daß er auch gar zu wüst draufgegangen sei. Das lockte ihm ein beifälliges Grinsen ab.

Um ihm etwas zugute zu tun, bat ich ihn zu warten und holte aus der Kantine zwei Flaschen Wein, Zigaretten und Streichhölzer herauf, die ich ihm durch das Gitter schob. Halb tat er mir leid, halb war seine Lage für mich nicht ohne Reiz, denn zu den absonderlichen Wünschen, die mich von jeher beschäftigt hatten, zählte auch der, einmal in einem möglichst altertümlichen Verliese gefangen zu sein, aus dem es sich dann durch einen unterirdischen Gang zu befreien galt. Was die Mittelalterlichkeit des Gefängnisses betraf, so hätte man in Europa wohl lange suchen müssen, um etwas Schöneres aufzuspüren, nur fand ich, daß Reddinger es in dieser Lage an der nötigen Würde fehlen ließ. Ich hätte ihn lieber in edlen Gram versunken gesehen. Als ich mich erkundigte, wie es denn da drinnen aussähe, wurde er wieder sehr

unwirsch und meinte, da wäre nichts als Wanzen, so dick wie
Mohrrüben. Auch mußten wir das Gespräch bald abbrechen,
da er sich nicht allzulange in der Schwebe erhalten konnte,
zu der er in immer schwächeren Klimmzügen ansetzte.

In der Kantine hatte ich Leonhard bemerkt, der dort vor
einer neuen Flasche saß und vor sich hinstierte. Er beklagte
sich über meinen Scherz und zeigte mir eine blaue Stelle, die
von einem Hammelknochen herrührte. Ich hatte den Eindruck, daß er mich gern in ein langes nächtliches Gespräch
über sein Unglück verwickelt hätte; er begann gewissermaßen schon die Kerzen dazu aufzustecken, aber ich hatte wenig Lust, an dieser trüben Feier Teilnehmer zu sein. Es gelang mir vielmehr, ihn zu überreden, mich in den Schlafsaal
zu begleiten, obwohl er meinte, daß sich da immer allerlei
Ausschreitungen vollzögen, die ihm den Aufenthalt verleide-
ten.

Er führte mich in einen langen, kahlen Raum, den zwei
große Holzpritschen, die zwischen sich einen schmalen
Gang freiließen, fast ausfüllten. Wir trafen hier die Tischge-
sellschaft von vorhin; die meisten hockten auf den Pritschen;
andere hatten sich in ihre Decken gehüllt und schliefen bereits.

Es war ziemlich still, da Paul gerade inmitten der Sitzen-
den eine seiner Vorstellungen gab, durch die er sich einzuführen pflegte, wenn er in neue Gesellschaft kam. Nachdem
er sie unter großem Beifall beendet hatte, traten auch andere
Künstler auf und trugen das Ihre zur Steigerung der Gemütlichkeit bei. So erheiterte ein Flame mit einem finnigen Gesicht die Runde ungemein, indem er eine Art von Predigt
hielt, von der man aber kaum mehr als die immer wiederkeh-
rende Formel »Godverdimme, Godverdomme, Godverdam-
me« verstand. Er traf dabei den sakralen Ton mit solchem
Geschick, daß man wohl nicht fehlging, wenn man annahm,
daß er aus einem Seminar davongelaufen war.

Auch allerhand Gespräche wurden geführt, und es fiel mir
auf, daß sie sich fast nur mit Dingen beschäftigten, die man
an anderen Orten sorgfältig verschweigt. Es schaute aus ih-

nen gleichsam das Unterfutter der menschlichen Gesellschaft hervor, und ich wohnte einer Art von Demaskierung bei, wie man sie sonst wohl selten beobachtet. So war da ein Briefträger, der sich über die Leute belustigte, die Geld in die gewöhnlichen Briefe einzulegen pflegen, und er rühmte sich, so feine Fingerspitzen zu besitzen, daß ihm davon auch nie ein Pfennig entgangen sei.

Dieser Briefträger war es auch, der den Gedanken äußerte, daß man etwas zu trinken beschaffen müsse, und da er auf starke Zustimmung stieß, rüstete er unverzüglich einen Beutezug aus. Es schien nicht nur kein Brief, sondern auch kein Schloß vor ihm sicher zu sein, denn ehe man noch bis hundert hätte zählen können, kehrte er mit einer ungeheuren Blechkanne voll Wein zurück, die er in der verschlossenen Küche ergattert hatte, und als Imbiß dazu hatte er noch einen Sack voll Zwiebäcken mitgehen lassen, den er am Boden nachschleifte.

Obwohl ich dem Küchenunteroffizier diese Überraschung gönnte, schien es mir doch an der Zeit, auf meine Sicherheit bedacht zu sein. Leonhard hatte sich schon während des Godverdamme-Gebetes wieder entfernt. Da alles der Weinkanne zuströmte, in die soeben die beiden Italiener, die geradewegs aus den Abruzzen zu kommen schienen, ihre wochenalten Bärte hängen ließen, war auf den Pritschen Platz genug. Ich suchte mir eine Ecke an der entferntesten Mauer aus und wickelte mich in eine Decke ein.

Das Versteck lag um so günstiger, als ich mich in ihm hinter dem Körper eines anderen decken konnte, der sich neben mir ein bequemes Lager bereitet hatte. Es war ein Mann von etwa fünfundzwanzig Jahren, der in einen gestreiften Leinenanzug, wie ihn die Maurer bei der Arbeit tragen, gekleidet war. Er lag auf dem Rücken und las, ohne sich um den Lärm des Gelages zu kümmern, in einer französischen Ausgabe der »Misérables« von Victor Hugo. Als er sich aufrichtete, um sich eine Zigarette zu rollen, entsann ich mich, daß mir sein Gesicht schon am Morgen während des Handgemenges aufgefallen war. Er mußte zu den alten Leuten gehören, denn er hatte den ausgezehrten und totenkopfähnlichen Ausdruck, der ihnen gemeinsam war. Dennoch schienen mir seine Züge ungemein anziehend, es trat in ihnen eine Art von offener und verwegener Männlichkeit hervor. Er hatte so ein Gesicht, wie es Kindern und Dienstmädchen auf den ersten Blick gefällt.

Vor allem fielen mir seine Augen auf; sie waren von einem ungewöhnlichen Blau. Wenn auch das blaue Auge leicht flacher und unbedeutender als das dunkle wirkt, so gibt es doch Ausnahmen; es gibt blaue Augen von tiefer und gebieterischer Kraft. So war es hier; voll aufgeschlagen, erweckten sie die Vorstellung einer leuchtenden Grotte, die unwiderstehlich zum Eintritt lockt.

Mit Gesichtern geht es uns wie mit Bildern; obwohl sie uns oft auf den ersten Blick gefallen, erkennen wir doch erst viel später die Regeln, nach denen sie gebildet sind. So will mir heute scheinen, daß die anziehende Kraft, die seinen Zügen eigentümlich war, darauf beruhte, daß ihnen das Subalterne mangelte. Kein Fall kann seltener sein, wenn man etwa von den Kindern, die noch nicht sprechen gelernt haben, absehen will. Das Subalterne hat mit der äußeren Lage des Menschen nichts zu tun; es ist nichts anderes als der Verlust der Elementarkraft, der in ihm zum Ausdruck kommt, und damit das Bedürfnis nach Abhängigkeit um jeden Preis. Der Mensch kapituliert wie eine Festung, die sich gar bald an jedem Punkte dem Allgemeinen erschließt und in der man weder Kraft noch Geheimnis mehr finden wird, wenn die Grundmauern gebrochen sind.

Da ich wohl Lust hatte, ein Gespräch mit meinem Nachbarn anzuknüpfen, fragte ich ihn, was denn der Sergeant heut vormittag vorgelesen hätte. Er schob sein Buch unter den Kopf, drehte sich zu mir herum und antwortete, ohne näher darauf einzugehen:

»Nichts Besonderes — wenn einer den richtigen Zorn im Leibe hat, schert er sich den Teufel drum.«

Der Auftritt schien ihn erheitert zu haben, denn er lachte vor sich hin.

»Sieht doch immer drollig aus, wenn so zwei aneinander geraten. Was der kleine Kerl da machte, nennt man das Fußfechten — man übts hier in den Vorstädten und hat einen besonderen Namen dafür.«

Die kurzen Bemerkungen schienen mir darauf hinzudeuten, daß er mancherlei Erfahrungen besaß. Ich nahm daher die Gelegenheit wahr, um meine Idee anzubringen, was ich allen anderen meiner neuen Bekannten gegenüber bisher sorgfältig vermieden hatte, und fragte ihn, ob man denn da drüben vom Lande leben könne. Obwohl er mich zunächst nicht verstand, hörte er doch aufmerksam an, was ich von den Muscheln und Beeren und Pilzen vorbrachte.

»Ach so«, unterbrach er mich endlich, indem er sich gemütlich ausstreckte und mich neugierig musterte, »du willst wohl dem heiligen Antonius Konkurrenz machen? Der Gedanke ist wirklich nicht schlecht. Aber so einfach liegen denn doch die Dinge nicht. Ich habs auch schon versucht und wohl oder übel eine Woche lang von Weintrauben und Wassermelonen gelebt, die ich in den maurischen Gärten stahl, es wird einem zuletzt aber hundeelend davon. Heuschrecken freilich ißt man dort heute noch, sie werden scharf geröstet und schmecken nicht übel, ungefähr wie gepfefferte Salzmandeln.«

Zu meinem Vergnügen bemerkte ich, daß er sich mit dem Gedanken beschäftigte und ihn auszuspinnen begann.

»Wir könnten es ja mal zusammen versuchen, wenn wir drüben sind. Eigentlich wollte ich es diesmal zum Korporal bringen, aber 's ist schließlich nur dummes Zeug. Einiges müßte man aber schon mitnehmen — ohne Feuer, Salz, Tabak und Schußwaffen kommt man nicht weit.«

Ich erklärte sogleich den Tabak für überflüssig; auch Salz könnte man an der Küste gewinnen, und zum Feuermachen müßte man ein Instrument, am besten ein Brennglas, mit auf den Weg nehmen.

Das mit dem Brennglas schien ihm einzuleuchten. Den Tabak aber hielt er für unentbehrlicher als das Essen selbst.

»Auch mit dem Salz darfst du dir das so einfach nicht vorstellen. Soviel ist freilich richtig, Salz findet man zwischen den Klippen genug. Aber es gibt nur wenig Stellen, an denen man überhaupt an die Küste kommt. Überall fallen mächtige Berge senkrecht ins Meer, und das heiße Gestein ist so scharfkantig, daß es dir die Stiefel in Fetzen herunterreißt. Du findest da keine Landstraßen wie hier.«

Diese Bemerkung war nach allem, was mir Goupil am Nachmittag erzählt hatte, ein wahres Labsal für mich, und ich erkundigte mich sogleich genau, ob es denn dort überhaupt keine richtigen Straßen gebe oder ob er den Punkt, an dem sie aufhörten, schon selbst gesehen hätte.

Die sonderbare Grille schien ihn weniger zu überraschen, als ich im geheimen befürchtet hatte; er ging vielmehr sorgfältig darauf ein und brachte dabei gewiß nicht minder wunderliche Dinge vor.

14

»Du mußt dir nicht denken, daß du da an einen Pfahl kommst, an dem geschrieben steht: ›Hier hört die Straße auf.‹ Straßen gibts da natürlich auch, und in Bel-Abbès hat man Automobile und elektrisches Licht, genau wie in Paris. Es hat aber Gegenden, gar nicht so weit davon, wo die Wege immer schlechter werden, und zuletzt ist überhaupt kein Weg mehr da. Ich habe früher auch oft sinniert, wie dir im Unwegsamen zumut sein mag, und fand es nicht anders, als wenn du dich als Kind in einem Holunderbusch versteckst. Du läufst bis ans Ende der Welt und kommst schließlich dahinter, daß überall schon einer gewesen ist.

Ich hab auch so eine Zeit gehabt, in der ich immer marschieren mußte und jeden Abend in einem anderen Busch oder einer anderen Scheune übernachtete. Meine Eltern hatten im Westen eine kleine Gärtnerei, ein gutes Geschäft, in dem ich mitarbeitete, als ich aus der Schule kam. Wir hatten auch die Friedhofsgärtnerei; ich hab meist die Gräber besorgt.

Das hat mir zuerst viel Vergnügen gemacht; die Gärtner-

arbeit ist was Besonderes, bist viel allein und kannst dich mit
deinen Gedanken beschäftigen. Auf den Friedhöfen gibts
viele Vögel, Drosseln, Rotkehlchen und auch Nachtigallen,
die in den Hecken und Lebensbäumen ihre Nester bauen. Ich
denke heute noch gern an die Stunden zurück, in denen ich
abends nach der Arbeit auf den Gräbern saß und ihnen zuhörte.

Dann wurde mir eines Tages anders zumut, unruhig und
wunderlich, als ob ich bei meinen Hecken und Beeten etwas
versäumte, das sich schwer sagen läßt. Ich habe damals viel
verpflanzt und umgesteckt, die Blumen und Bäume schienen
mir nicht mehr am rechten Ort. Die Pflanzen merken das
bald, sie wachsen nicht mehr wie sonst, machen dir auch keine rechte Freude mehr.

In dieser Zeit bin ich oft mit den Typen herumgelaufen,
die kurze Hosen und Barette tragen und alte Landsknechts-
lieder singen — 's sind langweilige Burschen, wie im Panop-
tikum. Dann habe ich zu trinken angefangen und mit den
jungen Kaufleuten die Nächte in kleinen Hinterzimmern
verzecht, wo sie dir für eine Flasche schlechten Wein drei
Mark abnehmen und du den Kellnerinnen an die Brüste greifen darfst. Ich weiß nicht, warum ich immer verdrießlicher
geworden bin dabei. Endlich, an einem schönen Morgen,
habe ich den Spaten und die Baumschere über die Friedhofs-
mauer geworfen und bin auf und davon, immer der Nase
nach.

Auf meiner Wanderschaft habe ich hin und wieder bei
einem Gärtner vorgesprochen und das Handwerk gegrüßt.
Ich habe dann umgegraben und die Bäume und Treibhäuser
besorgt, aber immer nur so lange, bis ich wieder ein paar
Mark in der Tasche trug. Manchmal hats auch keine Arbeit
gegeben, dafür ein kleines Zehrgeld — war mir auch lieber
so.

Auf diese Weise bin ich eines Tages über die Grenze gekommen, ohne es zu merken, denn bei uns im Elsaß gibt es
viele Orte, in denen man von Kind auf beide Sprachen lernt.
Nur einen anderen Namen habe ich mir besorgt und mich

Benoit genannt, Charles Benoit — ein Name, den ich auf einer alten Streichholzschachtel fand. Ich habe ihn mitgenommen, weil er mir gefiel.

In der ersten Zeit gab es viel Scherereien mit den Gendarmen; ein Freiherr ist wie ein rotes Tuch für die. Ich habe deshalb mal wieder gearbeitet, bei einem Drogisten, für den ich Eichenmoos sammelte. Das wird in der Parfümerie verwandt. Als ich mir zwanzig Franken verdient hatte, habe ich mein Geld ins Rockfutter gesteckt und bin dann weitergewandert auf den südlichen Landstraßen. Ich habe es meist so einrichten können, daß mir gegen Abend ein Dreispitz in die Quere kam. Von dem habe ich mich festnehmen und ins Loch stecken lassen, da fand ich oft schon ähnliche Vögel vor. Ich habe dann meine Suppe ausgelöffelt und mir die Decke über den Kopf gezogen, bis wieder die Sonne schien.

Am Vormittage wird man dann dem Friedensrichter vorgeführt, 's ist Vorschrift so. Dem hab ich immer höflich zugehört, bis er mit seinen Ermahnungen fertig war. Wenn er sich dann gemütlich zurechtsetzte, um mir acht Tage Arrest zu diktieren wegen Landstreicherei, habe ich meinen Goldfuchs aus dem Rockfutter praktiziert und vorgezeigt. Gold ist ein Zaubermittel, und ein Narr, wer sich darüber lustig macht. Es hat immer eine Aufregung gegeben wie im Theater, sie haben mich ordentlich gerührt angesehen, und der Dreispitz hat seinen Rüffel gekriegt: ›Monsieur ist ja im Besitz der gesetzlichen Mittel, Monsieur kann gehen, wohin es ihm beliebt.‹

So bin ich weit in den Süden hinuntergekommen, ich habe von den Zinsen meines Goldstücks gelebt. Das Land war wie Musik, die immer schöner wird, ich bin immer heiterer geworden dabei. Eines Abends, ein Stück hinter Aix, schaute ich wieder nach einem Dreispitz aus, um mich festnehmen zu lassen, es war aber keiner zu finden weit und breit. Dabei bin ich an einem Kunden vorbeigekommen, der an zwei Stöcken vorwärtsschlich — ich hörte ihn schon von weitem pusten und pfeifen wie einen Dampfkessel, bei dem die Ventile nicht mehr in Ordnung sind. Er spricht mich an und fragt, wie weit es noch bis Marseille ist — er will sich da in ein Spital einlegen, hat aber Angst, daß er schon vorher verreckt. Ich zeige ihm den Weg und schlendere noch ein Stückchen weiter, um einen Busch zu suchen, in dem man übernachten kann. Hier unten sind milde Nächte, du schläfst noch im Herbst auf der Erde besser als im Bett.

Wie ich am Morgen aufwache, höre ich schon wieder das Pusten und Pfeifen hinter mir. Der Kunde ist die ganze Nacht marschiert und hat mich noch nicht eingeholt. Er fängt gleich wieder an zu jammern und zu stöhnen und elendet mich, ob man ihm denn ein Bett im Spital geben wird. Es ist immer dasselbe: zuerst ist dir die ganze Welt nicht groß genug, und zuletzt freust du dich, wenn du ein ruhiges Plätzchen zum Krepieren ergattern kannst. Ich sah nun auch, daß das alte Wrack ein halbes Dutzend Medaillen an verschossenen Bändern auf seinen Lumpen trug: Marokko, Sahara, Madagaskar, Extremer Orient.

›Ich bin ein altgedienter Soldat, ich habe meine fünfzehn Jahre in der Fremdenlegion abgerissen; es ist nichts mehr übrig geblieben von mir. Wenn sie dir damit kommen sollten, dann nimm die Beine in die Hand, kannst lieber gleich zum Teufel gehn.‹

Das ließ ich mir nicht zwei Mal sagen, ich wollte schon immer jemand finden, der mir den Weg zur Hölle zeigt. Ich bin gleich nach Marseille weitermarschiert und habe mich anwerben lassen, am selben Vormittag.

Ich habe oft darüber nachgesonnen, warum mir der alte Knurrhahn über den Weg gelaufen ist und mir sein Leben hinterlassen hat. Zeit hatte ich ja die Menge zum Nachdenken, beim Steineklopfen, drunten im südlichsten Zipfel der Algérie. Es gibt da Straßen, die mit Menschenknochen gepflastert sind.

Um diese Zeit habe ich den Ausflug in die maurischen Gärten gemacht. Ich mußte zurück, weil ich die Dysenterie bekam, und habe dann Monate in den Lazaretten und Gefängnissen verbracht. Da habe ich den Cafard und die Langeweile kennen gelernt. Ich wußte damals noch nicht, daß man die Mauern mit Gedanken tapezieren kann. Für mich gibt es keine Gefängnisse mehr.

Sie wollten mich dann loswerden und haben mich zu einem Transport eingeteilt, der nach Annam ging. Das ist ein Land, das zwischen China und Indien liegt, mit Sümpfen, Tigern, Reisfeldern und Bambuswald. Auf der Reise kamen wir durch den Suezkanal, das ist der Punkt, an dem du dich am besten davonmachen kannst. Du läßt dich einfach ins Wasser fallen und bist auf neutralem Gebiet. An fünfzehn Mann sind so durch die Lappen gegangen, darunter auch einer, der nicht schwimmen konnte und ersoffen ist. Sie haben sich dann am Ufer aufgestellt und höflich salutiert, bevor sie abgingen.

In Saigon wurden wir an Land gesetzt und auf kleine Kommandos verteilt. Es gibt da eine Art Piraten, die den Franzosen zu schaffen machen; man nennt sie Schwarzflaggen. Sie sind schwer aufzustöbern in den Wäldern und Sumpfgebieten und bald verschwunden, aber gleich wieder da wie die Stechmücken. Ich habe da auch Gefechte mitgemacht, es steht in meinen Papieren, wieviel. Das sind Dummheiten, du schießt dich in den Büschen herum und bekommst niemand zu sehen. Dann steckst du zwei oder drei Dörfer an und gehst wieder nach Haus.

Sonst gabs wenig zu tun, wir haben meist auf den Betten gelegen und vor uns hingeträumt. Wenn die große Hitze vorüber war, gingen wir in die Dörfer, um Wein zu trinken, auch hatte jeder eine Annamitin, die seine Wäsche wusch. Sie sind dort nicht größer als bei uns die Mädchen von zwölf Jahren; sie wogen leicht auf den Knien, wenn wir abends in den Gärten saßen und rauchten und Reisbranntwein tranken, bis die großen Leuchtfliegen aus den Gebüschen aufstiegen. Dabei habe ich die Sprache gelernt — es ist eine Sprache von Grillen und Zaunkönigen.

Eines Abends, als ich wieder vom Posten zum Dorf schlendere — man geht da durch Pflanzungen wie durch grüne Mauern dahin — läuft einer von den kleinen gelben Burschen an mir vorbei, und hinter ihm her ein anderer mit einem von den schweren Messern, mit denen sie in den Feldern die Zuckerrohre hauen. Die Leute werden dort von der Mordwut überfallen, wenn sie Hanf geraucht haben, und stürzen sich dann auf jeden, der ihnen begegnet, bis man sie niederschießt. Wie der Bursche an mir vorbeirennt, zieh ich ihm mit dem Seitengewehr eins durch den Arm, daß er sein Messer fallen läßt und sich in die Büsche schlägt.

Auf diese Weise habe ich eine gute Bekanntschaft gemacht. Der, dem ich geholfen hatte, war einer von den Großköpfigen. Die Hälfte aller Reisfelder hat ihm gehört. Die Gelben dort sind eine hinterlistige Bande und von den chinesischen Statthaltern seit Jahrhunderten geschurigelt. Man kann aber doch den Punkt finden, an dem man vertrauen darf, dort kennen sie Dankbarkeit. Es gibt eine besondere Weise, mit ihnen umzugehen. Mein neuer Freund hat mich zum Essen eingeladen und fürstlich aufgetischt, Reis mit Ragouts aus verschiedenem Fleisch, Tintenfische, Bambus und Lotoskerne, Ingwer und eingelegte Früchte, auch ganze Blumen, die in buntem Zucker gesotten sind. Zum Nachtisch hat er Opium geraucht und auch mir davon angeboten, wie es dort zur Bewirtung gehört. Das ist so, wie man bei uns nach dem Essen Kirsch- oder Obstwasser kredenzt. Ich habe mich auf die Matte gelegt und zum Spaß zwei oder drei Pfeifen geraucht.

Es ist schwer zu beschreiben, wie es mir da zumut geworden ist. Du mußt dir denken, daß an einem Wege, den du schon hundert Mal gegangen bist, der Eingang zu einer Höhle sich geöffnet hat. Du trittst halb mit Angst, halb mit Neugier hinein und siehst nun Dinge wie im Abgrund des Meeres oder in einem chinesischen Palast. Dort hörst du unbekannte Musik, erkennst die Bedeutung der Worte, begegnest Geistern, die dir Rede und Antwort stehen. Du siehst das Kleine unendlich vergrößert und das Große unendlich klein, kannst Stunden um Stunden eine Blume betrachten und siehst die Welt wie einen Apfel, den du mit der Hand umschließt. Du wandelst durch ausgestorbene Städte voll Schlössern und Denkmälern — sie sind aber nicht richtig ausgestorben, sondern nur erstarrt. In jedem Schlosse sind tausend Zimmer, und in jedem Zimmer sind Welten, die zu leben beginnen, wenn du es betrittst. Die Bilder wimmeln, wohin du blickst. Sie sind dir dienstbar, du zauberst sie herbei. Du lernst den Reichtum der Welt verachten, den Ruhm, die Weiber, das Geld und die menschliche Macht, denn du bist Geisterkönig in Reichen, in denen du von deinem Thron aus den Gang der Sterne und Staubkörner regierst.

Ich hätte nie gedacht, daß es auf Erden so ein Zauberkräutlein gibt. Von da an habe ich alle Nächte beim Opium verbracht und mit meinem Freunde die Matte geteilt. Dann wurden wir auf einen anderen Posten geschickt, weiter im Inneren. Dort hielt ich mein eigenes Teehaus, das sind kleine Pavillons aus Bambusrohr, die ein Chinese vermietet, der dich bedient. Du gibst ihm Opium dafür, und er kratzt deine Pfeife aus. Jede Pfeife wird mit einem Zuge geraucht, und es bleibt immer ein unverbrannter Rest. Ich mußte nun Geld verdienen und habe dazu einen Weinhandel angefangen und Schmetterlinge gesammelt für Staudinger in Dresden und für das Cabinet Le Moult in Paris. Im Dschungel fliegen Tiere, die man dir mit fünf Franken bezahlt. So habe ich tagsüber, während die anderen schliefen, wie eine Maschine gearbeitet; das Opium gibt eine unnatürliche Kraft. Das liegt vor allem daran, daß sich die Uhr verändert; die Zeit verfließt fast, als wäre sie nicht mehr.

Ich habe das vor allem gemerkt, wenn ich die Nacht nicht draußen verbringen konnte, sondern Dienst oder Wache hatte; dann ging ich im Hofe des Postens auf und ab, nachdem ich draußen zum Vorrat schnell fünfzehn oder zwanzig Pfeifen eingesogen hatte — du siehst, daß heute noch meine Bakken davon ganz eingefallen sind. Wenn ich dann so in meinen Träumen dahinging, konnten Millionen Jahre vergangen sein. Dann kam es vor, daß ich die Trompete hörte und dachte: ›Jetzt blasen sie den Zapfenstreich.‹ Es war aber schon die Reveille — ich hatte Millionen Jahre wie eine Minute zugebracht.

Auch draußen vor meiner Hütte bin ich so auf und ab ge-

gangen und nur zuweilen, um zu rauchen oder Tee zu trinken, auf die Matte zurückgekehrt. Vor der Veranda flogen
die großen Fledermäuse und streiften mir die Stirn. Sie werden dort als Glückstiere verehrt. Ich ging auch auf die Wege,
die durch den Dschungel führen und die bei Nacht gefährlich
sind. Aber das Opium gibt Macht, das fühlt selbst der Tiger
und weicht dem Opiumraucher aus.

Ich will dir erzählen, wie ich es in den Nächten trieb.
Wenn ich in meinen Pavillon kam, war schon der Tee und
das kleine Geschirr bereit, das zum Rauchen gehört. Dann
habe ich mich umgezogen und die erste Pfeife eingeatmet
wie einer, der lange geschmachtet hat. Man kann viel eher
das Brot entbehren als das Opium. Bald sind mir wunderliche
Gedanken zugeströmt. Du fängst dann an zu denken wie ein
Mühlrad, das sich von selbst zu drehen beginnt, oder wie ein
Schiff, das Wind in die Segel bekommt.

Dazwischen habe ich siniert wie jemand, dem viele Gänge aufgetragen werden, der aber auch noch eigene Gerichte
bestellt. Dann habe ich mir Geschichten erdacht, schönere
und wirklichere als in den Büchern stehen. In ganz Marseille
gibt es nicht genug Papier für einen, der das aufschreiben
will. Du darfst dir nicht denken, daß ich so einfach geträumt
habe wie Kinder, die träumen, daß sie König sind. Wenn ich
mir ein Königreich erdachte, dann durfte nichts Ähnliches
sein in irgendeinem Land der Welt. Ich habe zuerst eine besondere Sprache ersonnen und die Regeln, nach denen man
die Wörter stellt. Dann habe ich die Maße und Gewichte, die
Kleider und Uniformen, die Gesetze und Kirchen, die Häuser und Städte, die Menschen und Einrichtungen bestimmt,
und alles besser und tüchtiger, als man es sonstwo trifft.
Dann habe ich Versammlungen abgehalten und Feste gefeiert, mit Spielen und Umzügen.

Dann wieder habe ich das alles auseinander genommen
und einfach über Worte nachgedacht, über Worte wie
Macht, Reichtum und Glück. Sogleich sind wie dienstbare
Geister Bilder über Bilder gekommen und haben sich wie
Fäden zu bunten Teppichen verwebt. So bin ich mächtiger

und reicher gewesen, als du begreifen kannst. Wenn du hier eine Million in der Tasche hast, dann nützt es dir nicht viel. Du gibst dein Geld für Dummheiten aus, und, einmal ausgegeben, ist es für immer dahin. Mir aber ist es stets von neuem zugeflossen — ich habe den Geist des Geldes besessen, wie man den Teufel in der Flasche trägt. Ich habe echtere Münze gehabt, das Gold des Goldes, und so mit allen Dingen der Welt. Über den Genüssen ist etwas, wie Rahm über der Milch, aber unsichtbar. Diesen Rahm habe ich heruntergeschöpft und zehre noch heute davon.

Zuletzt, gegen Morgen, wenn draußen schon die Pfauen schrien, habe ich nicht mehr gedacht. Dann sind Figuren gekommen, Dreiecke, Vierecke und Ringe, mancherlei Muster wie auf Muscheln und Schachbrettern, auch Farben, wie du sie in den Kelchen der Blüten erblickst. Das sind die Figuren gewesen, nach denen die Welt errichtet ist; ich habe sie selber gesehen. Es sind nur wenige, es ist vielleicht nur eine einzige. Du mußt sie dir vorstellen wie einen Ziegelstein. Er kommt aus *einer* Form, doch kannst du Häuser und Städte damit bauen. Dasselbe ist mit der Zeit, sie ist geformtes Stückwerk der Ewigkeit. Die Ewigkeit ist kurz, sie ist nichts anderes als der angehaltene Atemzug. Ich bin oft genug drin gewesen, wenn mir die Lunge gelähmt war; es ist, als ob du in eine Seitenkapelle gehst. Das ist der Punkt, an dem die Wege zu Ende sind.

Ich rauche nun seit langem kein Opium mehr. Das war nur wie ein Schiff, mit dem man in fremde Länder fährt. Ich habe jetzt in Lyon wie ein kleiner Bürger gelebt, tagsüber als Maurer gearbeitet, abends meinen Liter getrunken und Wirtschaft mit einem braven Mädchen geführt, das mir die Sachen in Ordnung hielt. Jetzt will ich wieder nach unten, ich habe mich zu sehr an die Sonne gewöhnt.«

15

Obwohl die Zecher inzwischen tolle Dinge trieben, hatte ich aufmerksam zugehört und zuweilen auch eine Frage gestellt.

Die letzten Sätze hatte ich nicht verstanden, obgleich ihr Inhalt mir in Erinnerung geblieben ist. Ich habe sie dem Sinn nach wiederholt. Benoit wußte mehr zu sagen, als er mit Worten auszudrücken fähig war. Er war ein einfacher Mensch, aber er hatte seltsame Dinge gesehen. Er hatte in die Kristallwelt geschaut. Wenn ihm die Sprache der Philosophen zur Verfügung gestanden hätte, dann hätte er aus Erfahrung beschreiben können, was sie in Spekulationen anstreben.

Das Lob des Opiums hatte mich neugierig gemacht, aber nur so, wie man lüstern auf sonderbare Gerichte wird, die man auf fremden Tafeln erblickt. Im Grunde erschien es mir unsinnig, in so ferne Länder vorzudringen, um sich dort einen Schleier vor die Augen zu ziehen. Zwar gedachte auch ich, wunderbare Dinge zu erleben, doch wollte ich dabei nicht auf den Schmerz dessen verzichten, der sich auf den Finger beißt, um sich zu vergewissern, daß er nicht träumt.

Bei alledem verfügte Benoit über eine innere Kraft, die ihre Wirkung auf junge Leute nicht verfehlt. Wohl in jedem Leben ist einmal der Fremdling von Phantasie erschienen und hat seine Zauberkünste geübt. Dieser hier hatte etwas von den Magiern, die auf den Jahrmärkten zum Eintritt in verhangene Zelte anlocken, doch fehlte ihm die Scharlatanerie. Man hatte, wie gesagt, den Eindruck, daß er mehr wußte, als er in Worten auszudrücken verstand; er ersetzte diesen Mangel durch den Tonfall der Stimme und durch seinen Blick. Er verfügte über eine Sprache, die Fenster besaß. Bei manchen seiner Sätze hatte ich die Vision einer Ruine gehabt, die künstlich erleuchtet wird, bei anderen die Windungen der Schlange zu erkennen geglaubt. Er war von nicht alltäglichem Schlage und auf der Jagd nach Bildern, an denen der gewöhnliche Sinn nicht Anteil nimmt. Man fühlte auch, daß ein Punkt vorhanden war, von dem aus er seine Bewegungen zu kommandieren verstand, und wenn er gescheitert war, so hatte er sein Schiff selbst auf Grund gesetzt. Ohne Zweifel war er der bedeutendste Geist in diesem Fort.

Bereits am frühen Morgen erschien der Küchenunteroffizier mit einigen Leuten, um seiner Kanne nachzuspüren, die
natürlich längst in der Tiefe des Meeres versunken war. Als
er die Gestalten erblickte, die wie die gefüllten Schläuche auf
ihren Pritschen lagen und bei seinem Eintritt kunstreich zu
schnarchen begannen, schien er sogleich zu begreifen, wohin
der Wein verschwunden war. Fluchend und sich die Haare
raufend, ließ er die Tür besetzen und verkündete, daß er uns
die Latrine unter dem großen Turme reinigen lassen und dabei so zurichten würde, daß uns die eigenen Eltern verleug-
neten.

Es zeigte sich gleich bei dieser Gelegenheit, daß die Bekanntschaft mit Benoit ihre Vorteile besaß. Er ergriff mich
am Arm und führte mich, nachdem er mit dem Posten einige
Scherze gewechselt hatte, zur Tür hinaus. Er hatte eine Art
und Weise, die er als sein Passepartout bezeichnete.

Wir gingen in die Kantine, um zu frühstücken, und spa-
zierten dann bis zur Stunde der Untersuchung auf den Wällen entlang. Benoit erzählte während dieses Ganges von den
Schmetterlingen im Dschungel und den kleinen Annamitin-
nen; auch kam er auf den Unterschied zu sprechen, der zwischen der europäischen und der chinesischen Art zu fluchen
zum Ausdruck kommt, und erklärte ihn auf eine Weise, die
nicht nur einen Kenner der Sprachen, sondern auch der Abgründe verriet.

In einem großen Saal der Kaserne fanden wir die Gesellschaft vom Abend vor; sie stand, groteske Possen treibend,
an den Wänden umher und wurde durch den Schweizer Korporal und einige Posten beaufsichtigt. Bald darauf erschien
der Kommandant, ein ausgedörrter Kolonialer mit gelbem,
mißmutigem Gesicht. Er war von dem Doktor Goupil und
einem Schreiber begleitet und setzte sich mit ihnen an einen
langen Tisch, der am Fenster stand.

Der Schreiber begann von einer Liste Namen abzulesen,
und die Aufgerufenen traten vor den Tisch, wo man sie in aller Kürze abfertigte. Als erster wurde der Flame aufgerufen,
der gestern das Nachtgebet gesprochen hatte und sich über-

haupt in der Rolle des Spaßmachers zu gefallen schien. Der Kommandant fragte ihn, ob er Französisch spräche, indem er ihn oberflächlich musterte. Der Flame, der die Sprache offenbar vorzüglich beherrschte, verneinte diese Frage mit einer Zungengeläufigkeit, durch die er seine Beteuerungen in demselben Maße Lügen strafte, in dem er sie steigerte.

»O das ist kaum der Rede wert, mein Kommandant. Nur, was man so an den Straßenecken aufschnappt und mitnimmt, ohne es zu verstehen. Ein klein wenig, ein ganz klein wenig nur!«

Und indem er dieses »un tout petit, tout petit peu« unaufhörlich wiederholte, sprang er zum Gaudium seiner Kumpane, mit den Fingernägeln knipsend, wie ein großer Affe vor dem Tische hin und her.

»Genug, genug!« schnitt ihm endlich der Kommandant den Redefluß ab, »machen Sie, daß Sie fortkommen!«

Und indem der Flame sich mit einer Verbeugung von übertriebener und banditenhafter Höflichkeit zurückzog, rief er ihm bösartig nach:

»Man wird Ihnen Gelegenheit geben, sich zu vervollkommnen!«

Als nächster wurde Leonhard zitiert. Er schien sich in der Nacht eine Erklärung ausgearbeitet zu haben, die er sogleich und ungefähr in dem Tone, in dem ein Abiturient in der Aula eine lateinische Ansprache hält, abzugeben begann.

»Sie werden erstaunt sein, mich an dieser Stelle zu sehen«, redete er den Kommandanten an, der ihn jedoch weit eher mit einer gelangweilten als mit erstaunter Miene betrachtete, und fuhr dann fort:

»Es beruht dies auf einem unglücklichen Mißverständnis, das ich Ihnen erklären will.«

Er begann dann in verworrener Weise von seinen Familienverhältnissen, seinen Studien und seinen Pariser Exzessen zu sprechen, ohne zu bemerken, daß der Kommandant ihn indessen beobachtete wie einen Krammetsvogel, bei dem es weniger darauf ankommt, wie er singt, als wie gut er gemästet ist. Nachdem er mit Goupil einen Blick gewechselt und dem Schreiber ein Zeichen gegeben hatte, ließ er Leonhard abtreten.

»So, so, Sie sind Student? Sehr gut, Sie werden sich auszeichnen — bei Ihren Kenntnissen bringen Sie es sicher zum Korporal!«

Auf diese Weise ging die Verlesung schnell voran. Ich bemerkte übrigens, daß man nicht jeden für die Überfahrt mit einteilte; es wurden vielmehr gerade die zurückgewiesen, die den größten Wert darauf legten und hier eine letzte Möglichkeit, irgendwo unterzukriechen, zu erhoffen schienen — vor allem die alten, abgebrauchten Leute, die gekommen waren, um zum zweiten oder dritten Male eine Verpflichtung einzugehen. Goupil musterte sie wie ein vereidigter Taxator auf dem römischen Sklavenmarkt und wies sie dann mit einem trockenen »usure générale« zurück. Diese »allgemeine Abnutzung« war auch wirklich die beste Bezeichnung für den Eindruck, den ihr Anblick erweckte, denn es war schwer zu sagen, welches Gebrechen sie so jämmerlich einherschleichen ließ; es fehlte ihnen nichts als die Lebenskraft.

Endlich, als die Liste schon fast abgelesen war, hörte ich auch meinen Namen und trat vor. Ich dachte, daß Goupil wohl schon seine Laune vergessen haben würde — das war aber nicht der Fall. Scheinbar nachdenklich über seine Papiere gebeugt, murmelte er vor sich hin:

»Dieser hier scheint mir noch ein wenig jung!« und wartete offenbar, daß ich das Stichwort aufgreifen würde. Gern hätte ich auch etwas gesagt, aber ein sonderbarer Geist der Verkehrtheit schloß mir den Mund. Es schien mir fast, als ob nicht ich, sondern Goupil in einer unangenehmen Lage wäre, aus der ich ihm gern herausgeholfen hätte; doch fiel mir nichts Passendes ein. So entstand eine längere Pause, während deren der Kommandant mit den Fingern auf dem Tisch zu trommeln begann. Endlich wandte sich Goupil, nachdem er mich mit einem dringenden Blick gestreift hatte, ihm zu:

»Er scheint mir auch reichlich schwach zu sein.«

Ohne ihn einer Antwort zu würdigen, nahm jener die Liste auf und brummte, indem er sich dem Schreiber zuwandte:

»Schon in Verdun untersucht und tauglich befunden. Tragen Sie ihn ein und rufen Sie den nächsten auf!«

Während Goupil mich melancholisch anblickte und die Achseln zuckte, trat ich unter die Wartenden zurück. Gleich darauf war der Aufruf beendet, und alles strömte dem Ausgang zu. Im Flur fühlte ich mich an der Schulter berührt; es war Goupil, der mir hastig zuflüsterte:

„He, Sie Narr, konnten Sie denn nicht den Mund auftun? Ich hoffe wenigstens, daß die Angaben, die Sie in Verdun zu Ihren Papieren gemacht haben, richtig sind. Nehmen Sie sich jetzt vor allem vor dem Wein und den Weibern in acht — man kann sich da in einer Stunde erledigen.«

Damit schritt er, ohne sich weiter umzusehen, dem oberen Walle zu. Gern hätte ich ihn noch einmal aufgesucht, um mich von ihm zu verabschieden, allein wir wurden gleich nach der Untersuchung zum Schiff geführt, das ganz in der Nähe des Forts auf uns wartete. Die Art, in der ich ihn im Stiche gelassen, hatte mich eigentlich selbst überrascht, und das halb verlegene, halb melancholische Gesicht, mit dem er mich betrachtete, während der Oberst ihm die Schulter wies, zählt zu den unangenehmen Erinnerungen, wie sie zuweilen aus den Schichten der Vergangenheit auftauchen. Es stieß mir später noch öfter zu, daß dieser Geist der Verkehrtheit mich gerade diejenigen verletzen ließ, die mir die Wege ebneten. Es mag sein, daß ich diese Art der Förderung als Verstoß gegen die Spielregeln empfand, die den Reiz des Lebens vertiefen und erhöhen — vielleicht rechnete ich auch sie dem Reiche der gebahnten Wege zu, vor dem ich mich auf der Flucht befand. Doch davon genug.

Ebensowenig gelang es mir, noch einmal mit dem fürchterlichen Reddinger zu sprechen, und so kam mir diese biedere Haut, die noch ganz auf das Faustrecht eingeschworen war, für immer aus dem Blick. Manche Menschen, denen wir begegneten, gewinnen in unserer Erinnerung, und so ging es mir mit ihm. Es kommt mir vor, als ob er in seinem Gebirgstale die letzten tausend Jahre verschlafen hätte, denn daß er sich damals in der Bahn vor uns eines Totschlages rühmte, den er vielleicht auch in der Tat begangen hatte, war ein altertümlicher Zug, der an die Zeiten erinnerte, wo man dergleichen mit einem Wergeld oder durch den Waldgang ehrenhaft ordnete.

Zusammen mit Leonhard, Benoit, Franke, Paul, dem Briefträger, den beiden Italienern und vielen anderen marschierte ich recht vergnügt zum Schiff und gab mich meinen afrikanischen Träumereien hin, die sich nun endlich verwirklichten. Wir wurden im Lastraum untergebracht, in dem sich wieder eine lärmende Zecherei entwickelte, da die meisten den Rest ihres Geldes dazu verwandt hatten, sich einen Vorrat von Wein mit auf die Reise zu nehmen, dem sie sogleich zusprachen. Viele von ihnen, darunter auch Leonhard, waren seit langem nicht mehr nüchtern geworden; sie befanden sich in einer ständigen Trunkenheit.

Ich benutzte die Zeit, die wir noch im Hafen lagen, mich im Schiffe umzusehen, und fand oben hinter dem Schornstein einen Stoß Segeltuch, der mir zum Lager besser geeignet schien als mein Platz unten im Raum.

Gegen Abend fuhren wir ab, durch die kleinen weißen Inseln hindurch in den offenen Golf hinaus. Die Nacht war ruhig und warm; die Sternbilder zogen größer und leuchtender auf. In glücklicher Stimmung schlief ich ein und brachte, wenn ich erwachte, Stunden im träumenden Hellschlaf zu. Das Schiff fuhr nur für mich, mein Wille war es, der es zu der fremden Küste trieb.

Im ersten Licht des Morgens sah ich weit voraus eine einzelne blasse Wolke über dem blauen Meer. Benoit kam; er holte mich zum Kaffee und später zum Essen ab, das in flachen Schüsseln verteilt wurde. Wir plauderten ein wenig über Indochina und Afrika, aber ich suchte bald mein Lager wieder auf, das zwischen den Schiffsgütern verborgen war, und streckte mich in der Sonne aus.

Die einsame Wolke wurde langsam größer; endlich erkannte ich in ihr den Dunstkreis, der ein steil aus dem Meere ragendes Gebirge umgab. Gegen Mittag wurden die Umrisse dieser Felseninsel, deren Anblick mich überraschte wie ein

unerwartetes Geschenk, immer deutlicher; ich sah den weißen Ring der Brandung und die schroffen Wände, in deren
Schluchten kärgliches Buschwerk wucherte. Vergebens spähte ich nach Häusern oder Spuren einer menschlichen Siedlung aus, und dieser Mangel beglückte mich.

Nur ein weißer, kegelförmiger Turm glänzte auf einer der
höchsten Zinnen im Sonnenlicht. Inmitten der hellen und leeren Weite glich er den Zauberschlössern Ariosts; er schien
eher von Geistern als von Menschen erbaut.

Während des Nachmittags fuhren wir an der Insel entlang; oft so dicht, daß ich den Schlag der Brandung zu vernehmen glaubte, die sich an den Klippen brach. Sie erschien
mir wie der Vorposten einer schöneren und kühneren Welt
oder wie ein Vorspiel zu Abenteuern von wundersamer Art.
Besonders beschäftigten mich die Dinge, die ich jenseits des
Turmes vermutete, und ich fühlte mich immer stärker verlockt, hinüberzuschwimmen, um drüben an Land zu gehen.
Ich legte mir einen der Korkgürtel zurecht, die an der Reling
hingen, und erwartete ungeduldig die Dunkelheit. Allein
noch ehe es dämmerte, führte unser Kurs immer weiter von
der Insel ab, die endlich im Dunst verschwand. Benoit, dem
ich von diesem Mißgeschick erzählte, lachte und meinte, ich
hätte die Entfernung und auch die Wucht der Brandung unterschätzt.

Ich wußte damals noch nicht, daß das Gesetz der Wiederholung, das so viele Figuren in unserem Leben bestimmt,
mich manches Jahr später zu dieser Insel zurückführen würde, die der Gruppe der Balearen angehört. Ich wohnte da
einige Wochen in einem kleinen Hotel, in dem sich englische
Offiziere, die aus Indien zurückkehrten, zu erholen pflegten
— ohne zu ahnen, daß ich mich auf der anderen Seite des
einsamen Turmes befand. Erst in den letzten Tagen meines
Aufenthaltes erkannte ich ihn wieder, als mich ein Streifzug
durch die heiße Macchia zum höchsten Grat der Insel em-
porführte. Ein solcher Anblick ruft in uns ein Gefühl des
Schwindels hervor — es ist, als ob die Zeit Löcher besäße,
durch die wir auf unseren eigentlichen Zustand zurückfallen.

Nichts berührt uns stärker als die Erinnerung an unsere Torheiten, und ich konnte mir nicht versagen, die Zinne des Turmes zu besteigen, der wohl in alten Zeiten als Auslug gegen maurische Seeräuber gedient hatte. Wie in einem Spiegel erschien mir da die andere Seite wunderbar, auf der ich damals vorübergefahren war. Stets wiederholt sich unsere Lage; die Zeit wirft immer wieder ihr Netz über uns.

16

Auch die zweite Nacht verbrachte ich auf meinem Segeltuch. Früh wurde ich von Benoit geweckt; er forderte mich auf, Afrika zu sehen.

Eilig trat ich an die Reling; es war noch dunkel, nur ein feuchter Lufthauch kündigte den Morgen an. Ich sah nichts als ein zitterndes grünes Licht, dem wir uns langsam näherten. Dann tauchten in der Dämmerung verschwommene Umrisse von Bergen auf. Endlich stieg hinter uns die Sonne aus dem Meer und beleuchtete eine Reihe von mächtigen Kuppen, die dunkelrot in ihrem Lichte schimmerten. Zu ihren Füßen säumten die flachen, weißen Häuser einer Stadt das Meer. Benoit nannte sie Oran; der fremdartige Name gefiel mir wohl. Wir landeten an einem steinernen Kai, der den Hafen umschloß und auf dem eine zerlumpte, dunkelhäutige Menge das Schiff erwartete.

Wir waren nun an der Küste, und gern hätte ich mich gleich hier auf und davon gemacht, um meiner Wege zu gehen. Wir wurden jedoch, genau wie in Marseille, durch ein Kommando abgeholt, und ich mußte mich wohl oder übel entschließen, eine bessere Gelegenheit abzuwarten.

Man führte uns einen Weg hinauf, der in den roten Felsen gehauen war. Seine Ränder waren mit verstaubten Aloen bestanden, deren mächtige, zunderdürre Blütenschäfte Glockenspiele von vertrockneten Rispen entfalteten. Wir bekamen hier einen Vorgeschmack von stärkerer Sonne; Paul und seine Kumpane zogen sich die Jacken aus. Ihren Gesprächen war zu entnehmen, daß sie sich auf dem Schiff gut unterhalten hatten; sie schienen sich verschworen zu haben, sich hier das Leben möglichst angenehm zu machen und möglichst wenig zu arbeiten. Nur Leonhard schlich betrübt neben ihnen her und wischte sich mit einem großen Taschentuch den Schweiß von der Stirn. Ich unterhielt mich mit Benoit über die Erscheinungen, die uns begegneten — einen Araber, der, in einen groben Wollmantel gehüllt, auf einem Eselchen vorbeiritt, ein Mädchen mit Halbschleier und einem blauen, auf die Stirn tätowierten Pfeil, einen kleinen Burschen, der einen schwarzen Fisch mit roten Kiemen an einer Weidenrute trug.

Wir strebten einer niedrigen, lehmgelben Umwallung zu, welche die Spitze eines der aus dem Meer aufsteigenden Berge krönte und die Benoit als das Fort Sainte-Thérèse bezeichnete. Das Gemäuer umschloß, wie wir beim Eintritt sahen, außer einigen dürftigen Schuppen, in denen die Besatzung hauste, einen viereckigen, gepflasterten Hof, in dem es nach Küchenabfällen roch. Hier reichte man uns einige gebackene, stachlige Fische, Brot und einen Becher Wein; auch wurde für jeden etwas Wäsche ausgeteilt.

Nach dem Essen wurden wir in einen wüsten Garten geführt, der unterhalb der auf das Meer gerichteten Mauer lag und in dem einige Feigenbäume kümmerlich ihr Leben fristeten. Hier stellte man uns vor einem großen Steinhaufen auf; wir sollten die Steine in Körbe laden und am anderen Ende des Gartens zu einer Mauer aufschichten.

Es ging dabei, wie bei allen Arbeiten solcher Art, ganz gemütlich zu; unser Dienst hatte mehr den Anstrich eines ausgedehnten Nachmittagsgesprächs, durch das Paul sich mit den Soldaten belustigte, die uns lässig beaufsichtigten.

Ich stand, auf einen Schaufelstiel gelehnt, dabei und füllte auch zuweilen einen Korb mit Steinen an, den Franke mir mit mürrischem Gesicht, das noch die blauen Spuren von Reddingers Faustschlägen trug, vor die Nase schob. Vor allem aber war ich damit beschäftigt, mir unseren Steinhaufen mit großer Aufmerksamkeit anzusehen — war er doch das erste Stück vom Lande Afrika, das sich ungestört betrachten ließ. Ich erwartete etwas Besonderes von diesem Steinhaufen; ich könnte freilich selbst nicht sagen, was — vielleicht etwa, daß plötzlich aus einem seiner Löcher und Winkel eine goldene Schlange ihre Ringe entfaltete. So wartete ich unverdrossen, bis die Sonne tief am Himmel stand — aber nichts dergleichen geschah. Der Steinhaufen blieb ein Steinhaufen wie jeder andere; er unterschied sich allem Anschein nach in nichts von denen, die man in der Lüneburger Heide oder an jedem anderen Ort der Welt in Hülle und Fülle bewundern kann. So begann ich mich allmählich zu langweilen und war froh, als es zum Abendessen ging.

Im Fort machte ich mich daran, mir das Gebäude gründlich anzusehen. Die Mauer war kaum von doppelter Manneshöhe, außerdem stieß noch ein hölzerner Schuppen daran, in dem die Küche untergebracht war und der sich wohl ohne Mühe ersteigen ließ. Ich beschloß daher, gleich nach Anbruch der Dunkelheit meiner Wege zu gehen — um so mehr, als ich hier einer Reihe von ärgerlichen Angriffen auf meine Selbstgenügsamkeit begegnete. So entdeckte ich, daß die Wäschestücke, die man mir gegeben und die ich in den nächsten Winkel gesteckt hatte, spurlos verschwunden waren, und war auch nicht sonderlich erstaunt darüber, denn schon das Erlebnis mit dem Rucksack hatte mich gelehrt, daß man nicht darauf rechnen konnte, Dinge, die man aus der Hand gelegt hatte, wiederzusehen. Mir war das gleichgültig, aber Benoit, dem ich beiläufig davon erzählte, schien die Sache mit anderen Augen zu betrachten, denn er fuhr mich heftig an und versuchte mir klarzumachen, daß der Verlust von Ausrüstungsstücken hier zu den tollsten Geschichten gehöre, die vorkommen könnten, und daß damit nicht zu spaßen sei. Nachdem er mir anbefohlen hatte, mit niemand darüber zu sprechen und ihn in einem der Schuppen zu erwarten, machte er sich in der Nähe eines viereckigen Brunnens oder Wassertroges zu schaffen, der in der Mitte des Hofes stand. Ich sah ihn mit gleichgültiger Miene, die Hände auf den Rücken gelegt, zwischen einigen Gruppen der Besatzung umherschlendern, die dort ihre Hemden auswuschen.

Der Schuppen, den er mir gewiesen hatte, war dicht mit Feldbetten besetzt. Kaum hatte ich mich auf einem von ihnen niedergelassen, um auszuruhen, als ein hagerer Geselle auf mich zutrat und mich trockenen Tones aufforderte, aufzustehen. Ohne auf eine Antwort zu warten, gab er mir fast im gleichen Augenblick einen Stoß mit der flachen Hand, der mich zu Boden beförderte.

Gegen Berührungen von jeher empfindlich, ergriff ich im Zorn den ersten Gegenstand, der mir beim Fallen in die Hände geriet — ein Kochgeschirr, aus dem noch einige gebackene Fische die Schwänze reckten —, um es meinem Angreifer an den Kopf zu werfen. Die Gesellschaft, die hier rauchend und müßig lagerte, wandte sich nach uns um, offenbar in der angenehmen Erwartung einer tüchtigen Prügelei. Dazu wäre es wohl auch gekommen, wenn nicht ein dritter, der hinter uns lesend auf seinem Bette lag, sich in unseren Handel gemischt und mich kräftig am Arm ergriffen hätte.

»He, Karl«, hörte ich seine Stimme, noch ehe ich ihn sah, »laß den zufrieden, der ist unsere rauhen Sitten noch nicht gewohnt. Und du, Kleiner, laß meine Fische in Ruh und setz dich mal hierher, bist eingeladen — die Betten, das sind hier nämlich unsere vier Pfähle, unser ultimum refugium, das keiner anrühren darf.«

Der unerwartete Vermittler ließ uns eine Friedenszigarette rauchen; er stellte sich als ein dreißigjähriger Mann mit sicheren und freundlichen Gesichtszügen heraus. Wir hatten ihn im Studium eines schmalen Heftchens, einer arabischen Grammatik, gestört. Dem Gespräch, das er nun mit meinem Widersacher begann, den er seit langem zu kennen schien, entnahm ich mit wachsendem Erstaunen, daß es sich um zwei gut unterrichtete Leute handelte, und sonderbar berührte es mich, daß die niedere Umgebung und der einfache Waffenrock, den sie trugen, diese Unterhaltung nicht beeinträchtigten. Es schien vielmehr, daß gerade dieser Gegensatz ihr einen besonderen Ausdruck von Freiheit und Humanität verlieh.

Ich lernte hier durch Anschauung einen Typus kennen, wie

ihn der Deutsche hin und wieder hervorbringt und wie er allerdings zu dieser Zeit wohl nur an jenem eigenartigen Orte möglich war. Seine Voraussetzung bildet das Studium der stoischen Philosophie — hinzukommen muß ihre Anwendung im Zustand, der dem Schiffbruch folgt. Es handelt sich um eine Frage der inneren Gesundheit, deren Kraft sich erst im Mißgeschick, erst wenn die Dinge schief gehen, erweist. Das war mein eigentliches Thema — die Führung des Lebens aus eigener Kraft, auf ungebahntem Weg. Daher lauschte ich dem Gespräch mit nicht geringer Aufmerksamkeit, um so mehr, als mein Beschützer mit seinen Angelegenheiten nicht hinter dem Berge hielt.

So konnte ich mir bald seinen Lebenslauf zusammenreimen, der durch ein alltägliches und geringfügiges Versäumnis eine außergewöhnliche Wendung genommen hatte. Was mich daran in meiner Einfalt zunächst besonders überraschte, war der Umstand, daß es hier offenbar nicht nur davongelaufene Schüler, sondern auch davongelaufene Lehrer gab. In der Tat unterhielt ich mich mit einem Kandidaten des höheren Lehramts, wohl ausgebildet im Studium der alten Sprachen und auch des Hebräischen. In seinem Gesicht waren einige Narben zu sehen, wie sie der Fechtboden hinterläßt; auch erfuhr ich, daß er Unteroffizier der Reserve gewesen war.

Gerade hier aber war er ausgerutscht, insofern nämlich, als er, zu einer Übung einberufen, auf einem Bahnhof einigen alten Universitätsfreunden begegnet und mit ihnen ins Zechen geraten war. Während man in der besten Laune beisammensaß, fuhr der letzte Zug zum Bahnhof hinaus, und das bedeutete, wie der Kandidat zu seinem Schrecken erfuhr, eine Verspätung um einen halben Tag.

Immerhin wäre er auch so vielleicht mit einem kräftigen Donnerwetter davongekommen — allein es ging ihm, wie es oft gerade Leuten von peinlich geordneter Lebensführung ergeht: diese erste Unregelmäßigkeit stellte sich ihm in einem so übertriebenen und ungeheuerlichen Lichte dar, daß er sich drei Tage lang das Städtchen, in dem er auf diese

Weise gelandet war, nicht zu verlassen traute, sondern planlos in ihm umherirrte. Inzwischen wurde er bei seinem Regiment vermißt, man stellte Nachforschungen an, und die Sache bauschte sich zu einer Art von Fahnenflucht auf.

Als er sich nun doch endlich meldete, sah er sich einer Reihe von Zugriffen ausgesetzt, denen er nicht gewachsen war. Wenn auch das militärische Verfahren verhältnismäßig milde mit einer Arreststrafe für ihn endete, so griff es doch auf alle anderen Verhältnisse über, in denen er sich befand — er nannte da Formeln, wie sie heute etwas veraltet klingen, etwa Eintragung in die Papiere, Eingreifen der vorgesetzten Behörde, Ehrenratssitzung und ähnliches mehr. Immerhin ist es merkwürdig, daß mancher über einen Strohhalm stolpert, wo ein anderer sich durch Baumstämme, die auf seinem Wege liegen, nicht stören läßt. Als ihm inmitten dieser Verwirrung auch noch seine Braut »den Ring zurückschickte«, war es um die Besinnung des guten Kandidaten vollends geschehen — er riß aus und fand sich in Afrika wieder, ehe er noch recht wußte, wie er dahin gekommen war.

Hier konnte er, während er seinen Tornister und sein Gewehr durch sandige Gegenden schleppte, fünf Jahre lang über seinen Fall nachdenken, der ihm, je weiter er sich von ihm entfernte, an Bedeutung zu verlieren schien. Er versuchte deshalb, nach seiner Entlassung an den früheren Zustand anzuknüpfen, mußte aber bald erfahren, daß das unmöglich geworden war. Vortrefflich machte er die Stimme des Schulrats nach, mit dem er über seine Wiedereinstellung verhandelt und dessen Bescheid mit den Worten geschlossen hatte:

»... so daß man es fast als Anmaßung bezeichnen könnte, wenn ein Mann von Ihrer Vergangenheit sich um einen Posten bewirbt, an dem man die Blüte unserer humanistischen Jugend erzieht.«

»Ich hätte den Jungens vielleicht beibringen können, wie man die Zähne zusammenbeißt«, meinte der Kandidat, »aber es war wohl besser so; ich konnte bei mir selbst anfangen. So habe ich mir zunächst fünf weitere Jahre in diesem trockenen Klima verschrieben; das erstemal bin ich ausgerissen, das

zweitemal abmarschiert wie einer, der nichts hinter sich läßt.
Auch die Philologie fährt nicht schlecht dabei; in den ersten
Jahren habe ich fast nur Französisch und Spanisch gesprochen und bin jetzt hinter dem Arabischen her. Bei vier Pfennig Löhnung am Tag tröstet man sich mit Epiktet und mit
dem Satze, daß nur, wer nichts ist, noch die Möglichkeit, alles
zu werden, besitzt.«

»Etwa Liftboy im Palasthotel zu Kairo, Dolmetscher am
Gare du Nord, Instruktor bei der abessinischen Armee oder
Korrektor an der Armenischen Druckerei — das soll dir dein
Schulrat mal nachmachen!«

Der Kandidat lachte.

»Hast recht, Karl, man soll sich auch auf seine schlechten
Verhältnisse nichts zugute tun.«

Ich hätte den beiden gern noch etwas länger zugehört,
wenn nicht Benoit erschienen wäre, der mich hinauswinkte.
Im Hofe steckte er mir ein Bündel zu; es war meine Wäsche
darin, die er auf die gleiche Weise wiedererlangt hatte, in der
sie abhanden gekommen war. Sie fühlte sich noch so feucht
an, wie sie von der Leine wegeskamotiert worden war. Die
Gruppe der Wäscher war noch an der Arbeit; Benoit meinte,
daß man sich dort jetzt wie beim Schwarzen Peter die faule
Karte zuzustecken suche. Endlich erscholl ein Wehgeschrei;
es war Franke, der als Neuling darauf hängengeblieben war.
Ich gönnte das dem windigen Gesellen; es war die Quittung
für den schlechten Streich, den er uns mit dem Mantel gespielt hatte.

Wir hatten keine Betten bekommen und mußten uns mit
einigen Strohbündeln begnügen, die längs der Mauer im
Hofe aufgeschüttet waren. In der warmen Nacht war dieses
Lager dem Aufenthalt im engen Schuppen vorzuziehen, auch
schien es mir für meine Pläne günstiger.

Wir hörten noch einige Lieder an, die Paul zum besten
gab, der seine gute Laune, wie eine Grille ihre Fiedel, stets
bei sich trug; auch rauchte und plauderte ich lange mit Benoit. Endlich wurde es ganz still, man hörte nur noch die
Schritte des Postens vor dem Tor. Ich mußte auf den Unter-

gang des Mondes warten; er schien so hell, daß man selbst eine Maus hätte sehen können, die auf der Mauer entlanggehuscht wäre.

Während ich so lag und den langsamen Gang des Mondes verfolgte, spürte ich ein eigentümliches Herzklopfen, das sich in demselben Maße verstärkte, in dem die immer größer werdende gelbe Scheibe sich dem Rande der Mauer näherte. Es war fast, als ob das Herz sich selbständig gemacht hätte; es schlug wie eine Schiffsglocke, die warnende Signale abzugeben beginnt. Die Einsamkeit der unbekannten Berge da draußen nahm eine drohende, fürchterliche Färbung an. Ich erteilte mir den Befehl, nun aufzubrechen, aber ich merkte, daß ich davor zurückschreckte wie vor einem dunklen Hindernis. Zugleich fühlte ich eine unbezwingliche Müdigkeit, die mich an das warme Stroh fesselte.

Vergebens suchte ich mich zur Wachsamkeit zu ermuntern; wie von einem Zauberstabe berührt, fielen mir die Augen zu.

17

Als ich erwachte, sah ich mit Schrecken, daß die Sonne schon aufgegangen war.

Sogleich wurde mir das Schmähliche meines Herzklopfens und dieser Schläfrigkeit klar, in die ich mich wie unter einen Mantel verkrochen hatte. Ich hatte der Freiheit und der Einsamkeit gegenübergestanden, aber schon ihr erster Anhauch war zu stark gewesen für mich. Besonders ärgerte es mich, daß mir dieses lumpige Fort als ein warmes Plätzchen, als ein Ort der größeren Sicherheit erschienen war. Standen die Dinge so, dann konnte ich damit rechnen, die Sonne fünf Jahre lang auf dieselbe Weise aufgehen zu sehen. Ich hatte eine Schlappe erlitten, und das gerade in dem Augenblick, in dem ich es am wenigsten erwartete.

Ich neigte dazu, das Leben überhaupt und jedes einzelne seiner Verhältnisse als eine Fahrt zu betrachten, die man an jedem Punkt unterbrechen kann, an dem man Lust dazu verspürt. Es schien mir kein hinreichender Grund vorhanden, an einem Orte der Unterdrückung oder des Mißbehagens zu verweilen, wo doch die Welt so groß und voller Mittel war. Aber ich wußte nicht, daß dieser so einfache Gedanke so schwierig zu verwirklichen ist. Es schieben sich da Dinge ein, von denen man in den Büchern nichts liest, die Furcht, die Müdigkeit oder auch ein Herz, das bis zum Halse schlägt.

Die Gelegenheit, gleich an der Küste aufzubrechen, war auf diese Weise verpaßt. Sie sollte sich auch nicht wiederholen, denn die ganze Gesellschaft wurde schon am Vormittag in zwei Gruppen eingeteilt; die eine war für Sidi Bel-Abbès, die andere für Saida bestimmt. Diese beiden Städte hießen, wie der Kandidat mir übersetzte, die »schöne, gute Herrin« und die »Tigerin«. Von den Bekannten kam nur Franke nach Saida, das etwas weiter im Innern lag, alle anderen nach Bel-Abbès.

Wir wurden, wieder unter guter Bewachung, zum Bahnhof gebracht. Daß es hier auch Eisenbahnen gab, hatte mir schon Benoit gesagt; ich konnte es nun mit eigenen Augen sehen. Der Zug fuhr einige Stunden durch ein steiniges Gefilde dahin, das spärlich mit dürren Gräsern bewachsen war. Hin und wieder sah man auch einen wilden Feigenbaum. In der Nähe der kleinen Bahnhöfe schoben sich Felder mit niedrigen Weinstöcken und Ölbäumen ein, und in der Ferne leuchteten vereinzelt weiße Gehöfte mit flachen Dächern auf. Ich sah mir diese Landschaft mit mürrischen Augen an, weil ich noch von der Nacht her verdrießlich war. Selbst die Palmen, die zahlreich neben den Siedlungen wuchsen, konnten meine Laune nicht verbessern; sie erinnerten mich an die guten Stuben meiner Heimat, in denen sie in Gesellschaft dürftiger Gummibäume den Orient verkörperten.

Auch die »schöne, gute Herrin« erwies sich als eine Stadt, die von anderen Städten nicht allzu verschieden war. Wir wurden durch eine breite Straße geführt, in der zwischen Läden und Cafés ein reges Treiben herrschte und der nur eine Reihe verstaubter Palmen ein morgenländisches Gepräge gab.

Ich hatte gedacht, daß wir hier in Zelten wohnen würden, allein zu meiner Enttäuschung bogen wir in eine graue Kaserne ein. Sogleich umringte uns eine dichte Menge von Soldaten, die zusammenströmten, um die Neuen zu sehen. Sie schienen uns mit einer gewissen Schadenfreude zu begrüßen, auch wurden allerlei Zurufe laut, etwa: »Ist hier ein Landsmann aus Frankfurt, ein Straßburger, ein Leipziger dabei?« Hatten sie einen solchen gefunden, so begannen sie ihn begierig nach Straßen, Plätzen und Winkeln und auch nach Personen auszufragen, so daß es bald schien, als ob wir auf dem Monde oder auf einer Insel der Schiffbrüchigen gelandet wären und über den Bestand der alten Welt Auskunft zu geben hätten an solche, die sich nach ihr zurücksehnten.

Wir wurden dann auf die einzelnen Stuben der Kaserne verteilt. Mich nahm ein langer, finster blickender Gefreiter in Empfang und führte mich in einen großen Saal im ersten Stock, in dem sich wohl zwanzig Soldaten, teils plaudernd, teils ihre Waffen reinigend, aufhielten.

Paulus, das war der Name des Gefreiten, wies mir zunächst ein Bett und ein schmales Wandbrett zur Unterbringung meiner Sachen an und unterrichtete mich, wie alles in Stand zu halten sei. Er nahm das Bett ab und richtete es mit geschickten Griffen wieder her, dann legte er mit ungemeiner Sorgfalt die Wäsche in bestimmte Falten und schichtete sie rechteckig auf dem Wandbrett auf. Das Ganze nannte er »den Trick«, worunter er nicht nur die kunstgerechte Anwendung der Handgriffe, sondern das diesem Ort überhaupt angemessene Benehmen zu verstehen schien.

Endlich setzte er sich mit mir an einen Tisch und erteilte mir noch einige Ratschläge allgemeiner Natur. Auch hierin ging er streng geordnet vor, indem er mir zunächst einen Namen gab:

»Sie heißen jetzt nicht mehr Berger, sondern Berjé; genau so, wie mein Name zwar Paulus geschrieben, aber Polüs gesprochen wird.«

Naehdem er mir noch dringend geraten hatte, sorgfältig auf meinen Trick zu achten und mich nur mit den ordentli-

chen Soldaten abzugeben, entließ er mich, indem er mir auf-
trug, mich am nächsten Tage bei ihm zur Fortsetzung des
Unterrichts einzustellen — er würde mir dann beibringen,
wie man ein Gewehr auseinandernimmt und wieder zusam-
mensetzt. In der Tat verdanke ich seiner Unterweisung manches, was ich auch unter anderen Verhältnissen verwenden
konnte; die Kenntnis der Waffen ist ein wahres Esperanto
auf dieser unfreundlichen Welt.

Es versteht sich, daß der Umgang mit den ordentlichen
Soldaten, den Paulus mir ans Herz gelegt hatte, durchaus
nicht meinen Absichten entsprach. Ich sah mich vielmehr sogleich nach den unsicheren Kantonisten um, nach denen man
freilich nicht lange zu suchen brauchte, denn sie waren gewaltig in der Überzahl.

Es schien auf den ersten Blick merkwürdig, daß das den
Gang des Dienstes kaum beeinträchtigte, aber schließlich
waren noch vor hundert Jahren fast alle europäischen Regi-
menter auf ähnliche Weise zusammengesetzt. Man hätte erwarten sollen, in einem Saal wie diesem eine Art von Räuberhöhle vorzufinden; er erwies sich jedoch als ein großer,
heller Raum, in dem man sogleich den Eindruck von ge-
scheuertem Holz und frisch gewaschenem Leinenzeug gewann. Ein Quergang trennte ihn in zwei Abteilungen, in denen je ein Gefreiter die Aufsicht führte, während ein Korporal für das Ganze verantwortlich war.

Der Obmann meiner Abteilung war, wie gesagt, der Gefreite Paulus, ein ernster, finsterer Mann, der für nichts als für
den Dienst Sinn zu haben schien. Stets sah man ihn mit seinen Waffen und seiner Ausrüstung beschäftigt, und wenn er
ihnen den letzten Grad der Vollkommenheit verliehen hatte,
suchte er sich einen der Neulinge aus, um ihn in die Geheimnisse des Dienstes einzuweihen. Nie hörte man ihn lachen
oder über einen Gegenstand sprechen, der außerhalb des
soldatischen Bereiches lag, und vor allem schwieg er über
seine eigene Vergangenheit. Er zog es vor, französisch zu
sprechen, und sprach das Deutsche mit alemannischer Betonung aus. Es konnte nicht anders sein, als daß er von jeher,

und wahrscheinlich unter angenehmeren und einflußreiche-
ren Verhältnissen, Berufssoldat gewesen war; seine äußere
und innere Ordnung war durchaus auf einen Zustand angelegt, in dem man befiehlt und gehorcht. Wie dem auch sei, jedenfalls mußte es an einer Wendung seines Lebens einen
vernichtenden Zufall gegeben haben, eine Art von Verschüt-
tung, aus der nichts hervorgegangen war als der Triumph
der sittlichen Person. Dieser Zug entging freilich, wie fast
alle schmerzlichen Bilder, deren ich Zeuge wurde, meinem
Blick. Wenn ich mich heute dieses Gesichtes zu entsinnen
suche, drängt sich mir das Bild einer Hand auf, die etwas ver-
schließt — etwa eine Schublade, in der eine geladene Pistole
liegt. Ich suchte die Nähe von Paulus zu vermeiden, einmal
weil ich in ihr, obwohl er nicht unfreundlich war, ein Gefühl
der Kälte empfand, dann aber, weil er, sowie er mich müßig
sah, sich sogleich mit mir beschäftigte und mich meinen
Träumereien entzog.

Der andere Gefreite war ein junger Nordfranzose namens
Mélan, ein liebenswürdiger und gebildeter Jüngling aus guter
Familie, der sich diese ungewöhnliche Form des afrikanischen Dienstes erwählt hatte, weil ihm das Garnisonleben
zu langweilig geworden war. Obwohl er Paulus an Eifer
nichts nachgab, liebte er es, lachend zu leben, und schätzte
auch ein Gespräch über Dinge allgemeiner Natur. Seine Anordnungen erteilte er mit einer so ausgesuchten Höflichkeit,
daß es unmöglich war, sie nicht zu vollziehen. Die Sicherheit,
mit der er die Vorschriften beherrschte, gab seinen Bewegungen etwas Spielerisches; auch wußte er dem einfachen
Dienstanzug, den er wie alle anderen trug, eine dandyhafte
Note zu verleihen. Er verbreitete die Ordnung weniger durch
Eingriff als wie ein Licht durch eigenen Schein und war in
diesem Saale vielleicht der einzige, der vollkommen durchsichtig war. Auch durfte man ihm zutrauen, daß er im Augenblick der Gefahr so schöne Sätze finden würde, wie man sie
im Xenophon liest.

Auf der Seite von Paulus herrschte Nordwind, auf der von
Mélan Sonnenschein. Diese beiden genügten durchaus, um

eine so gemischte und unzuverlässige Gesellschaft, wie sie
hier versammelt war, am Zügel zu halten. Der eigentliche
Chef des Saales, der Korporal Davide, war ein hübscher Junge, der sich um nichts bekümmerte. Sowie der Dienst beendet war, hinterließ er einige flüchtige Anordnungen und eilte
dann, indem er »Au clair de la lune« trällerte, in die dunklen
Viertel, um seinen Liebesabenteuern nachzugehen. Er kehrte
erst zu später Stunde und nicht selten betrunken wieder und
suchte dann den Vorgesetzten herauszubeißen in jener Weise, die man naßforsch nennt. Es würde oft zu bösen Auftritten gekommen sein, wenn nicht Mélan eingegriffen hätte,
der Einfluß auf ihn besaß.

Das Bett, das Paulus mir angewiesen hatte, war das zweite
vom Fenster; daneben hauste ein kleiner, dicker Italiener,
Massari, mit dem ich mich durch Zeichen verständigte. Er
war als Waise in den Baracken von Santa Lucia aufgewachsen, und es schien ihm hier nicht schlechter zu gefallen als an
jedem anderen Ort. Proletarier durch Geburt und Rasse,
fühlte er sich am wohlsten in der Abhängigkeit; sowie jemand in die Nähe kam, der etwas anzuordnen hatte, wandte
er ihm sein Gesicht zu wie ein Trabant einem höheren Ge-
stirn. Mit seiner Freizeit wußte er wenig anzufangen; er saß
dann mit untergeschlagenen Beinen auf seinem Bett und
rauchte oder kaute an einem Stück Lauch. Seine hervorste-
chende Eigenschaft war eine Sparsamkeit, die mit Bruchtei-
len von Pfennigen rechnete. Obwohl er ein leidenschaftlicher
Raucher war, liebte er es nicht, sich Ausgaben für Tabak zu
machen; er ging lieber in den Hof und sammelte dort die
»Straßburger« auf, die fortgeworfenen Zigarettenenden, deren schwarzes Kraut er sorgfältig entblätterte und in einer
kleinen, halbverkohlten Pfeife verschwinden ließ. Sowie ich
seinen Geiz und seine Dienstfertigkeit erkannt hatte, verstand ich meine Vorteile daraus zu ziehen.

Auf der anderen Seite neben mir lag Franzl, ein junger
Wiener, den ich zunächst kaum besser als den Neapolitaner
verstand. Er sprach einen Dialekt der dunkelsten Vorstädte.
Er war Bäckerlehrling gewesen und trug noch die eigentüm-

lichen Züge, die dieses Handwerk verleiht — das von der Nachtarbeit in mehlbestäubten Kellern bleiche Gesicht, die müde Wärme der Backstuben und eine lüsterne Frühreife, die den Körper wie Hefe durchdringt. Auch liebte er die Süßigkeiten und hatte sich schon die Zähne verdorben damit. Gleich am ersten Morgen bat er mich, ihm den Kaffee mitzubringen, den er genußreich im Bette zu schlürfen liebte. Ich mochte ihn gern und gewann mir seine Zuneigung durch eine große Schachtel voll süßen arabischen Konfekts, die ich ihm eines Abends aus der Stadt mitbrachte.

Wenn Paulus das Licht gelöscht hatte, begannen wir, über den kaum zwei Hände breiten Gang, der unsere Betten trennte, hinweg flüsternd zu plaudern, und so wurde ich bald Mitwisser der Dinge, die ihn beschäftigten. Vor allem spielte da eine Rolle der Name Stephanie als der eines Mädchens, mit dem er in ein Liebesverhältnis verwickelt gewesen war, wie man dergleichen jeden Morgen in den Vermischten Nachrichten zu lesen bekommt. Mir waren solche Sorgen noch fremd, und ich wunderte mich, als er mir die Qualen der Eifersucht in allen Einzelheiten beschrieb, wie man sich in die Nähe eines solchen Röstfeuers begeben könnte, ohne ihm schleunigst zu entfliehen. Die Sache hatte damit geendet, daß Stephanie ihn im Stiche gelassen hatte und mit einem anderen zum Tanzen gegangen war. Franzl malte aus, wie er unten in dem großen Ballhause rachebrütend sich Mut angetrunken hatte, während von oben, wo Stephanie mit seinem Nebenbuhler tanzte, die heiteren Melodien immer neuer Walzer ihn folterten. Endlich, um Mitternacht, gerade zur Damenwahl, war er mit einem geladenen Revolver im Tanzsaal erschienen und hatte zu knallen begonnen, daß die Gäste aus den Fenstern sprangen und die Kapelle sich unter dem Podium verkroch. Dann war er, ehe noch die Polizei erschien, ausgerissen, hatte in verrufenen Häusern weitergezecht und sich endlich über die Alpen davongemacht.

Obwohl Franzl durch diese Tat in eine schlimme Lage geraten war, schien es nicht, als ob er sie bedauerte. Er pflegte vielmehr mit einer Sorgfalt auf ihre Einzelheiten einzugehen, wie man sie in anderen Schichten der Gesellschaft bei der Schilderung von Ehrenhändeln beobachten kann. Die Liebesleute haben ein eigenes Reich, in dem sie Könige und Richter sind. Übrigens hatte er, wie ihm später ein Arbeitskollege schrieb, bei seiner Schießerei wie durch ein Wunder niemand verletzt, abgesehen von einem Unbeteiligten, der sich bei dem Sprung aus dem Fenster die Beine gebrochen hatte.

Hier in Bel-Abbès war er in eine tiefe Traurigkeit versunken; es fehlte ihm offenbar jenes Element, das man von altersher als die Wiener Luft bezeichnet hat. Diese Traurigkeit, die ihn wie ein Fieber ergriff, hatte sich in einer starken Krise Luft gemacht. Eines Nachts hatte er sich wie ein Schlafwandler mit einem der Stricke, deren man sich zum Gewehrreinigen bedient, auf den Boden geschlichen und dort einen kräftigen Balken ausgesucht. Er hatte sich dann auf einen Stoß von Uniformstücken gesetzt, um, bevor er sich aufhängte, noch etwas nachzudenken, und war dabei eingeschlafen, den Strick in der Hand. Als er wieder aufwachte, fühlte er, daß er den schmerzlichen Drang, sich zu töten, verloren hatte; zugleich war ihm ein wenig besser zumut.

Ich lauschte seiner Schilderung dieses Vorganges mit großer Aufmerksamkeit, denn ich fühlte wohl, daß der Mensch das, was sich in solchen Minuten in ihm vollzieht, nur selten einem anderen enthüllt. Es will mir scheinen, daß der Selbstmord nur gelingen kann, wenn die Gestirne zwingend stehen, und daß sein Versuch für den Menschen eine andere, symbolische Bedeutung besitzt. Er stellt eins der äußersten Heilmittel dar; gleich wie es Tiere gibt, die, schon als Beute ergriffen, sich befreien, indem sie einen Teil ihres Körpers von sich werfen, so entledigt sich der Mensch hier eines Teiles seiner geistigen Existenz, insbesondere der Vergangenheit.

Bei diesem jungen Wiener jedenfalls war die heilsame Wirkung unverkennbar; er hatte alsbald Sinn und Mut für die tatsächliche Lage gefaßt, in der er sich befand. So pflegte er seitdem die alten Leute begierig nach den Kämpfen auszufragen, die sie im Zuge der »friedlichen Durchdringung« Marokkos mit den Eingeborenen geführt hatten. Er genoß diese Berichte in der Art, in der man Indianerbücher liest, und zog seine Lehren daraus, indem er, obwohl eigentlich von verweichlichter Natur, sich mit kleinen asketischen Übungen beschäftigte. Besonders in diesem Punkte fand er bei mir ein aufmerksames Ohr. So versuchte er zuweilen, an heißen Tagen vom Morgen bis zum Abend ohne Wasser auszukommen, und an anderen, sich des Rauchens zu enthalten, »denn gar manchem«, meinte Franzl, »haben die Araber schon in einer dunklen Nacht auf Vorposten den Hals abgeschnitten, weil er zu gierig auf seine Zigarette war«.

Neben Franzl hauste ein eigentümlicher, dicker Mann, eine Art von Fakir, der allerdings nicht aus Indien stammte, sondern aus Köln am Rhein. Er hieß Hoor und behauptete, daß der Schmerz ihm unbekannt sei. Es schien jedoch, daß der Besitz einer so hohen Gabe hier einem Geiste zuteil geworden war, der von ihr nur einen untergeordneten Gebrauch zu machen verstand. Zwar hatte er schon als Schüler einmal einen Taler verdient, indem er sich von einem reichen Kameraden mit einer Vogelflinte in den Hintern schießen ließ, und war später in kleinen Altstadtkneipen als Degen- und Feuerschlucker aufgetreten, aber alle diese Künste hatten ihn auf keinen grünen Zweig gebracht. Auch hier pflegte er jeden, der ihn kennenlernte, zu erstaunen, indem er sich lange Nadeln durch seine dicken Backen stach oder indem er, wenn man ihn zu einer Flasche Wein einlud, sein Glas so mühelos zum Nachtisch knusperte, als ob es aus Waffelmehl gebacken sei. Wenn man das zwei- oder dreimal gesehen hatte, wurde es langweilig. Mir war der Anblick seines Fleisches unangenehm; es war dick und weiß, wie man es an gekochten Hühnerschlegeln sieht. Übrigens war er, wie fast alle diese starken Männer, gutmütig und warf sich, da ich unter der Gesellschaft der Kleinste und Schwächste war, bei jeder Gelegenheit zu meinem Beschützer auf. Obwohl ich ihn zu meiden suchte, rannte er mir bei jedem Krawall wie eine Glucke ihren Küchlein nach, um mich zu bevormunden.

»Laß du den Jong in Ruh, sonst bekommst du es mit mir
zu donn!« konnte man dann seine Stimme hören, und jeder
ging dem Eisenfresser gern aus dem Weg. Wenn er wütend
wurde oder getrunken hatte, war mit ihm nicht zu spaßen;
auch aus Köln hatte er sich, wie er mir einmal andeutete,
eilig davonmachen müssen, weil er in einem Wirtshausstreit
eine Tracht Prügel ausgeteilt hatte, die für einen allein zu
stark gewesen war.

Die Streitigkeiten, die sich hier im Saale ereigneten, waren
übrigens meist harmloser Natur. Paulus und auch Mélan
schienen es nicht ungern zu sehen, daß sich kleine Unregel-
mäßigkeiten in der außerdienstlichen Art eines Faustkamp-
fes erledigten. Fast immer handelte es sich dabei um Gegenstände, die plötzlich verschwunden waren; Benoit hatte
recht, daß man darin keinen Spaß verstand. Besonders ein
gelber, hohläugiger Spanier, dessen Familie in Bel-Abbès
selbst wohnte, war hier verdächtig; wenn er durch die Bett-
reihen schlich, tat man gut, seine Sachen im Auge zu behalten. In dieser Hinsicht konnte man sich in unserer Ecke auf
Massari verlassen, der wie ein Luchs auf der Lauer lag.

Große Unordnung herrschte dagegen auf der anderen
Seite des Ganges; dort hielten zwei leichtsinnige Vögel
Nachbarschaft. Sie waren unzertrennlich, obwohl sie, wenn
sie abends in der Kantine zusammen getrunken hatten, sich
jedesmal tüchtig verprügelten. Der eine dieser beiden wurde
»der Kellner« genannt und hatte ein rechtes Spitzbubenge-
sicht. Um die Dämmerung pflegte er, stets von einem Kreis
von Zuhörern umgeben, auf dem Bette zu sitzen und seine
meist bösartigen Schwänke zum besten zu geben. Die Kellner, Friseure und Badediener sammeln besondere Erfahrungen; sie kennen jenen Ausschnitt der Welt, den man
durch die Schlüssellöcher sieht. Dieser besaß dazu noch
einen Eulenspiegelhumor, den er mit Vorliebe am Korporal
Davide zu erproben pflegte.

Es ließe sich da viel erzählen; ich will mich indessen auf
den Streich beschränken, der ihn veranlaßte, seinen Kellner-
frack gegen die Uniform zu vertauschen. Er hatte zuletzt in

Stuttgart in einem Schlemmerlokal bedient — »es ist da nicht immer so, wie's aussieht, schofle Hunde gibts, saufen Sekt und bieten dir zehn Pfennig Trinkgeld an. Solchen hab ich dann gern noch 'ne leere Flasche unter den Tisch eskamotiert.«

Dieses Muster eines Kellners hatte jedoch darauf geachtet, daß ihm nicht nur an barem Geld, sondern auch an Speise und Trank nichts verlorenging. Vom Küchenbüfett zum Speisesaal führte ein dunkler Gang, durch den er die Gerichte auftragen mußte und in dem er von allen guten Sachen einen Durchgangszoll erhob. So pflegte er hier von den Bieren und offenen Weinen geschickt die Blume herunterzuschlürfen, die der Trinker besonders schätzt, und auf dieselbe Weise brandschatzte er die Braten und Kompotts. Sogar die Ragouts waren vor ihm nicht sicher; nachdem er ihnen mit gespitzten Fingern wie mit einem Stichheber eine Kostprobe entnommen hatte, frisierte er sie mit denselben Fingern eilig wieder zurecht.

So lebte er wie die Maus im Speck eine gute Zeit, bis ihn das Schicksal ereilte, und zwar in Gestalt einer leckeren Forelle, die für einen Stammgast mit feinen Kräutern bereitet war. Kaum war er mit diesem herrlichen Tier im Dunkeln allein, als er auch schon seinen Reizen erlag und gierig ein Stückchen vom Schwanze abbröckelte. Wie er jedoch im Lichte des Speisesaales zu seinem Schrecken erkannte, hatte er den Eingriff zu stark bemessen, so daß auf der Oberseite nur noch der Kopf mit der langen Gräte zurückgeblieben war. Dennoch entschloß er sich, die traurigen Reste, nachdem er sie rasch mit etwas Petersilie verkleidet hatte, zu servieren, in der Hoffnung, an einen besonders dummen oder besonders gutmütigen Kunden gekommen zu sein. Hierin hatte er sich freilich geirrt, denn kaum hatte dieser das kahle Gerippe entblättert, als er auch schon wie ein Tobsüchtiger nach dem Wirt zu schreien begann, so daß unser Kellner, ohne das Ende des Aufruhrs abzuwarten, so wie er war, im Frack und die Serviette noch unter dem Arm, eilends auf die Straße entwich.

Außer in solchen Gaunereien, auf die er sich viel zugute tat, besaß er eine umfassende Erfahrung in Dingen, wie sie die Stubenmädchen treiben oder wie sie in schlecht beleuchteten Hinterzimmern von kleinen Stundenhotels vor sich gehen. Er war so recht ein Diener aller feilen und gefräßigen Seelen, ein Einfädler der Lüste und Schlucker anrüchiger Trinkgelder. Daher fühlte er sich auch hier nicht wohl und spähte nach dem Posten eines Kantinengehilfen oder Offiziersburschen aus.

Der Kumpan, den er sich ausgesucht hatte, paßte zu ihm wie die Faust aufs Auge, obgleich er weniger bösartig war. Er nannte sich Hoke oder Huke und hatte mich gleich bei meiner Ankunft als Landsmann begrüßt, indem er sich erkundigte, ob die verschiedenen Rummelplätze noch blühten, auf denen er sein Unwesen getrieben hatte. Solche Bürschchen kriechen zuweilen in ehrbaren Handwerker- oder Beamtenfamilien aus, und weder der Papa noch die Mama können sich erklären, woher sie gekommen sind. Es mag sein, daß zur Stunde ihrer Zeugung die Venus in schlechten Aspekten stand; ein solches Gefühl hatte man jedenfalls sogleich, wenn man diesem in die Augen sah — so ein Gefühl, als ob an ihm eigentlich ein lockeres Mädchen verlorengegangen sei.

Diese Äuglein blinzelten listig durch stets wie vom Schlafe verquollene Augenlider, und es schien auch, als ob die Wange unter ihnen immer geschwollen war. Diese letztere Schwellung rührte zwar von den Fausthieben her, an denen der Kellner nicht sparte, wenn sie zusammen getrunken hatten, aber sie paßte so gut zu seinem Gesicht, daß man hier fast mit Lamarck von einer erworbenen Eigenschaft sprechen konnte, die physiognomisch geworden war. Er war ungemein großsprecherisch, ohne daß viel dahintersteckte, liebte starke Ausdrücke wie »du Dodekopp« und brockte sich auf diese Weise häufig böse Prügelsuppen ein. Als ich ihn kennenlernte, kam er soeben aus dem Loch zurück, in dem er wegen unerlaubter Entfernung gesessen hatte, und auch, als ich mich von ihm verabschiedete, wurde er gerade wieder abgeführt, weil er den Korporal Davide, der ihm einen Auftrag erteilte, »auf Kirchweih zu laden« versucht hatte, wie man in Bayern zu sagen pflegt. Diese Aufforderung gehörte hier an und für sich zum guten Ton, und besonders die alten Leute verstanden sie in einer Weise auszusprechen, daß sie fast klang wie ein »Zu Befehl!«. Huke aber brachte sie so wenig glücklich heraus, daß sogar Davide, der sonst in Fragen der Subordination nicht heikel war, die Sache an die große Glocke hängte und ihm zehn Tage Arrest zubilligen ließ. Ich kam gerade dazu, wie er sich von seinem Freunde, dem Kellner, einen Vorrat von Zigaretten in die Unterhosen verstauen ließ, und hörte, wie er in seiner prahlerischen Manier verkündete:

»Diese zehn Tage reiß ich noch ab, dann bekommt mich hier keiner wieder zu sehn!«

Auch ich brachte ihn übrigens, ohne es zu wollen, einmal in eine böse Klemme, in der sich ein wahres Unwetter von Prügeln auf ihn entlud; doch davon bei anderer Gelegenheit.

Der Erwähnung wert sind vielleicht noch zwei Holländer, ein ungleiches Gespann, das seine Betten in derselben Ecke aufgeschlagen hatte. Der eine von ihnen war übermenschlich lang und dürr und wäre wohl noch riesenhafter erschienen, wenn nicht eine starke Verkrümmung des Rückens ihn gezwungen hätte, den Kopf stets gegen den Boden geneigt zu halten. So schaute er wie ein melancholischer gotischer Wasserspeier auf die anderen herab. Huke, der neben ihm schlief, nannte ihn einen alten Sack voll Hirschgeweih, und der Kellner hatte ihn zum besonderen Ziel seiner Schabernäcke erwählt. Obwohl er allgemein als komische Figur genommen wurde, war er mir sogleich unheimlich — er erinnerte mich an Dinge, wie man sie im Halbdunkel alter, verstaubter Gänge zu sehen glaubt, und ein spitzes graues Hütchen hätte gut zu ihm gepaßt. Wie der andere von ihm erzählte, hatte er lange in Borneo gedient, und es war wohl möglich, daß er, der schweigsam und langweilig wie ein chinesischer Götze war, einen Vorrat von absonderlichen Erinnerungen in sich verschloß. Obwohl es, wenn man ihn sah, ganz gleichgültig

schien, an welchem Punkt der Erde er sich befand, pflegte er
doch zuweilen »auf Pump zu gehen«, wie hier der Fachausdruck für die unerlaubte Entfernung lautete. Er strebte dann
ganz allein in riesenhaften Nachtmärschen der spanischen
Grenze zu, wurde aber jedesmal durch irgendein Mißgeschick gefaßt und wieder eingebracht.

Auch sein Landsmann gehörte der Klasse der Kobolde an,
allerdings jener anderen Abteilung, die dem Wasser zu-
geordnet ist und die bei uns im Norden durch die Figur des
Klabautermannes vertreten wird. Wenn man ihn sah, bekam
man Meereswitterung; er war von kleiner, spinnenartiger
Gestalt, hatte wassergrüne Augen, einen roten Haarschopf
und trug eine rote, struppige Bartkrause. Er war viel beweg-
licher und aufgeweckter als der andere, und ich unterhielt
mich gern mit ihm, wenn er, ein tönernes Pfeiflein schmau-
chend, auf seinem Bett wie auf einer Seemannskiste saß. Er
hatte dabei ein Gefühl für Würde, wie sie dem Altgesellen
ziemt, denn er mochte wohl so an die Vierzig sein. Wenn
man ihn hörte, gewann man den Eindruck, daß er in seinen
Angelegenheiten auf peinliche Ordnung hielt; auch hatte er
in Holland ein paar hundert Gulden auf der Sparkasse. Zuweilen setzte er sich nach umständlichen Vorbereitungen an
den Tisch und schrieb in der mühsamen Art der Kinder einen
Brief an seine Braut, von der er gern als von einem guten
und zuverlässigen Mädchen sprach, das nun schon seit zehn
Jahren auf ihn wartete. Sein Lebensplan bestand darin, sich
eine bestimmte Summe zu ersparen, um sich davon eine Fi-
scherbarke zu kaufen, und dann zu heiraten. Wenn man ihn
recht behaglich davon sprechen hörte und an die vier Pfennig dachte, die er hier am Tag bezog, wurde man traurig wie
beim Anblick einer Ameise, die eine unmögliche Last zu bewältigen gedenkt.

Endlich fiel mir in diesem Saale noch ein blasser, dunkel-
haariger Pole auf, ein Mann von etwa dreißig Jahren, mit
einem fein geschnittenen, aber zerfahrenen Gesicht. Es ging
das Gerücht, daß eine Kassenangelegenheit ihn hierher gebracht hätte, und er machte in der Tat den Eindruck eines

Menschen, der den Lockungen des Geldes nicht gewachsen ist und dem auch die größte Summe zwischen den Händen zerrinnt. Er lebte ganz für sich und erhielt zuweilen Briefe, deren Inhalt er gierig verschlang. Er schien stark zu leiden; freilich mochte er besser in die Polster eines der schönen Wagen passen, die man auf den Rennplätzen sieht, als an einen Ort, an dem es zu marschieren und Gepäck zu schleppen galt. Auch war er schwach auf der Brust; nach dem starken Dauerlauf, mit dem hier der Tag begann, keuchte und hustete er noch stundenlang.

Er schlief in dem Bett, das dem meinen mit dem Fußende zugewandt war. Da man in dem überfüllten Saale tagsüber kaum Gelegenheit hatte, allein zu sein, richtete ich mich gern des Nachts vom Lager auf und träumte wachend im Kreise der Schläfer vor mich hin. Es dauerte dann meist nicht lange, bis ich mir gegenüber ein Rascheln und Seufzen vernahm. Ein Streichholz flammte auf, und ich sah drüben den glühenden Punkt einer Zigarette im Takte tiefer, hastiger Atemzüge wie ein kleines Leuchtfeuer in der Dunkelheit.

18

Da war ich also im Gelobten Land. Leider ließen mir die Nachstellungen des diensteifrigen Paulus zunächst wenig Zeit, mich in ihm umzusehen. Durch die Fenster fiel der Blick auf einen fernen Felszug, der in der dünnen Luft in roten und gelben Farben schimmerte und bei zunehmender Dämmerung in ein immer tieferes Violett versank. Die weite Ebene, die ihn von der Stadt trennte, war trocken und dürr und mit unzähligen Steinen besät. Es gab hier zuviel Sand und zu wenig Bäume für meinen Geschmack. Merkwürdig bleibt immerhin, mit welcher Gier man nach solchen Punkten strebt, ja wie man auf eine fast magnetische Weise ihnen zugetrieben wird.

In fremden Siedlungen zu weilen, bedeutete für mich immer ein schmerzliches und zauberhaftes Glück, wie man es empfindet, wenn man in alten Büchern liest. Die Städte mit ihren Kirchen und Palästen und ihren volkreichen Quartieren sind unsere großen Häuser, in die uns der schnelle Zug unserer Mittel wie mit Siebenmeilenstiefeln trägt. Hier spüren wir ein wenig von den weiteren und stärkeren Schwingungen der Zeit, vom mächtigen Gewicht der Jahrhunderte. Wie viele haben hier gewandelt und gelebt, und ihnen allen fühlt man sich wie in einem weiten Vaterhause brüderlich verwandt. Auch gibt es Städte, in denen die Zeit stehengeblieben ist — man fällt wie durch ein Luftloch mit einem Gefühl des körperlichen Schwindels auf frühere Schichten hinab. Diese Erschütterung verspürte ich noch neulich, mitten im Gewühl der Via Toledo — wie Schuppen fiel es mir da von den Augen, daß ich mich für einen Moment inmitten einer menschlichen Figur befand, wie man sie seit 1789 nicht mehr kennt.

Auch die Architekturen strahlen eine ungeheure Schwerkraft aus; es gibt Augenblicke, in denen wir begreifen, daß diese steinerne Sprache nicht an Menschen allein gerichtet ist. Zu den Büchern, die ich schon als Kind nur mit Furcht betrachten konnte, gehören Piranesis »Monumenti antichi«; mein Vater hatte diese mächtigen Folianten in seiner Bibliothek. Andere Denkmäler wiederum atmen ein freundliches Leben aus; so rührte es mich, als ich in Florenz erfuhr, daß das Volk den großen steinernen Neptun sehr liebt, den es den Biancone nennt — solche Neigungen verraten vornehmen Sinn.

Ähnlich ergeht es mir mit den Institutionen, überhaupt mit jeder menschlichen Bildung, die im Lauf der Zeiten ihre eigenartige Form gewann. Viele Bilder tauchen da in der Erinnerung auf, musizierende Kapellen, Vorlesungen, Schiffsmanöver, Operationen, Paraden, Tafelrunden, illustre Gespräche — und bei jedem klingen die Takte einer anderen Melodie im Herzen an.

Es fällt mir jedoch schwer, mich in dieser Art des Ortes zu entsinnen, von dem hier die Rede ist. Wenn er mir undeutlich erscheint wie die Landschaft eines halb vergessenen Traumes, so hat das seinen besonderen Grund — denn ich befand mich an einem imaginären Punkt und in einem Raume, wie er nur in der Einbildung besteht.

Man merkte das deutlich am Verhalten der Menschen, die sich hier versammelten. Kaum hatten sie, meist unter großen Schwierigkeiten, ihr Ziel erreicht, als auch schon ihre Gier einer ebenso heftigen Enttäuschung wich und sie mit demselben Eifer wieder zu entfliehen trachteten. Alle hatten sie etwas Vages gesucht — vielleicht einen Ort, an dem die Gesetze aufgehoben sind, vielleicht eine märchenhafte Welt oder auch die Insel der Vergessenheit. Sogleich aber sahen sie das Sinnlose ihres Unterfangens ein, und das Heimweh packte sie wie eine Geisteskrankheit an.

So war es wirklich erstaunlich, daß das alles zusammenhielt — aber schließlich läßt sich niemand leichter unterordnen als der, der nicht weiß, was er will. Die Rezepte, durch die man eine Söldnertruppe in Ordnung hält, sind uralt; das ist eins der Gebiete, auf denen der Mensch die größte praktische Erfahrung besitzt. Und um eine Söldnertruppe handelte es sich in der Tat, wenn auch der Sold nur in eingebildeter Münze, nur im Versprechen des Außerordentlichen bestand. Man konnte hier ein Gebilde studieren, wie es sonst zu dieser Zeit als ausgestorben galt. Natürlich mußten da die Deutschen vor allem vertreten sein, wie überall, wo es Kastanien aus dem Feuer zu holen gilt; mit Einschluß der Randstämme machten sie über drei Viertel der Mannschaft aus. Bei manchen Gelegenheiten wurde das Verhältnis deutlich — ähnlich wie früher schon aus römischen Legionen der germanische Barditus erscholl, so hörte ich auch hier während des einzigen Übungsmarsches, an dem ich mich beteiligte, unsere alten Soldatenlieder aus der Kolonne aufsteigen, und wunderlich hallte es in den kahlen Felszügen wider:

> Sie habens all erfahren,
> Wie er die Pelze wusch,
> Mit seinen Leibhusaren,
> Der Zieten aus dem Busch.

Auch Goupil hatte übrigens recht, wenn er den Vorgang als einen besonderen Zweig der Ausbeutung betrachtete. Wir werden in allen Verhältnissen ausgebeutet, in denen wir uns bewegen wie die Motten auf das Licht. Mir tat diese Entdeckung gut; schon die Sache mit dem Steinhaufen war lehrreich genug. Es gibt kein besseres Heilmittel gegen die romantischen Neigungen.

Gut war auch, daß ich hier den Verbrecher durch Anschauung kennenlernte, der bislang in die mir angeborene Zuneigung für den einen, der gegen alle kämpft, eingeschlossen gewesen war. So vergaß ich, unter der Belegschaft unseres Saales einen unscheinbaren älteren Mann zu erwähnen, von dem man erzählte, daß er sich bislang durch Kircheneinbrüche ernährt und in diesem Fache einen Ruf erworben habe; ebenso gut hätte man ihn für einen ausgedienten Nachtwächter halten können. Obwohl auch der mehr oder minder abenteuerlich veranlagte Taugenichts, wie man ihn hier fast durchweg traf, oft manches auf dem Kerbholz hatte, unterschied er sich doch von solchen Erscheinungen auf den ersten Blick. Hier gelten eher Unterschiede von Warm und Kalt als solche der reinen Tatbestände; und man entscheidet sich richtig, wenn man sich fragt, ob man sich diesen oder jenen im Augenblick der Gefahr als Kameraden vorstellen könnte oder nicht.

Das eigentlich Gefährliche des Ortes lag natürlich nicht im Abenteuer und auch nicht in Zugriffen von unmittelbarer Grausamkeit. Ich vermute, daß es mir damals vollkommen entging, denn ich hatte zu sehr die naive Sicherheit, alle Karten in der Hand zu halten. Naturen wie Leonhard dagegen witterten es sofort.

Immerhin merkte ich an einer Reihe von absonderlichen Vorgängen, wie sie in Traumreichen üblich sind, daß hier etwas gespielt wurde, zu dem ich keinen Zugang besaß. Gleich am ersten Vormittage schickte mich Paulus mit einem Auftrag auf den Boden, wo, wie in allen Kasernen, der Vorrat von Uniformen und Ausrüstungsstücken aufgestapelt war. Während ich im Halbdunkel des obersten Flures nach dem

Eingang suchte, wurde plötzlich eine Tür aufgestoßen, und ein Knäuel von Menschen preßte sich heraus. Im unmittelbaren Gefühl, daß es hier nicht recht geheuer sei, drückte ich mich in eine dunkle Ecke, von der aus ich, ohne daß jemand auf mich achtete, die Vorgänge im Flur übersah.

Ich erblickte zunächst einen stämmigen Mann mit rotem Vollbart und kurzem, untersetztem Hals; an ihn hatten sich der Kammerverwalter und drei oder vier seiner Trabanten gehängt. Der Rote schien sich in einem äußersten Zustande der Raserei zu befinden; es gelang ihm mehrere Male, sich mit der ganzen Gruppe gegen das Geländer zu werfen, das den Flur von dem fünf Stockwerke tiefen Schacht des Treppenhauses trennte, so daß die Brüstung zu krachen und ihr Holz zu splittern begann. Dann wieder riß er sich los und nahm wie ein Eber einen seiner Gegner nach dem anderen an. Der Auftritt spielte sich bis auf ein furchtbares Stöhnen und Knirschen der Wut beinahe lautlos ab, so daß er fast einem Traumbild glich. Endlich kamen andere die Treppe herauf, denen es gelang, den Tobenden mit den langen blauen Wollstreifen einzufangen, die man als Leibbinden trug. Sie schnürten ihn zu einem Bündel zusammen und schleppten ihn auf den Schultern fort.

Am nächsten Morgen begegnete ich ihm auf dem Hof; er wurde von zwei Bewaffneten zur Vernehmung geführt. Er schritt gebeugt zwischen ihnen her, wie von einer vernichtenden Ausschweifung zerstört. Mit Schrecken bemerkte ich, daß sich im Weißen seines Auges blutrote Flecke abzeichneten, als ob dort die Äderchen der wilden und tierischen Aufwallung des Lebenstriebes nicht standgehalten hätten.

Solche Vorfälle ereigneten sich häufig genug; es gab besondere Namen dafür. Ihnen allen gemeinsam war der Eindruck des vollkommen Unsinnigen. Viele befanden sich hier, deren Namen die tägliche Chronik einmal im Leben in drei Zeilen ihrer Vermischten Nachrichten erwähnt, wenn ihnen ein Zusammenstoß mit der Liebe, der Pflicht oder den Gesetzen für einen Augenblick das Steuer aus den Händen reißt. In solchen Augenblicken ist auch der Schwache zum

Absprung bereit, und der Gedanke an die Möglichkeit eines
neuen Lebens tut sich verlockend vor ihm auf. Aber bald
sinkt er auf sein gewöhnliches Maß zurück, denn um die
Schiffe hinter sich zu verbrennen, muß man ein Cortez sein.
Wie der Roman eigentlich erst dort beginnt, wo er gemeinhin endet, so schließt sich auch an den dramatischen Punkt
ein anderes, düsteres Reich, in dem die Hoffnungslosigkeit
regiert, ein Reich der Gefängnisse, des Schutthaufens und
des langsamen Untergangs. In diesem Abschnitt vollführt
man nicht mehr die Bewegungen des Kämpfenden, sondern
die des Ertrinkenden.

So lange man aber bei guter Gesundheit ist, hat man mit
diesen Dingen so wenig zu schaffen wie ein noch unge-
schwächter Fechter oder wie Hans, der das Gruseln nicht
kennt. Ich nahm sie daher auch nur mit einem Gefühl beklommener Neugier wahr wie die Zuckungen eines Epilepti-
kers, an dem uns der Weg vorüberführt.

19

Wenn ich mich recht erinnere, weilte ich genau drei Wochen
in Bel-Abbès. Während der ersten langweilte ich mich, die
zweite verbrachte ich recht angenehm und die dritte hinter
Schloß und Riegel verwahrt.

Für die Langeweile sorgte Paulus zur Genüge; seine beiden Mittel waren der innere und der äußere Dienst. Früh-
morgens nach dem Kaffee führte er uns im Laufschritt in
einen ummauerten Hof oder auch auf einen entfernteren
Platz, der sich durch den romantischen Namen »Hinter der
alten Moschee« auszeichnete. Dort ließ er uns allerlei Stellungen, Wendungen und Märsche vollführen und was sonst
zur Abrichtung gehört. Während der Pausen rauchten wir
Zigaretten oder kauften arabischen Händlern für ein Kupfer-
stück kleine Kuchen und getrocknete Früchte ab.

Nach dem Mittagessen, während dessen er den Vorsitz
führte und auf die gleichmäßige Austeilung der Speisen ach-

tete, sah Paulus streng darauf, daß wir uns zwei Stunden hin-
legten. Er selbst nahm während dieser Zeit an einem besonderen Lehrgange teil, um uns dann, wenn er zurückkehrte,
bis zur Dämmerung mit Waschen, Scheuern und Putzen zu
beschäftigen.

Ich hätte, besonders während der Bettruhe, gern etwas ge-
lesen, es fiel mir indessen nichts anderes in die Hand als das
Tageblatt von Oran, das mir der gelbe Spanier zuweilen lieh.
So sah ich mich nach anderen Beschäftigungen um, und es
gehörte zu den Treppenwitzen, daß ich darauf verfiel, zur
Schule zu gehen.

Diese merkwürdige Schule wurde während der Abendstunden in einem leeren Saal gehalten; es versammelten sich
dort regelmäßig der Kandidat des höheren Lehramtes, sein
Freund, Leonhard und einige andere. Geleitet wurde sie von
einem Mann von etwa fünfzig Jahren, den wir als den Professor bezeichneten. Obwohl dieser würdige Mann an seiner
Uniform die Korporalsabzeichen trug, bot er doch einen
denkbar unmilitärischen Eindruck dar. Außer mit seinem Unterricht war er nur mit unbedeutenden Kleinigkeiten beschäftigt, wie mit der Vorführung der Kranken und mit der
Verteilung der Post. Er schien eine Art von Narrenfreiheit zu
genießen; so kam es vor, daß er zum Appell in roten Pantof-
feln erschien. Sein Gesicht wies die Züge des zugleich gelehrten und lasterhaften Menschen auf, einer Mischung, die
doch recht selten geworden ist. Ich vermute, daß er sich hier
am äußersten Punkte befand, bis zu dem man ohne Zuchthaus abgeschoben werden kann, wenn man mächtige Freunde besitzt. Jedenfalls zeugte die Wahl des Ortes dafür, daß
das Entweder-Oder, vor dem er sich befunden haben mußte,
nicht von Pappe gewesen war.

Einer echten Leidenschaft bleibt der Mensch in jeder Lage
treu — die seine war ohne Zweifel der Unterricht. Wie es
Generäle gibt, denen es gleichgültig ist, an welcher Armee
und für welche politischen Ziele sie ihre strategischen Künste erproben, so galt es diesem hier gleich, wen und an welchem Orte er unterwies und ob dies zum Guten oder zum

Bösen geschah — wenn er nur Gelegenheit fand, sich ex cathedra zu betätigen. Wenn er auf diesen Punkt zu sprechen kam, scheute er vor keiner Übertreibung zurück.

»Die Belehrung ist für den Menschen so wichtig wie Wasser und Brot; er besitzt auch hier ein Anrecht auf Nahrung, das ihm unter keinen Umständen verweigert werden kann. Wenn jemand den Wunsch äußert, sich an meinem Unterricht zu beteiligen, so muß dem stattgegeben werden, und säße er auch, des schwersten Verbrechens angeschuldigt, im Gefängnisse.«

Daran war in der Tat etwas Richtiges; er besaß Hörer, die sich zu seinen Stunden aus der Zelle vorführen ließen — sei es aus echter Anteilnahme, sei es, um Gesellschaft zu suchen und sich Zigaretten und ähnliches zustecken zu lassen.

Hätte man freilich geahnt, was da zuweilen verhandelt wurde, so würde man die Teilnahme an diesen Stunden wohl kaum mit solchem Eifer gefördert haben. Sei es nun, daß man ihn als einen harmlosen Narren betrachtete oder daß man sein Treiben für ganz verdienstlich hielt, sei es, weil er sich mit Vorliebe der deutschen Sprache bediente, die er mit einer Art entkeimter Klarheit meisterte — kurzum, man kümmerte sich wenig um ihn und seinen Unterricht.

Diesen Unterricht nun hielt der Professor meist in der Form eines kurzen Vortrages ab, der in die freie Unterhaltung ausmündete. So verkündete er etwa, daß er heute über Deutschland und Frankreich sprechen würde, und jeder, der Lust hatte, konnte dann dazu beitragen. Bei diesem Thema liebte er es übrigens, den Chauvinisten zu spielen, und zwar den deutschen; natürlich nicht aus Überzeugung, sondern aus Lust am größtmöglichen Umtriebe.

Seine gute Laune kündigte sich durch bösartige Züge an. So kam er bei einer Gelegenheit auf die Vorkehrungen zu sprechen, die gegen den Ausbruch eines Feuers getroffen waren, und stellte sie als ganz und gar mangelhaft hin. Dabei wußte er den zunderartig trockenen Zustand der unbewachten Böden, den Mangel an Wasser, die Gefahr, die hier ein einziges achtlos fortgeworfenes Streichholz bedeutete, die

Verwirrung, die dann entstehen würde, ja die Unmöglichkeit, den Dienst aufrechtzuerhalten, mit einer Besorgnis zu schildern, die es wirklich als wunderlich erscheinen ließ, daß nicht in der nächsten Nacht schon alles in Flammen stand.

Bei all diesen düsteren Zügen verfügte er über die feurige Kraft, die dem Gedanken innewohnt — der Geist schlägt seine Residenz auch in verfallenen Schlössern auf. Er kannte die beständigen Dinge, und es war ihm gegeben, einen Raum hervorzuzaubern, in dem der Gestürzte das Schmerzliche und Drückende seiner Lage vergißt. Dies war, wie er wohl wußte, sein Verdienst; und so war es wohl zu erklären, daß selbst Männer von strenger Gesinnung wie der Kandidat des höheren Lehramtes, den er übrigens schätzte, ihn aufsuchten.

Es gehörte zu den Grundsätzen dieses Sonderlings, daß der Widerspruch der Vater des Gedankens sei; und wenn er mit dem Widerspruche seiner Hörer zufrieden war, lud er sie noch bis zu der Stunde, in welcher der Hornist zur Ruhe blies, in die Kantine ein, denn an Geld fehlte es ihm nicht. Hier setzte sich die Unterhaltung beschwingter fort, während die soldatisch in eine blaue Uniformbluse und roten Rock gekleidete Kantiniere die großen, mit schwarzem Afrikaner gefüllten Flaschen aufsetzte.

Bei dieser Gelegenheit gewann ich eine Ahnung vom Bestande eines der großen Geheimorden, dessen Gliederung sich weithin erstreckt und dem ich später unter soldatischer, politischer und artistischer Maskierung noch häufig begegnete. Die Welt ist anders und einfacher aufgeteilt, als man gemeinhin denkt. So mancher geht dahin und ist über die Wirkungen betroffen, ohne die Ursache zu sehen, und doch ist diese Kenntnis heute so wichtig wie je. Was mich betrifft, so fehlte mir der Zugang und der Drang zu den Mysterien, und so sehr mich auch das Gespräch unter Männern auf dieser an Gaben überreichen Welt beglückt, so sehr hat ihr Geheimnis mich befremdet und der Unbefangenheit beraubt.

An der Südseite der Kaserne zog sich eine Mauer entlang, an der ich die kurze Spanne zu verbringen pflegte, die zwischen der Rückkehr von den Übungen und dem Mittagessen lag. Es war um diese Jahreszeit weit weniger warm, als ich gehofft und erwartet hatte; besonders der Nordwind war von einer schneidenden Unfreundlichkeit. An dieser geschützten Stelle traf man daher immer eine Reihe von Gestalten, die auf den bestrahlten Steinen kauerten, um sich der Wärme zu erfreuen.

Ich suchte den Ort auch auf, um über den Fortgang meines Abenteuers nachzusinnen, dessen Ziel in gleichem Maße zurückzuweichen schien, in dem ich Raum bewältigte. Hier bot sich Gelegenheit, mit diesem oder jenem zu sprechen, der sich mit ähnlichen Plänen beschäftigte, und das war, wie ich bald merkte, nahezu jeder; andere wiederum, wie Huke und der lange Holländer, hatten bereits Erfahrungen gesammelt und konnten über die Dinge berichten, die sich ereigneten, wenn man sich in die Einöde begab.

Man hatte, wie ich bei diesen Unterhaltungen erfuhr, zwischen zwei herkömmlichen Wegen die Wahl. Der sicherste führte längs der Bahnlinie nach Oran zurück, wo man versuchen mußte, im Schutze der Dunkelheit ein Schiff zu erreichen, das nach einem fremden Hafen fuhr. Es versteht sich, daß ich mich für den anderen, verwickelteren entschied, auf dem es galt, in einigen starken Nachtmärschen die marokkanische Grenze zu gewinnen, jenseits deren man aber auch noch nicht in Sicherheit war. Es sollte da, wie ich nicht ohne Vergnügen hörte, noch Stämme geben, bei denen die Sitte bestand, Fremdlingen einfach die Hälse abzuschneiden.

Was mich an diesen Erzählungen vor allem verwunderte, das war ein kleines, doch ärgerliches Mißgeschick. Obwohl durchaus verschieden in der Art und Weise des Zufalls, war es doch in der Wirkung einheitlich und bestand darin, daß jeder der Erzählenden nach einem oder mehreren Tagen seiner Entfernung irgendwo aufgegriffen und wieder eingebracht worden war.

Im wundersamsten Buch der Welt, in der »Tausendundeinen Nacht«, finden wir eine Reihe von Geschichten, die nach dem Muster der Erzählung von den zehn Einäugigen angelegt sind und in denen sich eine Figur ersten Ranges verbirgt. Es handelt sich darum, daß man den Schlüssel zu einem bestimmten Raum erhält, den man jedoch nicht betreten darf, wenn man nicht in ein Abenteuer verwickelt werden will, bei dem man das Licht eines Auges verliert. Zwar ist jedes dieser Abenteuer in sich von unendlicher Mannigfaltigkeit und durchaus von den anderen verschieden, doch allen gemeinsam ist der Punkt des Unheils, auf den sie unfehlbar zustreben und der sich eben durch den Verlust des Auges kennzeichnet.

Ganz ähnlich war es hier: ein jeder, der sich eines Abends heimlich durch das Tor der Kaserne davongemacht hatte, konnte nicht verhehlen, daß er nach einigen Tagen, von zwei Feldjägern wohl behütet, vor eben demselben Tore wiedererschienen war. Ich hatte diese Aufzüge, die in der Arrestzelle endigten, wohl gesehen; man veranstaltete sie gern recht öffentlich, und es gab dabei jedesmal ein großes und schadenfrohes Hallo. Und jeder, der auf diese Weise wiedererschienen war, wußte zu berichten, wie fein er alles eingefädelt hatte, bis auf den kleinen, unscheinbaren Punkt, an dem er unvorsichtig gewesen war. Der eine hatte von einem überwachten Brunnen Wasser geholt, der andere war in ein Dorf geschlichen, um Brot zu kaufen, der dritte hatte schon im Angesicht der Grenze nicht mehr die Nacht erwarten können und war auf eine berittene Streife gestoßen, und jeder beklagte sein ganz einzigartiges Mißgeschick.

Mir nun erging es wie dem Neuling, der in den betrübten Kreis der Einäugigen gerät: ich hielt sie alle für ausgemachte Dummköpfe. Es schien mir, daß der Einzelne in einer so unermeßlichen und fast unbewohnten Landschaft sicherer als die bekannte Stecknadel auf dem Heuboden verborgen sei; und ich bildete mir ein, daß ich nur hierher gekommen wäre, um den anderen einmal zu zeigen, wie ein solches Unternehmen durchzuführen sei.

Damit befand ich mich in einem jener Irrtümer, die keine Belehrung je beseitigen wird. Immerhin läßt sich sagen, daß man auf diese Weise das, was man an Aussichten verliert, an Einsichten gewinnt; und auf die Schilderung dieses Vorgan-

ges zielt unsere Erzählung ab. So begriff ich seitdem, wie unsere Vorväter nach der Schlacht im Teutoburger Walde rö-
mische Senatorensöhnchen an die vierzig Jahre lang als
Kuhjungen beschäftigen konnten, ohne daß einem von ihnen
die Rückkehr zum linken Rheinufer gelang, wie man das bei
Tacitus nachlesen kann. In diesem Falle nannte sich der Fluß,
der zu erreichen war, zwar nicht der Rhein, sondern die Mu-
luya; aber es ist zu bedenken, daß solche Unterschiede wohl
in der historischen, nicht aber in der magischen Geographie
von Bedeutung sind, in welcher die Geschichte von den Einäugigen spielt.

Während ich mich schon heimlich auf die Zeit der wilden
Freiheit freute, die nun beginnen sollte, wurde ich durch ein
unerwartetes Ereignis belehrt, daß man doch nicht spurlos
aus dem Kreise der bekannten Welt verschwinden kann.

20

Am Schluß der ersten Woche hatte ich mir unter der uner-
müdlichen Anleitung von Paulus bereits manche Fähigkeiten
angeeignet, die zu erlernen ich eigentlich nicht hierherge-
kommen war, so die Stube zu fegen, ein Gewehrschloß aus-
einanderzuschrauben und mich auf vorgeschriebene Weise
nach rechts, nach links und um die eigene Achse zu drehen.

Auch am Sonnabendnachmittag sorgte er für Beschäftigung, indem er uns die Tische und Bänke in den Hof hinun-
terschleppen und dort mit Sand und grüner Seife in einen
Zustand versetzen ließ, als wären sie soeben aus der Hand
des Tischlers hervorgegangen. Für den Abend hatte ich mich
mit Leonhard zum Unterricht verabredet, und am Sonntag-
morgen gedachte ich mit Franzl im Bette den Kaffee zu trinken, den Massari uns bringen wollte. Es war nur noch der
abendliche Namensaufruf zu überstehen, der ebenso wie der
Morgenappell vor allem dazu diente, möglichst bald jede unerlaubte Abwesenheit festzustellen, soweit sie nicht schon
während des Dienstes bemerkt worden war. Daran schloß

sich dann noch die Verlesung von Befehlen, die Verkündigung von Bestrafungen, die nach uralt soldatischem Brauche in der Habt-Acht-Stellung anzuhören war, die Verteilung der Post und anderes mehr, während die Mannschaft, die sich recht bald in die Höfe und Säle oder in die arabischen Cafés und die Straßen der Stadt zu zerstreuen gedachte, bereits ungeduldig von einem Fuß auf den anderen trat.

Als sich diese Zeremonie wie gewöhnlich mit der Postverteilung ihrem Ende näherte, glaubte ich einige Male meinen Namen zu vernehmen, ohne jedoch weiter darauf zu achten, da ich mich für allzu verborgen hielt, um hier eine Nachricht zu empfangen, von wem auf der Welt es auch immer sei. Wenn der Professor, der hier den Postmeister spielte und dem ich bereits durch einige altkluge Bemerkungen aufgefallen war, die ich mir während seiner Stunden geleistet hatte, mich nicht bereits ganz gut gekannt hätte, wäre mir auf diese Weise wohl der Brief entgangen, der in der Tat für mich in Bereitschaft lag. So aber steckte er ihn in seinen Ärmelaufschlag und stellte ihn mir nach beendetem Appell mit einem wohlwollenden Lächeln zu.

Der Umschlag, den ich da in den Händen hielt, wies freilich unverkennbar meinen Namen auf, und zwar in der mathematischen Handschrift meines guten Vaters, wie ich sogleich mit Beklommenheit feststellte.

Um dieses Schriftstück in Ruhe zu studieren, verließ ich zunächst die Kaserne und suchte mir einen versteckten Platz hinter dem großen Walle, der, von vier befestigten Toren durchbrochen, die Stadt nach dem Muster eines antiken Militärlagers umgab. Zu dieser Stunde breiteten dort die Araber kleine Teppiche aus und verrichteten unter tiefen Verneigungen das vorgeschriebene Gebet. Ich wählte mir in einiger Entfernung von ihren murmelnden Gruppen einen Winkel am Fuße eines mächtigen Pfefferbaumes, dessen gefiedertes Laubwerk den Wallgraben beschattete, und öffnete dort, nicht ohne Herzklopfen, meinen Brief.

Als ich seine Blätter entfaltete, flatterte ein Geldschein heraus, und das schien mir, gleich dem Ölzweig, den die Tau-

be brachte, kein ungünstiges Vorzeichen. Gleich im ersten
Satz fand ich dann auch die Erklärung dafür, wie es möglich
war, daß diese Botschaft mich erreicht hatte:

»Mein lieber Herbert, wie ich durch die ausführlichen Mitteilungen des Herrn Dr. Goupil aus Marseille erfahre«
— — — an diesen Zusammenhang hatte ich freilich nicht gedacht.

Im übrigen belehrte mich die Lektüre, daß ich in der Erwartung, jetzt einige mit sorgenvollen Vorwürfen gefüllte
Seiten lesen zu müssen, den Alten doch unterschätzt hatte.
Es fand sich noch nicht einmal eine Andeutung davon. Leider
ist mir dieser merkwürdige Brief abhanden gekommen; ich
bewahrte ihn lange als eins der Meisterstücke der positivisti-
schen Generation. Er war in seiner Art vielleicht nur zu ver-
gleichen den Ausführungen eines Schachspielers, der einen
unerwarteten Zug analysiert. Man müßte, um diese Art von
Kaltblütigkeit zu verstehen, etwas von der Atmosphäre des
norddeutschen Bürgerhauses um die Jahrhundertwende genossen haben; ich vermute, daß es sich dort zwischen Vätern
und Söhnen weniger um erzieherische Vorgänge handelte
als um solche unter Mitverschworenen.

Mit Verwunderung erfuhr ich, wie verschieden man ein
und dieselbe Sache betrachten kann. Der Alte schien sich
hier weit weniger in abenteuerlichen als in juristischen Vorstellungen zu bewegen, denn er hatte sich, gleich nachdem
Goupils Schreiben eingetroffen war, auf die Bahn gesetzt
und bei der für derartige Fälle zuständigen Abteilung des
Auswärtigen Amtes Beschwerde eingelegt. Er schien es nicht
ungern zu sehen, daß ich mir inzwischen etwas den Schädel
einrannte, denn es gehörte zu seinen Grundsätzen, daß es be-
grüßenswert sei, wenn jemand erst einmal überhaupt etwas
wolle, so wie man ein Schiff nur manövrieren kann, wenn
Wind auf den Segeln liegt, gleichviel woher er weht. Er
sprach die Hoffnung aus, mich schon nach den Weihnachts-
ferien wieder auf der Schulbank zu sehen, und hatte, damit
ich bis dahin die Zeit nicht ganz verlöre, einen kleinen Ar-
beitsplan entworfen, der darin bestand, daß ich hier nur fran-

zösisch sprechen, schießen und marschieren lernen und endlich, für alle Fälle, mich in die Liste der Korporalschüler eintragen lassen sollte.

Der letzte Vorschlag schien mir vor allem deshalb erstaunlich, weil ich aus ihm ersah, daß der Alte nach den drei
Tagen, während deren er sich in Berlin mit meiner Sache beschäftigt hatte, bereits einen genaueren Überblick über die
Einrichtungen, die in Bel-Abbès bestanden, besaß als ich
selbst. Die Korporalschüler gab es hier in der Tat, und ihre
Stellung erschien mir wenig beneidenswert. Sie wurden von
den alten Leuten, die längst jedes Bestreben verloren hatten,
auf der großen Stufenleiter der geordneten Welt auch nur
eine der untersten Sprossen zu gewinnen, gemeinhin die
Korporalshämmel oder auch Korporalsidioten genannt.
Während sie auf solche Art von unten mit scheelen Augen
betrachtet wurden, behandelte man sie von oben her als Sün-
denböcke bei jedem Vorfall, der gegen die Ordnung verstieß.
Ihre Lage glich so der eines Parkwächters, der inmitten der
zuchtlosen Massen östlicher Vorstädte auf die Wahrung der
Vorschriften zu dringen hat. Wenn für die anderen der Vor-
mittagsdienst beendet war, sah man Leute wie Mélan, Paulus
oder den Kandidaten des höheren Lehramts blitzschnell ihre
Sachen wieder in Ordnung bringen und, von den üblen
Scherzen der alten Leute begleitet, einem entfernten
Übungsplatz zueilen.

Der Alte gedachte also weder Zeit noch Kosten zu sparen,
um mir den Rückzug zu ermöglichen, und machte, wie gesagt, weiter kein Aufhebens davon. Er pflegte allerdings zu
äußern, daß solche Ausgaben als natürliche Schulden zu betrachten seien, die jeder Vater dem Großvater zurückerstat-
te; das war ein anderer Grundsatz von ihm. Immerhin hatte
ich das Gefühl, diesen mir eingeräumten Kredit recht stark
beansprucht zu haben, und ich sah, nachdem ich den Brief
gelesen und wiedergelesen hatte, wohl ein, daß ich allen
Grund hatte, dem Alten dankbar zu sein.

Auf der anderen Seite versteht sich, daß ich mich um all
die guten und vernünftigen Ratschläge, die mir da erteilt

wurden, nicht kümmerte. Dergleichen wird sich auch nimmer ereignen, denn wie vor den Erfolg den Schweiß, so haben die Götter den Schmerz vor die Erfahrung gesetzt, und ich war der Meinung, daß die Partie doch jetzt erst begann. Es schien mir nun die höchste Zeit zum Aufbruch in die unbewohnten Gegenden, wenn ich nicht auf unrühmliche Weise zurückkehren wollte, und ich begann, mich nach einem Spießgesellen umzusehen.

Da es mir jetzt an Geld nicht fehlte, fand ich größere Muße, mich mit meinen Plänen zu beschäftigen. Ich verfügte über die ungeheure Summe von hundert Mark, das war mehr als eine fünfjährige Löhnung und vielleicht mehr als ein Vermögen an jedem anderen Ort.

Sowie die großen Hundertsousstücke in meiner Tasche klingelten, hatte ich das Gefühl, daß man mich als einen anderen Menschen betrachtete. Zunächst trug mir Massari für den fürstlichen Lohn von vierzig Pfennigen, der ihm alle zehn Tage gezahlt werden sollte, seine Dienste an. Zu den Wunschträumen, wie ich sie auszuhecken pflegte, hatte schon immer die Vorstellung gehört, wie angenehm es sein müßte, wenn man sich gleichsam in zwei Teile spalten könnte, von denen der eine sich ganz seinen Neigungen widmete, während der andere unterdessen die nützlichen Geschäfte verrichtete. Hier sah ich Ähnliches insofern verwirklicht, als Massari sich für mich in eine Art von zweitem Ich verwandelte. Wenn am Morgen der Stubendienst seinen donnernden Weckruf erschallen ließ, gönnte ich mir noch ein Viertelstündchen, bis Massari mit dem Kaffee erschien. Dann begann er, mich wie eine militärische Modellpuppe anzukleiden, und ging prüfend um mich herum, indem er mir hier und da ein letztes Stäubchen vom Rocke blies. Das Waschen und Putzen betrieb er mit solcher Leidenschaft, daß ich mich darum gar nicht mehr kümmerte.

Paulus sah diesen Vorgängen mit finsteren Augen zu. Endlich, nachdem ich wieder einmal drei Minuten vor dem Appell mit dem Ruf: »Massari, sind meine Sachen fertig?« in die Stube getreten war, versuchte er, mich zur Rede zu stellen, doch zu seinem Erstaunen mischte sich der Korporal Davide in unseren Handel und erklärte die Angelegenheit für eine Privatsache zwischen mir und Massari. Paulus wußte freilich nicht, daß Davide an demselben Abend, an dem ich den Brief erhalten, mich vertraulich beiseite genommen und mir geraten hatte, im Besitze einer so großen Summe vorsichtig zu sein. Gleichzeitig hatte er, da er gerade wieder im Begriff stand, einen seiner munteren Ausflüge in das dunkle Viertel anzutreten, die Gelegenheit benutzt, eine kleine Geldverlegenheit zu erwähnen, in der er sich befand. Immerhin lagen solche Zusammenhänge wohl zu nahe, als daß Paulus sie nicht geahnt hätte. Er begnügte sich indessen damit, mir zu prophezeien, daß ich im Feldlager und entfernt von den Bequemlichkeiten der Garnison meine Versäumnisse schon büßen würde. Da ich jedoch von ganz anderen Feldzügen träumte, ließ ich mich durch seine Warnungen nicht anfechten.

Übrigens war ich nicht der einzige, der auf solche Weise unterstützt wurde. So ließ sich auch der Kandidat des höheren Lehramts regelmäßig kleine Summen zustellen, für die er dann Tabak und Zigaretten erstand; sie dienten ihm als Entgelt für die Sprachstunden, die er nahm. Ich sah ihn häufig, bald mit einem Araber, bald mit einem Italiener, an der Südmauer sitzen und mit orientalischer Bedächtigkeit Wörter und Sätze wiederholen, die er sich vorsprechen ließ.

Auch Leonhard, der eigenes Vermögen besaß, erhielt in diesen Tagen Geld. Der Warnung ungeachtet suchte ich ihn hin und wieder in der Kantine auf, wo er abends regelmäßig hinter der Flasche zu treffen war. Es war merkwürdig, wie rasch die Zerstörung an ihm arbeitete; seine Züge wurden mit jedem Tage verschwommener und trauriger. Als ich ihm zu schildern versuchte, wie leicht es doch für ihn sei, sich seiner drückenden Lage zu entziehen, heiterte er sich ein wenig auf und begann endlich auch, sich mit allerlei Vorbereitungen zu beschäftigen. Da er meine Spielregeln nicht kannte, mußte er mich bald für ganz und gar unsinnig halten, denn ich verlangte von ihm, daß er weder eine Fahrkarte lösen noch einen Vorrat an Lebensmitteln besorgen dürfe — wir zogen an *einem* Seile, aber in entgegengesetzten Richtungen. Mir wiederum kam es so vor, als ob eine krankhafte Ängstlichkeit ihn behinderte. Daran war so viel richtig, daß Eindrücke, die mir kaum wahrnehmbar schienen, bei ihm außerordentliche Wirkungen hervorriefen. So gab er mir in diesen Tagen einen Brief seines Bruders zu lesen, dem zu entnehmen war, daß es sich bei den schrecklichen Dingen, die er auf dem Flur gehört haben wollte, eigentlich nur um eines der üblichen Familiengespräche gehandelt hatte, dessen Inhalt durch Leonhards Empfindlichkeit ins Maßlose übersteigert worden war. Auch hier glaubte er jedes unserer Gespräche und jeden unserer Ausgänge von Spionen überwacht. Daran dachte man natürlich ebensowenig, wie ein Fischer, der einen ganzen Meerbusen mit seinen Netzen abgeschlossen hat, die Bewegungen der einzelnen Fische verfolgt.

Endlich war es mir gelungen, ihn zu überreden, daß wir am zweiten Sonntagnachmittag, den wir hier verbrachten, einen kleinen Ausflug vor das Tlemcener Tor antreten und einfach nicht zurückkehren wollten. Im Augenblick, in dem der Spaziergang beginnen sollte, wurde er jedoch von neuen Bedenken geplagt; es fiel ihm ein, daß er sich auf eine Art und Weise frisieren lassen wollte, die schon auf seinen Steckbrief zugeschnitten war.

Da er sich von diesem Gedanken nicht abbringen ließ, mußte ich auf ihn warten, während er im Laden eines Barbiers verschwand, um sich die Haarstreifen rasieren zu lassen, die er nach Biedermeierart bis tief auf die Schläfen heruntergezogen trug. Als er wieder herauskam, sah ich gleich, daß eine Veränderung mit ihm vorgegangen war. Er gestand mir auch ohne weiteres, daß ihn in dem Augenblick, in dem er das blanke Schermesser an der Haut fühlte, ein unwiderstehlicher Schrecken ergriffen hatte, und äußerte wie jemand, der unter Schüttelfrost leidet, starkes Verlangen nach einem Glase Wein. In der Erwartung, daß er sich noch Mut antrinken würde, begleitete ich ihn in die Kantine; als ich dort jedoch von ihm hörte, daß ihn besonders der Gedanke, vielleicht gar Weihnachten in der Einöde verbringen zu müssen, bedrückt hätte, ließ ich ihn im Stiche und eilte wütend davon.

In der Hoffnung, doch noch einen Kumpan aufzutreiben, schritt ich die zu dieser Stunde fast verödeten Flure und Säle ab. An solchen, die ausreißen wollten, war ja kein Mangel; sie schienen mir aber nicht unterhaltsam genug. Auch war es üblich, sich zuvor eine Zeitlang von den anderen abzusondern und Pläne zu schmieden; ich aber suchte jemand, der mich sofort begleitete. Gern hätte ich mich an Paul angeschlossen, der sich hier schon recht eingelebt hatte und große Pläne hegte; er verbrachte jedoch die Zeit mit endlosen Beratungen, zu denen er seine Gesellen, die sich hier nach und nach eingefunden hatten, am Stadtwall versammelte und die fast an das alte Räuber- und Gendarmenspiel erinnerten. Es ging da großsprecherisch zu, als ob sie ein bewaffnetes Freibeuterleben zu führen gedächten. Als ich später in den Zeitungen las, daß man gleich siebzehn Mann an der spanischen Grenze verhaftet hatte, ahnte ich wohl, wer das gewesen war.

In einem der Säle traf ich Benoit; er war allein und saß mit untergeschlagenen Beinen auf seinem Bett, Zigaretten rauchend und in die »Pariser Mysterien« vertieft. Ich hatte ihn hier immer nur für Augenblicke sprechen können, denn er lag bei den alten Leuten, die einen anderen Dienst hatten. Als ich ihn mit den Worten begrüßte: »Du, Karl, ich suche jemand, der mit nach Marokko geht«, legte er sein Buch beiseite und antwortete:

»Das trifft sich gut; mir wird die Sache hier schon wieder langweilig.«

21

Es schien wirklich, daß Benoit sich in einem Anfall von Langeweile befand, denn er benahm sich, obwohl mit den Schwierigkeiten weit besser vertraut, kaum weniger leichtsinnig als ich. Es mag auch sein, daß er mir einfach den Spaß nicht verderben wollte und daß es ihm im Grunde gleichgültig war, wo er sich befand, oder auch daß meine Gesellschaft ihm Vergnügen bereitete.

Er verlangte nur, daß ich in der Stadt Mundvorrat für zwei Tage besorgen sollte, den er in Tlemcen, einem näher an der Grenze gelegenen Orte, zu erneuern gedachte. Zu diesem Zwecke rüstete er mich mit zwei flachen Brotbeuteln aus, die ich unter dem Mantel verbarg. Er selbst nahm es auf sich, zwei große Feldflaschen durch die Wache zu befördern, da er ja sein »Passepartout« besaß. Ich sollte ihn nach Einbruch der Dunkelheit in einer arabischen Garküche hinter der Moschee erwarten, wo wir uns durch einige in Honig gebackene Pfannkuchen, die er als vortrefflich rühmte, für den Weg stärken wollten.

Das war in einer Viertelstunde abgemacht. Eine weitere Viertelstunde mußte ich darauf verwenden, den dicken Hoor abzuschütteln, dem ich auf der Treppe begegnete und der mich unbedingt in die Stadt begleiten wollte, deren Versuchungen und Gefahren er mich nicht für gewachsen hielt. Ich erfand so viel Ausflüchte, daß er mißtrauisch zu werden begann und mir auf den Kopf zusagte, daß ich bedenkliche Dinge vorhätte, die ich ohne seinen Schutz nicht bestehen würde. Ich wurde ihn nur los, indem ich ihm ein Rendezvous versprach. Voll froher Erwartung schlüpfte ich endlich mit meinen Brotbeuteln aus dem Tore hinaus. Der Gedanke, daß Benoit mich im Stich lassen könnte, kam mir nicht in den Sinn.

Wir wollten uns um neun Uhr treffen, bis dahin waren noch einige Stunden Zeit, die ich benutzte, in der Stadt umherzuschlendern und allerlei Dummheiten zu begehen. Es war fast ein Wunder, daß mir nicht hier schon ein ärgerlicher Zufall begegnete. So kam es mir, als ich vor dem Laden eines Uhrmachers stand, in den Sinn, einzutreten und einen Taschenkompaß zu erstehen — das war wohl der verdächtigste Gegenstand, nach dem man sich hier überhaupt erkundigen konnte. Daher war es nicht weiter erstaunlich, daß der Uhrmacher, nachdem ich den Laden verlassen hatte, vor seine Tür trat und neugierig hinter mir herstarrte.

Um mich seinen Blicken zu entziehen, bog ich eilig in ein enges Gewirr von Gassen ein, das in eine lange und schmutzige Straße mündete, auf der ich viele Soldaten müßig auf und ab schlendern sah. Manche von ihnen belustigten sich, Scherzworte mit Mädchen zu wechseln, die vor baufälligen Lehmhütten, eigentlich mehr vor Höhlen, am Boden kauerten und sich die Hände über großen irdenen, mit glühenden Holzkohlen gefüllten Geschirren zu wärmen suchten, denn es blies ein kühler Wind. Andere sah man in kleine Bars verschwinden, die nur durch Vorhänge aus Glasperlen und buntem Rohr von der Straße geschieden waren und aus denen der Lärm von Zechern drang. In den Winkeln standen Verkäufer mit roten Mützen und schmorten über offenen Holzfeuern kleine Stücke von gepfeffertem Hammelfleisch, die sie auf dünne Spieße fädelten.

Es begann zu dämmern; die zahlreichen glühenden Feuer, das vielsprachige Stimmengewirr und die dunklen Schatten, die sich in den Lehmhütten bewegten, gaben dem Ort etwas Verrufenes. Ich mußte in das dunkle Viertel geraten sein, in dem sich der Korporal Davide zu vergnügen pflegte und dessen Betreten, wie am Kasernentore angeschlagen stand, mit fünf Tagen Arrest gebüßt wurde.

Während ich mich neugierig umblickte, sah ich, daß die Straße wie durch einen Zauberschlag verödete. Alle Müßiggänger machten sich durch die Seitengassen davon, und nichts Gutes ahnend beeilte ich mich, ihnen nachzustürzen. Gleich darauf tauchte in der langen Straße die Wache auf, die hier den Polizeidienst verrichtete; sie führte einige Unvorsichtige, die sie erwischt hatte, unter aufgepflanztem Seitengewehr mit sich fort.

Kaum war die Gefahr vorüber, als wie beim Katze- und Mausspiel alles auf die Straße zurückströmte. Ich war hinter einigen anderen hergelaufen, die sich in einen dunklen Winkel verkrochen hatten; unter ihnen erkannte ich meinen Landsmann Huke, der sich sehr erfreut zeigte, mich zu sehen. Er versuchte gleich, mich zu bereden, mit ihm zwei wunderbare sechzehnjährige Spanierinnen aufzusuchen, deren

Wohnung, wie er sagte, ganz in der Nähe lag. Ich hatte bereits in unserem Schlafsaal gehört, wie er diese Entdeckung seinem Freunde, dem Kellner, gepriesen hatte; er sprach von nichts anderem. Obwohl mir ein solches Abenteuer fast unheimlich vorkam, ließ ich mich, halb von Angst, halb von Neugier erfüllt, von ihm fortziehen und folgte ihm, während er wie ein Kater über dunkle Stege und Hinterhöfe schlich.

Diese Angst verstärkte sich noch, als er, nachdem wir die Straße erreicht hatten, mich in eine der dunklen Behausungen zog. Dort sah ich ihn mit der Miene eines alten Bekannten zwei Wesen begrüßen, die zwar ebensogut zwanzig wie sechzehn Jahre alt und ebensogut Jüdinnen wie Spanierinnen sein konnten, aber gewiß für den Kenner nicht ohne Reiz waren. Sie trugen gelbe Kleider, was ihnen zu ihren blauschwarzen Haaren nicht übel stand, und die aufgeworfenen Lippen gaben ihnen einen herausfordernden oder, wie ich meinte, drohenden Zug. Obwohl ich mir theoretisch über die Lage im klaren war, stellte sie sich mir doch praktisch in einem ganz anderen Lichte dar — etwa so, als ob wir in einen durchaus verbotenen Raum gedrungen wären, in dem plötzlich ein Dämon aus der Wand fahren und uns in Stücke reißen könnte, ehe wir uns dessen versähen.

Daher kam mir die leichtfertige Sicherheit, mit der mein Landsmann sich hier bewegte, auch fast unglaublich und wie ein Zauberkunststück vor. Ohne sich weiter um mich zu kümmern, stellte er mich als einen guten Jungen vor, der gleich eine große Zeche machen würde, und verschwand wie jemand, der einen Berg hinunterrutscht, mit der einen in einem benachbarten Raum, indem er mich der anderen hinterließ.

In dieser heiklen Lage schien es mir am besten, zu tun, als ob ich mit dem ganzen Handel nichts zu schaffen hätte — als ob er mich nichts anginge. Ich setzte mich daher an einen kleinen Tisch, der neben dem Eingang stand und den wie ein Stilleben eine mächtige, in zwei Teile geschnittene Oportozwiebel zierte — wir hatten wohl beim Nachtessen gestört. Nachdem ich dort eine Weile tiefsinnig vor mich hingestarrt hatte, wagte ich einen Seitenblick und wurde von einem neuen, verdoppelten Schrecken gepackt, denn die gelbe Dame war, als ob sie sich ganz allein im Raume befände, gerade dabei, ihr Fähnchen über den Kopf zu streifen, unter dem sich weder Hemd noch Wäsche befand. Bei diesem unerwarteten Anblick stürzte ich, als ob mich eine Biene gestochen hätte, zur Tür hinaus, freilich weniger aus Tugend als in einem unwiderstehlichen Anfall von Verlegenheit. Als ich lautes Geschrei hinter mir vernahm, verdoppelte ich meine Eile noch, ohne an den unglücklichen Huke zu denken, den ich dort als Zechpreller in der Falle ließ.

Nachdem ich diesem Abenteuer mit einem blauen Auge entronnen war, schien es mir an der Zeit, die Garküche aufzusuchen, in die mich Benoit bestellt hatte. Fast hätte ich in der Aufregung die Einkäufe vergessen, die er mir aufgetragen hatte, und erst, als ich nahe der Moschee über einen mit roten Fackeln erleuchteten Wochenmarkt schritt, erinnerte ich mich daran.

Ich fand es schade, daß wir nicht ganz wie die Einsiedler leben wollten, die sich doch oft über vierzig Jahre lang auf diese Weise gefristet und um Vorräte nie gekümmert hatten — es fiel mir indessen ein guter Ausweg ein. Gewisse Fruchtbäume, so dachte ich mir, gibt es doch in diesem Landstriche auch, wie etwa den wilden Feigenbaum, dessen niedrige Stämme ich während der Bahnfahrt von Oran selbst gesehen hatte. Wenn ich nun derartige Früchte kaufte, so war das wohl nur ein geringfügiges Abweichen von der strengen Observanz, das sich noch am ehesten entschuldigen ließ.

Zu meiner Freude entdeckte ich, daß es gerade an Feigen hier keinen Mangel gab. Man hielt sie fast auf jedem Stande in riesigen Mengen feil, teils zu goldbraunen Bergen aufgehäuft, teils zu großen Blöcken zusammengepreßt. Besonders stach mir einer dieser Blöcke in die Augen, der noch aus ganz frischen, grasgrünen Früchten bestand. Das schien mir für ein solches Unternehmen gerade die richtige Kost. Ich zog also meine Brotbeutel hervor und ließ mir eine wahre Eselslast einpacken.

Nachdem ich sie verstaut hatte, schien mir der vorbereitende Teil nach besten Kräften besorgt, und ich eilte unserem Treffpunkt zu, um mir an den Pfannkuchen ein Gutes zu tun. Benoit hatte sie mit Recht gepriesen; sie wurden aus einem großen, mit siedendem Fett gefüllten Gefäß gehoben, in gelben Honig getaucht und dann mit Zucker bestreut. Auch guten Kaffee gab es hier, der in winzigen Kupferkannen auf glühenden Holzkohlen stand. Während ich mich an diesen Genüssen ergötzte, ging die neunte Stunde dahin, und ich hörte vom Walle das Signal des Hornisten herüberklingen, mit dem die Tore der Kaserne geschlossen wurden und nächtliche Patrouillen die Stadt zu durchstreifen anfingen.

Endlich, als ich mich schon zum Aufbruch entschlossen hatte, sah ich Benoit eintreten; er trug eine Schramme an der Stirn und gönnte mir nur einen unwirschen Gruß. Er ließ sich wie jemand, der verschnaufen muß, Kaffee und Branntwein bringen, und ich merkte aus seinen Reden, daß er über mein galantes Abenteuer schon unterrichtet war, an dem ihn vor allem zu verdrießen schien, daß ich davongelaufen war, ohne mich nach Huke umzusehen.

Da ich wohl fühlte, daß er recht hatte, hörte ich ihn an, ohne mich zu verteidigen, um so mehr, als ich vernahm, daß der arme Huke inzwischen übel zugerichtet worden war. Schon die Vorwürfe, die mir der fürchterliche Reddinger nach seinem Handgemenge gemacht hatte, hatten mich gewurmt, und ich beschloß daher in meinem Sinn, mich fortan von keiner Prügelsuppe mehr auszuschließen, sondern mich nach besten Kräften zu beteiligen.

Benoit hatte den Streich von dem dicken Hoor erfahren, dessen Verdacht, daß ich dunkle Pfade zu wandeln beabsichtigte, durch meine Ausreden noch verstärkt worden war. Er war mir daher als unsichtbarer Wächter nachgeschlichen und hatte uns auch bei den gelben Damen verschwinden sehen. Nach weiterem Beistand sich umspähend, stieß er auf Franzl, Paul und Benoit; sie hörten, als sie zurückkehrten, schon von weitem Hukes jämmerliches Geschrei, auch sahen sie das Haus von einer dunklen Menge belagert, die sich mit

Windeseile zusammenrottete. Von der anderen Seite strömten Soldaten herbei, denn die Stimmung zwischen ihnen und der eingeborenen Bevölkerung, die sie verächtlich als Pikkos zu bezeichnen pflegten, war immer gespannt, und ein solcher Anlaß genügte, um die Parteien aufeinander losgehen zu lassen.

Mit freudigem Grausen hörte ich von Benoit, daß es zu einer richtigen Straßenschlacht gekommen war, bei der man von den Dächern mit Ziegeln geworfen hatte und Zäune in Stücke brach. Besonders der dicke Hoor hatte mit einem Zaunpfahle Wundertaten verrichtet, und ihm vor allem hatte Huke es zu verdanken, daß er endlich aus seiner üblen Lage befreit worden war.

Wenn ich mir auch im geheimen nicht wenig darauf zugute tat, daß ich auf diese Weise ein ganzes Stadtviertel in Aufruhr gebracht hatte, so hielt ich es doch für besser, das Benoit nicht merken zu lassen. Ich zeigte ihm die beiden prallen Brotbeutel vor; er nickte und meinte, daß es jetzt höchste Zeit sei, sich aus dem Staube zu machen, denn draußen sei der Teufel los.

Wir ließen uns noch die eine der großen Feldflaschen mit Wein, die andere mit Wasser füllen und traten dann auf den Platz hinter der Moschee hinaus.

22

Wirklich sahen wir, wie in einem aufgestörten Ameisenhaufen, eine Menge von Patrouillen durch die Straßen schwirren und mußten uns, ehe wir das Stadttor gewannen, zwei- oder dreimal in dunkle Eingänge drücken, wenn Streifen sich näherten.

Auch hielten wir es für besser, nicht geradewegs das Stadttor zu durchschreiten, sondern überkletterten in einiger Entfernung davon den hohen Wall. Nachdem wir uns durch eine Reihe von Gärten und durch einen arabischen Friedhof, dessen steinerne Turbane im Mondlicht glänzten, gearbeitet hatten, erreichten wir die offene Landstraße und hatten damit, wie ich meinte, die Zone hinter uns gelassen, in der man uns noch einfangen konnte, denn nun waren wir ja Herren im freien Feld.

Nach Tlemcen führte eine ausgebaute Straße, von der wir aber bald abbogen, da wir hinter uns Schritte zu hören glaubten; auch die Lichter eines Wagens waren zu sehen. Wir hielten uns in einiger Entfernung auf einer mit unzähligen Steinen besäten Ebene. Zuweilen schoben sich auch Flächen ein, die mit einem dürren Gras bestanden waren, das spärlich wie die Borsten auf einem Schweinsrücken wuchs.

Da Benoit meinte, daß wir nicht weit abirren könnten, weil zu unserer Linken eine Bahnlinie lief, achteten wir nicht groß auf die Richtung, sondern schritten, in mancherlei Gespräche vertieft, ins Blaue hinein. Es war wirklich ein Glück für mich, daß ich Benoit als Begleiter gefunden hatte. Er hatte sich kindlichen Sinn genug bewahrt, um ernsthaft auf meine Fragen einzugehen; dabei waren sie doch oft sonderbar genug.

»Du, Karl, du hast doch schon Gefechte mitgemacht. Wie ist denn das eigentlich, wenn man so die Kugeln pfeifen hört?«

»Das? Nichts Besonderes — das klingt am besten, wenn mans in den Schmökern liest. Ich habe noch nie 'ne Kugel pfeifen gehört; die Kerle haben alle gute Gewehre, da gibts bloß 'n Knall.«

»Na ja, ich habe das auch eigentlich anders gemeint, aufs Pfeifen kommts schließlich nicht an. Ich dachte aber, wenn man so im Handgemenge ist?«

»Handgemenge kommt gar nicht vor. Wenn man dicht genug aneinander ist, reißt einer von beiden aus.«

»Aber es könnte doch mal vorkommen!«

»Versteh dich schon, Herbert. Du willst sagen, wie's ist, wenns zum Äußersten kommt. Da wirds freilich faul — deshalb reißen doch auch die meisten aus.«

»Aber alle nicht!«

»Alle gewiß nicht, 's sind aber nur wenige.«

Wir schritten eine Weile fort, dann nahm ich den Faden wieder auf.

»Du, Karl!«

»Was denn, Herbert?«

»Wenn das in unserer Sache — —«

»Abgemacht, Herbert. Das versteht sich von selbst.« Und wir schüttelten uns die Hand.

Mit solchen und ähnlichen Gesprächen, die mich sehr ermunterten, vertrieben wir uns die Zeit. Jeder kennt das glückliche Gefühl, von dem man ergriffen wird, wenn man einen Menschen entdeckt. Ich genoß es wie einen heiteren Rausch, denn ich hatte Benoit wirklich gern.

Nach einer Weile tauchte der Bahndamm vor uns auf; wir mußten etwas zu weit nach links geraten sein. Zuweilen Arm in Arm, zuweilen die Hand auf die Schulter des anderen gelegt, schritten wir auf dem Schotter entlang. Diese Strecke war recht ermüdend, und Benoit meinte, daß ein Imbiß uns munden würde. Wir wichen daher wieder von der Strecke ab, um einen Hügel zu erklimmen, auf dem ein kleines, weißes Gebäude im Mondschein lag. Benoit nannte es einen Marabut, das Grabmal eines Heiligen, in dem wir zur Nachtzeit sicher nichts zu befürchten hätten. Nachdem wir die niedrige Einfassung überstiegen hatten, streckten wir uns auf dem Boden aus, und Benoit forderte mich auf, zu zeigen, was ich Gutes mitgebracht hätte.

Als er die Bescherung sah, fing er ganz ohne Rücksicht auf den heiligen Mann, bei dem wir zu Gaste waren, schrecklich zu fluchen an:

»Bist du denn wahnsinnig geworden? Feigen, grüne Feigen? Das ist ja schlimmer als die Dysenterie in den maurischen Gärten — du meine Güte, ein Sack voll Rizinusbohnen wär ja noch besser als das. Wenn du doch wenigstens Datteln gekauft hättest!«

Vergebens suchte ich ihn zu überzeugen, daß es nichts Nahrhafteres gäbe als solche köstlichen Früchte; er wollte sich auf nichts einlassen. Endlich mußte er sich doch zufrieden geben, und wir begannen, meinem Vorrat zuzusprechen. Ich fand die Kost zwar etwas hart und trocken, aber sonst recht gut, obwohl sie im Halse kratzte und starken Durst hinterließ. Weil Benoit unter keinen Umständen wollte, daß ich Wasser dazu tränke, stachen wir die große Rotweinflasche aus, und er wurde allmählich wieder umgänglicher.

Da der Mond schon zu erblassen begann, machten wir uns wieder auf den Weg, um vor dem ersten Licht noch einen Unterschlupf zu finden, in dem wir den Tag verbringen konnten. Die Rast hatte unsere Füße schwerfälliger gemacht, und ich empfand es daher nicht unangenehm, daß wir aus dem Steingeröll auf einen schmalen Pfad gerieten, den zwei Reihen von niedrigen, weidenartigen Bäumen einfaßten. Als wir einige hundert Schritte auf ihm gewandert waren, hörten wir dicht vor uns das Klappern von Hufen und ein leises Klirren von Metall.

Unter solchen Umständen ist der Berittene immer des Unberittenen Feind, das leuchtete mir blitzartig ein. Benoit packte mich am Arm und zog mich in ein dichtes, mannshohes Gebüsch, das hart am Wege lag. Wir verkrochen uns dort hinter merkwürdigen Pflanzen; sie waren stachlig wie riesige Disteln und trugen schwere Früchte, die mir wie zakkige Morgensterne ins Gesicht schlugen.

Kaum hatten wir uns geduckt, als wir mit angehaltenem Atem die Schatten von zwei Reitern am Wege entlangglitten sahen. Fast wunderte es mich, daß sie so einfach vorüberritten, und als ich sie gar in der Richtung auf den Marabut abbiegen sah, in dem wir soeben friedlich gevespert hatten, ergriff mich noch nachträglich der Schreck, und ich kam mir gar nicht mehr so unsichtbar vor, wie ich gedacht hatte.

Andererseits war die Begegnung spannend, und wir waren froh, daß alles so gut vorübergegangen war. Besonders das wilde Gestrüpp, in dem wir kauerten, gab mir schon einen Vorgeschmack auf die Wüsteneien, die uns erwarteten; es schien mir das Afrikanischste, was ich bislang erlebt hatte.

Als die Luft wieder rein war, setzten wir unsere Wanderung fort. Schon begann ein heller Strich den östlichen Himmel zu färben, als in einiger Entfernung eine Gruppe von kegelförmigen Bauten auftauchte. Wir hielten sie zuerst für Hütten, aber indem wir uns ihnen vorsichtig näherten, er-

kannten wir sie bald als eine besondere Art von Stroh-
schobern, die birnenförmig um hohe Stangen herum angelegt waren. Offenbar wurde der jeweilige Bedarf an Streu
oder Häcksel einfach mit scharfen Messern von ihnen herun-
tergeschnitten, denn wir sahen einige, von denen gewissermaßen nur noch das Kernhaus übriggeblieben war, während
andere eben angeschnitten oder auch ganz unversehrt waren.

Die Entdeckung dieser Anlage bereitete uns keinen geringen Spaß; und wir beglückwünschten uns, daß wir einen so
feinen Schlupfwinkel erspäht hatten. Das Unternehmen
schien ganz so zu verlaufen, wie ich es erwartete. Wir suchten uns einen der größten Schober aus und zerrten dort, wo
er den Boden berührte, soviel Stroh aus ihm heraus, daß eine
höhlenartige Mulde entstand. Benoit hieß mich hineinschlüp-
fen, und ich meldete ihm, daß ich wie in einem Himmelbett
aufgehoben sei. Darauf kroch er selbst herein und begann,
das Stroh von innen wieder sorgfältig bis auf ein kleines
Luftloch in die Öffnung zu ziehen.

Es war in der Tat, wenn auch etwas staubig, doch warm
und behaglich hier drinnen und auch geräumig, denn wir hatten das Loch tief genug ausgehöhlt, um lang in ihm liegen zu
können, und mußten den Arm ausstrecken, wenn wir die
Wölbung berühren wollten.

Die Brotbeutel bequem unter den Kopf geschoben und hin
und wieder eine grüne Feige kauend, unterhielten wir uns
noch einige Zeit. Der Marsch war anstrengend gewesen,
aber es war doch schön, daß es so über Stock und Stein und
besonders durch das wilde Gebüsch gegangen war. Auch
konnten wir jetzt ja nach Herzenslust bis zum Sonnenunter-
gang ausschlafen.

»Du, Karl«, murmelte ich noch einmal, »das Versteck ist
doch fein?«

Und ich hörte ihn, schon halb im Einschlafen, antworten:

»Hier findet uns weder der Teufel noch seine Großmutter!«

23

Ich mochte wohl bis in die Hälfte des Vormittags tief geschlafen haben, als mich ein lästiger Traum zu plagen begann.

Zuerst glaubte ich unangenehme Geräusche zu hören wie von Wasser und Wind, und ich zog mir, als ob ich im Bette läge, die lockeren Strohhalme wie eine Decke unter das Kinn. Dann vernahm ich lange Zeit einen Trubel, wie er auf Jahrmärkten herrscht. Immer wiederholte sich dieselbe Figur — auf die Stimme eines Aufrufers antwortete eine Volksmenge, aber nicht mit Beifall, sondern mit einem Gelächter von außerordentlich höhnischer Art.

Halb erwacht, halb noch im Schlaf tappte ich in der Höhle umher und fragte mich, was denn da für ein Wundertier angepriesen würde. Ich sollte darüber nicht lange im Zweifel bleiben, denn immer deutlicher hörte ich die Stimme, von der ich zu träumen geglaubt hatte, und merkte endlich, daß es Benoit war, der draußen in langen Ketten alle Flüche losließ, die er in drei Erdteilen aufgeschnappt hatte, und das waren nicht wenige. Eilig, wie ein Schwimmer, der sich zum Lichte emporarbeitet, zerteilte ich mit den Armen das aufgeschüttete Stroh und tauchte draußen auf, wo mich eine ausgesuchte Überraschung erwartete.

Es gibt eine Sorte von peinlichen Traumbildern, von denen besonders schüchterne Gemüter heimgesucht werden, etwa derart, daß man sich plötzlich dem warmen Bett entrissen und auf den offenen Marktplatz oder in einen belebten Saal gezaubert sieht, in dem man seine Blöße vergeblich zu verstecken sucht. Von einem ähnlichen Traumbild glaubte ich auch hier genarrt zu werden, um so mehr, als die grelle Sonne, die draußen strahlte, mich eine Zeitlang blendete. Im gleichen Augenblick nämlich, in dem ich aus meiner Höhle auftauchte, wurde ich von einem Jubel empfangen, wie man ihn in den Vorstadttheatern hört, wenn die komische Person aus der Versenkung erscheint.

Dergleichen Dinge wirken um so beängstigender, je weniger man ihre Ursachen kennt, und doch ging alles ganz natürlich zu. Während wir behaglich schliefen, war nämlich aus einem schmutzigen Dörfchen, das ganz in der Nähe lag, der Besitzer des Schobers erschienen, um Häcksel zu schneiden, und ihm war sogleich die Unordnung aufgefallen, die wir angerichtet hatten. Wähnend, daß ein Tier sich in seinem Stroh verkrochen hätte, stieß er mit einer langzinkigen Gabel in unsere Höhle hinein, und wir konnten noch von Glück sagen, daß er dabei nichts anderes aufgespießt hatte als Benoits Mütze — ein Beutestück, mit dem er sich eilig davonmachte, um es auf dem Feldjägerposten vorzuweisen, der in der Gemarkung lag.

Wenn wir unser Lager um eine halbe Stunde später bezogen hätten, so hätte uns der Anblick dieses Postens nicht entgehen können, denn er lag nur einige hundert Schritte entfernt, etwa in der Höhe des Marabuts, aber auf der anderen Seite der Bahn.

Die Ankunft der beiden Feldjäger, denen wir schon in der Nacht begegnet waren, hatte das ganze Dorf herbeigelockt, und groß und klein hatte sich in freudiger Erwartung um unseren Schober wie um einen Fuchskessel aufgestellt. Das war der Trubel gewesen, den ich im Traum gehört und der Benoit eher erweckt hatte als mich.

Der Gute hatte vor allem deshalb so entsetzlich geflucht, um mich, an den niemand dachte, von der veränderten Lage der Dinge zu benachrichtigen. Um so größer war der Jubel, der mich begrüßte, als ich unvermutet auftauchte, halb noch im Traum, und von Kopf bis Fuß mit langen Strohhalmen bedeckt. Nach und nach erkannte ich an fünfzig braune Gesichter, die mich ganz unverhohlen auslachten, ebenso die beiden Feldjäger, die sich die Bäuche hielten, und zwischen ihnen Benoit, der nun auch zu lachen begann.

Es gibt wohl nichts, was dem Zustande der Träumerei abträglicher ist als so ein Gelächter, das uns die Schuppen von den Augen reißt und wie in einem Spiegel das Komische und Verfehlte unserer Lage erkennen läßt.

Für mich jedenfalls war das der Augenblick, in dem ich
mein afrikanisches Abenteuer zu verwünschen begann. Die
braunen Kerle lachten auch gar zu ungeschminkt, ohne jeden Anstrich von Zivilisation, und ich hatte ein unklares Gefühl, als ob die Anwesenheit der Feldjäger noch ein günstiger Umstand sei. Später erfuhr ich, daß sie hier einige Wochen zuvor und beinahe an derselben Stelle meinen Landsmann Huke mit faulen Rüben fast gesteinigt hatten. Überhaupt endete wohl die Hälfte aller derartigen Ausflüge
schon bei diesem Nest als dem Ende des ersten Nachtmar-
sches, und bei jedem dieser Fänge fiel für das Dorf eine Prämie ab. Es war also noch nicht einmal eine besonders originelle Weise, auf die mir das Schicksal des Einäugigen zuteil
geworden war, und mit verstärktem Mißmut sah ich dem
zweiten Gelächter entgegen, das uns am Kasernentor erwartete.

Nachdem wir eine Zeitlang zur Belustigung ausgestanden
hatten, wurde unsere Höhle gründlich untersucht, ob nicht
etwa noch ein Dritter in ihr verborgen wäre, und endlich
machten wir uns mit den Feldjägern auf den Weg nach ihrer
Station.

Zu meinem Erstaunen stellte sich Benoit mit ihnen gleich
auf kameradschaftlichen Fuß, und sie begannen Späße zu
wechseln, wie man sie in den Kasernen liebt. Ich hingegen
war viel zu verdrossen, um mich an dieser Heiterkeit zu beteiligen; ich fühlte, daß die Leichtigkeit, mit der ich die Dinge
bisher behandelt hatte, ganz und gar von mir abgefallen war.
Auch flößte mir eine Beobachtung, die ich auf diesem kurzen
Wege machte, neuen Ärger ein. Wir kamen nämlich an dem
Ort vorbei, an dem wir uns in der Nacht versteckt hatten,
und ich entdeckte, daß dieser wilde Busch, bei Lichte besehen, nichts anderes als ein riesiges Artischockenfeld war,
dessen stachlige Stauden sich in regelmäßigen Reihen weithin ausdehnten. So verändert stellen sich die Dinge bei
schärferer Beleuchtung dar.

Der Feldjägerposten, in dessen unmittelbarer Nachbarschaft wir unser feines Versteck bezogen hatten, war wie

eine kleine Festung gebaut; eine hohe, schartige Mauer schloß ihn viereckig ein. Er beherbergte vier altgediente Soldaten mit ihren Familien. Für Besucher unserer Art war ein besonderes, an Tür und Fenster mit Eisen wohlverwahrtes Gastzimmer vorgesehen. Dort hinein führten uns unsere Begleiter und suchten uns zu trösten, indem sie versicherten, daß sie uns durch ihre Frauen ein gutes Süppchen kochen lassen würden. Der Polizist ist nicht nur des Gefangenen Feind, er ist zugleich sein Freund; es besteht hier ein Verhältnis wie zwischen dem Jäger und seinem Wild.

Benoit ermahnte sie, auch den Wein und die Zukost nicht zu vergessen, da wir gut bei Kasse seien, und forderte mich auf, bare Münze zu zeigen — das war ein Anblick, der sie zu erfreuen schien. Dann hörten wir, wie einige schwere Schlösser sorgfältig verriegelt wurden, und hatten Zeit, uns in unserem Verliese umzusehen.

Wir befanden uns in einem Raum, der groß genug war, um eine ganze Räuberbande in ihm unterzubringen; er war von einem mächtigen Bogen überwölbt und mit weißer Farbe getüncht. Sein Boden war mit Steinen gepflastert, und die Einrichtung beschränkte sich auf eine große hölzerne Pritsche, auf der eine dünne Strohschicht ausgebreitet war.

Daß wir hier schon zahlreiche Vorgänger gehabt hatten, verrieten die Wände, die als Fremdenbuch dienten und auf die alle Taugenichtse der Welt ihre Namen geschrieben oder geritzt hatten. Auch mancher Vers und manche treffende Bemerkung waren da zu lesen, nicht nur in allen Sprachen des Abendlandes, sondern auch in den Zeichen und Schnörkeln, die man in den Synagogen und Koranschulen erlernt. Unter der Fülle dieser Schriftzeichen, die wie ein arabisches Laubwerk die Wände bekleideten, entdeckte ich auch ein großes Herz, in dem mein Landsmann sich verewigt hatte: »Heinrich Huke, Braunschweig, Akazienstraße 17, 3. Stock.«

Auch wir fühlten uns verpflichtet, Kenntnis von uns zu hinterlassen, und fertigten eine Inschrift an, die vielleicht noch heute dort die Wände ziert: Charles Benoit und Herbert Berger — und Benoit, der recht geschickt zeichnete, setzte mein Konterfei daneben; er krönte es mit einer Gloriole von Strohhalmen und gab mir wie einen Reichsapfel eine grüne Feige in die Hand.

Nachdem wir auf der Pritsche einige Stunden des Schlafes nachgeholt hatten, der uns entgangen war, wurden wir durch das Rasseln der Schlösser geweckt, und einer der Feldjäger trat ein, gefolgt von seiner Frau, die das versprochene Süppchen trug. Auch hatte er im Keller einen dickbauchigen Krug Wein für uns abgezapft. Benoit trat, nachdem er eine Kostprobe genommen hatte, gleich mit ihm in Verhandlungen wegen einer zweiten Auflage, die wir uns am Abend munden lassen wollten, und äußerte auch Verlangen nach Zigaretten und Ölsardinen, und der Gebieter dieses Kastells erwiderte ihm, daß darin nichts Unerlaubtes zu erblicken wäre, da in seinen Vorschriften ein besonderer Passus über eigene Beköstigung enthalten sei.

In dieser Beziehung war die Gesellschaft Benoits ein wahrer Segen für mich, da ich damals und noch auf lange hinaus des nötigen Humors durchaus ermangelte und im Verkehr mit den großen und kleinen Machthabern dieser Welt auf Mittelsmänner angewiesen war.

Der Wein kam uns vor allem zustatten als Heilmittel gegen eine Art von Fieber, das Benoit, und wohl mit Recht, auf die grünen Feigen zurückführte. Wir lagerten uns auf die Pritsche und stellten den Krug zwischen uns, während Benoit die Kosten der Unterhaltung übernahm und ich ihm zuhörte.

Die Zeit verging dabei wie im Fluge; man hätte ihn ohne weiteres als öffentlichen Erzähler in einem arabischen Kaffeehause anstellen können. Er erzählte den Inhalt von Büchern, die er gelesen und bis in die Einzelheiten im Gedächtnis behalten hatte. Wir hatten insofern den gleichen Geschmack, als wir eingeschworen waren auf die dickleibigen Schmöker der Victor Hugo, Dumas Père und Eugen Sue, die seit über einem Jahrhundert eine Volksausgabe nach der anderen hervorbringen.

Benoit war mit diesem eisernen Bestand aller Leihbiblio-

theken vertraut, auch kannte er seltene Werke wie den »Per-
lentaucher von Ceylon«, von denen ich noch nie gehört hatte
und die ich auch später vergeblich gesucht habe. Vor allem
merkwürdig war, daß er auch das mir Bekannte verschlunge-
ner und spannender erzählte, als es mir in Erinnerung war.
Das beruhte wohl einmal auf dem tieferen, wenn auch ver-
gänglicheren Zauber des gesprochenen Wortes, dann aber
darauf, daß ihm im Reiche des Opiums die Kenntnis unge-
wöhnlicher Farben zuteil geworden war. Auf diese Weise
nahm ich am bunten Abglanz längst verklungener Räusche
teil. Er besaß die wertvolle Gabe der unmittelbaren Faszination; man empfand das besonders, wenn man ihm, während
er sprach, in die Augen sah.

24

Unter den Erzählungen Benoits verflossen die drei Tage, die
wir auf diesem Posten verbrachten, recht angenehm.

Unsere Wärter behandelten uns wohlwollend als luftige
Brüder, die sich einen blauen Montag gemacht hatten, was
ihnen zwar nicht in der Ordnung, aber bei der Plackerei des
Dienstes verständlich schien. Besonders mit ihrem Chef, der
auch in Indochina gedient hatte, verkehrte Benoit gleich am
ersten Tage per »He Alter!« und Du und nutzte das aus, um
unserem Kruge auch eine Morgenfüllung zuteil werden zu
lassen, so daß unser Morgen-, Mittag- und Abendtrunk ineinander übergingen. Auch versuchte er durch geschickte Verhandlungen den Tag hinauszuschieben, an dem wir in der
Kaserne abgeliefert werden sollten, um so mehr, als die Poli-
zeihaft auf das übliche Pensum, das wir zu erwarten hatten,
angerechnet zu werden pflegte. So versah er in dieser Zelle,
in der ich allein für mich wohl recht ungemütlich gehaust haben würde, zugleich die Stelle des Dolmetschers, des Keller-
meisters und des Bibliothekars. Endlich mußten wir uns von
diesen angenehmen Verhältnissen trennen, und wir fuhren
unter Bedeckung von Feldjägern in der Bahn nach Bel-Abbès zurück.

Die Einbringung der Aufgegriffenen gestaltete sich jedesmal zu einem kleinen Triumphzug der Autorität. Wir durchschritten das Kasernentor gerade zur Mittagszeit, während deren die Höfe von der Besatzung erfüllt waren, und wurden, wie ich befürchtet hatte, mit großer Heiterkeit begrüßt. Während unsere Begleiter uns gegen eine Quittung der Wache übergaben, waren wir von einem dichten Kreis von Neugierigen umringt, die es an boshaften und schadenfrohen Bemerkungen nicht fehlen ließen, obwohl es doch den meisten unter ihnen bereits genau so ergangen war.

Wir brachten noch einige Zeit auf der Torwache zu, während der Wachhabende auf unseren Stuben die Ausrüstungsstücke zählen ließ, und hatten das Glück, daß nichts abhanden gekommen war. Gleich darauf trat Massari ein und berichtete mir, daß alles in guter Verwahrung sei. Auch Leonhard und Paul wurden durch das Gerücht unserer Ankunft herbeigelockt; der eine begrüßte mich mit jammervoller Miene, der andere mit dem pfiffigen Lächeln dessen, der noch nicht zum Einäugigen geworden war.

Dann wurden wir auf das Geschäftszimmer geführt, wo uns ein weißhaariger Oberst empfing — der erste Offizier, den ich hier zu sehen bekam. Außer dem Posten, der uns gebracht hatte, und einem Schreiber war noch Paulus anwesend, der mich schweigend und mißmutig betrachtete. Ich hatte erwartet, daß wir nun eine lange Strafpredigt zu hören bekommen würden, und bemerkte mit einem Gefühl der Erleichterung, daß man uns weniger moralisch als sachlich abfertigte. Der Oberst schien kaum Notiz von uns zu nehmen, sondern begnügte sich, an Paulus einige trockene Fragen zu richten, die sich mit der Dauer unserer Abwesenheit und mit der Vollzähligkeit der Ausrüstungsgegenstände beschäftigten. Dann trommelte er mit den Fingern ein wenig auf den Tisch und diktierte Benoit fünfzehn und mir zehn Tage Arrest zu. Damit war der Vorgang erledigt, und wir wurden abgeführt.

Noch unerfahren in den Feinheiten der Machtanwendung, hatte ich eigentlich an eine weit schärfere Ahndung gedacht.

Man zog es jedoch aus guten Gründen vor, die Zügel zwar fest, aber allmählich anzuziehen und nicht gleich mit den hohen Strafen zu beginnen, mit denen man die Garnison auch eher in ein großes Gefängnis verwandelt haben würde. Eine oder zwei Entfernungen unserer Art gehörten vielmehr zum normalen Ausbildungsgang; eine Staffelung von zehn, zwanzig, vierzig und sechzig Tagen Arrest machte auch den unsichersten Kantonisten mit der Zeit schmiegsamer. Nach dieser Frist mußte man sich freilich auf unangenehmere Maßnahmen gefaßt machen.

Die Arrestzellen waren in einer langen Reihe angelegt, zu welcher der Zugang durch die Wache führte und die von der äußeren Kasernenmauer durch einen schmalen Gang geschieden war, in dem ein Posten auf und nieder schritt. Ich hatte gehofft, daß Benoit mein Nachbar würde, allein wir wurden auf den entgegengesetzten Flügeln untergebracht, und ich geriet auf diese Weise in eine Gesellschaft, die wenig angenehm war. Auf der einen Seite hauste der unheimliche Holländer, der, erst vor kurzem vom vierten seiner Gewaltmärsche wieder eingebracht, hier sechzig Tage abbüßte, auf der anderen der verruchte Flame, der in Marseille das Nachtgebet gesprochen hatte und hier wegen schändlicher Dinge eingesperrt war. Er vergnügte sich damit, wie ein wildes Tier zu fluchen und zu randalieren, bis es dem Posten zuviel wurde und er mit dem Kolben gegen die Türe schlug. Der Holländer dagegen war in sonderbare Selbstgespräche vertieft, die er zuweilen durch ein beängstigendes Gelächter unterbrach.

Auch die anderen Zellen waren besetzt, und wer musikalisch war, vertrieb sich die Zeit, indem er ein Liedchen sang oder pfiff. Besonders in der Mittagsstunde ertönte auf diese Weise oft wie aus einer Reihe von nebeneinander aufgehängten Vogelkäfigen ein vielsprachiger Gesang.

Die Zelle, in der ich nun allein auf mich angewiesen blieb, war lang und schmal wie ein dämmriger Korridor und von meinen romantischen Vorstellungen über derartige Verliese weit entfernt. Ich konnte mit den ausgestreckten Armen bei-

de Längswände zugleich berühren und von der einen Quer-
wand zur anderen sieben gute Schritte tun. Die Wände waren mit Kalk getüncht; ich entdeckte an ihnen eingeritzte
Reihen von Kreuz- und Querstrichen, ohne Zweifel einfache
Kalender, die ähnliche Einsiedler geführt hatten. In der dem
Eingang gegenüberliegenden Mauer war ganz oben ein offenes Fensterchen von der Größe eines ausgebrochenen Zie-
gelsteines, das einen dünnen Lichtstrahl in die Dunkelheit
fallen ließ, dessen Bahn mich über den Lauf der Stunden unterrichtete.

Ich fand bald, daß es langweilig war, auf der Pritsche zu
sitzen, und begann, mit regelmäßigen Schritten auf und ab
zu gehen. Daß in diesem Raume auf solche Weise schon große Strecken zurückgelegt waren, verriet eine in den Ziegel-
belag getretene Spur, die an den Wendepunkten in zwei runden Vertiefungen endigte.

Ich hätte nun auf dieser Wanderung Gelegenheit gehabt,
mich nach Herzenslust mit meinen Luftschlössern zu beschäftigen, und versuchte auch, mich an einige meiner Lieb-
lingsgedanken anzuheften, die ich oft monatelang vor dem
Einschlafen in Fortsetzungen weiterspann — so an den großen Ausflug durch das Planetenreich, das Leben im Amei-
senpalast oder die einsame Wanderung durch die ausgestorbene Welt. Leider mußte ich die Entdeckung machen, daß
mir die Gabe der willkürlichen Phantasie, die mich so oft ergötzt hatte, hier ganz abhanden gekommen war. Auf diese
Weise erfuhr ich, daß wir der Muße nicht in jeder Lage teilhaftig sind und daß auch das Nichtstun erst Genuß gewährt,
wenn man frei über die Zeit verfügen kann. Die Muße verliert, wie alle guten Dinge dieser Welt, sogleich den Reiz,
wenn sie uns aufgenötigt wird.

Auf der anderen Seite hatte die enge Einschließung den
Vorteil, daß sie den praktischen Erwägungen förderlich war.
Ich hatte vollauf Zeit, mich hier in meine Lage zu vertiefen,
und mit schmerzlicher Deutlichkeit wurde mir das Absurde
und eigentlich Lächerliche des Unternehmens klar. Ich beschloß, mich anders einzurichten, und vielleicht hätte ein

Vierteljahr in diesem Loche größere Wunder gewirkt als alle Erziehungskünste, die man an mir erprobt hatte. Übrigens gehört zu einem vollständigen Lebenslauf und seinen Bildungselementen auch eine Zeit der Gefangenschaft, wie mancher sie in der Erinnerung nicht missen möchte, trotz allem, was er gelitten hat.

So war ich nun wirklich in eine jener Lagen geraten, von denen man in den Büchern liest — aber das Merkwürdige daran war, und das fiel mir auch späterhin unter ähnlichen Verhältnissen auf, daß damit zugleich das Abenteuer seinen ergötzlichen Charakter verlor. Im Augenblick, in dem es ernst wird, verlassen uns die Genüsse der Reflexion.

Dafür stellte sich ein Gefühl der heiteren Zuversicht ein, wie es mir bislang unbekannt gewesen war. Mein Zustand war ungefähr vergleichbar dem Robinsons, als er erkannt hatte, daß er auf einer Insel gelandet war; ich mußte mich auf einen längeren Aufenthalt einrichten. Immerhin standen mir noch wie einem Freischützen zwei oder höchstens drei Kugeln zu, und es schien mir rätlich, daß ich gleich mit der ersten ins Schwarze traf.

Unter solchen Erwägungen pendelte ich vom Morgen bis zum Abend in der Zelle auf und ab und setzte mich auch zuweilen auf die Pritsche, um auszuruhen. Am Morgen wurde durch die Wache ein Becher Kaffee gereicht, am Mittag eine dünne Suppe, abends eine Decke, ein Krug Wasser und ein Stück Brot.

In dieser Ordnung trat am dritten Tage insofern eine Erleichterung ein, als ich des Morgens für zwei Stunden zum Vormittagsdienst geholt wurde, bei dem ich mit dem langen Holländer und dem Flamen unter der Aufsicht von Paulus eine besondere Abteilung bildete. Auf diese Weise wurde dafür gesorgt, daß der Gang der Ausbildung keine Verzögerung erlitt.

Da uns bei jeder Wendung zum Schlechteren schon das Normale als Vergünstigung erscheint, war mir die Unterbrechung recht angenehm. Der finstere Paulus würdigte mich zunächst nur der französischen Ansprache; als er aber sah, daß ich mir Mühe gab, wurde er allmählich milder und kehrte zum Deutschen zurück. Er sprach die Hoffnung aus, daß ich nach den üblen Erfahrungen mich jetzt mehr um den Dienst kümmern würde, und in der Tat war dies meine Absicht, allerdings aus anderen Gründen, als er vermutete.

Ich gedachte, mich in eine bessere Verfassung zu bringen, vor allem, um angestrengten Märschen gewachsen zu sein. Auch wollte ich mich an lange Durststrecken gewöhnen und nahm mir vor, mich an den Übungsmärschen mit leerer Feldflasche zu beteiligen. Diese Vorsätze brachten mich darauf, auch die Kleinigkeiten des Dienstes gründlich zu betreiben; und es war merkwürdig, daß die freiwillige Teilnahme an der Disziplin auch meinen inneren Zustand kräftigte wie eine gute Medizin. In der Tat war ich damit auf das wirksamste Heilmittel verfallen, das uns unangenehmen Lagen gegenüber zur Verfügung steht: es besteht nicht in der Ausflucht, sondern in der Entwicklung einer Diät, die dieser Lage angemessen ist, wie die alten Ärzte wohl wußten, die Gleiches durch Gleiches zu heilen bestrebt waren.

Vielleicht war das der Grund, aus dem Paulus meine kleinen Verhandlungen, die ich in den Pausen mit Massari führte, nicht wahrzunehmen schien. Massari versah auch während dieser Tage meine Besorgungen und schmuggelte mir allerhand Dinge zu, die geeignet waren, den Aufenthalt in der Zelle kurzweiliger zu gestalten, wie Orangen, Zigaretten, Streichhölzer, Kerzen und spanische Zeitungen. In der Zelle zu rauchen, war zwar verboten, aber der Wachthabende begnügte sich meist, wenn er zufällig eintrat, mit vielsagendem Lächeln die Luft durch die Nase zu ziehen. Mit dem Licht dagegen mußte man vorsichtig sein; ich erfand eine besondere Art, kleine Stümpfchen unter der Schlafdecke zu brennen, und erwarb mir in diesem merkwürdigen Lesekabinett eine ziemlich genaue theoretische Kenntnis des Stiergefechts.

Eingedenk der Belehrungen, die uns der Professor erteilt hatte, stellte ich auch den Antrag, den Unterricht besuchen zu dürfen, und wurde durch einen Posten zu den Stunden geführt und wieder abgeholt. So gab ich diesem Sonderling

einen der Beweise seiner geistigen Anziehungskraft, auf die
er sich gern berief.

Benoit bekam ich während dieser Tage nur für Augenblik-
ke zu Gesicht, und zwar in dem engen Gange, in dem wir in
der Frühe zum Dienst antraten und durch den zu gleicher
Zeit die ausgebildeten Leute in einen der inneren Höfe geführt wurden, um dort bis zum Mittag durch einen Gepäck-
marsch beschäftigt zu werden. Während er an mir vorüber-
schritt, gelang es mir hin und wieder, ihm etwas von meinen
eingeschmuggelten Vorräten zuzustecken. Ich fand ihn bei
guter Laune, denn er hatte in Erfahrung gebracht, daß sein
Name in die Liste der für den Frühjahrstransport nach Annam bestimmten Mannschaften eingetragen war.

Auch mir flossen die zehn Tage in der Zelle schneller dahin, als ich erwartet hatte, wenn auch nicht so unterhaltsam
wie bei den Feldjägern — freilich ist eine Einschließung von
zwei guten Kameraden auch eher eine Erholung als eine Gefangenschaft.

25

Am letzten dieser Tage, als ich bereits, die Öffnung der Riegel abwartend, auf meiner Pritsche saß, trat eine unerwartete
Wendung ein, die meinen Ausflug beendete.

Der finstere Paulus erschien, von einem Posten begleitet,
in meiner Zelle und verkündete mir mit geheimnisvoller
Miene, daß ich ihn sogleich zum Oberst zu begleiten hätte.
Diese Eröffnung schien nichts Angenehmes zu verheißen; ich
vermutete, daß doch noch ein Ausrüstungsstück verlorengegangen oder daß Massaris Schmuggelhandel entdeckt worden sei. So machte ich mich darauf gefaßt, eine weitere Reihe
von Tagen in diesem Loche zubringen zu müssen, nachdem
ich mich schon auf das Plauderstündchen gefreut hatte, das
ich mit Franzl abzuhalten pflegte, wenn das Licht im Schlafsaal erloschen war. Auch hatte mich Leonhard zur Feier des
Tages auf den Abend in ein Café bestellt.

Meine Befürchtungen verstärkten sich, als ich bemerkte,

daß uns der Oberst recht brummig empfing. Um so mehr erstaunte ich, als er, nachdem er einige Papiere geordnet hatte, mir trocken mitteilte, daß die Anweisung zu meiner Entlassung eingetroffen sei. Und als sei das die natürlichste Sache der Welt, hörte ich ihn Paulus beauftragen, dafür zu sorgen, daß ich am nächsten Mittag in den nach Oran fahrenden Zug gebracht würde. Ich nahm das wie in einem jener Träume wahr, wo sich Dinge ereignen, bei denen man sich plötzlich dem Einfluß der Schwerkraft entzogen sieht.

Nachdem wir entlassen waren, blieb Paulus einen Augenblick mit mir im Flure stehen; es war das einzige Mal, daß ich etwas wie ein Lächeln auf seinem Gesichte sah. Er drückte mir die Hand und begnügte sich, zu sagen:

»Das ist besser für Sie.«

Ereignisse dieser Art pflegten sich schnell herumzusprechen, und so sah ich, als ich mit Paulus unseren Saal betrat, mich von einem Kreise von Glückwünschenden umringt — zumeist von denselben, die erst vor kurzem am Kasernentor mit witzigen Bemerkungen nicht gespart hatten. Ich machte hier die Erfahrung, daß uns auch der unverdiente Erfolg Zuneigung verschafft, während wir im Mißgeschick selbst den Spott dessen herausfordern, der es mit uns teilt.

Der Korporal Davide überreichte mir einen Eilbrief, der für mich eingetroffen war; in ihm bestätigte mir mein Vater ausführlich, daß es ihm, nicht ohne große Mühen und Kosten, gelungen war, meinen Handel günstig zu beendigen. Das Schreiben war wohlwollend genug gehalten, um mich die Beschämung nicht allzu deutlich empfinden zu lassen. Freilich hatten die zehn Tage in der Zelle nicht wenig zur Beschränkung meiner Selbstherrlichkeit beigetragen. Der Alte schrieb, daß er es nach diesem erstaunlichen Beweise von Selbständigkeit für am besten hielte, wenn ich den ferneren Gang meiner Studien nach eigenem Ermessen regelte, und forderte mich auf, mich nach Nancy zu begeben, um dort bei der Post eine Summe zu erheben, die für meine Einkleidung berechnet war. Ich schloß aus dieser Maßnahme, daß er mich gern möglichst bald wieder in nördlicheren Gegenden sah.

Obwohl ich am Nachmittag viel zu tun hatte, gelang es mir, die Verabredung mit Leonhard einzuhalten, der mich behandelte wie einen, der das Große Los gezogen hat. Mit geheimnisvoller Miene deutete er mir an, daß er eine ähnliche Wendung erwarte; ich hörte das mit einem beklommenen Gefühl, das jenem ähnelte, mit dem ich als Kind die Hühnchen in unserer Küche erblickt hatte. Wie ich später erfuhr, hatte sich sein Bruder mit einem jener Winkeldetektive in Verbindung gesetzt, die hoffnungslose Fälle bearbeiten, und ihn unter großen Kosten nach Bel-Abbès entsandt — offenbar einen ganz unfähigen Gesellen, denn er wurde gleich beim Verlassen des Bahnhofes von der Fremdenpolizei arretiert.

Trotz dieses Hoffnungsschimmers hatte ich deutlicher noch als bei meiner ersten Begegnung mit Leonhard das Gefühl, daß in ihm eine Ahnung des Unterganges lebendig war. Es gibt einen Grad der Furcht, der das Unglück magnetisch herbeizuziehen scheint — vielleicht aber verhalten sich die Dinge auch so, daß hier bereits ein Künftiges und Unausweichbares seinen Schatten wirft, der den Willen lähmt und das Herz bedrückt. Mir waren solche Zustände des Grames und der inneren Auflösung fremd, und obwohl ich ihnen später noch häufig begegnete, dauerte es lange, ehe ich die Lage des Menschen begriff, den sein Dämon verläßt.

Sehr bedauerte ich, daß ich mich nicht auch von Benoit verabschieden konnte. Ich ließ Leonhard einen Brief für ihn zurück und schloß das Geld, über das ich noch verfügte, in ihn ein. Jahrzehnte später sollte ich ihn wiederfinden; er blieb mein Freund. Auch Franzl, Massari und den anderen, die ich hier kennengelernt hatte, sagte ich Lebewohl. Mein Landsmann Huke, dessen Gesicht noch von den gelben Damen her in allen Farben schillerte, trug mir die besten Grüße an seine Vaterstadt auf, und ich richtete sie insofern aus, als ich jedesmal an ihn dachte und noch denke, wenn mich mein Weg durch jene Straße führt, deren Namen er bei den Feldjägern an die Wand gekritzelt hatte.

26

Am nächsten Vormittag tauschte ich meine Ausrüstung gegen einen leichten blauen Anzug ein. Auch unterschrieb ich einen Schein, in dem ich allen Ansprüchen entsagte, die sich aus meinem Aufenthalt ableiten ließen. Ich verstand mich um so bereitwilliger dazu, als ich den Leuten hier ja nur Scherereien gemacht hatte.

Das schien auch die Ansicht des Obersten zu sein, denn er verabschiedete mich, als Paulus mich ihm zur Abmeldung vorstellte, mit den Worten:

»Wie lange sind Sie hiergewesen? Drei Wochen und davon fast die Hälfte im Loch? Nicht übel — wenn noch mehrere Ihrer Sorte kommen, richten wir eine Sommerfrische ein.«

Ich versprach ihm, daß ich mich hier nicht wieder sehen lassen würde, und ich hätte hinzufügen können, daß bei so wohlfeilen Kräften kleine Geschäftsunkosten, wie ich sie bereitet hatte, nicht mehr als billig wären — allein solche Erwägungen lagen mir fern.

Am Nachmittag brachte mich Paulus an die Bahn und händigte mir, als ich im Zuge saß, den Fahrschein und einen Reisepaß aus zum Zeichen, daß ich wieder in Bereiche kam, in denen Papiere nötig sind. Als der Zug anfuhr, schüttelte er mir die Hand und sprach zum ersten Male meinen Namen mit der richtigen Betonung aus.

»Glückliche Reise, Berger, und machen Sie keine Dummheiten mehr!«

»Auch Ihnen alles Gute, Paulus!« rief ich zurück und sagte auch Paulus anstatt Polüs.

Auch von ihm schied ich nun ungern, wie uns denn überhaupt im Augenblick des Abschiedes für immer fast jeder, den wir kannten, bedeutend und liebenswert — oder besser gesagt, in seiner Gestalt erscheint. Gott weiß, wie wenig ich seinen Rat beherzigte. Dieser finstere Mann war einer der besten Soldaten, die mir begegnet sind. Durch ein rätselhaftes Mißgeschick, wie es oft auch dem Besten begegnet, aus seiner Bahn geworfen, war er nicht zum Landsknecht geworden, sondern hatte sich dem neuen Dienst in einer Weise eingeordnet, der er jeden anderen Anspruch und selbst den des Vaterlandes opferte. Vielleicht war das der wahre Grund seiner Traurigkeit.

Mit heiterem Sinn fuhr ich der Küste zu. Neben mir saß ein Reisegefährte, der am gleichen Tage verabschiedet und in denselben blauen Anzug gekleidet war wie ich. Er trug auf ihm eine lange Reihe von Medaillen, auf denen ich die Namen von Ländern entzifferte, von denen ich noch nie gehört hatte. Ein brauner Vollbart wallte ihm bis über den Gürtel hinab.

Ich fühlte mich geehrt, als dieser würdige Mann ein Gespräch mit mir anknüpfte. Seine Aussprache verriet ihn sogleich als einen richtigen Schwaben, und obwohl ich ihn seines mächtigen Bartes wegen für steinalt hielt, zählte er nicht viel über dreißig Jahre. Fast während der Hälfte dieser Zeit, nämlich fünfzehn Jahre lang, hatte er sich in den Ländern umhergetrieben, deren Namen seine Medaillen verzeichneten.

Gern hätte ich über seine Abenteuer Näheres in Erfahrung gebracht, allein er begnügte sich mit der kurzen Andeutung, daß er während dieser Zeit Marokkaner, Tonkinesen und Madagassen wie die Fliegen totgeschlagen hätte, und gab dagegen eine um so weitschweifigere Aufzählung von Orten zum besten, an denen der Wein gut und billig gewesen war.

Obwohl er auf den ersten Blick so kräftig wie ein Eichbaum schien, hatte dieses eingehende Studium seine Hände bereits etwas zitterig gemacht. Auch bemerkte ich, daß er sich häufig aus einer großen, mit blauem Stoff überzogenen Feldflasche ermunterte, die er an seiner Hüfte trug. Es setzte mich in Erstaunen, daß dieser ausgediente Landsknecht und künftige Schrecken der Landstraßen zuweilen mit üppiger Bewegung an seine Brusttasche schlug, als ob er fragen wollte, was die Welt koste.

In Oran empfing uns wie üblich ein Begleiter und führte uns in das kleine Fort auf dem roten Felskegel. Auch diesmal waren alle Betten belegt, so daß ich mit dem Strohlager auf dem Hofe vorliebnahm.

Beim Anblick des Mondes fiel mir die schmähliche Müdigkeit ein, die mich damals eingeschläfert hatte, und ich fühlte, obwohl ich mich dagegen zu sträuben suchte, daß der Geist der Verkehrtheit wieder Besitz von mir ergriff. Es schien mir, als ob ich die Scharte auswetzen müsse und als ob jetzt die beste Gelegenheit dazu sei. Da mir der Weg, den ich damals ausgeklügelt hatte, noch gut im Gedächtnis war, machte ich mich daran, den Schuppen zu erklimmen, und ließ mich dann, nachdem ich mich leise über den Rand geschoben hatte, auf der anderen Seite zu Boden fallen. Das Kletterstückchen gelang auch wirklich, ohne daß ich mir ein Bein dabei brach oder von dem Posten bemerkt wurde, und ich hatte so einen Teil meines Ansehens wiederhergestellt, wenn auch nur wie einer, der in seinem Inneren mit sich selber und nach selbsterfundenen Regeln spielt.

Gern wäre ich nun auf dieselbe Weise wieder hineingeklettert, da ich mich aber außen nur der nackten Mauer gegenübersah, mußte ich wohl oder übel warten, bis sich das Tor am Morgen öffnete. Um mir die Zeit bis dahin zu vertreiben, beschloß ich, am Strande spazieren zu gehen, von dem der Schlag der Wellen leise herauftönte. Ich schritt die steile Felsenstraße hinab, die ich damals mit Benoit, dem falschen Franke und den anderen zusammen erklommen hatte.

In der stillen Nacht hörte ich von weitem den rüstigen Gesang eines einsamen Wanderers, der mir entgegenkam. Er sang das alte Soldatenlied von Marlborough in seiner deutschen Fassung —: »Hunderttausend Mann, die zogen ins Manöver ...«. Als wir uns begegneten, erkannte ich in dem Sänger den bärtigen Schwaben, der sich auf ähnliche Weise beurlaubt haben mochte wie ich. Sein Gesicht glühte wie ein Kupferkessel, und er schien mir recht unsicher auf den Beinen zu sein.

Ich fand ihn ungemein erfreut, Gesellschaft zu treffen, und

er machte sich sogleich bereit, wieder umzukehren, indem er mich einlud, ihn zu einigen der Quellen zu begleiten, die er während der Bahnfahrt gepriesen hatte.

Während er mächtig wie Rübezahl zwischen Felsen und Aloeschäften neben mir dahinschritt, vertraute er mir, den Arm auf meine Schulter gestützt, die geheimen Gründe seiner Fröhlichkeit an. Ich erfuhr, daß ihm nach glücklich überstandener fünfzehnjähriger Dienstzeit eine Abfindung von fünfzehnhundert Franken ausgezahlt worden war. Armen Leuten steigt schon Dünnbier zu Kopf, wie ein finnisches Sprichwort sagt, und so stellte sich ihm, in dessen Tasche sein Lebenlang nur schmale Kupferpfennige geklimpert hatten, eine solche Summe als astronomische Ziffer dar — ihr Besitz beflügelte ihn mit einer fast dichterischen Kraft.

Zuweilen blieb er stehen und flüsterte mir mit trunkener Stimme begeisterte Bemerkungen zu.

»Fünfzehnhundert Franken! Ich werde in den Automobilen fahren und sonntags im Zylinder spazierengehn!«

Vor allem aber schien er entschlossen, sich an labenden Getränken nichts entgehen zu lassen, nach denen er geradezu die Begriffe abstufte, die er vom Leben besaß.

Die unterste dieser Stufen pflegte er durch das Wort Kognak zu bezeichnen; er brachte es mit scharfer Betonung hervor, als ob ein unsichtbarer Kellner seines Befehls harrte. Um die feineren und lieblicheren Genüsse anzudeuten, hatte er dagegen das Wort Bordeaux gewählt, das er träumerisch auf der Zunge zerschmelzen ließ. Endlich war der höchsten und köstlichsten Stufe das Wort Champagner eingeräumt; er stieß es so überzeugend hervor, daß man den Knall des Pfropfens zu hören glaubte, und schleuderte dabei den Arm wie eine Rakete in die Luft.

Indem er mich so vertraulich in die Genüsse des Reichtums einweihte und dazwischen häufig sein »Kognak, Bordeaux, Champagner« wie einen nächtlichen Kriegsruf erschallen ließ, gelangten wir in das Hafenviertel, in dem noch Lichter schimmerten.

Sein Ziel war eine kleine Taverne, in der er zum prakti-

schen Teil seiner Unterweisungen überging. Er forderte zunächst mit Donnerstimme Kognak und schritt dann, da Bordeaux nicht aufzutreiben war, sogleich zur höchsten Stufe
vor. Es wurde ein süßer, warmer und vor allem teurer Sekt
herbeigeschafft, der auf den Kanarischen Inseln gewachsen
war und den er wie Wasser hinuntergoß.

Beim Anblick dieses abgründigen Durstes erschien es mir
zweifelhaft, ob sein Schatz, den er für unerschöpflich hielt,
nicht schon vor der Landung in Europa dahinschmelzen würde. Mit der dritten Flasche schlug seine kindliche Gutmütigkeit leider ins Bösartige um; er begann die Zähne zu fletschen und kündigte zwei Hafenarbeitern, die neben uns
harmlos ihren Absinth tranken, an, daß er sie »in der Luft zu
zerrupfen« gedächte. Es würde wohl schlimme Händel gesetzt haben, wenn die beiden sich nicht, durch seinen
schrecklichen Vollbart eingeschüchtert, aus dem Staube gemacht hätten.

Noch gelang es mir glücklich, ihn nach draußen zu bringen, nachdem man ihm das Geld, das er auf einen Hundert-
frankenschein zurückerhielt, in die Taschen gestopft hatte.
Ich hätte ihn gern zum Fort zurückgeführt und erst in Reich-
weite des Postens losgelassen, allein, kaum an der frischen
Luft, hatte ich den Eindruck, daß er sich wieder ermunterte,
während mir selber der Champagner in die Knie fuhr. Wohl
oder übel mußte ich ihm die Führung überlassen und sah ihn
wie im Traum in ein großes Zelt eindringen, das dicht am
Strande aufgeschlagen war.

Wir waren in ein Lichtspiel geraten, in dem eine gedrängt
stehende Menge aufmerksam die Vorgänge auf der Leinwand betrachtete. Leider sind mir die Einzelheiten nicht
mehr erinnerlich; es schien, daß schon unser Eintritt eine gewisse Unruhe verursachte. Trotzdem gelang es uns, einen
Platz zu gewinnen, von dem aus wir das Geflimmer eine
Weile beobachteten. Ich mochte in der Stille und Wärme ein
wenig im Stehen gedämmert haben, als mich ein Gebrüll erweckte, in dem Mars selbst in Gestalt eines seiner untersten
Trabanten die Stimme zu erheben schien:

»Kognak, Bordeaux, Champagner — — — ich zerrupf
euch alle zu Scheißdreck — — — ha ha ha!«

Als diese fürchterliche Stimme ertönte, unterbrach der
Mechaniker vor Schrecken seinen Film, und es entstand im
Zelt ein Gewimmel, wie wenn man in einen Ameisenhaufen
stößt. Obwohl die Schwaben seit altersher dafür bekannt
sind, daß sie es lieben, mit der Übermacht anzubinden, war
diese denn doch zu groß. Ich sah, wie das Ameisenvolk meinen Gastfreund, der mit den Bewegungen eines riesigen
Hummers rückwärts strebte, mit hundert Händen ergriff und
hinauszerrte. Getreu dem Vorsatze, den ich in der Garküche
nach dem Abenteuer mit den gelben Damen gefaßt hatte,
versuchte ich ihm beizustehen und wurde bei diesem Bestreben, ohne ihn zu erreichen und ohne daß jemand auf mich
achtete, im Wirbel seines Kielwassers nach draußen ge-
schwemmt.

Vor dem Zelt sah ich mich vergeblich nach ihm um. Er
war in der Nacht verschwunden, und ich fühlte auch wenig
Lust, nachdem wir so glimpflich davongekommen waren,
mich an weiteren Schwabenstreichen zu beteiligen. Es schoß
mir in den Sinn, daß es mich mehr erheitern würde, am
Strande Muscheln aufzulesen, und fast stürzend glitt ich den
steilen Hang hinunter, der mir vom Schiff aus als das Ein-
gangstor zur afrikanischen Welt erschienen war.

Kaum war ich überrascht, als ich in der Tiefe so herrliche
Muscheln schimmern sah, wie man sie nur aus den Träumen
kennt — eine ganze Muschelbank, die in schillernden, selbst-
leuchtenden Farben auf blauem Grunde sich breitete. Begierig stürzte ich darauf zu; allein als ich die Stätte erreichte, erging es mir wie allen, denen Rübezahl Gesellschaft geleistet
hat: der funkelnde Schatz wandelte sich in einen Haufen von
glühenden Kohlen um.

Dieser Narrentrug würde sich mir vielleicht als eines jener
Erlebnisse bewahrt haben, die man nicht gern erwähnt, wenn
nicht, indem ich ihn betrachtete, ein neuer Schub von Kohlen den Abhang heruntergerieselt wäre. Ich erkannte nun,
daß oben am Rande der Klippen eine kleine Werkstatt

lag, die sich der Schlacken ihrer Öfen auf diese Weise ent-
ledigte.

Diese Entzauberung der Muscheln gesellte sich als dritte
Erinnerung dem wilden Urwaldbusch, der sich in ein Artischockenfeld verwandelt hatte, und dem Steinhaufen, der nur
ein Steinhaufen geblieben war.

27

Als wir am nächsten Mittag das Schiff bestiegen, spähte ich
vergeblich nach dem Vollbart aus. Auch hatte keiner der
ausgedienten Leute, bei denen ich mich während der See-
fahrt nach ihm erkundigte, je von ihm gehört. Einer von ihnen meinte, daß eine Kriegsgurgel dieser Sorte nicht rasten
würde, ehe sie nicht den letzten Pfennig verzecht hätte, um
dann gleich drüben für fünf weitere Jahre aufs Kalbsfell zu
schwören, und traf damit wohl das Richtige. Das Geld, das
beim Spiel, im Kriege und auf dem Meer gewonnen wird,
kommt nicht auf die Sparkasse.

In Marseille, wo wir bei dichtem Regen landeten, gedachte ich vor allem dem Doktor Goupil die Aufwartung zu machen, die ich ihm schuldig war. Obwohl ich am oberen Walle
lange danach suchte, gelang es mir nicht, seine Behausung
wiederzufinden, und als ich mich in dem Büro, in dem ich mir
den Fahrschein nach Nancy ausstellen ließ, nach ihm erkundigte, erfuhr ich, daß er auf Urlaub gefahren war. Er hatte
einen Brief für mich hinterlassen, dem ich entnahm, daß er
über meine Bewegungen unterrichtet war. Ein Zitat, das er in
ihm anführte, ist mir in Erinnerung geblieben, weil ich es oftmals bestätigt fand:

»Man erlebt alles, und man erlebt auch das Gegenteil.«

Als ich am Abend das Fort verließ, führte mein Weg an
dem vergitterten Fensterchen in der Grundmauer des großen Turmes vorbei, durch das ich mich mit dem fürchterlichen Reddinger unterhalten hatte. Ich zog mich an den Stäben empor und rief seinen Namen hinein, allein ich hörte nur

eine klagende Stimme, die meinen Zuruf in einer fremden und unverständlichen Sprache beantwortete.

Obwohl ich damit gerechnet hatte, Nancy schon um die Mittagsstunde zu erreichen, traf ich infolge einer Irrfahrt erst nach Einbruch der Dunkelheit dort ein. Die Post war längst geschlossen, und ich erfuhr, daß sie am nächsten Morgen für eine Stunde geöffnet würde. Ich empfand das um so unangenehmer, als ich nur noch Pfennige in der Tasche trug. Wie bekanntlich niemand vor seinem Tode glücklich zu preisen ist, so gehört es auch zu einem wohlaspektierten Leben, daß seine kleinen Akte und Abschnitte auf eine angenehme Weise endigen.

Frierend und mißvergnügt irrte ich einige Stunden auf den Straßen und den dunklen Wegen des Stadtparks umher, während der Wind blies und der Schnee in dichten Flocken fiel. Der Inhalt dieser kurzen Wochen erschien mir schon so absurd, daß ich beschloß, ihn aus der Erinnerung zu verbannen wie einen närrischen und unzusammenhängenden Traum. Mir war zumut wie nach einem schlecht bestandenen Examen, das man der Gutmütigkeit und der Benutzung von Eselsbrücken verdankt. Ich hatte mich in die Tinte gesetzt, und die praktische Vernunft Goupils und des Alten hatte mich wieder herausgeholt. Das Experiment war mißglückt; ich hatte nur die Zahl der empfindsamen Reisen um eine letzte vermehrt. Ich mußte zurück, mußte leben wie die anderen auch.

Da die Kälte zu schneiden begann, mußte ich mich wohl oder übel entschließen, in einer der Höhlen einzukehren, in denen das Elend seine Zuflucht sucht. Solche Quartiere gibt es in jeder Stadt, und es ist merkwürdig, daß man als Abgebrannter zu ihnen gelangt, wie durch geheime Wegweiser geführt. Die Städte sind nach einem dämonischen Plan gebaut, in dem jede der großen Mächte, die das Leben bestimmen, ihren Mittelpunkt besitzt. Wie der nach Lust Begehrende den bunten Lichtern folgt, so ziehen den Betrübten die verfallenen und trostlosen Gassen an, und sein innerer Hang treibt ihn zum dunkelsten Ort.

Diesem Gesetze folgend, kehrte ich in eine jener Herbergen ein, die der Gast ohne Gepäck betritt und wo man die Zeche im voraus bezahlt. Ein verdrossenes Ehepaar saß dort einsam am Tisch und nahm meine Kupferstücke mit einem Lächeln entgegen, das dem des trübsinnigen Charon glich, mit dem er den Obolus empfängt. Sie luden mich an ihren Tisch, und wir saßen lange, ohne ein Wort zu wechseln, im dunklen Raum. Endlich ging die Frau hinaus und kehrte mit drei Tellern und einer Schüssel zurück.

Im Augenblick, in dem sie das Licht entzündete, erschien ein neuer Gast, ein ehrwürdiger Alter mit silbernem Patriarchenbart. Er begrüßte uns mit heiterer Stimme und setzte sich zu uns, nachdem er einen blauen, oftmals geflickten Bettelsack auf die Bank gelegt hatte. Mit der Miene eines alten Hausfreundes hob er den Deckel von der Schüssel und sagte erfreut wie jemand, der sich auf den Genuß der kleinen Dinge versteht:

»Ah, Reis — das ist ein großer Festtag heut.«

Es scheint mir fast, als ob der schlichte Sinn dieser Worte in seiner Muttersprache besser zum Klingen kam:

»Ah, du riz — c'est un jour de grande fête aujourd'hui.«

Erst durch diese Anspielung erfuhr ich, daß es der Weihnachtsabend war, den ich hier zubrachte.

Als wir die Suppe gegessen hatten, breitete der Alte eine Menge von abgegriffenen Münzen auf dem Tische aus, wie man sie durch die halbgeschlossenen Türen der Hintertreppen reicht. Er begann sie zu ordnen wie ein Kind, das mit Steinen spielt, zuerst die braunen Reihen der Pfennige, davor, wie Offiziere vor der Front, ein Grüppchen Nickelgeld, und endlich, als den General, ein kleines Silberstück, wie es der Bettler nur an hohen Festtagen empfängt.

Die Ausbeute des Tages schien ihn zu befriedigen, denn er bestellte eine Flasche Wein und auch ein zweites Glas, das nicht auszuschlagen er mich mit heiterem Anstand nötigte.

Auf diese Weise lernte ich den Wein des Bettlers kennen, den ein herrliches Gedicht als zauberhaften Heiltrank preist.

28

Nachdem wir geplaudert und getrunken hatten, leuchtete uns der Wirt eine enge Stiege hinauf und öffnete ein ödes Zimmer, dessen Einrichtung aus zwei unordentlichen, rot bezogenen Betten bestand. Wir legten uns im Dunkeln nieder, und gleich nachdem mein Begleiter mir eine Gute Nacht gewünscht hatte, hörte ich, daß er mit den leichten Atemzügen eingeschlafen war, die dem hohen Alter eigentümlich sind.

Ich lag noch eine Weile mit den Ellenbogen auf das Kissen gestützt und dachte über diese Dinge nach. Keine Spanne unseres Tages ist geheimnisvoller als der Augenblick, der dicht vorm Einschlafen liegt. Wir treten zögernd in den Schlaf ein wie in eine Höhle, die in ihren ersten Windungen noch vom Eingang her der matte Abglanz des Tages erhellt. Während wir in einer immer tieferen Dämmerung die inneren Formen zu entziffern suchen, fallen wir einem Zustand der Faszination anheim, in dem der Gegenstand höhere Kraft als das ihn betrachtende Auge gewinnt. Dann plötzlich tauchen leuchtende Bilder auf wie Transparente, deren verborgenen Sinn ein neues und unbekanntes Licht durchstrahlt. Das ist der Augenblick, in dem wir oft noch einmal aus dem ersten Schlummer fahren, wie durch eine verbotene Annäherung erschreckt.

In der Anwandlung eines solchen Schreckens fuhr ich empor und sah, daß die Kammer seltsam verwandelt war. Das Schneetreiben hatte aufgehört, und draußen schien ein blendender Vollmond auf die weißen, spitzgiebligen Dächer, von denen der Hinterhof umschlossen war. Sein kalter Widerschein erfüllte den Raum mit einem blauen, glasigen Licht. Kaum erstaunte ich, als ich in diesem spinnenden Glanze eine Figur erblickte, die am geöffneten Fenster stand. Obwohl ihr Gesicht mir abgewandt war, erkannte ich Dorothea; sie blickte schweigend auf den Hof hinaus.

Von einem Gefühl der Neugier ergriffen, stand ich leise auf und trat mit angehaltenem Atem hinter sie, um über ihre linke Schulter zu sehen. Der Schnee, der sich im Fensterrahmen wie eine Leinwand spannte, rief eine zweite und stärkere Müdigkeit hervor. Ich schloß die Lider für einen Augenblick; dann begann ich, Dorothea sowohl nach vergangenen als auch nach zukünftigen Dingen auszufragen, und sie antwortete in kurzen Sätzen, von denen manche mir in Erinnerung geblieben sind. Im Grunde jedoch wußte ich, wie damals in der Unterhaltung mit dem alten Knechte, die Antworten bereits. Im Grunde war die Zukunft Vorgeschautes und Vorgewußtes: sie war Erinnerung.

Doch waren es wirklich Sätze, in denen ich sie fragte und sie mir Antwort gab? Oder waren es eher Bilder, die aus dem Chaos aufstiegen und sich wie durch ein Echo bestätigten? Wir fuhren nun durch ein ausgestorbenes Gefilde, in dem das Feuer mit der Gewalt von Schmiedeflammen aus der Erde schlug. Wir fuhren in die Flammen und blieben auf dem Wege, obwohl sich gerade hier das Feuer zusammenzog. Es schien mir seltsam, daß bei soviel Feuer ein solches Gefühl des Frostes möglich war.

Die Kälte weckte mich, und ich sah durch einen Schatten, der verblaßte, im Fensterrahmen den weißen Schnee, das bleiche Linnen, das unbeschriebene Blatt. Es ist merkwürdig, daß ich an das alles, obwohl es doch so wichtig für mich wurde, mich nur zuweilen wie im Traume zu entsinnen vermag. Überhaupt war ich bald bestrebt, es mir aus dem Sinn zu schlagen und munter drauflos zu leben, wie es sich gehört.

In dieser Nacht sah ich Dorothea zum letztenmal; die Zeit der Kindheit war vorbei.

29

Zu früher Stunde erwachte ich. Während der alte Bettler noch schlief, kleidete ich mich leise an und verließ die dunkle Herberge.

Der frische Schnee lag wie eine Decke auf dem großen Stanislausplatz, die Luft war kühl und rein. Ich fühlte mich heiter wie nach einem Aderlaß. Der Vorstoß in das Gesetzlose ist lehrreich wie der erste Liebeshandel oder wie das erste Gefecht; das Gemeinsame dieser frühen Berührungen liegt in der Niederlage, die neue und stärkere Kräfte weckt. Wir werden ein wenig zu wild geboren und heilen die gärenden Fieber durch Tränke von bitterer Art.

Dennoch fühlte ich mich lange in meiner Freiheit verletzt und mochte an diesen Ausflug nicht rühren, wie an eine Wunde, die spät vernarbt. »Willkürlich leben kann jeder«, lautet ein bekanntes Wort; richtiger ist, daß willkürlich niemand leben kann.

AUF DEN MARMORKLIPPEN

ERSTAUSGABE 1939

1

Ihr alle kennt die wilde Schwermut, die uns bei der Erinnerung an Zeiten des Glückes ergreift. Wie unwiderruflich sind sie doch dahin, und unbarmherziger sind wir von ihnen getrennt als durch alle Entfernungen. Auch treten im Nachglanz die Bilder lockender hervor; wir denken an sie wie an den Körper einer toten Geliebten zurück, der tief in der Erde ruht und der uns nun gleich einer Wüstenspiegelung in einer höheren und geistigeren Pracht erschauern läßt. Und immer wieder tasten wir in unseren durstigen Träumen dem Vergangenen in jeder Einzelheit, in jeder Falte nach. Dann will es uns scheinen, als hätten wir das Maß des Lebens und der Liebe nicht bis zum Rande gefüllt gehabt, doch keine Reue bringt das Versäumte zurück. O möchte dieses Gefühl uns doch für jeden Augenblick des Glückes eine Lehre sein!

Und süßer noch wird die Erinnerung an unsere Mond- und Sonnenjahre, wenn jäher Schrecken sie beendete. Dann erst begreifen wir, wie sehr es schon ein Glücksfall für uns Menschen ist, wenn wir in unseren kleinen Gemeinschaften dahinleben, unter friedlichem Dach, bei guten Gesprächen und mit liebevollem Gruß am Morgen und zur Nacht. Ach, stets zu spät erkennen wir, daß damit schon das Füllhorn reich für uns geöffnet war.

So denke ich auch an die Zeiten, in denen wir an der Großen Marina lebten, zurück — erst die Erinnerung treibt ihren Zauber hervor. Damals freilich schien manche Sorge, mancher Kummer uns die Tage zu verdunkeln, und vor allem waren wir vor dem Oberförster auf der Hut. Wir lebten daher mit einer gewissen Strenge und in schlichten Gewändern, obwohl kein Gelübde uns band. Zweimal im Jahre ließen wir indessen das rote Futter durchleuchten — einmal im Frühling und einmal im Herbst.

Im Herbste zechten wir als Weise und taten den köstli-

chen Weinen, die an den Südhängen der Großen Marina gedeihen, Ehre an. Wenn wir in den Gärten zwischen dem roten Laube und den dunklen Trauben die scherzenden Rufe
der Winzer vernahmen, wenn in den kleinen Städten und
Dörfern die Torkel zu knarren begannen und der Geruch der
frischen Trester um die Höfe seine gärenden Schleier zog,
stiegen wir zu den Wirten, den Küfern und Weinbauern hinab und tranken mit ihnen aus dem bauchigen Krug. Dort trafen wir immer heitere Genossen an, denn das Land ist reich
und schön, so daß unbekümmerte Muße in ihm gedeiht, und
Witz und Laune gelten als bare Münze in ihm.

So saßen wir Abend für Abend beim fröhlichen Mahl. In
diesen Wochen ziehen vermummte Wingertswächter vom
Morgengrauen bis zur Nacht mit Knarren und Flinten in den
Gärten umher und halten die lüsternen Vögel in Schach.
Spät kehren sie mit Kränzen von Wachteln, von gesprenkel-
ten Drosseln und Feigenfressern zurück, und bald erscheint
dann ihre Beute auf Weinlaub gebettet in großen Schüsseln
auf dem Tisch. Auch aßen wir gern geröstete Kastanien und
junge Nüsse zum neuen Weine und vor allem die herrlichen
Pilze, nach denen man dort mit Hunden in den Wäldern
spürt — die weiße Trüffel, die zierliche Werpel und den roten Kaiserschwamm.

Solange der Wein noch süß und honigfarben war, saßen
wir einträchtig am Tisch, bei friedlichen Gesprächen und oft
den Arm auf die Schulter des Nachbarn gelegt. Sobald er jedoch zu arbeiten und die erdigen Teile abzustoßen begann,
wachten die Lebensgeister mächtig auf. Es gab dann glänzende Zweikämpfe, bei denen die Waffe des Gelächters entschied und bei denen sich Fechter begegneten, die sich durch
die leichte, freie Führung des Gedankens auszeichneten, wie
man sie nur in einem langen, müßigen Leben gewinnt.

Aber höher noch als diese Stunden, die in funkelnder Laune dahineilten, schätzten wir den stillen Heimweg durch
Gärten und Felder in der Tiefe der Trunkenheit, während
schon der Morgentau sich auf die bunten Blätter schlug.
Wenn wir das Hahnentor der kleinen Stadt durchschritten

hatten, sahen wir zu unserer Rechten den Seestrand leuchten, und zu unserer Linken stiegen im Mondlicht gleißend die
Marmorklippen an. Dazwischen eingebettet streckten sich
die Rebenhügel aus, in deren Hängen sich der Pfad verlor.

An diese Wege knüpfen sich Erinnerungen an ein helles,
staunendes Erwachen, das uns zugleich mit Scheu erfüllte
und erheiterte. Es war, als tauchten wir aus der Lebenstiefe
an ihre Oberfläche auf. Gleichwie ein Pochen uns aus unserm
Schlaf erweckt, fiel da ein Bildnis in das Dunkel unseres Rausches ein — vielleicht das Bockshorn, wie es dort der Bauers-
mann an hohen Stangen in den Boden seiner Gärten stößt,
vielleicht der Uhu, der mit gelben Augen auf dem Firste
einer Scheuer saß, oder ein Meteor, das knisternd über das
Gewölbe schoß. Stets aber blieben wir wie versteinert stehen, und ein jäher Schauer faßte uns im Blut. Dann schien es
uns, als ob ein neuer Sinn, das Land zu schauen, uns verliehen sei; wir blickten wie mit Augen, denen es gegeben ist,
das Gold und die Kristalle tief unter der gläsernen Erde in
leuchtenden Adern zu sehen. Und dann geschah es, daß sie
sich näherten, grau und schattenhaft, die uransässigen Geister des Landes, längst hier beheimatet, bevor die Glocken
der Klosterkirche erklangen und bevor ein Pflug die Scholle
brach. Sie näherten sich uns zögernd, mit groben, hölzernen
Gesichtern, deren Miene in unergründlicher Übereinstimmung heiter und furchtbar war; und wir erblickten sie, zugleich erschrockenen und tief gerührten Herzens, im Weinbergland. Zuweilen schien es uns, als ob sie sprechen wollten,
doch bald entschwanden sie wie Rauch.

Schweigend legten wir dann den kurzen Weg zur Rautenklause zurück. Wenn das Licht in der Bibliothek aufflammte,
sahen wir uns an, und ich erblickte das hohe, strahlende
Leuchten in Bruder Othos Gesicht. In diesem Spiegel erkannte ich, daß die Begegnung kein Trug gewesen war. Ohne
ein Wort zu wechseln, drückten wir uns die Hand, und ich
stieg ins Herbarium hinauf. Auch ferner war von solchem nie
die Rede zwischen uns.

Oben saß ich noch lange am offenen Fenster in großer

Heiterkeit und fühlte von Herzen, wie sich der Lebensstoff in goldenen Fäden von der Spindel wand. Dann stieg die Sonne über Alta Plana auf, und leuchtend erhellten sich die Lande bis an die Grenzen von Burgund. Die wilden Schroffen und Gletscher funkelten in Weiß und Rot, und zitternd formten sich die hohen Ufer im grünen Spiegel der Marina ab.

Am spitzen Giebel begannen nun die Hausrotschwänzchen ihren Tag und fütterten die zweite Brut, die hungrig zirpte, als würden Messerchen gewetzt. Aus den Schilfgürteln des Sees stiegen Ketten von Enten auf, und in den Gärten pickten Fink und Stieglitz die letzten Beeren von den Reben ab. Dann hörte ich, wie die Tür der Bibliothek sich öffnete, und Bruder Otho trat in den Garten, um nach den Lilien zu schauen.

2

Im Frühling aber zechten wir als Narren, wie es dortzulande üblich ist. Wir hüllten uns in bunte Kittel, deren eingefetzter Stoff wie Vogelfedern leuchtete, und setzten die starren Schnabelmasken auf. Dann sprangen wir im Narrenschritte und die Arme wie Flügel schwingend hinab ins Städtchen, auf dessen altem Markte der hohe Narrenbaum errichtet war. Dort fand im Fackelschein der Maskenaufzug statt; die Männer gingen als Vögel, und die Frauen waren in die Prachtgewänder vergangener Jahrhunderte vermummt. Sie riefen uns mit hoher, verstellter Spieluhrstimme Scherzworte zu, und wir erwiderten mit schrillem Vogelschrei.

Schon lockten uns aus den Schenken und Küferkellern die Märsche der Federinnungen — die dünnen, stechenden Flöten der Distelfinken, die schwirrenden Zithern der Mauerkäuze, die röhrenden Baßgeigen der Auerhähne und die quiekenden Handorgeln, mit denen die Wiedehopfzunft ihre schändlichen Verse instrumentiert. Bruder Otho und ich gesellten uns den Schwarzspechten zu, bei denen man den Marsch mit Kochlöffeln auf hölzerne Zuber schlägt, und hielten närrischen Rat und Gericht. Hier galt es behutsam zu trinken, denn wir mußten den Wein mit Halmen durch die

Nüstern der Schnäbel aus dem Glase ziehen. Wenn uns der Kopf zu rauchen drohte, erfrischte uns ein Streifzug durch die Gärten und Gräben am Ringwalle, auch schwärmten wir auf die Tanzböden aus, oder wir schlugen in der Laube eines Wirtes die Maske auf und speisten in Gesellschaft eines flüchtigen Liebchens aus Buckelpfannen ein Gericht von Schnecken auf Burgunder Art.

Überall und bis zum Morgengrauen ertönte in diesen Nächten der schrille Vogelruf — in den dunklen Gassen und an der Großen Marina, in den Kastanienhainen und Weingärten, von den mit Lampionen geschmückten Gondeln auf der dunklen Fläche des Sees und selbst zwischen den hohen Zypressen der Friedhöfe. Und immer, wie sein Echo, hörte man auch den erschreckten, flüchtenden Schrei, der ihn erwiderte. Die Frauen dieses Landes sind schön und voll der spendenden Kraft, die der Alte Pulverkopf die schenkende Tugend nennt.

Wißt Ihr, nicht die Schmerzen dieses Lebens, doch sein Übermut und seine wilde Fülle bringen, wenn wir uns an sie erinnern, uns den Tränen nah. So liegt dieses Stimmenspiel mir tief im Ohre, und vor allem jener unterdrückte Schrei, mit dem Lauretta mir am Wall begegnete. Obwohl ein weißer, goldbordierter Reifrock ihre Glieder und die Perlmuttlarve ihr Gesicht verbarg, hatte ich sie an der Art, in der sie schreitend ihre Hüfte bog, im Dunkel der Allee sogleich erkannt, und ich barg mich listig hinter einem Baum. Dann erschreckte ich sie durch das Spechtsgelächter und verfolgte sie, indem ich mit den weiten schwarzen Ärmeln flatterte. Oben, wo der Römerstein im Weinland steht, fing ich die Erschöpfte ein, und zitternd preßte ich sie in den Arm, die feuerrote Maske über ihr Gesicht gebeugt. Als ich sie wie träumend und durch Zaubermacht gebannt so in meinem Griffe ruhen fühlte, faßte mich das Mitleid an, und lächelnd streifte ich die Vogellarve auf die Stirn empor.

Da begann auch sie zu lächeln, und leise legte sie die Hand auf meinen Mund — leise, daß ich nur den Atem, der durch ihre Finger wehte, in der Stille noch vernahm.

3

Sonst aber lebten wir in unserer Rautenklause tagaus, tagein in großer Eingezogenheit. Die Klause stand am Rand der Marmorklippen, inmitten einer der Felseninseln, wie man sie hier und dort das Rebenland durchbrechen sieht. Ihr Garten war in schmalen Bänken aus dem Gestein gespart, und an den Rändern seiner locker aufgeführten Mauern hatten sich die wilden Kräuter angesiedelt, wie sie im fetten Weinbergland gedeihen. Hier blühte im frühen Jahr die blaue Perlentraube der Muskathyazinthe, und im Herbst erfreute uns die Judenkirsche mit ihrer gleich roten Lampionen leuchtenden Frucht. Zu allen Zeiten aber säumten Haus und Garten die silbergrünen Rautenbüsche, denen bei hohem Sonnenstande wirbelnd ein krauser Duft entstieg.

Am Mittag, wenn die große Hitze die Trauben kochte, war es in der Klause erquickend kühl, denn nicht nur waren ihre Böden nach südlicher Manier mit Mosaiken ausgelegt, sondern es ragten manche ihrer Räume auch in den Fels hinein. Doch lag ich um diese Zeit auch gern auf der Terrasse ausgestreckt und hörte halb im Schlaf dem gläsernen Gesange der Zikaden zu. Dann fielen die Segelfalter in den Garten ein und flogen die Tellerblüten der wilden Möhre an, und auf den Klippen sonnten die Perlenechsen sich am Stein. Und endlich, wenn der weiße Sand des Schlangenpfades in Hochglut flammte, schoben sich langsam die Lanzenottern auf ihn vor, und bald war er von ihnen wie ein Hieroglyphenband bedeckt.

Wir hegten vor diesen Tieren, die zahlreich in den Klüften und Schrunden der Rautenklause hausten, keine Furcht; vielmehr ergötzte uns bei Tage ihr Farbenglanz und nachts das feine, klingende Pfeifen, mit dem sie ihr Liebesspiel begleiteten. Oft schritten wir mit leicht gerafften Kleidern über sie hinweg und schoben sie, wenn wir Besuch bekamen, dem vor ihnen graute, mit den Füßen aus dem Weg. Stets aber gingen wir mit unseren Gästen auf dem Schlangenpfade Hand in

Hand; und oft bemerkte ich dabei, daß ein Gefühl der Freiheit und der tänzerischen Sicherheit, das uns auf dieser Bahn
ergriff, sich ihnen mitzuteilen schien.

Viel wirkte wohl zusammen, die Tiere so vertraut zu machen, doch hätten wir von ihrem Treiben ohne Lampusa, unsere alte Köchin, kaum geahnt. Lampusa stellte ihnen, solange der Sommer währte, Abend für Abend vor die Felsenküche ein Silberkesselchen voll Milch; dann lockte sie die Tiere
mit dunklem Ruf herbei. Da sah man in den letzten Sonnenstrahlen überall im Garten die goldene Windung leuchten,
über der schwarzen Erde der Lilienbeete und den silbergrünen Rautenpolstern und hoch im Hasel- und Holunder-
strauch. Dann legten die Tiere, das Zeichen des geflammten
Feuerkranzes bildend, sich um das Kesselchen und nahmen
die Gabe an.

Bei dieser Spende hielt Lampusa schon früh den kleinen
Erio auf dem Arm, der ihren Ruf mit seinem Stimmchen begleitete. Wie sehr erstaunte ich indessen, als ich eines
Abends, kaum daß es laufen konnte, das Kind das Kesselchen ins Freie schleppen sah. Dort schlug es seinen Rand mit
einem Birnholzlöffel, und leuchtend glitten die roten Schlangen aus den Klüften der Marmorklippen vor. Und wie im
Helltraum hörte ich den kleinen Erio lachen, als er zwischen
ihnen auf dem gestampften Lehm des Küchenvorhofs stand.
Die Tiere umspielten ihn halb aufgerichtet und wiegten über
seinem Scheitel in schnellem Pendelschlage die schweren
Dreiecksköpfe hin und her. Ich stand auf dem Altan und
wagte meinen Erio nicht anzurufen, wie jemand, den man
schlafend auf steilen Firsten wandeln sieht. Doch da erblickte ich die Alte vor der Felsenküche — Lampusa, die dort mit
gekreuzten Armen stand und lächelte. Bei ihrem Anblick erfaßte mich das herrliche Gefühl der Sicherheit in flammen-
der Gefahr.

Seit jenem Abend war es Erio, der uns so das Vesper-
glöcklein läutete. Wenn wir den Klang des Kesselchens vernahmen, legten wir die Arbeit nieder, um uns am Anblick seiner Spende zu erfreuen. Bruder Otho eilte aus seiner Biblio-

thek und ich aus dem Herbarium auf den inneren Altan, und auch Lampusa trat vom Herd hinzu und lauschte dem Kinde mit stolzem, zärtlichem Gesicht. Wir pflegten uns dann an seinem Eifer zu ergötzen, mit dem es die Tiere in Ordnung hielt. Bald konnte Erio ein jedes bei Namen nennen und trippelte mit seinem Röckchen aus blauem, goldgefaßtem Sammet in ihrem Kreis umher. Auch achtete er sehr darauf, daß alle von der Milch bekamen, und schaffte für die Nachzüglerinnen Raum am Kesselchen. Dann pochte er diese oder jene der Trinkerinnen mit seinem Birnholzlöffel auf den Kopf, oder er packte sie, wenn sie nicht schnell genug den Platz verließ, am Nackenansatz und zerrte sie mit aller Kraft hinweg. Wie derb er sie indes auch fassen mochte, immer blieben die Tiere gegen ihn ganz sanft und zahm, selbst in der Häutung, während deren sie sehr empfindlich sind. So lassen während dieser Zeit die Hirten ihr Vieh nicht bei den Marmorklippen auf die Weide gehen, denn ein gezielter Biß fällt selbst den stärksten Stier mit Blitzes Kraft.

Vor allem liebte Erio das größte, schönste Tier, das Bruder Otho und ich die Greifin nannten und das, wie wir aus Sagen der Wingertsbauern schlossen, seit alten Zeiten in den Klüften saß. Der Körper der Lanzenottern ist metallisch rot, und häufig sind Schuppen von hellem Messingglanze in sein Muster eingesprengt. Bei dieser Greifin war jedoch der reine und makellose Goldschein ausgeprägt, der sich am Kopfe nach Juwelenart zugleich ins Grüne wandte und an Leuchtkraft steigerte. Im Zorne konnte sie den Hals zum Schilde dehnen, der wie ein goldener Spiegel im Angriff funkelte. Es schien, daß ihr die anderen Respekt erwiesen, denn keine rührte an das Kesselchen, bevor die Goldene ihren Durst gestillt. Dann sahen wir, wie Erio mit ihr scherzte, während sie, wie manchmal Katzen tun, den spitzen Kopf an seinem Röckchen rieb.

Nach diesem trug Lampusa uns zur Vesper auf, zwei Becher des geringen Weines und zwei Scheiben vom dunklen, salzigen Brot.

4

Von der Terrasse schritt man durch eine Glastür in die Bibliothek. In schönen Morgenstunden stand diese Türe weit geöffnet, so daß Bruder Otho an seinem großen Tische wie in einem Teil des Gartens saß. Ich trat stets gern in dieses Zimmer ein, an dessen Decke grüne, laubige Schatten spielten und in dessen Stille das Zirpen der jungen Vögel und das nahe Summen der Bienen drang.

Am Fenster trug eine Staffelei das große Zeichenbrett, und an den Wänden türmten sich bis zur Decke die Bücherreihen auf. Die unterste von ihnen stand in einem hohen Fache, das für die Folianten zugeschnitten war — für den großen »Hortus Plantarum Mundi« und mit der Hand illuminierte Werke, wie man sie nicht mehr druckt. Darüber sprangen die Repositorien vor, die sich durch Schübe noch verbreitern ließen — mit flüchtigen Papieren und vergilbten Herbarienblättern überdeckt. Auch nahmen ihre dunklen Tafeln eine Sammlung von in Stein gepreßten Pflanzen auf, die wir in Kalk- und Kohlengruben ausgemeißelt hatten, dazwischen mancherlei Kristalle, wie man sie als Zierat ausstellt oder auch bei sinnendem Gespräche in den Händen wiegt. Darüber stiegen dann die kleinen Bände an — ein nicht sehr ausgedehnter botanischer Bestand, doch lückenlos in allem, was je über die Lilien erschien. Es strahlte dieser Teil der Bücherei noch in drei allgemeine Zweige aus — in Werke, die sich mit der Gestalt, der Farbe und dem Duft beschäftigten.

Die Bücherreihen setzten sich noch in der kleinen Halle fort, und sie begleiteten die Treppe, die nach oben führte, bis an das Herbarium. Hier standen die Kirchenväter, die Denker und die klassischen Autoren der alten und der neuen Zeit, und vor allem eine Sammlung von Wörterbüchern und Enzyklopädien aller Art. Am Abend traf ich mich mit Bruder Otho in der kleinen Halle, wo im Kamin ein Feuerchen aus dürrem Rebholz flackerte. Wenn über Tag die Arbeit gut gediehen war, dann pflegten wir uns durch jene lässigere Unterhaltung zu zerstreuen, bei der man auf gebahnten Wegen schreitet und Daten und Autoritäten anerkennt. Wir scherzten mit den Quisquilien des Wissens und mit dem seltenen oder das Absurde streifenden Zitat. Bei diesen Spielen kam uns die Legion der stummen, in Leder oder Pergament geschnürten Sklaven gut zupaß.

Meist stieg ich früh in das Herbarium hinauf und setzte dort bis über Mitternacht die Arbeit fort. Bei unserem Einzug hatten wir den Boden gut mit Holz verschalen lassen und lange Reihen von Schränken in ihm aufgestellt. In ihren Fächern häuften sich zu Tausenden die Bündel der Herbarienblätter auf. Sie waren nur zum kleinsten Teil von uns gesammelt und stammten meist von längst verdorrter Hand. Zuweilen, wenn ich eine Pflanze suchte, stieß ich sogar auf von der Zeit gebräunte Bogen, deren verblaßte Signatur vom hohen Meister Linnaeus selbst geschrieben war. In diesen Nacht- und Morgenstunden führte und vermehrte ich auf vielen Zetteln die Register — einmal den großen Namenskatalog der Sammlung und sodann die »Kleine Flora«, in der wir alle Funde im Gebiete der Marina sorgsam verzeichneten. Am andern Tage sah Bruder Otho dann an Hand der Bücher die Zettel ein, und viele wurden von ihm noch bezeichnet und koloriert. So wuchs ein Werk heran, das uns schon im Entstehen viel Genuß bereitete.

Wenn wir zufrieden sind, genügen unseren Sinnen auch die kargsten Spenden dieser Welt. Von jeher hatte ich das Pflanzenreich verehrt und seinen Wundern in vielen Wanderjahren nachgespürt. Und wohl war mir der Augenblick vertraut, in dem der Herzschlag stockt, wenn wir in der Entfaltung die Geheimnisse erahnen, die jedes Samenkorn in sich verbirgt. Dennoch war mir die Pracht des Wachstums niemals näher als auf diesem Boden, den ein Ruch von längst verwelktem Grün durchwitterte.

Bevor ich mich zur Ruhe legte, schritt ich noch ein wenig in seinem schmalen Mittelgange auf und ab. Oft glaubte ich in diesen Mitternächten, die Pflanzen leuchtender und herrlicher als jemals sonst zu sehen. Auch spürte ich von fern den

Duft der weißbesternten Dornentäler, den ich im Winter-
frühling von Arabia deserta trank, und den Vanillehauch, der
in der schattenlosen Glut der Kandelaberwälder den Wanderer erquickt. Dann wieder schlugen sich wie Seiten eines
alten Buches Erinnerungen an Stunden des wilden Überflusses auf — an heiße Sümpfe, in denen die Victoria regia blüht,
und Meereshaine, wie man sie auf bleichen Stelzen weit vor
den Palmenküsten im Mittag schwelen sieht. Doch fehlte mir
die Furcht, die uns ergreift, wo immer wir dem Übermaß des
Wachstums gegenüberstehen wie einem Götterbild, das tau-
sendarmig lockt. Ich fühlte, wie mit unseren Studien zugleich
die Kräfte wuchsen, den heißen Lebensmächten standzuhal-
ten und sie zu bändigen, so wie man Rosse am Zügel führt.

Oft graute schon der Morgen, ehe ich mich auf das schmale Feldbett streckte, das im Herbarium aufgeschlagen war.

5

Lampusas Küche ragte in den Marmorfels hinein. Dergleichen Höhlen boten in alten Zeiten den Hirten Schutz und
Unterkunft und wurden später gleich Zyklopenkammern in
die Gehöfte eingebaut. Schon früh, wenn sie das Morgen-
süppchen für Erio kochte, sah man die Alte am Feuer stehen.
Dem Herdraum schlossen sich noch tiefere Gewölbe an, in
denen es nach Milch, nach Früchten und ausgetropften Weinen roch. Ich trat nur selten in diesen Teil der Rautenklause
ein, da mir Lampusas Nähe ein beklommenes Gefühl erweckte, das ich gern vermied. Dafür war Erio hier mit jedem
Winkelchen vertraut.

Auch Bruder Otho sah ich oftmals bei der Alten am Feuer
stehen. Ihm war das Glück wohl zu verdanken, das mir mit
Erio, dem Kind der Liebe von Silvia, Lampusas Tochter, zuteil geworden war. Wir taten damals bei den Purpurreitern
Dienst im Feldzug, der den freien Völkern von Alta Plana
galt und der dann scheiterte. Oft, wenn wir zu den Pässen ritten, sahen wir Lampusa vor ihrer Hütte stehen und neben ihr

die schlanke Silvia im roten Kopftuch und im roten Rock. Bruder Otho war neben mir, als ich die Nelke, die Silvia aus ihrem Haar genommen und in den Weg geworfen hatte, aus dem Staube hob, und warnte mich im Weiterreiten vor der alten und vor der jungen Hexe — spöttisch, doch mit besorgtem Unterton. Noch mehr verdroß mich das Lachen, mit dem Lampusa mich gemustert hatte und das ich als schamlos kupplerisch empfand. Und doch ging ich in ihrer Hütte bald ein und aus.

Als wir nach unserem Abschied an die Marina wiederkehrten und in die Rautenklause zogen, erfuhren wir von der Geburt des Kindes und auch davon, daß Silvia es zurückgelassen hatte und mit fremdem Volk davongegangen war. Die Nachricht kam mir ungelegen — vor allem, da sie mich am Beginne eines Abschnitts traf, der nach den Plagen der Kampagne den stillen Studien vorbehalten war.

Daher erteilte ich Bruder Otho Vollmacht, Lampusa aufzusuchen, um mit ihr zu sprechen und ihr zuzubilligen, was ihm angemessen schien. Wie sehr erstaunte ich indessen, als ich erfuhr, daß er das Kind und sie sogleich in unseren Haushalt aufgenommen hatte; und doch erwies sich dieser Schritt sehr bald als für uns alle segensreich. Und wie man eine rechte Handlung insonderheit daran erkennt, daß in ihr auch das Vergangene sich rundet, so leuchtete auch Silvias Liebe mir in einem neuen Licht. Ich erkannte, daß ich sie und ihre Mutter mit Vorurteil betrachtet und daß ich sie, weil ich sie leicht gefunden, auch allzuleicht behandelt hatte, wie man den Edelstein, der offen am Wege leuchtet, für Glas ansieht. Und doch kommt alles Köstliche uns nur durch Zufall zu — das Beste ist umsonst.

Freilich bedurfte es, die Dinge so ins Lot zu bringen, der Unbefangenheit, die Bruder Otho eigentümlich war. Sein Grundsatz war es, die Menschen, die sich uns näherten, wie seltene Funde zu behandeln, die man auf einer Wanderung entdeckt. Er nannte die Menschen gern die Optimaten, um anzudeuten, daß *alle* zum eingeborenen Adel dieser Welt zu zählen sind und daß ein jeder von ihnen uns das Höchste spenden kann. Er erfaßte sie als Gefäße des Wunderbaren und erkannte ihnen als hohen Bildern Fürstenrechte zu. Und wirklich sah ich alle, die ihm nahe kamen, sich entfalten wie Pflanzen, die aus dem Winterschlaf erwachen — nicht daß sie besser wurden, doch sie wurden mehr sie selbst.

Lampusa nahm sich gleich nach ihrem Einzug der Wirtschaft an. Die Arbeit ging ihr leicht vonstatten, und auch im Garten hatte sie keine dürre Hand. Während Bruder Otho und ich streng nach der Regel pflanzten, verscharrte sie die Samen flüchtig und ließ das Unkraut wuchern, wie es ihm gefiel. Und doch zog sie mit leichter Mühe das Dreifache von unseren Saaten und von unserer Frucht. Oft sah ich, wie sie spöttisch lächelnd auf unseren Beeten die ovalen Täfelchen aus Porzellan betrachtete, auf denen Art und Gattung zu lesen war, von Bruder Otho in feiner Etikettenschrift gemalt. Dabei entblößte sie wie einen Hauer den letzten großen Schneidezahn, der ihr geblieben war.

Obwohl ich sie nach Erios Weise Altmutter nannte, sprach sie zu mir fast nur von Wirtschaftsdingen, und oft recht närrisch, wie Schaffnerinnen tun. Silvias Name fiel niemals zwischen uns. Trotzdem sah ich es ungern, daß Lauretta am andern Abend nach jener Nacht am Walle mich abzuholen kam. Und dennoch erwies sich gerade hier die Alte besonders aufgeräumt und holte eilig Wein, Morsellen und süße Kuchen zum Empfang.

An Erio empfand ich den natürlichen Genuß der Vaterschaft so wie den geistigen der Adoption. Wir liebten seinen stillen, aufmerksamen Sinn. Wie alle Kinder die Geschäfte nachzuahmen pflegen, die sie in ihrer kleinen Welt erblicken, so wandte er sich früh den Pflanzen zu. Oft sahen wir ihn lange auf der Terrasse sitzen, um eine Lilie zu betrachten, die vor der Entfaltung stand, und wenn sie sich geöffnet hatte, eilte er in die Bibliothek, um Bruder Otho mit der Nachricht zu erfreuen. Desgleichen stand er in der Frühe gern vor dem Marmorbecken, in dem wir Wasserrosen aus Zipangu zogen, deren Blütenhüllen der erste Sonnenstrahl mit einem zarten Laute sprengt. Auch im Herbarium hatte ich ein Stühlchen für ihn stehen — er saß dort oft und schaute mir bei der Arbeit zu. Wenn ich ihn still an meiner Seite spürte, fühlte ich mich erquickt, als trügen durch die tiefe, heitere Lebensflamme, die in dem kleinen Körper brannte, die Dinge einen neuen Schein. Mir war, als ob die Tiere seine Nähe suchten, denn ich sah immer, wenn ich ihn im Garten traf, die roten Käfer um ihn fliegen, die beim Volke die Friggahähnchen heißen; sie liefen über seine Hände und umspielten ihm das Haar. Sehr seltsam war auch, daß die Lanzenottern auf Lampusas Ruf das Kesselchen in glühendem Geflecht umringten, während sie bei Erio die Figur der Strahlenscheibe bildeten. Bruder Otho hatte das zuerst bemerkt.

So war es denn gekommen, daß unser Leben sich von den Plänen, die wir gesponnen hatten, unterschied. Bald merkten wir, daß dieser Unterschied der Arbeit günstig war.

6

Wir waren mit dem Plan gekommen, uns von Grund auf mit den Pflanzen zu beschäftigen, und fingen daher mit der altbewährten Ordnung des Geistes durch Atmung und Ernährung an. Wie alle Dinge dieser Erde wollen auch die Pflanzen zu uns sprechen, doch bedarf es des klaren Sinnes, um ihre Sprache zu verstehen. Wenngleich in ihrem Keimen, Blühen und Vergehen ein Trug sich birgt, dem kein Erschaffener entrinnt, ist doch sehr wohl zu ahnen, was unveränderlich im Schreine der Erscheinung eingeschlossen ist. Die Kunst, sich so den Blick zu schärfen, nannte Bruder Otho »die Zeit absaugen« — wenngleich er meinte, daß die reine Leere diesseits des Todes unerreichbar sei.

Nachdem wir eingezogen waren, bemerkten wir, daß unser Thema, beinahe gegen unseren Willen, sich erweiterte. Vielleicht war es die starke Luft der Rautenklause, die unserem Denken eine neue Richtung gab, gleichwie im reinen Sauerstoff die Flamme steiler und heller brennt. Ich merkte das bereits nach kurzen Wochen daran, daß die Gegenstände sich veränderten — und die Veränderung nahm ich zunächst als Mangel wahr, insofern als die Sprache mich nicht mehr befriedigte.

Eines Morgens, als ich von der Terrasse aus auf die Marina blickte, erschienen ihre Wasser mir tiefer und leuchtender, als ob ich sie zum ersten Male mit ungetrübtem Sinn betrachtete. Im gleichen Augenblicke fühlte ich, fast schmerzhaft, daß das Wort von den Erscheinungen sich löste, wie die Sehne vom allzu straff gespannten Bogen springt. Ich hatte ein Stückchen vom Irisschleier dieser Welt gesehen, und von Stund an leistete die Zunge mir nicht mehr den gewohnten Dienst. Doch zog zugleich ein neues Wachsein in mich ein. Wie Kinder, wenn das Licht sich aus dem Inneren ihrer Augen nach außen wendet, mit den Händen tastend greifen, so suchte ich nach Worten und nach Bildern, um den neuen Glanz der Dinge zu erfassen, der mich blendete. Ich hatte nie zuvor geahnt, daß Sprechen solche Qual bereiten kann, und dennoch sehnte ich mich nach dem unbefangeneren Leben nicht zurück. Wenn wir wähnen, daß wir eines Tages fliegen könnten, dann ist der unbeholfene Sprung uns teurer als die Sicherheit auf vorgebahntem Weg. Daraus erklärt sich wohl auch ein Gefühl des Schwindels, das mich oft bei diesem Tun ergriff.

Leicht kommt es, daß auf unbekannten Bahnen uns das Maß verlorengeht. Es war ein Glück, daß Bruder Otho mich begleitete und daß er behutsam mit mir vorwärtsschritt. Oft, wenn ich ein Wort ergründet hatte, eilte ich, die Feder in der Hand, zu ihm hinunter, und oft stieg er mit gleicher Botschaft in das Herbarium herauf. Auch liebten wir, Gebilde zu erzeugen, die wir Modelle nannten — wir schrieben in leichten Metren drei, vier Sätze auf ein Zettelchen. In ihnen galt es, einen Splitter vom Mosaik der Welt zu fassen, so wie man Steine in Metalle faßt. Auch bei den Modellen waren wir von den Pflanzen ausgegangen und setzten immer weiter daran an. Auf diese Weise beschrieben wir die Dinge und die Verwandlungen, vom Sandkorn bis zur Marmorklippe und von der flüchtigen Sekunde bis zur Jahreszeit. Am Abend steckten wir uns diese Zettel zu, und wenn wir sie gelesen hatten, verbrannten wir sie im Kamin.

Bald spürten wir, wie uns das Leben förderte und wie uns eine neue Sicherheit ergriff. Das Wort ist König und Zauberer zugleich. Wir gingen vom hohen Beispiel des Linnaeus aus, der mit dem Marschallstab des Wortes in das Chaos der Tier- und Pflanzenwelt getreten war. Und wunderbarer als alle Reiche, die das Schwert erstritt, währt seine Herrschaft über Blütenwiesen und über die Legionen des Gewürms.

Nach seinem Vorbild trieb auch uns die Ahnung, daß in den Elementen Ordnung walte, denn tief fühlt ja der Mensch den Trieb, die Schöpfung mit seinem schwachen Geiste nachzubilden, so wie der Vogel den Trieb zum Nesterbauen hegt. Was unsere Mühen dann überreich belohnte, das war die Einsicht, daß Maß und Regel in den Zufall und in die Wirren dieser Erde unvergänglich eingebettet sind. Im Steigen nähern wir uns dem Geheimnis, das der Staub verbirgt. Mit jedem Schritte, den wir im Gebirg gewinnen, schwindet das Zufallsmuster des Horizontes, und wenn wir hoch genug gestiegen sind, umschließt uns überall, wo wir auch stehen, der reine Ring, der uns der Ewigkeit verlobt.

Wohl blieb es Lehrlingsarbeit und Buchstabieren, was wir so verrichteten. Und doch empfanden wir Gewinn an Heiterkeit, wie jeder, der nicht am Gemeinen haften bleibt. Das Land um die Marina verlor das Blendende und trat doch klarer, trat more geometrico hervor. Die Tage flossen, wie unter hohen Wehren, schneller und kräftiger dahin. Zuweilen, wenn der Westwind wehte, spürten wir eine Ahnung vom Genuß der schattenlosen Fröhlichkeit.

Vor allem aber verloren wir ein wenig von jener Furcht, die uns beängstigt und wie Nebel, die aus den Sümpfen steigen, den Sinn verwirrt. Wie kam es, daß wir die Arbeit nicht im Stiche ließen, als der Oberförster in unserem Gebiet an Macht gewann und als der Schrecken sich verbreitete? Wir hatten eine Ahnung der Heiterkeit gewonnen, vor deren Glanze die Truggestalten sich verflüchtigen.

7

Der Oberförster war uns seit langem als Alter Herr der Mauretania bekannt. Wir hatten ihn auf den Konventen oft gesehen und manche Nacht mit ihm beim Spiel gesessen und gezecht. Er zählte zu den Gestalten, die bei den Mauretaniern zugleich als große Herren angesehen und als ein wenig ridikül empfunden werden — so wie man etwa einen alten Oberst der Landwehrkavallerie, der hin und wieder von seinen Gütern kommt, beim Regiment empfängt. Er prägte sich dem Gedächtnis ein, schon weil sein grüner, mit goldenen Ilexblättern bestickter Frack die Blicke auf ihn zog.

Sein Reichtum galt als ungeheuer, und auf den Festen, die er in seinem Stadthaus feierte, regierte Überfluß. Es wurde dort nach alter Sitte derb gegessen und getrunken, und die Eichenplatte des großen Spieltischs bog sich unter goldener Last. Auch waren die Asiatischen Partien, die er den Adepten in seinen kleinen Villen gab, berühmt. Ich hatte oft Gelegenheit, ihn nah zu sehen, und mich berührte ein Hauch von alter Macht, der ihn von seinen Wäldern her umwitterte. Damals empfand ich auch das Starre an seinem Wesen kaum als störend, denn alle Mauretanier nehmen im Lauf der Zeit den automatischen Charakter an. Vor allem in den Blicken tritt dieser Zug hervor. So lag auch in den Augen des Oberförsters, besonders wenn er lachte, der Schimmer einer fürchterlichen Jovialität. Sie waren, wie bei alten Trinkern, von einem roten Hauche überflammt, doch lag in ihnen zugleich ein Ausdruck von List und unerschütterlicher Kraft — ja zuweilen von Souveränität. Damals war seine Nähe uns angenehm — wir lebten im Übermute und an den Tafeln der Mächtigen der Welt.

Ich hörte später Bruder Otho über unsere Mauretanierzeiten sagen, daß ein Irrtum erst dann zum Fehler würde, wenn man in ihm beharrt. Das Wort erschien mir um so wahrer, wenn ich an die Lage dachte, in der wir uns befanden, als dieser Orden uns an sich zog. Es gibt Epochen des Niederganges, in denen sich die Form verwischt, die innerst dem Leben vorgezeichnet ist. Wenn wir in sie geraten, taumeln wir als Wesen, die des Gleichgewichts ermangeln, hin und her. Wir sinken aus dumpfen Freuden in den dumpfen Schmerz, auch spiegelt ein Bewußtsein des Verlustes, das uns stets belebt, uns Zukunft und Vergangenheit verlockender. Wir weben in abgeschiedenen Zeiten oder in fernen Utopien, indes der Augenblick verfließt.

Sobald wir dieses Mangels innewurden, strebten wir aus ihm hinaus. Wir spürten Sehnsucht nach Präsenz, nach Wirklichkeit und wären in das Eis, das Feuer und den Äther eingedrungen, um uns der Langeweile zu entziehen. Wie immer, wo der Zweifel sich mit Fülle paart, bekehrten wir uns zur Gewalt — und ist nicht sie das ewige Pendel, das die Zeiger vorwärtstreibt, sei es bei Tage, sei es in der Nacht? Also begannen wir, von Macht und Übermacht zu träumen und von den Formen, die sich kühn geordnet im tödlichen Gefecht des Lebens aufeinander zubewegen, sei es zum Untergange, sei es zum Triumph. Und wir studierten sie mit Lust, wie man die Ätzungen betrachtet, die eine Säure auf den dunklen Spiegeln geschliffener Metalle niederschlägt. Bei solcher Neigung war es unvermeidlich, daß Mauretanier sich uns näherten. Wir wurden durch den Capitano, der den großen Aufstand in den Iberischen Provinzen erledigt hatte, eingeführt.

Wer die Geschichte der geheimen Orden kennt, der weiß, daß sich ihr Umfang schwierig schätzen läßt. Desgleichen ist die Fruchtbarkeit bekannt, mit der sie Zweige und Kolonien bilden, so daß man, wenn man ihren Spuren folgt, sich bald in einem Labyrinth verliert. Das traf auch für die Mauretanier zu. Besonders seltsam war es für den Neuling, wenn er in ihren Räumen Angehörige von Gruppen, die sich tödlich haßten, im friedlichen Gespräche sah. Zu den Zielen ihrer Köpfe zählte die artistische Behandlung der Geschäfte dieser Welt. Sie verlangten, daß die Macht ganz ohne Leidenschaft und göttergleich gehandhabt würde, und entsprechend sandten ihre Schulen einen Schlag von klaren, freien und stets fürchterlichen Geistern aus. Gleichviel, ob sie innerhalb des Aufruhrs oder an der Ordnung tätig waren — wo sie siegten, siegten sie als Mauretanier, und das stolze »Semper victrix« dieses Ordens galt nicht seinen Gliedern, sondern seinem Haupte, der Doktrin. Mitten in der Zeit und ihren wilden Läufen stand er unerschütterlich, und in seinen Residenzen und Palästen setzte man den Fuß auf festen Grund.

Doch es war nicht der Genuß der Ruhe, was uns gerne dort verweilen ließ. Wenn der Mensch den Halt verliert, beginnt die Furcht ihn zu regieren, und in ihren Wirbeln treibt er blind dahin. Bei den Mauretaniern aber herrschte unberührte Stille wie im Zentrum des Zyklons. Wenn man in den Abgrund stürzt, soll man die Dinge in dem letzten Grad der Klarheit wie durch überschärfte Gläser sehen. Diesen Blick, doch ohne Furcht, gewann man in der Luft der Mauretania, die von Grund auf böse war. Gerade wenn der Schrecken herrschte, nahmen die Kühle der Gedanken und die geistige Entfernung zu. Bei den Katastrophen herrschte gute Laune, und man pflegte über sie zu scherzen wie die Pächter einer Spielbank über die Verluste ihrer Klientel.

Damals wurde es mir deutlich, daß die Panik, deren Schatten immer über unseren großen Städten lagern, ihr Pendant im kühnen Übermut der Wenigen besitzt, die gleich Adlern über dumpfem Leiden kreisen. Einmal, als wir mit dem Capitano tranken, blickte er in den betauten Kelch wie in ein Glas, in dem vergangene Zeiten sich erschließen, und er meinte träumend: »Kein Glas Sekt war köstlicher als' jenes, das man uns an die Maschinen reichte in der Nacht, da wir Sagunt zu Asche brannten.« Und wir dachten: »Lieber noch mit diesem stürzen, als mit jenen leben, die die Furcht im Staub zu kriechen zwingt.«

Doch ich schweife ab. Bei den Mauretaniern konnte man die Spiele lernen, die den Geist, den nichts mehr bindet und der selbst des Spottes müde wurde, noch erfreuen. Bei ihnen schmolz die Welt zur Karte ein, wie man sie für Amateure sticht, mit Zirkelchen und blanken Instrumenten, die man mit Genuß berührt. Daher schien es sonderbar, daß man in diesem hellen, schattenlosen und abstraktesten der Räume auf Figuren wie den Oberförster stieß. Dennoch werden immer, wenn der freie Geist sich Herrschaftssitze gründet, auch die Autochthonen sich ihm zugesellen, wie die Schlange zu den offenen Feuern kriecht. Sie sind die alten Kenner der Macht und sehen eine neue Stunde tagen, die Tyrannis wieder aufzurichten, die seit Anbeginn in ihren Herzen lebt. Dann entstehen in den großen Orden die geheimen Gänge und Gewölbe, deren Führung kein Historiker errät. Dann entstehen auch die feinsten Kämpfe, die im Inneren der Macht entbrennen, Kämpfe zwischen Bildern und Gedanken, Kämpfe zwischen den Idolen und dem Geist.

In solchen Zwisten mußte mancher schon erfahren, wo die List der Erde ihren Ursprung hat. So war es auch mir ergangen, als ich, um nach dem verschollenen Fortunio zu suchen, in das Jagdgebiet des Oberförsters eingedrungen war. Seit jenen Tagen kannte ich die Grenzen, die dem Übermut gezogen sind, und vermied, den dunklen Saum der Forsten zu betreten, die der Alte seinen »Teutoburger Wald« zu nennen liebte, wie er überhaupt in vorgespielter, schlingenreicher Biederkeit ein Meister war.

8

Als ich nach Fortunio suchte, war ich in den Nordrand dieser Wälder eingedrungen, während unsere Rautenklause unweit ihres Südpunkts lag, der das Burgundische berührt. Bei unserer Rückkehr fanden wir die alte Ordnung an der Marina nur gleich einem Schatten vor. Bis dahin hatte sie fast seit Carolus' Zeiten unversehrt gewaltet, denn ob fremde Herren kamen oder gingen, immer blieb das Volk, das dort die Reben zieht, bei Sitte und Gesetz. Auch ließen Reichtum und Köstlichkeit des Bodens ein jedes Regiment sich bald zur Milde wenden, ob es auch hart begann. So wirkt die Schönheit auf die Macht.

Der Krieg vor Alta Plana aber, den man führte, wie man gegen Türken kämpft, schnitt tiefer ein. Er heerte gleich einem Frost, der in den Bäumen das Kernholz sprengt und dessen Wirkung oft erst nach Jahren sichtbar wird. Vorerst ging an der Marina das Leben im Kreislauf weiter; es war das alte, und war zugleich das alte nicht. Zuweilen, wenn wir auf der Terrasse standen und auf den Blütenkranz der Gärten blickten, verspürten wir den Hauch versteckter Müdigkeit und Anarchie. Und gerade dann berührte die Schönheit dieses Landes uns bis zum Schmerz. So leuchten, bevor die Sonne scheidet, die Lebensfarben noch gewaltig auf.

In diesen ersten Zeiten hörten wir vom Oberförster kaum. Doch seltsam war es, wie er im gleichen Maße, in dem die Schwächung zunahm und die Wirklichkeit entschwand, sich näherte. Zunächst vernahm man nur Gerüchte, wie eine Seuche, die in fernen Häfen wütet, sich dunkel anzukünden pflegt. Sodann verbreiteten sich Meldungen von nahen Übergriffen und Gewaltsamkeiten, die von Mund zu Munde gingen, und endlich geschahen solche Taten ganz unverhüllt und offenbar. Wie im Gebirge ein dichter Nebel die Wetter kündet, ging dem Oberförster eine Wolke von Furcht voraus. Die Furcht verhüllte ihn, und ich bin sicher, daß darin seine Kraft weit mehr als in ihm selbst zu suchen war. Er konnte erst wirken, wenn die Dinge aus sich selbst heraus ins Wanken kamen — dann aber lagen seine Wälder günstig für den Zugriff auf das Land.

Wenn man die Höhe der Marmorklippen erstieg, war das Gebiet, darin er die Gewalt erstrebte, in seinem vollen Umfang einzusehen. Um auf die Zinne zu gelangen, pflegten wir die schmale Treppe zu erklimmen, die bei Lampusas Küche in den Fels geschlagen war. Die Stufen waren vom Regen ausgewaschen und führten auf eine vorgeschobene Platte, von der man weithin in die Runde sah. Hier weilten wir manche Sonnenstunde, wenn die Klippen in bunten Lichtern strahlten, denn wo am blendend weißen Fels die Sickerwässer nagten, da waren rote und falbe Fahnen in ihn eingesprengt. In mächtigen Behängen fiel das dunkle Efeulaub von ihm herab, und in den feuchten Schrunden funkelten die Silberblätter der Lunaria.

Beim Aufstieg streifte unser Fuß die roten Brombeerran-
ken und schreckte die Perlenechsen auf, die sich grünleuch-
tend auf die Zinnen flüchteten. Dort, wo der fette, mit blauem Enzian gesternte Rasen überhing, waren von Kristallen
gesäumte Drusen in den Fels gebettet, in deren Höhlen die
Käuzchen träumend blinzelten. Auch nisteten die schnellen
rostbraunen Falken dort; wir schritten so nah an ihrer Brut
vorbei, daß wir die Nüstern in ihren Schnäbeln sahen, die
eine feine Haut gleich blauem Wachse überzog.

Hier auf der Zinne war die Luft erquickender als unten im
Kessel, wo die Reben im Glaste zitterten. Zuweilen preßte
die Hitze einen Windschwall hoch, der in den Schrunden sich
melodisch wie in Orgelpfeifen fing und Spuren von Rosen,
Mandeln und Melisse mit sich trug. Von unserem Felsensitze
sahen wir das Dach der Rautenklause nun tief unter uns. Im
Süden, jenseits der Marina, ragte im Schutze seiner Glet-
schergürtel das freie Bergland von Alta Plana auf. Oft waren
seine Gipfel vom Dunst, der aus dem Wasser stieg, verhüllt,
dann wieder war die Luft so rein, daß wir die Zirbelhölzer
unterschieden, die dort bis hoch in die Gerölle vorgeschoben
sind. An solchen Tagen spürten wir den Föhn und löschten
im Haus die Feuer über Nacht.

Oft ruhte unser Blick auch auf den Inseln der Marina, die
wir im Scherz die Hesperiden nannten und an deren Ufern
Zypressen dunkelten. Im strengsten Winter kennt man auf
ihnen weder Frost noch Schnee, die Feigen und Orangen reifen in freier Luft, die Rosen tragen das ganze Jahr. Zur Zeit
der Mandel- und der Aprikosenblüte läßt sich das Volk an
der Marina gern hinüberrudern; sie schwimmen dann wie
helle Blumenblätter auf der blauen Flut. Im Herbst dagegen
schifft man sich ein, um dort den Petersfisch zu speisen, der
in gewissen Vollmondnächten aus großer Tiefe zur Oberfläche steigt und überreich die Netze füllt. Die Fischer pflegen
ihm schweigend nachzustellen, denn sie meinen, daß selbst
ein leises Wort ihn schreckt und daß ein Fluch den Fang verdirbt. Auf diesen Fahrten zum Petersfisch ging es stets fröhlich zu; und man versorgte sich mit Wein und Brot, da auf

den Inseln die Rebe nicht gedeiht. Es fehlen dort die kühlen Nächte im Herbst, in denen der Tau sich auf die Trauben schlägt und so ihr Feuer durch eine Ahnung des Unterganges an Geist gewinnt.

An solchen Feiertagen mußte man auf die Marina blicken, um zu ahnen, was Leben heißt. Am frühen Morgen drang die Fülle der Geräusche hier herauf — ganz fein und deutlich, wie man Dinge im umgekehrten Fernrohr sieht. Wir hörten die Glocken in den Städten und die Böller, die den bekränzten Schiffen in den Häfen Salut entboten, dann wieder die Gesänge frommer Scharen, die zu den Wunderbildern wallten, und den Ton der Flöten vor einem Hochzeitszug. Wir hörten das Lärmen der Dohlen um die Wetterfahnen, den Hahnenschrei, den Kuckucksruf, den Klang der Hörner, wie sie die Jägerburschen blasen, wenn es zur Reiherbeize aus dem Burgtor geht. So wunderlich klang alles dies herauf, so närrisch, als sei die Welt aus buntem Schelmentuch gestückt — doch auch berauschend wie Wein am frühen Tag.

Tief unten säumte die Marina ein Kranz von kleinen Städten mit Mauern und Mauertürmen aus Römerzeiten, hoch von altersgrauen Domen und Merowingerschlössern überragt. Dazwischen lagen die fetten Weiler, um deren Firsten Taubenschwärme kreisten, und die von Moos begrünten Mühlen, zu denen man im Herbst die Esel mit den Maltersäcken traben sah. Dann wieder Burgen, auf hohen Felsenspitzen eingenistet, und Klöster, um deren dunkle Mauerringe das Licht in Karpfenteichen wie in Spiegeln funkelte.

Wenn wir vom hohen Sitze auf die Stätten schauten, wie sie der Mensch zum Schutz, zur Lust, zur Nahrung und Verehrung sich errichtet, dann schmolzen die Zeiten vor unserm Auge innig ineinander ein. Und wie aus offenen Schreinen traten die Toten unsichtbar hervor. Sie sind uns immer nah, wo unser Blick voll Liebe auf altbebautem Lande ruht, und wie in Stein und Ackerfurchen ihr Erbe lebt, so waltet ihr treuer Ahnengeist in Feld und Flur.

In unserm Rücken, gegen Norden, grenzte die Campagna an; sie wurde von der Marina durch die Marmorklippen wie durch einen Wall getrennt. Im Frühling dehnte dieser Wiesengürtel sich als ein hoher Blumenteppich aus, in dem die Rinderherden langsam weideten, wie schwimmend im bunten Schaum. Am Mittag ruhten sie im sumpfig kühlen Schatten der Erlen und der Zitterpappeln, die auf der weiten Fläche belaubte Inseln bildeten, aus denen oft der Qualm der Hirtenfeuer stieg. Dort sah man weit verstreut die großen Höfe mit Stall und Scheuer und den hohen Stangen der Brunnen, die die Tränken wässerten.

Im Sommer war es hier sehr heiß und dunstig, und im Herbst, zur Zeit der Schlangenpaarung, war dieser Strich wie eine Wüstensteppe, einsam und verbrannt. An seinem andern Rande ging er in ein Sumpfland über, in dessen Dickicht kein Zeichen der Besiedlung mehr zu spüren war. Nur Hütten aus grobem Schilf, wie sie zur Entenjagd errichtet werden, ragten hin und wieder am Ufer der dunklen Moorgewässer auf, und in die Erlen waren verdeckte Sitze wie Krähennester eingebaut. Dort herrschte bereits der Oberförster, und bald begann der Boden anzusteigen, in dessen Grund der Hochwald wurzelte. Von seinen Säumen sprangen noch wie lange Sicheln Gehölze, die man im Volk die Hörner nannte, in die Weidestriche vor.

Das war das Reich, das um die Marmorklippen dem Blick sich rundete. Wir sahen von ihrer Höhe das Leben, das auf altem Grunde wohl gezogen und gebunden wie die Rebe sich entfaltete und Früchte trug. Wir sahen auch seine Grenzen: die Gebirge, in denen hohe Freiheit, doch ohne Fülle, bei Barbarenvölkern wohnte, und gegen Mitternacht die Sümpfe und dunklen Gründe, aus denen blutige Tyrannis droht.

Gar oft, wenn wir zusammen auf der Zinne standen, bedachten wir, wieviel dazu gehört, bevor das Korn geerntet und das Brot gebacken wird, und wohl auch dazu, daß der Geist in Sicherheit die Flügel regen kann.

9

In guten Zeiten hatte man der Händel, die von je auf der Campagna spielten, kaum geachtet, und das mit Recht, da sich dergleichen an allen Orten wiederfinden, wo Hirten und Weidesteppen sind. In jedem Frühjahr gab es Streitigkeiten um das noch ungebrannte Vieh und dann die Kämpfe an den Wasserplätzen, sobald die Trockenheit begann. Auch brachen die großen Stiere, die Ringe in den Nüstern trugen und den Frauen an der Marina bange Träume schufen, in fremde Herden ein und jagten sie den Marmorklippen zu, an deren Fuß man Hörner und Rippen bleichen sah.

Vor allem aber war das Volk der Hirten wild und ungezähmt. Ihr Stand vererbte sich seit Anbeginn vom Vater auf den Sohn, und wenn sie in zerlumptem Kreis um ihre Feuer saßen, mit Waffen in der Faust, wie die Natur sie wachsen läßt, dann sah man wohl, daß sie sich von dem Volke unterschieden, das an den Hängen die Rebe baut. Sie lebten wie in Zeiten, die weder Haus noch Pflug noch Webstuhl kannten und in denen das flüchtige Obdach aufgeschlagen wurde, wie der Zug der Herden es gebot. Dem entsprachen auch ihre Sitten und ein rohes Gefühl für Recht und Billigkeit, das ganz auf die Vergeltung zugeschnitten war. So fachte jeder Totschlag ein langes Rachefeuer an, und es gab Sippen- und Familienfehden, von deren Ursprung längst die Kunde erloschen war und die doch Jahr für Jahr den Blutzoll forderten. Campagnafälle pflegten daher die Juristen an der Marina das grobe, ungereimte Zeug zu nennen, das ihnen unterlief; auch luden sie die Hirten nicht aufs Forum, sondern entsandten Kommissarien in ihr Gebiet. In anderen Bezirken übten die Pächter der Magnaten und Lehensherren, die auf den großen Weidehöfen saßen, die Gerichtsbarkeit. Daneben gab es noch freie Hirten, die reich begütert waren, wie die Bataks und Belovars.

Im Umgang mit dem rauhen Volke lernte man auch das Gute kennen, das ihm eigen war. Dazu gehörte vor allem die

Gastfreiheit, die jeden, der sich an seine Feuer setzte, einbezog. Nicht selten konnte man im Kreis der Hirten auch städtische Gesichter sehen, denn allen, die aus der Marina weichen mußten, bot die Campagna eine erste Zuflucht dar. Hier traf man vom Arrest bedrohte Schuldner und Scholaren, denen bei einer Zecherei ein allzu guter Stoß gelungen war, in der Gesellschaft von entsprungenen Mönchen und fahrendem Gelichter an. Auch junge Leute, die nach Freiheit strebten, und Liebespaare, die nach Art der Schäfer leben wollten, suchten gerne die Campagna auf.

Hier wob zu allen Zeiten ein Netz von Heimlichkeiten, das die Grenzen der festen Ordnung überspann. Die Nähe der Campagna, in der das Recht geringer durchgebildet war, schien manchem günstig, dessen Sache sich böse wendete. Die meisten kehrten wieder, nachdem die Zeit und gute Freunde für sie gewirkt, und andere verschwanden in den Wäldern auf Nimmerwiedersehen. Nach Alta Plana aber gewann, was sonst zum Lauf der Dinge zählte, unheilvollen Sinn. Oft dringt in den erschöpften Körper das Verderben durch Wunden, die der Gesunde kaum bemerkt.

Die ersten Zeichen wurden nicht erkannt. Als die Gerüchte von Tumulten aus der Campagna drangen, schien es, daß die alten Blutrachezwiste sich verschärften, doch bald erfuhr man, daß neue und ungewohnte Züge sie verdüsterten. Der Kern von roher Ehre, der die Gewalt gemildert hatte, ging verloren; die reine Untat blieb bestehen. Man hatte den Eindruck, daß in die Sippenbünde aus den Wäldern Späher und Agenten eingedrungen waren, um sich ihrer zu fremden Diensten zu bemächtigen. Auf diese Weise verloren die alten Formen ihren Sinn. So etwa war seit jeher, wenn an einem Kreuzweg ein Leichnam mit vom Dolch gespaltener Zunge aufgefunden wurde, kein Zweifel, daß hier ein Verräter den auf seine Spur gesetzten Rächern erlegen war. Auch nach dem Kriege konnte man auf Tote stoßen, die solche Marke trugen, doch nunmehr wußte jeder, daß es sich um Opfer der reinen Meintat handelte.

Desgleichen hatten die Bünde stets Tribut erhoben, doch

hatten ihn die Grundherren gern gezahlt, die ihn zugleich als eine Art von Prämie auf den guten Stand des Weideviehs betrachteten. Nun aber schwollen die Forderungen unerträglich an, und wenn der Pächter den Erpresserbrief am Pfosten leuchten sah, dann hieß es zahlen oder außer Landes gehen. Zwar hatte mancher auch auf Widerstand gesonnen, doch in solchen Fällen war es zur Plünderung gekommen, die offensichtlich nach überlegtem Plane vor sich ging.

Es pflegte dann Gesindel, das unter Führung von Leuten aus den Wäldern stand, nachts vor den Höfen zu erscheinen, und wenn der Einlaß ihm verweigert wurde, schränkte es die Schlösser mit Gewalt. Man nannte diese Banden auch die Feuerwürmer, denn sie gingen die Tore mit Balken, auf denen kleine Lichter glühten, an. Von andern wurde dieser Name dahin ausgedeutet, daß sie nach geglücktem Sturme den Leuten mit Feuer zuzusetzen pflegten, um zu erfahren, wo das Silber verborgen war. Auf alle Fälle hörte man von ihnen das Niederste und Unterste, deß Menschen fähig sind. Dazu gehörte, daß sie, um Schrecken zu erregen, die Leichen der Ermordeten in Kisten oder Fässer packten; und solche unheilvolle Sendung wurde dann mit den Frachten, die aus der Campagna kamen, den Angehörigen ins Haus gebracht.

Weitaus bedrohlicher erschien der Umstand, daß alle diese Taten, die das Land erregten und nach dem Richter schrien, kaum noch Sühne fanden — ja es kam so, daß man von ihnen nicht mehr laut zu sprechen wagte und daß die Schwäche ganz offensichtlich wurde, in der das Recht sich gegenüber der Anarchie befand. Zwar hatte man gleich nach Beginn der Plünderungen die Kommissarien entsandt, die von Piketts begleitet waren, doch hatten diese die Campagna bereits in offenem Aufruhr angetroffen, so daß es zur Verhandlung nicht gekommen war. Um nun scharf einzuschneiden, mußten nach der Satzung die Stände einberufen werden, denn in Ländern, die wie die Marina von alter Rechtsgeschichte sind, verläßt man ungern den richterlichen Weg.

Bei diesem Anlaß zeigte sich, daß die von der Campagna auch in der Marina schon vertreten waren, wie denn seit jeher die zurückgekehrten Städter teils eine Klientel von Hirten beibehielten, teils auch durch Blutstrunk sich in die Sippen gliederten. Auch diese Bünde folgten nun der Wendung zum Schlimmeren, und dort besonders, wo die Ordnung schon brüchig war.

So blühten dunkle Konsulenten auf, die vor den Schranken das Unrecht schützten, und in den kleinen Hafenschenken nisteten die Bünde sich offen ein. An ihren Tischen konnte man nun Bilder wie draußen an den Weidefeuern sehen — da hockten alte Hirten, die Beine mit rauhem Fell umwunden, neben Offizieren, die seit Alta Plana auf Halbsold saßen; und alles, was zu beiden Seiten der Marmorklippen an mißgelauntem oder auf Veränderung erpichtem Volke lebte, pflegte hier zu zechen und schwärmte wie in dunklen Stabsquartieren aus und ein.

Es konnte die Verwirrung nur vermehren, daß auch Söhne von Notabeln und junge Leute, die die Stunde einer neuen Freiheit gekommen glaubten, an diesem Treiben sich beteiligten. Sie scharten sich um Literaten, die begannen, die Hirtenlieder nachzuahmen, und die man nun, anstatt in wollenen und leinenen Gewändern, in Zottelfellen und mit derben Knüppeln auf dem Corso wandeln sah.

In diesen Kreisen wurde es auch üblich, den Bau der Rebe und des Kornes zu verachten und den Hort der echten, angestammten Sitte im wilden Hirtenland zu sehen. Indessen kennt man die leicht ein wenig qualmigen Ideen, die die Begeisterten entzücken, und man hätte darüber lachen können, wenn es nicht zum offenen Sakrileg gekommen wäre, das jedem, der nicht die Vernunft verloren hatte, ganz unverständlich war.

10

In der Campagna, wo die Weidepfade die Grenzen der Bezirke überschnitten, sah man häufig die kleinen Hirtengötter stehen. Als Hüter der Marken waren sie ungefüge aus Steinen oder altem Eichenholz geschnitzt, und man erriet sie schon von ferne am ranzigen Geruch, den sie verbreiteten. Die hergebrachte Spende nämlich bestand in heißen Güssen von Butter und Gekröseschmer, wie ihn das Opfermesser zur Seite schiebt. Aus diesem Grunde sah man um die Bilder auch stets die schwarzen Narben von Feuerchen im grünen Wiesengrund. Von ihnen hegten die Hirten nach dargebrachter Gabe ein verkohltes Stengelchen, mit dem sie zur Nacht der Sonnenwende den Leib von allem, was trächtig werden sollte von Weib und Vieh, mit einem Male zeichneten.

Wenn wir den Mägden, die vom Melken kamen, an solchem Ort begegneten, dann zogen sie das Kopftuch vors Gesicht, und Bruder Otho, der Freund und Kenner der Gartengötter war, ging nie vorüber, ohne ihnen einen Scherz zu weihen. Auch schrieb er ihnen ein hohes Alter zu und nannte sie Gefährten des Jupiter aus seiner Kinderzeit.

Dann war da noch, unweit des Fillerhornes, ein Vorgehölz aus Trauerweiden, in dem das Bildnis eines Stieres mit roten Nüstern, roter Zunge und rotbemaltem Gliede stand. Der Ort galt als verrufen, und die Kunde grausamer Feste war mit ihm verknüpft.

Wer aber hätte glauben mögen, daß man den Schmalz- und Buttergöttern, die den Kühen die Euter füllten, nun an der Marina zu huldigen begann? Und das geschah in Häusern, wo seit langem über Opfer und Opferdienst gespottet worden war. Dieselben Geister, die sich für stark genug erachtet hatten, die Bande des alten Ahnenglaubens zu zerschneiden, wurden vom Zauber barbarischer Idole unterjocht. Das Bild, das sie in ihrer Blendung boten, war widriger als Trunkenheit, die man am Mittag sieht. Indem sie zu fliegen wähnten und sich dessen rühmten, wühlten sie im Staub.

Ein schlimmes Zeichen lag auch darin, daß die Verwirrung auf die Totenehrung übergriff. Zu allen Zeiten war an der Marina der Stand der Dichter hochberühmt. Sie galten dort als freie Spender, und die Gabe, den Vers zu bilden, wurde als die Quelle der Fülle angesehen. Daß die Rebe blühte und Früchte trug, daß Mensch und Vieh gediehen, die bösen Winde sich zerstreuten und heitre Eintracht in den Herzen wohnte — das alles schrieb man dem Wohllaut zu, wie er in Liedern und Gesängen lebt. Davon war selbst der kleinste Winzer überzeugt, und auch nicht minder davon, daß der Wohllaut die Heilkraft birgt.

So arm war keiner dort, daß nicht das Erste und Beste, das sein Garten an Früchten brachte, in die Denkerhütten und Dichterklausen ging. Dort konnte jeder, der sich berufen fühlte, der Welt im Geist zu dienen, in Muße leben — zwar in Armut, doch ohne Not. Im Hin und Wider jener, die den Acker bauten und das Wort bestellten, galt als Vorbild der alte Satz: »Das Beste geben die Götter uns umsonst.«

Es ist ein Zeichen guter Zeiten, daß in ihnen die Geistesmacht auch sichtbar und gegenwärtig wirkt. Das galt auch hier; im Wechsel der Jahreszeiten, des Götterdienstes und des Menschenlebens war kein Festtag möglich ohne das Gedicht. Vor allem aber stand dem Dichter bei den Totenfeiern, nachdem der Leichnam eingesegnet war, das Amt des Totenrichters zu. Ihm lag es ob, auf das entschwundene Leben einen göttergleichen Blick zu tun und es im Vers zu preisen, so wie ein Taucher aus der Muschel die Perle hebt.

Seit Anbeginn gab es zwei Maße für die Totenehrung, von denen das übliche das Elegeion war. Das Elegeion galt als Spende, die dem rechtlich in Bitterkeit und Freude zugebrachten Leben ziemte, wie es uns Menschen zugemessen wird. Sein Ton war auf die Klage abgestimmt, doch auch voll Sicherheit, wie sie dem Herzen im Leiden Trost gewährt.

Dann aber gab es das Eburnum, das im Altertume den Erlegern der Ungeheuer, die vor der Menschensiedlung in den Sümpfen und Klüften hausten, vorbehalten war. Das klassische Eburnum mußte in höchster, erlauchter Heiterkeit gehalten sein; es hatte in der Admiratio zu enden, während deren aus zerbrochenem Käfig ein schwarzer Adler in die Lüfte stieg. Im Maße, in dem die Zeiten sich milderten, erkannte man das Eburnum auch jenen, die man die Mehrer oder Optimaten nannte, zu. Wer nun zu diesen zählte, dessen war das Volk sich stets bewußt gewesen, obgleich mit der Verfeinerung des Lebens sich auch die Ahnenbilder wandelten.

Nun aber erlebte man zum ersten Male, daß um den Spruch der Totenrichter Streit entstand. Es drangen nämlich mit den Bünden auch die Blutrachefehden der Campagna in die Städte ein. Wie eine Seuche, die noch unberührten Boden findet, schwoll auch hier der Haß gewaltig an. Nachts und mit niederen Waffen drang man aufeinander ein, und das aus keinem anderen Grunde, als weil vor hundert Jahren der Wenzel durch den Jegor erschlagen worden war. Doch was sind Gründe, wenn die Verblendung uns ergreift. Gar bald ging keine Nacht vorüber, in der die Wache nicht auf den Straßen und bei den Quartieren auf Tote stieß, und manchen traf man mit Wunden, die des Schwertes nicht würdig sind — ja selbst mit solchen, mit denen die blinde Wut den schon Gefallenen zerstückt.

In diesen Kämpfen, die zu Menschenjagden, Hinterhalten und Mordbrand führten, verloren die Parteien jedes Maß. Bald hatte man den Eindruck, daß sie sich kaum noch als Menschen sahen, und ihre Sprache durchsetzte sich mit Wörtern, die sonst dem Ungeziefer galten, das ausgerottet, vertilgt und ausgeräuchert werden soll. Den Mord vermochten sie nur auf der Gegenseite zu erkennen, und dennoch war bei ihnen rühmlich, was dort als verächtlich galt. Während ein jeder die anderen Toten kaum für würdig hielt, bei Nacht und ohne Licht verscharrt zu werden, sollte um die seinen das Purpurtuch geschlungen werden, es sollte das Eburnum klingen und der Adler steigen, der das Lebensbild der Helden und Seher zu den Göttern trägt.

Freilich fand keiner von den großen Sängern, und ob sie goldene Lasten boten, zu solcher Schändung sich bereit. Da holten jene denn die Harfenisten, die auf der Kirchweih zum Tanze spielen, und die blinden Zitherschläger, wie sie vor den Triklinien der Freudenhäuser die trunkenen Gäste durch Lieder von der Venusmuschel oder vom Fresser Herkules erfreuen. So waren denn die Kämpen und die Barden einander wert.

Nun weiß man aber, daß das Metron ganz unbestechlich ist. An seine unsichtbaren Säulen und Tore reichen die Feuer

der Zerstörung nicht hinan. Kein Wille dringt in den Wohlklang ein, und daher blieben auch jene nur betrogene Betrüger, die wähnten, daß Opferspenden vom Range des Eburnums käuflich seien. Wir wohnten nur der ersten dieser Totenfeiern bei, und was wir davon erwartet hatten, sahen wir
geschehen. Der Mietling, der den hohen, aus leichtem Feuer-
stoff gefügten Bogen des Gedichtes beschreiten sollte, begann sogleich zu stammeln und verwirrte sich. Dann aber
wurde die Sprache ihm geläufig und kehrte sich zu niederen
Haß- und Rachejamben, die im Staube züngelten. Bei diesem
Schauspiel sahen wir die Menge in den roten Festgewän-
dern, die man zum Eburnum trägt, und auch die Magistrate
und den Klerus im Ornat. Sonst herrschte, wenn der Adler
aufstieg, Stille, diesmal brach wilder Jubel aus.

Bei diesen Tönen ergriff uns Trauer, und mit uns manchen,
denn wir fühlten, daß nun aus der Marina der gute Ahnengeist gewichen war.

11

Es ließen sich noch viele Zeichen nennen, in denen der
Niedergang sich äußerte. Sie glichen dem Ausschlag, der erscheint, verschwindet und wiederkehrt. Dazwischen waren
auch heitre Tage eingesprengt, in denen alles wie früher
schien.

Gerade hierin lag ein meisterhafter Zug des Oberförsters;
er gab die Furcht in kleinen Dosen ein, die er allmählich steigerte und deren Ziel die Lähmung des Widerstandes war.
Die Rolle, die er in diesen Wirren, die sehr fein in seinen
Wäldern ausgesponnen wurden, spielte, war die der Ord-
nungsmacht, denn während seine niederen Agenten, die in
den Hirtenbünden saßen, den Stoff der Anarchie vermehr-
ten, drangen die Eingeweihten in die Ämter und Magistrate,
ja selbst in Klöster ein und wurden dort als starke Geister,
die den Pöbel zu Paaren treiben würden, angesehen. Der
Oberförster glich einem bösen Arzte, der zunächst das Leiden fördert, um sodann dem Kranken die Schnitte zuzufü-
gen, die er im Sinne hat.

Wohl gab es in den Magistraten Köpfe, die das Spiel durchschauten, doch fehlte ihnen, es zu hindern, die Gewalt. An der Marina hatte man seit jeher fremde Truppen in Sold gehalten, und solange die Dinge in Ordnung waren, war man gut bedient. Als nun die Händel bis an die Ufer drangen, suchte ein jeder die Söldner zu gewinnen, und Biedenhorn, ihr Führer, stieg über Nacht zu hoher Geltung auf. Es konnte ihm wenig daran liegen, auf eine Wendung einzuwirken, die ihm so günstig war; vielmehr begann er, den Schwierigen zu spielen, und hielt die Truppen zurück wie Geld, das man auf Zinsen legt. Er hatte sich mit ihnen in eine alte Festung, den Zwinger, eingeschanzt und lebte dort wie die Maus im Speck. So hatte er im Gewölbe des großen Turmes ein Trinkgemach errichtet, wo er behaglich zechend im Gemäuer saß. Im bunten Glas des Fensterbogens erblickte man sein Wappen, zwei Hörner mit dem Spruche: »De Willekumm / Geiht um!«

In dieser Klause hauste er, voll jener jovialen List des Nordens, die man leicht unterschätzt, und hörte mit gut gespieltem Kummer die Kläger an. Im Zechen pflegte er sich dann für Recht und Ordnung zu ereifern — doch sah man nie, daß er zum Schlagen kam. Daneben verhandelte er nicht nur mit den Sippenbünden, sondern auch mit den Kapitänen des Oberförsters, die er auf Kosten der Marina in Saus und Braus bewirtete. Mit diesen Waldkapitänen spielte er den Gemeinden einen bösen Streich. Indem er sich hilfsbedürftig stellte, schob er ihnen und ihrem Waldgesindel die Aufsicht über die ländlichen Bezirke zu. Damit begann der Schrecken ganz und gar zu herrschen und nahm die Maske der Ordnung an.

Die Kontingente, die den Kapitänen zur Verfügung standen, waren zunächst gering, auch wurden sie vereinzelt, wie Gendarmerie, ins Feld gebracht. Das galt vor allem für die Jäger, die wir häufig um die Rautenklause streichen sahen und die leider auch in Lampusas Küche vesperten, das Waldgelichter, wie es im Buche steht, klein, blinzelnd und mit dunklen Hängebärten in den zerfressenen Gesichtern; ein

Rotwelsch sprechend, das von allen Zungen das Übelste sich angeeignet hatte und wie aus blutigem Kot gebacken war.

Wir fanden sie mit minderen Waffen, mit Schlingen, Garnen und gekrümmten Dolchen, die sie Blutzapfer nannten, ausgerüstet; auch waren sie zumeist ringsum behangen mit niederem Getier. Sie stellten an unserer Marmorklippenstiege den großen Perlenechsen nach und fingen sie auf jene altbekannte Art, bei der man eine feine Schlinge mit Speichel netzt. Die schönen, goldgrünen und leuchtend weiß gesternten Tiere hatten unser Auge oft erfreut, besonders wenn wir sie im Brombeerlaub erblickten, das herbstlich im Rankenwerk die Klippen überspann. Die Häute waren bei den welschen Kurtisanen, die der Alte auf seinen Höfen aushielt, sehr begehrt; auch ließen seine Muscadins und Spintrier sich daraus Gürtel und feine Futterale fertigen. So wurden diese grünen Zauberwesen unbarmherzig verfolgt, und schlimme Grausamkeiten wurden an ihnen ausgeübt. Ja diese Schinder nahmen sich nicht einmal die Mühe, sie zu töten, sondern beraubten sie noch lebend ihrer Haut und ließen sie als weiße Schemen die Klippen hinunter schießen, an deren Fuß sie unter Qualen verendeten. Tief ist der Haß, der in den niederen Herzen dem Schönen gegenüber brennt.

Solche Aasjägerstückchen gaben indessen nur den Vorwand, um bei den Höfen und Häusern zu spionieren, ob in ihnen noch ein Rest von Freiheit lebendig war. Dann wiederholten sich die Banditenstreiche, die man schon aus der Campagna kannte, und die Bewohner wurden bei Nacht und Nebel abgeführt. Von dort kam keiner wieder, und was wir im Volk von ihrem Schicksal raunen hörten, erinnerte an die Kadaver der Perlenechsen, die wir geschunden an den Klippen fanden, und füllte unser Herz mit Traurigkeit.

Dann tauchten auch die Förster auf, die man oft an den Rebenhängen und auf den Hügeln bei der Arbeit sah. Sie schienen das Land neu zu vermessen, denn sie ließen Löcher in den Boden graben und pflanzten Stangen mit Runenzeichen und tierischen Symbolen auf. Die Art, in der sie sich in Feld und Flur bewegten, war noch bestürzender als die der

Jäger, denn sie durchstreiften den altgepflügten Grund wie
Heideland, indem sie weder Weg noch Grenze achteten.
Auch zollten sie den heiligen Bildern nicht den Gruß. Man
sah sie das reiche Land durchqueren wie unbestellte und un-
geweihte Wüstenei.

Aus solchen Zeichen ließ sich erraten, was von dem Alten,
der tief in seinen Wäldern lauerte, noch zu erwarten war.
Ihm, der den Pflug, das Korn, die Rebe und die gezähmten
Tiere haßte und dem die lichte Siedlung und das offene Menschenwesen zuwider waren, war es um Herrschaft über solche Fülle nicht zu tun. Ihm ging das Herz erst auf, wenn auf
den Trümmern der Städte Moos und Efeu grünten und wenn
in den geborstenen Kreuzgewölben der Dome die Fleder-
maus im Mondschein flatterte. Die letzten seiner großen
Bäume sollten die Wurzeln an den Ufern der Marina baden,
und über ihren Kronen sollte der Silberreiher auf den
Schwarzstorch treffen, der aus den Eichenschlägen zum
Sumpfe flog. Es sollten in der dunklen Weinbergerde die
Eber mit den Hauern wühlen, und auf den Klosterteichen
sollten die Biber kreisen, wenn auf verborgenen Pfaden das
Wild zur Dämmerung in starken Rudeln an die Tränke zog.
Und an den Rändern, wo die Bäume im Sumpf nicht Wurzel
schlugen, sollte im frühen Jahr die Schnepfe streichen und
spät im Herbst die Drossel an die rote Beere gehen.

12

Auch liebte der Oberförster weder Bauernhöfe noch Dichterklausen noch irgendeinen Ort, wo man besonnen tätig
war. Das Beste, was auf seinen Territorien hauste, war noch
ein Schlag von rüden Kerlen, deren Lebenslust im Spüren
und im Hetzen ruhte und die dem Alten ergeben waren vom
Vater auf den Sohn. Das waren die Weidgerechten, während
jene niederen Jäger, die wir an der Marina sahen, aus sonderbaren Dörfern stammten, die der Alte im tiefen Tannicht unterhielt.

Fortunio, der das Reich des Alten noch am besten kannte, hatte mir von ihnen berichtet als von Genisten altersgrauer Hütten — die Mauern aus Lehm und Häckselschilf errichtet und die spitzen Giebel mit fahlem Moos gedeckt. Dort hauste wie in Albenhöhlen in Vogelfreiheit eine dunkle Brut. Wenn dieses Volk auch fahrend war, blieb doch in seinen Nestern und Spelunken immer ein Stamm zurück, so wie im Pfeffertopfe stets der letzte Grund als Würze zurückbehalten wird.

In diese Waldesgründe hatte sich geflüchtet, was je in Kriegen oder Zeiten, in denen der Landfriede ruhte, der Vernichtung entronnen war — so Hunnen, Tataren, Zigeuner, Albigenser und ketzerische Sekten aller Art. Zu diesen hatte sich gesellt, was immer den Profosen und der Henkershand entsprungen war, versprengte Scharen der großen Räuberbanden aus Polen und vom Niederrhein und Weiber, die keine Arbeit leisten als mit der Hand, darauf man sitzt, und die der Büttel aus dem Tore fegt.

Hier schlugen die Magier und die Hexenmeister, die dem Scheiterhaufen entronnen waren, ihre Zauberküchen auf; und bei den Eingeweihten, Venedigern und Alchimisten zählten diese unbekannten Dörfer zu den Horten der Schwarzen Kunst. In Fortunios Händen hatte ich ein Manuskript gesehen, das von dem Rabbi Nilüfer stammte, der, aus Smyrna ausgetrieben, auf seinen Wanderungen auch in den Wäldern zu Gast gewesen war. Man sah aus seiner Schrift, daß sich die Weltgeschichte hier wie in trüben Tümpeln, an deren Ufern Ratten nisten, spiegelte. Hier ruhte der Schlüssel zu manchem ihrer dunklen Fächer; es hieß, daß Meister Villon nach der Vertreibung aus Pérouard in einem dieser Tannichtnester Unterschlupf gefunden hatte, in denen, wie der Stammsitz vieler dunkler Zünfte, auch jener der Coquillards gelegen war. Sie wechselten dann nach Burgund hinüber, doch blieb hier stets ein Zufluchtsort.

Was immer aus der Welt in ihnen untertauchte, das gaben diese Wälder mit Zins und Zinseszins aus ihrem Schoß zurück. Aus ihnen zogen vor allem jene niederen Jäger, die sich erbieten, in Haus und Feld das Ungeziefer zu vertilgen, und wie Nilüfer meinte, war dies die Stätte, darinnen der Pfeifer von Hameln mit den Kindern verschwunden war. Mit diesen Scharen gingen Raub und Händel landaus, landein. Doch stammten aus den Wäldern auch die zierlichen Betrüger, die mit Wagen und Dienerschaft erscheinen und die man selbst an Fürstenhöfen trifft. So floß von hier ein dunkler Blutstrom in die gebahnte Welt. Wo immer Meintat und Neidingswerk geschahen, war einer von den schlimmen Zünften mit dabei — und mit im Reigen, wo auf den Galgenhügeln der Wind die armen Schelme zum Tanz aufführt.

Für alle diese war der Alte der große Boß, dem sie den Saum des roten Jagdrocks küßten oder den Stiefelschaft, wenn er zu Pferde saß. Er wiederum verfuhr mit diesem Volke nach Belieben und ließ zuweilen ein paar Dutzend wie Krammetsvögel in die Bäume knüpfen, wenn es sich allzu üppig zu vermehren schien. Sonst mochte es in seinen Gründen hausen und schmausen, wie es ihm gefiel.

Als Schutzherr der Vagantenheimat war der Alte auch draußen in der Welt von großer, verborgener und weit verzweigter Macht. Wo immer die Gebäude, wie Menschenordnung sie errichtet, brüchig wurden, schoß seine Brut wie Pilzgeflecht hervor. Sie wob und wirkte, wo Knechte dem angestammten Hause die Gefolgschaft weigerten, wo man auf Schiffen im Sturme meuterte, wo man den Schlachtenkönig im Stiche ließ.

Allein der Oberförster war von solchen Kräften gut bedient. Wenn er in seinem Stadthaus die Mauretanier empfing, umgab ihn eine Fülle von Dienerschaft — von grün livrierten Jägern, von Lakaien in rotem Frack und schwarzen Eskarpins, von Hausbeamten und Vertrauten aller Art. Man spürte bei solchen Festen ein wenig von der Gemütlichkeit, wie sie der Alte in seinen Wäldern liebte; die weite Halle war warm und strahlend — nicht wie vom Sonnenlicht, doch wie von Flammen und vom Golde, das in Höhlen glänzt.

Wie in den Tiegeln der Alchimisten der Diamant aus niederer Kohlenglut erstrahlt, so wuchsen in den Waldgenisten zuweilen Weiber von erlesener Schönheit auf. Sie waren, wie jeder in den Wäldern, dem Alten leibeigen, und auf seinen Reisen führte er stets Sänften im Gefolge mit. Wenn er in seinen kleinen Häusern vor den Toren die jungen Mauretanier zu Gaste hatte und guter Laune war, dann kam es vor, daß er die Odalisken zur Schau ausstellte, wie andere seiner Kostbarkeiten auch. Er ließ sie in das Billardzimmer rufen, wo man nach schwerem Mahle beim Ingwertrunk versammelt war, und setzte ihnen dort die Bälle zur Partie. Dann sah man die enthüllten Körper, im roten Lichtschein auf das grüne Tuch gebeugt, sich langsam in den mannigfachen Posen biegen und wenden, die das Spiel verlangt. Aus seinen Wäldern hörte man in dieser Hinsicht Dinge, die gröber waren, wenn er nach langer Hetze auf den Fuchs, den Elch, den Bären auf der mit Waffen und Geweihen geschmückten Tenne zechte und gebietend auf dem mit blutbetauten Brüchen besteckten Hochsitz saß.

Daneben dienten solche Weiber ihm als Lockvögel feinster Sorte, wo immer in der Welt er in Geschäfte verwickelt war. Wer sich den trügerischen Blüten, die dem Sumpf entsprossen waren, nahte, verfiel dem Banne, der die Niederung regiert; und schon so manchen sahen wir in unseren Mauretanierzeiten untergehen, dem ein großes Schicksal winkte — denn in solchen Ränken verfängt am ersten sich der hohe Sinn.

Derart war der Bestand beschaffen, der das Gebiet besiedeln sollte, wenn der Alte vollends über die Marina Herr würde. So folgen Stechapfel, Mohn und Bilsenkraut den edlen Früchten, wenn die Gärten vom Feind verwüstet sind. Dann würden statt der Spender von Wein und Brot die fremden Götter auf den Sockeln sich erheben — wie die Diana, die in den Sümpfen zu wilder Fruchtbarkeit entartet war und dort mit traubenförmigen Behängen von goldenen Brüsten prunkte, und wie die Schreckensbilder, die mit Klauen, Hörnern und Zähnen Furcht erregen und Opfer fordern, die der Menschen nicht würdig sind.

13

Das war der Stand der Dinge im siebten Jahre nach Alta Plana, und auf diesen Feldzug führten wir die Übel, die das Land verdüsterten, zurück. Zwar hatten auch wir beide daran teilgenommen und das Gemetzel vor den Pässen bei den Purpurreitern mitgemacht — doch nur, um unsere Lehenspflicht zu leisten, und in diesem Stande lag es uns ob zu schlagen, nicht aber nachzugrübeln, wo Recht und Unrecht war. Wie man indessen dem Arme leichter als dem Herzen gebieten kann, so lebte unser Sinn bei jenen Völkern, die ihre angestammte Freiheit gegen jede Übermacht verteidigt hatten, und wir erblickten in ihrem Siege mehr als Waffenglück.

Hinzu kam, daß wir auf Alta Plana Gastfreundschaft gewonnen hatten, denn vor den Pässen war der junge Ansgar, der Sohn des Wirtes von der Bodanalp, in unsere Hand gefallen und hatte Geschenke mit uns getauscht. Von der Terrasse sahen wir ganz in der Ferne die Bodanalp als eine blaue Matte, die tief im Heer der Gletscherzacken verborgen war, und der Gedanke, daß auf ihrem Talhof zu jeder Stunde Sitz und Stätte wie für Brüder für uns bereitet war, verlieh uns Sicherheit.

Als wir in unserer Vaterheimat hoch im Norden die Waffen wieder in die Rüstkammer eingeschlossen hatten, erfaßte uns der Sinn nach einem Leben, das von Gewalt gereinigt war, und wir gedachten unserer alten Studien. Wir kamen bei den Mauretaniern um ehrenvollen Abschied ein und wurden mit dem schwarz-rot-schwarzen Bande in die Feierzunft versetzt. In diesem Orden hoch emporzusteigen, hätte es uns wohl nicht an Mut und Urteilskraft gefehlt; doch war die Gabe uns versagt geblieben, auf das Leiden der Schwachen und Namenlosen herabzusehen, wie man vom Senatorensitze in die Arena blickt. Wie aber, wenn die Schwachen das Gesetz verkennen und in der Verblendung mit eigener Hand die Riegel öffnen, die zu ihrem Schutze geschlossen sind? Wir konnten auch die Mauretanier nicht durchaus tadeln, denn tief war Recht mit Unrecht nun vermischt; die Festen wankten, und die Zeit war für die Fürchterlichen reif. Die Menschenordnung gleicht dem Kosmos darin, daß sie von Zeit zu Zeiten, um sich von neuem zu gebären, ins Feuer tauchen muß.

So taten wir wohl recht, den Händeln auzuweichen, bei denen Ruhm nicht zu gewinnen war, und friedlich an die Marina zurückzukehren, um an den leuchtenden Gestaden uns den Blumen zuzuwenden, in deren flüchtig bunten Zeichen das Unveränderliche ruht wie in geheimer Bilderschrift und die den Uhren gleichen, auf denen stets die rechte Stunde zu lesen ist.

Kaum waren aber Haus und Garten gerichtet und die Arbeit so gediehen, daß ihre ersten Früchte winkten, da glomm bereits der Mordbrandschimmer an der Campagnafront der Marmorklippen auf. Als dann der Trubel auf die Marina übergriff, da waren wir gezwungen, Nachrichten einzuziehen, um mit der Art und Größe der Bedrohung vertraut zu sein.

Auf der Campagna hatten wir den alten Belovar, den wir im Scherze den Arnauten nannten und der häufig in Lampusas Küche zu treffen war. Er kam mit Kräutern und mit seltenen Wurzeln, die seine Frauen aus der fetten Erde der Weidegründe gruben und die Lampusa für ihre Tränke und Mixturen trocknete. Aus diesem Grunde hatten wir uns mit ihm angefreundet und auf der Bank im Küchenvorhof manche Kanne Wein mit ihm geleert. Er war sehr zuverlässig in bezug auf alle Namen, mit denen das Volk die Blumen nennt, von denen es eine große Anzahl zu unterscheiden weiß; und wir horchten ihn gerne, um unsere Synonymik zu bereichern, darüber aus. Auch kannte er Standorte rarer Arten — wie der Riemenzunge, die in den Büschen mit Bocksgeruch erblüht, des Ohnhorns, dessen Lippe in Form des Menschenleibes gebildet ist, und einer Ragwurz, deren Blüte dem Pantherauge gleicht. Wir ließen uns daher oft von ihm begleiten, wenn wir jenseits der Marmorklippen sammelten. Er wußte dort bis zu den Wäldern Weg und Steg; vor allem aber erwies sich, als die Hirten aufsässig wurden, sein Geleit als sicherer Schutz.

In diesem Alten verkörperte sich das Beste, was die Weidegründe zu bieten hatten — freilich auf andre Art, als sie die Muscadins erträumten, die in dem Hirtenvolke den idealen Menschen entdeckt zu haben glaubten, den sie in rosafarbenen Gedichten feierten. Der alte Belovar war siebzigjährig, von hoher, hagerer Gestalt, mit weißem Barte, der zu dem schwarzen Haupthaar in sonderbarem Gegensatze stand. An seinem Antlitz fielen vor allem die dunklen Augen auf, die weithin spähend mit Falkenschärfe den Grund beherrschten, doch die im Zorne nach Wolfsart leuchteten. Der Alte trug goldene Ringe in den Ohren, auch schmückten ihn ein rotes Kopftuch und ein rotes Gürtelband, das Knauf und Spitze eines Dolches sehen ließ. Ins Holz des Griffes dieser alten Waffe waren elf Kerben eingeschnitten und mit Färberröte nachgebeizt. Als wir ihn kennenlernten, hatte der Alte eben seine dritte Frau genommen, ein Weibchen von sechzehn Jahren, das er trefflich in Ordnung hielt und wohl auch prügelte, wenn er betrunken war. Wenn er auf die Blutrachefehden zu sprechen kam, begannen seine Augen Glanz zu sprühen, und wir begriffen, daß das Herz des Feindes ihn anzog wie ein übermächtiger Magnet, solange es lebendig schlug; und daß der Nachglanz dieser Rachetaten ihn zu einem Sänger machte, wie es deren manche auf der Campagna gab. Wenn dort am Feuer zu Ehren der Hirtengötter getrunken wurde, geschah es häufig, daß einer aus der Runde sich erhob und dann in eingegebener Rede den Totschlag rühmte, den er am Feind vollzog.

Im Lauf der Zeit gewöhnten wir uns an den Alten und sahen ihn gerne, so wie man einen treuen Hund wohl leiden mag, obgleich die Wolfsnatur noch in ihm glüht. Wenn auch das wilde Erdfeuer in ihm lohte, lebte doch nichts Schmähliches in ihm, und daher waren die dunklen Mächte, die aus den Wäldern in die Campagna drangen, ihm verhaßt. Wir merkten bald, daß dieses rohe Leben nicht ohne Tugend war; es brannte auch im Guten heißer, als man es in den Städten kennt. Die Freundschaft war ihm mehr als ein Gefühl; sie flammte nicht minder unbedenklich und unbezähmbar als der Haß. Auch wir bekamen das zu spüren, als Bruder Otho in den ersten Jahren einen bösen Handel, in den die Konsulenten der Marina den Alten verwickelt hatten, vor dem Forum zum Besten wendete. Da begann er, uns in sein Herz zu schließen, und seine Augen leuchteten, wenn er uns nur von ferne sah.

Bald mußten wir uns hüten, in seiner Nähe einen Wunsch zu äußern, denn er wäre ins Nest des Greifen eingedrungen, um uns durch seine Jungen zu erfreuen. Wir konnten zu jeder Stunde über ihn verfügen wie über eine gute Waffe, die man in Händen hält; und wir erkannten in ihm die Macht, die wir genießen, wenn sich ein anderer völlig uns zu eigen gibt, und die im Laufe der Gesittung verloren geht.

Allein durch diese Freundschaft fühlten wir uns gegen die Gefahren, die von der Campagna drohten, gut gedeckt. Wie manche Nacht, da wir im Bücherzimmer und im Herbarium still an der Arbeit saßen, flammte der Mordbrandschimmer am Klippenrande auf. Oft lagen die Dinge uns so nahe, daß, wenn der Nordwind wehte, ihr Klang zu uns herüberdrang. Wir hörten die Rammbockstöße an das Hoftor schlagen und das Klagen des Viehes, das in Flammenställen stand. Dann trug der Wind ganz leise das Gewirr von Stimmen herüber und den Ton der Glocken, die in den kleinen Hauskapellen läuteten — und wenn dies alles jäh verstummte, lauschte das Ohr noch lange in die Nacht.

Doch wußten wir, daß unserer Rautenklause kein Unheil drohte, solange noch der alte Hirte mit seiner wilden Sippe in der Steppe lag.

14

An der Marinafront der Marmorklippen hingegen durften wir auf Beistand eines Christenmönches zählen, des Paters Lampros aus dem Kloster der Maria Lunaris, die man im Volke als die Falcifera verehrt. In diesen beiden Männern, dem Hirten und dem Mönche, trat die Verschiedenheit zutage, wie sie der Boden auf die Menschen nicht minder als auf die Pflanzen übt. Im alten Bluträcher lebten die Weidegründe, in die noch nie das Eisen einer Pflugschar eingeschnitten hatte, wie in dem Priester die Weinbergskrume, die in den vielen hundert Jahren durch die Sorge der Menschenhand so fein wie Sanduhrstaub geworden war.

Von Pater Lampros hatten wir zunächst aus Upsala gehört, und zwar von Ehrhardt, der dort als Kustos am Herbarium wirkte und uns mit Material für unsere Arbeiten versah. Wir waren damals mit der Art beschäftigt, in der die Pflanzen den Kreis aufteilen, mit der Achsenstellung, die den organischen Figuren zugrunde liegt — und letzten Endes mit dem Kristallismus, der unveränderlich dem Wachstum Sinn erteilt, so wie dem Zeiger das Zifferblatt der Uhr. Nun teilte uns Ehrhardt mit, daß wir an der Marina ja den Autor des schönen Werkes über die Symmetrie der Früchte wohnen hätten — Phyllobius, unter welchem Namen der Pater Lampros sich verbarg. Da diese Nachricht uns begierig stimmte, machten wir dem Mönche, nachdem wir ihm ein Zettelchen geschrieben hatten, im Kloster der Falcifera Besuch.

Das Kloster lag uns so nahe, daß man von der Rautenklause die Spitze seines Turmes sah. Die Klosterkirche war Wallfahrtsort, und zu ihr führte der Weg durch sanfte Matten, auf denen die alten Bäume so herrlich blühten, daß kaum ein grünes Blättchen im Weiß erschien. Am Morgen war in den Gärten, die der Seewind frischte, kein Mensch zu sehen; und doch war durch die Kraft, die in den Blüten lebte, die Luft so geistig-wirkend, daß man durch Zaubergärten schritt. Bald sahen wir das Kloster vor uns liegen, das weit von einem Hügel schaute, mit seiner Kirche, die im heitren Stile errichtet war. Von ferne hörten wir bereits die Orgel tönen, die den Gesang, mit dem die Pilger das Bild verehrten, begleitete.

Als uns der Pförtner durch die Kirche führte, erwiesen auch wir dem Wunderbilde unseren Gruß. Wir sahen die hohe Frau auf einem Wolkenthrone, und ihre Füße ruhten wie auf einem Schemel auf dem schmalen Monde, in dessen Sichel ein Gesicht, das erdwärts blickte, gebildet war. So war die Gottheit dargestellt als Macht, die über dem Veränderlichen thront und die man zugleich als Bringerin und Fügerin verehrt..

Am Claustrum nahm uns der Zirkulator in Empfang, der uns zur Bibliothek geleitete, die unter Pater Lampros' Aufsicht stand. Hier pflegte er die Stunden zu verbringen, die für die Arbeit vorgesehen waren, und hier, umringt von hohen Folianten, weilten wir oftmals im Gespräch mit ihm. Als wir zum ersten Male durch die Türe traten, sahen wir den Pater, der soeben aus dem Klostergarten gekommen war, im stillen Raume stehen, mit einer purpurroten Siegwurzrispe in der Hand. Er trug den breiten Kastorhut noch auf dem Kopfe, und auf dem weißen Mantel spielte das bunte Licht, das durch die Kreuzgangfenster fiel.

Wir fanden in Pater Lampros einen Mann, der etwa fünfzig Jahre zählen mochte, von mittlerer Gestalt und feinem Gliederbau. Als wir ihm nähertraten, faßte uns ein Bangen, denn Gesicht und Hände dieses Mönches kamen uns ungewöhnlich und befremdend vor. Es schien, wenn ich es sagen soll, als ob sie einem Leichnam angehörten, und es war schwer zu glauben, daß Blut und Leben sich darin befand. Sie waren wie aus zartem Wachs gebildet — so kam es, daß das Mienenspiel nur langsam an die Oberfläche drang und mehr im Schimmer als in den Zügen des Gesichtes lag. Es wirkte seltsam starr und zeichenhaft, besonders wenn er, wie er es liebte, während des Gespräches die Hand erhob. Und dennoch webte in diesem Körper eine Art von feiner Leichtigkeit, die in ihn eingezogen war gleich einem Atemhauche, der ein Puppenbild belebt. Auch fehlte es ihm nicht an Heiterkeit.

Bei der Begrüßung sagte Bruder Otho, um das Bild zu loben, daß er in ihm den Liebreiz der Fortuna mit dem der Vesta in höherer Gestalt vereinigt finde — worauf der Mönch mit höflicher Gebärde das Gesicht zur Erde senkte und es dann lächelnd gegen uns erhob. Es war, als nähme er das kleine Wort, nachdem er es besonnen hatte, als eine Opfergabe in Empfang.

Aus diesem und vielen anderen Zügen erkannten wir, daß Pater Lampros die Diskussion vermied; auch wirkte er im Schweigen stärker als im Wort. Ähnlich hielt er es in der Wissenschaft, in der er zu den Meistern zählte, ohne sich am Streit der Schulen zu beteiligen. Sein Grundsatz war, daß *jede* Theorie in der Naturgeschichte einen Beitrag zur Genesis bedeute, weil der Menschengeist in jedem Alter die Schöpfung von neuem konzipiere — und daß in jeder Deutung nicht mehr an Wahrheit lebe als in einem Blatte, das sich entfaltet und gar bald vergeht. Aus diesem Grunde nannte er sich auch Phyllobius, »der in den Blättern lebt« — in jener wunderlichen Mischung von Bescheidenheit und Stolz, die ihm zu eigen war.

Daß Pater Lampros den Widerspruch nicht liebte, war auch ein Zeichen der Höflichkeit, wie sie in seinem Wesen zu hoher Feinheit ausgebildet war. Da er zugleich die Überlegenheit besaß, verfuhr er so, daß er das Wort des Partners entgegennahm und wiedergab, indem er es in einem höheren Sinne bestätigte. Auf solche Weise hatte er Bruder Othos Gruß erwidert, und darin lag nicht nur Güte, wie sie der Kleriker im Laufe der Jahre erwirbt und steigert wie ein edler Wein — es lag darin auch Courtoisie, wie sie in hohen Häusern gezogen wird und wie sie ihre Sprossen mit einer zweiten, leichteren Natur begabt. Zugleich lag Stolz darin — denn wenn man herrscht, besitzt man Urteil und läßt die Meinungen auf sich beruhen.

Es hieß, daß Pater Lampros einem altburgundischen Geschlecht entstamme, doch sprach er niemals über die Vergangenheit. Aus seiner Weltzeit hatte er einen Siegelring zurückbehalten, in dessen roten Karneol ein Greifenflügel eingegraben war, darunter die Worte »meyn geduld hat ursach« als Wappenspruch. Auch darin verrieten sich die beiden Pole seines Wesens — Bescheidenheit und Stolz.

Bald weilten wir häufig im Kloster der Falcifera, sei es im Blumengarten, sei es in der Bibliothek. Auf diese Weise gedieh uns unsere »Florula« weit reicher als bisher, da Pater Lampros seit vielen Jahren an der Marina sammelte und wir nie von ihm gingen ohne einen Stoß Herbarienblätter, die er mit eigener Hand beschriftet hatte und deren jedes ein kleines Kunstwerk war.

Nicht minder günstig wirkte dieser Umgang auf unsere Arbeit über die Achsenstellung ein, denn es bedeutet viel für einen Plan, wenn man ihn hin und wieder mit einem guten Geist erwägen kann. In dieser Hinsicht gewannen wir den Eindruck, daß der Pater ganz unauffällig und ohne jeden Ehrgeiz auf Autorschaft an unserem Werke sich beteiligte. Nicht nur besaß er eine große Kenntnis der Erscheinungen, sondern er wußte auch die Augenblicke hohen Ranges zu vermitteln, in denen der Sinn der eigenen Arbeit uns wie ein Blitz durchdringt.

Vor allem blieb einer dieser Hinweise uns denkwürdig. Der Pater führte uns eines Morgens an einem Blumenhange, an dem die Klostergärtner in der Frühe gejätet hatten, zu einer Stelle, über die ein rotes Tuch gebreitet war. Er meinte, daß er dort der Unkrauthacke ein Gewächs entzogen hätte, um unser Auge zu erfreuen — doch als er dann das Tuch entfernte, erschien nichts anderes als eine junge Staude von jener Wegerichsorte, der Linnaeus den Namen major gab und wie man sie auf allen Pfaden findet, die je ein Menschenfuß betrat. Indessen, als wir uns auf sie herniederbeugten und sie aufmerksam musterten, erschien es uns, als ob sie ungewöhnlich groß und regelmäßig gewachsen sei; ihr Rund war als ein grüner Kreis gebildet, den die ovalen Blätter unterteilten und zackig ränderten, in deren Mitte sich leuchtend der Wachstumspunkt erhob. Die Bildung schien zugleich so frisch und zart im Fleische wie unzerstörbar im Geistesglanze der Symmetrie. Da faßte uns ein Schauer an; wir fühlten, wie die Lust zu leben und die Lust zu sterben sich in uns einten; und als wir uns erhoben, blickten wir in Pater Lampros' lächelndes Gesicht. Er hatte uns ein Mysterium vertraut.

Wir durften die Muße, die uns Pater Lampros schenkte, um so höher schätzen, als sein Name bei den Christen in hohem Ansehen stand und viele, die Rat und Trost erhofften, sich ihm näherten. Doch liebten ihn auch solche, die an den Zwölf Göttern hingen oder die aus dem Norden stammten, wo man die Asen in weiten Hallen und umzäunten Hainen ehrt. Auch ihnen, wenn sie zu ihm kamen, spendete der Pater aus der gleichen Kraft, doch nicht in priesterlicher Form. Oft nannte Bruder Otho, der viele Tempel und Mysterien kannte, an diesem Geiste das Wundersame, daß er so hohe Grade der Erkenntnis mit der strikten Regel zu vereinigen verstand. Bruder Otho meinte, daß wohl auch das Dogma die Grade der Vergeistigung begleite — wie ein Gewand, das auf den frühen Stufen mit Gold und Purpurstoff durchflochten ist und dann mit jedem Schritte an unsichtbarer Qualität gewinnt, indes das Muster sich allmählich im Licht verliert.

Bei dem Vertrauen, das alle Kräfte, die an der Marina wirkten, dem Pater Lampros zollten, war er in den Gang der Dinge vollkommen eingeweiht. Er übersah das Spiel, das dort getrieben wurde, wohl besser als jeder andere, und daher kam es uns seltsam vor, daß er in seinem klösterlichen Leben sich nicht berühren ließ. Es schien vielmehr, als ob in gleichen Graden, in denen die Gefahr sich näherte, sein Wesen sich erheiterte und stärker leuchtete.

Oft sprachen wir darüber, wenn wir in unserer Rautenklause am Rebholzfeuer saßen — denn in bedrohten Zeiten ragen solche Geister wie Türme aus dem schwankenden Geschlecht. Wir fragten uns zuweilen, ob die Verderbnis ihm schon zu weit fortgeschritten scheine, um sie zu heilen; oder ob Bescheidenheit und Stolz ihn hinderten, im Streite der Parteien aufzutreten, sei es in Worten, sei es mit der Tat. Doch traf wohl Bruder Otho den Zusammenhang am besten, wenn er sagte, daß für Naturen wie die seine die Zerstörung des Schrecklichen entbehre und sie geschaffen seien, in die hohen Grade des Feuers einzutreten wie durch Portale in das Vaterhaus. Er, der gleich einem Träumer hinter Klostermauern lebe, sei von uns allen vielleicht allein in voller Wirklichkeit.

Wie dem auch sei — wenn Pater Lampros die Sicherheit

für sich verschmähte, so zeigte er sich doch getreu um uns besorgt. Oft kamen seine Zettel, die er als Phyllobius unterschrieb, und mahnten uns, hier oder dort nach einer seltenen Blume, die gerade blühe, auf Exkursion zu gehen. Wir ahnten dann, daß er uns zu bestimmter Stunde an entferntem Orte wissen wollte, und handelten danach. Er mochte diese Form wohl wählen, weil er vieles unter Siegeln, die unverletzlich sind, erfuhr.

Auch fiel uns auf, daß seine Boten, wenn wir nicht in der Klause weilten, uns diese Briefe durch Erio, nicht aber durch Lampusa übermittelten.

15

Als die Vernichtung stärker an die Marmorklippen brandete, lebten Erinnerungen an unsere Mauretanierzeiten in uns auf, und wir erwogen den Ausweg der Gewalt. Noch hielten die Mächte an der Marina sich so die Waage, daß geringe Kräfte den Ausschlag geben konnten, denn solange die Sippenbünde miteinander kämpften und Biedenhorn mit seinen Söldnern sich zweifelhaft verhielt, verfügte der Oberförster über geringes Personal.

Wir erwogen, mit Belovar und seiner Sippe nachts auf die Jäger Jagd zu machen und jeden, der uns ins Garn geriet, zerfetzt am Kreuzweg aufzuhängen, um so den Gäuchen aus den Tannichtdörfern in einer Sprache zuzusprechen, wie sie ihnen allein verständlich war. Bei solchen Plänen ließ der Alte vor Wonne den breiten Dolch in seiner Scheide hüpfen wie zum Liebesspiele und drängte, daß wir die Fangeisen schärfen und daß die Hetzer hungern sollten, bis ihnen die Blutwitterung die roten Zungen zum Boden hecheln ließ. Dann fühlten auch wir, daß uns die Macht des Triebes wie ein Blitzstrahl in die Glieder fuhr.

Wenn wir indessen im Herbarium oder in der Bibliothek die Lage gründlicher besprachen, entschlossen wir uns immer fester, allein durch reine Geistesmacht zu widerstehen. Nach Alta Plana glaubten wir erkannt zu haben, daß es Waf-

fen gibt, die stärker sind als jene, die schneiden und durch-
bohren, doch fielen wir zuweilen wie Kinder in die frühe
Welt zurück, in welcher der Schrecken allmächtig ist. Wir
kannten noch nicht die volle Herrschaft, die dem Menschen
verliehen ist.

In dieser Hinsicht war der Umgang mit Pater Lampros
uns von höchstem Wert. Wohl würden wir uns auch aus eigenem Herzen in jenem Sinne, in dem wir an die Marina zu-
rückgekommen waren, entschieden haben; und doch wird
uns vor solcher Wendung ein anderer zur Hilfe beigesandt.
Die Nähe des guten Lehrers gibt uns ein, was wir im Grunde
wollen, und sie befähigt uns, wir selbst zu sein. Daher lebt
uns das edle Vorbild tief im Herzen, weil wir an ihm erahnen,
weß wir fähig sind.

Nun brach für uns an der Marina eine sonderbare Zeit
heran. Indes die Untat im Lande wie ein Pilzgeflecht im morschen Holze wucherte, versenkten wir uns immer tiefer in
das Mysterium der Blumen, und ihre Kelche schienen uns
größer und leuchtender als sonst. Vor allem aber setzten wir
unsere Arbeit an der Sprache fort, denn wir erkannten im
Wort die Zauberklinge, vor deren Strahle die Tyrannen-
macht erblaßt. Dreieinig sind das Wort, die Freiheit und der
Geist.

Ich darf wohl sagen, daß die Mühe uns gedieh. An manchem Morgen erwachten wir in großer Heiterkeit, und wir
verspürten auf der Zunge den Wohlgeschmack, wie seiner
der Mensch im Stande der höheren Gesundheit teilhaftig
wird. Dann fiel es uns nicht schwer, die Dinge zu benennen,
und wir bewegten uns in der Rautenklause wie in einem Raume, der in den Kammern magnetisch aufgeladen war. In
einem feinen Rausch und Wirbel durchschritten wir die Gemächer und den Garten und legten zuweilen unsere Zettelchen auf den Kamin.

An solchen Tagen suchten wir bei hohem Sonnenstande
die Zinne der Marmorklippen auf. Wir schritten über die roten Hieroglyphen der Lanzenottern auf dem Schlangenpfade
und stiegen die Stufen der Felsentreppe an, die hell im Lichte

schimmerten. Vom höchsten Grat der Klippen, der im Mittag blendend und fernhin leuchtete, sahen wir lange auf das Land, und unsere Blicke suchten sein Heil in jeder Falte, in jedem Raine zu erspähen. Dann fiel es uns wie Schuppen von den Augen, und wir begriffen es, so wie die Dinge in den Gedichten leben, im Glanze seiner Unzerstörbarkeit.

Und freudig erfaßte uns das Wissen, daß die Vernichtung in den Elementen nicht Heimstatt findet und daß ihr Trug sich auf der Oberfläche gleich Nebelbildern kräuselt, die der Sonne nicht widerstehen. Und wir erahnten: wenn wir in jenen Zellen lebten, die unzerstörbar sind, dann würden wir aus jeder Phase der Vernichtung wie durch offene Tore aus einem Festgemach in immer strahlendere gehen.

Oft meinte Bruder Otho, wenn wir auf der Höhe der Marmorklippen standen, daß dies der Sinn des Lebens sei — die Schöpfung im Vergänglichen zu wiederholen, so wie das Kind im Spiel das Werk des Vaters wiederholt. Das sei der Sinn von Saat und Zeugung, von Bau und Ordnung, von Bild und Dichtung, daß in ihnen das große Werk sich künde wie in Spiegeln aus buntem Glase, das gar bald zerbricht.

16

Wir denken an unsere stolzen Tage gern zurück. Doch sollen wir auch jene nicht verschweigen, in denen das Niedere über uns Gewalt gewann. In unseren schwachen Stunden erscheint uns die Vernichtung in schrecklicher Gestalt, wie jene Bilder, die man in den Tempeln der Rachegötter sieht.

Es graute für uns mancher Morgen, an dem wir zagend durch die Rautenklause schritten, und freudlos sannen wir im Herbarium und in der Bibliothek. Dann pflegten wir die Läden fest zu schließen und lasen bei Licht vergilbte Blätter und Skripturen, die uns dereinst auf mancher Fahrt begleiteten. Wir sahen in alte Briefe und schlugen zum Troste die bewährten Bücher auf, in denen Herzen uns Wärme spenden, die seit vielen hundert Jahren vermodert sind. So lebt die

Glut der großen Erdensommer in dunklen Kohlenadern nach.

An solchen Tagen, die der Spleen regierte, schlossen wir auch die Türen, die zum Garten führten, da uns der frische Blumenduft zu feurig war. Am Abend schickten wir Erio in die Felsenküche, damit Lampusa ihm einen Krug von jenem Weine fülle, der im Kometenjahr gekeltert war.

Wenn dann das Rebholzfeuer im Kamine flammte, setzten wir nach einem Brauche, den wir uns in Britannien angeeignet hatten, die Duftamphoren auf. Wir pflegten dazu die Blütenblätter einzusammeln, wie sie die Jahreszeiten brachten, und preßten sie, nachdem wir sie getrocknet hatten, in weite, bauchige Gefäße ein. Wenn wir zur Winterszeit die Deckel von den Krügen hoben, dann war der bunte Flor längst abgeblaßt und in den Farben vergilbter Seide und fahlen Purpurstoffs dahingewelkt. Doch kräuselte aus diesem Blütengrummet gleich der Erinnerung an Resedenbeete und Rosengärten ein matter, wundersamer Duft empor.

Zu diesen trüben Festen brannten wir schwere Kerzen aus Bienenwachs. Sie stammten noch aus der Abschiedsgabe des Provençalenritters Deodat, der längst im wilden Taurus gefallen war. Bei ihrem Scheine gedachten wir dieses edlen Freundes und der Abendstunden, die wir auf Rhodos' hohem Mauerringe mit ihm verplaudert hatten, indes die Sonne am wolkenlosen Himmel der Ägäis unterging. Mit ihrem Sinken drang ein milder Lufthauch aus dem Galeerenhafen in die Stadt. Dann mischte sich der süße Duft der Rosen mit dem Ruch der Feigenbäume, und in die Meeresbrise schmolz die Essenz von fernen Wald- und Kräuterhängen ein. Vor allem aber stieg aus den Grabenwerken, auf deren Grund in gelben Polstern die Kamille blühte, ein tiefer, köstlicher Geruch herauf.

Mit ihm erhoben sich die letzten, honigschweren Bienen und flogen durch die Mauerschlitze und Zinnenscharten den Körben in den kleinen Gärten zu. Ihr trunkenes Schwirren hatte, wenn wir auf dem Bollwerk der Porta d'Amboise standen, uns so oft ergötzt, daß Deodat beim Scheiden uns eine

Last von ihrem Wachse mit auf den Weg gegeben hatte — »daß ihr die goldenen Summerinnen der Roseninsel nicht vergeßt«. Und wirklich sprühte, wenn wir die Kerzen brannten, von ihren Dochten ein zartes, trockenes Arom nach Spezereien und nach den Blumen, die in Sarazenengärten blühen.

So leerten wir das Glas auf alte und ferne Freunde und auf die Länder dieser Welt. Uns alle faßt ja ein Bangen, wenn die Lüfte des Todes wehen. Dann essen und trinken wir im Sinnen, wie lange an diesen Tafeln noch der Platz für uns bereitet ist. Denn die Erde ist schön.

Daneben bedrückte uns ein Gedanke, der allen, die an Werken des Geistes schaffen, geläufig ist. Wir hatten so manches Jahr beim Studium der Pflanzen verbracht und dabei Öl und Mühe nicht gespart. Auch hatten wir gern das väterliche Erbteil zugesetzt. Nun fielen die ersten reifen Früchte uns in den Schoß. Dann waren da die Briefe, die Skripturen, Kollektaneen und Herbarien, die Tagebücher aus Kriegs- und Reisejahren und insbesondere die Materialien zur Sprache, die wir aus vielen tausend Steinchen gesammelt hatten und deren Mosaik schon weit gediehen war. Aus diesen Manuskripten hatten wir erst weniges ediert, denn Bruder Otho meinte, daß vor Tauben zu musizieren ein schlechtes Handwerk sei. Wir lebten in Zeiten, in denen der Autor zur Einsamkeit verurteilt ist. Und dennoch hätten wir bei diesem Stande der Dinge gar manches gern gedruckt gesehen — nicht um des Nachruhms willen, der ja nicht minder zu den Formen des Wahnes als der Augenblick gehört, sondern weil sich im Druck das Siegel des Abgeschlossenen und Unveränderlichen verbirgt, an dessen Anblick sich auch der Einsame ergötzt. Wir gehen lieber, wenn die Dinge in Ordnung sind.

Wenn wir um unsere Blätter bangten, gedachten wir oft der heiteren Ruhe des Phyllobius. Wir lebten doch ganz anders in der Welt. Uns schien es allzu schwer, daß wir uns von den Werken trennen sollten, in denen wir webten und wurzelten. Doch hatten wir zum Trost den Spiegel Nigromon-

tans, an dessen Anblick wir uns stets, wenn wir in solcher
Stimmung waren, erheiterten. Er stammte aus dem Nachlaß
meines alten Lehrers, und seine Eigenschaft war die, daß sich
die Sonnenstrahlen durch ihn zu einem Feuer von hoher
Kraft verdichteten. Die Dinge, die man an solcher Glut entzündete, gingen ins Unvergängliche auf eine Weise, von der
Nigromontanus meinte, daß sie am besten dem reinen Destil-
lat vergleichbar sei. Er hatte diese Kunst in Klöstern des Fernen Orients erlernt, wo man den Toten ihre Schätze zu ewi-
gem Geleit verbrennt. Ganz ähnlich meinte er, daß alles, was
man mit Hilfe dieses Spiegels entflammen würde, im Unsichtbaren weit sicherer als hinter Panzertüren aufgehoben
sei. Es würde durch eine Flamme, die weder Rauch noch niedere Röte zeige, in Reiche, die jenseits der Zerstörung liegen,
überführt. Nigromontanus nannte das die Sicherheit im
Nichts, und wir beschlossen, sie zu beschwören, wenn die
Stunde der Vernichtung gekommen war.

Wir hielten daher den Spiegel wert wie einen Schlüssel,
der zu hohen Kammern führt, und öffneten an solchen Abenden behutsam das blaue Futteral, das ihn umschloß, um uns
an seinem Funkeln zu erfreuen. Dann glänzte im Kerzenlich-
te seine Scheibe aus hellem Bergkristall, die rundum von
einem Ring aus Elektron umgeben war. In diese Fassung hatte Nigromontan in Sonnenrunen einen Spruch gegraben, der
seiner Kühnheit würdig war:

> Und sollte die Erde wie ein Geschoß zerspringen,
> Ist unsere Wandlung Feuer und weiße Glut.

Auf der Rückseite waren ameisenfüßig in Palischrift die
Namen dreier Witwen von Königen geritzt, die singend beim
Totenprunk den Scheiterhaufen bestiegen hatten, nachdem
er von Brahmanenhand mit Hilfe dieses Spiegels entzündet
worden war.

Neben dem Spiegel lag noch eine kleine Lampe, die auch
aus Bergkristall geschnitten und mit dem Zeichen der Vesta
versehen war. Sie war bestimmt, die Kraft des Feuers für
Stunden der Sonnenferne zu bewahren oder für Augenblik-

ke, in denen Eile geboten war. Mit dieser Lampe, und nicht mit Fackeln, wurde auch der Scheiterhaufen bei Olympia entzündet, als Peregrinus Proteus, der sich dann Phönix nannte, im Angesichte einer ungeheuren Menschenmenge ins offene Feuer sprang, um sich dem Äther zu vereinigen. Die Welt kennt diesen Mann und seine hohe Tat nur durch das lügenhafte Zerrbild Lukians.

In jeder guten Waffe liegt Zauberkraft; wir fühlen uns schon vom Anblick wunderbar gestärkt. Das galt auch für den Spiegel Nigromontans; sein Blitzen weissagte uns, daß wir nicht gänzlich untergehen würden, ja daß das Beste in uns den niederen Gewalten unzugänglich sei. So ruhen unsere hohen Kräfte unverletzlich wie in den Adlerschlössern aus Kristall.

Der Pater Lampros freilich lächelte und meinte, es gäbe Sarkophage auch für den Geist. Die Stunde der Vernichtung aber müsse die Stunde des Lebens sein. Das durfte ein Priester sagen, der sich vom Tode angezogen fühlte wie von fernen Katarakten, in deren Wirbelfahnen die Sonnenbogen stehen. Wir aber waren in der Lebensfülle und fühlten uns der Zeichen sehr bedürftig, die auch das körperliche Auge erkennen kann. Uns Sterblichen erblüht erst in der Mannigfaltigkeit der Farben das eine und unsichtbare Licht.

17

Es fiel uns auf, daß jene Tage, an denen uns der Spleen erfaßte, auch Nebeltage waren, an denen das Land sein heiteres Gesicht verlor. Die Schwaden brauten dann aus den Wäldern wie aus üblen Küchen und wallten in breiten Bänken auf die Campagna vor. Sie stauten sich an den Marmorklippen und schoben bei Sonnenaufgang träge Ströme ins Tal hinab, das bald bis an die Spitzen der Dome im weißen Dunst verschwunden war. Bei solchem Wetter fühlten wir uns der Augenkraft beraubt und spürten, daß sich das Unheil wie unter einem dichten Mantel ins Land einschlich. Wir taten daher gut, wenn wir den Tag bei Licht und Wein im Haus verbrachten; und dennoch trieb es uns oft, hinauszugehen. Es schien uns nämlich nicht allein, daß draußen die Feuerwürmer ihr Wesen trieben, sondern als ob zugleich das Land sich in der Form veränderte — als ob sich seine Wirklichkeit verminderte.

Daher beschlossen wir oft auch an Nebeltagen, auf Exkursion zu gehen, und suchten dann vor allem die Weidegründe auf. Auch war es stets ein ganz bestimmtes Kraut, das zu erbeuten wir uns zum Ziele setzten; wir suchten, wenn ich so sagen darf, im Chaos uns an Linnaeus' Wunderwerk zu halten, das einen der Säulentürme stellt, von denen der Geist die Zonen des wilden Wachstums überblickt. In diesem Sinne spendete ein kleines Pflänzlein, das wir brachen, uns oft großen Schein.

Es kam noch etwas anderes hinzu, das ich als eine Art von Scham bezeichnen möchte — wir sahen nämlich das Waldgelichter nicht als Gegner an. Aus diesem Grunde hielten wir stets darauf, daß wir auf Pflanzenjagd und nicht im Kampfe waren und so die niedere Bosheit zu vermeiden hatten, wie man den Sümpfen und wilden Tieren aus dem Wege geht. Wir billigten dem Lemurenvolke nicht Willensfreiheit zu. Nie dürfen solche Mächte uns in einem Maße das Gesetz vorschreiben, daß uns die Wahrheit aus den Augen kommt.

An solchen Tagen waren die Treppenstufen, die auf die Marmorklippen führten, vom Nebel feucht, und kühle Winde sprühten die Schwaden über sie hinab. Obwohl sich auf den Weidegründen viel verändert hatte, waren uns doch die alten Pfade noch vertraut. Sie führten durch die Ruinen reicher Höfe, die nun ein kalter Brandgeruch durchwob. Wir sahen in den eingestürzten Ställen die Knochen des Viehes bleichen, mit Huf und Horn und mit der Kette noch um den Hals. Im Innenhofe türmte sich der Hausrat, wie er von den Feuerwürmern aus den Fenstern geworfen und dann geplündert worden war. Da lag die Wiege zerbrochen zwischen Stuhl und Tisch, und Nesseln grünten um sie empor. Nur selten stießen wir auf versprengte Trupps von Hirten; sie führ-

ten wenig und kümmerliches Vieh. Von den Kadavern, die
auf den Weiden faulten, waren Seuchen aufgestiegen und
hatten das große Sterben in die Herden eingeführt. So bringt
der Untergang der Ordnung niemandem Heil.

Nach einer Stunde stießen wir auf den Hof des alten Belovar, der fast allein an alte Zeiten erinnerte, denn er lag reich
an Vieh und unversehrt im Kranze der grünen Weiden da.
Der Grund lag darin, daß Belovar zugleich ein freier Hirte
und Sippenführer war und daß er seit Beginn der Wirren sein
Gut von allem streifenden Gesindel sauber gehalten hatte, so
daß seit langem kein Jäger und kein Feuerwurm sich traute,
auch nur von ferne an ihm vorbeizugehn. Was er von diesen
in Feld und Busch erschlug, das zählte er seinen guten Werken zu und schnitt aus solchem Grunde nicht einmal eine
neue Kerbe in seinen Dolch. Mit Strenge hielt er darauf, daß
alles Vieh, das ihm in seinen Marken zugrunde ging, tief eingegraben und mit Kalk beschüttet wurde, damit die böse
Luft sich nicht verbreitete. So kam es, daß man zu ihm durch
große Herden von roten und bunt gescheckten Rindern ging
und daß sein Haus und seine Scheuern noch weithin leuchteten. Auch lachten die kleinen Götter, die seine Grenzen
schützten, uns stets im Glanze frischer Spenden an.

Im Kriege liegt zuweilen ein Außenfort noch unversehrt,
wenn längst die Festung gefallen ist. In dieser Weise bot uns
der Hof des Alten einen Stützpunkt dar. Wir konnten hier sicher rasten und mit ihm plaudern, indes Milina, sein junges
Weibchen, uns in der Küche Wein mit Safran kochte und
Kuchen im Butterkessel sott. Der Alte hatte noch eine Mutter, die an hundert Jahr alt war und dennoch aufrecht wie ein
Licht durch Haus und Höfe schritt. Wir sprachen mit der Bestemutter gern, denn sie war kräuterkundig und kannte Sprüche, deren Kraft das Blut gerinnen macht. Auch ließen wir
uns von ihrer Hand betasten, wenn wir Abschied nahmen,
um weiter vorzugehen.

Meist wollte der Alte uns begleiten, doch nahmen wir ihn
nur ungern mit. Es schien, als zöge seine Nähe uns das Gelichter aus den Tannichtdörfern auf den Hals, so wie die

Hunde sich rühren, wenn der Wolf um die Gemarkung streift. Das war wohl nach des Alten Herzen; wir aber hatten dort anderes im Sinn. Wir gingen ohne Waffen, ohne Knechte und zogen leichte, silbergraue Mäntel über, um im Nebel verborgener zu sein. Dann tasteten wir uns durch Moor- und Schilfgelände behutsam auf die Hörner und auf den Waldrand vor.

Sehr bald, wenn wir den Weidegrund verließen, bemerkten wir, daß die Gewalt nun näher und stärker war. Die Nebel wallten in den Büschen, und das Röhricht zischelte im Wind. Ja selbst der Boden, auf dem wir schritten, kam uns fremder und unbekannter vor. Vor allem aber war es bedenklich, daß sich die Erinnerung verlor. Dann wurde das Land ganz trügerisch und schwankend und den Gefilden ähnlich, die man in Träumen sieht. Zwar gab es immer Orte, die wir mit Sicherheit erkannten, doch gleich daneben wuchsen wie Inseln, die aus dem Meere tauchen, neue und rätselhafte Streifen an. Um hier die rechte und wahre Topographie zu schaffen, bedurfte es unserer ganzen Kraft. Wir taten daher wohl, die Abenteuer zu vermeiden, nach denen der alte Belovar begierig war.

So schritten und weilten wir oft viele Stunden in Moor und Ried. Wenn ich die Einzelheiten dieses Weges nicht beschreibe, dann liegt das daran, daß wir Dinge trieben, die außerhalb der Sprache liegen und die daher dem Banne, den Worte üben, nicht unterworfen sind. Indessen erinnert sich ein jeder, daß sein Geist, sei es in Träumen oder tiefem Sinnen, sich angestrengt in Regionen mühte, die er nicht schildern kann. Es war, als ob er sich in Labyrinthen zurechtzutasten oder die Zeichnungen zu schauen suchte, die im Vexierbild eingeschlossen sind. Und manchmal erwachte er wundersam gestärkt. In solchem findet unsere beste Arbeit statt. Es schien uns, daß uns im Kampfe selbst die Sprache noch nicht genüge, sondern daß wir bis in die Traumestiefe dringen müßten, um die Bedrohung zu bestehen.

Und wirklich ergriff uns, wenn wir einsam in Moor und Röhricht standen, das Beginnen oft wie ein feines Spiel mit

Zug und Gegenzug. Dann brauten die Nebel stärker auf, und doch schien auch in unserem Innern zugleich die Kraft zu wachsen, die Ordnung schafft.

18

Indessen ließen wir bei keinem dieser Gänge die Blumen außer acht. Sie gaben uns die Richtung, wie der Kompaß den Weg durch ungewisse Meere weist. So war es auch an jenem Tage, an dem wir in das Innere des Fillerhornes drangen und dessen wir uns später nur mit Grausen erinnerten.

Wir hatten uns am Morgen, als wir die Nebel aus den Wäldern bis an die Marmorklippen kochen sahen, vorgenommen, nach dem Roten Waldvögelein zu fahnden, und hatten uns, nachdem Lampusa das Frühstück zugerüstet, bald auf den Weg gemacht. Das Rote Waldvögelein ist eine Blume, die vereinzelt in Wäldern und Dickichten gedeiht, und führt den Namen Rubra, den Linnaeus ihr verliehen, im Unterschiede zu zwei blassen Arten, doch blüht es seltener als sie. Da diese Pflanze die Stellen liebt, an denen die Dikkungen sich lichten, meinte Bruder Otho, daß sie vielleicht am besten bei Köppelsbleek zu suchen sei. So nannten die Hirten einen alten Kahlschlag, der an dem Orte liegen sollte, an dem der Waldrand in die Sichel des Fillerhornes mündet, und der verrufen war.

Am Mittag waren wir bei dem alten Belovar, doch nahmen, da wir uns der vollen Geisteskraft bedürftig fühlten, wir keine Nahrung an. Wir streiften die silbergrauen Mäntel über, und da die Bestemutter uns, ohne Widerstand zu finden, abgetastet hatte, entließ der Alte uns getrost.

Gleich hinter seiner Grenze setzte ein tolles Nebeltreiben ein, das alle Formen verwischte und uns bald Weg und Steg verlieren ließ. Wir irrten im Kreis auf Moor und Heide und machten zuweilen zwischen Gruppen von alten Weiden oder an trüben Tümpeln, aus denen hohe Binsen wuchsen, halt.

Die Ödnis schien an diesem Tag belebter, denn wir hörten

im Nebel Rufe und glaubten Gestalten zu erkennen, die nah
im Dunst an uns vorüberglitten, doch ohne uns zu sehen. Wir
hätten in diesem Trubel gewiß den Weg zum Fillerhorn verfehlt, allein wir hielten uns an den Sonnentau. Wir wußten,
daß dieses Kräutlein den feuchten Gürtel, der den Wald umringte, besiedelt hielt, und folgten dem Muster seiner glänzend grünen und rot behaarten Blätter wie einem Teppich-
saum. Auf diese Weise erreichten wir die drei hohen Pappeln, die sonst bei klarem Wetter die Spitze des Fillerhornes
wie Lanzenschäfte weithin zeichneten. Von diesem Punkte
tasteten wir uns an der Sichelschneide bis an den Waldrand
vor und drangen dort in die größte Breite des Fillerhornes
ein.

Nachdem wir einen dichten Saum von Schlehdorn und
Kornellen durchbrochen hatten, traten wir in den Hochwald
ein, in dessen Gründen noch nie der Schlag der Axt erklun-
gen war. Die alten Stämme, die den Stolz des Oberförsters
bildeten, standen im feuchten Glanz wie Säulen, deren Kapi-
telle der Dunst verbarg. Wir schritten unter ihnen wie durch
weite Vestibüle, und gleich dem Zauberwerk auf einer Bühne
hingen Efeuranken und Klematisblüten aus dem Unsichtbaren auf uns herab. Der Boden war hoch bedeckt mit Mulm
und moderndem Geäst, auf dessen Rinde sich Pilze, brennend rote Becherlinge, angesiedelt hatten, so daß uns ein Gefühl von Tauchern, die durch Korallengärten wandeln, über-
schlich. Wo einer dieser Riesenstämme vom Alter oder
durch den Blitz geworfen war, da traten wir auf kleine Lichtungen hinaus, auf denen der gelbe Fingerhut in dichten Büscheln stand. Auch wucherten Tollkirschensträucher auf dem
morschen Grunde, an deren Zweigen die Blumenkelche in
braunem Violett wie Totenglöckchen schaukelten.

Die Luft war still und drückend, doch scheuchten wir vie-
lerlei Vögel auf. Wir hörten das feine Zirpen, mit dem das
Feuerhähnchen durch die Lärchen streift, und auch die War-
nungsrufe, mit denen die aufgeschreckte Drossel ihr Liedchen unterbricht. Kichernd barg sich der Wendehals im hoh-
len Erlenstamm, und in den Eichenkronen gaben uns die Pi-

role mit gaukelndem Gelächter das Geleit. Auch hörten wir
in der Ferne den trunkenen Täuber gurren und das Hämmern der Spechte am toten Holz.

Behutsam und oft verharrend pürschten wir einen flachen
Hügel an, bis Bruder Otho, der ein wenig voraus war, mir zu-
rief, daß die Rodung ganz nahe sei. Das war der Augenblick,
in dem ich das Rote Waldvögelein, nach dem wir suchten, im
Dämmer schimmern sah, und freudig eilte ich darauf zu. Das
Blümlein machte seinem Namen Ehre, denn es schien einem
Vögelchen zu gleichen, das heimlich im kupferbraunen Bu-
chenlaube nistete. Ich sah die schmalen Blätter und die Pur-
purblüte mit der blassen Spitze der Honiglippe, durch die sie
ausgezeichnet ist. Den Forscher, den so der Anblick eines
Pflänzleins oder eines Tieres überrascht, ergreift ein glückliches Gefühl, als hätte die Natur ihn reich beschenkt. Bei solchen Funden pflegte ich, ehe ich sie berührte, Bruder Otho
anzurufen, daß er die Freude mit mir teile, doch als ich eben
den Blick zu ihm erheben wollte, hörte ich einen Klagelaut,
der mich erschrecken ließ. So strömt nach Wunden, die uns
tief verletzten, der Lebensatem langsam aus der Brust. Ich
sah ihn wie gebannt dicht vor mir auf der Hügelkuppe stehen, und als ich zu ihm eilte, hob er die Hand und lenkte meinen Blick. Da fühlte ich es wie mit Krallen mir nach dem
Herzen greifen, denn vor mir ausgebreitet lag die Stätte der
Unterdrückung in ihrer vollen Schmach.

19

Wir standen hinter einem kleinen Busche, der feuerrote Beeren trug, und schauten auf die Rodung von Köppelsbleek
hinaus. Das Wetter hatte sich geändert, denn wir erblickten
von den Nebelschwaden, die uns seit den Marmorklippen begleitet hatten, hier keine Spur. Die Dinge traten vielmehr in
voller Deutlichkeit hervor, so wie im Zentrum eines Wirbel-
sturmes, in stiller und unbewegter Luft. Auch waren die Vo-
gelstimmen nun verstummt, und nur ein Kuckuck lichterte,
wie es die Sitte seiner Sippschaft ist, am dunklen Waldrand

hin und her. Bald nah, bald ferner hörten wir sein spöttisches und fragendes Gelächter Kuck-Kuck, Kuck-Kuck rufen und dann sich triumphierend überschlagen, daß uns ein Frösteln überlief.

Die Rodung war mit dürrem Grase überwachsen, das nur im Hintergrunde der grauen Kardendistel, die man auf Abraumplätzen findet, wich. Von diesem trockenen Bestande hoben sich seltsam frisch zwei große Büsche ab, die wir beim ersten Blick für Lorbeersträucher hielten, doch waren die Blätter gelb gescheckt, wie man sie in Fleischerläden sieht. Sie wuchsen zu beiden Seiten einer alten Scheuer, die weit geöffnet auf der Rodung stand. Das Licht, das sie beschien, war zwar kein Sonnenlicht, doch gleißend und schattenlos und hob den weißgetünchten Bau sehr scharf hervor. Die Mauern waren durch schwarze Balken, die auf drei Füßen standen, in Fächer eingeteilt, und über ihnen stieg spitz ein graues Schindeldach empor. Auch waren Stangen und Haken an sie angelehnt.

Über dem dunklen Tore war am Giebelfelde ein Schädel festgenagelt, der dort im fahlen Lichte die Zähne bleckte und mit Grinsen zum Eintritt aufzufordern schien. Wie eine Kette im Kleinod endet, so schloß in ihm ein schmaler Giebelfries, der wie aus braunen Spinnen gebildet schien. Doch gleich errieten wir, daß er aus Menschenhänden an die Mauer geheftet war. Wir sahen das so deutlich, daß wir den kleinen Pflock erkannten, der durch den Teller einer jeden getrieben war.

Auch an den Bäumen, die die Rodung säumten, bleichten die Totenköpfe, von denen mancher, dem in den Augenhöhlen schon Moos gewachsen war, mit dunklem Lächeln uns zu mustern schien. Es war ganz still bis auf den tollen Tanz, mit dem der Kuckuck um die Schädelbleiche lichterte. Ich hörte, wie Bruder Otho, halb träumend, flüsterte: »Ja, das ist Köppelsbleek.«

Das Innere der Scheune lag fast im Dunkel, und wir erkannten nur dicht am Eingang eine Schinderbank mit aufgespannter Haut. Dahinter schimmerten noch bleiche, schwammige Massen aus dem finstren Grund. Zu ihnen sahen wir in die Scheuer Schwärme stahlfarbener und goldener Fliegen schwirren wie in ein Bienenhaus. Dann fiel der Schatten eines großen Vogels auf den Platz. Er rührte von einem Geier, der mit ausgezackten Schwingen auf das Kardenfeld herniederstieß. Erst als wir ihn bis an den roten Hals langsam im aufgewühlten Grunde schnäbeln sahen, erkannten wir, daß dort ein Männlein mit der Hacke am Werke war und daß der Vogel seine Arbeit begleitete, so wie der Rabe dem Pfluge folgt.

Nun legte das Männlein die Hacke nieder und schritt, ein Liedchen pfeifend, auf die Scheuer zu. Es war in einen grauen Rock gekleidet, und wir sahen, daß es sich wie nach wackrem Werk die Hände rieb. Nachdem es in die Scheuer eingetreten war, begann ein Pochen und Schaben an der Schinderbank, dazu es in lemurenhafter Heiterkeit sein Liedchen weiterpfiff. Dann hörten wir, wie zur Begleitung, im Tannicht den Wind sich wiegen, so daß die bleichen Schädel an den Bäumen im Chore klapperten. Auch mischten sich in sein Wehen das Schwingen der Haken und das Kraspeln der dürren Hände an der Scheuerwand. Das klang so hölzern und beinern wie im Reich des Todes ein Marionettenspiel. Zugleich trieb mit dem Winde ein zäher, schwerer und süßer Hauch der Verwesung an, der uns bis in das Mark der Knochen erzittern ließ. Wir fühlten, wie in unserem Innern die Lebensmelodie auf ihre dunkelste, auf ihre tiefste Saite übergriff.

Wir wußten später nicht zu sagen, wie lange wir diesen Spuk betrachtet hatten — vielleicht nicht länger als einen Augenblick. Dann, wie erwachend, faßten wir uns an den Händen und stürzten in den Hochwald des Fillerhorns zurück, indes der Kuckucksruf uns höhnend geleitete. Nun kannten wir die üble Küche, aus der die Nebel über die Marina zogen — da wir nicht weichen wollten, hatte der Alte sie uns ein wenig deutlicher gezeigt. Das sind die Keller, darauf die stolzen Schlösser der Tyrannis sich erheben und über denen man die Wohlgerüche ihrer Feste sich kräuseln sieht:

Stankhöhlen grauenhafter Sorte, darinnen auf alle Ewigkeit verworfenes Gelichter sich an der Schändung der Menschenwürde und Menschenfreiheit schauerlich ergötzt. Dann schweigen die Musen, und die Wahrheit beginnt zu flackern wie eine Leuchte in böser Wetterluft. Da sieht man die Schwachen schon weichen, wenn kaum die ersten Nebel brauen, doch selbst die Kriegerkaste beginnt zu zagen, wenn sie das Larvengelichter aus den Niederungen auf die Bastionen emporgestiegen sieht. So kommt es, daß Kriegesmut auf dieser Welt im zweiten Treffen steht; und nur die Höchsten, die mit uns leben, dringen bis in den Sitz des Schreckens ein. Sie wissen, daß alle diese Bilder ja nur in unserem Herzen leben, und schreiten als durch vorgestellte Spiegelungen durch sie in stolze Siegestore ein. Dann werden sie durch die Larven gar herrlich in ihrer Wirklichkeit erhöht.

Uns aber hatte der Totentanz auf Köppelsbleek im Innersten geschreckt, und schaudernd standen wir im tiefen Walde und lauschten dem Kuckucksruf. Nun aber begann die Scham uns zu ergreifen, und es war Bruder Otho, der verlangte, daß wir uns gleich noch einmal an die Rodung zurückbegeben sollten, weil das Rote Waldvögelein nicht in das Fundbuch eingetragen worden sei. Wir pflegten nämlich über alle Pflanzenfunde an Ort und Stelle Tagebuch zu führen, da wir erfahren hatten, daß uns in der Erinnerung viel entging. So dürfen wir wohl sagen, daß unsere »Florula Marinae« im Feld entstanden ist.

Wir pürschten also, ohne uns an den Kuckucksruf zu kehren, wieder bis an den kleinen Hügel vor und suchten dann im Laube das Pflänzlein auf. Nachdem wir es noch einmal gut betrachtet hatten, hob Bruder Otho seinen Wurzelstock mit unserem Spatel aus. Dann maßen wir das Kraut in allen seinen Teilen mit dem Zirkel aus und trugen mit dem Datum auch die Einzelheiten des Fundorts in unser Büchlein ein.

Wir Menschen, wenn wir so in den uns zugemessenen Berufen am Werke sind, stehen im Amt — und es ist seltsam, daß uns dann ein stärkeres Gefühl der Unversehrbarkeit ergreift. Wir hatten das bereits im Feld erfahren, wo der Krieger, wenn die Nähe des Todes an ihm zu zehren droht, sich gern den Pflichten widmet, die seinem Stande vorgeschrieben sind. In gleicher Weise hatte uns die Wissenschaft gar oft gestärkt. Es liegt im Blick des Auges, der sich erkennend und ohne niedere Blendung auf die Dinge richtet, eine große Kraft. Er nährt sich von der Schöpfung auf besondere Weise, und hierin liegt allein die Macht der Wissenschaft. So fühlten wir, wie selbst das schwache Blümlein in seiner Form und Bildung, die unverwelklich sind, uns stärkte, dem Hauche der Verwesung zu widerstehen.

Als wir dann durch das hohe Holz zum Waldrand schritten, war die Sonne hervorgetreten, wie man das zuweilen noch kurz vor ihrem Untergange an Nebeltagen sieht. In den durchbrochenen Kronen der Riesenbäume lag goldener Schein, und golden war auch der Glanz des Mooses, das unser Fuß betrat. Die Kuckucksrufe waren nun längst verstummt, doch in den höchsten, wipfeldürren Zweigen waren unsichtbar die Sprosser aufgezogen, köstliche Sänger, deren Stimme die kühle Feuchte inniglich durchdrang. Dann stieg mit grünem Schimmer, wie aus Grotten, der Abend auf. Den Geißblattranken, die aus der Höhe herniederhingen, entströmte tiefer Duft, und schwirrend stiegen die bunten Abendschwärmer zu ihren gelben Blütenhörnern auf. Wir sahen sie leise zitternd und wie im Wollusttraum verloren vor den Lippen der aufgereckten Kelche stehen, dann stießen sie vibrierend den schmalen und leicht gekrümmten Rüssel in den süßen Grund.

Als wir bei den drei Pappeln das Fillerhorn verließen, begann bereits die bleiche Sichel des Mondes sich in Gold zu färben, und die Sterne traten am Firmament hervor. Im Binsengrunde stießen wir auf den alten Belovar, der in der Dämmerung mit seinen Knechten und Hetzern auf unsere Spur gegangen war. Der Alte lachte, als wir ihm nachher beim Safranweine die rote Blume zeigten, die wir in Köppelsbleek erbeutet hatten; wir aber schwiegen und baten ihn beim Abschied, auf seinem schönen und unversehrten Hofe wohl auf der Hut zu sein.

20

Es gibt Erfahrungen, die uns von neuem zur Prüfung zwingen, und zu ihnen zählte für uns der Einblick in die Schinderhütte bei Köppelsbleek. Zunächst beschlossen wir, den Pater
Lampros aufzusuchen, doch ehe wir in das Kloster der Falcifera gelangten, brach das Verhängnis über uns herein.

Am nächsten Tage ordneten wir lange Skripturen im Herbarium und in der Bibliothek und legten vieles schon brand-
gerecht. Wir hatten nun die Nähe der Gefahr erkannt. Dann
saß ich noch ein wenig bei Beginn der Dunkelheit im Garten
auf der Terrassenbrüstung, um mich am Duft der Blumen zu
erfreuen. Noch lag die Sonnenwärme auf den Beeten, und
doch stieg aus den Ufergräsern bereits die erste Kühlung auf,
die den Geruch des Staubes niederschlug. Dann fiel der
Hauch der Mondviolen und der hellen Nachtkerzenblüten
kaskadisch von den Marmorklippen in den Garten der Rautenklause ein. Und wie es Düfte gibt, die sinken, und andere,
die aufwärtssteigen, so drang durch diese schweren Wellen
ein leichteres und feineres Arom empor.

Ich ging ihm nach und sah, daß in der Dämmerung die
große Goldbandlilie aus Zipangu aufgesprungen war. Es war
noch Licht genug, den goldenen Flammenstrich zu ahnen
und auch die Tigerung, durch die der weiße Kelch gar prächtig gezeichnet war. In seinem hellen Grunde stand wie der
Klöppel in der Glocke das Pistill, um das sechs schmale
Staubgefäße sich im Kreise ordneten. Sie waren mit braunem Puder wie mit dem feinsten Auszug von Opium bedeckt
und von den Faltern ganz unbeflogen, so daß die zarte Scheide in ihrer Mitte noch leuchtete. Ich beugte mich über sie
und sah, daß sie an ihren Fäden zitterten wie Spielwerk der
Natur: gleich einem Glockenspiele, das statt der Töne mus-
katische Essenz verströmen ließ. Für immer wird es ein
Wunder bleiben, daß diese zarten Lebewesen so starke Lie-
beskraft beseelt.

Indem ich so die Lilien beschaute, blitzte unten am Weinbergwege ein feiner blauer Lichtstrahl auf und schob sich tastend am Rebenhügel vor. Dann hörte ich, wie vor der Rautenklausenpforte ein Wagen hielt. Obgleich wir Gäste nicht erwarteten, eilte ich doch der Lanzenottern wegen zum Tor hinab und sah dort einen starken Wagen stehen, der leise summte wie ein Insekt, das fast unhörbar schwirrt. Er trug die Farben, die der hohe Adel von Neuburgund sich vorbehalten hat, und vor ihm standen zwei Männer, von denen der eine das Zeichen schlug, mit dem die Mauretanier sich in der Dunkelheit verständigen. Er nannte mir seinen Namen, Braquemart, an den ich mich erinnerte, und stellte mich dann dem andern vor, dem jungen Fürsten von Sunmyra, einem hohen Herren aus neuburgundischem Geschlecht.

Ich bat sie, in die Rautenklause einzutreten, und faßte sie, um sie zu führen, bei der Hand. Wir schritten zu dritt im schwachen Scheine den Schlangenpfad empor, und ich bemerkte, daß der Fürst der Tiere kaum achtete, indessen Braquemart sie spöttisch und doch sehr aufmerksam vermied.

Wir gingen in die Bibliothek, in der wir Bruder Otho trafen, und während Lampusa Wein und Gebäck aufsetzte, begannen wir mit unseren Gästen das Gespräch. Wir kannten Braquemart bereits von früher, doch hatten wir ihn immer nur kurz gesehen, da er häufig auf Reisen war. Er war ein kleiner, dunkler, hagerer Geselle, den wir ein wenig grobdrähtig fanden, doch wie alle Mauretanier nicht ohne Geist. Er zählte zu jenem Schlage, den wir im Scherz die Tigerjäger nannten, weil man ihnen zumeist in Abenteuern, die exotischen Charakter trugen, begegnete. Er ging in die Gefahr, wie man zum Sport in klüftereiche Massive steigt; ihm waren die Ebenen verhaßt. Er hatte ein starkes Herz von jener Sorte, die nicht vor Hindernissen scheut; doch leider gesellte sich dieser Tugend Verachtung zu. Wie alle Schwärmer von Macht und Übermacht verlegte er seine wilden Träume in die Reiche der Utopie. Er war der Meinung, daß es auf Erden seit Anbeginn zwei Rassen gebe, die Herren und die Knechte, und daß im Lauf der Zeiten zwischen ihnen Vermischung eingetreten sei. In dieser Hinsicht war er ein Schüler vom Al-

ten Pulverkopf und forderte wie dieser die neue Sonderung.
Auch lebte er, wie jeder grobe Theoretiker, vom Zeitgemä-
ßen in der Wissenschaft und trieb besonders die Archäolo-
gie. Er war nicht fein genug, zu ahnen, daß unser Spaten unfehlbar alle Dinge findet, die uns im Sinne leben, und er hatte, wie schon so mancher vor ihm, auf diese Weise den ersten
Sitz des menschlichen Geschlechts entdeckt. Wir waren mit
in der Sitzung, in der er über diese Grabungen berichtete,
und hörten, daß er in einer fernen Wüste auf ein groteskes
Tafelland gestoßen war. Dort wuchsen hohe Porphyrsockel
aus einer großen Ebene empor — sie waren von der Verwit-
terung ausgespart und standen wie Bastionen oder Felseninseln auf dem Grund. Sie hatte Braquemart erstiegen und auf
den Hochplateaus Ruinen von Fürstenschlössern und Son-
nentempeln aufgefunden, deren Alter er als vor der Zeit bezeichnete. Nachdem er ihre Maße und ihre Eigenart beschrieben hatte, ließ er das Land im Bilde auferstehen. Er
zeigte die fetten grünen Weidegründe, auf denen, so weit das
Auge reichte, die Hirten und die Ackerbauern mit ihren Herden saßen und über ihnen auf den Porphyrtürmen im roten
Prunk die Adlernester der Urgebieter dieser Welt. Auch ließ
er den längst versiegten Strom die Schiffe mit den Purpur-
decks hinunterfahren; man sah die hundert Ruder mit insek-
tenhaftem Regelmaß ins Wasser tauchen und hörte den
Klang der Becken und der Geißel, die auf den Rücken der
unglückseligen Galeerensklaven fiel. Das waren Bilder für
Braquemart. Er zählte zum Schlage der konkreten Träumer,
der sehr gefährlich ist.

Den jungen Fürsten sahen wir abwesend in ganz anderer
Art. Er mochte zwanzig Jahr kaum überschritten haben,
doch stand zu diesem Alter ein Ausdruck schweren Leidens,
den wir an ihm bemerkten, in sonderbarem Gegensatz. Obwohl er hoch gewachsen war, hielt er sich tief gebeugt, als ob
die Größe ihm Schwierigkeit bereitete. Auch schien er kaum
zu hören, was wir verhandelten. Ich hatte den Eindruck, daß
hohes Alter und große Jugend sich in ihm vereinten — das
Alter des Geschlechtes und die Jugend der Person. In seinem

Wesen war die Dekadenz tief ausgebildet; man merkte an ihm den Zug alt angestammter Größe und auch den Gegenzug, wie ihn die Erde auf alles Erbe übt — denn Erbe ist Totengut.

Ich hatte wohl erwartet, daß in der letzten Phase des Ringens um die Marina der Adel in Erscheinung treten würde — denn in den edlen Herzen brennt das Leiden des Volkes am heißesten. Wenn das Gefühl für Recht und Sitte schwindet und wenn der Schrecken die Sinne trübt, dann sind die Kräfte der Eintagsmenschen gar bald versiegt. Doch in den alten Stämmen lebt die Kenntnis des wahren und legitimen Maßes, und aus ihnen brechen die neuen Sprosse der Gerechtigkeit hervor. Aus diesem Grunde wird bei allen Völkern dem edlen Blute der Vorrang eingeräumt. Doch hatte ich geglaubt, daß eines Tages aus den Schlössern und Burgen sich Bewaffnete erheben würden als ritterliche Führer im Freiheitskampf. Statt dessen sah ich diesen frühen Greis, der selbst der Stütze bedürftig war und dessen Anblick mir vollends deutlich machte, wie weit der Untergang schon vorgeschritten war. Und dennoch schien es wunderbar, daß dieser müde Träumer sich berufen fühlte, Schutz zu gewähren — so drängen die Schwächsten und die Reinsten sich zu den ehernen Gewichten dieser Welt.

Ich hatte schon unten vor der Pforte geahnt, was diese beiden mit abgeblendeten Laternen zu uns führte, und auch mein Bruder Otho schien es zu wissen, ehe noch ein Wort gefallen war. Dann bat uns Braquemart um eine Schilderung der Lage, die Bruder Otho ihm bis ins einzelne erstattete. Der Art, in der sie Braquemart ergriff, war zu entnehmen, daß er über alle Kräfte und Gegenkräfte vortrefflich unterrichtet war. Die Klärung der Lage bis in die feinsten Züge gehört ja zum Handwerk der Mauretanier. Er hatte schon mit Biedenhorn gesprochen, nur Pater Lampros war ihm unbekannt.

Der Fürst hingegen verharrte in gebeugter Träumerei. Selbst die Erwähnung von Köppelsbleek, die Braquemart in Laune versetzte, schien von ihm abzugleiten; nur als er von der Schändung des Eburnums hörte, fuhr er zornig von seinem Sitz empor. Dann streifte Bruder Otho noch in allgemeinen Sätzen die Meinung, die wir von den Dingen hegten, und das Verhalten, das uns angemessen schien. Dem hörte Braquemart zwar höflich, jedoch mit schlecht verhehltem Spotte zu. Es war ihm von der Stirne abzulesen, daß er uns nur als schwächliche Phantasten betrachtete und daß sein Urteil schon gebildet war. So gibt es Lagen, in denen jeder jeden für einen Träumer hält.

Es mag nun wunderlich erscheinen, daß Braquemart in diesem Handel dem Alten entgegentreten wollte, obgleich doch beide in ihrem Sinnen und Trachten viel Ähnliches verband. Es ist jedoch ein Fehler, der uns im Denken häufig unterläuft, daß wir bei Gleichheit der Methoden auch auf die gleichen Ziele schließen und auf die Einheit des Willens, der hinter ihnen steht. Darin bestand Verschiedenheit insofern, als der Alte die Marina mit Bestien zu bevölkern im Sinne hatte, indessen Braquemart sie als den Boden für Sklaven und für Sklavenheere betrachtete. Es drehte sich dabei im Grunde um einen der inneren Konflikte unter Mauretaniern, den hier in seinen Einzelheiten zu beschreiben nicht tunlich ist. Es sei nur angedeutet, daß zwischen dem ausgeformten Nihilismus und der wilden Anarchie ein tiefer Gegensatz besteht. Es handelt sich bei diesem Kampfe darum, ob die Menschensiedlung zur Wüste oder zum Urwald umgewandelt werden soll.

Was Braquemart betrifft, so waren alle Züge des späten Nihilismus an ihm sehr ausgeprägt. Ihm war die kalte, wurzellose Intelligenz zu eigen und auch die Neigung zur Utopie. Er faßte wie alle seinesgleichen das Leben als ein Uhrwerk auf, und er erblickte in Gewalt und Schrecken die Antriebsräder der Lebensuhr. Zugleich erging er sich in den Begriffen einer zweiten und künstlichen Natur, berauschte sich am Dufte nachgeahmter Blumen und den Genüssen einer vorgespielten Sinnlichkeit. Die Schöpfung war in seiner Brust getötet und wie ein Spielwerk wieder aufgebaut. Eisblumen blühten auf seiner Stirn. Wenn man ihn sah, dann mußte man an den tiefen Ausspruch seines Meisters denken: »Die Wüste wächst — weh dem, der Wüsten birgt!«

Und dennoch spürten wir eine leise Neigung zu Braquemart — nicht so sehr deshalb, weil er Herz besaß, denn wenn der Mensch sich den Gesteinen nähert, verringert sich auch das Verdienst, das auf dem Mut beruht. Es war vielmehr ein feiner Schmerz an ihm das Liebenswerte — die Bitterkeit des Menschen, der sein Heil verloren hat. Er suchte sich dafür an der Welt zu rächen, gleich wie ein Kind in eitlem Zorn den bunten Blumenflor zerstört. Auch schonte er nicht sich selbst und drang mit kaltem Mute in die Labyrinthe des Schreckens ein. So suchen wir, wenn uns der Sinn der Heimat verloren ging, die fernen Abenteuerwelten auf.

Im Denken suchte er das Leben nachzuzeichnen und hielt darauf, daß der Gedanke Zähne und Krallen zeigen muß. Doch glichen seine Theorien einem Destillate, in das die eigentliche Lebenskraft nicht überging; es fehlte ihnen das köstliche Ingrediens des Überflusses, das alle Speisen erst schmackhaft macht. Es herrschte Dürre in seinen Plänen, obgleich kein Fehler in der Logik zu finden war. So schwindet der Wohlklang der Glocke durch einen unsichtbaren Sprung. Es lag wohl daran, daß bei ihm die Macht zu sehr in den Gedanken lebte und zu wenig in der Grandezza, in der angeborenen Désinvolture. In dieser Hinsicht war ihm der Oberförster überlegen, der die Gewalt wie einen guten, alten Jagdrock trug, der stets bequemer wird, je öfter er sich mit Schlamm und Blut durchtränkt. Aus diesem Grunde hatte ich auch den Eindruck, daß Braquemart sich auf ein böses Abenteuer einzulassen auf dem Sprunge stand; bei solchen Treffen wurden die Ethiker noch immer von den Praktikern erlegt.

Wahrscheinlich ahnte Braquemart von seiner Schwäche dem Alten gegenüber und hatte deshalb den jungen Fürsten mitgebracht. Uns schien indessen, daß dieser in ganz anderen Zusammenhängen webte. Daraus ergeben sich oft Bünde wunderlicher Art. Vielleicht war es der Fürst, der Braquemart benutzte, wie man ein Boot zur Überfahrt benutzt. In diesem schwachen Körper lebte ein starker Zug aufs Leiden zu, und wie im Traume hielt er, fast ohne Überlegung und doch mit Sicherheit, die Richtung ein. Es raffen, wenn im Felde das Horn zum Angriff ruft, die guten Krieger sich sterbend noch vom Boden auf.

Mit Bruder Otho dachte ich später oft an dies Gespräch zurück, das unter keinem guten Sterne stand. Der Fürst sprach kaum ein Wort, und Braquemart entfaltete die unduldsame Überlegenheit, an der man den Techniker erkennt. Man sah ihm an, daß er sich im geheimen über unsere Bedenken lustig machte, und ohne daß er über seine Pläne ein Wort verloren hätte, fragte er uns nach der Lage der Wälder und der Weidegründe aus. Auch zeigte er sich begierig nach Einzelheiten über des Adepten Fortunio Abenteuer und Untergang. Wir sahen aus seinen Fragen, daß er dort zu erkunden oder auch zu operieren plante, und ahnten, daß er das Übel verschlimmern würde wie ein schlechter Arzt. Es war doch schließlich kein Zufall und kein Abenteuer, daß der Alte mit dem Lemurenvolke aus dem Wälderdunkel herauszutreten begann und Wirksamkeit entfaltete. Gelichter dieser Art ward früher gleich Gaudieben abgefertigt, und sein Erstarken deutete auf tiefe Veränderungen in der Ordnung, in der Gesundheit, ja im Heile des Volkes hin. Hier galt es anzusetzen, und daher taten Ordner not und neue Theologen, denen das Übel von den Erscheinungen bis in die feinsten Wurzeln deutlich war; dann erst der Hieb des konsekrierten Schwertes, der wie ein Blitz die Finsternis durchdringt. Aus diesem Grunde mußten die Einzelnen auch klarer und stärker in der Bindung leben als je zuvor — als Sammler an einem neuen Schatz von Legitimität. Man lebt doch schon auf besondere Weise, wenn man nur einen kurzen Lauf gewinnen will. Hier aber galt es das hohe Leben, die Freiheit und die Menschenwürde selbst. Dergleichen Pläne freilich hielt Braquemart, da er dem Alten mit gleicher Münze heimzuzahlen gedachte, für eitlen Firlefanz. Er hatte die Achtung vor sich selbst verloren, und damit fängt alles Unheil unter Menschen an.

Fast bis zum Morgengrauen sprachen wir fruchtlos hin

und her. Wenn wir uns in den Worten nicht verstanden, so ging uns doch im Schweigen vieles auf. Vor der Entscheidung treffen sich die Geister wie Ärzte am Krankenbett. Der eine möchte zum Messer greifen, der andere will den Kranken schonen, und der Dritte sinnt auf Mittel von besonderer Art. Doch was sind Menschenrat und -wille, wenn in den Sternen schon der Untergang beschlossen liegt? Indessen hält man Kriegsrat auch vor verlorener Schlacht.

Der Fürst und Braquemart gedachten noch am gleichen Tage die Weidegründe aufzusuchen, und da sie weder Führung noch Begleitung annehmen wollten, empfahlen wir ihnen den alten Belovar. Dann gaben wir den beiden bis an die Stufen der Marmorklippenstiege das Geleit. Wir nahmen förmlich Abschied, wie man es pflegt, wenn die Begegnung ohne Wärme und ohne Frucht verlief. Doch schloß sich noch eine stumme Szene an. Die beiden blieben im ersten Dämmerlichte an den Klippen stehen und musterten uns schweigend eine lange Zeit. Schon stieg die Morgenkühle auf, in der die Dinge für eine kurze Spanne dem Auge sichtbar werden, als ob sie sich aus ihrem Ursprung entfalteten, neu und geheimnisvoll. In solchem Schimmer standen auch der Fürst und Braquemart. Mir schien, daß Braquemart den überlegenen Spott verloren hatte und menschlich lächelte. Der junge Fürst hingegen hatte sich aufgerichtet und blickte uns heiter an — als ob er um die Lösung eines Rätsels wüßte, das uns beschäftigte. Das Schweigen währte eine lange Zeit, dann faßte Bruder Otho noch einmal nach des Fürsten Hand und beugte sich tief auf sie hinab.

Nachdem die beiden am Zinnenrande der Marmorklippen dem Blick entschwunden waren, suchte ich noch, bevor ich mich zur Ruhe legte, die Goldbandlilie auf. Die feinen Staubgefäße waren schon beflogen, und die grüngoldene Tiefe des Kelches war mit Purpurstaub befleckt. Ihn hatten wohl die großen Nachtpapillonen beim Hochzeitsschmaus verstreut.

So fließen aus jeder Stunde Süße und Bitterkeit. Und während ich mich über die betauten Blütenkelche beugte, ertönte aus fernen Vorgehölzen der erste Kuckucksruf.

21

Den Vormittag verbrachten wir in Sorge, indes der Wagen verlassen vor unserer Pforte stand. Beim Frühstück reichte Lampusa uns einen Zettel von Phyllobius, aus dem wir sahen, daß der Besuch ihm nicht entgangen war. Er bat uns darin, den Fürsten dringend in das Kloster einzuladen; Lampusa hatte die Bestellung unheilvoll versäumt.

Am Mittag kam der alte Belovar, um uns zu melden, daß der junge Fürst mit Braquemart in aller Frühe auf seinem Hof erschienen war. Dort hatte ihn Braquemart, indem er ein bemaltes Pergament studierte, nach Punkten in den Wäldern ausgefragt. Dann waren sie wieder aufgebrochen, und der Alte hatte ihnen aus seiner Sippe Späher nachgesandt. Die beiden waren in dem Striche zwischen dem Fillerhorne und dem Vorgehölz des Roten Stieres in die Wälder eingetaucht.

Die Nachricht lehrte uns, daß Schlimmes zu erwarten stand, und lieber hätten wir gesehen, daß die beiden mit den Knechten und Söhnen des Alten aufgebrochen wären, wie es ihnen angeboten war. Wir kannten den Grundsatz Braquemarts, niemand sei fürchterlicher als der Einzelne von Rang, und hielten es für möglich, daß sie den alten Blutfürsten selbst auf seinem Prunkhof heimsuchen würden, um ihn zu bestehen. Dann aber gerieten sie in die Netze der Dämonenmacht — wir ahnten, daß schon Lampusas Säumnis mit den Zugfäden dieser Netze in Beziehung stand. Wir dachten an Fortunios Schicksal, der doch ein Mensch von großen Gaben gewesen war und der sich lange mit den Wäldern beschäftigt hatte, ehe er in sie vorgestoßen war. Es war wohl seine Karte, die nach manchem Umweg in den Besitz von Braquemart geraten war. Wir hatten nach Fortunios Tode lange nach ihr gefahndet und erfahren, daß sie in Schatzgräberhände gefallen war.

Die beiden waren unvorbereitet und ohne Führung in die Gefahr gegangen, wie man in bloße Abenteuer zieht. Sie gingen gleich halben Menschen — dort Braquemart, der reine

Techniker der Macht, der immer nur kleine Teile und nie die Wurzeln der Dinge sah, und hier der Fürst Sunmyra, der edle Geist, der die gerechte Ordnung kannte, doch einem Kinde gleich, das sich in Wälder, in denen Wölfe heulen, wagt. Doch schien uns möglich, daß Pater Lampros beide auf eine tiefe Weise hätte ändern und einen können, wie es durch die Mysterien geschieht. Wir teilten ihm auf einem Zettel die Lage der Dinge mit und sandten Erio eilig zum Kloster der Falcifera.

Seitdem der Fürst und Braquemart bei uns erschienen waren, fühlten wir uns beklommen, doch sahen wir die Dinge nun schärfer als bisher. Wir spürten, daß sie kulminierten und daß wir würden schwimmen müssen, wie man im Strudel durch einen Engpaß schwimmt. Nun hielten wir es für an der Zeit, den Spiegel Nigromontans bereitzuhalten, und wollten durch ihn das Licht entzünden, solange die Sonne noch günstig stand. Wir stiegen auf den Altan und flammten auf die vorgeschriebene Weise am Himmelsfeuer durch die kristallene Scheibe die Leuchte an. Mit hoher Freude sahen wir die blaue Flamme sich niedersenken und bargen Spiegel und Leuchte in der Nische, in der die Laren stehen.

Noch waren wir beschäftigt, uns wieder umzukleiden, als Erio mit der Antwort des Mönches wiederkam. Er hatte den Pater im Gebet getroffen, der ihm sogleich und ohne daß er unseren Zettel gelesen hätte, ein Schreiben übergab. So überreicht man Ordres, die seit langem versiegelt in Bereitschaft sind.

Wir sahen, daß die Botschaft zum ersten Male mit Lampros unterzeichnet war; auch war das Wappen mit dem Spruche »meyn geduld hat ursach« ihr beigefügt. Zum ersten Male war auch von Pflanzen in ihr nicht die Rede, sondern der Pater bat mich in kurzen Worten, den Fürsten aufzusuchen und für ihn zu sorgen, auch fügte er hinzu, ich möchte nicht ohne Waffen gehen.

Da galt es, eilig sich zu rüsten, und ich legte, mit Bruder Otho hastige Sätze wechselnd, den alten und langbewährten Jagdrock an, der jedem Dorn gewachsen war. Mit Waffen freilich war es in der Rautenklause schlecht bestellt. Nur über dem Kamin hing eine Flinte, wie man sich ihrer zur Entenjagd bedient, doch mit gekürztem Lauf. Wir hatten sie auf unseren Reisen hin und wieder benutzt, um auf Reptilien zu schießen, die harte Haut und zähes Leben vereinigen und die ein grober Hagel weit sicherer als der beste Büchsenschuß erlegt. Wenn sie mein Auge streifte, rief die Erinnerung in mir die Moschuswitterung hervor, wie sie im heißen Uferdikkicht dem Jäger, der sich den Landungsplätzen der großen Echsen nähert, entgegenströmt. Für Stunden, in denen Land und Wasser in der Dämmerung verfließen, hatten wir auf den Lauf ein Silberkorn gesetzt. Dies war das einzige Gerät, das wir in unserem Hause Waffe nennen konnten; ich nahm es daher an mich, und Bruder Otho hängte mir die große Ledertasche um, auf deren Klappe Schlingen für erlegte Vögel gesponnen waren, indes im Inneren ein aufgenähter Gurt Patronen hielt.

In solcher Eile greifen wir nach dem ersten, was sich uns bietet; auch hatte Pater Lampros mir die Waffe wohl mehr zum Zeichen der Freiheit und der Feindschaft vorgeschrieben — wie man als Freund mit Blumen kommt. Der gute Degen, den ich bei den Purpurreitern führte, hing hoch im Norden im Vaterhaus; doch hätte ich ihn zu solchem Gange nie gewählt. Er hatte in heißen Reiterschlachten, wenn die Erde unter dem Hufschlag donnert und die Brust sich herrlich weitet, im Sonnenschein geblitzt. Ihn hatte ich gezückt im leichten, wiegenden Angalopp, bei dem die Waffen erst leise und dann immer stärker klirren, indes das Auge im feindlichen Geschwader bereits den Gegner wählt. Auch hatte ich mich auf ihn verlassen in jenen Augenblicken des Einzelkampfes, in denen man im Getümmel die weite Ebene durchsprengt und viele Sättel schon ledig sieht. Da gab es manchen Hieb, der auf das Stichblatt fränkischer Rapiere und auf den Bügel schottischer Säbel fiel — doch manchen auch, bei dem das Handgelenk den weichen Widerstand der Blöße fühlte, an der die Klinge ins Leben schnitt. Doch alle diese, und selbst die freien Söhne der Barbarenstämme, waren edle Männer, die ihre Brust fürs Vaterland dem Eisen boten; und gegen jeden hätten wir beim Gelage das Glas erheben können, wie man es Brüdern tut. Die Tapferen dieser Erde machen im Streite die Grenzen der Freiheit aus; und Waffen, die man gegen solche zückte, die führt man gegen Schinder und Schinderknechte nicht.

In Eile nahm ich von Bruder Otho Abschied und auch von Erio. Ich faßte es als gutes Zeichen, daß der Knabe mich dabei mit heiterer Sicherheit betrachtete. Dann machte ich mich mit dem alten Hirten auf den Weg.

22

Als wir den großen Weidehof erreichten, brach schon die Dämmerung herein. Von weitem erkannten wir bereits, daß dort Unruhe herrschte; die Ställe leuchteten im Schein von Fackeln und dröhnten vom Gebrüll des Viehes, das hastig eingetrieben war. Wir trafen einen Teil der Hirten in Waffen und erfuhren, daß andere noch in entfernten Gründen der Campagna weilten, wo Vieh zu bergen war. Im Hof empfing uns Sombor, der erste Sohn des Alten, ein Riese mit rotem Vollbart und mit einer Geißel, an deren Riemen bleierne Kugeln hingen, in der Hand. Er meldete, daß um die Mittagsstunde in den Wäldern Unruhe aufgekommen war; man hatte Rauch aufsteigen sehen und Lärm gehört. Dann waren aus den Moorgebüschen entlang dem Fillerhorne Scharen von Feuerwürmern und von Jägern hervorgetreten und hatten eine Herde abgetrieben, die dort im Vorwerk lag. Zwar hatte Sombor ihnen noch im Moore einen Teil der Beute wieder abgenommen, doch hatte er dabei auch Scharen von Förstern festgestellt, so daß ein Unternehmen zu erwarten stand. Inzwischen hatten seine Späher auch an anderen Punkten, wie bei dem Vorgehölze des Roten Stieres, und selbst in unserem Rücken Streiftrupps und Einzelgänger ausgemacht. So hatte uns unser gutes Glück noch eben, ehe wir abgeschnitten wurden, bis auf den Hof gebracht.

Bei diesem Stand der Dinge konnte ich nicht erwarten, daß Belovar mich bei dem Vorstoß in die Wälder begleiten würde, und fand es billig, daß er sich um sein Gut und um die Seinen kümmerte. Da kannte ich jedoch den alten Streiter noch immer nicht gut genug und nicht den Eifer, deß er für Freunde fähig war. Sogleich verschwur er sich, daß Haus und Stall und Scheuern bis auf den Grund verbrennen sollten, ehe er mich an diesem Tage auch nur für einen Schritt alleine ließe, und übertrug dem Sohne Sombor die Sorge um den Hof. Bei diesen Worten berührten die Weiber, die schon die Kostbarkeiten aus dem Hause schleppten, eilig Holz und drängten sich klagend an uns heran. Dann trat die Bestemutter auf uns zu und tastete uns mit den Händen von Kopf zu Füßen ab. An meiner rechten Schulter fanden die Finger Widerstand, doch glitten sie beim zweiten Male eben darüber hin. Als sie jedoch die Stirn des Sohnes berührte, faßte sie ein Schrecken, und sie verhüllte ihr Gesicht. Da warf das junge Weibchen sich dem Alten an die Brust, mit schrillem Wehruf, wie man ihn bei der Totenklage hört.

Dem Alten aber fehlte der Sinn für Weiberträen, wenn es ins Treffen ging und wenn die erste Trunkenheit des Kampfes ihm schon im Blute lag. Er schaffte sich mit beiden Armen Raum, so wie ein Schwimmer die Wogen teilt, und rief mit lauter Stimme Söhne und Knechte namentlich zum Kampfe auf. Er wählte nur eine Streifschar aus, indes er alle anderen dem Sohne Sombor zur Sicherung des Hofes überließ. Doch suchte er nur solche aus, die in den Sippenkämpfen schon ihren Mann getötet hatten und die er seine Hähnchen nannte, wenn er bei Laune war. Sie kamen mit Lederkollern und Lederhauben und mit dem ungefügen Rüstzeug, wie man es in den Waffenkammern der Weidehöfe seit der Urväter Zeiten aufbewahrt. Da sah man im Fackelscheine Hellebarden und Morgensterne und schwere Stangen, die scharfe Äxte und Sägespieße trugen, auch Piken, Mauerreißer und angeschliffene Haken mannigfacher Art. Damit gedachte der Alte das Waldgelichter auszuputzen und auszufegen nach Herzenslust.

Dann stießen die Hundeknechte die Zwinger auf, in denen heulend schon die Meuten lärmten — die schlanken Hetzer und die schweren Beißer, mit hellem und dunkelem Geläut. Hechelnd und knurrend schossen sie hervor, den Hof erfüllend, an ihrer Spitze der schwere Leithund Leontodon. Er sprang an Belovar empor und setzte ihm winselnd die Pranken auf die Schultern, obwohl der Alte ein Riese war. Die Knechte ließen sie reichlich trinken und gossen ihnen aus einer Metzelschüssel zum Lecken Blut auf den Estrich aus.

Die beiden Meuten waren des Alten Stolz, und sicher war es zum guten Teile ihnen zu verdanken, daß das Gelichter aus den Tannichtdörfern in diesen Jahren seinen Grund in weitem Bogen mied. Für seine leichte hatte er den schnellen Steppenwindhund fortgezüchtet, mit dem der freie Araber sein Lager teilt und dessen Junge sein Weib an ihren Brüsten säugt. An diesen Windspielkörpern war jeder Muskelzug so sichtbar, als hätte ein Zergliederer sie abgewirkt, und die Bewegung war in ihnen so übermächtig, daß sie noch in den Träumen ein stetes Zittern überlief. Es gab von allen Läufern dieser Erde nur den Geparden, der sie überflügeln konnte, und auch dieser nur auf der kurzen Bahn. Sie jagten die Beute zu Paaren, indem sie die Bogen schnitten, und machten sie an den Schultern fest. Doch gab es auch Solofänger, die ihr Opfer am Halse niederrissen und hielten, bis der Jäger kam.

In seiner schweren Meute zog der Alte die Molosser Dogge, ein herrliches, lichtgelb und schwarz gestromtes Tier. Die Unerschrockenheit, die dieser Rasse eignet, wurde durch eingekreuztes Blut der Tibetdogge noch erhöht, die man in römischen Arenen gegen Auerochsen und Löwen kämpfen ließ. Der Einschlag zeigte sich durch die Größe, die stolze Haltung und die Rute, die nach Standartenart getragen wurde, an. Fast alle diese Beißer trugen schwere Risse in den Decken — Denkzettel von Brantenhieben auf der Bärenhatz. Der Großbär, wenn er auf die Weiden von Holze ging, mußte sich eng am Waldrand halten, denn wenn die Hetzer ihn erreichten und stellten, fleischten die Packer ihn zu Tode, noch ehe der Jäger Zeit, ihn aufzuschärfen, fand.

Das war ein Wälzen und Knurren und Würgen im Innenhofe, und aus den roten Rachen funkelten uns die schrecklichen Gebisse an. Dazu das Sprühen der Fackeln, das Waf-
fenklirren und die Klage der Weiber, die wie aufgescheuchte
Tauben im Hofe flatterten. Das war ein Toben, wie es dem
Alten Freude machte, der mit der Rechten wohlgefällig im
Barte spielte, indes die Linke den breiten Dolch im roten
Gürteltuche tanzen ließ. Auch trug er eine schwere Doppelaxt am Riemen um das Handgelenk.

Dann stürzten die Knechte mit Lederstulpen, die bis an die
Schultern reichten, sich auf die Hunde und koppelten sie mit
Korallenriemen fest. Wir schritten mit verlöschten Fackeln
aus dem Tore und über die letzten Marken den Wäldern zu.

Der Mond war aufgegangen, und in seinem Scheine gab
ich mich den Gedanken hin, die uns beschleichen, wenn es
ins Ungewisse geht. Erinnerungen herrlicher Morgenstunden
stiegen in mir auf, in denen wir bei der Vorhut vor unseren
Zügen ritten und hinter uns in kühler Frühe der Chor der
jungen Reiter klang. Da fühlten wir das Herz so festlich
schlagen, und alle Schätze dieser Erde wären uns gering erschienen gegenüber der nahen Lust am scharfen und ehrenvollen Gang. O welch ein Unterschied war zwischen jenen
Stunden und dieser Nacht, in der ich Waffen, die den Krallen
und Hörnern von Ungeheuern glichen, im bleichen Lichte
glitzern sah. Wir zogen in die Lemurenwälder ohne Men-
schenrecht und -satzung, in denen kein Ruhm zu ernten war.
Und ich empfand die Nichtigkeit von Glanz und Ehre und
große Bitterkeit.

Doch war es mir ein Trost, daß ich nicht wie beim ersten
Male, als ich Fortunio suchte, im Banne magischer Abenteuer kam, sondern in guter Sache und berufen durch hohe
Geistesmacht. Und ich beschloß, mich nicht der Furcht an-
heimzugeben und nicht dem Übermut.

23

Noch in der Nähe des Hofes teilten wir zum Vormarsch ein. Wir schickten Späher aus und ließen ihnen die Hetzerkoppeln folgen, während der Haupttrupp mit der schweren Meute den Zug beschloß. Das Mondlicht war so hell geworden, daß man in seinem Schein Geschriebenes lesen konnte; daher behielten, solange wir noch auf den Weidegründen schritten, die einzelnen Abteilungen sich leicht in Sicht. Auch sahen wir zu unserer Linken wie schwarze Lanzen die drei hohen Pappeln und in der Front die dunkle Masse des Fillerhornes, so daß sich ohne Mühe die Richtung halten ließ. Wir hielten auf den Bogen zu, in dem die Sichel des Fillerhornes dem hohen Holz entsprang.

Ich hatte meinen Platz zur Seite des alten Bluträchers bei der leichten Meute, und wir behielten von dort die Spitze im Gesicht. Als sie den Schilf- und Erlengürtel erreichte, der das Moor begrenzte, sahen wir sie stutzen, dann drang sie in eine Lücke ein. Kaum war sie unserem Blick entschwunden, da hörten wir ein böses, schwirrendes Schnappen wie von einem Eisenrachen und einen Todesschrei. Die Späher stoben aus den Büschen aufs Feld zurück, indes wir eilig vorwärts strebten, um sie aufzufangen und zu erfahren, was es gab.

Wir fanden die Blöße, durch die die Späher eingedrungen waren, kniehoch mit Ginster und Heidekraut bestellt. Sie glänzte im Mondlicht, und in ihrer Mitte bot sich den Blicken ein schlimmes Schauspiel dar. Gleich einem Wildbret sahen wir dort einen von den jungen Knechten im schweren Eisenbügel einer Falle aufgehängt. Die Füße berührten kaum den Boden, und Kopf und Arme hingen rücklings ins Kraut hinab. Wir eilten zu ihm und erkannten, daß ihn ein Gimpelfänger ergriffen hatte — wie der Alte die schweren Tellereisen nannte, die er auf Menschenpfaden verborgen stellen ließ. Der scharfe Rand des Bügels hatte ihm die Brust zerschnitten; ein Blick genügte, um zu erfassen, daß Rettung nicht möglich war. Doch spannten wir mit vereinten Kräften die Feder, um den Leichnam aus der Umklammerung zu befreien. Wir fanden dabei, daß der Bügel nach Art der Haifischkiefer mit spitzen Zähnen aus blauem Stahl bewaffnet war, und schlossen, nachdem wir den Toten auf die Heide gebettet hatten, den Rachen behutsam wieder zu.

Es war wohl anzunehmen, daß Spürer die Falle überwachten, und wirklich hörten wir, als wir noch schweigend um das hingestreckte Opfer der niedern Waffe standen, ein Rauschen in den nahen Büschen und dann ein lautes, höhnisches Gelächter in der Nacht. Nun wurde es rege im Mooricht, wie wenn man Krähen am Schlafplatz stört. Es ging ein Brechen und Schleifen durch die Kiefernstücke und ein Rascheln entlang den dunklen Gräben, an denen der Alte die Entenhütten hielt. Zugleich ertönte das Moor von Pfiffen und wüsten Stimmen, als ob ein Rattenschwarm in ihm sich umtriebe. Wir hörten, wie das Gesindel sich ermutigte im Zuruf, durch den es im Schlamm der Gossen und der Bagnos sich erkühnt, wenn es der Mehrzahl sicher ist. Und in der Tat schien es in großer Übermacht, denn wir vernahmen die frechen Lieder der Schelmenzünfte nah und fern. Dicht vor uns lärmten die von La Picousière. Sie stapften im Moor und quakten wie Wasserfrösche:

> Cathérine a le craque moisi,
> Des seins pendants,
> Des pieds de cochon,
> La faridondaine.

Und aus dem hohen Besenginster, dem Schilficht und den Weidenbüschen schallte ihnen Antwort zu. In diesem Trubel sahen wir Irrlichter grünlich auf den Tümpeln tanzen, und Wasservögel streiften in scheuem Fluge ab.

Inzwischen war auch der Haupttrupp mit der schweren Meute aufgelaufen, und wir bemerkten, daß vor diesem Spuk den Knechten das Zagen nahe kam. Da war es der alte Belovar, der seine Stimme mächtig erschallen ließ:

»Drauf, Kinder, drauf! Die Lumpenwische halten nicht Stich. Doch nehmt euch vor den Fallen gut in acht!«

Damit begann er, ohne sich umzublicken, vorzugehen, indem er die Schneiden der Doppelaxt im Mondlicht blinken ließ. Da folgten ihm auch die Knechte und brannten, auf die Fallensteller loszugehen. Wir drückten in kleinen Rudeln durch Rohr und Busch und prüften, so gut es ging, den Grund. So suchten wir die Pässe zwischen Teichen, auf deren dunklen Spiegeln die Nixenrosen leuchteten, und schlichen durch dürres Schilf, von dessen schwarzen Kolben die Wolle blätterte. Bald hörten wir die Stimmen ganz nahe und spürten, wie das Sausen von Geschossen uns um die Schläfen strich. Nun mußten die Hundeknechte die Hetzer schärfen, daß ihr Fell sich sträubte und ihre Lichter funkelten wie Kohlenglut. Dann wurde ihnen Lauf gegeben, und freudig winselnd schossen sie wie bleiche Pfeile durch das nächtliche Gestrüpp.

Der Alte hatte zu Recht vorhergesagt, daß das Gelichter uns nicht trotzen würde — kaum daß die Hunde angeschlagen hatten, hörten wir Klageschreie, die sich flüchtend im Busch verloren, und hinter ihnen das Geläut der Meute, die auf den Spuren zog. Wir eilten im Sturmschritt nach und sahen, daß jenseits des Gestrüpps ein kleines Torfmoor lag, auf dem der Boden eben wie eine Tenne war. Auf diese Fläche hatte das Gesindel sich geflüchtet und strebte im Lauf ums Leben dem nahen Hochwald zu. Ihn konnte indessen nur gewinnen, wer von den Hetzern unbehelligt blieb. Wir sahen viele, die von den Hunden angefallen waren und die sich stellen mußten — gleich bleichen Flammen im Reiche der Verdammten umkreisten die Tiere sie und sprangen gierig an ihnen hoch. Auch waren hier und dort die Fliehenden zu Fall gekommen und lagen am Boden wie gelähmt, denn knurrend hielten die Solofänger sie am Hals.

Nun koppelten die Knechte die schwere Meute los, und heulend stürmten die Bracken in die Nacht. Wir sahen, wie sie ihre Opfer im Ansprung fällten, dann zerrten sie die Beute, die sie sich streitig machten, am Boden hin und her. Die Knechte folgten ihnen und teilten den Fanghieb aus. Da gab es, wie im Inferno, nicht Barmherzigkeit. Sie beugten sich auf

die Hingestreckten nieder und warfen den Hunden ihr Jagd-
recht zu. Dann schlossen sie mit großer Mühe die Bestien
wieder an.

So standen wir im Moore wie auf dem Vorhof zum dunklen Tann. Der alte Belovar war guter Laune; er lobte Knechte und Hunde für ihr Werk und teilte Branntwein aus. Dann
drängte er zu neuem Vorstoß, ehe der Wald durch das ge-
flüchtete Gelichter in Aufruhr käme, und ließ mit Beilen eine
Bresche in die schwere Hecke legen, die ihn randete. Wir
waren nicht weit von jener Stelle, an der ich mit Bruder
Otho, um das Rote Waldvögelein zu suchen, eingedrungen
war, und planten zunächst den Angriff auf Köppelsbleek.

Bald war die Bresche breit wie ein Scheunentor. Wir
steckten Fackeln an und traten wie durch einen dunklen Rachen in den Hochwald ein.

24

Wie rote Säulen glänzten die Stämme im Feuerschein; und
senkrecht stieg der Rauch der Fackeln in feinen Fäden, die
sich in großer Höhe zum Baldachin verwoben, in die unbewegte Luft. Wir schritten in breiter Ordnung, die sich durch
die gestürzten Stämme bald drängte und bald auseinander-
zog. Doch hielten wir uns durch die Fackeln in guter Sicht.
Zur Sicherung der Fährte hatte der Alte Säcke voll Kreide
mitgenommen, aus denen er unseren Marsch durch eine helle
Spur bezeichnen ließ. So trug er Sorge, daß uns der Aus-
schlupf nicht verlörenging.

Die Hunde zogen in Richtung auf Köppelsbleek, wie sie ja
immer der Ruch von Höllen und Schinderwelten lockt.
Durch ihre Führung gewannen wir schnell an Feld und kamen leicht voran. Nur hin und wieder strich aus den Wipfel-
nestern mit schwerem Flügelschlag ein Vogel ab. Und lautlos kreisten Schwärme von Fledermäusen im Fackelschein.

Bald glaubte ich den Hügel an der Lichtung zu erkennen;
er glänzte im matten Widerstrahle einer Feuersglut. Wir

machten halt und hörten nun auch Stimmen herüberdringen, doch nicht so prahlend wie vorhin im Moor. Es schien, daß dort Abteilungen von Förstern die Wälder sicherten, und Belovar gedachte, mit ihnen auf die gleiche Weise aufzuräumen wie mit dem Gaunervolk. Er zog die Hetzer vor und ließ sie wie zum Wettlauf in eine Linie stellen, dann sandte er sie als leuchtende Geschosse in die Nacht. Indes sie hechelnd durch die Büsche fuhren, hörten wir drüben Pfiffe und dann ein Heulen, als ob der Wilde Jäger selbst erschienen wäre, der sie empfing. Sie waren auf die Bluthundmeute aufgelaufen, die der Oberförster in seinen Zwingern hielt.

Fortunio hatte mir über diese rüden Beißer und ihre Wut und Stärke einst Dinge, die an die Fabel streiften, mitgeteilt. In ihnen hatte der Oberförster die Kubadogge fortgezüchtet, die rote Farbe und schwarze Maske trägt. Die Spanier hatten diese Fetzer vor Zeiten abgerichtet, Indianer zu zerreißen, und hatten sie in alle Länder ausgeführt, in denen es Sklaven und Sklavenhalter gibt. Mit ihrer Hilfe hatte man auch die Schwarzen von Jamaika, die ihren Aufstand mit der Waffe bereits gewonnen hatten, ins Joch zurückgeführt. Ihr Anblick wird als fürchterlich beschrieben, denn die Empörer, die das Eisen und das Feuer verachtet hatten, boten, kaum daß die Sklavenjäger mit den Koppeln gelandet waren, die Unterwerfung an. Das Leittier der roten Meute war Chiffon Rouge, dem Oberförster teuer, weil er in gerader Linie von dem Bluthund Becerillo stammte, dessen Name mit der Eroberung von Kuba so unheilvoll verbunden ist. Es wird berichtet, daß sein Herr, der Hauptmann Jago de Senazda, seinen Gästen zum Augenschmause gefangene Indianerinnen von ihm in Stücke reißen ließ. Stets kehren in der menschlichen Geschichte die Punkte wieder, an denen sie in reines Dämonenwesen abzugleiten droht.

Bei diesen fürchterlichen Rufen erkannten wir, daß unsere leichte Meute, noch ehe wir Hilfe schicken konnten, verloren war. Sie mußte um so schneller vernichtet werden, als sie aus reinem Blute stammte, das bis zum Tode kämpft, anstatt zurückzugehen. Wir hörten die roten Koppeln, nachdem sie angeschlagen hatten, packen; und in dem Maße, in dem ihr Heulen lechzend in Fell und Fleisch verstummte, erstickte winselnd der helle Windspielruf.

Der alte Belovar, der seine edlen Tiere im Nu geopfert sah, begann zu toben und zu maledeien und durfte doch nicht wagen, ihnen noch die Molosser nachzuwerfen, denn diese blieben jetzt unsere stärkste Karte im ungewissen Spiel. Er rief den Knechten zu, sich wohl zu rüsten, und diese rieben Brust und Lefzen der großen Tiere mit Bilsenbranntwein ein und halsten ihnen zum Schutz die Stachelgurte um. Die anderen steckten zum Kampf die Fackeln an tote Äste auf.

Das war im Nu geschehen, und schon, kaum daß wir wieder Stand gefaßt, brach wie ein Wetter die rote Meute über uns herein. Wir hörten sie durch die dunklen Büsche brechen, dann sprangen die Bestien in den Umkreis, auf dem der Fackelschein wie Kohlenschimmer lag. Die Spitze hielt Chiffon Rouge, um dessen Hals ein Fächer von scharfen Klingen funkelte. Er hielt den Kopf gesenkt und ließ die Zunge geifernd am Boden wehen; die Lichter blinkten spähend von unten her. Von weitem sah man die gebleckten Reißer blenden, von denen das untere Paar gleich Hauern die Lefzen überstand. Das Ungeheuer sprang trotz seiner Schwere in leichten Sätzen vor — in queren, tänzelnden Fluchten, als ob es im Übermaß der Kraft verschmähte, uns in gestrecktem Laufe anzugehen. Und hinter ihm erschien in schwarz- und roter Zeichnung die Bluthundmeute im Fackelschein.

Bei diesem Anblick erschollen Schreckensschreie, und Rufe nach den Molossern wurden laut. Ich sah den alten Belovar voll Sorge nach seinen Packern blicken, doch zogen die stolzen Tiere, die Augen scharf nach vorn gerichtet und die Ohren hoch aufgestellt, in unerschrockener Haltung die Koppel an. Da lachte der Alte mir zu und gab das Zeichen, und wie von einer scharf gespannten Sehne abgeschossen, flogen die gelben Doggen auf die roten zu. An ihrer Spitze stürzte sich Leontodon auf Chiffon Rouge.

Nun gab es unter den Riesenstämmen im roten Lichte ein Heulen und Frohlocken, als ob das Wilde Heer vorüberzöge, und heiße Mordgier breitete sich aus. In dunklen Massen wälzten und zerrten die Tiere sich am Boden, und andere, die einander hetzten, umfuhren unseren Stand in weitem Kreis. Wir suchten in das Gemetzel, dessen Tosen die Luft erfüllte, einzugreifen, doch war es schwierig, die roten Doggen mit Stichen und Schüssen zu erreichen, ohne auch die Molosser zu beschädigen. Nur dort, wo uns die Jagd gleich einer Ringelbahn umkreiste, gelang es, die Figuren getrennt aufs Korn zu bringen und krumm zu machen, wie man auf Flugwild schießt. Hier zeigte sich, daß ich mit meiner Waffe, ohne es zu ahnen, die beste Wahl getroffen hatte, die möglich war. Ich suchte abzukommen, wenn das Auge über dem Silberkorne die schwarze Maske sah, und war dann sicher, daß sich das Tier im Feuer streckte, ohne noch einen Zuck zu tun.

Aber auch drüben, auf der anderen Seite, sahen wir Schüsse blitzen und errieten, daß man dort die Molosser aus der Hetzbahn schoß. Auf diese Weise glich das Scharmützel einem Jagen, das sich ellipsenförmig um zwei Feuerpunkte schloß, indes die große Meute auf der kurzen Achse im Kampfe lag. Die Bahn erhellte sich im Verlauf des Treffens durch Feuersäulen, denn wo die Fackeln zu Boden fielen, da flammte lohend das dürre Buschwerk auf.

Bald zeigte sich, daß die Molosser dem Bluthund überlegen waren, zwar nicht an Stärke des Gebisses, wohl aber an Schwere und Angriffskraft. Doch waren die roten Doggen in der Überzahl. Auch schien es, daß von drüben noch frische Koppeln in das Treiben geworfen wurden, denn es fiel uns immer schwerer, den Hunden beizustehen. Der Bluthund nämlich war sorgsam abgerichtet, den Menschen aufzusuchen, den der Oberförster als bestes Wild bezeichnete; und als die Anzahl der Molosser nicht mehr genügte, lenkte die Sorge für unsere Sicherheit die Blicke vom Jagen ab. Bald aus den dunklen Büschen, bald aus dem Qualm der Feuerbrände schoß eins der roten Tiere auf uns zu, und Schreie kündeten es an. Da mußten wir eilig sorgen, daß es im Ansprung auf der Strecke blieb — doch wurde manches erst von den Spießen der Knechte aufgefangen, und auf manches sauste die Doppelaxt des alten Belovar hernieder, wenn es schon lechzend auf dem Opfer lag.

Schon sahen wir die ersten bösen Risse leuchten; auch schien es mir, als ob die Rufe der Knechte heftiger und aufgeregter würden — in solchen Lagen kündet ein Unterton wie leises Weinen, daß die Verzweiflung sich zu nähern droht. In diese Rufe mischte sich das Geheul der Meuten, das Knallen der Schüsse und das Geistern der Flammen ein. Dann hörten wir aus dem Tannicht ein mächtiges Gelächter schallen, ein röhrendes Joho, das uns verkündete, daß nun der Oberförster im Treiben war. In diesem Lachen erklang die fürchterliche Jovialität des Menschenjägers, der sein Revier begeht. Der Alte gehörte noch zu den großen Herren, die hoch frohlocken, wenn man ihnen trotzt. Der Schrecken war sein Element.

In diesem Trubel begann mir heiß zu werden, und ich fühlte, daß die Erregung auf mich übersprang. Da tauchte, wie schon oft in solchen Lagen, das Bildnis meines alten Waffenmeisters van Kerkhoven mir im Geiste auf. Dieser, ein kleiner Flame mit rotem Barte, der mich im Fußdienst abgerichtet hatte, pflegte zu sagen, daß ein gezielter Schuß zehn andere überwiege, die man zu hastig aus dem Laufe wirft. Auch prägte er mir ein, an jenen Punkten des Gefechtes, an denen der Schrecken sich verbreiten würde, den Zeigefinger gestreckt zu halten und ruhig Luft zu schöpfen — denn jener sei am stärksten, der gut geatmet hat.

Dieser Kerkhoven also tauchte vor mir auf — denn jede echte Lehre ist Geistessache, und die Ebenbilder der guten Lehrer stehen uns in der Drangsal bei. Und wie dereinst im Norden vor dem Scheibenstande setzte ich ab, um langsam durchzuatmen, und fühlte, wie sogleich der Blick sich klärte und die Brust mir freier ward.

Mißlich vor allem, als das Treffen sich zum Bösen wandte, war, daß der Qualm uns immer mehr das Schußfeld nahm. Nun wurden die Kämpfer vereinzelt, und die Dinge tauchten ins Ungewisse ein. Aus immer kürzerer Entfernung brachen die roten Doggen vor. So sah ich mehr als einmal Chiffon

Rouge an meinem Stand vorüberwechseln, doch suchte das
kluge Ungeheuer, sowie ich in Anschlag gehen wollte, die
Deckung auf. Da faßte mich die Jagdgier, und der Eifer, die
Lieblingsdogge des Oberförsters zu erlegen, verführte mich,
ihr nachzuspringen, als ich sie wieder im Qualm verschwinden sah, der wie ein breiter Bach an mir vorüberfloß.

25

Im dichten Rauche glaubte ich hin und wieder das Untier
schattenhaft zu sehen, doch stets zu flüchtig zum wohlgeziel-
ten Schuß. Auch narrten mich Trugbilder in den Wirbeln, so
daß ich endlich lauschend im Ungewissen stehen blieb. Da
hörte ich ein Knistern, und mich packte der Gedanke, daß
die Bestie einen Haken geschlagen haben könnte, um mich
von hinten anzugehen. Um mich zu sichern, kniete ich mit
vorgehaltener Flinte nieder und wählte zur Rückendeckung
einen Dornenbusch.

Wie sich in solchen Lagen unser Auge oft an geringe Dinge heftet, so sah ich an der Stelle, an der ich kniete, im toten
Laub ein Kräutlein blühen und erkannte in ihm das Rote
Waldvögelein. Ich mußte mich also an dem Ort befinden, zu
dem ich mit Bruder Otho vorgestoßen war, und damit dicht
vor der Hügelspitze bei Köppelsbleek. Und wirklich gelang
es mir, mit wenig Schritten die kleine Kuppe zu erreichen,
die sich wie eine Insel aus dem Rauch erhob.

Von ihrem Rücken sah ich die Rodung bei Köppelsbleek
im matten Scheine leuchten, doch wurde zugleich mein Blick
fern in die Wäldertiefe auf einen Feuerpunkt gelenkt. Dort
sah ich, winzig und wie aus rotem Filigran gebildet, ein
Schloß mit Zinnen und runden Türmen in Flammen stehen;
und ich entsann mich, daß auf Fortunios Karte diese Stelle
als »Südliche Residenz« bezeichnet war. Die Feuersbrunst
verriet mir, daß der Angriff des Fürsten und Braquemarts bis
an die Stufen des Palastes gelangt sein mußte; und wie immer, wenn wir die Wirkung kühner Taten sehen, hob ein Gefühl der Freude mir die Brust. Zugleich indessen fiel mir das

triumphierende Gelächter des Oberförsters ein, und eilig spähte mein Blick auf Köppelsbleek. Dort sah ich Dinge, die mich erblassen ließen in ihrer Schändlichkeit.

Die Feuer, die Köppelsbleek erhellten, waren noch glühend, doch wie mit Silberkuppen von einer weißen Aschenschicht bedeckt. Ihr Schimmer fiel auf die Schinderhütte, die weit geöffnet stand, und färbte den Schädel, der am Giebel glänzte, mit rotem Licht. Aus Spuren, die sowohl den Boden um die Feuerstätten als auch das Innere der üblen Höhle zeichneten und die ich nicht schildern will, war zu erraten, daß die Lemuren hier eines ihrer schauerlichen Feste abgehalten hatten, dessen Nachglanz noch auf dem Orte lag. Wir Menschen blicken mit angehaltenem Atem und wie durch Spalten auf solchen Spuk.

Nur so viel sei verraten, daß mein Auge unter all den alten und längst entfleischten Köpfen auch zwei neue, an Stangen hoch aufgesteckte entdecken mußte — die Köpfe des Fürsten und Braquemarts. Sie blickten von ihren Eisenspitzen, von denen sich Haken krümmten, auf die Feuersgluten, die weiß verblätterten. Dem jungen Fürsten war nun das Haar gebleicht, doch fand ich seine Züge noch edler und von jener höchsten, sublimen Schönheit, die nur das Leid erzeugt.

Ich fühlte bei diesem Anblick die Tränen mir in die Augen schießen — doch jene Tränen, in welchen mit der Trauer uns herrlich die Begeisterung ergreift. Auf dieser bleichen Maske, von der die abgeschundene Haut in Fetzen herunterhing und die aus der Erhöhung am Marterpfahle auf die Feuer herniederblickte, spielte der Schatten eines Lächelns von höchster Süße und Heiterkeit, und ich erriet, wie von dem hohen Menschen an diesem Tage Schritt für Schritt die Schwäche abgefallen war — so wie die Lumpen von einem König, der als Bettler verkleidet ging. Da faßte mich ein Schauer im Innersten, denn ich begriff, daß dieser seiner frühen Ahnen und Bezwinger von Ungeheuern würdig war; er hatte den Drachen Furcht in seiner Brust erlegt. Hier wurde mir gewiß, woran ich oft gezweifelt hatte: es gab noch Edle unter uns, in deren Herzen die Kenntnis der großen Ordnung lebte und sich bestätigte. Und wie das hohe Beispiel uns zur Gefolgschaft führt, so schwur ich vor diesem Haupt mir zu, in aller Zukunft lieber mit den Freien einsam zu fallen, als mit den Knechten im Triumph zu gehn.

Die Züge von Braquemart dagegen sahen ganz unverändert aus. Er blickte spöttisch und mit leisem Ekel von seiner Stange auf Köppelsbleek und mit erzwungener Ruhe wie jemand, der einen starken Krampf empfindet, doch das Gesicht bewahrt. Ich wäre kaum erstaunt gewesen, in diesem Antlitz noch das Einglas wahrzunehmen, das er im Leben trug. Auch war sein Haar noch schwarz und glänzend, und ich erriet, daß er zur rechten Zeit die Pille eingenommen hatte, die jeder Mauretanier am Körper führt. Es ist dies eine Kapsel aus buntem Glase, die man zumeist im Ringe und in den Augenblicken der Bedrohung im Munde führt. In dieser Haltung genügt ein Biß, die Kapsel zu zermalmen, in die ein Gift von ausgesuchter Wirkung eingeschlossen ist. Dies ist die Prozedur, die in der Mauretaniersprache als die Berufung an die dritte Instanz bezeichnet wird — entsprechend dem dritten Grade der Gewalt — und sie gehört zum Bilde, das man in diesem Orden von der Würde des Menschen hegt. Man hält die Würde durch den gefährdet, der niedere Gewalt erduldet; und man erwartet, daß jeder Mauretanier zu jeder Stunde zum tödlichen Appell gerüstet sei. Das also war das letzte Abenteuer von Braquemart.

Ich sah das Bild in der Erstarrung und ohne zu wissen, wie lange ich vor ihm weilte — wie außerhalb der Zeit. Zugleich verfiel ich in ein waches Träumen, in dem ich die Nähe der Gefahr vergaß. In solchem Stande gehen wir wie schlafend durch die Bedrohung — zwar ohne Vorsicht, doch dem Geiste der Dinge nah. Traumwandelnd trat ich auf die Rodung von Köppelsbleek, und wie im Rausche schienen die Dinge mir deutlich, doch nicht außer mir. Sie waren mir wie im Kinderland vertraut, und rings die bleichen Schädel an den alten Bäumen sahen mich fragend an. Ich hörte Geschosse auf der Lichtung singen — sowohl das schwere Schwirren der Armbrustbolzen als auch den scharfen Büchsenschuß. Sie fuhren so nah vorüber, daß sich mir die Schläfenhaare hoben, doch achtete ich ihrer nur wie einer tiefen Melodie, die mich begleitete und mir das Maß für meine Schritte gab.

So kam ich im Schein der Silbergluten bis an die Schreckensstätte und bog die Stange, die das Haupt des Fürsten trug, zu mir herab. Mit beiden Händen hob ich es von der Eisenspitze und bettete es in die Ledertasche ein. Indem ich kniend dies Werk verrichtete, spürte ich an der Schulter einen harten Schlag. Es mußte mich eines der Geschosse getroffen haben, doch fühlte ich weder Schmerzen, noch sah ich Blut an meinem Lederrock. Nur hing der rechte Arm gelähmt herab. Wie aus dem Schlaf erwachend, blickte ich mich um und eilte mit der hohen Trophäe in den Wald zurück. Die Flinte hatte ich am Fundort des Roten Waldvögeleins zurückgelassen, auch konnte sie mir nicht mehr dienlich sein. Ohne mich umzublicken, strebte ich dem Orte, an dem ich die Kämpfenden verlassen hatte, zu.

Hier war es ganz still geworden, und auch die Fackeln leuchteten nicht mehr. Nur wo die Büsche gelodert hatten, lag noch ein Schimmer von roter Glut. In ihm erriet das Auge am dunklen Boden die Leichen von Kämpfern und erlegte Hunde; sie waren verstümmelt und fürchterlich zerfleischt. In ihrer Mitte, am Stamme eines alten Eichbaums, lag Belovar. Ihm war der Kopf gespalten, und der Blutstrom hatte den weißen Bart gefärbt. Vom Blut gerötet waren auch die Doppelaxt an seiner Seite und der breite Dolch, den seine Rechte noch fest umschloß. Zu seinen Füßen streckte sich der treue Leontodon mit ganz von Schüssen und Stichen zerfetzter Haut und leckte im Sterben ihm die Hand. Der Alte hatte gut gefochten, denn um ihn lag ein Kranz von Männern und Hunden hingemäht. So hatte er den angemessenen Tod gefunden, im vollen Trubel der Lebensjagd, wo rote Jäger rotes Wildbret durch Wälder hetzen, in denen Tod und Wollust tief verflochten sind. Ich sah dem toten Freunde lange in die Augen und legte ihm mit der Linken eine Handvoll Erde auf die Brust. Die Große Mutter, deren wilde, blutfrohe Feste er gefeiert hatte, ist solcher Söhne froh.

26

Um aus dem Dunkel des großen Waldes auf die Weidegründe zurückzufinden, brauchte ich nur der Spur zu folgen, die wir beim Kommen gezogen hatten, und sinnend schritt ich den weißen Pfad entlang.

Es schien mir seltsam, daß ich während des Gemetzels mich bei den Toten befunden hatte, und ich faßte es als ein Sinnbild auf. Noch immer stand ich im Banne der Träumerei. Der Zustand war mir nicht völlig neu; ich hatte ihn auch früher an Abenden von Tagen erfahren, an denen der Tod mir nahe gewesen war. Wir treten dann mit der Geisteskraft ein wenig aus dem Körper aus und schreiten gleichsam als Begleiter neben unserem Ebenbilde her. Doch hatte ich die Lösung dieser feinen Fäden noch nie so stark empfunden wie hier im Wald. Indem ich träumend die weiße Spur verfolgte, erblickte ich die Welt im dunklen Schimmer des Ebenholzes, in dem sich elfenbeinerne Figürchen spiegelten. Auf diese Weise durchquerte ich auch das Moor am Fillerhorne und trat unweit der hohen Pappeln in die Campagna ein.

Hier sah ich mit Schrecken, daß der Himmel von Feuersbrünsten unheilvoll erleuchtet war. Auch herrschte ein böses Treiben auf den Weidegründen, und Schatten eilten an mir vorbei. Es mochten Knechte, die dem Gemetzel entronnen waren, darunter sein; indessen vermied ich, sie anzurufen, denn viele schienen in trunkener Wut. Dann sah ich solche, die Feuerbrände schwangen, und hörte die Sprache derer von La Picousière. Von diesen strebten Scharen, die mit Beute beladen waren, schon wieder den Wäldern zu. Das Vorgehölz des Roten Stieres war hell erleuchtet; dort mischten sich Weiberschreie in das Gelächter eines Triumphgelages ein.

Voll böser Ahnung eilte ich dem Weidehofe zu, und schon von weitem mußte ich erkennen, daß inzwischen auch Sombor mit den Seinen dem Waldgelichter erlegen war. Die reiche Siedlung stand in hellen Flammen, die schon von Haus

und Stall und Scheuer den Dachstuhl abgehoben hatten, und
Feuerwürmer tanzten heulend um die Glut. Die Plünderung
war in vollem Gange; sie hatten bereits die Betten aufge-
schnitten und füllten sie wie Säcke mit Beute an. Daneben
sah ich Gruppen, die vom Gut der Vorratshäuser praßten;
sie hatten von gefüllten Fässern die Deckel eingeschlagen
und schöpften mit den Hüten ihren Trunk.

Die Mörder waren im Taumel der Völlerei, und dieser
Umstand war mir günstig, denn ich wandelte, fast wie im
Schlafe, durch ihren Kreis. Vom Feuer, vom Mord und von
der Trunkenheit geblendet, bewegten sie sich wie Tiere, die
man am Grund von trüben Tümpeln sieht. Sie streiften dicht
an mir vorüber, und einer, der einen Filz voll Branntwein
schleppte, hob ihn mit beiden Armen gegen mich empor und
trollte sich fluchend, als ich ihm den Willkomm weigerte.
Unangefochten schritt ich durch sie hindurch, als ob mir die
vis calcandi supra scorpiones zu eigen sei.

Als ich die Trümmer des Weidehofes verlassen hatte, fiel
mir ein Umstand auf, der meinen Schrecken noch steigerte.
Es schien mir nämlich, als ob im Rücken die Glut der Feuersbrunst verblaßte — doch weniger infolge der Entfernung als
vor einer neuen und grimmigeren Röte, die sich vor mir am
Firmament erhob. Auch dieser Teil der Weidegründe war
nicht ganz unbelebt. Ich sah versprengtes Vieh und Hirten
auf der Flucht. Vor allem vernahm ich in der Ferne das Geläut der roten Meute, das sich zu nähern schien. Daher beeilte ich meine Schritte, obwohl mein Herz zugleich ein Bangen
vor dem fürchterlichen Flammenringe spürte, dem ich entgegenging. Schon sah ich dunkel die Marmorklippen ragen, wie
schwarze Riffe am Lavameer. Und während ich die Hunde
im Rücken hörte, erklomm ich hastig die schroffe Zinne, von
deren Rande unser Auge so oft im hohen Rausche die
Schönheit dieser Erde in sich eingetrunken hatte, die ich nun
im Purpurmantel der Vernichtung sah.

Nun war die Tiefe des Verderbens in hohen Flammen offenbar geworden, und weithin leuchteten die alten und schönen Städte am Rande der Marina im Untergange auf. Sie

funkelten im Feuer gleich einer Kette von Rubinen, und kräuselnd wuchs aus den dunklen Tiefen der Gewässer ihr Spiegelbild empor. Es brannten auch die Dörfer und die Weiler im weiten Lande, und aus den stolzen Schlössern und den Klöstern im Tale schlug hoch die Feuersbrunst empor. Die Flammen ragten wie goldene Palmen rauchlos in die unbewegte Luft, indes aus ihren Kronen ein Feuerregen fiel. Hoch über diesem Funkenwirbel schwebten rot angestrahlte Taubenschwärme und Reiher, die aus dem Schilfe aufgestiegen waren, in der Nacht. Sie kreisten, bis ihr Gefieder sich in Flammen hüllte, dann sanken sie wie brennende Lampione in die Feuersbrunst hinab.

Als ob der Raum ganz luftleer wäre, drang nicht ein Laut herauf; das Schauspiel dehnte sich in fürchterlicher Stille aus. Ich hörte dort unten nicht die Kinder weinen und die Mütter klagen, auch nicht das Kampfgeschrei der Sippenbünde und das Brüllen des Viehes, das in den Ställen stand. Von allen Schrecken der Vernichtung stieg zu den Marmorklippen einzig der goldene Schimmer empor. So flammen ferne Welten zur Lust der Augen in der Schönheit des Unterganges auf.

Auch hörte ich nicht den Schrei, der meinem Mund entstieg. Nur tief in meinem Inneren, als ob ich selbst in Flammen stünde, hörte ich das Knistern der Feuerwelt. Und nur dies feine Knistern konnte ich vernehmen, während die Paläste in Trümmer fielen und aus den Hafenspeichern die Getreidesäcke hoch in die Lüfte stiegen, um glühend zu zersprühen. Dann flog, die Erde spaltend, der große Pulverturm am Hahnentore auf. Die schwere Glocke, die seit tausend Jahren den Belfried zierte und deren Klänge Unzählige im Leben und im Sterben geleitet hatten, begann erst dunkel und dann immer heller aufzuglühen und stürzte endlich, den Turm zermalmend, aus ihrem Lager ab. Ich sah die Giebelfirste der Säulentempel in roten Strahlen leuchten, und von den hohen Sockeln neigten sich mit Schild und Speer die Götterbilder nieder und sanken lautlos in die Glut.

Vor diesem Feuermeere faßte mich zum zweiten Male, und stärker noch, die Traumesstarre an. Und wie wir in solchem Stande vieles zugleich durchschauen, so hörte ich auch, wie die Meute und hinter ihr das Waldgelichter sich unablässig näherten. Schon hatten die Hunde fast den Klippenrand erreicht, und ich vernahm in Pausen den tiefen Anschlag von Chiffon Rouge, den sein Rudel heulend begleitete. Doch war ich in dieser Lage nicht fähig, nur den Fuß zu heben, und ich fühlte, wie mir der Schrei im Munde blieb. Erst als ich die Tiere bereits erblickte, gelang es mir, mich zu bewegen, doch blieb der Bann bestehen. So schien es mir, als ob ich sanft die Marmorklippenstufen hinunterschwebte; auch hob ich mich in leichtem Schwunge über die Hecke, die den Garten der Rautenklause friedete. Und hinter mir im dichtgedrängten Rudel hetzte polternd die Wilde Jagd den schmalen Felsenpfad herab.

27

Im Sprunge war ich in dem weichen Boden der Lilienbeete halb zu Fall gekommen, und mit Staunen sah ich, daß der Garten wundersam erleuchtet war. Die Blumen und die Büsche strahlten im blauen Glanze, als wären sie auf Porzellan gemalt und dann durch Zauberspruch belebt.

Oben im Küchenvorhof standen Lampusa und Erio, in den Anblick der Feuersbrunst vertieft. Auch Bruder Otho sah ich im festlichen Gewande auf dem Altan der Rautenklause; er lauschte in der Richtung der Felsentreppe, auf der nun wie ein Gießbach das Waldgelichter mit den Hunden herunterbrach. Schon huschte es an der Hecke wie ein Rattenschwarm, und Fäuste rüttelten am Gartentor. Da sah ich Bruder Otho lächeln, indem er prüfend die bergkristallene Lampe, auf der ein blaues Flämmchen tanzte, vor die Augen hob. Er schien kaum wahrzunehmen, wie indessen unter den Streichen der Hundehetzer die Pforte barst und wie das dunkle Rudel frohlockend in die Lilienbeete brach, an seiner Spitze Chiffon Rouge, um dessen Hals die Klingen funkelten.

In dieser Not erhob ich meine Stimme, um Bruder Otho anzurufen, den ich noch immer wie lauschend auf dem Altane stehen sah. Doch schien er mich nicht zu hören, denn er wandte sich unbewegten Blickes und trat mit vorgestreckter Leuchte in das Herbarium ein. So hielt er sich als hoher Bruder — da er im Angesichte der Vernichtung dem Werke, dem wir unser Leben gewidmet hatten, die Weihe geben sollte, fehlte ihm das Auge für meine körperliche Not.

Da rief ich denn Lampusa an, die mit vom Feuerschein erhellter Miene vor dem Eingang der Felsenküche stand, und sah sie flüchtig, mit gekreuzten Armen, indes ein grimmes Lächeln ihren Zahn entblößte, in das Gewimmel schauen. Der Anblick zeigte, daß von dieser kein Mitleid zu erwarten stand. Solange ich ihren Töchtern Kinder zeugte und mit dem Schwertarm die Feinde schlug, war ich willkommen; doch war ihr jeder Sieger als Eidam gut, so wie sie jeden in der Schwäche verachtete.

Da, als schon Chiffon Rouge im Ansprung stand, war es mein Erio, der mir zu Hilfe kam. Der Knabe hatte das Silberkesselchen ergriffen, das von der Schlangenspende noch im Vorhof stand. Er schlug es, nicht wie sonst mit seinem Birnholzlöffel, sondern mit einer erzenen Gabel an. Sie lockte aus dem Becken einen Ton hervor, der einem Lachen glich und Mensch und Tier erstarren ließ. Ich spürte, wie unter dem Fuß der Marmorklippen die Klüfte bebten, dann erfüllte ein feines Pfeifen hundertfach die Luft. Im blauen Glanz des Gartens brach ein helles Leuchten auf, und blitzend schossen die Lanzenottern aus ihren Schrunden vor. Sie glitten durch die Beete wie blanke Peitschenschnüre, unter deren Schwunge ein Wirbel von Blütenblättern sich erhob. Dann stellten sie, am Boden einen goldenen Kreis beschreibend, sich langsam bis zur Manneshöhe auf. Sie wiegten das Haupt in schweren Pendelschlägen, und ihre zum Angriff vorgestellten Fänge blinkten tödlich wie Sonden aus gekrümmtem Glase auf. Zu diesem Tanze durchschnitt ein leises Zischen, als ob sich Stahl in Wasser kühlte, die Luft; auch stieg ein feines, hörnernes Klappern, wie von den Kastagnetten maurischer Tänzerinnen, von der Fassung der Beete auf.

In diesem Reigen stand das Waldgelichter vor Schreck

versteinert, und die Augen quollen ihm aus den Höhlen vor. Am höchsten war die Greifin aufgerichtet; sie wiegte sich mit lichtem Schilde vor Chiffon Rouge und kreiste ihn wie spielend mit den Figuren ihrer Serpentinen ein. Das Untier folgte den Schwüngen ihrer tänzerischen Windung bebend und mit gesträubtem Fell — dann schien die Greifin es ganz leicht am Ohr zu streifen, und vom Todeskrampf geschüttelt, die Zunge sich zerbeißend, wälzte der Bluthund sich im Lilienflor.

Das war das Zeichen für die Schar der Tänzerinnen, die sich mit goldenen Ringen auf ihre Beute warf, so dicht verflochten, daß nur *ein* Schuppenleib die Männer und die Hunde zu umwinden schien. Auch schien es nur *ein* Todesschrei, der diesem prallen Netz entstieg und den die schnürend feine Kraft des Giftes sogleich erdrosselte. Dann löste sich die blinkende Verflechtung, und die Schlangen zogen in ruhiger Windung wieder in ihre Klüfte ein.

Inmitten der Beete, die nun dunkle und vom Gift geblähte Kadaver deckten, hob ich den Blick zu Erio. Ich sah den Knaben mit Lampusa, die ihn stolz und zärtlich führte, in die Küche treten, und lächelnd winkte er zurück, indes das Felsentor sich knarrend hinter ihnen schloß. Da spürte ich, daß das Blut mir leichter in den Adern kreiste und daß der Bann, der mich ergriffen hatte, gewichen war. Auch konnte ich die Rechte wieder frei bewegen, und eilig trat ich, da ich um Bruder Otho bangte, in die Rautenklause ein.

28

Als ich die Bibliothek durchschritt, fand ich die Bücher und die Pergamente in strenger Ordnung, wie man sie schafft, wenn man auf eine lange Reise geht. Die runde Tafel in der Halle trug die Larenbilder — sie waren mit Blumen, Wein und Opferspeise wohl versehen. Auch dieser Raum war festlich hergerichtet und strahlend von den hohen Kerzen des Ritters Deodat erhellt. Ich fühlte mich in ihm so heimisch, als ich ihn feierlich gerüstet fand.

Indem ich sein Werk betrachtete, trat Bruder Otho oben aus dem Herbarium, dessen Türe er weit geöffnet ließ. Wir fielen uns in die Arme und teilten uns, wie einstmals in den Pausen des Gefechtes, unsere Abenteuer mit. Als ich erzählte, wie ich den jungen Fürsten angetroffen hatte, und meine Beute aus der Ledertasche zog, sah ich Bruder Othos Antlitz erstarren — dann, mit den Tränen, zog ein wundersames Leuchten in ihm auf. Wir wuschen mit dem Wein, der bei den Opferspeisen stand, das Haupt vom Blut und Todesschweiße rein, dann betteten wir es in eine der großen Duftamphoren, in der die Blätter von weißen Lilien und Schirasrosen schimmerten. Nun füllte Bruder Otho zwei Pokale mit dem alten Weine, die wir, nachdem wir die Libation vergossen hatten, leerten und dann am Sockel des Kamins zerschmetterten. So feierten wir Abschied von der Rautenklause, und mit Trauer verließen wir das Haus, das unserem Geistesleben und unserer Bruderschaft zum warmen Kleide geworden war. Doch müssen wir ja von jeder Stätte weichen, die uns auf Erden Herberge gab.

Nun eilten wir, unser Gut verlassend, durch die Gartenpforte dem Hafen zu. Ich hielt in beiden Armen die Amphore, und Bruder Otho hatte den Spiegel und die Leuchte an seiner Brust verwahrt. Als wir die Biegung erreichten, an welcher der Pfad sich in den Hügeln zum Kloster der Falcifera verliert, verweilten wir noch einmal und blickten auf unser Haus zurück. Wir sahen es im Schatten der Marmorklippen liegen, mit seinen weißen Mauern und dem breiten Schieferdache, auf dem sich matt der Schimmer der fernen Feuer spiegelte. Gleich dunklen Bändern zogen sich um die hellen Wände die Terrasse und der Altan. So baut man in den schönen Tälern, in denen unser Volk am Südhang wohnt.

Indem wir so die Rautenklause betrachteten, erhellten sich ihre Fenster, und aus dem Giebel fuhr eine Flamme bis zur Höhe des Marmorklippenrandes auf. Sie glich an Farbe dem Flämmchen auf der Leuchte Nigromontans — tief dunkelblau — und ihre Krone war gleich dem Kelche der Enzian-

blüte ausgezackt. Hier sahen wir die Ernte vieler Arbeitsjah-
re den Elementen zum Raube fallen, und mit dem Hause
sank unser Werk in Staub. Doch dürfen wir auf dieser Erde
nicht auf Vollendung rechnen, und glücklich ist der zu preisen, dessen Wille nicht allzu schmerzhaft in seinem Streben
lebt. Es wird kein Haus gebaut, kein Plan geschaffen, in welchem nicht der Untergang als Grundstein steht, und nicht in
unseren Werken ruht, was unvergänglich in uns lebt. Dies
leuchtete uns in der Flamme ein, doch lag in ihrem Glanze
auch Heiterkeit. Mit frischen Kräften eilten wir den Pfad entlang. Noch war es dunkel, doch aus den Rebenhügeln und
Uferwiesen stieg schon die Kühlung des Morgens auf. Auch
schien es dem Gemüt, als ob die Feuer am Firmament ein
wenig von ihrer unheilvollen Kraft verlören; es mischte sich
Morgenröte ein.

Am Bergeshange sahen wir auch das Kloster der Maria
Lunaris in Gluten eingehüllt. Die Flammen schlugen am
Turm empor, so daß das goldene Füllhorn glühte, das auf
dem Knauf als Wetterfahne schwang. Das hohe Kirchenfen-
ster an der Seite des Bildaltars war schon zersprungen, und
wir sahen im leeren Rahmen den Pater Lampros stehen. In
seinem Rücken glomm es wie aus dem Feuerofen, und wir
eilten, um ihn zu rufen, bis an den Klostergraben vor. Er
stand im Prunkornat; auf seinem Antlitz sahen wir ein unbekanntes Lächeln leuchten, als ob die Starre, die uns sonst an
ihm erschreckte, im Feuer dahingeschmolzen sei. Er schien
zu lauschen, und doch hörte er unsere Rufe nicht. Da hob ich
das Haupt des Fürsten aus der Duftamphore und streckte es
mit der Rechten hoch empor. Bei seinem Anblick faßte uns
ein Schauer, denn die Feuchte des Weines hatte die Rosen-
blätter angesogen, so daß es nun im dunklen Purpurprunke
aufzuleuchten schien.

Doch war es noch ein anderes Bild, das uns, als ich das
Haupt erhob, ergriff — wir sahen im grünen Glanze die Rosette strahlen, die in noch unversehrter Rundung den Fen-
sterbogen schloß, und ihre Bildung war uns wundersam vertraut. Uns schien, als hätte uns ihr Vorbild in jenem Wege-

rich geleuchtet, den Pater Lampros uns einst im Klostergarten wies — nun offenbarte sich die verborgene Beziehung dieser Schau.

Der Pater wandte, als ich ihm das Haupt entgegenstreckte, den Blick zu uns, und langsam, halb grüßend und halb deutend, wie bei der Consecratio, hob er die Hand, an welcher der große Karneol im Feuer glomm. Als hätte er mit dieser Geste ein Zeichen von schrecklicher Gewalt gegeben, sahen wir die Rosette in goldenen Funken auseinandersprühen, und mit dem Bogen stürzten wie ein Gebirge Turm und Füllhorn auf ihn herab.

29

Das Hahnentor war eingefallen; wir bahnten uns über seine Trümmer einen Weg. Die Straßen waren von Mauerresten und Balkenwerk bedeckt, und rings im Brandschutt lagen Erschlagene verstreut. Wir sahen finstere Bilder im kalten Rauch, und dennoch lebte eine neue Zuversicht in uns. So bringt der Morgen Rat; und schon die Wiederkehr des Lichtes nach dieser langen Nacht erschien uns wunderbar.

In diesem Trümmerfeld verblaßten die alten Händel wie Erinnerungen an einen schlechten Rausch. Nichts als das Unglück war zurückgeblieben, und die Kämpfer hatten Fahnen und Zeichen abgelegt. Noch sahen wir plünderndes Gelichter in den Seitengassen, doch zogen nun die Söldner in Doppelposten auf. Am Zwinger trafen wir Biedenhorn, der sie verteilte und sich ein großes Ansehen gab. Er stand in goldenem Küraß auf dem Platze, doch ohne Helm, und rühmte sich, schon Tannenbäume aufgeputzt zu haben — das heißt, er hatte die Erstbesten ergreifen lassen und in den Ulmen am Walle aufgehängt. Nach martialischer Gewohnheit hatte er sich während der Tumulte gut verschanzt gehalten — nun, da die ganze Stadt in Scherben lag, trat er hervor und spielte den Wundermann. Im übrigen war er gut informiert, denn auf dem runden Turm des Zwingers wehte die Standarte des Oberförsters, der rote Eberkopf.

Es schien, daß Biedenhorn schon scharf getrunken hatte; wir trafen ihn in der grimmig guten Laune, die ihn zum Liebling seiner Söldner machte, an. Ganz unverhohlen lebte in ihm das Ergötzen, daß es den Schreibern, Versemachern und Philosophen der Marina nun ans Leder ging. Auch war ihm, wie der alte Bildungsduft, der Wein und seine Geistigkeit verhaßt. Er liebte die schweren Biere, die man in Britannien und in den Niederlanden braut, und sah das Volk an der Marina als Schneckenfresser an. Er war ein wilder Stößer und Zecher und glaubte felsenfest, daß jeder Zweifel auf dieser Erde durch rechtes Einhaun zu entscheiden sei. Auf diese Weise besaß er Ähnlichkeit mit Braquemart — doch war er insofern viel gesünder, als er die Theorie verachtete. Wir schätzten ihn ob seiner Unbefangenheit und seines guten Appetites, denn wenn er auch an der Marina fehl am Platze war, so darf man doch den Bock nicht tadeln, den man zum Gärtner macht.

Zum Glück gehörte Biedenhorn zu denen, welchen der Frühtrunk die Erinnerung belebt. So brauchten wir ihn nicht an jene Stunde vor den Pässen zu gemahnen, in der er mit seinen Kürassieren ins Gedränge geraten war. Dort war er zu Fall gekommen, und wir sahen die freien Bauern von Alta Plana schon beschäftigt, ihm den Panzer aufzumeißeln — wie man beim Prunkmahl einem Hummer, den die Kunst des Koches vergoldete, die Schale bricht. Schon kitzelte der Fugenstecher ihn am Halse, da schafften wir ihm und seinen Söldnern mit den Purpurreitern wieder Luft. Das war die Diversion, bei welcher der junge Ansgar uns in die Hände gefallen war. Auch kannte uns Biedenhorn aus unseren Mauretanierzeiten — das wirkte mit, daß er sich, als wir ihn um ein Schiff ersuchten, nicht lumpen ließ. Gilt doch die Stunde der Katastrophe als die Stunde der Mauretanier. Er stellte uns die Brigantine zur Verfügung, die er im Hafen hielt, und teilte uns zum Geleite eine Gruppe von Söldnern zu.

Die Straßen, die zum Hafen führten, waren von Flüchtlingen erfüllt. Doch schien es, daß nicht alle die Stadt verlassen wollten, denn wir sahen aus den Ruinen der Tempel bereits den Rauch von Opfern steigen, und aus den Trümmern der Kirchen hörten wir Gesang. In der Kapelle der Sagrada Familia dicht am Hafen war die Orgel verschont geblieben, und mächtig führten ihre Klänge das Lied, das die Gemeinde sang:

Fürsten sind Menschen, vom Weib geboren,
Und kehren um zu ihrem Staub;
Ihre Anschläge sind auch verloren,
Wenn nun das Grab nimmt seinen Raub.
Weil denn kein Mensch uns helfen kann,
Rufen wir Gott um Hilfe an.

Am Hafen drängte sich das Volk, das mit den Resten seiner Habe beladen war. Schon waren die Schiffe nach Burgund und Alta Plana überfüllt, und jeden der Segler, den die Knechte mit ihren Stangen vom Kai abstießen, verfolgte ein lautes Wehgeschrei. Inmitten dieses Elends schaukelte, wie unter Tabu, die Brigantine Biedenhorns an der Dückdalbe, die schwarz-rot-schwarz gezeichnet war. Sie glänzte in dunkelblauem Lack und kupfernen Beschlägen, und als ich Order zur Abfahrt gab, zogen die Knechte die Persenning von den roten Lederpolstern der Ruhebänke fort. Indes die Söldner mit ihren Piken die Menge in Achtung hielten, gelang es uns, noch Frauen und Kinder aufzunehmen, bis unser Deck kaum eine Handbreit über Wasser schwamm. Dann ruderten die Knechte uns aus dem Hafenbecken, das in die Mauer eingeschlossen war, und draußen erfaßte uns sogleich ein frischer Wind und trieb uns auf die Berge von Alta Plana zu.

Noch lag das Wasser in der Morgenkühle, und die Wirbel zogen auf seinem Spiegel Schlieren wie auf grünem Glas. Doch schob sich schon die Sonne über die Zacken der Schneegebirge vor, und blendend tauchten die Marmorklippen aus dem Dunste der Niederungen auf. Wir blickten auf sie zurück und ließen die Hände im Wasser streifen, das sich im Sonnenlicht ins Blaue wandte, als drängen Schatten aus seiner Tiefe vor.

Wir hielten die Amphore in guter Hut. Noch kannten wir

nicht das Schicksal dieses Hauptes, das wir mit uns führten und das wir den Christen überlieferten, als sie den großen Dom an der Marina aus seinen Trümmern errichteten. Sie fügten es in seinen Grundstein ein.

Doch vorher, im Palas der Stammburg der Sunmyras, sprach Bruder Otho es im Eburnum an.

30

Die Männer von Alta Plana waren an den Marken aufgezogen, als die Feuersbrunst den Himmel zeichnete. So kam es, daß wir den jungen Ansgar schon vor der Landung am Ufer sahen; und freudig winkte er uns zu.

Wir rasteten ein wenig bei seinen Leuten, während er Boten zu seinem Vater sandte, dann stiegen wir langsam zum Talhof auf. Als wir die Pässe erreichten, verweilten wir an dem großen Heroon und auch an manchem der kleinen Male, die dort auf dem Gefilde errichtet sind. Wir kamen dabei auch an die Enge, an der wir Biedenhorn mit seinen Söldnern herausgehauen hatten — an dieser Stelle reichte Ansgar uns von neuem die Hand und sagte, alles, was teilbar sei von seiner Habe, gehöre von nun an uns zur Hälfte mit.

Am Mittag erblickten wir den Hof im alten Eichenhaine, der ihn umschloß. Als wir ihn sahen, wurde uns heimatlich zu Mute, denn wie bei uns im Norden fanden wir unter seinem tiefen Dache die Scheuern, Ställe und die Menschenwohnung, alles in einem, wohl geschirmt. Auch gleißte vom breiten Giebel der Pferdekopf. Das Tor war weit geöffnet, und die Tenne blinkte im Sonnenschein. Über die Raufen schaute das Vieh in sie hinein, das heute an den Hörnern den goldenen Zierat trug. Die große Halle war feierlich gerichtet, und aus dem Kreise der Männer und der Frauen, die vor ihr harrten, trat zum Empfang der alte Ansgar auf uns zu.

Da schritten wir durch die weit offenen Tore wie in den Frieden des Vaterhauses ein.

DIE EBERJAGD

ERSTDRUCK 1952
in der Zeitschrift »Story«

Die Schützen hatten sich längs der Schneise aufgestellt. Der Fichtenschlag stand hinter ihnen mit schwarzen Zacken; die Zweige berührten noch den Grund. Vergilbtes Waldgras war in sie eingeflochten und hielt sie am Boden fest. Das machte den Eindruck, als ob dunkle Zelte aufgeschlagen wären, Herbergen gegen Sturm und Kälte im tief verschneiten Land. Ein Gürtel von fahlem Schilf verriet den Graben, der unter dem Schnee verborgen war.

Das Waldstück grenzte an das Fürstliche. Es war im Sommer schwül und stickig, und Schwärme von Bremsen zogen die Lichtungen entlang. Im Herbst, wenn die Gespinste flogen, bedeckten Legionen von Pilzen den moosigen Grund. Die Beeren glänzten wie Korallen auf den Kahlschlägen.

Es hatte eben erst zu schneien aufgehört. Die Luft war köstlich, als ob die Flocken sie gefiltert hätten; sie atmete sich leichter und trug den Ton weithin, so daß man unwillkürlich flüsterte. Die frische Decke schien jede Vorstellung des Weißen zu übertreffen; man ahnte herrliche, doch unberührbare Geheimnisse.

Die besten Plätze waren dort, wo eine Schonung an die Schneise stieß. Kaum ragten die grünen Spitzen aus dem Schnee hervor. Hier war das Schußfeld ideal. Richard stand neben dem Eleven Breyer in einem Querschlag, auf dem sich die Zweige fast berührten, so daß kaum Ausblick war. Es war ein schlechter Platz, ein Stand für Anfänger. Doch war die Erwartung so stark geworden, daß er nicht mehr an Einzelheiten dachte, ja daß sogar sein Kummer sich auflöste. Er hatte bis zuletzt gehofft, daß der Vater ihm eine Büchse geben würde; das war die Erfüllung, auf die sein Dichten und Trachten gerichtet war. Er kannte keinen heißeren, keinen zwingenderen Wunsch. Er träumte von dem blauen Stahl der Waffe, von ihrer Nußbaumschäftung, von den Stecheichenblättern, die in das Metall graviert waren. Wie leicht sie war, wie handlich, und wunderbarer als alle Spielzeuge. Im Dunkel ihres Laufes glänzten die Züge in silberner Spirale auf. Wenn man sie spannte, gab sie ein trockenes Knacken von sich, als ergriffe die Zuverlässigkeit selbst das Wort, um das Herz zu erfreuen. Man konnte den Abzug durch einen Stecher verfeinern — dann war es, als ob ein Gedanke den Schuß entzündete. Daß dieses Kleinod, dieses Wunder, zugleich das Schicksal, den Tod in sich beschloß: das freilich ging über die Phantasie hinaus. Richard fühlte, daß in ihrem Besitze eine Ergänzung für ihn verborgen lag, eine vollkommene Veränderung. Bevor er einschlief, sah er sich zuweilen mit ihr nach Art der Wachträume im Walde — nicht etwa, um zu schießen, nein, nur um wie mit einer Geliebten mit ihr im Grünen sich zu ergehen. Es kam ihm dabei ein Wahrspruch in den Sinn, den er auf einem alten Zechkrug gelesen hatte, aus dem der Vater zuweilen einschenkte:

> Ich und du, wir beide
> Sind uns genug zur Freude.

Auch wenn ihm die Augen zugefallen waren, spannen sich die Bilder fort. Sie führten manchmal selbst zu Beängstigungen: er hatte die Waffe gespannt und wollte schießen, doch verhinderte ein böser Zauber, daß sie Feuer gab. Sein ganzer Wille heftete sich dann daran, doch seltsam, je mehr, je heftiger er ihn spannte, desto gründlicher verweigerte die Büchse ihm den Dienst. Er wollte schreien, doch die Stimme versagte ihm. Dann fuhr er aus dem Albdruck auf. Wie glücklich war er, wenn er erkannte, daß ihn ein Traum genarrt hatte.

Am sechzehnten Geburtstag sollte ihm das Wunder zufallen. Es wurde ihm nicht leicht, sich zu gedulden, wenn er Jägerburschen oder Eleven wie diesen Breyer sah, der knapp zwei Jahre älter und kaum größer als Richard war. Jetzt aber war es so still und klar im Walde, daß dieses Zehrende und Drängende in ihm erlosch. Die Welt war feierlich verhüllt.

Ein feines Zirpen durchzog das Tannicht und entfernte

sich. Das waren die Goldhähnchen, die winzigen Gelbschöpfe; sie fühlten sich in den dunklen Schlägen wohl, in denen sie die Zapfen abkleibten. Dann hallte vom Rand des Forstes ein Hornruf durch die weiße Welt. Das Herz begann zu klopfen; die Jagd ging an.

Von fernher kam Unruhe in den Dickichten auf. Im Maß, in dem sie sich verstärkte, nahm auch der Herzschlag zu. Die Treiber brachen in schweren Lederschürzen durch das Gezweig und klopften mit dem Axtholz an die Stämme; dazwischen hörte man ihre Rufe: »hurr-hurr, hurr-hurr, hurr-hurr«. Zuerst klang dieses Treiben fern und heiter, dann wurden die Stimmen gröber, gefährlicher. Sie klangen nach Pfeifenrauch, nach Obstbrand, nach Wirtshaushändeln und drängten sich in das Geheimnis des Waldes ein.

Jetzt hörte man das Rauschen und Rufen ganz in der Nähe, und dann ein Rascheln, das sich unterschied. Ein Schatten durchfuhr das Röhricht und wechselte in die andere Deckung, genau zwischen Richard und dem Eleven hindurch. Obwohl er wie ein Traumbild über die Blöße huschte, erfaßte Richard im Fluge die Einzelheiten: die Treiber hatten einen starken Keiler aus dem Lager aufgescheucht. Er sah ihn in einem Sprunge, wie von der Sehne geschossen, über den Weg fliegen. Das Vorderteil mit der mächtigen Brust lief keilförmig nach hinten zu. Die starken Rückenborsten, die der Weidmann Federn nennt, waren zum Kamm gesträubt. Richard hatte den Eindruck, daß ihn die kleinen Augen streiften; vor ihnen leuchteten die starken, gekrümmten Gewehre auf. Auch sah er die gebleckten Haderer, die dem Haupte den Ausdruck wütender Verachtung mitteilten. Das Wesen hatte etwas Wildes und Dunkelstruppiges, aber es war auch Röte, wie vom Feuer, dabei. Der dunkle Rüssel war absonderlich gebogen, ja fast geschraubt; er ließ den Ekel ahnen, mit dem dieser Freiherr die Nähe der menschlichen Verfolger und ihre Witterung empfand. Im Augenblick, in dem er die beiden wahrnahm, ließ er ein Schnarchen hören, doch wich er nicht aus der Bahn.

Im Nu war dieses Bild vorüber, doch prägte es sich mit

traumhafter Schärfe ein. Der Eindruck blieb Richard für immer haften: Die Witterung von Macht und Schrecken, doch auch von Herrlichkeit. Er fühlte, daß er in den Knien wankte und daß er den Mund geöffnet hatte, doch brachte er keinen Laut hervor.

Genau so schien es den Eleven zu verstören; er war ganz blaß geworden und stierte dem Eber mit aufgesperrten Augen nach. Fast hätte das Untier ihn gestreift. Schon war es wieder im Grün verschwunden, als er die Büchse hochriß und ihm eine Kugel nachwarf, dorthin, wo noch die Zweige zitterten.

Im engen Dickicht dröhnte der Schuß betäubend wie ein Paukenschlag. Die beiden jungen Leute starrten sich wortlos an. Zwischen den Fichten haftete die strenge, rauschige Witterung des Keilers, sie mischte sich mit dem Geruch des Harzes und dem Pulverdunst, der sich verbreitete. Ein zweiter Hornruf ertönte; er blies das Treiben ab. Man hatte nur diesen einen Schuß gehört.

Dann kam Moosbrugger, der Förster, von der Schneise her gelaufen, dem das Jagdhorn am grünen Bande flatterte. Die Nase glühte ihm wie ein Karfunkel, und er mußte erst Atem schöpfen, ehe er zu fluchen begann. Er prüfte die Fährte und sah zu seinem Ärger, daß die Sau nicht, wie erwartet, über die Schneise flüchtig geworden war, sondern hier am entlegenen Ort. Nun hatten der Graf und seine Gäste das Nachsehen gehabt. Das kränkte Moosbrugger persönlich, und Richard hatte den Eindruck, daß es ihm schwer fiel, den jungen Schützen nicht zu ohrfeigen. Wenn es sich um einen seiner Jägerburschen gehandelt hätte, dann hätte er es wohl getan. So begnügte er sich, die Zähne zu fletschen und den Eleven zu fragen:

»Wissen Sie, was Sie jetzt gemacht haben?«

Und als der Gefragte verlegen die Achseln zuckte:

»Ich will es Ihnen sagen: ein leeres Rohr haben Sie gemacht.«

Dabei stieß er ein teuflisches Lachen aus und wandte sich von neuem der Fährte zu. Richard fühlte sich nun ganz zufrieden mit der Rolle des Zuschauers, die er gespielt hatte. Der unglückliche Eleve hatte einen roten Kopf bekommen; es schien ihm unbehaglich in seiner Haut zu sein. Er murrte vor sich hin.

»Dem hats noch keiner recht gemacht. Wenn ich nicht geschossen hätte, würde er auch geraunzt haben.«

Er war indessen schuldbewußt. Erst hatte er sich durch das Grobschwein erschrecken lassen und dann ein Loch in die Luft gesengt. Mit gleicher Inbrunst, wie er bei sich gehofft hatte, daß die Sau an ihm vorüberwechseln möge, verwünschte er nun, daß sie ihm in die Quere gekommen war. Schon sah er den Waldgrafen und hinter ihm die Jagdgesellschaft von der Schneise her auf sich zuschreiten. Seine Verwirrung war so stark, daß sie sich auf Richard übertrug. Bei alledem war es noch günstig, daß der fürchterliche Moosbrugger im Gebüsch verschwunden war.

Im Augenblick, in dem der Jagdherr sie erreichte, erscholl die mächtige Stimme des Försters aus dem Dickicht:

»Sau tot! Sau tot!«

Dann blies er die Jagd aus, daß es weithin den Forst durchdrang. Die ganze Gesellschaft mit den Treibern folgte dem Hornruf und trat auf eine Lichtung, die hinter dem Fichtengürtel lag. Dort stand Moosbrugger neben dem Keiler, der im Neuschnee verendet war. Er war jetzt im vollen Triumph darüber, daß die Jagd gut ausgegangen war, und meldete dem Grafen noch einmal, während ein schreckliches Lachen sein Gesicht von einem Ohre bis zum anderen spaltete. Er hatte es natürlich gleich gewußt — nur zwei, drei Schnitthaare und Lungenschweiß — zum Teufel, die jungen Leute hatten bei ihm gelernt.

Alle umstanden nun im Oval die Beute, die Schützen mit umgehängter Büchse, die Treiber mit geschulterter Axt. Der Keiler lag auf dem weißen Bett wie schlafend, die kleinen Augen blickten die Bezwinger halb spöttisch an. Die Männer bewunderten das mächtige Haupt, das wie auf einem Kissen lag. Die scharfen Gewehre schimmerten in grimmiger Krümmung wie altes Elfenbein. Dort, wo der breite Hals ansetzte, starrten die Läufe, die Moosbrugger die Vorderhämmer nannte, steif in die Luft. Das dunkelborstige Vlies war rostig durchschossen, nur über den Rücken zog sich ein reinschwarzes Band. Immer noch breitete sich, an den Rändern verblassend, ein großer Blutfleck aus.

Bei diesem Anblick empfand Richard ein Bangen; fast schien es ihm unziemlich, daß sich hier die Augen an dem Erlegten weideten. Nie hatte ihn eine Hand berührt. Nun, nach dem ersten Staunen, packte man ihn an den Tellern und Läufen und wendete ihn hin und her. Der Knabe suchte sich gegen das Gefühl zu wehren, das in ihm aufstieg: daß ihm in diesem Augenblick der Eber näher, verwandter als seine Hetzer und Jäger war.

Nachdem sie die Beute bewundert und betastet hatten, entsannen sie sich des glücklichen Schützen, der sie gestreckt hatte. Der Graf brach einen Fichtenzweig, den er in den Anschuß tauchte, dann präsentierte er auf dem Kolben des Gewehres den blutbetauten Bruch, während Moosbrugger Halali blies. Der junge Mann stand mit bescheidenem Stolz in ihrer Mitte und heftete das Reis an seinen Hut. Die Augen ruhten mit Wohlwollen auf ihm. Bei Hofe, im Krieg und unter Jägern schätzt man den glücklichen Zufall und rechnet ihn dem Manne zu. Das leitet eine Laufbahn günstig ein.

Sie ließen nun eine runde, mit Obstwasser gefüllte Flasche kreisen, aus welcher der Graf den ersten Schluck nahm und die er dann, nachdem er sich geschüttelt hatte, als Nächstem dem Eleven gab. Sie suchten jetzt alle mit ihm ein Wort zu wechseln, und er durfte nicht müde werden, zu berichten, wie ihm der Keiler begegnet war. Wirklich ein Kernschuß, das mußte der Neid zugeben. Er schilderte, wie er die Sau vernommen hatte und wie sie auf ihn zugesprungen war. Auch wie er nicht voll Blatt getroffen hatte, sondern etwas dahinter, weil sie im spitzen Winkel im Tann verschwunden war. Er hatte sie aber deutlich zeichnen gesehen. Moosbrugger lobte ihn über den grünen Klee.

Nur Richard war befangen, er hielt sich für den einzigen, der dem Vorgang nicht gewachsen war. Er hörte mit Erstau nen, daß Breyer ihn ganz anders wahrgenommen hatte, und mußte es glauben, denn dafür zeugte der Keiler, der vor ihm lag. Er lernte hier zum ersten Male, daß Tatsachen die Umstände verändern, die zu ihnen führten — das rüttelte an seiner idealen Welt. Das grobe Geschrei der Jäger bedrückte ihn. Und wieder schien ihm, daß ihnen der Eber hoch überlegen war.

Moosbrugger zog bedächtig sein Messer aus der Scheide und prüfte die Schärfe, indem er es über den Daumen strich. Man durfte selbst bei strengem Frost den Keiler nicht in der Schwarte lassen, dafür war er zu hitzig im Geblüt. Die Miene des Jägers wurde nun ganz altertümlich, durchleuchtet von einer Art von feierlichem Grinsen, das die tief eingegerbten Falten senkrecht zog. Er kniete sich auf einen Hinterlauf des Keilers und packte mit der Linken den anderen. Dann ritzte er die gespannte Decke mit der Schärfe an und schlitzte sie bis zum Brustbein auf. Zunächst entfernte er zwei Gebilde, die spiegelblauen Gänseeiern glichen, und warf sie, während die Treiber beifällig lachten, hinter sich:

»Die holt sich der Fuchs zum Nachtessen.«

Dann fuhr er behutsam einem Strange nach. Der scharfe Dunst, der das Tier umschwelte, wurde nun beizend; die Männer traten fluchend zurück. Moosbrugger wühlte mit beiden Händen in der Bauchhöhle und fuhr in den Brustkorb hinein, zog rotes und blaues Gescheide heraus, die edlen Eingeweide absondernd. Das Herz war vom Geschoß zerrissen; der Eber hatte mit dieser Wunde noch an neunzig Fluchten gemacht. Ein Jägerbursche schnitt den Pansen auf, um ihn im Schnee zu waschen; er war prall mit geschroteten Buchekkern gefüllt. Bald hatte sich der geschändete Leib in eine rote Wanne umgewandelt, aus der noch immer das Blut in die Frostluft emporrauchte.

Moosbrugger umschnürte den Oberkiefer hinter den Hauern mit einer Schlinge; die Treiber spannten sich davor und schleiften den borstigen Rumpf davon. Die Jäger entzündeten die Pfeifen und schlossen sich, behaglich plaudernd, dem Zuge an. Die Jagd war aus.

Das war der erste Abend, an dem Richard einschlief, ohne an das Gewehr gedacht zu haben; dafür trat nun der Eber in seinen Traum.

BESUCH AUF GODENHOLM

ERSTAUSGABE 1952

1

Das Meer war von so unbewegter Glätte, daß seine Säume sich am Fuß der Klippen kaum kräuselten. Gruppen von Wasservögeln ruhten auf der Flut. Es schien, als ob die Trauer, die Einsamkeit des Strandes sich durch den Anblick der träumenden Geschwader noch vertiefte — als ob die Leere sich in ihnen verknotete. Zuweilen gewann sie Stimme in einem Möwenschrei.

Bei jedem dieser schrillen, klagenden Rufe überflog ein Schauder Moltners Gesicht. Es war durch lange Fasten abgemagert, und die von einer südlicheren Sonne gebräunte Haut stach jetzt ins Grünliche. Die grauen, rotäugigen Vögel waren ihm zuwider; er sah in ihnen Verkörperungen des geistig-blutleeren Elementes, das ihn in seiner Reinheit um so mehr erschreckte, als es ja die Gefahr, das Schicksal seines Lebens war. Und auch das Land sah aus, als ob es aus grauer Hirnrinde geschnitten wäre, wenn es im blassen Schein der Mitternächte elektrisch dämmerte.

Dem Kreischen schloß sich ein wissendes, zerreißendes Gelächter an. Es schien sich ein Geburtsakt in ihm anzukünden — in den hellsichtigen Rufen von Wahrsagevögeln vor der Bilderflut. Das war wie Wehen, gegen welche Moltner sich sträubte — Gesichte tauchten dann aus der Tiefe auf.

Wenn er dem Strandsaum folgte, scheuchte er hin und wieder eine Gruppe der grauen Vögel auf. Er sah dann, während sie ihm gellend das Haupt umflogen, den Fisch, um den sie sich versammelt hatten, als silbernen Schemen mit übergroßen Augen und aufgeschlitztem Bauch. Die bleichen Eingeweide waren auf den Strand gezerrt. Das Bild kam ihm stets wieder, wenn er die Schreie hörte, doch dann in seltsamer Verkehrung, als ob sie einer Ausstülpung vorausgingen.

Ein Frösteln überflog ihn; er hüllte sich enger in seinen Mantel ein. Es wurde Zeit, daß das hier ein Ende nahm. Er würde morgen abreisen. Er murmelte das vor sich hin; die Selbstgespräche nahmen zu.

»Die Sahara wäre besser gewesen; man hätte wenigstens Sonne gehabt. Doch es ist meine Schuld, daß ich so lange geblieben bin — ich hätte schließlich wissen müssen, was mir bekommt.«

Wieder zerschnitt ein gellendes Gelächter die Einsamkeit. Moltner zuckte zusammen:

»Ich will drei Kreuze schlagen, wenn der Brenner hinter mir liegt. Und das nach solchen Erwartungen. Ich kenne angenehmere Arten, auf die man sich die Nerven ruiniert.«

Einar, Ulma und Gaspar schienen sich um seine Selbstgespräche nicht zu kümmern; sie hatten sich daran gewöhnt. Sie blickten auf die Umrisse der Insel, die sich jetzt aus dem Dunst enthüllte und der Moltner den Rücken zuwandte. Um diese Jahreszeit erhob sich die Sonne kaum für eine Stunde über den Horizont. Doch blieb sie unsichtbar, da ihre bleiche Scheibe die Berge nicht überstieg. Ihr Licht erweckte nur die grauen Schatten, die Land und Meer vergeistigten. Die nächtliche Stille blieb erhalten, so daß der Schlag des Ruders weithin zu hören war.

Moltner saß bloßen Hauptes auf der Vorderbank. Der Eindruck seines mächtigen Schädels wurde dadurch verstärkt, daß ihm das Haar bis auf die Höhe des Scheitels ausgegangen war. Der Rest bedeckte ihm als schwarze Krause Schläfen und Hinterkopf. Der Körper war demgegenüber winzig, und Einar hatte ihn einmal im Scherz einen Giganten ohne Unterleib genannt. Ein starker Wille verband sich in ihm mit einem Forschungstrieb, der stets die Grenzen zu überschreiten begierig war. Doch war er zu sprunghaft für ein weitgestecktes Ziel. Er schweifte an den Rändern, wechselte die Lehrer, Ideen und Probleme und war schnell enttäuscht.

Einar und Ulma saßen auf der Mittelbank. Sie blickten geradeaus. In Einar war das Erbteil, das ihm die flämischen Vorfahren hinterlassen hatten, noch stark ausgeprägt. Das vierkantige Gesicht mit den ruhigen, blauen, ein wenig starren Augen wies bäuerliche Züge auf. Die blonden Haare fielen ihm in die Stirn. Er war in einen Leinenkittel gekleidet, wie ihn die Fischer tragen; zwischen der Hose und den derben Stiefeln leuchteten die von der Salzluft geröteten Beine auf. Er hielt ein Fischzeug in der Hand.

Man konnte aus seinen Zügen auf einen der eigensinnigen Charaktere schließen, die nur ergreifen, was ihnen zusagt, doch die an dem einmal Ergriffenen zäh festhalten und in ihm fortschreiten. Auf solche Charaktere kann man Schulen gründen, weil das Erkannte sich bei ihnen in Fleisch und Blut umsetzt. Moltner sah darin nur den Mangel an Kritik.

Einar beschäftigte sich mit Vorgeschichte, obwohl er diesen Namen nicht gelten ließ. Er wollte, daß man dafür von »Urgeschichte« sprach. Er hatte nach Beendigung seiner Studien auf deutschen Universitäten ein Reiseleben geführt. Moltner wußte, daß Einar an den verschiedensten Punkten Europas und seiner vorgeschobenen Inseln nach Sonnensteinen gesucht hatte. Es sollte gewisse und durch besondere Zeichen kenntliche Hügel geben, auf deren Kuppe man solche Steine fand. Sie glichen Scheiben mit einem Achsenkreuz und mochten in Vorzeiten als Sternwarten oder zu Opfern gedient haben. Es mußte einen Einschnitt gegeben haben, an dem man sie in den Boden versenkt hatte. Auf mancher dieser Kuppen wurden immer noch an bestimmten Tagen Brände entzündet und Feuerräder zu Tal gerollt. Bei seinen Nachsuchen und Grabungen mußte Einar auf Schwarzenberg gestoßen sein. Der war der Meinung, daß die Religionen der Erde von frühen Sonnendiensten abstammten. Er hatte Einar bestimmt, die Mutung aufzugeben; die Steine seien wie Samenkörner und erwarteten gleich solchen ihre Zeit. Sie würden sich dann von selbst emporheben.

Im Grunde war Schwarzenberg kein Feind der Wissenschaft. Er sah in ihr nichts Spätes, und Worte wie »Aufklärung« hatten für ihn einen guten Sinn. Sie sollte, dann freilich höheren Stoff ergreifend, gewaltige Erhellungen einleiten. Zeiten des Brandes gingen dem voraus. Er wollte dort Aufgang sehen, wo fast alle scharfen Köpfe den Untergang verkündeten. Das zog natürlich, wie jede günstige Prognose, an. Beim Anblick der Katastrophen blieb es fraglich, ob dieser Optimismus, um es milde auszudrücken, nicht einfach einer glücklichen Veranlagung entsprach. Doch fühlte man sich in seinem Umkreis wohl.

Einar warf jetzt die Angel aus und ließ sie neben dem Boot entlanggleiten. Der Köder war aus weißem Blech geschnitten, das oben mit rotem Lack bezogen war. Die kleine Spirale drehte sich auf dem Wasser, in dessen Glätte sie eine Furche zog. Sie gab das einzige Stückchen Rot in diese graue Einöde. Es dämmerte bereits.

Ulma hatte sich, um den Lauf des Köders zu verfolgen, vorgebeugt. Sie trug das gleiche blaue Zeug wie Einar, das hier auch für die Frauen bei der Arbeit in den Höfen oder auf den Sennhütten üblich war. Darunter umschloß eine wollene Jacke die zierliche Gestalt. Die braunen Augen und die dunklen Haare entsprachen dem Typus, der die Buchten bevölkerte. Dagegen stimmten die Unruhe und die Beweglichkeit der Züge mit dem bäuerlichen Leben kaum überein. Hier oben freilich war manches anders; die langen Nächte vergeistigten nicht nur das Land. Es gab Bücher auf jedem Hof. Auch war es nicht selten, daß die Töchter studierten und dann zurückkehrten. Man konnte nicht wissen, wenn man sie beim Heuen oder hinter den Kühen sah, ob sie nicht Jahre in Seminaren und Instituten verbracht hatten. Sie waren frei und selbständig, auch geistig reger als die Männer, auf denen die Schwerkraft der Berge und die Eintönigkeit des Meeres stärker zu lasten schien. Man sah das auch auf Sandnes, wo Ulma das belebende Element verkörperte. Ihr Vater, der Bauer Hersen, hatte dort auf Schwarzenbergs Bitte Moltner und Einar Wohnung eingeräumt. Die jungen Männer und das Mädchen hatten sich bald freundschaftlich gefunden; Ulma begleitete Einar beim Fischen und Moltner auf seinen Strand- und Berggängen. Sie fuhr auch oft mit ihnen zu Schwarzenberg nach Godenholm hinüber und nahm dort an den Gesprächen teil. Sie kannte Schwarzenberg seit langem, denn er hatte schon während ihrer Kindheit hin und wieder auf Godenholm geweilt. Noch länger lag seine Ansiedlung dort zurück. Die Insel war von Sandnes nur durch den schmalen Meeresarm getrennt, und beide Höfe hielten in dieser menschenarmen Gegend seit alten Zeiten auf gute Nachbarschaft.

Moltner war über die Art verwundert, in welcher Hersen die Tochter gewähren ließ. Er hatte sich auch mit Einar darüber unterhalten, der durch seine Reisen das Land hier besser kannte und der ihm widersprochen hatte:

»Sie sehen die Dinge zu sehr mit den Augen eines Menschen, der in Sonnenländern wohnt. Sonst würde Sie ein Charakter wie der von Hersen nicht befremden; er hat nichts Ungewöhnliches.«

Daran war etwas Richtiges. Die Bauern, die hier weit verstreut am Saum der Buchten oder in den Tälern lebten, hatten ähnliche Züge, eine verwandte Versponnenheit. Man sah sie fast stets nur einzeln bei der Arbeit, sei es auf dem Meere, sei es am Bootshaus oder in den Bergwäldern. Dort, wo der Umfang des Werkes sie notwendig vereinte, hörte man nie ein Lachen und kaum je ein Wort.

Man hatte nicht den Eindruck, daß die Männer die Einsamkeit als ein notwendiges Übel ihres Landes in Kauf nahmen. Sie waren mit ihr vertraut und liebten sie. Das mochte ihnen von den Vätern her im Blute liegen, den ersten Seefahrern und Landnehmern. Was hatte jene zu den fernen Küsten des Nord- und Südmeers hingezogen: Eroberungen, Beute, Abenteuer und reiche Fischzüge? Das alles auch — doch zunächst war da der Drang, bis an die Grenzen und über sie hinaus zu gehen, bis an die Grenzen, an denen die Einsamkeit beginnt. Solange das in diesen Männern lebte, hatten sie die Welt beherrscht, wo immer sie einen Strand betraten, und landete ihrer auch nur eine Handvoll im Hafen einer volkreichen Stadt. Reichtum und Macht mit ihren Bildern glichen nur den Zinsen, dem zeitlichen Gewinn aus unsichtbarem Kapital. Das ging nie ganz verloren und kehrte wieder wie ein Springquell, wo immer Fürsten, Dichter und Forscher auftauchten. Ein Islandschimmer umwebte noch die

Konstruktionen der Maschinenwelt. Es zählte zu Schwarzenbergs Ideen, daß man von der Oberfläche wieder in die alte Tiefe dringen müsse, um echte Herrschaft zu befestigen.

»Nur freilich«, dachte Moltner, »sind das Gemeinplätze. Wer will sich denn nicht verinnerlichen heut?«

Die Frauen mußten hier oft allein regieren, während die Männer fern vom Hofe waren, sei es zum Fischzug, sei es zur Kriegs- oder Handelsfahrt, die leicht ineinander übergingen, sei es zu den Gelagen, die sich manchmal über Wochen hinzogen. Noch heute war eine Abwesenheit von Jahren nichts Außergewöhnliches. Man ging auf Walfang, fuhr mit fremden Flotten, machte Holz in Kanada.

Inzwischen nahmen die Frauen das Heft fest in die Hand. Das führte nach der Rückkehr in allem zu einer Teilung, einem wortkargen Gleichgewicht. Bei beiden Partnern hatte man den Eindruck, daß alles möglich sei, obwohl sich im Grunde wenig ereignete. Es mochte darauf beruhen, daß das Leben hier einem Schlafe glich, wie denn auch das Graue vorherrschte. Doch wie im Grauen alle Farben sich verbergen, so schien in diesem Dämmern die Möglichkeit des starken Erwachens und der bunten Handlung wie unter Schleiern eingehüllt. Man merkte das daran, daß die Stille bedeutend, oft quälend war.

Im Grunde lebte man hier außerhalb der Geschichte, oder man ragte in sie hinein. Es hatte immer wieder Schwarmzeiten gegeben, in denen die Jugend im Gefolge eines Fürsten aufgebrochen war. Die Züge hatten die Welt verändert, doch selten zu festen Gründungen geführt. Das alles blieb flüchtig, wenn man es mit der Dauer magischer Städte verglich. Dort wurde Stoff gehortet, hier aber Kraft verstreut. Das führte so weit, daß der Kosmos in Kraft verwandelt zu werden drohte, wie es dem mythischen Vorbild der Weltbrände entsprach.

Die Oberfläche freilich war nüchtern, protestantisch, merkantil. Man fühlte sich gelangweilt wie bei der Lektüre eines skandinavischen Romans. Und doch blieb auf dem Grunde das Ganz-Andere. Wenn man die Augen schirmte, um den grauen Spiegel zu durchdringen, entdeckte man das reiche

Leben, das in den Fjorden flutete. Die Hochmoore bildeten Archive von unbekannten Farben, die eines großen Ma-
lers harrten, der sie entschleierte. Die Zinnen und Gletscher
waren von einer Hintergründigkeit umwittert, die alle List
des Südens übertraf. Nur glich das alles einem leeren
Schachbrett; die Langeweile, die Müdigkeit gehörten wie
Vorhänge dazu. So geht auch Träumen Einschläferung voraus.

Man spürte ein Unheimliches im Keim. Die Eihaut war
farblos; ein leichtes Pulsieren kündete verborgenes Leben
an. Es mochte der Dotter des Vogels Phönix darin schlummern oder der Embryo des Leviathans. Sicher war es gefährlich, wenn man die Hülle anritzte. Das war der Grund, aus
dem man oft selbst Geräusche als beängstigend empfand,
wie Moltner den Möwenschrei — als könnten sie Bergstürze
auslösen.

Nur irrte Moltner, wenn er glaubte, daß dieses Land zur
Vorbereitung geistiger Einstiege ungeeignet sei. In dieser
Hinsicht hatte Schwarzenberg schon gut gewählt. Im Grunde bedrückte Moltner noch die Sorge um seine alte Haut. Er
wußte, daß der Schiffbruch zwar schon stattgefunden hatte
und daß man sich auf einem Floß bewegte, das aus den
Trümmern gezimmert war. Die Sicherheit schwand, die Werte wurden provisorisch, doch blieb man immerhin noch im
Ererbten, und es gab viel Verbindliches, auch Zeiten, in denen man das Leben noch genoß. Das Floß war freilich brü-
chiger und nur ein Notbehelf. Wenn diese Bande rissen, blieb
nur die ungeheure Tiefe der Elemente — wer würde ihr gewachsen sein? Das war die Frage, die heute die Menschen
beschäftigte. Sie lebten alle auf die Katastrophe zu — nicht
mehr im Übermut wie früher, sondern mit apokalyptischer
Angst.

Der Plan, die Lage in kleinen Gruppen zu erwägen und in
Versuchen ihre Grenzen abzutasten, war nicht so unsinnig.
Das war nichts Neues, sondern immer während der großen
Wenden der Fall gewesen — in Wüsten, in Klöstern, in Ein-
siedeleien, in stoischen und gnostischen Gemeinden, um Phi-

losophen, Propheten und Wissende herum. Immer gab es ja
ein Bewußtsein, eine Einsicht, die dem historischen Zwange
überlegen war. Sie konnte anfangs nur in Wenigen gedeihen,
und doch war hier die Marke, von der aus dann das Pendel in
neuer Richtung schwang. Dem mußte der geistige Akt, der
darin lag, das Pendel anzuhalten, vorausgegangen sein.

Dies eben hatte Moltner Schwarzenberg zugetraut, und
seine Enttäuschung entsprach der Stärke der Erwartungen,
die er gehegt hatte. Das lag in seinem Temperament begrün-
det, das sanguinisch-solarisch und zugleich skeptisch war. Es
nahm daher in diesen Breiten ab. Einar dagegen, den man als
phlegmatisch-neptunisch bezeichnen konnte, gewann in gleichem Maße, und Ulma war hier zuhaus.

2

Der Köder, der eine schmale Furche in den Wasserspiegel
ritzte, verschwand, wie von der Tiefe angesogen, und Einar
riß die Angel an. Der Widerstand zeigte, daß sie gefaßt hatte.
Er holte langsam die Beute ein, die sich durch wallende Bewegung ankündete. Ein schwarzer, fast armlanger Fisch erschien und tanzte gleich darauf mit klopfenden Sprüngen auf
den Spanten umher. Der Fang hatte nichts Ungewöhnliches,
denn der dunkle Dorsch, den man hier den »Köhler« nannte,
trieb sich um diese Jahreszeit in ungeheuren Mengen im offenen Meer und in den Buchten umher und ging leicht an die
Handangel.

Gaspar ließ das Ruder im Holm und sprang von der Bank,
um das Tier mit dem Messer abzutun, das er stets griffbereit
trug. Er setzte es in Höhe der Kiemen an, die sich blutrot
spreizten, und zog es bis zur Schwanzflosse hinab. Dann
warf er die Eingeweide mit Ausnahme der Leber über Bord
und wusch den Fisch im Meerwasser. Das war ein Aufenthalt, der sich bei jeder Überfahrt einige Male zu wiederholen
pflegte, außer an jenen Tagen, an denen die Fische, wie im
geheimen Einverständnis, nicht anbissen. Meist aber zeigten

sie sich von scharfer Gier beseelt, besonders wenn, wie eben heute, die See glatt wie ein Spiegel und der Mond im letzten Viertel war.

Nun stellte Gaspar sich wieder auf die Achterbank und trieb das Boot voran. Moltner betrachtete ihn mißmutig. Gaspar war das Faktotum bei Schwarzenberg, der ihn von einer seiner Reisen mitgebracht hatte und seitdem beschäftigte. In seiner Vergangenheit gab es ohne Zweifel viel unklare und dunkle Stellen, selbst seine Muttersprache war zweifelhaft. Er sprach deutsch und französisch gleich flüssig, obwohl im Argot der niedersten Volksschichten. Dazwischen mischte er nicht nur arabische Sätze, sondern auch Brocken unbekannter und entlegener Sprachen, so daß man auf Jahre schließen konnte, die er in sehr fernen Ländern verbracht hatte. Sein Kopf erinnerte an einen Totenschädel; die Wangen senkten sich jäh unter den Backenknochen ein. Er hatte Einar, zu dem er größeres Vertrauen hatte als zu Moltner, einmal gesagt, daß er das auf die Gewohnheit des Ansaugens an das Mundstück der Opiumpfeife zurückführe. Das war ein naiver Gedanke, obwohl es zutraf, daß er während langer Jahre inmitten von Reis- und Bambussümpfen fast nur vom Opiumrauch gelebt hatte. Dagegen gibt es ungeheure Anstrengungen und auch Laster, die eine solche Physiognomie zurücklassen. Auch wenn die Kraft sich wieder einstellt, bleibt das Gesicht versehrt als Spiegel des Inneren, in das zu starke Blendung fiel. Man mußte aber anerkennen, daß Gaspar einen Totenkopf mit wunderbar blühenden Augen trug. Sie waren enzianblau, auch hatte er noch dichtes kastanienbraunes Haar. Er mußte seltsame Dinge gesehen haben; geblieben waren ihm noch immer die Zeichen ungebrochener Leidenschaft.

Einar glaubte zu wissen, daß Gaspar in einem Lothringer Dorf geboren war. Fast noch als Knabe war er von daheim entlaufen, um ein Fahrten- und Abenteuerleben zu beginnen, von dem er Einzelheiten durchblicken ließ. Wie Schwarzenberg geistig, so bewegte Gaspar sich physisch durch die Welt. Er mußte dabei mit dem Körper zahlen — durch Arbeit, Strapazen und Gefahr. Man sah ihn nie unbeschäftigt, und es war erstaunlich, welches Pensum er bewältigte. Die Arbeit hatte bei ihm etwas Automatenhaftes; es schien, als ob sie seine Muskeln eher stählte als ermüdete. Sie hatte das Tempo von Wüstenmärschen, bei denen es entfernte Wasserstellen zu erreichen gilt. Merkwürdig war, daß Gaspar sich dabei wohlzufühlen schien. Die Arbeit am Rande der Erschöpfung brachte ihn in die Stimmung, die ihm zusagte. Er hatte ihr deshalb wohl auch stets nachgestrebt und sie in Lagen aufgesucht, die andere gern vermeiden — in Steinbrüchen und Bergwerken, in kolonialen Söldnertruppen und in den Bagnos und Zuchthäusern. Er hätte ein vorzügliches Perpetuum mobile abgegeben, wenn nicht das Unerwartete stets zu befürchten gewesen wäre, eine Art von sinnlosen Unterbrechungen. Moltner musterte ihn kopfschüttelnd.

»Das ist ein Bursche, bei dem man auf alles gefaßt sein darf. Und diese Erdmuthe ist das Pendant dazu. Was soll man von dem Meister halten, der sich von solchen Geistern bedienen läßt?«

Und wieder dachte er: »Es wird Zeit, daß das hier ein Ende nimmt.«

3

Wieder verschwand der Köder in der grauen Flut. Diesmal zog Einar einen siegellackroten Fisch hervor und überließ ihn Gaspar zum Ausweiden.

»Der rote Bergilt«, sagte Ulma, als sie das Tier erblickte, dem die wie Scheiben eingesetzten Augen ein vorweltliches Gepräge gaben. »Das Wetter wird umschlagen.«

Wie alle hier war sie von Kind auf mit der Meereswelt vertraut. Zwei Weiden, die grüne und die blaue, machten den Reichtum des Landes aus. Das Auftauchen gewisser Fische kündete den Wechsel von Mondphasen und Jahreszeiten an. Andere stiegen nur vor Stürmen und Unwettern aus der Tiefe empor.

Einar betrachtete die Beute; er hatte den ein wenig starren

Blick von Menschen, deren Ideen sich der Manie annähern.
»Ein seltener Fang. Das Tier wird schon in der Edda erwähnt.«

Auch seine Stimme hatte etwas Starres, Gläsernes. Moltner ging nicht auf die Bemerkung ein. Er zuckte die Achseln.
»Wenn Sie so weiter fischen, werden wir im Dunkeln an-
kommen. Wir haben Wichtigeres vor.«

Einar lachte. Die gute Laune hatte bei ihm etwas Unzer-
störbares.

»Dafür wird uns Erdmuthe dankbar sein. Wir bringen Kü-
chengäste mit.«

Gaspar war wieder auf die Achterbank gestiegen und
trieb das Boot mit kräftigen Stößen vor. Obwohl es schneien
konnte, trug er nur eine Hose aus blauem Leinen, die bis zu
den Knien aufgekrempelt war. Aus ihrer Vordertasche ragte
das Messer mit dem Hirschhorngriff. Wie alles an diesem
Manne Moltner störte, so auch seine Art des Ruderns, die er
als vertrackt empfand. Gaspar handhabte das schwere Ruder
mit beiden Armen, jedoch nur, indem er es anzog, dann stieß
er es mit dem nackten Fuße ab. Durch diese wrickende Bewegung gab er dem Boote eine große Beschleunigung. Der
Eindruck war allerdings grotesk, da Gaspar sich bald zusam-
menduckte, bald wie eine Flamme emporschnellte. Moltner,
der an die harmonischen Bewegungen des Sports gewöhnt
war, empfand das als Angriff auf die Gesetze der Symmetrie.

»Auf welchen Galeeren mag er diese Springerei gelernt
haben?« fragte er sich im stillen, »man wird schon seekrank
vom Zuschauen. Ich finde auch, daß er einen Kittel anziehen
könnte, wenn Ulma mit überfährt.«

Diese Bemerkung galt nicht der Blöße — denn sie pflegten hier im Sommer nach Landessitte nackt zu baden — sondern den Tätowierungen. Der Drache mit den roten und
blauen Schuppen, der fast die ganze Brust bedeckte, war
ohne Zweifel von Meisterhand gestochen, dagegen sah man
um ihn herum und auf den Armen auch Bilder, wie man sie
an den Mauern dunkler Orte trifft. Das trat nur deshalb nicht
auf den ersten Blick hervor, weil die Ätzung dicht wie ein

Teppich war. Moltner vertiefte sich in ihr Gerank. Ein roter Strich, der durch die Kälte sichtbar wurde, gehörte nicht dazu. Das mußte eine Narbe sein. Sie deutete auf einen wenig kunstgerechten Schnitt.

Er fragte:

»Welcher Dorfbarbier hat Sie denn da unten links in der Mache gehabt, Gaspar?«

Gaspar blickte an sich hinunter:

»Das hat ein Charognard in den Steinbrüchen von Meknes mit seiner Picke fertiggebracht.«

Er machte eine Ruderpause, um sich eine Zigarette zu entzünden, deren Rauch er inbrünstig einsog und dann von sich stieß.

»Was sind Charognards?« fragte ihn Einar und zog die Angel ein.

»Charognards sind in den Strafbataillonen die Angeber. Sie könnten dort niemals aufkommen, wenn nicht die Männer zuweilen wegen ihrer Jungen in Streit gerieten; dann wagen sie sich vor. Ich mußte damals die Eingeweide mit der Hand festhalten.«

Nachdem er diese Erläuterung gegeben hatte, erhob er sich, um von neuem das Boot voranzutreiben, das sich nun rasch dem Ufer näherte.

»Ich muß damals schon Außerordentliches erwartet haben«, dachte Moltner, »da mich das Personal nicht stutzig machte, mit dem er sich umgibt. Sein Diener erinnert an einen Schnapphahn und seine Erdmuthe an eine abgedankte Kupplerin.«

4

Der Kiel stieß knirschend auf den Kies. Sie sprangen aus dem Boot und schoben es in den flachen Schuppen, an dessen Wänden Netze und Tauwerk trockneten. Nachdem Gaspar den beiden Fischen eine Schnur durch Kiemen und Maul gezogen hatte, schritten sie über einen schmalen Pfad dem Hofe zu.

Ein leichter Nebel entstieg dem Wiesengrunde, der sich hinter den Dünen öffnete. Die weißen Schleier schienen den Wacholdern eine feierliche Bewegung mitzuteilen, die das Gespräch verstummen ließ. Ein Nordlicht deutete sich an.

Die Insel hatte nur den Umfang eines mittleren Parkes; der Weg war daher kurz. Bald tauchte der Hof auf, der den gleichen Namen führte: Godenholm. Er war weiträumig wie alle Höfe dieser Gegend, mit Ställen und Scheunen, mit Schuppen für Holz, Torf und zum Räuchern von Fischen und mit dem auf hohe Stelzen gestellten Vorratshaus. Seit langem ließ Schwarzenberg die Wirtschaft auf einer Nachbarinsel namens Säkken betreiben und von dort die Speicher auffüllen. Die Haushälterin Erdmuthe, die von Gaspar und ihrer Kleinmagd Sigrid unterstützt wurde, regierte auf Godenholm, wenn Schwarzenberg auf Reisen war.

Das Wohnhaus war insofern ungewöhnlich, als an seine Längswand ein runder Turm mit flacher Zinne stieß. Er war wie alle Gebäude dieses Landes aus Holz errichtet und teilte dem Hause den Eindruck einer nautischen Warte mit. Die Plattform überhöhte ein Signalmast, der sowohl von den Schiffen, die den Fjord durchkreuzten, als auch von Sandnes und Säkken aus sichtbar war. Ein Wimpel zeigte an, ob Schwarzenberg auf der Insel weilte, ein zweiter, ob er empfing. In Winter- und Nebelzeiten ersetzten sie ein blaues und ein rotes Licht.

Als sie den Hof betraten, öffnete sich die Tür des Waschhauses, aus der ein weißer Brodem schlug. Erdmuthe trug zusammen mit Sigrid einen Korb voll Wäsche daraus hervor. Sie wurden von ihr begrüßt. Wie gegenüber Gaspar, so fühlte Moltner auch beim Anblick Erdmuthens ein Unbehagen; ihr Wesen verwirrte ihn. Auch jetzt, als sie die kleine Gesellschaft vor der Küchentür begrüßte, schien ihm ihr Lächeln nicht nur tückisch, sondern ganz unverhohlen fürchterlich. Er hielt sich im Schatten des Hauses, während Gaspar ihr die Fische gab. Auch andere würde die Gruppe befremdet haben, die der halbnackte Tätowierte mit dem entfleischten Antlitz und die mächtige Schaffnerin bildeten. Sie konnte an einen Stich erinnern, wie man sie in den Büchern früher Entdeckungsfahrer sieht.

Erdmuthe war von einer Fülle, die fast den Gürtel sprengte, der ihr Gewand umschloß. Ihr weiter und langer Rock trug rohe Stickereien, wie man sie im Norden mit Fischbeinnadeln auf Rentierhäute setzt. Sie hielt den Kopf gebeugt, und graue Strähnen fielen ihr auf die Stirne nieder, so daß sie fast die Augen verschleierten. Ihr Lächeln entblößte die wenigen und übermäßig langen Zähne, die aus den Kiefern vorragten. Es war ein Lächeln, das Befremden und Furcht einflößen konnte, aber auch Freude und Heiterkeit. Vielleicht lag beides darin, und es mochte von den Gästen abhängen, welche Seite sie wahrnahmen. Einar erwiderte es, während Moltner wie vor einer Drohung zurückzuweichen schien.

Erdmuthe umarmte Ulma und dankte Einar für die Fische, was sie nie versäumte, wenn er Beute mitbrachte. Dagegen hatten ihre Scherze, wenn der Fang mißglückt war, etwas Beißendes. »Ein schlechter Fischer«, das klang bei ihr ganz ähnlich wie »ein schlechter Mensch«.

Sie führte, sich die Hände reibend, die Gäste durch die große Tür in die Halle, die zu ebener Erde lag. Der Raum war hell erleuchtet und machte den Eindruck jener Stätten, die barocke Gelehrte als ihr »Museum« bezeichneten. Die Schädel und Trophäen, die an den Wänden und von der Decke hingen, stammten von früheren Herren, denn Schwarzenberg hatte in keiner Phase seines Lebens die Jagd geliebt. Dagegen war über Tische und Regale eine Fülle von Gegenständen ausgebreitet, die teils den drei Naturreichen entstammten, teils sich auf menschliche Handfertigkeit zurückführten. Sie bildeten den Niederschlag von Schwarzenbergs Beschäftigungen an diesem entlegenen Orte, soweit sie die Wissenschaften angingen. Er pflegte sich bald dieser, bald jener zuzuwenden, wie es dem undurchsichtigen Gange seiner Arbeiten entsprach.

Einar, der sich Gedanken über die Methodik machte und die Lust nächtlicher Studien kannte, erstaunte oft über die Leichtigkeit, mit welcher Schwarzenberg sich Wissensgebiete aneignete. Gedächtnis und Kombinationskraft versahen ihn mit einer enzyklopädischen Ausrüstung. Er ordnete sich das aufgeteilte Wissen unter, sich seiner als eines Instrumentariums bedienend, dem er das Werkzeug nach Bedarf entnahm. Ein Bildhauer, der aus einem Steinblock einen Menschenkopf entwickelt, mochte auf diese Weise bald einen Hammer, bald einen Meißel oder Zirkel nehmen, ohne sich dabei der Handwerker zu entsinnen, die diese Geräte fertigten. Das war das Verhältnis Schwarzenbergs zu den Wissenschaften des 19. Jahrhunderts, die er schätzte, wenngleich er meinte, daß sie in ihrem wahren Sinn noch nicht erkannt seien. Der werde auftauchen, wenn die höhere Absicht sich offenbare, die in ihrer Anlage und ihrem Wuchs verborgen und nicht in den Zweigen zu erfassen sei. Es schien, daß er sich diesen Vorgang weniger in der Zeit und als Entwicklung vorstellte als durch Enthüllungen. Das Werkzeug wurde abgelegt, und die Gerüste fielen; der Vorhang hob sich, das Bildnis trat hervor. Man konnte ihn also einen Optimisten nennen, obwohl der Fortschritt ihm wenig bedeutete.

Er liebte auch den Belagerungsvergleich: Man sieht durch lange Zeiten Kärrner und Schanzer Gräben ziehen und das Gelände befestigen. Werkmeister und Ingenieure schieben wie bei einem Schachspiel mannigfache und sinnvoll erdachte Figuren vor. Zuletzt hat man den Eindruck eines Schaustücks, das in scharfsinniger Entfaltung sich selbst genügt. Dann steigt der Wimpel am Feldherrnhügel auf. Das Ziel wird offenbar. Auf ihm und in ihm beruhte die Einheit der Einkreisung. Wer aber war der Feldherr in diesem ungeheuren Plan? Wie hieß die Stadt, die es zu erobern galt? Das blieben Fragen, die er offen ließ.

Die Lampe beleuchtete ein rundes Stück des Arbeitstisches und seiner grünen Auflage. In ihrem Kegel lag ein einziger Gegenstand: ein schmales Steinbeil, dessen Kanten im Lichte schimmerten. Einar ergriff es und wog es in der Hand. Er fühlte bei diesem Anblick die alte Vorliebe erwachen, die ihn an solche Dokumente fesselte. Die Waffe war aus dunklem Stein geschnitten und in der Mitte schmal durchbohrt. Er las die Aufschrift: »Donauschotter bei Riedlingen« — es handelte sich um einen Zufallsfund. Im Schnitt, im Schliff, in allen Maßen prägte sich eine frühe Sinngebung aus. Man ahnte den ersten Anklang klassischer, ja selbst rationaler Motive im Lebenstraum. Demgegenüber wirkte der frühe Orient barock.

Was Schwarzenberg als Vorkultur bezeichnete, das unterschied sich von den wissenschaftlichen Begriffen, die sich in diesem Wort vereinigen. Er faßte den Ausdruck musikalisch — die großen Prozesse der Weltgeschichte leiteten sich durch Ouvertüren ein, durch Zaubersprüche und Vorträume jenseits der meßbaren Welt. Die Leitmotive wiederholten sich durch alle Akte, nur spielte die Zeit in immer größerem Maße ein. Das war der Grund, aus dem die Bilder verdrängt, verzerrt wurden.

Er sah Geschichte, Naturgeschichte, Kosmogonie nicht als Entwicklung, wie man sie sich in Linien, Spiralen oder Kreisen vorzustellen pflegt. Er sah sie eher als eine Reihe von Kugelschalen um zeitlose und unausgedehnte Kerne angelegt. Von diesen Kernen strahlten die Muster und Qualitäten auf das Entfernte aus. Das große Geheimnis der Sonne lag nicht darin, daß sie Ausdehnung besaß. Den Zeiten und Räumen fehlten oft die Übergänge — das sprach für Aufzüge und Akte, die sich folgten wie eine Kette von Entladungen. Schöpfung stand nicht am Anfang, sondern war möglich in jedem Punkte, der sich am Unausgedehnten entzündete. Das fand alltäglich statt, und jede Zeugung war ein Symbol des Vorganges. Zusammen in ein Schöpfungsverhältnis zu gelangen, das war nicht nur das Ziel der Liebe, sondern der höheren Gemeinschaft überhaupt.

Er hatte Einar gegenüber schon einmal von dieser Waffe gesprochen und von dem, was ihn an ihr entzückte: der frühen Kenntnis der Stromlinienzüge, die zwecklos, als eine Art von luxuriösem Wissen, darauf abgetragen war. So führen gewisse Kerfe durch Blätter Schnitte, die nach den Formeln höherer Rechenkunst gebildet sind. Schwarzenberg sah darin ein Zeichen der im Unaufgeteilten wirkenden Vernunft.

Ihr galt die Forschung, und die Wissenschaften waren als Spiegel aufgestellt.

Inzwischen hatte Erdmuthe sie angemeldet und ließ sie bei dem Hausherrn eintreten. Dann wandte sie sich wieder der Küche zu.

5

Das Zimmer, das sie betraten, lag gleichfalls zu ebener Erde und füllte das Innere des Turmes aus. Es war achteckig, geräumig und mit dunklem Holz getäfelt, was ihm einen strengen Charakter gab. Zwei Fenster waren durch grüne Vorhänge verdeckt. Ein Holzgestühl mit hoher Rückenlehne umzog die Wände; zwischen zwei Sitzen sprang jeweils eine Lehne vor. Sie mochte als Stütze für die Arme dienen und war auch breit genug zum Ablegen von Büchern oder für Geschirr. Sonst fehlte es dem Raum an Einrichtung. Er konnte als Rundung gelten, die für einen kleinen Kreis von Menschen und ihr Gespräch berechnet war. Zugleich lag etwas Nautisches in ihm, als träte man in die Kajüte eines Schiffes ein.

Bewegung und Ruhe — es schien, als ob sie sich an diesem Ort durchdrängen und vereinigten. Sie schnitten sich vielleicht an einem Punkt, wo Stürme schlummern wie Tiere, die man in ihrem Lager trifft. So geht den Träumen und ihren schnellen Flügen Einschläferung voraus.

Ein offenes Feuer brannte in einem Kamin aus Ziegelstein. Die Flamme stieg steil und ohne Rauch empor. Sie nährte sich von trockenen Wacholderzweigen, die einen bitteren Duft verbreiteten. Auf dem Gesimse stand ein Leuchter, von dessen Kerzen ein sanftes Licht ausging.

Schwarzenberg saß dem Eingang gegenüber; er hatte beide Arme auf die Lehnen des Gestühls gelegt. Er trug einen Hausmantel, der am Halse geschlossen war und dessen Ärmel sich an den Gelenken weiteten. Der Stoff fiel lang herunter, so daß er kaum das Schuhwerk sehen ließ.

Bei ihrem Eintritt begrüßte der Hausherr die Gäste mit

einem Lächeln und lud sie zum Verweilen ein. Sie setzten sich und warteten, daß er das Wort ergriff. In dieser Ordnung hatten sie schon viele Nachmittage und manche Nacht verbracht. Schwarzenberg liebte das Schweigen und pflegte es als Kunst. Er hatte ihnen die kleinen Hilfen angegeben, die es fruchtbar machen und überall bekannt sind, wo man meditiert. Er maß dem alten Sprichwort, daß Schweigen Gold sei, eine größere Tiefe bei, als sie gemeinhin der Sinn erfaßt. Es zählte überhaupt zu seinen Eigenschaften, daß er Worte, die als gängige Münze galten, umwandte, so daß man statt der Zahl das alte, in Bilderschrift geprägte Wappen sah.

Wie immer empfand Einar die Beruhigung, die seine Nähe gab. Er fühlte, daß er in ihr besser schweigen konnte als in jeder anderen. Er hatte sich oft gefragt, worauf das beruhen mochte — ob etwa darauf, daß sich von diesem Geiste feine Teilchen ablösten und den Raum spermatisch aufluden? Das Bild entstammte vielleicht zu sehr der gewohnten, bewegten Welt. Es hatte eher den Anschein, als ob Schwarzenberg Bilder zu beschwören wüßte, die ganz nahe kamen, wenngleich den Augen unsichtbar. Oder führte er umgekehrt seine Schüler in die entfernte Welt hinaus? Das war ein relativer und doch wichtiger Unterschied.

Einar betrachtete ihn, wie er es schon so oft getan hatte. Schwarzenberg hatte jetzt die Hände verschränkt und in die Ärmel gesteckt, als ob ihn fröstelte. Sein Kopf war leicht gesenkt; der Schimmer der Flammen und der Kerzen spielte auf seinen Zügen und bewegte sie. Es schien, als ob er lächelte. Aber war es ein Lächeln, was auf diesem Antlitz leuchtete? Oder war es ein Abglanz furchtbarer Heiterkeit? Einar hatte sich das oft gefragt. Es wirkte wie eine Verkündigung.

Schwarzenbergs Physiognomie wies, auf den ersten Blick betrachtet, eine feste und sichere Prägung auf. Köpfe wie dieser konnten auf Münzen geschlagen, in Stein gegraben werden und wirkten sowohl von vorn wie im Profil. Es war ein Kopf, wie Einar ihn auf den Reliefs des Trajansforums in mannigfacher Wiederholung bewundert hatte — ein Kopf, der Vorstellungen des Patriziats erweckte, den Eindruck bestimmter und unbezweifelbarer Macht. Hier oben traf man nicht selten ähnliche Gesichter: auf entlegenen Höfen, hoch in den Bergen oder auf der Brücke der kleinen Schiffe, die zum Fischfang ausliefen. Das war der Typus; die man draußen als Herren ansprach, die Führer von Staaten, Flotten und Industrien, waren von ihm geprägt. Sie mußten Handlung und damit Schein hinzufügen.

Diese nach außen wirkende Bestimmtheit stellte aber nur eine Seite seines Wesens dar. Darunter, dahinter lag etwas anderes, etwas Bedächtiges, Abwartendes und wohl auch Wissendes. Die offene Seite dieses Wesens wirkte eindringlich, anordnend. Bei längerer Betrachtung wurde sie zum Vorhang, hinter dem man die Bewegung eines anderen vermutete. Dann wurde das Lächeln besonders deutlich und selbst beängstigend.

Einar hatte den Eindruck, daß in Schwarzenbergs Nähe die Wissenschaften sich aufhellten. In ihr gewann ein trockener Ausdruck der Gelehrtensprache ein neues und bisher unbekanntes Licht. Der Träger so entfernter Schichten mußte, sei es durch ihre Spannung, sei es durch ihren jähen Wechsel, Kontakte vermitteln können, die befriedeten, beglückten, vor allem in einer durchaus bewegten Zeit. Es schien, daß er die Unruhe bannen konnte, die unsere Welt beschleunigt — die Grundunruhe, die sich auf Legionen Räder von Uhren, Maschinen und Gefährten überträgt.

Nur wenige wußten freilich darüber etwas auszusagen — schon deshalb, weil Schwarzenberg höchstens, wie eben jetzt auf dieser Insel, eine Handvoll Menschen um sich duldete. Er schien sie zu nehmen, wie sie sich fanden, ohne auf ihren Rang zu sehen, und daher webte auch nicht das Gerücht um ihn, das solche Geister in Mode bringt. Es hing vom Zufall ab, ob man ihm begegnete.

Doch was blieb Zufall, wenn man solche Begegnungen betrachtete? Immer fand man auch Punkte, an denen sich das Netz verknotete. Als solchen Punkt sah Einar die Sonnensteine an. Er war hier in seiner Wissenschaft auf ein Verborgenes gestoßen, auf ein Geheimnis der Vergangenheit. Als er

darüber nachsann, war Schwarzenberg an ihn herangetreten
— das nahm er als eine Bestätigung dafür, daß der Fund notwendig gewesen war.

Einar entsann sich des Briefes, den Schwarzenberg ihm
damals gesandt hatte. Er hatte sich wenig von der wissenschaftlichen Post unterschieden, die täglich einlief, seitdem er
selbständig arbeitete. All diesen Mälern, Dolmen, Hügelgrä-
bern und Großsteinreihen widmet ständig eine Schar von
Geistern ihren Scharfsinn, ihre Wachsamkeit. Was Einar indessen an der Anfrage verwundert und selbst verstimmt hatte, das war der Umstand, daß sie sich auf Grabungen bezog,
die er mit eigener Hand ausführte und als sein Geheimnis betrachtete. Für jeden Forscher ist die Zeit die schönste, die er
mit einem Funde teilt. Ungern wird er in ihr gestört.

Da Schwarzenberg auch in Berlin war, suchte Einar ihn
bereits am nächsten Morgen auf. Gaspar öffnete ihm die Tür.
Schon nach den ersten Sätzen, die sie gewechselt hatten, erkannte Einar, daß Schwarzenberg ihm Wichtigeres zu geben
hatte als Einblicke in die Gräberwelt. Das wurde bald zum
Thema unter vielen anderen.

Dem ersten Besuche folgten weitere. Sie wiederholten
sich in immer kürzeren Fristen und wurden für Einar bald
zur täglichen Gewohnheit, ja Notwendigkeit. Schwarzenberg wohnte in einem Hause vor dem Schlesischen Tor. Es
war vor der Zerstörung dieser Hauptstadt, die sich aber bereits der feineren Wahrnehmung ankündigte, indem sie im
Gebälk, im Mörtel und vor allem in den Physiognomien der
Bewohner pilzartig wucherte. Die Kraft entschwand, mit der
das Ganze die Teile zusammenhält. Gleichzeitig feierte ein
vordergründiger Optimismus seine Feste; es wurde wie für
ein neues Zeitalter gebaut. Es schien, daß Schwarzenberg
weder durch die eine noch durch die andere Strömung beun-
ruhigt wurde, obwohl er beide aufmerksam betrachtete. Er
fuhr in seinen Beschäftigungen fort. Es waren andere Gründe, aus denen er den Wohnort wechselte. Zu seinen Regeln
gehörte, daß man sich weniger nach den Katastrophen
orientieren dürfe als nach dem inneren Wetterstand. Man

könne bei Windstille auf verborgenen Klippen scheitern und geruhsam in der Kabine weilen im Zentrum des Taifuns.

Was Einar über Schwarzenberg an Einzelheiten wußte, verdankte er dieser Zeit. Die Daten blieben spärlich und mochten in vielem übertrieben sein. Man wußte, daß er aus einer baltischen Familie stammte; die Mutter kam aus dem Westfälischen. Von früher Jugend an hatte er auf Reisen gelebt, zunächst mit Hauslehrern, später als Herr eines bedeutenden Vermögens, das durch den Tod der Eltern an ihn gefallen war. Dazwischen lagen einige Petersburger Jahre, die er als Offizier in einem Garderegiment verbracht hatte. Das waren die Jahre, über die man am besten unterrichtet war. Man hatte ihn bei Tolstoi gesehen. Dem schlossen sich wieder ausgedehnte Reisen an, die er mit einem Kameraden namens Sternberg begonnen hatte, dem er durch verwandte Neigungen verbunden war. Sie hatten damals noch fast unbekannte Gebiete Asiens durchquert, zu Fuß, im Sattel und unter mancherlei Verkleidungen. In der nördlichen Mongolei, bei Tehurin, hatte sich Schwarzenbergs Spur verloren; er hatte lange als verschollen gegolten und war erst in den Tagen von Kerenski wieder aufgetaucht. Nach dessen Sturze hatte er das Land auf einem der großen Fluchtwege jener Zeit verlassen: über Konstantinopel nach Paris. Obwohl er seine baltischen Güter verloren hatte, hieß es, daß er von Mutterseite noch vermögend sei. Er führte, ohne Aufwand für die Person zu treiben, das Dasein eines Mannes, der seinen Studien lebt.

Das waren Nachrichten, die Einar auf dem Heimweg in das Zentrum der Stadt erfahren hatte, auf dem ihm zuweilen einer der anderen Gäste Schwarzenbergs Gesellschaft leistete — der alten oder auch neueren Bekannten des Hausherrn, mit denen er den Abend geteilt hatte. Fast immer drehte sich dann die Unterhaltung um den Gastgeber. Doch blieben große Lücken in dem Mosaik, das sich auf diese Weise bildete. Es handelte sich um einen Lebenslauf, den man als außerordentlich bezeichnen konnte, doch unter dem geistig und sachlich genügend Fundus steckte, um das Ungewöhnliche, das Abenteuerliche aufzuwiegen und einzuordnen in das Belieben eines großen Herrn. Er hatte das Schicksal angenommen, doch hatte er ihm auch Sinn gegeben, hatte es geformt. Im achtzehnten Jahrhundert traf man solche Freiheit öfter; sie hatte sich erhalten in den Gebieten, in denen Schwarzenberg zu Hause war. Hierher gehörte auch das Nebeneinander rationaler und ganz andersartiger Neigungen.

Man hätte sagen können, daß Schwarzenbergs Lebenskarte zwar weiße Flächen aufwies, aber mit einiger Phantasie wohl zu ergänzen war. Die Katastrophen hatten viele Lebensläufe aus ihrer Bahn gebracht. Die meisten hatten erstaunliche Dinge gesehen und erlebt. Auch daran wurde sichtbar, daß es mit der bürgerlichen Zeit zu Ende war. Bei Schwarzenberg kamen Gerüchte hinzu, die nichts mit diesen in den Elementarraum einmündenden Schicksalen zu tun hatten, sondern in anderer Weise beunruhigten. Ja es bedurfte der Gerüchte kaum. In seiner Nähe breitete sich, bald schwächer, bald stärker, eine Spannung aus, die sich zwingend mitteilte. Sie konnte nicht von den Dingen abhängen, die er sagte, da sie mächtiger wirkte, wenn er schwieg.

Merkwürdig war bereits die Art, in der man sich über diese Seite seines Wesens unterhielt. Die Stimmen veränderten sich dann. Es schien, daß man die Dinge nicht bei Namen nennen konnte oder wollte — wahrscheinlich war beides der Fall. Das Raunen, die Andeutungen erinnerten an Gebiete, auf denen ein Verbot, ein starkes Tabu wirkt.

Wollte er solche Wirkungen ausüben, oder beruhten sie auf einer von seinem Willen unabhängigen Kraft? Einar hatte darüber keine Meinung, doch schien ihm, daß das Faszinierende an diesem Geiste eher dem Leiden entsprang und daß mächtige Wehen ihm vorausgingen. Zuweilen kündete es sich durch eine Aura an. Oder handelte es sich um günstige Augenblicke von horoskopischer Natur, die sich zu reinem Schicksalsstoff verdichteten? Man ging hier auf ungebahntem Grund. Die durch den Willen geformte Zeitsprache kam den Erscheinungen nicht bei; eher schon die Musik.

Jedenfalls mußte es Phasen geben, in denen dieses Unmittelbare sich krisenhaft verdichtete und an sich deutlich war. Vielleicht liebte Schwarzenberg deshalb die Einsamkeit. Es mochte vorkommen, daß er an fremden Orten, als Unbekannter, vielleicht in einem Buche lesend, die Aufmerksamkeit auf sich zog. Die Gespräche verstummten; es bildete sich ein Kreis wie um ein Licht, das stärker und stärker leuchtet, bis an die Grenzen des Erträglichen, und dann abklingend erlischt.

Berichte darüber erinnerten an die einfachen Texte, die durch Abschreiber verwirrt werden. Einar hatte dafür die Nähe der Quelle, nämlich Schwarzenbergs selber, doch nur für kurze Zeit. Der Wirbel, der dem zweiten großen Krieg vorausging, trennte sie. Schwarzenberg ging nach Finnland und verschwand aus Einars Sicht. Für diesen kamen Kriegszüge in entfernte Länder und dann, wie für so viele, Zeiten des Elends und grausamer Gefangenschaft. Er hatte inmitten von Ruinen das Leid erfahren, an dem die Hoffnung stirbt. Ein Heimweh nach allen, die gefallen waren, überkam ihn, wenn er das Vaterland wie eine Frau, wie eine Mutter im Staube liegen sah. Da hatte ihn Schwarzenbergs Brief erreicht gleich einer Taube, die in der Sintflut kommt. Der Einladung nach Godenholm verdankte er neue Gesundheit, neue Zuversicht.

6

Moltners Bekanntschaft mit Schwarzenberg führte sich auf Einar zurück. Schwarzenberg hatte durch Einar von dessen Freund erfahren und die Einladung auf ihn ausgedehnt. Das entsprach dem lebhaften Begehren Moltners, der viel von der Begegnung erwartete. Er war ein Mensch, der immer auf der Suche nach Wundermännern und geistigen Abenteuern war. Dem kam sein Beruf als Nervenarzt entgegen; auf diesem Gebiete hatte der Positivismus nie gänzlich triumphiert, trotz raffinierter Anstrengungen.

Während des Krieges war Moltner Truppenarzt gewesen, und zwar bei einer Einheit, in der auch Einar Dienst leistete.

Es bleibt immer ein Glücksfall, wenn man unter solchen Umständen einen Menschen von höheren und gar verwandten Neigungen entdeckt. Das war das Band, das diese beiden sonst ganz verschiedenen Charaktere einte und befreundete. Sie erinnerten sich gern der langen gemeinsamen Gänge während der freien Stunden, die der Dienst ihnen gelassen hatte, oder der südlichen Nächte beim Wein. Zusammen traten sie auch in die Katastrophe ein. Solch ein Austausch kann Paläste schaffen inmitten der Einöde der Arbeitswelt. Er kann die Gitter von Gefangenschaften in Rauch auflösen und dem Hunger die Macht nehmen.

Während Einar eher zu große Starrheit zeigte, trat bei Moltner deutlich ein Leidendes, ein Bruch hervor. Doch waren Bruchstellen nach dem Ausspruch eines Dichters, den Einar liebte, Fundstellen. Es störte beide nicht, daß ihre Gespräche oft Streitgespräche wurden, sie fühlten sich eher dadurch ergänzt. Man konnte Moltner eine feine, auch wache Intelligenz nicht absprechen. Sein Leiden, die Unruhe, die ihn bewegte, lag darin, daß er Dinge suchte, die er nicht besaß. Da er sie auch nie besessen hatte, war diese Sehnsucht nicht romantischer Natur. Es war ein Unbehagen, ein unklares Gefühl des in der Zeit begründeten Verlustes, das ihn trieb. Er glich der Fliege in der Flasche in seinem Kreisen an der unsichtbaren Mauer, die ihn gefangen hielt. Wenn er sie auch nicht erkannte, litt er doch desto tiefer unter der unerklärlichen Beschränkung im freien Raum.

Wie viele, ja wie fast alle Zeitgenossen wurde Moltner durch ein Gefühl des Mangels bedrückt. Die Armut empfand er um so schwerer, als er zu wissen glaubte, was Reichtum ist. Er war ein Schiffbrüchiger auf hohem Meere, der vor Durst verschmachtet, während er von unendlichem Wasser umflutet ist. Dabei vexierte ihn die Ahnung, daß ein Befreiendes ganz nahe war. Ihm suchte er sich mit großer List zu nähern, doch stets mit Mißerfolg. Je mehr er den Geist anstrengte, spannte, verfeinerte und ihm das Wunder abzuzwingen suchte, desto jäher und strenger trat die Enttäuschung ein. Oft schien es greifbar wie ein Falter, der sich auf einer Dolde wiegt. Doch immer schreckte ihn der Schatten der Hand, die sich bereits zum Griffe schloß. Die Beute stand zur Art der Nachstellung in Widerspruch. Die Lage dieses Geistes war die des Schatzgräbers in der Ballade; ihm wurde nur Unzufriedenheit zuteil.

Besonders quälend war die Entzauberung der Zeit. Sie schien die rhythmischen Werte einzubüßen, die kosmische Ordnung, die festliche Wiederkehr. Statt dessen gewann sie an Dynamik; sie eilte immer schneller, eintöniger dahin. Die Augenblicke trafen hart und eilig wie im Sandgebläse auf. Es gab keine Ruhe mehr, keine Pause, weder bei Tag noch bei Nacht. Dem mußten sich die Gedanken anpassen. Dazu kam Furcht, als sauge von fern ein Katarakt.

In diesem Zustand hatte Moltner eine Reihe von Philosophemen durchlaufen wie das Eichhörnchen die Trommel, ohne Gewinn und ohne Befriedigung. Er mußte dabei die Nächte zu Rate ziehen. Die Anstalt, an der er praktizierte, war überfüllt. Die Nervenleiden blühten wie nie zuvor.

Bald wurde ihm deutlich, daß Theorien nicht genügten; er fand in ihnen immer nur das Eigene. Er wandte sich der Praxis zu, den Mitteln und Methoden, wie sie die Yogis und esoterischen Sektierer halb empfahlen und halb verheimlichten. Er suchte den Geist durch Drogen umzuwerfen und ins Übersinnliche zu zwingen, nachdem er sich durch langes Fasten geschwächt hatte. Das alles vermehrte seine Unruhe. Die Uhr lief schneller, statt stillzustehen.

Wie Kranke ständig nach Ärzten auf der Suche sind, so spähte Moltner nach Wunderhilfen aus. Da er gewohnt war, alles zu bezweifeln, so war er auch willig, alles zu glauben, was ihm der Wind zutrug. Auf diese Weise hatte er immer Vorbilder und Führer, doch blieb er ihnen nie lange treu. Die Unruhe trieb ihn davon.

Nach dem Zusammenbruch war er zur Kirche zurückgekehrt. Er hatte Monate hindurch darauf geachtet, nichts Unreines zu berühren, weder im Umgang mit Menschen noch in Bild und Schrift. Er hatte seine Gewohnheiten geprüft, selbst seine Gedanken mit Strenge überwacht. Ein herrlicher

Traum hatte ihn belohnt. Er fühlte, wie ein Kristall in seiner Brust zerschmolz. Er war erwacht von einem Glück, das sich all seinen Sinnen mitteilte. Das war, als ob er mit Beharrlichkeit an eine Pforte geklopft hätte, die sich nun öffnete für einen Augenblick des Almosens.

Vielleicht war gerade das der Grund, aus dem er zurückgefallen war. Er suchte nun überall, mit allen Mitteln nach diesem Augenblick. An Stelle der Kirchenväter zogen in seine Regale moderne Franzosen und Amerikaner ein. Da war immer noch Wirklichkeit und, wie ihn dünkte, nunmehr die einzig mögliche. Der große Umzug war beendet, ihm schlossen sich letzte Masken an. Wer darauf hinwies, durfte der Wirkung sicher sein. Er hatte sich oft mit Einar darüber unterhalten, den diese Teilnahme am Lesefutter für fünf Kontinente befremdete. Ihm galten die Exhibitionen als leerer Aushang, als sicheres Zeichen der Impotenz. Das mußte immer öfter, immer greller zelebriert werden. Die Kraft obszöner Bilder, denen die Deckung fehlte, schmolz rasch dahin wie Notgeld, das man in Hungerjahren druckt.

Was Moltner dann hin und wieder von Einar über Schwarzenberg vernommen hatte, beschäftigte ihn stark. Es weckte ihm neue Hoffnung; er hatte die Ahnung, daß er hier vor der rechten Schmiede stünde — es klang von Norden wie Hammerschlag heraus. Er hatte daher auch nicht gerastet, bis es zur Einladung gekommen war.

Hier oben wollte es zunächst scheinen, als würden seine Erwartungen erfüllt. Das Klima war wohltätig. Die grünen und blauen Töne herrschten vor. Die Stille beruhigte; die Luft trug Tier- und Menschenstimmen über Meeresarme und Bergtäler hinweg. Die Hirten und Fischer waren in sich versunken, als wirkten sie auf dem Zinsland eines Ordens, der sie zur Schweigsamkeit verpflichtete. Der Nebel, der Regen, die langen Dämmerungen wattierten alle Eindrücke. Das Leben auf Sandnes war einfach, aber erfüllt von einer Freiheit, die an die Vorzeit erinnerte.

Auch die Begegnung mit Schwarzenberg hatte ihn nicht enttäuscht. Sie fuhren zwei, drei Mal in der Woche nach Godenholm hinüber und übernachteten auch dort. Der Hausherr war öfters leidend, aber stets höflich und aufmerksam. Man hatte den Eindruck, daß er der Witterung gegenüber in sinnpflanzenhafter Weise empfänglich war, vor Wetterstürzen oft bis zur Qual. Doch war er gerade in solchen Phasen besonders vermittelnd, besonders aufschlußreich. Schwarzenberg hatte nicht nur auf seinen Reisen viel gesehen; er hatte auch mit bedeutenden Männern verkehrt und beherrschte eine umfangreiche Literatur. Jedes Schiff brachte Zeitschriften und Bücher mit herauf. Er hatte die Gabe, aus diesen Massen von Gedrucktem schnell herauszufinden, was für ihn wichtig war.

Ihre Zusammenkünfte unterschieden sich wenig von einem teils literarischen, teils wissenschaftlichen Gespräch. Doch hatte man den Eindruck, daß seine Zeichen und Begriffe stellvertretend waren für eine andere Wirklichkeit. Sie gingen wie Boten ein und aus. Damit hing wohl zusammen, daß Schwarzenberg oft zugleich an- und abwesend, zugleich beteiligt und unbeteiligt schien.

Was mochte die Absicht dieser Ausflüge in die Heilkunst und Völkerkunde, die Vorgeschichte, die Mythenwelten sein? Sie trugen in sich noch ein anderes, spannenderes Element. Unter der Sicherheit, mit welcher Schwarzenberg die Unterhaltung führte, verbarg sich ein Schweigen, das beunruhigte. Er fächerte ein großes Wissen vor ihren Augen auf wie ein Kartenspiel. Das konnte an sich befriedigen; doch ahnte man, daß auf der Rückseite der Blätter Gewinne verzeichnet waren, die über die Wissenschaft hinausgingen.

Moltner hatte diesen Vergleich gefunden und weiter ausgeführt. Er sagte nämlich, daß man bei den Glücksspielen das Muster sichtbar auflegt, die Bilder raten läßt. Schwarzenberg halte es umgekehrt: er zeige die Mannigfaltigkeit der Bilder und Zahlen und lasse den Grund bedeckt. Dieser sei ein und derselbe, sei ungeteilt. Das sei das Zeichen eines großen Herrn, der nicht im Abgeteilten weile und auf die Chance nicht angewiesen sei.

Das Glück der ersten Wochen klang in solchen Urteilen

mit. Gewiß trug auch die starke klimatische Umstimmung das ihre dazu bei. Moltner entsann sich nicht, jemals so frei gelebt zu haben, außer in seiner frühen Kinderzeit. Ihm war, als sei er in einen Bannkreis eingetreten, in dem sich die Verantwortung, der Schmerz und auch die Schuld verringerten. Im gleichen Maße trat die Zeit mit ihrer Unruhe zurück.

Dann kam der Umschlag; Schwarzenberg hatte ihn vorausgesagt. Im Meere und in den Bergen ging etwas Quälendes vonstatten; phantasmagorische, drohende Züge traten auf. Die Erde war blühend gewesen, nun schien sie trächtig zu sein. Nordlichter verhüllten den Himmel mit elektrischen Vorhängen.

Die Schlaflosigkeit kam wieder und hielt ihn um so wacher, je mehr die Nächte sich verlängerten. Er mußte zu Pulvern und Tabletten Zuflucht nehmen, die den Magen angriffen und nur einen weißen, künstlichen Schlaf spendeten. Die Schattenseite wurde deutlicher. Bald zeigte sein Zustand alle Symptome der großstädtischen Patienten, die er in seiner Praxis behandelte. Ein leidendes und unzufriedenes Gesicht sah ihm entgegen, wenn er sich am Morgen im Spiegel betrachtete. Die Augen waren müde; die Stimme verlor den Klang.

Das wirkte auch auf sein Verhältnis zu dem kleinen Kreise, der sich auf Sandnes und Godenholm versammelt hatte und der ihm im Anfang harmonisch erschienen war wie eine Bootsmannschaft, die ein erprobter Steuermann zum Hafen führt. Nun hatten die Dinge ein anderes Gesicht. Es kränkte ihn, daß Schwarzenberg sich kaum mit seinem Leiden beschäftigte. Er suchte immer wieder die Rede darauf zu bringen als auf das große Thema, das ihn beschäftigte. Daß Schwarzenberg versäumte, die Symptome mit ihm in langen Sitzungen auf ihre Untergründe hin auszuloten, hielt er für einen Kunstfehler.

Was Schwarzenberg anging, so schien er Moltners Zustand kaum Bedeutung beizumessen hinsichtlich der Ziele, die sie hier verfolgten — wenngleich ohne Verabredung, so doch in unausgesprochener Übereinstimmung. Obwohl

Moltner mit Klagen nicht sparte, ging Schwarzenberg nicht
darauf ein. Er pflegte ihn mit allgemeinen Sentenzen abzu-
finden, wie etwa:

»Dergleichen kommt und vergeht in allen Lebensaltern.
Sie müssen sich Zeit lassen.«

Zuweilen sagte er auch, fast beschwörend:

»Sie sind ja gesund.«

Das richtete sich wohl an die Schicht, die Moltner die
Rückseite des Kartenblattes genannt hatte. Er sagte ferner:

»Gesundheit kann gut sein. Krankheit kann manchmal sogar besser sein. Krankheiten sind Anfragen. Sie sind auch
Aufgaben, Auszeichnungen sogar. Entscheidend ist, wie man
sie trägt.«

Es schien selbst, daß er mit Moltners Schlaflosigkeit nicht
unzufrieden war.

»Godenholm ist kein Sanatorium; es ist ein Laboratorium.
Die Übermüdung ist ein günstiges Symptom.«

Im Grunde hatte Moltner diese Enttäuschung schon oft
erlebt. Er klopfte an; die Tür schien sich zu öffnen und schlug
gleich wieder zu. Dann fiel ihn ein Gefühl der Leere, ja der
Verzweiflung an. Man hatte ihn von innen her betrachtet und
abgelehnt.

Ähnlich ging es ihm mit den Frauen; in manche Begegnung hatte er die höchsten Hoffnungen gesetzt. Sie liebten
seine Unterhaltung, und seine Schwermut schien gerade die
besten anzuziehen. Gespräch und Schweigen wechselten sich
ab, während die Flügel von Schreinen sich leise öffneten.

Dann wurde die Schicksalsfigur sichtbar und lähmte die
Sympathie. Sie schlossen sich ab und zogen sich von ihm zurück. Er hatte oft inmitten der Riffe die Seerosen bewundert,
die herrlichen Aktinien, die ihre Kronen wiegten im Sog der
Strömungen. Zuweilen, wenn sie ein Schatten oder eine Berührung streifte, falteten sie sich ganz zusammen und schlossen die Tastfäden in den Kelchrand ein. Der rote, armlose
Stumpf aus purem Fleische blieb zurück. Das war der Eindruck, den er hatte, wenn er im Wunderbaren scheiterte. Es
war nur ein Hauch vorbeigestrichen, und dennoch war alles

verspielt, und kein Bemühen brachte die Harmonie zurück. Ein Frost war aufgestiegen, der die Neigung im Keim vernichtete. Er kannte diese Wirkung und suchte sie behutsam zu vermeiden, doch zog ihn das Schicksal stets an den gleichen Punkt. Wie mannigfaltig auch die Weisen waren, die zum Tanz einluden, sie führten der Demaskierung zu. Sie prägte sich als Versehrung in seinen Zügen aus.

Es fehlte ihm dabei weder an Zartheit noch an Einfühlung. Die setzte schon sein Beruf voraus. Indessen zeigte sich auch hier sein Karma; er war ein guter Diagnostiker, ein schlechter Therapeut, so recht ein Arzt, um lange Gespräche zu führen mit Kranken, die der Heilung ausweichen.

Wie kam es, daß andere, die primitiver und brutaler waren, das Glück bevorzugte? Er sah das an Einar, der sicher gröber war als er und dessen Laune sich durch Zweifel nicht trüben ließ. Dafür beurteilte er die Menschen und Dinge eindeutig. Das kam dann wie ein Echo auf ihn zurück. Man merkte es an Ulma und an der Art, in der sie sich ihm zuwandte.

Auch dieses Verhältnis hatte sich getrübt. Es hatte mit einer Kameradschaft zu dritt begonnen, an die er gern zurückdachte. Sie hatten gute Sonne gehabt, als sie ankamen. Die Mittagsstunden verbrachten sie an Ulmas Badeplatz, der dicht bei Sandnes lag. Hier war die Küste aus blankem, geschliffenem Granit, der sich als sanft geneigte Bank ins Wasser schob. Granitene Kuppen hoben sich aus der See. Beim Schwimmen sah man den schieren Fels, auf dem die Entenmuscheln beinern leuchteten. Wo er ins Dunkel abfiel, waren reiche Fischgründe. Sie stellten Garne, schwammen, plauderten und wärmten auf einem Reisigfeuer die mitgebrachte Mahlzeit auf.

Moltner entsann sich noch der Bestürzung, die ihn ergriffen hatte, als sie sich zum ersten Mal entkleideten und er Ulma die Hüllen von sich werfen sah. Er stammte nicht nur aus einem katholischen, sondern auch aus einem südlichen Land. Der Anblick nackter Menschen hatte für ihn im ärztlichen Dienste etwas unangenehm Notwendiges. Außerhalb des Berufes war er mit einem altererbten Tabu belegt.

Daher empfand er die unerwartete Enthüllung als jähen
Angriff, der ihn traf. Es hatte sich freilich nur um einen
Augenblick gehandelt, um eine Prüfung, die er bestanden
hatte wie ein Tier, das man ins Wasser stößt und das dann,
ohne es gelernt zu haben, schwimmen kann. Einar dagegen
hatte den Vorgang kaum bemerkt. Im Grunde war die Lage
auch nicht zu verwechseln; sie hatte nichts zu schaffen mit
der nihilistischen Entblößung, die weithin Mode geworden
war. Ulma trug ihren Körper als natürliches Gewand.

Die Stunden am Meere hatten etwas Stiftendes. Ohne daß
sie darüber gesprochen hätten, besaßen sie ein Ziel und wollten Gänge wagen, die über die Grenzen der Zeit hinausführten. Ihr Körper, im Einklang mit den Elementen, sollte sich in
Geist verwandeln, der Geist sich körperlich verwirklichen.
Sie fühlten, daß die Kraft des Wassers sich auf sie übertrug.
Wenn sie im Winde standen, sprangen Funken von ihren
Haaren und von den Händen ab. Reinheit und Freiheit lebten
in der Flut. Sie blinkte in ungetrübter Pracht. In diese Tiefe
des Elementes einzudringen war nur möglich, wenn sie Vertrauen zueinander hatten und nichts Verborgenes zwischen
ihnen war. Sie hatten sich getroffen wie zum Eidschwur, vor
dem man sich entblößt.

Das war eine herrliche Zeit gewesen; die Sonne tauchte
kaum für eine Stunde unter den Horizont. Die Wälder, Matten und Meeresarme schienen in diesem Licht zu träumen;
sie lagen unverhohlen im alten Mythenglanz. Ein Wort schien
zu genügen, um das Land in eine Bühne zu verwandeln, auf
der das Spiel beginnen konnte — doch welches Wort und
welches Spiel? Sie fuhren fast täglich nach Godenholm.

Wie kam es, daß sich das alles so bald getrübt hatte? Vielleicht, weil immer noch Machtfragen eingedrungen waren,
wie es bei ihrer Herkunft kaum zu vermeiden war? Das führte in die Sinnenwelt zurück. Es wurde an Einar spürbar, der
Ideen entwickelte, die als politisch hätten gelten können,
wenn sie sich um einige Grade gesenkt hätten. Das sollte
nicht heißen, daß Schwarzenberg die Politik aus seinem
Kreis verbannte, doch war hier nicht der Ort dafür. Sie leb-

ten nahe dem Pole, wo sich das Gradnetz zusammenzieht. Aber auch Moltner hatte ein Stolz auf das Erreichte angefaßt. Es schien ihm, daß sie hier das Spiel in einer Weise zu überblicken begännen, die unmittelbaren Gewinn sicherte. Gerade dieser Gedanke minderte die Kraft.

Der Unterschied der Charaktere deutete sich erst leise, dann schmerzhaft an. Moltner glaubte auch zu bemerken, daß Ulma Einar zu bevorzugen begann. Er machte sich Vorwürfe über diese Richtung, die seine Gedanken einschlugen. Die kleinen Zeichen waren ja kaum wahrzunehmen, wenn die Einbildung sie nicht vergrößerte. So aber wirkten sie auf ihn zurück, im Spiel, das er vielleicht erfunden hatte, doch das sich auf Sichtbares übertrug. Die Zuneigung war nicht mehr unbefangen — vielleicht nur deshalb, weil er selbst befangen und dadurch minder liebenswert geworden war. Er fühlte, daß er auch in den Klippen die alte Freiheit, die schöne Sicherheit verlor. Er konnte den Körper, den er so sehr bewundert hatte, nicht mehr mit dem Blick bestehen. Das warf ihn zurück. Er schied sich aus der Gemeinschaft aus, indem er mit den langen, einsamen Gängen an der Strandlinie begann, während deren ihn die Möwen umflatterten.

Sein Leiden kehrte stärker und quälender zurück. Bevor er einschlief, bedrängte ihn das Gefühl, daß er gescheitert sei. Es stürzte sich, wenn er des Nachts erwachte, wie ein Alb auf ihn, der ihn der Luft beraubte und ihm den Schweiß ausbrechen ließ. Die Prüfung nahte, und er würde sie nicht bestehen. Vergeblich sagte er sich, daß er sich in Fiktionen bewege, wie er sie oft an seinen Kranken behandelt hatte und deren Ablauf ihm bekannt war wie die Stationen einer Bahnstrecke. Die Spannung wurde stärker, und die Landschaft nahm unheilvolle Züge an.

Zu den Ideen, die sich in ihm festsetzten, gehörte, daß Schwarzenberg ihn hierher gelockt habe, um ihn gauklerisch zu schädigen. Sein Groll entsprach der Höhe der Erwartungen, mit denen er gekommen war. Die Lage erschien ihm in jeder Hinsicht unhaltbar; er wollte mit dem nächsten Schiff nach Süden heimkehren.

7

Sigrid hatte den Tee gebracht. Der Samowar stand auf dem Kaminsims; die Tassen waren auf die breiten Lehnen neben den Leuchtern abgesetzt. Das Feuer strahlte in ruhigem Glanz.

Schwarzenberg ließ die Vorhänge aufziehen. Die Fenster zeichneten sich mit mattem Schimmer ab; der Nebel war vom Schein des Nordlichtes getränkt. Sie sahen eine Gruppe von weißen, grünen und roten Lichtern vorübergleiten: ein Schiff fuhr dicht an der Küste entlang.

Vom Hof her hörte man das Geräusch von Zurüstungen. Gaspar schlug Holz klein, dann warf er es mit einer Schaufel unter Dach. Das Eisen scharrte auf dem Sand. Sigrid fegte die Tenne; der Besen fuhr eintönig hin und her. Die Tür des Waschhauses schlug auf und zu. Der Hofhund rasselte an der Kette und kläffte in die mondlose Nacht. Es war Unruhe um den Turm.

Der Hausherr war zerstreut. Er hielt den Blick auf den Boden gesenkt und rieb sich die Hände, wie jemand, den fröstelte. Es arbeitete in seinem Gesicht, als ob Schatten von Wolken über eine Landschaft dahinstrichen. Saturnische Züge, Schrunden und Krater, zeichneten sich in ihr ab. Die Worte schienen ihm Mühe zu bereiten; er zog sie wie aus der Tiefe eines Brunnens empor. Das Barometer war jäh gefallen; es würde Sturm geben. Er hatte mit Ansgar gesprochen; der hatte Fische in seinem Netz gefunden, wie man sie selten sah. Sie mußten aus der Tiefsee emporgestiegen sein. Ansgar war der Fischer, der in einer Hütte des Inselstrandes lebte, ein stiller, einsamer Mann. Schwarzenberg trug das mit sorgenvoller Stimme vor, in Sätzen, zwischen denen er zu lauschen schien. Die klopfenden und fegenden Geräusche im Hof verstärkten sich.

Auch Einar fühlte sich angegriffen, und der Gedanke, daß sein Zustand mit dem Wetter zusammenhänge, war ihm angenehm. Vor den Gewittern stiegen nicht nur die Fische vom

Grunde auf. Er wollte berichten, daß ihm der rote Bergilt an den Haken gegangen war, doch wurde er sogleich von Moltner unterbrochen, der aus seinem Groll keinen Hehl machte.

»In der Tat«, begann er mit gereizter Stimme, »in der Tat, Herr von Schwarzenberg, das Wetter hier ist ungewöhnlich; es ist sogar in jeder Beziehung abträglich. Ich will mich dem nicht länger aussetzen. Ich komme, um mich zu verabschieden.«

Schwarzenberg schien durch die Mitteilung kaum überrascht zu werden. Er fragte:

»Sie wollen abreisen? Das ist schade, da ich nicht unzufrieden mit Ihrem Zustand bin.«

Durch diese Antwort wurde Moltners Gereiztheit noch gesteigert; er setzte sich nun offen über die Grenzen der Höflichkeit hinweg.

»Sie sind zufrieden mit meinem Zustand? Das ist ein Optimismus, der mir das Erlaubte zu überschreiten scheint.«

»Ich nehme an, daß Sie nicht, um sich zu erholen, hier heraufgekommen sind. In diesem Falle hätte ich Ihnen andere Ratschläge erteilt.«

»Ich kam aber auch nicht, um mich zu ruinieren, hierher.«

»Es kann nichts schaden, wenn Ihnen die mißliche Lage, in der Sie sich befinden, sichtbar wird — im Gegenteil.«

Er fügte hinzu, indem er, um Moltners Gegenrede abzuschneiden, die Hand ausstreckte:

»Wissen Sie nicht, daß es ein Kunstfehler sein kann, wenn man das Fieber kupiert?«

»Doch, aber ich weiß auch, warum ich morgen abreise.«

»Das wissen Sie eben nicht. Sie reisen ab wie jemand, dem es unheimlich wird — wie jemand, der, nachdem er an eine Tür geklopft hat, ein wenig lauscht und sich dann leise die Treppe hinunterstiehlt, weil er drinnen Geräusche zu hören wähnte, die ihn ängstigen.«

Schwarzenberg hatte das mit leidender, aber freundlicher Stimme gesagt. Er hatte das Gesicht erhoben, um Moltner zu betrachten, und schien zugleich auf das zu lauschen, was draußen vor sich ging. Auch Einar und Ulma horchten auf.

Moltner fühlte, daß eine Wahrheit beleuchtet worden war, obwohl er sie ablehnte. Er schreckte vor ihr zurück. Er sagte mit matter Stimme:

»Mit Sprüchen ist mir nicht gedient.«

Sein Unbehagen begann zu wachsen, und er bereute wieder, daß er nach Godenholm gefahren war. Schwarzenberg stützte beide Arme auf die Lehnen und betrachtete ihn mit steigender Aufmerksamkeit. Er sagte:

»Gerade mit Sprüchen ist Ihnen gedient. Das ist die Münze, mit der Sie Ihre Patienten abfertigen und die Sie selbst als gültig annehmen.«

Nach einer Weile fügte er hinzu:

»Sie werden immer Worte vorzuschieben suchen, wenn es ernst wird: das macht Ihr Leiden aus.«

Dann wieder:

»Aber Sie wissen, daß Sie leiden — also wissen Sie mehr. Das ist der artesische Punkt.«

Sie schwiegen. Moltner empfand ein Schwanken wie bei beginnender Seekrankheit. Er wünschte nun, daß Schwarzenberg weiterspräche, da ihm das Schweigen zu stark wurde. Ein Brennglas schien nach ihm zu tasten; er fühlte, wie die Strahlen sich auf dem Zwerchfell vereinigten. Dort war Bewegung — das Drängen und Pressen eines vielarmigen Tieres, das sich im Netze sträubt.

Auch Einar und Ulma waren blaß. Das koboldhafte Treiben auf dem Hofe, das Kratzen und Scharren, das Fegen und Klopfen wurde noch schürfender. Hoch über dem Nebel mußte ein Vogelschwarm dahinziehen, dessen Rufe herunterdrangen — rhythmisch klagend und wissend, als ob die Künderinnen im Luftmeer ruderten.

Dann hörten sie Musik. War es die Bordkapelle eines Schiffes, das im Brodem vorüberfuhr? War es ein Sender, der in der Küche spielte, ein Automat? War es ein Ohrentrug? Moltner konnte es nicht bestimmen — er dachte: »Ich bin desorientiert.« Sein Gehör war empfindsam geworden wie ein Geflecht von Saiten, das antwortete, ehe es berührt wurde. Er fühlte sich mächtig angesprochen, als ob die Töne in vorbestimmter Weise die Lage träfen, in der sie hier beisammensaßen, von Wasser und Nebel umwallt. Es war ein Erlkönigsang. Wirbel zogen ihn in Tiefen, in denen er den Grund verlor. Eine Frau mit verhülltem Antlitz erwartete ihn. Sie wies mit ausgestrecktem Arme auf ein dunkles Ziel. Dann kam ein Klopfen — ein reiner Schicksalsklang. Ihm folgte ein Reigen: das beherrschte Element. Aber das Klopfen war tiefer, war furchtbarer gewesen; die Lösung genügte nicht. Das war nur ein Weben über den Abgründen.

Er stöhnte. Immer wieder dieselbe Figur. Er würde sie nicht bewältigen. Die Dinge begannen, sich aufzuladen und Leben zu gewinnen; sie wuchsen aus den Gegenständen, als die sie ihm erschienen waren, zu fragestellender, ja richterlicher Macht. Noch konnte er sie zurückweisen, aber er durfte sich nicht weiter einlassen; das fühlte er. Er durfte vor allem Schwarzenberg nicht ansehen. So kennt der Trinker eine Marke, an der sich die Dinge ihm noch auf gewohnte Weise fügen, obwohl ihn bereits der Thyrsosstab berührte, und die zu überschreiten er sich scheut. Ein Glas noch, und er tritt in neue Reiche, unter ein anderes Gesetz.

Die Melodie war nun als solche nicht mehr zu hören; sie wurde zu Vibrationen ausgedehnt. Es mußte Tonmonaden geben; sie wurden faßbar, wenn die Zeit sich streckte, ja stille stand. Der Hofhund begann von neuem anzuschlagen, leise und unheilvoll. Es mußte in dieser Spanne eine Veränderung im Luftraum vorgegangen sein. Das Heulen war weit entfernt. In ihm klang deutlich der Hunger, das Drohende, die Ausgestorbenheit der Welt. Das war kein zeitlicher Hunger mehr. Einar hörte die große, ewige Klage, den Anflug aus dem Nichts. Er lauschte und dachte: »Wie groß mag die Entfernung sein? Ein Werwolf rodet auf einem Schuttplatz weit außerhalb«. Dann faßte ihn ein stärkerer Schauer an. Es war der Fenriswolf, der anschlug; die Stimme kam aus weiterer Entfernung als vom Monde, vom Sirius. Die Milchstraße war Schaum von seinem Geifer; die Erde spie ihre Eingeweide aus. Ein fürchterlicher Maßstab wurde deutlich, den auch die kleinste Zeit, die kürzeste Entfernung in sich verbarg. Die

Dinge traten ganz nah heran. Er fühlte, daß eine Bühne sich enthüllte, auf der alles möglich war. Er faßte nach Ulmas Hand, die neben ihm auf der Lehne lag.

8

Schwarzenberg hielt immer noch den Blick auf Moltner gerichtet, der ein Bild der Zerstörung bot. Die Physiognomie war abgeworfen wie eine Maske, war ausgelöscht. Es war merkwürdig, welche Brutalität auf dem so feinen und klugen Gesicht zutage trat. Das Felsreich durchbrach den Humus, Magma die Weinberge. Zugleich zog immer deutlicher ein Lächeln in Schwarzenbergs Zügen auf. Es war wie eine Lampe, deren Leuchten, langsam an Kraft gewinnend, sich dem Unerträglichen zu nähern schien.

Sie hatten den Eindruck, daß endlose Zeit verflossen war. Dem widersprachen die Geräusche, denn immer noch wurde die Tenne gefegt. Es konnte nur eine kurze Spanne verstrichen sein, während deren sie einige Takte Musik, die Rufe eines Graugansschwarmes, das Bellen eines Hundes gehört hatten. Es war nur eine Pause im Gespräch entstanden, und Schwarzenberg knüpfte, diesmal fragend, an seine letzte Bemerkung an.

»Nicht wahr, Sie wissen doch mehr?«

Alle fühlten sich mitgetroffen, obwohl die Frage an Moltner gerichtet war. Sie traf ihn wie ein Stoß mit einer Waffe, deren Existenz ihm unbekannt gewesen war. Das war nur dem Schock vergleichbar, der einem zugleich gewalttätigen und obszönen Angriff folgt, ging aber tiefer, denn es war ihm, als ob nicht nur Kleider, sondern auch Stücke der Haut heruntergerissen würden, der Oberfläche, die er für unablösbar, untrennbar mit sich verbunden hielt.

Er war erschöpft, zerrissen und blieb nun auf der Strecke, der Leere ausgeliefert nach einer Begegnung, die er herausgefordert hatte, aber der er nicht gewachsen gewesen war. Er lag mit hängenden Armen, als ob er an einer Angel gefangen wäre, im Gestühl.

Das Scharren und Klopfen draußen bekam nun etwas unendlich Trauriges. Auch Ulma und Einar hörten diesen Sinn
heraus. Ulma wähnte, daß sie in einer Grotte weilte, tief unter dem Fruchtgrund, in weiten Hallen, in denen Klagen
murmelten. In langen Pausen fielen Tropfen in unsichtbare
Becken und weckten einen Widerhall von großer Reinheit,
ein Echo im Bergkristall. Hier war das Reich der Tränen; nie
würde sie aus dieser Welt der Trauer aufsteigen.

Die Kälte im Raum nahm zu und mit ihr die Wahrnehmung der leeren Entfernung, der Ausgestorbenheit des Welt-
alls, in die der eigene Tod, das eigene Gestorbensein mit ein-
begriffen war. Sie hatten Scheu, sich anzublicken, denn schon
waren Verwesungszeichen auf den Gesichtern nicht mehr zu
verheimlichen. Wie gerne hätten sie vertuscht, durch Worte
übertönt, durch Fratzenwerk maskiert, was sich jetzt ankündete.

Nun wurde auch ganz deutlich, was da draußen im Gange
war. Sie hörten den Gräber, der an der Grube scharrte, sie
hörten die Träger den Schragen absetzen. Sie konnten es
nicht mehr verbergen und nicht mehr abstreiten. Es nahte,
was man immer flieht, auch an den Liebsten flieht, in engster,
vertrauter Nachbarschaft. Das war das große, das schmähliche Geheimnis dieser Erde, das furchtbar Anrüchige. Sie sahen kommen, was Zahllose wußten und verbargen in ihren
Kammern, in denen die Finsternis mit jedem Augenblick
wächst. Das war der Stachel im Fleische, und auf diese eine
führten sich alle anderen Arten der Scham zurück.

9

Allmählich wurden die Geräusche leiser, versöhnlicher. Das
Klopfen verstummte, der Besen tat noch letzte Striche, das
Scharren wurde sanfter, abschließend. Die Tenne war gerichtet, die Grube ausgehoben, die Arbeit war getan. Die Ar-
beitsleute stellten das Werkzeug ab.

Wie gut das tat. Es war ganz still im Turm. Aber die Stille

war nicht mehr leer, ließ nicht mehr die große, schreckliche Entfernung ein. Die Stille war abgeschlossen, war erfüllt. Die Kerzen schienen sanfter, goldener. War es ein Feierabendglanz? War es ein neues Licht? War es das Wissen, daß jeder Untergang zugleich ein Anfang ist? daß ohne Untergang kein Aufgang möglich ist? Es war so still wie außerhalb der Welt in einer Zelle, die in das Felstal eines unbekannten Planeten eingemeißelt ist. Hier durfte man sicher sein.

Schwarzenberg hatte die Augen nicht von Moltner abgewandt. Er wiederholte seine Frage, indem er sich ihm zuneigte:

»Sie wissen doch mehr?«

Und wieder fühlten sich alle mitgefragt. Diesmal hatte die Stimme auffordernd geklungen, ermutigend. Moltner wagte endlich, ihn anzusehen. Das Lächeln war immer noch furchtbar — oder war furchtbar nicht das rechte Wort dafür? Ihm war, als ob er einem großen Häuptling gegenüberstünde oder dem Kapitän auf einem Schiffe, das aus dem letzten bekannten Hafen ausgelaufen war. Hier war noch alte Befehlsgewalt. Man konnte eher an einem Gebirge zweifeln als an diesem Blick.

Nun konnte alles möglich sein. Dennoch war etwas Bekanntes in diesem starren Lächeln, das gleichsam abbrannte, doch ohne Substanzverlust. Er hatte immer noch die alte Scheu, als träte er in den Bannforst ein. Dabei stieg etwas Neues und zugleich Unbekanntes in ihm auf. In diesem Sinne fühlte er sich als Mitwisser, als Mitverschworener. Es mußte etwas Drittes mit im Raume sein. Ohne daß er es wußte, zog auch bei ihm ein Lächeln auf, das listig antwortete.

Bei allen leuchtete nun diese Heiterkeit, die wie aus Spiegeln zurückglänzte. Sie teilte sich selbst den Gegenständen mit. Einars Gesicht glich einer Maske, die der Schimmer von Schilden und entblößten Waffen anflammte. Auch Ulma lächelte. Sie war errötet und hielt das Haupt gesenkt.

Das Licht begann zu knistern; ein blauer Faden stieg vom Leuchterrand empor. Moltner betrachtete ihn erst mit Erstaunen, dann mit Entzücken, als ob ihm eine neue Kraft des

Auges zuteil geworden sei. In ihr enthüllten sich die Spiele dieses nach Honig duftenden Rauches, der sich auf schlankem Stiel erhob und dann in zarter Krone verästelte. Es war, als ob ihn seine Einbildung geschaffen hätte — ein blasses Seeliliengespinst in Tiefen, die kaum vom Schlag der Brandung zitterten. Die *Zeit* war in dem Gebilde wirkend — sie hatte es gerieft, gewirbelt und geringelt, als ob sich erdachte Münzen schnell aufeinander schichteten. Die Vielfalt des *Raumes* enthüllte sich in dem Faserwerk, den Nerven, die in ungeheurer Anzahl den Faden spannen und sich in der Höhe entfalteten.

Nun traf ein Lufthauch die Vision und drehte sie geschmeidig um die Achse wie eine Tänzerin. Moltner stieß einen Ruf der Überraschung aus. Die Strahlen und Gitter der Wunderblume schwenkten in neue Ebenen, in neue Felder ein. Myriaden von Molekülen beugten sich der Harmonie. Hier wirkten die Gesetze nicht mehr unter dem Schleier der Erscheinung; der Stoff war so ätherisch, daß er sie offen spiegelte. Wie einfach und zwingend das alles war. Die Zahlen, Maße und Gewichte traten aus der Materie hervor. Sie warfen die Gewänder ab. Kühner und freier konnte keine Göttin sich dem Eingeweihten mitteilen. Die Pyramiden reichten mit ihrer Schwere an diese Offenbarung nicht heran. Das war pythagoreischer Glanz.

Die blaue Säule tanzte auf leichtem Fuße — wie kam es, daß jede Wendung zugleich Befreiung und ein so ungeheures Wagnis war? Die Macht war völlig geistig und doch dieselbe, die über Meere und Berge herrschte, flutend und türmend, und die den Weltraumnebeln den Umschwung gab. Wie kam es, daß sie hier, aus ihrer Dienstbarkeit entlassen, sichtbar war? Dem mußte eine Anschauung entsprechen, der sich Bereiche offenbarten, zu denen sonst nur die Musik vordringt — zur schwerelosen Zone zwischen sinnlicher und geistiger Wirklichkeit. Hier wurde im Rhythmus wechselnder Figuren deutlich, was den Forscher, wenn er die Grenzen seines Feldes überschreitet, am Abgrund wie ein Flügelschlag berührt. Doch war es schöner. Und heiterer.

Kein Schauspiel hatte ihn jemals so berührt. Er spürte, als ob ein Reif in seiner Brust zerspränge, daß sich etwas in ihm befreite, ihn aus der Persönlichkeit entließ. Er hatte niemals das Glück gekannt.

Zugleich, im Schatten dieses Lichtes, war Furcht in ihm. Er wagte den Blick nicht in die Winkel abzuwenden, in denen Bewegungen sich abzeichneten. Und immer noch verstärkte sich das Licht. Schon glänzten die Leuchter auf; sie wurden Kleinodien.

Mächtige Mengen von Wasser brachen nun herein. Er fühlte sich durch eine Woge angehoben, in der er den Grund verlor. Sie warf ihn rücklings, er mußte sich ihrem Andrang hingeben. Der Wirbel betäubte ihn für die Dauer eines Wellenschlages, dann trug ihn das neue Element.

Köstliches Wasser flutete unübersehbar an. Noch war es silbern, von Legionen winziger Perlen schäumend, dann breitete es sich weithin aus wie Rauch in stiller Luft. Ein Flügelschlag, ein Glockenläuten hätten es zerstört.

Das Auge reichte in große Tiefen, wenngleich nicht auf den Grund. Ein stählerner Anker schwebte in langsamer Fahrt vorbei. Ein Tier, für das der Abscheu vergeblich nach Namen suchte, war daran festgemacht. Ihm folgte ein Blauhai mit schiefriger Haut. Das Bild war erschreckend, vom reinen Willen zugeschnitten, der nackten, gespannten Gier. Rachen und Schnauze waren riesig, die Augen winzig, die Zähne Hecken von Pfeilspitzen. Die Fahrt war mächtig, lautlos, fast ohne Flossenschlag. Trotz allen Schrecknissen erfaßte das Auge Urformen der Eleganz.

Nun warf das Untier sich auf die Seite und bleckte das Gebiß. Durch diese Wendung wurden die Piloten sichtbar, die sich unter den Flossen verborgen hatten: zwei Prachtmakrelen von silbergrauer Schuppung, fünffach gebändert vom weichsten, dunkelsten Azur. Sie folgten der Macht als farbiger Auswurf, als feineres, doch abgeleitetes Prinzip, als Parasiten der großen Tafeln, wo es an Abfällen nicht fehlt. Sie lenkten die Blicke vom Urbild ab.

Wie ein Kristall, einmal gelungen, weite Oberflächen mustert, so tauchten nun Myriaden von Fischen auf. Als Einzelgänger, zu Paaren, in großen und kleinen Schwärmen, in endlosen Prozessionen erfüllten sie die Flut. Obwohl die Rückenflossen den Meeresspiegel schnitten, verharrte er in unberührter Glätte, als durchdrängen sich Gebilde aus gewebtem Licht.

Bestürzend blieb, daß die Darbietung von einem Punkt aus ansetzte und sogleich unermeßlich war. Das Füllhorn war ausgestürzt. Die Lichter, Farben, Formen verzweigten sich aus Explosionen, die sich lustvoll verzögerten.

Moltner empfand im Schauen Macht; er war der Festherr, dem der Aufzug galt. Er stand leicht vorgebeugt am Klippenrande, die Arme ausgestreckt. Die Kühlung stieg herauf. Ganz nahe flutete es an ihm vorüber im Lebensschimmer, der ihn bald lächeln und bald erstarren ließ, wie Kinder, wenn sie Spielzeug sehen. Unüberschaubar glitt der Maskenzug vorüber, mit Larven, Laternen und Mummenschanz. Er wurde von Paraden unterbrochen; beim Klange wechselnder Kapellen folgten die Geschwader einander im Schuppenpanzer, in prächtiger Montur.

Den Zug eröffneten die abenteuerlichen Formen, die aus den submarinen Grotten und Korallengärten aufgestiegen waren, die Seepferde und Meereswunder der Sargassowälder, die Ausgeburten der Abgründe. Dem folgte ein in bunten Farben prunkendes Aufgebot, geführt durch den Rotfeuerfisch, der wie ein Vogel mit starren Floßfedern aufschwebte. Die blitzenden Juwelenschwärme der heißen Golfe und Tropenriffe beschloß ein Solitär der Islandmeere: der Gotteslachs, ein stahlblauer Mond, den sieben korallenrote Flossen trieben und steuerten.

Das alles erschien nur als ein auf Vorhänge gemaltes Muster, wie nun einfarbige Wesen auftauchten, in denen Schmelz und Rhythmus sich vereinigten. Die Flossen waren gekrümmte Schwerter, Tänzerinnenschleppen, Strahlen von Feuern jenseits der bekannten Welt. Ein Wunder zog vorüber, indem es lässig einen zarten Schleier raffte und breitete. Die Säume wurden purpurn in der Spannung und blaßten in der Entfaltung ab. Man ahnte die Möglichkeit, zu lieben, zu träumen, ja selbst zu denken wie dieser Fisch. In den Monaden verschmolz die Sonderung.

Moltner ging ganz in der Erscheinung unter, er fühlte sich tief berührt. Ihm wurde deutlich, daß das kein Schauspiel der Natur mehr war. Das war kein Wasser, das waren keine Fische mehr.

Oder war ihm bislang verhüllt geblieben, was Fisch und Wasser bedeuteten? Die Bildung war wie Rauch, wie feinster Nebel von strahlender Substanz. War es das Eigentümliche der Gattungen und Arten, das sich hier regte und paradierte in den Takten des Lebensliedes, das den Äther durchflutete? War es das Unzerstörbare in ihnen, der Funke, der durch die Kette der Geschlechter sprühte vom Vater auf den Sohn? Hier fiel die Kette, und die Sinne ahnten zeitlose Herrlichkeit. Es war nicht zu entscheiden, ob Melodien oder Lichter sich bewegten; in unerhörter Frische, in voller Unschuld hob sich die Woge an.

Das waren Kräfte, wie sie selbst im leichtesten der Tänzer, in der behendesten der Schwalben nur sichtbar werden wie durch Magma hindurch. Hier war der Brunnen nahe, und Moltner ahnte, daß ein Becher, ja selbst ein Tropfen von seinem Wasser ewige Jugend bedeutete. Er streckte die Hände aus wie einer, der inmitten der Wüste auf einen Springquell stößt.

10

Alle Geräusche waren nun verstummt. Die alte Schlange war in Fluß gekommen und fuhr lautlos dahin. Sie waren nicht mehr in der zerstückten Zeit. Der Zeiger glitt. Er rückte nicht mehr vor. Einar und Ulma hatten das Haupt erhoben, als vernähmen sie ein Lied. Moltner hatte sich aufgerichtet und hielt die Hände vorgestreckt. Da hörte er Schwarzenbergs Stimme; sie schnitt die Bilder ab. Ihr Ton erschreckte ihn, als ob er im Schlafwandel angerufen würde und der Sicherheit beraubt. Sie wiederholte, eindringlich leise:

»Sie wissen doch *mehr!*«

Auch Einar und Ulma fühlten sich angerufen durch diese Worte; sie löschten aus, was auf der Tafel erschienen war, entmagnetisierten die Zeichenschrift. Schwarzenberg sah sie traurig und leidend an. Von neuem rieb er sich die Hände, als ob ihn fröstelte.

Die Unruhe nahm wieder zu. Sie hörten die Takte einer starken Brandung, die an die Klippen schlug. Der Sturm pfiff um das Haus. Er trug Gischtflocken mit. Das Unwetter, das in der Luft gelegen hatte, mußte nun ausgebrochen sein. Sie hatten es nicht bemerkt.

Nicht nur das Wetter schien gefährlich — auch die kleinen Geräusche wurden bedrohlicher. Das Knistern der Wacholderzweige dröhnte wie eine Kette von Explosionen im Kamin. Selbst von den Flammen, die an den Dochten leckten, ging ein Zischen aus, als sprühten Zündschnüre.

Neue und stärkere Wehen durchfurchten Schwarzenbergs Gesicht, als kämpfte er gegen das Heulen und Johlen des Südsturms an, gegen die wilde Meute, die nun ganz nahe war. Die Tür sprang auf, als hielte sie dem mächtigen Pochen nicht mehr stand. Erdmuthe und Gaspar wurden sichtbar; sie blieben am Eingang stehen. Hinter ihnen hielt sich die Kleinmagd, die über Erdmuthes Schulter sah. Der Hofhund hatte sich losgerissen und zwängte sich zwischen ihre Knie. Er schleppte die Kette nach. Sie drängten an wie Geister, die witternd den Augenblick erwarten, wo Blut gespendet wird. In ihren Gesichtern lag etwas Hölzernes und Furchteinflößendes. Einar erschrak — er wußte nicht, daß derselbe Schein auf seinen Zügen leuchtete.

Wieder sah Moltner in Schwarzenbergs Antlitz das starke Licht, das ihn die Augen schließen ließ. Und wieder hob die Woge ihn empor. Doch diesmal war es nicht Wasser, was ihn umflutete. Ein goldener Schimmer entführte ihn auf Höhen, die weit entfernt lagen. Dort herrschte eine große Stille wie in Gärten oder auf Inseln außerhalb der Zeit. War es das Glück, das diese Gefilde so warm durchleuchtete? Oder war es vollkommene und königliche Sicherheit? Hier war er im Ererbten, im Eigentum.

Er stand im Innenhofe eines Schlosses, auf dem der pure
Goldglanz lag. An seine Fläche schlossen sich in massivem
Golde die Tempel, die Schatz- und Frauenhäuser, die Elefan-
tenställe an. Das Licht war so stark, daß es die Pfauen, die
auf den Zinnen saßen, auflöste. Sie schmolzen in seiner Glut.
Juwelen tropften von ihnen ab.

Kein Lufthauch, keine Regung störte die Stille, die hier
waltete. Fern lag das Wiegen der Ozeane, das Knistern der
Feuerwelt. Hier herrschte, die Welt in Gold verwandelnd,
Stille, herrschte Überfluß. Er strahlte, ohne daß sich die
Substanz verminderte. Er nahm vielmehr im Schenken zu,
und wunderbar war die Beherrschung, mit der er befruchte-
te. So großes Licht war immer noch in der Verkleidung,
es hätte sonst vernichtet und verdampft. Es hüllte sich in
die Zeit.

Warum war es so leicht auf diesem Hofe, wo alles auf ungeheure Schwere deutete? Hier waren Gewicht und Maße
kein Schicksal mehr. Im Inneren des Palastes war man nicht
Untertan. Hier herrschte die unbewegte Macht, und alle
Kraft war sinnvoll nur als Lehensträger der Herrlichkeit. So
leuchtete das Licht auch nur als Abglanz in die Zeit.

Moltner fühlte, daß er eines großen Bildes teilhaftig wurde, fühlte sich reich beschenkt. Wie fern war alles, was ihn
bedrückt hatte. Wie hatte er zweifeln können, ob noch Kräfte wirkten, wie man sie von Anfang an geschaut hatte. Sie
waren in Licht verhüllt, und wenn man sich ihnen nähern
durfte, zerstörte ein Strahl aus diesen Kammern die Phanto-
me der Nebelwelt.

Das war die alte Sonne, die sich zu neuer Spendung verdichtete. Wenn man sie hin und wieder Gott oder Göttin
nannte, so war das nur ein flüchtiges Geschmeide an ihrer
Stirn. Sie leuchtete auf den Pharaonenthronen, den Pyramiden, auf Montezumas Palast. Rauch kräuselte sich um goldene Stiere, die Kobras wiegten ihre Lichthauben. Die Tiger
schnurrten, und Pfauen schlugen ihre Räder auf. Hier
herrschte Stille, der Große Mittag, die unbewegte Macht. Es
war nur ein leichtes Schwanken, als ob die Mauern sich aus

dem Golde in Licht und wieder in Gold verwandelten. Doch
war es an keine Veränderung gebunden: Sein und Wesen erkannten sich in höchster Identität.

11

Moltner saß aufrecht, seine Züge hatten sich verklärt. Es
fehlte die Spannung, die sie verzerrt hatte. Auch hatte er die
Traumesstarre, die Faszination verloren, in die ihn die Was-
serwelt gewiegt hatte. Er fühlte, daß etwas Feierliches ihn
umgab. Noch war er im Innenhof.

Schwarzenberg sah ihn traurig, doch zugleich freundlich
an, mit den Augen des Mitwissers. Er schien bereit, noch
einen dritten Vorhang anzuheben, doch Moltner schreckte
davor zurück. Er war wie ein Gefäß, das überläuft. Er wußte
nicht, ob Augenblicke oder viele Stunden verflossen waren,
auf jeden Fall unmeßbare Zeit. Die Tür war geschlossen, die
Hausleute mußten wieder bei ihrer Arbeit sein. In großer
Entfernung sah er Einar und Ulma, wie eine Miniatur.

Er fühlte sich glücklich, wenngleich erschöpft. Es schien
ihm wunderbar, wie sie hier zusammensaßen, auf einer Insel,
mitten in der Flut. Die Worte enthüllten einen neuen, trächti-
geren Sinn; er hatte nicht wissen können, was Entfernung,
was Nähe war. Die anderen schienen weit von ihm geschieden und doch so scharf geprägt, wie er sie nie gesehen hatte:
Entfernung und Nähe mußten sich ergänzen und im Range
steigern, wie Mann und Weib sich in der Umarmung ergän-
zend überhöhen.

Doch war er zugleich zerbrochen, aufgerissen, in seiner
Form zerstört. Er war ein Brunnen, der entsiegelt worden
war. Er hatte seine Tiefe nicht gekannt. Vor dem Gedanken,
einen dritten Gang zu wagen, der Aussicht, eine noch trächti-
gere Flut und ein noch stärkeres Licht zu schauen, schreckte
er zurück. Die Saiten schwangen in ihm nach, sie mußten ab-
klingen. Er spürte das Bedürfnis, sich auszustrecken und bei
verhülltem Licht zu sinnen, auch Sehnsucht nach Melodien,

in denen wie im Alexanderfest sich Geist und Herrlichkeit
vereinen, nach Händelscher Musik, die von verhangenen
Emporen in bildlose Dome fiel. Das würde Balsam sein.

Er streckte die Arme abwehrend aus. Schwarzenberg sah
ihn prüfend an. Indem er ihn freundlich mit der Hand berührte, sagte er:

»Sie haben recht — wir wollen nicht weitergehen.«

12

Für Einar hatten sich die Dinge anders abgespielt — gewalt-
samer, doch nicht so umwerfend. Sein Leben war weniger
abstrakt als das von Moltner — der bäuerliche Ursprung, die
Erde waren ihm noch nah, trotz aller Wissenschaft. Zwar ist
der Wilde heftiger im Rausche; trotzdem bleibt er mehr er
selbst. Er fällt nicht so tief hinab. So ging es Einar; er trat aus
der Person in eine nicht unvertraute Landschaft ein.

Er kannte starke Träume, kannte das Opfer, den Dienst an
der Idee, der furchtlos, ja grausam macht. Er kannte den
Rausch endloser Märsche und die Entäußerung der
Schlachtfelder. In dieser Hinsicht war er Gaspar enger als
Moltner verwandt. Die Nähe des Todes zog ihn an, und auch
die Werke, die auf geheimnisvolle Weise wachsen, weil viele
für sie das Leben hingeben. Auch litt er nicht wie Moltner
am Schwunde des Wunderbaren, der die Person der Fülle
und Mannigfaltigkeit beraubt. Er liebte den Schmerz als letzte Marke der Wirklichkeit. Das Leiden sollte ihn nicht in die
Krankheit abdrängen; er zog die Katastrophe vor. Er hatte
auch hier das Risiko begrüßt, dem Moltner ausgewichen war.

Einar schien immer einen Auftrag zu erwarten; er war in
ständiger Bereitschaft, Dienst zu tun. Notwendig konnten
sich ihm nur Ideen zeigen, denen er mit Systemen antwortete. Das Echte lag für ihn im Anfang, in grauen Vergangenhei-
ten, während Moltner es in der Zukunft vermutete. Das
Schicksal des Reiches hatte ihn in der Tiefe mitgetroffen —
wie viele der Jungen hielt er den Untergang für schon ver-

kündet; ein kurzer Aufschub trennte noch vom Vollzug. Die Niederlage empfand er als eine Wunde, die sich nicht schließen will. Hunger und Kälte, die ihr folgten, schien er kaum wahrzunehmen, auch nicht die Verachtung, die sich als Schlammstrom auf den Geschlagenen ergießt. Dazu stand er zu fest in seinen Urteilen. Er trauerte wie ein Krieger, dessen Stamm vernichtet worden ist und dessen Gräber der Feind beschmutzt.

Nicht minder als Moltner hatte er das Grauen wahrgenommen, das durch den Raum gegangen war. Auch Ulma hatte neben ihm gebebt. Sie saßen Hand in Hand, als draußen die Jagd vorüberzog. Zuerst war noch die Zeit in ihnen, dann löste sich ihr Bann. Die Dinge wurden selbständig. Sie traten fragend und richtend um sie herum. Gesichte tauchten auf.

Nun hatte Ulma *ihn* an der Hand gefaßt. Sie führte ihn einen Berg hinan. Er sah die Sterne, die über der Kuppe leuchteten. Ulma schien gut in der Nacht zu sehen, er folgte ihrem Schritt. Bald standen sie auf dem Gipfel, der einem Helmdach glich. Ganz in der Ferne glomm noch ein grüner Schimmer als Abglanz des Tages, der entschwunden war. Der Hügel war jetzt deutlich; es glühte aus dem Inneren herauf. Die Augen hatten sich an die Dunkelheit gewöhnt. Einar erkannte, daß er auf einem der großen Gräber stand, wie er sie selbst mit Scharen von Arbeitern angeschnitten und durchschürft hatte. Er sah die Wehrgräben. Sie leuchteten als silbernes Geflecht.

Er kannte diese großen Ringwälle. Das Volk schrieb sie den Hünen zu. Sie mußten sowohl als Heiligtümer und Ahnengräber wie als Burgen errichtet worden sein, längst vor der bekannten Zeit. Immer noch woben Sagen von Schätzen, von Toten und Fürsten um ihren Ort. Doch waren namenlos geworden, deren Waffen aus Bronze, deren Schmuck aus Gold und Bernstein man in der Tiefe fand.

Sie stiegen in den Wallgraben hinunter, der sich noch immer, wie in der Vorzeit, scharf in die Feldmark grub. Der Grund war dunkel; hier fühlte Einar sich berührt.

13

Wie schon so oft an Ferien- und Feiertagen trat er in die Tür des Vaterhauses ein. Er kam nur auf einen kurzen Besuch. Es war noch früh, er mußte die Eltern aufwecken. Sie schliefen wieder in *einer* Kammer, wie sie es in ihrer Jugend getan hatten.

Dann saßen sie zusammen am gedeckten Tisch und frühstückten. Alle Bewegungen, alle Gespräche, alle Scherzworte waren ihm vertraut. Es war die Wiederkehr zahlloser Morgenstunden, die sie auf gleiche Weise verbracht hatten.

Die Mutter ging in die Küche, und der Vater sprach mit ihm die alten Dinge durch. Sie traten ans Fenster und sahen auf das Meer hinaus. Obwohl es draußen still war, gingen die Wogen mächtig, und Einar fragte den Vater, ob er sie je in solcher Höhe erblickt hätte. Gischtflocken schlugen an den Sims. Der Vater trat zurück und sagte:

»Die See ist stürmisch. Das ist die große Flut. Die Mutter sollte die Wäsche abnehmen.«

Sie wandten sich wieder den alten Dingen zu. Die Stunden verflogen so schnell in diesem Hause, obwohl die Uhren stillstanden. Ehe er sich versehen hatte, war es schon wieder zum Aufbruch Zeit. Er ging in die Küche hinaus, um sich von der Mutter zu verabschieden. Das Feuer brannte auf dem Herd. Ein roter Schimmer ging von ihm aus.

»Ich komme, um dir auf Wiedersehen zu sagen, Mutter. Es ist schön, daß ich den Vater bei so guter Gesundheit traf. Er kam mir verändert vor.«

Die Mutter blickte ihn an, als ob sie nicht recht gehört hätte. Sie fragte:

»Den Vater, sagst du? Junge, wie meinst du das?«

»Wie soll ich das meinen, da wir den Vormittag zusammen verbracht haben?«

Die Züge der Mutter wurden starr. Sie blickte ihn an, als ob sie etwas Unbekanntes an ihm wahrnähme. Ein entsetzliches Verständnis breitete sich zwischen ihnen aus. Das Feuer flackerte stärker an der weißen Wand.

»Aber Kind, besinn dich doch. Wir beide waren den ganzen Tag allein.«

Er wollte widersprechen; es konnte nicht möglich sein. Sie
sagte:

»Der Vater ist doch schon seit vielen Jahren tot.«

Sie blickten sich wieder an. Ihm war, als höbe sich ein anderer Leib aus ihm heraus. Es knisterte um ihn herum, ganz
leise, als ob Funken vom Bernstein absprängen. Richtig, sie
hatten den Vater schon vor langer Zeit begraben — es war
unfaßbar, daß er so nahe, so gegenwärtig gewesen war. Jetzt
fühlte er das Bernsteinknistern am ganzen Körper; es um-
wob ihn wie eine Haut.

Er mußte die Mutter erschreckt haben. Er wollte sie in die
Arme schließen, doch hielt ihn eine Kraft zurück. In dieser
Küche war es unheimlich. Da war noch etwas anderes, das er
vergessen hatte, ein Umstand von höchster Wichtigkeit. Er
suchte sich zu entsinnen — da fiel es ihm wieder ein: er hatte
vergessen, daß auch die Mutter gestorben war, daß sie seit
langem neben dem Vater im Grab ruhte.

Wenn *das* ein Traum war — was war dann Wirklichkeit?
Es war eine Begegnung in der Losnacht, ein Schicksalsge-
sicht. Er fühlte keine Furcht. Es war sehr kalt, aber zugleich
siedend, wie flüssige Luft. Und nicht nur die Eltern, auch die
Ahnen waren nahe in diesem Wallgraben. Heute war eine ihrer großen Nächte, ein Totenfest. Sie drängten aus dem hoh-
len Berg hervor.

Der Horizont war hell geworden, der Umkreis flackerte.
Es war eine große Unruhe. Waren es Wagen, Vieh und Pferde, was er im Flackern ahnte, waren es eiserne Maschinen
oder Dinge ganz unbekannter Art? Der Wind pfiff über die
weiten Ebenen. Die Brände leuchteten. Von ferne hörte man
das Wolfsgeheul. Der Eiswind kam aus den Wolfsländern. Es
klirrte am Grabenrand.

Es herrschte die Verzweiflung, die auf Erden stets wiederkehrt. Die Erde war Staub, war Schauplatz des Untergangs
und seiner Schrecken; sie lechzte nach Blutopfern. Die Rudel
kamen näher und kreisten um die Wallburg; sie brachen hier

und dort schon in den Graben ein. Die Flammen schlugen bis an das Gewölbe; Schlösser und Städte, Frucht und Kornland gingen in ihren Wirbeln auf. Die Lindenbäume an den Brunnen glühten, die Eichenhaine, in denen die Mistel der goldenen Sichel harrte, lohten als Fackeln in die Nacht.

Und wieder hörte man, daß diese Wölfe nur Treiber waren; mit ihrem Heulen kündeten sie den grauen Stammherrn, der sichtbar wurde hinter seinen Meuten, so wie das Schicksal sichtbar wurde im Flammenmeer. Die Ketten sprangen, die Wölfe wurden frei. Das war die Lohe, die man in solchen Nächten als Vorbrand schaute von Irland bis zum Nordweg und von den Schlössern Westfalens bis zu den Türmen, um deren Helme der Tiroler Adler kreist.

Aus der Entfernung hörte Einar, wie Schwarzenberg zu Moltner sagte:

»Sie wissen doch mehr.«

Er sah sie dort sitzen, weiter als durch Länder und Meere von ihm getrennt, doch wie durch ein Fernglas für eine flüchtige Sekunde herangeholt. Dann fing ihn wieder der Wahrtraum ein.

Die Flammen erreichten jetzt das Firmament. Sie offenbarten das Ausweglose des menschlichen Schicksals, den Untergang. Doch seltsam — das Schauspiel schien sich zu verändern, indem der Geist es annahm und auf Entrinnen, auf Flucht verzichtete. War es nicht so, als ob im Feuer nicht nur die Röte der großen Brände, sondern auch der Schimmer, die Ahnung eines neuen Lichtes aufstrebte? Und mischten sich nicht andere Töne in das Pfeifen und Heulen der Wolfs- und Windzeit ein?

Immer noch war das Knistern um ihn, das ihn befallen hatte und ihn fühllos aus seinem Leib erhob. Doch wob der Schrecken nicht zugleich ein unversehrbares Gewand? Es lebte eine Ahnung in ihm auf, als könnten ihm die Flammen nichts anhaben. Er hob den Kopf und lauschte, noch zweifelnd, in den Tumult hinein. Gewiß, dort klangen nun andere, vertraute Motive an. War das nicht Sieg, was da heraufklang, als öffneten sich langsam die dunklen Flügel eines Tores, aus denen sein Ebenbild heraustrat, die zeitlose Gestalt? Sie war in den Wirbeln der Zeit, in der Schüssel des Wäschers geprüft.

Das Leuchten wurde stiller und goldener. Von allen Hügeln klangen weckende Rufe, als ob sich Hymnen vorbereiteten. Wenn nach dem Aufruhr der Elemente, in dem sich die Schlünde zeigten, die Stille aufzieht, trauen die Ohren der Wandlung kaum. Die Wetter schwingen noch harfend in ihnen nach.

Nach solchen Stürmen sehen die Menschen fragend einander an, als wolle einer aus dem Gesicht des anderen lesen, ob er den Sinnen glauben dürfe, daß er am Ufer sei. So blickte Einar auch Ulma an. Sie standen immer noch im Wallgraben, und noch war in der Schwebe, was sich dort abmaß und begegnete. Das Mädchen war weit entrückt, es blickte durch ihn hindurch. Es hielt sich vorgeneigt wie die Galionsfigur auf einem Schiffe oder wie jemand, der in einen Sturm hineinschreitet.

Er sah auch an Ulmas Haaren, daß große Bewegung um sie war. Ein Umstand, der ihm erst später auffiel, war befremdend: das Haar war golden, während er es doch nur dunkel gekannt hatte. Und immer noch nahm sein Leuchten zu.

Er spürte das Weben, das Knistern stärker; es schwoll zum Brausen an. Ihm war, als müsse er die Augen vom Licht abwenden, doch blendete es nicht. Es ging durch ein Versehrendes hindurch, als ob die Erde in Metallglut und diese zu reinem Glanz sich wandelte. Schmolz da hinweg, was sonst im Leben störte — oder erhöhte das Getrennte sich im Mysterium? Auf allen Bergen flammten jetzt die Schilde, vollendeten sich Harmonien, zog ewiger Friede ein.

Ja, er begriff, was hier gelehrt wurde. Es würde stets wiederkehren, daß das Eine aus dem Getrennten aufstieg und sich mit Glanz bekleidete. Dieses Geheimnis war unaussprechlich, doch alle Mysterien deuteten es an und handelten von ihm, von ihm allein. Die Wege der Geschichte und ihre Listen, die so verschlungen schienen, führten auf diese Wahrheit zu. Ihr näherte sich auch jedes Menschenleben mit jedem Tage, mit jedem Schritte an. Nur dieses Eine war das Thema aller Künste, von hier aus wurde jedes Denken in seinem Rang bestimmt. Hier war der Sieg, der *alle* krönte und jeder Niederlage den Stachel nahm. Das Staubkorn, der Wurm, der Mörder hatten daran teil. Es gab nichts Totes in diesem Lichte und keine Finsternis.

Es war so still geworden, so friedlich im Palast. Das uralte Mütterchen war eingetreten, Frigga war anwesend. Aber wie war sie jung geworden, umrollt von Tau, auf dem der Regenbogen sprühte, leuchtend wie Midgards Schlange nach dem Untergang. Das konnte nicht Jugend, die dahinwelkt — es mußte ewige Jugend sein. Urahne und Enkelin zugleich; die Erde war sonnenhaft. Sie waren nun am unbewegten Ort des Rades — dort, wo die Sicheln sich vereinigen. Wer einmal in diesen Kreis gezogen, wer einmal an diesen Tisch geladen worden war, der konnte niemals wieder gänzlich dem Tag anheimfallen, dem Trug der Zeit.

Immer noch war das Mütterchen anwesend, in friedlicher Stille, im hohen Mittagslicht. Hier war der große Speicher, der alle Böden und Kammern auffüllte. Wie war es möglich, daß der Reichtum erträglich war? Wohl nur, weil er die Kinderzeit, die Märchenzeit zurückbrachte.

Das war keine rinnende, keine eilende, springende Zeit. Es war in sich ruhende, im ewigen Augenblick sich wiegende Zeit. Das Mütterchen spiegelte sich in seinem Abbild — dann trat es in sein Abbild ein, war Urbild und Spiegelbild zugleich. Doch immer blieb es gegenwärtig, durch kein Symbol verhüllt, im Feierlichen heiter, im Heiteren feierlich.

Das war der Augenblick, in welchem Moltner das Schwanken der goldenen Mauern und ihre Wandlung im Unveränderlichen sah. Auch Einar fühlte, daß hier die Grenze war.

Der Bann war nun gebrochen; sie saßen wieder im Turmzimmer von Godenholm. Die Kerzen waren tief herabgebrannt. Ein silberner Aschenhügel deckte die Holzglut zu. Die Zeiten und Maße stellten sich wieder her; die Uhren begannen von neuem ihren Gang.

14

Sie mochten lange so gesessen haben, als es klopfte und Sigrid in das Zimmer trat. Erdmuthe ließ sagen, daß das Nachtmahl gerichtet sei. Sie gingen in die Halle, wo frische Kerzen brannten und zwei Tische gedeckt waren, ein kleiner zum Speisen und eine lange, hölzerne Platte an der Wand als Anrichte. Erdmuthe und Gaspar erwarteten sie dort. Moltner, der ihre Gesichter stets mit Widerwillen betrachtet hatte, begrüßte sie freundlich; es war ihm, als ob eine Verwandlung mit ihnen vorgegangen sei. Die Quelle ihrer Heiterkeit, die ihn bislang als wild und drohend befremdet hatte, nun war sie ihm vertraut — ihm schien, daß zwischen ihnen eine Trennung, ein Widerstand geschmolzen sei. Er fühlte sich jetzt zu Haus in dieser Halle und teilte Trank und Speise auf besondere Art.

Es mußte sich an seiner Sicht etwas geändert haben — sie war unmittelbarer, schärfer, als ob ihm der Star gestochen wäre; er merkte das, als er an die Kredenz trat und sich von Gaspar vorlegen ließ. Nach Landessitte waren dort die großen Stücke aufgestellt. Gaspar schnitt ihm vom Lachs, vom Truthahn, von der Rentierkeule vor. Der Eber durfte in diesen Rauhnächten nicht fehlen; er war auch als Fros Liebling dem Julbrot, das Erdmuthe gebacken hatte, mit buchenem Model eingedrückt.

Die Farben dieser Speisen schienen ihm außerordentlich. Er sah die Leuchtkraft in Wellen von ihnen abfluten. Sie breitete sich in sanften Strömen aus. Dagegen blieben die Formen streng geschlossen, als zögen sie ihr mathematisches Geheimnis in sich ein.

Er hatte eine Veränderung erfahren, das war unzweifelhaft. Er hatte nicht nur unbekannte Dinge, er hatte sie auch mit neuen Augen gesehen. Auch hatte er eine neue Wahrnehmung seiner selbst. Das wurde ihm deutlich, als er die Hand ausstreckte, um die Schüssel in Empfang zu nehmen, die Gaspar ihm zureichte. Es war eine vergeistigte Hand, ein

wundersames Werkzeug, auf das sein Auge fiel, und ohne
Zweifel wohnte ihm Heilkraft inne, auch wenn es keine Arzeneien reichte, kein Messer hielt. Der Anblick beglückte
ihn. Er sah auch, daß der Siegelring, den er lange an dieser
Hand getragen hatte, für sie zu schwer war und daß ihn
nichts Notwendiges mit ihm verband. Er streifte ihn ab mit
dem Bewußtsein einer Handlung, die viele andere einleitete.

Schwarzenberg mußte es gesehen haben; er lächelte ihm
zu. Er war jetzt heiter, und seine Züge hatten sich verjüngt.
Sie hatten das Qualvolle verloren und sich geglättet wie der
Spiegel eines tiefen Wassers nach dem Sturm.

Erdmuthe trug nun den warmen Gang auf. Sie setzten sich
zu Tisch. Einar fiel auf, daß Schwarzenberg Ulma den Platz
anwies, den er als Hausherr gewöhnlich einnahm, und daß er
sie als Ehrengast behandelte. Ihr Haar war wieder dunkel,
doch war sie immer noch sehr schön. Das Licht schien sich
auf ihr zu sammeln, als ob sie es anzöge. Es zeichnete sie aus
gleich einer der leuchtenden Figuren, die ein Meister auf
einem sonst dunklen Bilde zugleich dem Auge nähert und
wunderbar entfernt.

»Auch Ansgar ist über Nacht nicht müßig gewesen — er
hat einen seltenen Fang in die Küche gebracht.«

Schwarzenberg deutete auf den Fisch, den Gaspar und
Sigrid aufgetragen hatten und der fast die Länge der Tafel in
Anspruch nahm. Er war wie ein großer, bleicher Meeraal geformt, doch mit einem Kopf, der eher an einen Dorsch erinnerte und zwei starke Barteln trug. Das Tier wurde von den
Fischern die Longe genannt. Es hieß, daß es nur in den Neu-
mondnächten emporsteige und wie eine fahle Schlange auf
der mondlosen Flut kreise. Erdmuthe hatte den Fisch in ihrem längsten Kessel kochen müssen, und auch das war nur
gelungen, indem sie ihn schlängelte. Sie hatte ihn mit einem
breiten Band von Petersilie umlegt, die unter den zwerghaf-
ten Büschen des Gartens überwinterte. Ihr Moosgrund
schloß noch die Schneekristalle ein.

Der Hausherr forderte sie mit dem gewohnten »Nehmt
an!« zum Zulangen auf, während er einschenkte. Die Gläser

gaben einen guten Klang. Schwarzenberg schien nicht geneigt, zu kommentieren, was in der Nacht geschehen war. Er sagte nur:

»Ich hoffe, daß ich auch im nächsten Jahre wieder für Trank und Speise sorgen kann. Was das übrige angeht« — er lächelte — »so ist es bei mir nicht anders als in einer spanischen Herberge. Die Gäste finden hier nicht mehr, als was sie im Gepäck mitbringen.«

GLÄSERNE BIENEN

ERSTAUSGABE 1957

1

Wenn es uns schlecht ging, mußte Twinnings einspringen.
Ich saß bei ihm am Tisch. Diesmal hatte ich zu lange gewartet; ich hätte mich schon längst dazu entschließen müssen,
ihn aufzusuchen, doch die Misere raubt uns die Willenskraft.
Man hockt in den Cafés, solange noch Kleingeld da ist, dann
sitzt man herum und starrt Löcher in die Luft. Die Pechsträhne wollte nicht aufhören. Ich hatte noch einen Anzug, in dem
ich mich sehen lassen konnte, aber ich durfte die Beine nicht
übereinanderschlagen, wenn ich zu den Leuten ging, denn
ich lief auf der Brandsohle. Da zieht man die Einsamkeit vor.

Twinnings, mit dem ich bei den Leichten Reitern gedient
hatte, war der geborene Vermittler, ein gefälliger Mensch. Er
hatte schon öfters für mich Rat gefunden, wie für andere
Kameraden auch. Er besaß gute Verbindungen. Nachdem er
mich angehört hatte, machte er mir deutlich, daß ich nur
noch auf Posten rechnen konnte, die meiner Lage entsprachen, also auf solche, bei denen es einen Haken gab. Das war
nur allzu richtig; ich durfte nicht wählerisch sein.

Wir waren befreundet, was nicht viel besagen wollte, denn
Twinnings war mit fast allen befreundet, die er kannte und
mit denen er nicht gerade verfeindet war. Das war sein Geschäft. Daß er mir gegenüber ungeniert war, empfand ich
nicht als peinlich; man hatte da eher das Gefühl, bei einem
Arzt zu sein, der gründlich abhorcht und keine Sprüche
macht. Er faßte mich am Aufschlag meines Rockes, dessen
Stoff er betastete. Ich sah die Flecken darauf, als ob mein
Blick sich geschärft hätte.

Er ging dann im einzelnen auf meine Lage ein. Ich war
schon ziemlich verbraucht und hatte zwar viel gesehen, doch
wenig bestellt, auf das ich mich berufen konnte — das mußte
ich zugeben. Die besten Posten waren die, aus denen man ein
großes Einkommen bezieht, ohne zu arbeiten, und um die

man von allen beneidet wird. Aber hatte ich Verwandte, die Ehrungen und Aufträge zu vergeben hatten, wie etwa Paulchen Domann, dessen Schwiegervater Lokomotiven baute und der bei einem Frühstück mehr verdiente als andere Leute, die sich sonntags wie alltags abrackern, im ganzen Jahr? Je größer die Objekte sind, die man vermittelt, desto weniger machen sie zu schaffen; eine Lokomotive ist leichter zu verkaufen als ein Staubsauger.

Ich hatte einen Onkel, der Senator gewesen war. Aber er war seit langem nicht mehr am Leben; niemand kannte ihn mehr. Mein Vater hatte als Beamter ein ruhiges Leben geführt; das kleine Erbe war längst verzehrt. Ich hatte eine arme Frau geheiratet. Mit einem toten Senator und einer Frau, die selbst die Türe öffnet, wenn es klingelt, kann man keinen Staat machen.

Dann waren da die Posten, die viel Arbeit machen und bestimmt nichts einbringen. Man mußte Eisschränke oder Waschmaschinen von Haus zu Haus anbieten, bis man die Türklinkenangst bekam. Man mußte alte Kameraden vergrämen, indem man sie besuchte und hinterlistig mit Moselweinen oder einer Lebensversicherung überfiel. Twinnings ging mit einem Lächeln darüber hinweg, und ich war ihm dankbar dafür. Er hätte mich fragen können, ob ich Besseres gelernt hätte. Er wußte zwar, daß ich in der Panzerabnahme zu tun gehabt hatte, aber er wußte auch, daß ich dort auf der Schwarzen Liste stand. Darauf werde ich noch zurückkommen.

Es blieben Geschäfte, denen ein Risiko anhaftet. Man hatte ein bequemes Leben, hatte sein Auskommen, aber unruhigen Schlaf. Twinnings ließ einige Revue passieren, es handelte sich um polizeiähnliche Anstellungen. Wer hatte heute nicht seine Polizei? Die Zeiten waren unsicher. Man mußte Leben und Eigentum schützen, Grundstücke und Transporte überwachen, Erpressungen und Übergriffe abwehren. Die Unverschämtheit wuchs im Verhältnis zur Philanthropie. Von einer gewissen Prominenz an durfte man sich nicht mehr auf die öffentliche Hand verlassen, sondern mußte einen Stock im Haus haben.

Aber auch hier war viel weniger Angebot als Nachfrage. Die guten Plätze waren bereits besetzt. Twinnings hatte viele Freunde, und für alte Soldaten waren die Zeiten schlecht. Da war Lady Bosten, eine ungeheuer reiche und noch junge Witwe, die immer um ihre Kinder zitterte, besonders seitdem die Todesstrafe für Kindsraub aufgehoben war. Doch Twinnings hatte sie bereits bedient.

Da war ferner Preston, der Ölmagnat, den die Pferdemanie gepackt hatte. Er war verschossen in seinen Rennstall wie ein alter Byzantiner, ein Hippomane, der keine Kosten scheute, um seine Leidenschaft zu befriedigen. Die Pferde wurden bei ihm gehalten wie Halbgötter. Jedermann sucht sich ein Relief zu geben, und Preston fand dazu die Pferde geeigneter als Flotten von Tankern und Wälder von Bohrtürmen. Sie brachten ihm Fürsten ins Haus. Aber es war auch viel Ärger dabei. Im Stall, während der Transporte und auf dem Rennplatz mußte man allen scharf auf die Finger sehen. Da drohten die Verabredungen der Jockeys, die Eifersucht von anderen Pferdenarren, die Leidenschaften, die mit hohen Wetten verbunden sind. Es gibt keine Diva, die so bewacht werden muß wie ein Rennpferd, das den Großen Preis gewinnen soll. Das war ein Posten für alte Kavalleristen, für einen Mann, der Augen im Kopf und ein Herz für die Pferde hat. Aber da saß schon Tommy Gilbert und hatte seine halbe Schwadron mit untergebracht. Preston hielt ihn wie seinen Augapfel.

Am Rond Point suchte eine reiche Schwedin einen Leibwächter. Sie hatte deren schon mehrere gehabt, da sie ständig um ihre Tugend zitterte. Je strenger man jedoch den Posten wahrnahm, desto gewisser kam es zu einem häßlichen Skandal. Außerdem war das nichts für einen Verheirateten.

Twinnings zählte diese und andere Stellen auf wie ein Küchenchef die leckeren Gerichte, die von der Karte gestrichen sind. Alle Vermittler haben diese Eigenart. Er wollte mir Appetit machen. Endlich kam er mit greifbaren Angeboten — man konnte wetten, daß es da mehr als *ein* Haar in der Suppe gab.

Da war Giacomo Zapparoni, auch einer von denen, die ihr
Geld nicht zählen können, obwohl noch der Vater nur mit
einem Stock in der Hand über die Alpen gekommen war.
Man konnte keine Zeitung, keine Zeitschrift öffnen, vor kei-
nem Bildschirm sitzen, ohne daß man auf seinen Namen
stieß. Seine Werke lagen ganz in der Nähe; er hatte es durch
Auswertung fremder, aber auch eigener Erfindungen zum
Monopol gebracht.

Die Journalisten erzählten Märchenhaftes von den Dingen, die er dort herstellte. Wer hat, dem wird gegeben: wahrscheinlich ließen sie noch ihre Phantasie spielen. Die Zapparoni-Werke bauten Roboter zu allen möglichen Verrichtun-
gen. Sie lieferten sie auf besondere Bestellung und in Stan-
dardmodellen, die man in jedem Haushalt sah. Es handelte
sich dabei nicht um die großen Automaten, an die man zunächst bei diesem Namen denkt. Zapparonis Spezialität waren die Liliputroboter. Von gewissen Ausnahmen abgesehen,
lag ihre obere Grenze bei der Größe einer Wassermelone,
während sie nach unten ins Winzige gingen und an chinesi-
sche Kuriositäten erinnerten. Dort wirkten sie wie intelligente Ameisen, aber immer noch in Einheiten, die als Mechanismen, also nicht etwa auf molekulare Weise arbeiteten. Das
gehörte zu Zapparonis Geschäftsmaximen oder, wenn man
so will, zu seinen Spielregeln. Oft schien es, als ob er zwischen zwei Lösungen um jeden Preis die raffiniertere bevor-
zuge. Aber das lag im Wesen der Zeit, und er stand sich nicht
schlecht dabei.

Zapparoni hatte mit winzigen Schildkröten begonnen, die
er Selektoren nannte und die sich bei feineren Ausleseprozessen
zessen bezahlt machten. Sie zählten, wogen und sortierten
Edelsteine oder Banknoten, wobei sie die Fälschungen aus-
schieden. Das Prinzip hatte sich bald auf die Arbeit in gefährlichen Räumen, auf die Behandlung von Sprengstoffen
und ansteckenden oder strahlenden Substanzen ausgedehnt.
Es gab Schwärme von Selektoren, die kleine Brandherde
nicht nur wahrnahmen, sondern auch im Entstehen löschten,
es gab andere, die Fehlstellen an Leitungen ausbesserten,

und wiederum andere, die sich von Schmutz ernährten und unentbehrlich wurden bei allen Vorgängen, die perfekte Reinigung voraussetzen. Mein Onkel, der Senator, der zeitlebens am Heufieber gelitten hatte, konnte sich die Reisen ins Hochgebirge sparen, nachdem Zapparoni Selektoren in den Handel gebracht hatte, die auf Pollen dressiert waren.

Bald waren seine Apparate unersetzlich geworden, nicht nur für Industrie und Wissenschaft, sondern auch für die Haushalte. Sie sparten Arbeitskräfte und brachten eine Lebensstimmung in den technischen Raum, die man bisher nicht gekannt hatte. Ein findiger Kopf hatte eine Lücke entdeckt, die niemand vor ihm gesehen hatte, und hatte sie ausgefüllt. Das ist die Art, auf die man die besten, die großen Geschäfte macht.

Twinnings deutete an, wo Zapparoni der Schuh drückte. Er wußte es nicht genau; man konnte es sich aber ungefähr ausrechnen. Es war der Ärger mit den Arbeitern. Wenn man den Ehrgeiz hat, die Materie zum Denken zu bringen, kommt man nicht ohne originelle Köpfe aus. Noch dazu handelte es sich um winzige Maßstäbe. Wahrscheinlich war es im Anfang weniger schwierig, einen Wal zu schaffen als einen Kolibri.

Zapparoni verfügte über einen Stamm von vorzüglichen Fachkräften. Am liebsten sah er, daß die Erfinder, die ihm Modelle brachten, fest bei ihm eintraten. Sie reproduzierten ihre Erfindungen oder wandelten sie ab. Das war vor allem in Abteilungen notwendig, die der Mode unterliegen, wie bei den Spielzeugen. Man hatte hier nie so tolle Sachen gesehen wie seit Zapparonis Ära — er schuf ein Liliputanerreich, eine lebende Zwergwelt, die nicht nur die Kinder, sondern auch die Erwachsenen in traumhafter Entrückung die Zeit vergessen ließ. Das überspielte die Phantasie. Aber dieses Zwergentheater mußte alljährlich zu Weihnachten mit neuen Szenerien geschmückt, mit neuen Figuren besetzt werden.

Zapparoni beschäftigte Arbeiter, denen er Professoren-, ja Ministergehälter zuwandte. Sie brachten ihm das reichlich ein. Eine Kündigung hätte für ihn einen unersetzlichen Ver-

lust bedeutet, ja eine Katastrophe, wenn sie erfolgt wäre, um
die Arbeit an anderer Stelle fortzusetzen, sei es im Inland
oder, schlimmer noch, im Auslande. Zapparonis Reichtum,
seine Monopolmacht beruhte nicht nur auf dem Geschäfts-
geheimnis, sondern auch auf einer Arbeitstechnik, die erst im
Laufe von Jahrzehnten erworben werden konnte, und auch
dann nicht von jedermann. Und diese Technik haftete am
Arbeiter, an seinen Händen, an seinem Kopf.

Allerdings bestand wenig Neigung, einen Arbeitsplatz zu
verlassen, an dem man fürstlich behandelt und bezahlt wurde. Aber es gab Ausnahmen. Es ist eine alte Wahrheit, daß
man den Menschen nie zufriedenstellen kann. Davon abgesehen, hatte Zapparoni ein ausgesprochen schwieriges Personal. Das hing mit der Eigenart der Arbeit zusammen; der
Umgang mit winzigen und oft vertrackten Dingen erzeugte
mit der Zeit ein schrulliges und skrupulantenhaftes Wesen,
schuf Charaktere, die sich an Sonnenstäubchen stießen und
in jeder Suppe ein Haar fanden. Das waren Künstler, die
Flöhen Hufeisen anmaßen und sie festschraubten. Das lag
hart an den Grenzen der reinen Einbildung. Zapparonis
Automatenwelt, an sich schon sonderbar genug, war belebt
von Geistern, die sich den seltsamsten Marotten hingaben. In
seinem Privatbüro sollte es oft zugehen wie beim Chefarzt
einer Irrenanstalt. Es gab eben noch keine Roboter, die Roboter herstellten. Das wäre der Stein der Weisen gewesen,
des Zirkels Quadratur.

Zapparoni mußte sich mit den Tatsachen abfinden. Sie gehörten zum Wesen des Betriebs. Er tat es nicht ungeschickt.
In seinem Modellwerk behielt er sich die Menschenbehand-
lung vor und entfaltete da den vollen Charme, die Wendig-
keit eines südländischen Impresarios. Er ging dabei bis an die
Grenze des Möglichen. Einmal so ausgebeutet zu werden
wie von Zapparoni, war der Traum aller jungen Leute mit
technischen Neigungen. Es war selten, daß ihn die Selbstbe-
herrschung, die Liebenswürdigkeit verließ. Dann kam es zu
furchtbaren Auftritten.

Natürlich suchte er sich in den Anstellungsverträgen zu

sichern, wenngleich auf angenehmste Art. Sie liefen lebens-
länglich, sahen steigende Löhne, Prämien, Versicherungen
vor und bei Vertragsbrüchen Konventionalstrafen. Wer mit
Zapparoni einen Vertrag geschlossen hatte und sich dort
Meister oder Autor nennen durfte, war ein gemachter Mann.
Er hatte sein Haus, seinen Wagen, seine bezahlten Ferien auf
Teneriffa oder in Norwegen.

Freilich gab es Einschränkungen. Sie waren aber kaum
wahrnehmbar und liefen, um die Sache bei Namen zu nennen, auf die Einfügung in ein durchdachtes Überwachungssy-
stem hinaus. Dem dienten verschiedene Einrichtungen, die
unter den harmlosen Namen liefen, mit denen man heutzuta-
ge den Sicherheitsdienst verkleidet — eine von ihnen hieß,
glaube ich, Abrechnungsbüro. Die Blätter, die dort über jeden der in den Zapparoni-Werken Beschäftigten geführt
wurden, glichen den Polizeiakten, nur gingen sie viel mehr
ins einzelne. Man muß den Menschen heute ziemlich genau
durchleuchten, um zu wissen, was man von ihm zu erwarten
hat, denn die Versuchungen sind groß.

Daran war nichts Unpassendes. Vorsorge gegen Vertrau-
ensbrüche gehört zu den Pflichten dessen, der ein großes
Werk leitet. Wenn man Zapparoni behilflich war, sein Ge-
schäftsgeheimnis zu wahren, stand man auf der Rechtsseite.

Was geschah aber, wenn einer dieser Fachleute gesetzlich
kündigte? Oder wenn er einfach fortging und die Konventio-
nalstrafe entrichtete? Das war ein schwacher Punkt in Zapparonis System. Er konnte sie schließlich nicht anbinden.
Hier war eine große Gefahr für ihn. Es lag in seinem Interesse, zu demonstrieren, daß diese Form des Abgangs für den
Betreffenden ungünstig war. Es gibt ja viele Mittel, jemandem etwas am Zeuge zu flicken, besonders wenn Geld keine
Rolle spielt.

Zunächst konnte man ihm Prozesse an den Hals hängen.
Das hatte manchem Mores beigebracht. Es gab aber Lücken
im Gesetz, das schon seit langem hinter der technischen Entwicklung herhinkte. Was hieß hier zum Beispiel Autorschaft? Sie war doch eher der Glanz, den eine Kollektivspitze

aussprüht, als eigenstes Verdienst und ließ sich nicht einfach ablösen und mitnehmen. Und ähnlich war es mit der Kunstfertigkeit, die im Laufe von dreißig, vierzig Jahren mit Hilfe und auf Kosten des Werkes entwickelt worden war. Das war nicht individuelles Eigentum allein. Das Individuum aber war unteilbar — oder war es das etwa nicht? Das waren Fragen, für die der grobe Polizeiverstand nicht ausreichte. Da gibt es Vertrauensposten, die Selbständigkeit voraussetzen. Das Eigentliche ist zu erraten; es wird weder schriftlich noch mündlich erwähnt. Es muß intuitiv erfaßt werden.

Das ungefähr entnahm ich Twinnings Andeutungen. Es waren Kombinationen, Vermutungen. Vielleicht wußte er mehr, vielleicht auch weniger. In solchen Fällen sagt man lieber zu wenig als zu viel. Ich hatte schon genug verstanden: es wurde ein Mann für die schmutzige Wäsche gesucht.

Das war kein Posten für mich. Ich will nicht von Moral reden, das wäre lächerlich. Ich hatte den asturischen Bürgerkrieg mitgemacht. Bei solchen Händeln behält keiner saubere Hände, ob er oben oder unten steht, rechts oder links. Er wird auch betroffen, wenn er sich in der Mitte zu halten sucht, ja gerade dann. Es gab da Typen mit einem Sündenregister, das selbst abgehärtete Beichtväter erschreckt hätte. Sie dachten freilich nicht im Traum daran, zu beichten, und zeigten vielmehr, wenn sie zusammensaßen, den besten Humor, rühmten sich sogar, wie es in der Bibel heißt, ihrer Missetat. Leute mit zarten Nerven waren dort nicht beliebt. Aber sie hatten ihren Komment. Einen Posten, wie ihn Twinnings vorschlug, hätte keiner von ihnen angenommen, solange er sich bei den anderen halten wollte, auch wenn er ein noch so schwarzes Gesicht hatte. Das hätte ihn von der Kameradschaft ausgeschlossen, vom Zechtisch, vom Feldlager. Man hätte ihm nicht mehr über den Weg getraut, hätte die Zunge gehütet in seinem Beisein und nicht erwartet, daß er zu Hilfe käme, wenn man in der Tinte saß. Selbst noch in den Gefängnissen, auf den Galeeren hat man ein Gefühl dafür. Ich hätte also gleich wieder aufstehen können, nachdem ich die Sache von Zapparoni und seinen Querulanten gehört hatte, wenn nicht Theresa zu Hause gesessen hätte, die auf mich wartete. Dies war die letzte Chance, und sie hatte große Hoffnung auf den Besuch gesetzt.

Ich bin wenig geschaffen für alles, was mit Geld und Geldverdienen zusammenhängt. Ich muß einen schlechten Merkur haben. Das zeigte sich mit den Jahren deutlicher. Wir hatten zunächst von meiner Abfindung gelebt und dann Sachen verkauft, waren nun aber auch zu Ende damit. In jedem Haushalt gibt es eine Ecke, wo früher die Laren und Penaten standen und in der man heute das Unveräußerliche aufbewahrt. Bei uns waren es einige Rennpreise und andere gravierte Dinge, zum Teil noch vom Vater her. Ich hatte sie neulich zum Silberschmied gebracht. Theresa glaubte, daß mich der Verlust geschmerzt habe. Das war nicht der Fall; ich war froh, daß ich die Sachen los wurde. Es war gut, daß ich keinen Sohn hatte und daß es damit ein für alle Mal zu Ende war.

Theresa meinte, daß sie mir zur Last falle; das war ihre fixe Idee. Dabei hätte ich mich längst rühren müssen — die ganze Misere kam von meiner Bequemlichkeit. Sie kam daher, daß mich die Geschäfte anwiderten.

Wenn ich etwas nicht vertragen kann, dann ist es die Rolle des Märtyrers. Es kann mich rasend machen, wenn man mich für einen guten Menschen hält. Gerade diese Gewohnheit hatte Theresa angenommen; sie ging um mich herum wie um einen Heiligen. Sie sah mich in einem falschen Licht. Sie hätte schelten, toben, Vasen zertrümmern sollen, aber das war leider nicht ihre Art.

Schon als Schüler hatte ich nicht gern gearbeitet. Wenn mir das Wasser am Halse stand, zog ich mich aus der Affäre, indem ich Fieber bekam. Ich hatte ein Mittel dafür. Wenn ich im Bett lag, kam die Mutter mit Säften und Umschlägen. Mein Betrug machte mir dabei nichts aus, erfreute mich sogar. Aber es war schlimm, daß ich dafür als armer Kranker verwöhnt wurde. Ich suchte mich dann unausstehlich zu machen, aber je besser mir das gelang, desto größere Besorgnis rief ich hervor.

Ähnlich ging es mir mit Theresa; es war mir unerträglich,

an das Gesicht zu denken, das sie machen würde, wenn ich
ohne Hoffnung nach Hause kam. Sie würde es mir sofort ansehen, wenn sie die Tür öffnete.

Vielleicht sah ich die Sache auch in einem zu ungünstigen
Licht. Ich war noch von altertümlichen Vorurteilen erfüllt,
die mir nichts einbrachten. Sie verstaubten in meinem Inneren wie jene Silberpreise in meinem Haushalt, dessen Öde
sie beleuchteten.

Seitdem alles auf den Vertrag gegründet werden sollte,
ohne daß der Vertrag auf Eid und Sühne und auf den Mann
gestellt war, gab es weder Treu noch Glauben mehr. Es fehlte die Zucht auf dieser Welt. Sie wurde durch die Katastrophe ersetzt. Man lebte in einer permanenten Unruhe, in der
einer dem anderen nicht trauen konnte — war ich dafür verantwortlich? Ich wollte hier nicht schlechter, aber auch nicht
besser sein als alle anderen.

Twinnings, der mich unschlüssig sitzen sah, schien meinen
schwachen Punkt zu kennen; er sagte:

»Theresa würde sich freuen, wenn du mit etwas Festem
ankämest.«

2

Das erinnerte mich an die Zeit, in der wir Kriegsschüler gewesen waren; es war lange her. Twinnings saß neben mir. Er
hatte schon damals etwas Vermittelndes und stand mit allen
gut. Es war eine harte Zeit gewesen; wir wurden nicht mit
Handschuhen angefaßt. Monteron war unser Erzieher; wir
saßen immer im Druck vor ihm.

Montags war es besonders schlimm. Das war der Tag der
Abrechnung, des Gerichts. Um sechs Uhr waren wir in der
Reitbahn, mit schwerem Kopf. Ich entsinne mich, daß ich oftmals gern gestürzt wäre, um ins Lazarett zu kommen, aber
solange die Knochen noch ganz waren, konnte keine Rede
davon sein. Hier gab es kein Fieberchen wie zu Haus. Monteron hielt die Stürze für gesund. Sie waren gut für die Ausbildung und gaben den Knien erst den rechten Schluß.

Die zweite Stunde war am Sandkasten, aber es kam selten dazu. In der Regel trat Monteron, er war Major, wie ein Erzengel mit drohender Gewitterfalte ein. Es gibt heute natürlich noch Leute, vor denen man Angst hat, aber es gibt diese Autorität nicht mehr. Heut hat man einfach Angst, damals kam noch das schlechte Gewissen hinzu.

Die Kriegsschule lag in der Nähe der Hauptstadt, und wer nicht gerade den Urlaub gestrichen bekommen hatte oder im Loch saß, machte sich am Samstag in Vorort- und Pferdebahnen oder im Wagen dorthin auf. Andere ritten und stellten die Pferde bei Verwandten ein, denn es gab noch zahlreiche Ställe in der Stadt. Wir waren alle glänzend in Form, hatten auch Geld in der Tasche, denn auf dem Übungsplatz konnte man nichts ausgeben. Es gab daher keinen schöneren Augenblick als den, in dem sich das Lagertor öffnete.

Am Montagmorgen sah es anders aus. Wenn Monteron in sein Büro kam, lag schon ein Päckchen von unangenehmen Briefen, Anzeigen und Tatberichten auf dem Tisch. Dazu kam unfehlbar die Meldung der Lagerwache, daß zwei oder drei den Urlaub überschritten hatten und ein Vierter noch nicht eingetroffen war. Dann gab es die Kleinigkeiten — der war notiert, weil er vor der Schloßwache geraucht, und jener, weil er den Stadtkommandanten schlapp gegrüßt hatte. Meist fehlte es aber auch nicht an einem Glanzstücke. Zwei hatten in einer Bar Skandal bekommen und die Einrichtung demoliert, ein anderer hatte sich zur Wehr gesetzt und blank gezogen, als die Ronde ihn arretiert hatte. Sie saßen noch irgendwo fest und sollten geholt werden. Zwei Brüder, zu einer Beerdigung beurlaubt, hatten in Homburg ihr Geld verspielt.

Jeden Samstag beim Appell musterte Monteron noch einmal den Anzug durch. Wenn er sich vergewissert hatte, daß niemand in »Phantasieuniform« erschienen war, worunter er winzige Abweichungen verstand, entließ er uns mit einem Abschiedswort. Er warnte uns vor den Versuchungen. Und jedesmal stoben wir mit den besten Vorsätzen auseinander und in der Gewißheit, uns werde dergleichen nicht anfechten.

Aber die Stadt war verhext, war ein Irrgarten. Es war unheimlich, mit welcher List sie ihre Fallstricke auslegte. So ein Urlaubstag zerfiel in zwei Hälften, die ziemlich genau durch das Nachtmahl begrenzt wurden, in eine helle und eine düstere. Er erinnerte an gewisse Bilderbücher, in denen man auf der einen Seite den guten und auf der anderen den bösen Knaben abgemalt sieht — nur mit dem Unterschied, daß hier die beiden Knaben sich in einer Person vereinigten. Nachmittags besuchten wir Verwandte, saßen im Sonnenlicht vor den Cafés oder flanierten im Tiergarten. Manche sah man in den Konzerten oder sogar bei Vorträgen. Sie boten ein Bild, wie es Monteron vorschwebte, frisch, wohlerzogen und wie aus dem Ei geschält. Es war eine Lust.

Dann kam der Abend mit seinen Verabredungen. Man traf sich allein mit seiner Freundin, man traf sich zu mehreren. Man begann zu trinken; die Stimmung wurde ausgelassener. Dann schwärmte man aus und traf sich wieder um Mitternacht, bei Bols oder im Englischen Büfett. Das setzte sich fort, und die Lokale wurden zweideutiger oder gehörten sogar zu den ausdrücklich verbotenen. Im Wiener Café verkehrten Schwärme von Halbweltdamen, und man kam leicht mit unverschämten Kellnern in Konflikt. In den großen Bierpalästen stieß man auf Studenten, die Skandal suchten. Endlich waren nur wenige Stätten noch geöffnet, wie die Ewige Lampe und die Wartesäle der Bahnhöfe. Hier wogen die Betrunkenen vor. Es kam zu Händeln, bei denen Ruhm nicht zu ernten war. Die Kommandantur kannte diese Orte, und es war kein Zufall, daß ihre Streifen immer gerade dann eintrafen, wenn man in einen Auftritt verwickelt war. Man sah im Gewühl die Helmspitzen auftauchen, und es hieß: »Rette sich, wer kann!« Oft war es zu spät. Man mußte mitkommen, und der Streifenführer freute sich, daß er wieder einen Kriegsschüler erwischt hatte.

Die Einzelheiten fand Monteron am Montag auf seinem Tisch. Sie kamen mit dem Frühzug oder wurden telefonisch durchgesagt. Monteron gehörte zu den Vorgesetzten, die morgens besonders schlechter Laune sind. Das Blut stieg ihm leicht zu Kopf. Er öffnete dann den Uniformkragen. Das war ein schlechtes Vorzeichen. Man hörte ihn brummen: »Unglaublich, wo die sich rumtreiben.«

Es kam uns nun selbst unglaublich vor. Es gibt keinen größeren Unterschied als den zwischen einem schweren, schmerzenden Kopf am Morgen und seinem ausgelassenen Ebenbild am Vorabend. Und doch ist es ein und derselbe Kopf. Daß wir da oder dort gewesen sein, das oder jenes gesagt oder gar getan haben sollten, kam uns vor, als ob es uns über einen Dritten erzählt würde. Es konnte und durfte gar nicht sein.

Trotzdem hatten wir, während uns der Reitlehrer im Sprunggarten umherjagte, ein dunkles Vorgefühl, daß etwas nicht in Ordnung war. Wenn man mit geknoteter Trense und auf die Hüften gestützten Armen über die Hürden setzt, heißt es die Gedanken parat haben. Dennoch kam es vor, daß wir wie im Traum galoppierten, während unser Kopf mit dem dunklen Rebus, als welchen die verflossene Nacht sich darbot, beschäftigt war.

Der wurde uns dann am Sandkasten durch Monteron in einer Weise gelöst, die alle Befürchtungen übertraf. Vorgänge, die uns bruchstückhaft und verschleiert im Gedächtnis waren, erschienen da als höchst unangenehmes Ganzes in überscharfem Licht. Twinnings, der damals schon recht hübsche Gedanken hatte, meinte einmal, es sei eigentlich unanständig, nüchterne Streifen auf angeheiterte Urlauber Jagd machen zu lassen — man müsse sie gleich auf gleich stellen.

Wie dem auch sei — es fing kaum eine Woche ohne Gewitter an. Monteron konnte noch alle Schleusen der Autorität aufziehen; das ist auch eine Kunst, die heute verloren gegangen ist. Er konnte noch ein Bewußtsein der Übeltat hervorrufen. Wir hatten nicht einfach dies oder das verübt. Wir hatten die Axt an die Wurzel des Staates gelegt, die Monarchie in Gefahr gebracht. Daran war allerdings insofern etwas Richtiges, als fast alle Welt tat, was sie wollte, ohne daß darum viel Aufhebens gemacht wurde, denn die Freiheit war groß und allgemein. Wenn aber ein Kriegsschüler im gering-

sten abwich, dann fiel dieselbe Welt, dieselbe Öffentlichkeit
einhellig über ihn her. Das war schon ein Vorzeichen der
großen Veränderungen, die bald danach eintraten. Monteron
sah sie wahrscheinlich voraus. Wir aber waren einfach leichtsinnig.

Im Rückblick will es mir scheinen, daß die Strafgerichte
meist glimpflicher abliefen, als wir erwarteten. Wir waren in
der Furcht des Herrn. Wenn wir uns nach der Reitstunde in
aller Eile umzogen und der Stubenälteste uns antrieb: »Ihr
könnt euch auf was gefaßt machen — der Alte hat schon den
Kragen auf«, dann war das schlimmer als später vorm Angriff, wenn es hieß: »Alles bereit machen.«

Im Grunde hatte der Alte ein goldenes Herz. Und im
Grunde wußten das alle, das erklärte den Dampf vor ihm.
Wenn er sagte: »Lieber einen Sack Flöhe hüten als einen
Jahrgang Kriegsschüler«, oder: »Wenn mir der König endlich das Gnadenbrot gibt, dann habe ich es redlich verdient«,
so hatte er recht, denn es war kein leichtes Amt für ihn. Es
gibt Vorgesetzte, die sich freuen, wenn einer sich in die Tinte
reitet; sie können dann ihre Macht zeigen. Monteron tat es
weh. Und weil wir das wußten, konnte es vorkommen, daß
einer, der ganz in der Klemme saß, des Abends zu ihm ging
und beichtete. Als Gronau das viele Geld verspielt hatte,
fuhr der Alte noch nachts in die Stadt, um die Sache in Ordnung zu bringen, aber es war doch schon zu spät, als er am
Mittag wiederkam.

Nun gut, er wollte uns hart machen. Aber er verletzte den
Kern nicht dabei. Am Montagmorgen pflegte es zu hageln
— Arrest, Urlaubsentziehung, Stallwache, Meldung im Or-
donnanzanzug. Aber mittags hatte das Wetter sich schon
verzogen; wir gaben uns auch besondere Mühe beim Dienst.

Zwei oder drei Fälle gab es in jedem Jahrgang, bei denen
es anders verlief. Da war dann etwas vorgekommen, das sich
durch Arrest nicht reparieren ließ. Und es war doch erstaunlich, was alles der Alte mit Arrest gutmachte. Bei diesen Fällen kam auch kein Unwetter. Es herrschte vielmehr eine ge-
drückte Stimmung, als ob da etwas wäre, von dem man nicht

reden durfte, von dem man nur munkelte. Es war ein Kommen und Gehen, ein Wesen hinter verschlossenen Türen, und dann verschwand der Betreffende. Sein Name wurde nicht mehr genannt, oder wenn er doch einmal fiel, so war es aus Versehen, und alle taten, als hätten sie ihn nicht gehört.

An solchen Tagen konnte der Alte, der sonst von unerbittlicher Präsenz war, zerstreut, gedankenverloren sein. Er konnte während des Unterrichts mitten im Satz abbrechen und gegen die Wand starren. Man hörte Sätze eines Selbstgespräches, das wider Willen auf seine Lippen trat, wie etwa folgenden:

»Ich möchte doch schwören, daß, wenn sich eine Infamie ereignet, ein Weib dahintersteckt.«

Das tauchte in meiner Erinnerung auf, während Twinnings auf meine Antwort wartete. Natürlich hatte es nur einen entfernten Bezug, und gewiß hätte Monteron bei seinem Satze nie an eine Frau wie Theresa gedacht. Aber es ist auch gewiß, daß ein Mann für eine Frau Dinge tut, die er niemals für sich täte.

Ein solches Ding war Zapparonis Ausschreibung. Ich könnte nicht sagen, warum es so war. Es gibt dem Verdächtigen gegenüber ein Vorgefühl, das selten trügt. Es bleibt eben ein Unterschied, ob man Staatsgeheimnisse zu hüten hat oder die eines Privatmannes, selbst in unseren Zeiten, wo die meisten Staaten auf den Hund gekommen sind, wenigstens die anständigen. Ein Posten wie der bei Zapparoni mußte früher oder später auf einen Autounfall zuführen. Wenn man die Trümmer untersuchte, fand man zwanzig bis dreißig Einschüsse im Fond. Das war kein Fall für die Verkehrspolizei. Und vom Begräbnis las man weniger in den Anzeigen als in den Vermischten Nachrichten. Es würde nicht die beste Gesellschaft sein, die Theresa am offenen Grabe sähe, und sicher niemand aus unserer guten Zeit. Nicht einmal Zapparoni würde anwesend sein. Ein Unbekannter würde ihr in der Dämmerung ein Kuvert bringen.

Als mein Vater beerdigt wurde, sah es noch anders aus. Er hatte ein ruhiges Leben geführt, doch sich am Schlusse auch nicht mehr recht wohlgefühlt. Auf seinem Krankenbette hatte er mir noch gesagt: »Junge, ich sterbe gerade zur rechten Zeit.« Dabei hatte er mich bekümmert angeblickt. Er hatte da wohl schon manches vorausgeschaut.

Das und noch anderes kam mir in den Sinn, während Twinnings noch immer auf meine Antwort wartete. Es ist unglaublich, welche Lawine von Gedanken in einer solchen Minute abrollen kann. Man müßte das wie ein Maler in ein Bild bringen.

Aber ich sah unsere kahle Wohnung, unseren erloschenen Herd, wenn ich mir diese poetische Wendung gestatten darf zur Umschreibung der Tatsache, daß seit Tagen der Strom abgeschaltet war. Die Post brachte nur Mahnungen, und wenn es klingelte, wagte Theresa nicht zu öffnen aus Angst vor unverschämten Gläubigern. Ich hatte kaum Grund, heikel zu sein.

Dabei hatte ich noch das Gefühl des Lächerlichen, den Eindruck, daß ich ein altmodischer Kunde war, einer von denen, die sich noch mit solchen Grillen abgaben, während alle anderen den Profit mitnahmen, wo er sich anbot, und dabei auf mich herabblickten. Zweimal hatte ich mit zahllosen anderen für unfähige Regierungen die Zeche gezahlt. Wir hatten weder Lohn noch Ruhm davongetragen, im Gegenteil.

Es wurde Zeit, daß ich die fossilen Urteile ablegte. Neulich hatte mich noch jemand darauf aufmerksam gemacht, daß meine Unterhaltung von überständig gewordenen Floskeln wimmelte, wie »alte Kameraden« oder »jemanden am Portepee fassen«. Das wirkte komisch in unseren Tagen wie das Getue einer alten Jungfer, die sich auf ihre abgestandene Tugend noch etwas einbildet. Zum Teufel, das mußte aufhören.

Ich hatte ein unangenehmes Gefühl im Magen, ganz einfach Hunger, und die Galle schoß mir ins Blut. Gleichzeitig fühlte ich Sympathie für Zapparoni aufkeimen. Da war doch noch einer, der sich um mich kümmerte. Wahrscheinlich war er, bei allem Unterschied der Mittel, in ähnlicher Lage: Er hatte die Zeche zu zahlen und wurde moralisiert obendrein. Er wurde geschröpft, bestohlen und war der Ausbeuter. Und die Regierung, unweigerlich servil der größeren Anzahl gegenüber, nahm seine Steuern und ließ ihn ausplündern.

Überhaupt, wenn »alte Kameraden« komisch wirkte, warum sollte man dann Worte wie »Regierung« noch ernst nehmen? Hatten diese Typen etwa das Recht gepachtet, nicht komisch zu sein? Machten sie hinsichtlich der Abwertung der Worte eine Ausnahme? Gab es überhaupt noch jemanden, der anderen beibringen konnte, was Anstand war? Ein alter Soldat war auch kein alter Soldat mehr, aber das hatte auch seine Vorteile. Es wurde Zeit, daß man auch einmal an sich dachte.

Wie man sieht, begann ich mich bereits ins Recht zu setzen — das ist das erste, wenn man sich auf eine schiefe Sache einlassen will. Es ist merkwürdig, daß man nicht einfach hingehen kann, um jemandem Unrecht zu tun. Man muß sich erst einreden, daß ers verdient habe. Selbst ein Räuber, der einen Unbekannten ausplündern will, wird erst Streit mit ihm anfangen und sich in Zorn bringen.

Das fiel mir nicht schwer, denn meine Laune war derart, daß mir bald jeder recht kam, um sie an ihm auszulassen, auch wenn er unschuldig war. Es war sogar schon so weit gekommen, daß ich Theresa unter ihr leiden ließ.

Obwohl ich schon fast entschlossen war, machte ich doch noch einen Versuch auszuweichen, indem ich zu Twinnings sagte:

»Ich kann mir nicht denken, daß Zapparoni expreß auf mich gewartet hat. Er wird doch eher die Qual der Wahl haben.«

Twinnings nickte: »Das ist ganz richtig, er hat ein großes Angebot. Aber es handelt sich um einen Posten, der schwer zu besetzen ist. Die meisten wollen die Sache zu gut machen.«

Er lächelte und fügte hinzu:

»Alles Leute mit solchen Vorstrafen.«

Er fuhr dabei mit den Armen auseinander, als ob er ein Register entfaltete, und wiederholte die Bewegung wie ein Angler, der in stillen Wassern einen Hecht gefangen hat. Da

hatte er wieder einen wunden Punkt berührt. Ich fühlte, wie
der letzte Rest meiner Laune schwand.

»Wer hat denn heute keine Vorstrafen? Du vielleicht,
weil du schon immer ein feiner Hund gewesen bist. Sonst
aber nur solche, die sich in Krieg und Frieden gedrückt haben.«

Twinnings lachte. »Reg dich nicht auf, Richard — wir wissen doch alle, daß du einige Schönheitsflecke hast. Aber der
Unterschied ist der: deine Vorstrafen sind die richtigen.«

Er mußte es wissen, hatte ja damals im Ehrengericht mit
über mich getagt — nicht in jenem ersten, in dem ich wegen
Vorbereitung zum Hochverrat kassiert wurde, nachdem ich
vom Kriegsgericht bereits verurteilt worden war. Beides erfuhr ich erst in Asturien, wo es mir nützlich war. Nein, ich
meine das zweite Ehrengericht, das mich in meinen Rang
wieder einsetzte. Aber was sind Ehrengerichte, wo auch das
Wort »Ehre« zu denen gehört, die ganz und gar verdächtig
geworden sind?

Ich wurde also von Leuten rehabilitiert wie Twinnings, der
wohlweislich bei seinen englischen Verwandten gewesen
war. Eigentlich wäre es doch an ihm gewesen, sich zu verant-
worten. Und es ist merkwürdig: in meinen Papieren blieb die
Verurteilung bestehen. Die Regierungen wechseln, die Akten
sind unerschütterlich. Es blieb das Paradoxon, daß in den Re-
gistern des Staates die Tatsache, daß ich für ihn den Kragen
riskiert hatte, zugleich als Verrat unauslöschlich geführt wurde. Wenn mein Name genannt wurde, zogen die Papierhengs-
te in den Ämtern, die erst durch mich und meinesgleichen
auf ihre Stühle gekommen waren, ein schiefes Gesicht.

Außer dieser großen Sache gab es in meinen Papieren
noch einige Kleinigkeiten — das will ich zugeben. Dazu gehörte einer der Streiche, die wir aushecken, wenn es uns zu
gut geht; er fiel noch in die Monarchie. Auch eine »Herausforderung zum Zweikampf« war dabei. Außerdem war eine
Denkmalsschändung verzeichnet — das ist auch eines der
Wörter, die auf altes Ansehen pochen in einer Zeit, in der
Denkmäler keine Denkmäler mehr sind. Wir hatten einen

Betonklotz umgeworfen, der einen Namen führte, ich weiß aber nicht mehr, von wem. Erstens hatten wir viel getrunken, und zweitens vergißt man heute nichts leichter als die Namen, die gestern noch in aller Munde waren, und die Größen, nach denen die Straßen benannt wurden. Der Eifer, ihnen Denkmäler zu setzen, ist außerordentlich und überdauert oft kaum die Lebzeiten.

Es ist richtig, all das hatte mich nicht nur geschädigt, sondern war auch durchaus unnötig. Ich dachte nicht mehr gern daran. Aber die anderen hatten ein vorzügliches Gedächtnis dafür.

Twinnings meinte also, es wären die rechten Vorstrafen. Doch war es mir wiederum nicht recht, daß Zapparoni sie für die rechten hielt. Denn was bedeutete das? Es bedeutete, daß er jemanden suchte, der zwei Enden hatte, nicht nur ein solides, an dem man anfassen kann, sondern auch ein anderes. Er brauchte jemanden, der solide, aber nicht durch und durch solide war.

Im Volksmund nennt man ein Faktotum wie das gesuchte: jemanden, mit dem man Pferde stehlen kann. Das Sprichwort muß aus Zeiten stammen, in denen der Pferdediebstahl zwar ein gefährliches, aber kein anrüchiges Unternehmen war. Gelang es, so war die Sache rühmlich, wenn nicht, so hing man am Weidenbaum, oder man mußte die Ohren in Kauf geben.

Das Sprichwort traf die Lage ziemlich genau. Es war allerdings noch ein kleiner Unterschied: Zapparoni suchte zwar offenbar einen Menschen, mit dem er Pferde stehlen konnte, aber er war ein viel zu großer Herr, um mit auf Fahrt zu gehen. Aber was half es schon? Es gab noch einen anderen Spruch, der auf meine Lage paßte, nämlich jenen, daß in der Not der Teufel Fliegen frißt. Ich sagte also zu Twinnings:

»Nun gut, ich will es versuchen, wenn du meinst. Vielleicht nimmt er mich. Aber ich sage dir unter alten Kameraden: auf windige Sachen lasse ich mich nicht ein.«

Twinnings beruhigte mich. Schließlich bewarb ich mich ja nicht bei diesem und jenem, sondern bei einer Weltfirma. Er

würde noch heute anrufen und mir Bescheid geben. Ich hatte
Aussichten. Dann klingelte er, und Friedrich trat ein.

Friedrich war auch schon alt geworden; er ging gebückt
und trug um seine Glatze einen dünnen, schlohweißen
Kranz. Ich kannte ihn noch aus den uralten Zeiten, in denen
er Twinnings' bunten Rock in Ordnung hielt. Wenn man
Twinnings besuchte, traf man Friedrich im Vorzimmer. Er
hatte meist ein heute längst museumsreif gewordenes Instrument in den Händen, das die Knopfschere hieß. Sie sollte
verhindern, daß man das Tuch befleckte, wenn die Knöpfe
geputzt wurden. Übrigens mag man über einen Mann wie
Twinnings denken, was man wolle — wenn es ein Diener
über Jahrzehnte bei ihm aushält, so ist das ein Plus für ihn.

Als Friedrich eintrat, erhellte ein Lächeln sein Gesicht.
Das war ein schöner Augenblick, ein Augenblick der Harmonie, der uns zu dritt verband. Ein Schimmer der sorglosen Jugend kam zurück. Mein Gott, wie hatte sich die Welt verändert seit jener Zeit. Manchmal dachte ich, daß dieses Gefühl
einfach das Alter ankünde. Schließlich blickt jede Generation auf eine alte gute Zeit zurück. Aber bei uns war es doch
etwas anderes, etwas entsetzlich anderes. Es war freilich
auch ein Unterschied gewesen, ob man etwa unter Heinrich IV., Ludwig XIII. oder Ludwig XIV. gedient hatte. Aber
man hatte doch immer zu Pferde gedient. Nun sollten diese
herrlichen Tiere aussterben. Sie verschwanden von den Feldern und Straßen, aus den Dörfern und Städten, und längst
hatte man sie nicht mehr beim Angriff gesehen. Überall wurden sie durch Automaten ersetzt. Und dem entsprach auch
eine Veränderung der Menschen; sie wurden mechanischer,
berechenbarer, und oft hatte man kaum noch das Gefühl, unter Menschen zu sein. Doch manchmal hörte ich noch das
Alte wie den Klang der Trompete im ersten Sonnenstrahl
und wie das Wiehern der Pferde, das die Herzen erzittern
ließ. Das ist vorbei.

Twinnings bestellte Frühstück: Toast, Schinken mit Eiern,
Tee, Portwein und anderes mehr. Er hatte schon immer gut
gefrühstückt, wie man es oft bei positiven Naturen trifft. Er

hatte unter den Unbilden der Zeit weniger gelitten als ich und mancher andere. Leute wie Twinnings braucht jeder, ohne daß sie große Konzessionen machen; die Regierungen gleiten an ihnen ab. Sie nehmen alles gerade so ernst und wichtig, wie es nötig ist; der Wechsel geht nur bis zur Haut. Er hatte mit zu Gericht gesessen über mich. Das war mein Schicksal: daß Leute kamen und über mich zu Gericht saßen, für die ich mich exponiert hatte.

Er goß mir Portwein ein. Ich spülte den Groll hinunter: »Dein Wohlsein, alter Merkurier.«

Er lachte. »Bei Zapparoni wirst du auch nicht leben wie ein Hund. Wir wollen auch gleich Theresa anrufen.«

»Sehr freundlich, daß du daran gedacht hast — aber sie ist beim Einkaufen.«

Warum sagte ich ihm nicht, daß sie mir, wie alle Anschlüsse, auch das Telefon gesperrt hatten? Wahrscheinlich war das keine Neuigkeit für ihn. Er wußte auch sicher, daß sich mir vor Hunger der Magen umdrehte, der listige Fuchs. Aber mit dem Frühstück hatte er gewartet, bis ich zustimmte.

Nach dem Gesagten wird wohl niemand auf den Gedanken gekommen sein, daß er sich für mich gratis anstrengte. Die einzige Ausnahme, die er bei alten Kameraden machte, war, daß er ihnen keine Provision abnahm. Das holte er bei den Partnern ein. Leuten wie Zapparoni kam es auf ein paar Pfund nicht an.

Twinnings hatte ein gutes Geschäft. Das Gute war, daß es kaum aussah wie ein Geschäft. Es bestand darin, daß er eine Unzahl von Leuten kannte und daraus Nutzen zog. Ich kannte auch viele Menschen, ohne daß es etwas für meine Ökonomie abwarf. Es machte mir eher Unkosten. Wenn aber Twinnings mich und Zapparoni kannte, so war es ein Geschäft für ihn. Dabei hatte er keine Arbeit davon; ich kannte niemand von angenehmerer, gleichmäßigerer Lebensart. Er machte die Geschäfte beim Frühstück, beim Mittagessen und abends, wenn er ins Theater ging. Es gibt Menschen, denen das Geld leicht und unauffällig zufließt: sie kennen nicht die Schwierigkeiten der meisten anderen. Zu ihnen gehörte

Twinnings, man hatte ihn nie anders gekannt. Er hatte schon reiche Eltern gehabt.

Ich will ihn aber nicht in ein ungünstiges Licht setzen. Jeder Mensch hat seine Schwächen und Vorzüge. Twinnings hätte zum Beispiel nicht nötig gehabt, zu tun, was ihm jetzt einfiel — nämlich nach nebenan zu gehen und mit einer Fünfzigpfundnote wiederzukommen, die er mir einhändigte. Er brauchte mich nicht lange zu nötigen.

Ohne Zweifel wollte er nicht, daß ich ganz abgebrannt zu Zapparoni kam. Aber es war da noch etwas anderes: alte Gemeinsamkeit. Es war Monterons Schule, die sich bei keinem verleugnete, dem sie zuteil geworden war. Wie oft hatten wir ihn verflucht, wenn wir todmüde auf den Betten lagen nach einem Tage, an dem ein Dienst den anderen gehetzt hatte, zu Fuß, zu Pferde, im Stall und auf den endlosen Sandflächen. Monteron kannte diese Augenblicke der Verzweiflung; er liebte es dann, seinen Clou darauf zu setzen, etwa einen Alarm zur Nachtübung.

Ich muß zugeben, daß das faule Fleisch verschwand. Die Muskeln wurden wie Stahl, der auf dem Amboß eines erfahrenen Schmiedes von jeder Schlacke gereinigt worden ist. Auch die Gesichter änderten sich. Man lernte Reiten, Fechten, Stürzen und vieles andere. Man lernte es auf Lebenszeit.

Auch in den Charakteren blieben Spuren auf Lebenszeit zurück. Besonders unangenehm konnte Monteron werden, wenn er erfuhr, daß man einen Kameraden im Stich gelassen hatte, während er sich in unsicherer Lage befand. Hatte ein Bezechter sich in die Tinte geritten, so war Monterons erste Frage, ob jemand bei ihm gewesen sei. Dann gnade Gott dem, der ihn verlassen oder sich nicht um ihn gekümmert hatte wie um ein kleines Kind. Daß man den andern nie, unter keinen Umständen, in der Gefahr allein lassen darf, weder in der Großstadt noch im Gefecht, das gehörte zu Monterons Grundsätzen, die er uns einhämmerte, sei es am Sandkasten, sei es im Gelände, sei es an den furchtbaren Montagen.

Obwohl wir eine windige Gesellschaft waren — in dieser Hinsicht hatte er Erfolge, das läßt sich nicht abstreiten.

Wenn wir am Abend, bevor wir zu den Regimentern zurückkehrten, mit ihm und um ihn beisammensaßen — er konnte
dann sehr heiter werden — so war das mehr als ein gewöhnliches Abschiedsmahl. Er sagte dann etwa: »Ein großes Kir-
chenlicht ist diesmal nicht darunter, und auch sonst hat man
seine Mühe gehabt. Aber es ist auch keiner drunter, auf den
sich der König nicht verlassen kann. Das ist schließlich die
Hauptsache.«

An diesem Abend trank keiner zuviel. Es wurde deutlich,
daß etwas hinter dem Alten stand, mehr als der König, mehr
als sein Amt. Das teilte sich mit; es hielt fürs Leben und vielleicht länger vor. Es hielt noch vor, als niemand mehr wußte,
wer der König gewesen war. Auch Monteron war längst vergessen — es war damals der letzte Kursus gewesen, den er
leitete. Dann war er als einer der ersten gefallen, ich glaube
vor Lüttich in der Nacht. Und auch von seinen Schülern lebten wenig mehr.

Aber immer war noch erkennbar, daß er sie in der Wolle
gefärbt hatte. Man traf sich im Jahre ein- oder zweimal in
den Hinterzimmern kleiner Lokale, inmitten der Städte, die
sich so seltsam verwandelt hatten und von denen manche inzwischen zweimal zerstört und wieder aufgebaut worden
war. Dann fiel unweigerlich wie durch Flammenvorhänge
hindurch Monterons Name, und die Stimmung jener Ab-
schiedsfeier, des letzten Abends, war wieder da.

Seine Nachwirkung zeigte sich selbst bei einem Geschäf-
temacher wie Twinnings, zu dem er einmal gesagt hatte:
»Twinnings, Sie sind auch mehr leicht als Reiter« — ein bit-
teres Wort. Ich bin überzeugt, daß Twinnings, als er mich am
Tisch sitzen sah wie einen armen Verwandten und als er
nach nebenan ging, um mir Bewegungsgeld zu holen, gegen
seine Natur handelte. Aber er konnte nicht anders, nachdem
er mich in den sauren Apfel hatte beißen lassen, denn Monteron stand in ihm auf. Twinnings erkannte eine der Grundfi-
guren, die Monteron uns eingepaukt hatte — nämlich daß
ich an der Front, wenn auch an keiner guten, und er in Reserve stand.

Wir waren uns also einig, und Twinnings begleitete mich vor die Tür. Dort fiel mir noch etwas ein:

»Wer hat denn bis jetzt diesen Posten gehabt?«

»Auch so ein Italiener, Caretti, ist aber schon seit einem Vierteljahr fort.«

»Hat sich wohl zur Ruhe gesetzt?«

»So ähnlich. Verschollen, spurlos verschwunden, und niemand weiß, wo er geblieben ist.«

3

Das war an einem Sonnabend gewesen; am Montagmorgen saß ich in einer Taxe und fuhr nach den Werken hinaus. Twinnings hatte mir noch am gleichen Tage zugesagt. Bei Zapparoni wurde natürlich auch sonntags gearbeitet.

Theresa hatte meine Sachen in Ordnung gebracht. Die Nachricht hatte sie hoch erfreut. Sie sah mich schon in einer großen Stellung im Rahmen der Weltfirma. Wenn es etwas Erfreuliches an der Sache gab, so war es ihre Begeisterung. Theresa gehörte zu den Frauen, die ihre Männer überschätzen; sie hatte sich da etwas zurechtgemacht. Sie hatte von mir eine zu gute Meinung; das war vielleicht notwendig für sie. Sie war verzagt in allem, was ihre eigene Person betraf. Sie hatte die fixe Idee, daß sie mein Hemmschuh sei, daß sie mich belaste, schädige. Das Gegenteil war der Fall. Wenn ich auf dieser immer trüber werdenden Welt noch etwas wie eine Heimat hatte, war es bei ihr.

Wenn es uns schlecht ging, wie es in der letzten Zeit die Regel war, fühlte ich nachts oft neben mir die leise Erschütterung, wie eine Frau sie hervorbringt, die ihr Weinen verbergen will. Ich drang dann in sie und hörte das alte Lied, wie es doch viel besser wäre, sie wäre gar nicht erst geboren, ich hätte sie nie gesehen. Sie habe mir die Bahn verdorben, mich ruiniert. Ich hatte da gut sagen, daß ich noch immer Manns genug gewesen sei, mich selbst und ohne Beistand zu ruinieren, und daß mir nichts so gut geglückt sei wie eben dies — sie ließ sich die Hirngespinste nicht austreiben.

Es gibt uns andererseits einen gewissen Halt, wenn wir überschätzt werden. Es regt die guten Kräfte in uns an. Ich sagte bereits, daß ich das von meiner Mutter her gewöhnt war, mit deren Erinnerungsbild Theresa übrigens unmerklich sich vereinigte. Wie oft hatte die Mutter dem Vater gegenüber für mich Partei ergriffen, wenn wieder einmal Sturm im Hause war. Sie pflegte dann zu sagen: »Der Junge ist doch nicht schlecht«, worauf der Alte erwiderte: »Er ist und bleibt ein Taugenichts«. Dann sagte die Mutter wieder: »Aber schlecht ist er nicht«, denn die Frauen müssen immer das letzte Wort haben.

Die Zapparoni-Werke lagen ziemlich außerhalb. Sie hatten in jeder Stadt größere oder kleinere Filialen, Schwester-, Zweig- und Lizenzfirmen, Lager-, Ersatz- und Reparaturstellen. Hier war der Kopf, die große Modellschmiede, und Jahr für Jahr flossen wie aus einem Füllhorn neue und wundersame Überraschungen in die Welt. Hier wohnte auch Zapparoni, wenn er nicht gerade auf Reisen war.

Am Sonnabend war also Twinnings' Telegramm gekommen: ich sollte mich vorstellen. Am Sonntag war es mir noch gelungen, Carettis Hausarzt aufzutreiben, denn mir ging nach, was Twinnings im Flur gesagt hatte. Die Unterredung hatte mich beruhigt. Der Arzt glaubte, kein Geheimnis preiszugeben, wenn er mir mitteilte, was mit Caretti gewesen war. Es war weithin bekannt. Wie viele Skrupulanten Zapparonis war Caretti allmählich sonderbar geworden, zuletzt über das zulässige Maß hinaus. Eine von den Ärzten als »Präzisionszwang« bezeichnete Manie hatte sich mit einem Verfolgungswahn gepaart, dem technische Visionen Stoff gaben. In solchen Fällen glauben die Patienten, durch raffiniert ersonnene Maschinen bedroht zu werden, und ihre Welt verwandelt sich allmählich in ein Szenarium, wie es mittelalterliche Maler ausdachten. Caretti wähnte sich von winzigen Flugzeugen umschwebt, die ihm Böses antaten.

Es ist nicht ungewöhnlich, daß solche Kranke verschwinden und nie wieder auftauchen. Der Arzt, ein kleiner, nervöser Psychiater, entsann sich eines Patienten, dessen Überreste man nach Jahren in einem Dachsbau aufgefunden hatte; er war dort hineingekrochen und hatte sich umgebracht. Ein anderer hatte sich im Gipfel einer Urwaldfichte aufgeknüpft. Der Leichnam war erst spät entdeckt worden. Der Doktor war gesprächig und beschrieb die Symptome mit so lustvoller Pedanterie, daß ich auf dem Heimweg wähnte, von ähnlichen Grillen bedroht zu sein. Im Grunde hatte er mich beruhigt.

Man sah die Werke schon von weitem: niedrige weiße Türme und flache Ateliers in großer Menge, ohne Masten und Schornsteine. Sie waren in bunte Farben eingekleidet, weil die Umfassungsmauer zahllose Plakate trug. Ein Nebengeschäft, das Zapparoni mit besonderer Liebe pflegte, war das Lichtspiel, dem er mit seinen Robotern und Automaten eine fast märchenhafte Perfektion verlieh.

Es gibt Prognosen, die behaupten, daß unsere Technik eines Tages in reine Zauberei ausmünden wird. Dann wäre nur alles Anlauf, an dem wir teilnehmen, und die Mechanik würde sich in einer Weise verfeinert haben, die grober Auslösungen nicht mehr bedarf. Lichter, Worte, ja fast Gedanken würden hinreichen. Ein System von Impulsen durchflutete die Welt.

Die Zapparoni-Filme näherten sich solchen Prognosen deutlich an. Was alte Utopisten ersonnen hatten, war demgegenüber grobdrähtig. Die Automaten hatten eine Freiheit und tänzerische Eleganz gewonnen, die ein eigenes Reich erschloß. Hier schien verwirklicht, was man zuweilen im Traum zu fassen glaubte: daß die Materie denkt. Daher besaßen diese Filme eine mächtige Anziehungskraft. Besonders die Kinder wurden durch sie gebannt. Zapparoni hatte die alten Märchenfiguren entthront. Wie einer der Erzähler, die sich in arabischen Cafés auf einen Teppich niederlassen und den Raum verwandeln, spann er seine Fabeln aus. Er schuf Romane, die man nicht nur lesen, hören und sehen konnte, sondern in die man eintrat, wie man in einen Garten tritt. Er war der Meinung, daß die Natur sowohl an Schönheit wie an Logik nicht genüge und daß sie zu übertreffen sei. In der Tat brachte er einen Stil hervor, dem sich auch die menschlichen Schauspieler anpaßten, der ihnen Vorbild war. Man traf die charmantesten Puppen bei ihm, betörende Traumbilder. Die Filme hatten Zapparoni noch in besonderer Weise beliebt gemacht. Er war der gute Großvater, der Geschichten erzählt. Man sah ihn mit weißem Vollbart, wie früher den Weihnachtsmann. Die Eltern beklagten sich sogar, daß er die Kinder zu stark beschäftige. Sie konnten nicht einschlafen und träumten unruhig, überreizt. Aber das Leben war schließlich überall anstrengend. Das formte die Rasse, und damit mußte man sich abfinden.

Ankündigungen solcher Filme also verhüllten die Umfassungsmauer, die das Werk umschloß und in ihrer ganzen Länge von einer Straße umzogen war, deren Breite schon eher an ein Vorfeld erinnerte. Ohne die bunten Plakate hätte sie ohne Zweifel zu nüchtern, zu festungsähnlich ausgesehen, vor allem, da sie in Zwischenräumen durch bleiche Türme überhöht wurde. Ein gelber Ballon stand über dem Komplex.

Am Wegrand kündeten helle Zeichen, daß wir in ein Sperrgebiet einbogen. Der Fahrer wies mich darauf hin. Wir mußten langsam fahren und durften weder Waffen noch Strahlenzähler noch optische Ausrüstung mitführen. Auch Gummimäntel und Sonnenbrillen waren nicht erlaubt. Es herrschte starker Verkehr sowohl auf der Straße wie um die Umfassungsmauer, dagegen lagen die Nebenwege unbelebt.

Allmählich wurden die Plakate deutlicher. Sie schilderten Heinz-Ottos Besuch bei der Termitenkönigin: Tannhäuser im Venusberg, für kindliche Gemüter transponiert. Hier traten Zapparonis Roboter als reiche und mächtige Zwergwesen auf. Die Wunder der unterirdischen Paläste verrieten schon keine Spur von technischer Bemühung mehr. Die Filme zogen sich in zwölf Kapiteln durch das Kalenderjahr, und die Kinder verzehrten sich in der Erwartung der Fortsetzung. Sie wurden durch das Kollektivspiel in ihren Moden und Neigungen bestimmt. Man sah sie bald als Raumfahrer, bald als Höhlenforscher, dann wieder als Matrosen von Unterseebooten oder als Trapper auf ihren Spielplätzen. Mit diesen technisch gefärbten Märchen und Abenteuern rief Zapparoni eine nicht nur starke, sondern auch chronische Begeisterung hervor. Die Kinder lebten in seiner Welt. Bei Eltern und Lehrern waren darüber die Ansichten geteilt. Die einen meinten, daß die Kinder so spielend lernten, während die anderen fürchteten, daß sie überhitzt würden. Allerdings konnte man oft seltsame und beängstigende Folgen beobachten. Aber der Zug der Zeit läßt sich nicht aufhalten. Im übrigen mußte man fragen, ob nicht die reale Welt noch phantastischer sei. Wo wurden die Kinder nicht überhitzt?

Wir bogen auf den Parkplatz der Arbeiter ein. Mein Mietwagen nahm sich ihren Limousinen gegenüber aus wie eine Krähe, die sich in eine Fasanerie verirrt. Ich entlohnte den Fahrer und begab mich zur Anmeldung.

Obwohl die Sonne schon hoch am Himmel stand, herrschte am Eingang ein reges Kommen und Gehen. Daß Zapparonis Arbeiter Herren waren, bezeugte kein Umstand besser als der, daß ihnen keine Arbeitszeit gesetzt wurde. Sie kamen und gingen, wie es ihnen lag, vorausgesetzt, daß sie nicht gerade im Team schafften. Das war im Modellwerk die Ausnahme. Freilich muß ich hinzufügen, daß diese Regelung oder vielmehr Nichtregelung für Zapparoni günstig war. Das Arbeitsethos in seinen Werken ließ nichts zu wünschen übrig; man schaffte und schuf dort nach Art der Künstler, die von ihrem Opus besessen sind. Es gab keine Arbeitszeit — das hieß eher, es wurde fast immer gearbeitet. Die Arbeiter träumten von ihren Kunstwerken. Daß sie Herren waren, ließ sich auch daraus ersehen, daß sie Zeit hatten. Das hieß aber nicht, daß sie Zeit verschwendeten. Sie hatten diese Zeit vielmehr, wie reiche Leute ihr Geld im Sack haben. Ihr Reichtum ruht im Sack, nicht in der Ausgabe. Man spürt ihn aber in ihrem Auftreten.

Die Ein- und Ausgehenden waren in weiße oder farbige Mäntel gekleidet und passierten ohne weiteres. Sie mußten also wohlbekannt sein, denn der Torweg, in dem auch die Anmeldung lag, war bewacht. Ich sah dort kleine Gruppen stehen wie jene, die den Passagier empfangen, der über den

Laufsteg ein Schiff betritt. Er stößt dort auf Matrosen, Stewards und anderes Personal, das ebenso diskret wie aufmerksam die Eintretenden beobachtet. Der Torweg war weit und tief. Die Mauern waren von Eingängen durchbrochen — ich las »Empfang«, »Hausmeister«, »Wache« und andere Aufschriften.

Bei der Anmeldung wurde ich empfangen wie jemand, der erwartet wird. Kaum hatte ich meinen Namen ausgesprochen, als sich bereits ein Läufer meldete. Er nahm mich in Empfang.

Zu meinem Erstaunen sah ich, daß er mich nicht in das Werk hinein-, sondern wieder durch den Torweg hinausführte. Er brachte mich zu einer kleinen Untergrundbahn, die neben dem Parkplatz mündete. Nachdem wir hinabgestiegen waren, betraten wir einen winzigen Wagen, der auf den Schienen stand und sich nach Art eines Fahrstuhls bedienen ließ. Nach zwei Minuten waren wir am Ziel. Wir hielten vor einem altertümlichen Gebäude innerhalb einer Parkmauer. Ich stand vor Zapparonis Privatwohnung.

Ich hatte bestenfalls erwartet, in eine Abteilung des Personalamts geführt zu werden und von dort, wenn meine Befragung günstig verlief, vielleicht zum Personalchef selbst, weil ich durch Twinnings empfohlen war. Daher verschlug es mir den Atem, als ich mich plötzlich, aus der Erde auftauchend, im Allerheiligsten sah, in der Sphäre eines Mannes, von dem manche behaupteten, daß er in Wirklichkeit nicht existiere, sondern die vielleicht beste Erfindung der Zapparoni-Werke sei. Schon sah ich einen Diener die Treppe herabkommen und den Läufer ablösen. »Herr Zapparoni erwartet Sie.«

Es war kein Zweifel möglich, ich befand mich in Zapparonis Residenz. Sein Hauptwerk hatte früher an einem anderen Ort gelegen, bis er, der ewigen Um- und Anbauten überdrüssig, beschlossen hatte, es hier nach einem neuen Plan zu der Vollkommenheit zu bringen, die im großen wie im kleinen seine Schöpfungen auszeichnete. Bei Prüfung des Baugeländes hatte sich ergeben, daß in einiger Entfernung ein Zisterzienserkloster lag. Es war seit langem in die öffentliche

Hand geraten, doch kaum benutzt worden. Die Kirche und das Hauptgebäude waren der Zeit zum Raub gefallen, doch die Umfassungsmauer und das Refektorium waren unzerstört. Der Refektoriumsbau umfaßte außer dem großen Speisesaal der Mönche noch Räume, die als Küchen, Vorrats- und Gästekammern gedient hatten. In ihnen richtete Zapparoni sich häuslich ein. Das Anwesen hatte stattliche Ausmaße. Ich hatte zuweilen Abbildungen in den Illustrierten Zeitschriften gesehen.

Das große Tor in der Umfassungsmauer blieb stets geschlossen; zum Kommen und Gehen der Hausbewohner und der Gäste diente die kleine Untergrundbahn. Es war mir aufgefallen, daß ich nicht an einem Endpunkt eingestiegen war. Wahrscheinlich führte sie nicht nur bis zum Parkplatz, sondern auch in das Werk hinein.

Die Regelung hatte den Vorteil, daß Zapparoni sich stets auf eigenem Gebiet befand und daß eine genaue Kontrolle der Besucher möglich war. Auf diese Weise war der Hausherr vor der Zudringlichkeit der Reporter und der Fotografen geschützt. Er war darauf bedacht, alles im Halbdunkel zu lassen, was seine Person und seine Gewohnheiten betraf. Die abnutzende, verzehrende Kraft der Propaganda war ihm bewußt. Es sollte zwar viel von ihm gesprochen werden, doch nur in unbestimmter Weise, in Andeutungen. Desgleichen sollte von seinen Konstruktionen der Eindruck entstehen, daß ihr sichtbarer Teil noch der geringste war. Die Auswahl der Bilder und Berichte, die über ihn erschienen, wurde von seinen Fachleuten besorgt.

Sein Pressechef hatte ein System der indirekten Berichterstattung entwickelt, das die Neugier reizte, doch nie befriedigte. Einen Menschen, von dem man Bedeutendes hört, doch dessen Gesicht man nicht kennt, hält man für schön, für majestätisch vielleicht. Einen Menschen, von dem viel gesprochen wird, doch von dem man nicht weiß, wo er sich aufhält, vermutet man überall; er scheint sich auf wunderbare Weise zu vervielfältigen. Ein Mensch, der so mächtig ist, daß man von ihm nicht mehr zu sprechen wagt, wird allgegenwärtig, da er unser Inneres beherrscht. Wir meinen, daß er unsere Gespräche mithört und daß seine Augen auf uns ruhen, während wir in unserer Kammer sind. Ein Name, den man nur flüstert, ist mächtiger als einer, der auf den Märkten ausgeschrien wird. Zapparoni war das bekannt. Er durfte andererseits die Propaganda nicht vernachlässigen. Das führte vexierbildhafte Überraschungen in sie ein. Es war ein neues System.

Ich will nicht leugnen, daß mich ein Schrecken ergriff, als ich den Diener sagen hörte: »Herr Zapparoni erwartet Sie.« Ich spürte das krasse Mißverhältnis zwischen einem Mächtigen der Erde und einem, der kaum das Geld für seine Rückfahrt in der Tasche hat. Jäh überfiel mich die Einsicht, daß ich der Begegnung nicht gewachsen war. Das war ein Zeichen der Deklassierung, ein Gefühl, das ich früher nicht gekannt hatte. Ein Leichter Reiter durfte unter keinen Umständen dieses Gefühl haben. Das hatte Monteron uns oft gesagt. Er sagte auch: »Erst wenn der Kapitän von Bord geht, ist das Schiff verloren, ist herrenloses Gut. Aber der rechte Kapitän geht unter mit seinem Schiff.« Er meinte damit das Selbstbewußtsein der unantastbaren Person.

Das kam mir in den Sinn, als mir die Knie zitterten. Ich dachte auch an die ganz alten Zeiten, in denen wir diese Stahl- und Kohlefritzen nicht für voll genommen hatten — von Lichtspiel und Automaten war damals noch nicht einmal die Rede oder höchstens auf den Jahrmärkten. Ein kleiner Gutsbesitzer mit zweihundert Morgen, den seine Schulden nicht schlafen ließen, kam eher bei den Leichten Reitern an als diese, die damals in den ersten Automobilen fuhren, mit denen sie die Pferde scheu machten. Die Pferde witterten, was kam. Inzwischen hat sich die Welt verkehrt.

Wenn Zapparoni sich die Zeit nahm, mich zu empfangen, war ich also ein Partner für ihn. Dieser Gedanke versetzte mir einen neuen Stich. Konnte ich denn ein Partner für reguläre Geschäfte sein? Wenn beispielsweise ein armes Mädchen in einer großen Firma angestellt wird, um Akten zu ordnen, zu stenografieren oder Maschine zu schreiben, wird ihr der Chef vielleicht nie zu Gesicht kommen. Sie ist keine Partnerin für ihn. Es wäre dennoch möglich, daß sie eines Tages mit dem Chef gesehen würde, etwa in einem Seebad oder in einem Nachtlokal. Dann würde ihre Bedeutung wachsen und zugleich die Achtung vor ihr abnehmen. Sie wäre nun eine Partnerin geworden und träte damit in ein Machtverhältnis ein. Sie wäre auf der legitimen Seite schwach gewesen und würde auf der illegitimen stark.

Wenn Zapparoni mich, den Hungerleider und abgedankten Reiter, in seinem Haus empfing, so hatte das ähnliche Bewandtnisse. Er konnte mit mir keinen Staat machen. Ich konnte ihm weder in seinen Büros noch in seinen technischen Betrieben von Nutzen sein. Und selbst wenn ich in diesen Betrieben geglänzt hätte, würde er sich kaum um mich persönlich bemüht haben. Er mußte also etwas anderes in mir suchen, etwas, das man nicht jedem zutrauen oder zumuten kann.

Dieses bedenkend, fühlte ich Lust umzukehren, als ich schon auf der Treppe stand. Aber da war Theresa, da waren meine Schulden, meine verfahrene Situation. Wahrscheinlich war es gerade ein Mann in solcher Lage, der gesucht wurde. Wenn ich nun umkehrte, würde ich es bereuen.

Noch etwas anderes kam hinzu. Wozu soll ich mich besser machen als ich bin? Monteron hatte sich kaum je mit Philosophie beschäftigt, es sei denn, daß man Clausewitz als Philosophen nehmen will. Er hatte dennoch einen Lieblingsspruch, der von einem großen Philosophen stammte und den er gern zitierte, nämlich: »Es gibt Dinge, die ich ein für alle Mal nicht wissen will.« Die Vorliebe für diesen Spruch verriet einen rechteckigen, eingleisigen Geist, der keine Winkelzüge und Seitenpfade liebt. Da gab es kein »Alles verstehen heißt alles verzeihen«. In der Beschränkung zeigt sich nicht nur der Meister, sondern auch der ethische Mensch.

Obwohl ich nun von Monteron viel gelernt und angenommen habe, bin ich doch in dieser Hinsicht seinem Beispiel nicht gefolgt. Im Gegenteil gibt es leider wenig Dinge, in die ich meine Nase nicht gesteckt habe. Aber man kann seine

Natur nicht umkrempeln. Schon mein Vater hatte das gerügt. Wenn wir etwa zusammen auswärts aßen und er mir die Speisekarte gereicht hatte, pflegte er zu sagen: »Es ist doch merkwürdig, daß der Junge sich sicher das Ausgefallenste bestellt. Dabei ist das Menü hervorragend.«

Das war richtig, bei Kasten gab es ein gutes Menü. Dort aßen die Reitschüler. Aber das Menü war langweilig. Ich studierte an Bambussprossen und indischen Vogelnestern herum. Der Alte gab nach und sagte zur Mutter:

»Von mir kann er das nicht geerbt haben.«

Das war wiederum richtig, aber auch meine Mutter hatte einen guten, einfachen Geschmack. Es fragt sich überhaupt, ob solche Kuriositäten vererbt werden. Ich habe eher den Eindruck, daß sie gezogen werden wie Treffer und Nieten in der Lotterie.

Um bei der Speisekarte zu bleiben, so pflegten die Gerichte mich mehr oder minder zu enttäuschen, die ich dem Namen nach aussuchte. Später, auf Reisen, erging es mir ähnlich mit den exotischen Finessen, die ich selten vorübergehen ließ. Anrüchige Häuser und Kneipen, verrufene Viertel, obszöne Antiquariate zogen mich in gleicher Weise an. Dem Typ, der mich auf dem Montmartre in einen Hausflur winkte, dem kleinen Araber, der mich zu seiner Schwester führen wollte, konnte ich schlecht widerstehen. Daran wäre nichts Besonderes gewesen, wenn mich nicht zugleich ein lebhafter Widerwille gehemmt hätte. Aber die Neugier überwog. Doch trug ich keine Lust davon. Wie ich die Gerichte mit den seltsamen Namen lustlos hinunterwürgte, so konnte mich der Anblick der menschlichen Entwürdigung nicht befriedigen. Das Laster ließ eine düstere Erinnerung in mir zurück, die lange andauerte. Das erklärt, warum ich nicht in ihm verweilen konnte, doch bleibt es ein Rätsel, warum ich es immer wieder aufsuchte. Erst als Theresa kam, erfuhr ich, daß eine Handvoll Wasser stärker als alle Essenzen ist.

Übrigens kam mir die Neugier bei den Leichten Reitern zuweilen sogar zustatten, da die Hauptaufgabe dieser Waffe die Aufklärung ist. Auf Streifen in unsicherem Gelände trieb ich die Erkundung oft über den Auftrag und die taktische Notwendigkeit hinaus. Das führte zu unvermuteten Entdekkungen und machte einen guten Eindruck auf die Führer der Vorhuten. Jeder Fehler hat auch seine Vorzüge, und umgekehrt.

Kurz und gut, ich fühlte auf Zapparonis Treppe, daß ich mich in ein zweideutiges Abenteuer wagte, obschon in Zwangslage. Zugleich aber wurde die alte, leidige Neugier in mir rege und stachelte mich an. Es lockte mich, zu erfahren, was der alte, mächtige Mann im Schilde führte und warum er geruhte, sich mit mir zu beschäftigen. Die Neugier spornte mich fast stärker als die Aussicht auf Gewinn. Ich hatte schließlich den Kopf im Leben schon aus mancher Schlinge gezogen, hatte von manchem Köder gekostet, ohne an die Angel gegangen zu sein.

Ich folgte daher dem Diener in das alte Haus. Es machte den Eindruck eines Landsitzes. An den Eingang schloß sich ein Flur, in dem nicht nur Hüte und Mäntel hingen, sondern auch Flinten und Angelgeräte verwahrt wurden. Dann kam eine Halle, die durch zwei Stockwerke ging, mit Trophäen und Stichen von Ridingers Reitschule. Es folgten zwei, drei Räume, die größer als ein Zimmer waren, doch kleiner als ein Saal.

Wir durchschritten den Südflügel; ich wurde in die Bibliothek geführt, die Sonne fiel durch matte Scheiben auf die Teppiche. Auf den ersten Blick schien keines dieser Stücke die Verhältnisse eines wohlhabenden Privatmannes zu überschreiten; ihr Anblick enttäuschte meine Erwartungen. Ich hatte unter dem Einfluß der Zeitungen vermutet, in eine Art von Zauberkabinett zu kommen, in dem der Besucher durch automatische Überraschungen halb in Erstaunen, halb in Bestürzung versetzt wurde. Ich sah sogleich, daß ich mich in dieser Hinsicht verschätzt hatte. Doch hätte ich mir denken können, daß ein Zauberer und Herr der Automaten dergleichen in seiner Intimität nicht liebt. Wir pflegen uns doch alle in einer Weise zu erholen, die von unseren Geschäften so weit wie möglich verschieden ist. Ein General spielt kaum

mit Zinnsoldaten, und ein Briefträger macht sonntags keine
Gewaltmärsche. Ebenso sagt man, daß die Clowns in ihren
vier Wänden meist ernsthaft, ja melancholisch sind.
In dieser Einrichtung stieß man nicht auf den Prunk von
Leuten, die über Nacht reich geworden sind. Es gab nichts
Trimalchionisches. Zapparoni mußte nicht nur einen vorzüglichen Innenarchitekten besitzen, sondern auch selbst Geschmack haben. Das sah man der Ausstattung an. Sie zeigte
eine Harmonie, die nicht auf Bestellung geliefert werden
kann, sondern die nur ein inneres Bedürfnis, nur die Gedie-
genheit des sich Behausenden erzeugt. Hier war keine kalte
Pracht, kein bloßes Scheinenwollen; die Räume waren bewohnt von einem intelligenten und kultivierten Wesen, das
sich in ihnen wohlfühlte.

Diese Südländer, selbst wenn sie aus einem sizilischen
Dorf oder aus einem neapolitanischen Basso kommen, verfügen häufig über einen untrüglichen Geschmack, wie er nur
durch Geburt erworben werden kann. Sie haben ein unfehl-
bares Ohr für Melodien und einen unbestechlichen Blick für
die Meisterhand in der bildenden Kunst. Ich hatte das oft
beobachtet. Die einzige Gefahr in dieser Hinsicht liegt in ihrer Eitelkeit.

Das Ganze war von gediegener Nüchternheit, nicht
prächtig, aber Leben ausströmend. Das galt vor allem für die
Kunstwerke. Ich hatte mitunter Gelegenheit gehabt, berühmte Bilder und Statuen, wie man sie nur von den Kalen-
dern oder aus Museen kennt, in Häusern schnell reich oder
mächtig gewordener Männer anzusehen. Der Anblick enttäuschte, weil sie ihren Ausdruck, ihre Sprache verloren hatten wie Vögel, die Gesang und Glanz einbüßen, wenn man
sie in einen Käfig sperrt. Ein Kunstwerk leidet, verblaßt in
Räumen, in denen es einen Preis hat, aber keinen Wert. Es
kann nur leuchten, wo es von Liebe umgeben ist. Es muß in
einer Welt verkümmern, in der die Reichen keine Zeit und
die Gebildeten kein Geld haben. Doch nie stimmt es er-
borgter Größe zu.

Zapparoni, das sah ich im Vorübergehen, mußte Zeit ha-

ben. Die fünf, sechs Bilder, die an den Wänden hingen, machten den Eindruck von Dingen, auf denen täglich und mit Liebe das Auge des Herren ruht. Keines von ihnen konnte nach
1750 gemalt worden sein. Ein Poussin war dabei. Gemeinsam
war ihnen, daß sie ein ruhiges Leben ausatmeten und auf Effekt verzichteten. Ich meine damit nicht die heutigen Effekte,
die im Niedagewesenen sich erschöpfen, sondern solche, wie
sie Meister hervorbringen. Die Bilder, die Zapparoni hier um
sich versammelt hatte, konnten niemals, und auch nicht von
den Zeitgenossen, als überraschend empfunden worden sein.
Sie mußten von Anfang an vertraut gewirkt haben.

Der Eindruck teilte sich dem Hause mit. Er harmonierte
mit einem anderen, der reine Machtfragen betraf, und wurde
durch ihn verstärkt. Ich sagte bereits, daß wir in Zeiten leben,
in denen die Worte ihren Sinn geändert haben und doppel-
gründig geworden sind. Das gilt auch für das Wort »Haus«,
das früher der Inbegriff des Soliden und Beständigen war.
Nun ist es seit langem zu einer Art von Zelt geworden, ohne
daß sein Bewohner die Freiheit des Nomaden genießt. Es
wird ebenso flüchtig in die Höhe getrieben, wie es zu Tausenden in den Wind geblasen wird. Das wäre noch nicht das
Schlimmste, wenn man wenigstens für eine Weile das Gefühl
haben dürfte, im Eigenen und Unantastbaren zu sein. Das
Gegenteil ist der Fall. Der Mann, der heute den Mut hat, ein
Haus zu bauen, errichtet einen Treffpunkt für Leute, die ihn
zu Fuß, im Wagen oder telefonisch heimsuchen. Es kommen
die Angestellten von Gas-, Licht- und Wasserwerken, Agenten von Versicherungen und Brandkassen, die Baupolizisten
und Rundfunkkassierer, die Hypothekengläubiger und Fi-
nanzbeamten, die den Mietwert für das Wohnen im eigenen
Hause feststellen. Wenn das politische Klima ein wenig
schärfer wird, kommen noch ganz andere Leute, die sogleich
wissen, wo man zu finden ist. Hinzu tritt, daß man mit dem
Odium des Eigentümers behaftet ist.

In früheren Zeiten war das einfacher. Man kannte zwar
weniger Bequemlichkeiten, aber man hatte ein gutes Gewissen, wenn man die Beine unter den eigenen Tisch streckte.

Eben dieses Gefühl hatte ich bei Zapparoni: daß hier noch ein Herr im Hause war. Ich hätte wetten mögen, daß es hier weder Zähler noch Anschlüsse gab, wenigstens nicht solche, die aus dem Grundstück hinausführten. Wahrscheinlich hatte Zapparoni das Muster des geschlossenen Handelsstaates früherer Zeiten auf seinen Haushalt übertragen; dann hatten seine Automaten ihn dazu instand gesetzt. Im Automaten wird die abstrakte Kraft konkret, kehrt in den Gegenstand zurück. Indessen sah ich nichts dergleichen, es handelte sich eher um eine atmosphärische Wahrnehmung. Es standen sogar Kerzen auf den Tischen und eine Sanduhr auf dem Kamin.

Hier wohnte offenbar einer, der keine Rente bezog, der eher Renten austeilte. Hier konnte die Polizei nicht eindringen, gleichviel mit welchem Auftrag oder unter welchen Vorwänden. Zapparoni hielt nicht nur seine eigene Polizei, die seine Weisungen und keine anderen ausführte. Sein Werkgelände und seine Verbindungswege wurden außerdem von Polizisten und Ingenieuren des Staates und des Heeres überwacht, die dem Buchstaben nach »im Einvernehmen« mit ihm zu handeln hatten, doch keinen anderen Willen haben konnten als den seinigen.

Es erhebt sich natürlich die Frage, warum ein Mann mit solchen Befugnissen ausgerechnet auf meine Hilfe angewiesen war, auf die Hilfe eines Mannes, dem das Wasser am Halse stand. Hier eben ruht das Mysterium, das ich bereits berührt habe. Es ist eine merkwürdige Tatsache, und sie muß tief gegründet sein, daß ein Mensch, der über noch so viel gesetzliche Handhaben verfügt, zur Durchsetzung seiner Pläne doch auf Nebentüren angewiesen ist. Der Rechtsraum, er möge klein oder groß sein, grenzt immer an das Ungesetzliche. Die Grenze wächst mit den Befugnissen. Wir finden daher bei großen Herren mehr Unrecht als beim kleinen Mann. Wo die Befugnisse absolut werden, kommt es zu einem Zustand, bei dem die Grenzen zu verschwimmen drohen und Recht und Unrecht schwer zu unterscheiden sind. Man braucht dann Leute, mit denen man Pferde stehlen kann.

4

Nachdem der Diener mich in die Bibliothek geführt hatte,
ließ er mich allein. Er war von vollendeter Höflichkeit. Ich
erwähne diese Wahrnehmung, weil sie den mißtrauischen
Zustand beleuchtet, in dem ich mich befand. Ich beobachtete
jeden, mit dem ich zusammenkam, und war viel leichter als
früher verletzt. Das Benehmen des Dieners ließ jedenfalls
nicht darauf schließen, daß der Hausherr eine abfällige Bemerkung über meinen Besuch gemacht hatte. Nun, ich zwei-
felte immer noch, daß ich ihn zu Gesicht bekommen würde
— wahrscheinlich würde gleich einer seiner Sekretäre eintreten.

In der Bibliothek war es still und angenehm. Die Bücher
strömten eine ruhige Würde aus. Sie reihten sich in den Regalen in Einbänden aus hellem Pergament, geflammtem
Kalbleder und braunem Maroquin. Die Pergamentbände waren mit der Hand beschrieben; die Lederrücken trugen rote
und grüne Titelschilder oder waren mit goldenen Lettern be-
druckt. Trotz ihrem Alter machte die Büchersammlung nicht
den Eindruck, daß sie da war, um Tapisserie zu bilden, sondern daß sie benutzt wurde. Ich las einige Titel, die mir wenig sagten: frühe Technik, Kabbala, Rosenkreuzer, Alchemie.
Vielleicht erholte sich hier ein Geist auf längst überwucher-
ten Irrwegen.

Die starken Mauern hätten den Raum verdüstert, wenn er
nicht durch die Fenster, die fast auf den Boden reichten, viel
Licht gehabt hätte. Die Glastür stand offen; sie führte auf
eine breite Terrasse hinaus.

Der Blick fiel auf den Park wie auf ein altes Bild. Die Bäume strahlten im frischen Laubglanz; das Auge fühlte, wie sie
ihre Wurzeln im Grunde feuchteten. Sie säumten die Ufer
eines Baches, der träge dahinfloß und sich zuweilen zu Flächen erweiterte, auf denen ein grünes Mieder von Wasser-
moosen schimmerte. Das waren die Fischteiche der Mönche
gewesen; die Zisterzienser hatten wie die Biber in den Sümpfen gebaut.

Es war ein Glücksfall, daß die Mauer noch erhalten war. Meist, und vor allem in der Nähe von Städten, sind diese Ringe abgetragen; sie haben als Steinbrüche gedient. Hier aber sah man hin und wieder durch das Laub der Bäume den grauen Stein. Die Mauer schien sogar Ackerflächen einzuschließen, denn ich sah in der Ferne einen Bauern, der hinter dem Pfluge ging. Die Luft war klar; die Sonne blinkte auf dem Fell der Pferde und auf der Scholle, die sich im Schnitte wendete. Das Bild war heiter, wenngleich befremdend im Anwesen eines Mannes, der unter anderem auch mit Traktoren für Gärtner handelte, die wie Maulwürfe die Beete lokkerten und ihre Erde zerkrümelten. Indessen sprach ja alles an seinem Haushalt für museale Neigungen. Vermutlich wollte er keine Maschinen sehen, wenn er auf der Terrasse seine Bäume und Weiher betrachtete. Das hatte zudem den Vorteil, daß auf seinen Tisch nur Früchte kamen, die auf die alte Weise erzeugt waren. Auch hier gilt der Satz, daß sich die Worte verändert haben, denn Brot ist nicht mehr Brot und Wein ist nicht mehr Wein. Es sind verdächtige Chemikalien. Man muß schon ungewöhnlich reich sein, wenn man heute Vergiftungen vermeiden will. Dieser Zapparoni war ohne Zweifel ein Schlaufuchs, der in Malepartus zu leben wußte, und zwar auf Kosten der Dummköpfe, wie ein Apotheker, der sich seine Drogen und Wundermittel mit Gold aufwiegen läßt, während er selbst sich und die Seinen nach der Väter Weise gesund erhält.

Wahrhaftig, es war friedlich an diesem Ort. Das Brausen der Werke, der Parkplätze und Anfahrtsstraßen drang nur als feines Summen durch die Laubwipfel. Dafür hörte man die Melodien der Stare und Finken, und an den morschen Stämmen hämmerte der Specht. Die Drosseln hüpften und weilten auf den Rasenplätzen, und zuweilen ertönte im Teichgrund das Klatschen eines Karpfens, der aufschnellte. Auf den Rabatten und Medaillons vor der Terrasse, wo sich die Blumen drängten, kreuzten die Bienen und teilten sich mit den Faltern den süßen Raub. Es war ein Maitag in seiner vollen Pracht.

Nachdem ich die Bilder und die Bücher mit den seltsamen Titeln betrachtet hatte, setzte ich mich an einen kleinen Tisch, vor dem zwei Stühle standen, und blickte durch die weit offene Tür. Die Luft war reiner als in der Stadt, berauschend fast. Das Auge ruhte auf den alten Bäumen, den grünen Teichen und auf dem braunen Felde in der Ferne, auf dem der Bauer die Furchen zog und in den Kehren rastete.

Wie wir an einem warmen Frühlingstage den Winter noch in den Knochen spüren, so fühlte ich vor diesem Bilde die Unzufriedenheit, die mein Leben in diesen Jahren getrübt hatte. Ein abgedankter Reiter spielte eine traurige Figur inmitten dieser Städte, in denen kein Pferd mehr wieherte. Wie hatte sich doch alles verändert seit Monterons Zeit. Die Worte hatten ihren Sinn verloren, auch Krieg war nicht mehr Krieg. Monteron würde sich im Grabe umdrehen, wenn er erführe, was sie heute als Krieg bezeichneten. Friede war schließlich auch nicht Friede mehr.

Wir waren noch zwei, drei Mal geritten auf den Ebenen, auf denen sich seit der Völkerwanderung immer wieder bewaffnete Reiter bewegt hatten. Bald sollten wir erfahren, daß es nicht mehr möglich war. Wir hatten noch die schöne, bunte Montur getragen, auf die wir stolz waren und die weithin leuchtete. Doch sahen wir keinen Gegner mehr. Wir wurden von unsichtbaren Schützen aus großer Entfernung aufs Korn genommen und aus dem Sattel geholt. Wenn wir sie erreichten, fanden wir sie in Drähte eingesponnen, die den Pferden die Fesseln zerschnitten und über die kein Sprung hinwegführte. Das war das Ende der Reiterei. Wir mußten absitzen.

In den Panzern war es eng, heiß und lärmend, als ob man in einem Kessel säße, an dem die Schmiede hämmerten. Es roch nach Öl, Treibstoff, Gummi, verschmortem Isolierband und Asbest und, wenn man in Schußweite kam, auch nach Pulver, das aus den Kartuschen abqualmte. Man spürte Erschütterungen im weichen Grunde, dann schärfere und nähere Schläge, auch Treffer bald. Das war keiner der großen Reitertage, von denen Monteron uns erzählt hatte. Es war heiße Maschinenarbeit, unsichtbar, ruhmlos und immer von der Aussicht auf den Feuertod begleitet, die sich nicht abweisen ließ. Ich empfand es als widrig, daß der Geist sich so der Macht der Flamme beugen sollte, aber es muß tief in der Natur liegen.

Außerdem nahm das Metier einen anrüchigen Charakter an. Ich machte bald die Erfahrung, daß auch Soldaten nicht mehr Soldaten sind. Das Mißtrauen war gegenseitig und wirkte auch auf den Dienst. Früher hatte der Fahneneid genügt. Nun mußte man zahllose Polizisten anwerben. Das war eine bestürzende Veränderung. Über Nacht war Irrtum, ja war Verbrechen geworden, was früher Pflicht gewesen war. Wir merkten es, als wir nach dem verlorenen Krieg in die Heimat zurückkehrten. Die Worte hatten ihren Sinn verloren — war nun auch das Vaterland nicht Vaterland mehr? Wofür waren sie dann alle dahingegangen, Monteron und die Seinigen?

Ich denke ungern an jene Jahre zurück, in denen sich alles verändert hatte, und möchte sie aus dem Gedächtnis tilgen wie einen bösen Traum. Wir wurden nicht fertig mit den Tatsachen. Jeder sah in dem anderen den Schuldigen. Wo Haß an der Saat mitwirkt, kann nur Unkraut die Ernte sein.

Ein furchtbares Erlebnis verleidete mir diese Umtriebe. Es muß in die Zeit gefallen sein, in der wir das Denkmal umgeworfen hatten; es war einem der neuen Tribunen gesetzt, der bereits wieder unpopulär geworden war. Das ist auch eines der Worte, die davon leben, daß es einmal ein römisches Imperium gegeben hat. Wir hatten getrunken; es war nach Mitternacht, und das Monument lag im grellen Licht einer Baustelle. Die Arbeiter liehen uns ihre Vorschlaghämmer, und wir machten so gründliche Arbeit, daß nur noch zwei ungeheure Betonstiefel vom Postament in die Luft ragten. Ich entsinne mich kaum noch des Ortes und der Namen, die mit diesem obskuren Hermenfrevel zusammenhängen; wer daran Interesse hat, wie Zapparoni, mag es in meinen Papieren nachlesen.

Wir pflegten uns bei einem Kameraden zu treffen, der ein Zimmer im obersten Stockwerk eines Mietshauses bewohnte, wie sie damals ebenso schnell wie unsolide gebaut wurden. Das Zimmer hatte ein breites Fenster, aus dem man durch einen tiefen Schacht auf den Hof blickte, der aus der Höhe kaum größer als ein Kartenblatt erschien. Der Kamerad hieß Lorenz; er war ein schlanker, etwas nervöser Junge und hatte auch bei den Leichten Reitern gedient. Wir hatten ihn alle gern; es war etwas von alter Freiheit, von alter Leichtigkeit in ihm. Fast jeder hatte damals eine Idee; das war eine besondere Eigentümlichkeit der Jahre, die jenem Krieg folgten. Die seine bestand darin, daß die Maschine die Quelle allen Übels sei. Er wollte daher die Fabriken in die Luft sprengen, das Land neu verteilen und in ein Bauernreich umwandeln. Da würden alle friedlich, gesund und glücklich sein. Um diese Meinung zu belegen, hatte er eine kleine Bibliothek erworben — zwei, drei Reihen zerlesener Bücher, vor allem von Tolstoi, der sein Heiliger war, auch frühe Anarchisten wie Saint-Simon.

Der arme Junge wußte nicht, daß es heute nur *eine* Bodenreform gibt: die Expropriation. Dabei war er selbst der Sohn eines enteigneten Landwirts, der seinen Verlust nicht überlebt hatte. Besonders merkwürdig erschien der Umstand, daß er diese Ideen unterm Dache eines Mietshauses verfocht und inmitten eines Kreises, dem es zwar an verworrenen Plänen nicht mangelte, der aber in technischer Hinsicht auf der Höhe war.

Infolgedessen fehlte es nie an heiteren Zwischenrufen, wenn er seine Ideen entwickelte, wie etwa: »Zurück zur Steinzeit« oder »Neandertal, du bist mei Freud«. Wir übersahen aber oder wir sahen nicht deutlich genug, daß etwas von heiligem, wenngleich ohnmächtigem Zorn an unserem Freunde zehrte, denn das Leben in diesen Städten, die wie von ehernen Schnäbeln ausgeweidet glühten, war grauenhaft. Lorenz hätte damals nicht in unsere rüde Gesellschaft gehört, sondern in die Obhut einer Familie, in die Hände einer liebenden Frau. Monteron hatte ihn besonders gemocht.

An diesem schrecklichen Abend, es war eher schon gegen

Morgen, war viel getrunken worden, und die Köpfe hatten
sich erhitzt. Geleerte Flaschen standen auf dem Tisch und an
den Wänden, und aus den Aschenbechern schwelte Rauch
durch das offene Fenster, durch das der Blick auf einen unge-
sunden Himmel fiel. Das war vom Frieden der Dörfer weit
entfernt.

Ich war fast eingeschlafen, und nur der Lärm der Unterhaltung hielt mich wach. Plötzlich schreckte ich auf; ich fühlte, daß sich etwas im Raume vollzog, das höchste Aufmerksamkeit forderte. So beginnt ein Empfänger zu schwingen,
wenn er angesprochen wird. Die Musik wird unterbrochen
durch die Signale eines Schiffes, das mit dem Untergange
kämpft.

Die Kameraden schwiegen; sie blickten auf Lorenz, der
sich erhoben hatte und sich in äußerster Erregung befand.
Sie mochten ihm wohl wieder zugesetzt haben, hatten
scherzhaft genommen, was eigentlich die Hilfe eines erfahrenen Arztes erforderte. Zu spät erkannte jeder, wie ungewöhnlich das alles gewesen war.   ·

Lorenz, der übrigens nichts getrunken hatte und nicht zu
trinken pflegte, war offensichtlich in eine Art von Trance
verfallen; er verfocht seine Idee nicht mehr. Er klagte vielmehr, daß Männer fehlten, die das Gute wollen; dann ließe
es sich leicht verwirklichen. Die Väter hätten es uns gezeigt.
Und dabei sei es doch so leicht, das Opfer zu vollbringen, das
die Zeit erwartete. Dann würde der Spalt sich schließen, der
die Erde zerriß.

Wir blickten ihn an und wußten nicht, worauf es hinauslaufen sollte; halb war es uns wie bei einer unsinnigen Tirade
zumute, halb wiederum wie bei einer Beschwörung, bei der
Unheimliches heraufglänzte.

Er wurde jetzt ruhiger, als wöge er eine besonders über-
zeugende Wendung ab. Er lächelte und wiederholte: »Es ist
doch so leicht. Ich will es euch vormachen.« Dann rief er:
»Es lebe — — —«, und schwang sich aus dem Fenster hinaus.

Ich will nicht wiederholen, welche Widmung er ausbrachte. Wir glaubten zu träumen, aber zugleich war es, als würden wir an einen Starkstrom angeschlossen; wir saßen wie eine Versammlung von Gespenstern mit gesträubten Haaren im leer gewordenen Raum.

Lorenz, obwohl der Jüngste von uns, war Vorturner gewesen; ich hatte ihn oft genug gesehen, wie er die Flanke über den Barren oder das Pferd machte. Genau so verschwand er aus der Mansarde; er hatte die Hand leicht auf das Fensterbrett gelegt und schwang sich gewandt herum, so daß sein Gesicht noch einmal hereinblickte.

Waren es fünf Sekunden, waren es sieben einer außerordentlichen Stille, die nun folgte — ich weiß es nicht. Jedenfalls möchte man, selbst in der Erinnerung, einen Keil in die Zeit treiben, damit sie ihre Logik, ihre Unumwendbarkeit verlöre, einen Keil in die unerbittliche Zeit. Dann tönte aus der Tiefe des Hofes der furchtbare Aufschlag, dumpf, doch zugleich hart; es war kein Zweifel, daß er tödlich war.

Wir stürzten die Treppen hinab, hinaus in den engen, zwielichtigen Hof. Ich will verschweigen, was dort für ein Wesen kauerte. Aus solcher Höhe pflegt der Körper bald mit dem Kopf nach unten zu stürzen — daß Lorenz es fertiggebracht hatte, auf den Beinen zu landen, zeigte, daß er ein guter Turner war. Der Sprung wäre aus dem zweiten, ja vielleicht aus dem dritten Stockwerk noch geglückt. Doch es gibt Dinge, die nicht zu leisten sind. Ich sah zwei helle Spangen, an denen Gespinste hingen: die Knochen hatten im Anprall die Hüften durchstoßen und bleichten in der Luft.

Der eine rief nach einem Arzte, der andere nach der Pistole, der dritte nach Morphium. Ich fühlte, daß Irrsinn mich bedrohte, und rannte in die Nacht. Die unselige Tat hatte mich tief getroffen und einen untilgbaren Schock hinterlassen; sie hatte auch in mir etwas zerstört. Ich kann sie daher nicht als Episode behandeln, nicht mit der Bemerkung abtun, daß es viel Sinnloses gibt auf der Welt.

Der arme Junge hatte uns in der Tat ein Beispiel gegeben, wenngleich ein anderes, als er beabsichtigte. Er wußte in einem Augenblick anschaulich zu machen und zu vollenden, wozu die meisten unseres Kreises ein Leben benötigten. Er hatte uns unsere Ausweglosigkeit gezeigt.

Damals erfaßte ich das grauenvolle Wort »Umsonst«. Es hatte mich schon nach der Niederlage durchbohrt, beim Anblick übermenschlicher Leistung, unausschöpfbaren Leidens, aus dem es wie ein von Geiern gekrönter Fels in die brandrote Nacht ragte. Das schuf eine Wunde, die nie vernarbt.

Es schien, daß die Kameraden es weniger ernst nahmen. Gerade unter den Teilnehmern jenes Abends war eine Reihe von starken Geistern, die später viel von sich reden machten; es war, als hätte ein Dämon sie vereint. Sie kamen am nächsten Tage noch einmal zusammen und beschlossen, daß Lorenz' Name aus den Listen zu streichen sei. Der Selbstmord war für sie ein unzulässiges, dem Zeitgeist dargebrachtes Kompliment.

Es gab eine armselige Beerdigung auf einem der Vorstadtfriedhöfe. Als die Teilnehmer sich zerstreuten, hörte man befremdete Worte: »Im Rausch aus dem Fenster gesprungen« und ähnliches.

5

Was die anderen betraf, so entfalteten sie bald eine außerordentliche Tätigkeit. Man hörte von ihnen aus den baltischen Provinzen, dann aus Asturien und von vielen Plätzen, auch sehr entfernten; es gab keine Wirren, in denen sie nicht auftauchten. Obgleich sie Erstaunliches ins Werk setzten, konnte man nicht sagen, daß die Zeit sie förderte, oder sie tat es wenigstens nur dort, wo sie Gegenströmungen abspaltete.

Damals begann ich mich mit Geschichte zu beschäftigen. Ich war neugierig, ob Ähnliches schon einmal geschehen sei. Unter den Charakteren ergriff mich der jüngere Cato, dem nicht die siegreiche, sondern die besiegte Sache gefiel. Auch mir erschienen im großen Weltgemälde die Schatten eindringlicher und tiefer und Trauer die eigentliche Weihe der Betrachtung — Hektor und Hannibal, Indianer und Buren, Montezuma und Maximilian von Mexiko. Gewiß lag hier

auch einer der Gründe meines Scheiterns; das Unglück ist
ansteckend.

Im Maße, in dem die Kameraden rührig wurden und Einfluß gewannen, zogen sie mich heran. Sie hatten ein genaues
Urteil darüber, was jemand leisten kann. Von mir hatten sie
die Meinung, daß ich ein guter Ausbilder sei. Das ist richtig;
ich hatte den Vorzug, ein Spezialist zu sein. Allerdings muß
ich auch hier eine Einschränkung machen, indem ich andeute,
inwiefern ich den Titel verdiente und inwiefern nicht.

Ohne Zweifel besaß ich ein natürliches Talent der Einwei-
sung — also darin, junge Leute in eine Materie einzuführen,
die zu erlernen und später zu meistern ihnen aufgetragen
wird. Beherrschung des Pferdes in der Bahn, dann im
Sprunggarten und endlich im Gelände, Kenntnis des Panzers
in seinen Teilen und deren Zusammenwirken, seine Führung
im Feuer, Verhalten in bestrahlten oder sonstwie gefährde-
ten Räumen — derartiges methodisch in Theorie und Praxis
an den Mann zu bringen, bereitete mir keine Schwierigkeit.
Ich erwähnte bereits, daß wir in technischer Hinsicht ziemlich perfekt waren. Wenn ich an einem zentralen Kursus
über eine neue Erfindung teilgenommen hatte, konnte man
sich darauf verlassen, daß ich mit meinem Pfunde wucherte.
Ich wurde auch Mitglied der Panzerinspektion. Wir fuhren in
die Fabriken und feilschten mit den Ingenieuren um die Erfindungen.

Nebenbei gesagt, wurden diese Erfindungen immer widriger. In dieser Hinsicht war ein Überrest der primitiven Wer-
tung des alten Kavalleristen unausrottbar in mir. Ich will zugeben, daß in den frühen Zeiten der Reiter dem Unberittenen gegenüber stark im Vorteil war. Dafür hatte er auch
ganz andere Aufwendungen. Das glich sich aus mit der Erfindung des Schießpulvers, die Ariost zu Recht beklagt. Da war
es aus mit den herrlichen Heeren, wie Karl der Kühne sie
noch anführte. Immerhin gab es noch Reitertage, und ich
kann es nicht ungerecht finden, daß das Fußvolk zwei oder
drei Mal anlegen durfte, ehe es seinen Denkzettel empfing.
Aber dann kam der Tod der Reiterei.

Die alten Kentauren überwand ein neuer Titan. Ich sah meinen Überwinder ganz nahe vor mir, als ich blutend im Grase lag. Er hatte mich aus dem Sattel geholt. Es war ein kleiner, mickriger Bursche, ein finniger Vorstädter, irgendein Messerschmied aus Sheffield oder ein Weber aus Manchester. Er kauerte hinter seinem Dreckhaufen, hatte ein Auge zugekniffen und visierte mit dem anderen über das Gestänge, mit dem er das Unheil anrichtete. Er webte da in rot- und grauem Muster ein böses Tuch. Das war der neue Polyphem oder vielmehr einer seiner untersten Laufburschen, mit einer eisernen Prothese vor dem einäugigen Gesicht. So sahen also jetzt die Herren aus. Mit der Schönheit der Wälder war es vorbei.

Dabei fällt mir Wittgrewe ein, einer meiner ersten Lehrmeister. Ich lernte bei ihm das Reiten in seinen Anfangsgründen, noch ehe ich zu Monteron kam. Wittgrewe ritt die Remonten ein; kein Reitturnier war denkbar ohne Wittgrewe. Er hatte Schenkel von Eisen und führte die Zügel mit einer Hand, die weich wie Sammet war. Auch das schwierigste Pferd, das ungerittenste Füllen erkannte binnen einer Stunde den Herrn in ihm. Ich machte mein erstes Manöver unter seiner Aufsicht mit. Abends ging ich gern in den Stall, in dem er sich und die Pferde untergebracht hatte, und fühlte mich dort wohl, auch wenn wir den lieben langen Tag im Sattel gewesen waren, vom frühesten Morgen bis zum »Das Ganze Halt«.

Im Stall war es gemütlich; die Pferde standen tief im Stroh, dessen Halme ihnen den Bauch kitzelten. Man traf stets zwei, drei andere Leichte Reiter bei Wittgrewe, alte Leute im dritten Jahr. Ich lernte dort, wie man sein Pferd nach einem langen Ritt betreut, ihm Stroh aufschüttet, es warm reibt, seine Fesseln anfaßt, ihm Wasser bringt, auf das man Häcksel gestreut hat, damit es nicht zu hastig trinke, es hegt und pflegt, bis es einem den Kopf auf die Schulter legt und mit den Nüstern stößt. Ich lernte auch die Mysterien der Stallwachen im Guts- oder Bauernquartier, lernte Branntwein trinken, halblange Pfeifen mit bemalten Köpfen rauchen, Karten spielen und anderes, was zur Vorbereitung auf die Husarenprobe gehört. Wo Wittgrewe erschien, wo er mit offener Jacke und schlendernden, gelösten Schritten über den Hof ging, tauchten auch bald die Mädchen auf, blonde, braune und schwarze Mädchen, Mädchen mit spitzen Schuhen und hohen Stiefeln, Mädchen mit und ohne Kopftücher, Mädchen aus Pommern und Schlesien, aus Polen und Litauen. Er nahm das als selbstverständlich und brauchte auch nichts dazu tun; die Mädchen kamen, wie Katzen kommen, wenn man Baldrian streut. Sie kamen auch in den Stall, wenn der Bauer und die Bäuerin oder wenn die Herrschaft schlafen gegangen war. Da wurde gezecht und wurden Würste angeschnitten, wurden Scherzrätsel aufgegeben und Pfänder verlost, kurzum Wittgrewe war in allen Sätteln gerecht. Er hatte auch eine herrliche Singstimme.

Übrigens war mein erstes Manöver zugleich sein letztes; er quittierte noch im Herbst den Dienst und bekam eine Anstellung. Nach einiger Zeit sah ich ihn wieder, und zwar als ich mit der Straßenbahn hinaus nach Treptow fuhr. Ich löste mein Billett und wollte meinen Augen nicht trauen, als ich in ihm den Schaffner erkannte — aber es blieb kein Zweifel: es war Wittgrewe. Er trug jetzt eine steife grüne Mütze, die wie ein Zündhütchen aussah, und eine Ledertasche, verkaufte Billette für zehn Pfennig, klingelte alle drei Minuten, indem er an einem Riemen zog, und rief die Haltestellen aus. Der Anblick bestürzte mich; er machte mich beklommen, als hätte man ein Tier der freien Wildbahn in einen Käfig eingezwingert und ihm zwei oder drei armselige Kunststücke beigebracht. Das war also der prächtige Wittgrewe.

Auch Wittgrewe hatte mich erkannt. Indessen begrüßte er mich nicht besonders freudig — es schien, als dächte er ungern an die gemeinsame Vergangenheit zurück. Noch mehr wuchs mein Erstaunen, als ich merkte, daß er sich an die Reitertage wie an etwas Minderes, Geringeres erinnerte und seine Tätigkeit in diesem Wagen als Fortschritt, als Avancement betrachtete.

Obwohl er ersichtlich geringen Wert darauf legte, suchte

ich ihn in seiner Wohnung auf. Junge Leute verlieren ungern ihre Vorbilder. Und Wittgrewe war eben der Leichte Reiter, wie er im Buche steht. Das schnelle Nehmen von Hindernissen, das Ausnutzen erspähter Gelegenheiten setzt flüssiges Blut, setzt ein sanguinisches Temperament voraus. Da muß man auch den Leichtsinn in Kauf nehmen, wie es selbst Monteron tat, obwohl er es uns nicht merken ließ.

In Wittgrewes Wohnung sah es fast noch trauriger aus. Sie lag in der Stralauer Gegend, Berlin, wie es weint und lacht. Ich wurde von ihm in ein Zimmer geführt, in dem ein Büfett aus kaukasischem Nußbaum stand, das von einer Kristallschüssel gekrönt wurde. Er hatte geheiratet. Ich machte zum ersten Male die Erfahrung, daß man gerade bei denen, die jahrelang Hahn im Korb gewesen sind, die reizlosesten Frauen trifft.

Besonders erstaunte mich, daß ich in der ganzen Wohnung kein Pferd sah, weder auf Stichen noch auf Fotografien, auch keinen der Preise, die er auf den Turnieren geholt hatte. Vom alten »Wein, Weib, Gesang« war nur die Tatsache geblieben, daß er Mitglied der Stralauer Liedertafel geworden war. Darin erschöpften sich seine geselligen Ansprüche.

Und worauf gründeten sich seine Hoffnungen? Er wollte Kontrolleur werden, vielleicht sogar Inspektor, seine Frau erwartete eine kleine Erbschaft, und er würde vielleicht auch einmal in den Vorstand seines Vereins gewählt werden. Die hagere Frau leistete uns schweigend Gesellschaft, während wir unser Weißbier tranken, und ich ging mit dem Gefühl, daß ich zur Unzeit gekommen war. Vielleicht hätte ich ihn während der Baumblüte nach Werder zum Trinken einladen sollen oder zum Rennen nach Hoppegarten, denn irgendwo in der Tiefe mußte doch wohl die Erinnerung schlummern; sie konnte nicht ganz verloren gegangen sein. Ich stellte mir vor, daß Wittgrewe nachts in den Träumen wieder zu Pferde stieg und singend über die weiten Ebenen dahinsprengte, bis abends am Horizont mit den hohen Balken der Ziehbrunnen ein fettes Quartier winkte.

Als ich den Polyphem aus Sheffield oder Manchester er-

wähnte, kam ich auf Wittgrewe. Er hatte seinen Kotau vor
den neuen Gottheiten gemacht, und Taras Bulba drehte sich
im Grabe um. Bald mußte ich erfahren, daß das kein Einzel-
fall war. Er wiederholte sich in vielen anderen. Zu uns, die
wir in einer der östlichen Provinzen lagen, kamen nur junge
Mannschaften vom Lande, Bauernsöhne und Bauernknechte,
die seit ihrer Kindheit gewohnt waren, mit Pferden umzugehen. Die Jahre bei den Reitern waren für sie ein Fest. Dann
wurden immer mehr von ihnen durch die großen Städte auf-
gesogen und endeten wie Wittgrewe. Sie wurden mit Stückwerk beschäftigt, das eines Mannes unwürdig war und ebenso gut von einer Frau oder einem Kinde hätte geleistet werden können, wenn nicht gar von einem Teil des Gestänges,
an dem sie arbeiteten.

Was sie in ihrer Jugend getrieben hatten und was seit Tausenden von Jahren des Mannes Amt, Lust und Freude gewesen war: ein Pferd zu reiten, des Morgens hinter dem Stier
das dampfende Feld zu pflügen, im glühenden Sommer das
gelbe Korn zu schneiden, während Ströme von Schweiß an
der gebräunten Brust herunterrieseln und die Binderinnen
kaum Schritt halten können, das Mahl im Schatten der grünen Bäume — alles, was das Gedicht seit uralten Zeiten gepriesen hat, es sollte nun nicht mehr sein. Die Lust war dahin.

Wie mochte dieser Zug zu einem blasseren und flacheren
Leben wohl zu erklären sein? Gewiß, die Arbeit war leichter,
wenn auch ungesünder, und sie brachte mehr Geld, mehr
Zeit und vielleicht auch mehr Vergnügungen. Der Tag auf
dem Lande ist lang und schwer. Und doch war das alles weniger wert als früher ein runder Taler, ein Feierabend, ein
ländliches Fest. Daß sie vom Glück abwichen, sah man deutlich am Mißbehagen, das ihre Züge beschattete. Die Unzufriedenheit überwog bald jede andere Stimmung, sie wurde
zur Religion. Wo die Sirenen heulten, war es grauenvoll.

Damit mußte sich jeder abfinden. Sonst kamen, wollte
man im Unzeitgemäßen verharren wie wir in unserem
Reiterleben, die Leute aus Manchester. Es war wirklich damit vorbei. Jetzt hieß es: »Friß, Vogel, oder stirb!« Das hatte

Wittgrewe eher gesehen als ich. Es liegt mir um so ferner, ihn und die anderen zu bekritteln, als ich ja zu der gleichen Wendung gezwungen war.

Das sah dann etwa so aus: Der Mann aus Manchester hatte uns gewiesen, was eine Harke war. Wir mußten die Pferde abschaffen. Nun kamen wir mit Panzern, um ihn auszuräuchern, woraufhin er wiederum mit einer neuen Überraschung aufwartete. Im Grunde zogen wir beide am gleichen Strick.

Ich muß zugeben, daß in dieser Aufeinanderfolge von immer neuen und immer schneller veraltenden Modellen, in diesem raffinierten Frage- und Antwort-Spiel von überzüchteten Gehirnen ein Reiz lag, der mich eine Zeitlang fesselte, vor allem als ich in der Panzerinspektion arbeitete. Der Machtkampf war in ein neues Stadium getreten; er wurde mit Formeln der Wissenschaft geführt. Die Waffen versanken im Abgrund wie flüchtige Phänomene, wie Bilder, die man ins Feuer wirft. In proteushafter Folge wurden neue hervorgebracht.

Das Schauspiel war fesselnd, und hier war es, wo ich mit Wittgrewe übereinstimmte. Wenn den Massen bei den festlichen Paraden, sei es am Roten Platz in Moskau oder in anderen großen Zentren, die neuen Modelle gezeigt wurden, herrschte andächtiges Schweigen, und dann brach Jubel aus. Was bedeutete dieses Rauschen, wenn auf der Erde stählerne Schildkröten und eherne Schlangen vorüberzogen, während am Himmel Dreiecke, Pfeile und Raketen in Fischform sich mit Gedankenschnelle zu wechselnden Figuren ordneten? Es waren zwar immer neue Modelle, die vorgewiesen wurden, doch lag in diesem Schweigen und diesem Jubel auch etwas uralt Böses des Menschen, der ein Überlister und Fallensteller ist. Unsichtbar zogen Tubalkain und Lamech im Zuge der Scheinbilder vorbei.

6

Ich war also Instruktor ohne festen Rang und bei der Panzerabnahme angestellt, ein Spezialist, wie sie heute auf allen

Gebieten gebraucht werden. Das meine gehörte zu denen, die, obgleich unentbehrlich, sich keiner besonderen Achtung erfreuen. Dafür war wiederum meine Achtung vor den Auftraggebern gering. Jeder Herr hat den Knecht, den er verdient. Die Nachteile des Spezialistentums sind bekannt. Es hat aber auch Vorteile, unter anderem den, daß man nicht gleich den Genossen zu machen braucht. Man kann sich auf die Fakten zurückziehen.

Die freie Zeit verwandte ich im wesentlichen auf meine historischen Studien. Ich konnte bei meiner Lebensweise, abgesehen von einem kleinen eisernen Bestande, kaum Bücher mitführen, war aber häufig in den Bibliotheken und auch in Vorlesungen. Ich bildete mir auch eine Theorie. Sie bestand darin, daß wir uns in der Zeit vor Actium befänden, mit dem Fluch des Weltbürgerkrieges belastet wären und daß diesem Abschnitt ein anderer folgen würde, in dem man Actiaden feierte, eine Reihe von großen und friedlichen Jahrhunderten. Wir freilich würden bis an unser Ende nur Elend sehen.

Was nun das Instruktorenamt angeht, so fiel mir wie den meisten meiner Freunde das Technische nicht schwer. Ich hatte sogar eine gewisse Passion dafür. Indessen weiß jeder, der einmal unterrichtet oder Übungen abgehalten hat, daß das nicht die Hauptsache ist. Zur Durchdringung des Gegenstandes muß der Eros des Lehrens und des Lernens, das Wechselspiel von Geben und Empfangen, von Vorbild und Nachahmung hinzutreten, die Liebe, mit der ein Wilder seine Söhne im Bogenschießen übt oder ein Tier seine Jungen führt. Eine der großen Ordnungen des Kosmos ist pädagogisch, davon bin ich überzeugt.

Es war mir ein Bedürfnis, mit jungen Leuten umzugehen. Ich mußte mich dabei auf meine persönlichen Gaben verlassen; mir fehlte die überpersönliche Autorität von Monteron. Zunächst stand ich mit ihnen auf kameradschaftlichem Fuße, später wurde das Gefühl durch eine väterliche Neigung vertieft. Mir waren Söhne versagt geblieben, obwohl ich sie mir immer gewünscht hatte. Wie diese Jungen das Leben meistern würden — die Frage hatte etwas Erregendes für mich.

Sie waren in die Unsicherheit hineingeboren, hatten Männer von der unbedingten Sicherheit eines Monteron nie gekannt. Vielen von ihnen hatte der Vater gefehlt. Ich übersah daher das Maß ihrer Gefährdung besser, die Einsamkeit in unbekannten Meeren, die furchtbare Nähe am Abgrunde.

Ich meine damit nicht die leibliche Gefährdung, obwohl auch sie mich bedrückte, wenn der Abschiedsabend kam. Da saßen die Jungen; sie drängten sich zusammen wie im Nest. Zwar waren die üblichen Reden gefallen: »Bald dürfen wir zeigen, was wir gelernt haben« und ähnliche, doch es war Angst dabei, ganz dunkler Schatten, der sich nicht bannen ließ. Und ich dachte mir, wie ich sie so sitzen sah: »Ja, bald werdet ihr hinaustreten — dorthin, wo kein Lehrer euch folgen kann. O, was erwartet euch dort?«

Sie so allein zu wissen, wurde mir immer unerträglicher. Zwei- oder dreimal erreichte ich, daß ich sie begleiten durfte, was nicht gern gesehen wurde und auch wenig nutzte, denn wie bald kommt der Punkt, an dem wir den Nächsten allein lassen müssen, ihm keine Hilfe bringen können, als wären wir durch Meere von ihm getrennt. Ich hätte gerne meine Haut für sie zu Markt getragen — hatte doch nicht mehr viel zu erwarten auf dieser Welt. Ich hatte mich amortisiert. Aber an mir gingen die Kugeln vorbei.

Und wiederum erstaunte mich ihr Mut, ihre Tragfähigkeit. Wo die Politiker der Verstand verließ — und wie bald war das geschehen — da mußten sie einspringen, mußten für Schulden von Vätern und Vorvätern gutsagen. Da konnte von Reitertagen nicht mehr die Rede sein. In welch erbärmliche Küchen wurden sie geführt. Und sie gingen ohne ein Wort des Vorwurfes. In diesem Punkte sah ich etwas mehr als Monteron. Ihm mußte die Zone des tiefen, ruhmlosen Leidens verborgen bleiben, die unter den gefügten Ordnungen beginnt.

Über das Politische machte ich mir wenig Gedanken. Ich hatte das Gefühl, daß wir alle wie Lorenz aus dem Fenster hinaussprangen. Früher oder später mußten wir aufschlagen. Wir hingen, wie man so sagt, in der Luft. Daß meine Freunde zum Teil, sei es politisch, sei es militärisch, in hohe Stellungen aufrückten, habe ich bereits erwähnt. Ich hielt mich bescheiden in ihrem Kielwasser. Irgendwo mußte man ja mitmachen. Ob hier oder dort, das lief auf dasselbe hinaus. Ohne Zweifel gibt es Einsichten, die uns wenig nutzen, ja eher schädigen. Wer zu scharf in die Küche blickt, verdirbt sich den Appetit. Daß unsere Sache ihre Schattenseite hatte und daß beim Gegner auch nicht alles so schwarz war, wie es gemalt wurde — das zu wissen und auszusprechen war für mich unnötig. Es machte mich hier wie dort verdächtig und beraubte mich der Vorteile der Parteigängerschaft.

Ich war ein Skrupulant, und darin, daß mir die Unbedenklichkeit des Parteigängers fehlte, lag meine Schwäche, die bald erkannt wurde. Ganz eng damit zusammen hing meine Neigung für den Besiegten, die mich oft merkwürdige Wendungen vollziehen ließ. Ich werde darauf bei den Spicherer Höhen zurückkommen.

Ein solcher Charakterzug, eine solche Schwäche bleibt nicht verborgen, und das war der Grund, aus dem ich trotz guten Leistungen nicht vorankam. Der Vorwurf des Sophismus, der Haarspalterei, der Unentschlossenheit begleitete mich in meinen Zeugnissen. Es gibt ja in jedem Amt, in jedem Gremium intelligente Naturen, denen gegenüber Vorsicht am Platze ist. Den Vogel schoß ein Stabschef während des asturischen Feldzuges ab, der in meine Konduite schrieb: »Einzelgänger mit defaitistischen Neigungen«.

Das war auch der Zeitpunkt, von dem an ich nicht mehr als Parteigänger, sondern als Spezialist geführt wurde, was zwar meinen Neigungen entsprach, aber meinem Fortkommen ungünstig war. Eine andere Hemmung, die mir erst allmählich deutlich wurde, trat hinzu. Sie bestand darin, daß ich gut auf hundert oder zweihundert Leute einwirken konnte, aber nicht auf tausend und mehr. Das erscheint auf den ersten Blick merkwürdig, denn man möchte meinen, daß, wo die Qualität der Einwirkung gegeben ist, ihre quantitative Erweiterung keine Rolle spielt. Das ist aber nicht der Fall, obwohl es eine Reihe von Jahren währte, bis ich dahinterkam.

Die Dinge lagen so, daß ich vor zweihundert Schülern mit meinem Spezialistentum einerseits und meiner persönlichen Neigung andererseits auskam, während das größeren Einheiten gegenüber nicht zureichte. In diesem Falle nämlich muß ein abgeschlossenes Urteil über die Zeit hinzutreten. Es kommt nicht darauf an, daß dieses Urteil richtig ist, aber es muß abgeschlossen sein. Monteron hatte ein solches Urteil, daher war er als Leiter einer Kriegsschule am rechten Platz. Mir fehlte es; ich hatte die Perspektive eines Menschen, der aus dem Fenster stürzt. Zu intelligent für die ordinäre Sicherheit des Parteigängers, kam ich doch nicht zu stabilen Wertungen. An dieser Sicherheit hängt ein Geheimnis, um dessentwillen man große Worte bemühen müßte; sie ist wie eine Rüstung, die uns bei jedem Stande der Intelligenz der Welt gegenüber abhärtet. Wenn ich etwas zu meiner Entschuldigung anführen darf, so ist es vielleicht die Tatsache, daß ich Sicherheit wenigstens nicht vortäuschte.

Was den Stabschef in Asturien betrifft, so kam er mit geringerer Mühe zum Befund, indem er meine Papiere mit dem weiteren Zusatze versah: »Ungeeignet für leitende Stellungen.« Er hieß Lessner, gehörte zur jungen Generation und verfügte über die erstaunliche und stets präsente Urteilskraft, die seit langem in zunehmendem Maße bewundert, ja vergöttert wird.

So kam es, daß ich wenig bestellt habe. Ich durchlebte diese Jahre an wechselnden Schauplätzen, aber mit stetigen Neigungen. Wir selber merken am wenigsten, daß es nicht vorangeht. Es wird uns von außen beigebracht. Einstige Schüler tauchen als Vorgesetzte auf. Wir fühlen, daß der Respekt nicht zunimmt, sondern sich mindert im Maße, in dem wir älter werden: das Mißverhältnis zwischen unserem Alter und unserer Stellung wird sichtbar, zunächst den anderen, dann auch uns. Nun wird es Zeit zum Abtreten.

Hilfe kommt oft von unerwarteter Seite, kommt von den Schwachen, und so ging es auch mir, als ich Theresa begegnete, mit ihr das Bündnis schloß. Mein Defaitismus schoß in Blüte; er ging aufs Ganze, führte zur Abwendung vom

Wechselspiel der Machtkämpfe. Sie schienen mir inhaltlos und nichtig, vergeudete Anstrengung, verlorene Zeit. Ich wollte sie aus der Erinnerung ausmerzen. Daß ein einziger Mensch, in der Tiefe erfaßt und aus ihr spendend, uns mehr gewährt und größeren Reichtum schenkt, als Cäsar, als Alexander je erobern konnten, wurde mir offenbar. Dort ist unser Königreich, die beste der Monarchien, die beste Republik. Dort ist unser Garten, unser Glück.

Ich fühlte, wie mein Geschmack zu den einfachen, natürlichen Dingen zurückkehrte, zu den Genüssen, die immer möglich sind. Mußte es sein, daß gerade jetzt die Vergangenheit zurückkam wie eine Woge, die den Schwimmer erfaßt und einsaugt, der bereits seine Insel gewonnen hat? Und mußte es sein, daß das in einer häßlichen, anrüchigen Form geschah? War das die Quittung für eine in den Wirren der Zeit vertane Intelligenz? Oder rührte das Mißbehagen daher, daß sich meine Augen geschärft hatten?

7

Dies alles bedrückte mich, während ich auf den Bachgrund blickte, an dessen Grenze der Bauer seine Furchen zog. Allmählich vergrößerte sich die braune Fläche, der aufgepflügte Grund. Das war eine bessere Bilanz als die meinige.

Nicht so befallen uns die Bilder, wie ich berichtete. Wir bringen sie in Zusammenhänge, geben uns Rechenschaft. Wir ordnen sie in ein Nacheinander und Nebeneinander, das sie nicht haben, wenn sie in uns aufsteigen. Da leuchten sie wie Sternschnuppen am inneren Firmamente, bald Orte, bald Namen und bald Gestaltloses. Da mischen sich die Toten unter die Lebenden, die Träume in das Erlebte ein. Was sind das für Zeichen, und wohin wandern wir in der Nacht? Ich sah das edle Gesicht von Lorenz, der aus dem Fenster sprang. War das nicht unser aller Schicksal, unsere Wirklichkeit? Eines Tages würden wir aufschlagen. Es hatte Zeiten gegeben, in denen das Leben fast nur der Vorbereitung auf diesen Augenblick gegolten hatte; vielleicht waren sie weniger sinnlos gewesen als die unsere. Aber wir können uns die Zeit nicht aussuchen.

Ein leichtes Geräusch ließ mich aufschrecken. Es mußte jemand eingetreten sein. Aufspringend sah ich mich einem alten Manne gegenüber, der mich betrachtete. Er mußte aus einem Kabinett gekommen sein, dessen Türe geöffnet war. Ich sah die Ecke eines großen Tisches, den trotz der Mittagszeit noch eine Lampe beleuchtete. Er war mit beschriebenen und bedruckten Papieren und aufgeschlagenen Büchern bedeckt.

Der Unbekannte war alt und klein — aber indem ich diese Feststellungen traf, fühlte ich sogleich, daß sie nichts aussagten. War er denn unbekannt? Und war er alt und klein? Reich an Jahren gewiß, denn ich sah weiße Haare unter der grünen Kappe leuchten, die er zum Schutz der Augen trug. Auch zeigten die Züge einen Duktus, wie ihn ein langes Leben ausformt und verleiht. Wir finden Ähnliches bei großen Schauspielern, die den Geist von Epochen spiegelten. Doch während dort das Schicksal gewissermaßen in der Hohlform arbeitet und enteignet, hatte es hier im Kern gewirkt. Das war kein Darsteller.

Die Feststellung des Alters war zweiten Ranges, da der Geist kein Alter kennt. Dieser Alte konnte eher in ein Risiko eintreten, sei es physisch, moralisch, geistig, als zahllose Junge, und es besser bestehen, da Macht und Einsicht, erworbene List und angeborene Würde sich in ihm vereinigten. Was war sein Wappentier? Ein Fuchs, ein Löwe, einer der großen Raubvögel? Ich mußte eher an eine Chimäre denken, wie sie auf unseren Domen horsten und mit wissendem Lächeln auf die Stadt hinabschauen.

Ebenso wie er alt und doch nicht alt schien, war er auch klein und doch nicht klein; sein Wesen löschte diesen Eindruck aus. Ich hatte im Leben einige Begegnungen mit bedeutenden Menschen gehabt — ich meine solche, die mit den innersten Rädern unseres Getriebes, ganz nahe der unsichtbaren Achse, zu tun haben. Es können Männer sein, deren

Name sich in jeder Zeitung findet, aber auch gänzlich Unbekannte, sie können gut oder böse, tätig oder untätig sein.
Dennoch ist etwas Gemeinsames, Imponierendes um sie, das
zwar nicht alle, aber doch viele, und zwar einfache Naturen
eher als komplizierte, wahrnehmen. Wir empfinden etwa:
»Der ist es«, oder: »Der wird es machen«, oder wir spüren
den Anhauch des Unheimlichen.

Ähnlich erging es mir mit Zapparoni — ich hatte das Gefühl: »Der hat die Formel«, oder: »Das ist ein Eingeweihter,
einer von den Hochgraden«. Ein Wort, das zu einer unserer gängigen Phrasen geworden ist, nämlich: »Wissen ist
Macht«, gewann hier einen neuen, unmittelbaren, gefährlichen Sinn.

Vor allem die Augen waren von großer Kraft. Sie hatten
den Königsblick, den weiten Schnitt, der ober- und unterhalb
der Iris das Weiße sehen läßt. Der Eindruck war zugleich ein
wenig künstlich, wie durch eine feine Operation hervorgebracht. Südländische Starre kam hinzu. Es war das Auge
eines großen blauen Papageien, der hundert Jahre zählt. Das
war kein Blau des Himmels, kein Blau des Meeres, kein Blau
der Steine — es war ein synthetisches Blau, das an sehr fernen Orten von einem Meister, der die Natur übertreffen
wollte, erdacht worden war. Es blitzte am Rand der Vorwelt-
ströme, beim Flug über die Lichtungen. Zuweilen schoß aus
dem Gefieder ein grelles Rot, ein unerhörtes Gelb hervor.

Das Auge dieses blauen Papageien war bernsteinfarben;
es zeigte, wenn er ins Licht blickte, die Tönung des gelben
und im Schatten die des braunroten Bernsteins mit uralten
Einschlüssen. Das Auge hatte große Begattungen geschaut in
Reichen, in denen die Zeugungskraft noch nicht vereinzelt
ist, wo Land und Meer sich mischen und Felsen phallisch am
Delta aufragen. Es war kalt und hart wie gelber Karneol geblieben, von Liebe unberührt. Nur wo es in den Schatten
blickte, dunkelte es wie Sammet. Die Nickhaut zuckte darüber hin. Auch der Schnabel war hart und scharf geblieben,
obwohl er über hundert Jahre lang diamantharte Nüsse ge-
knackt hatte. Da gab es kein Problem, das nicht gelöst wur-

de. Das Auge und die Probleme — sie waren wie Schloß und
Schlüssel aufeinander angelegt. Der Blick schnitt wie eine
Klinge aus federndem Stahl. Er fuhr kurz durch mein Inne-
res. Dann traten die Gegenstände wieder an ihren Ort.

Ich war der Meinung gewesen, daß Zapparonis Monopole
auf der geschickten Ausbeutung von Erfindern beruhten —
aber ein Blick genügte, um zu sehen, daß hier mehr am Werke war als merkurische Intelligenz, die aus plutonischen Bereichen Rente zieht. Jupiter, Uranus und Neptun standen in
machtvoller Konstellation. Es war wohl eher so, daß dieser
kleine Alte auch die Erfinder zu erfinden wußte — daß er sie
fand, wo immer es sein Mosaik erforderte.

Erst später fiel mir auf, daß ich sogleich gewußt hatte,
wem ich gegenüberstand. Das war insofern merkwürdig, als
der große Zapparoni, wie jedes Kind ihn kannte, nicht die
mindeste Ähnlichkeit besaß mit jenem, dem ich in der Bibliothek begegnete. Die Gestalt, die insbesondere der Film entwickelt hatte, ging eher auf einen milden Großvater aus, auf
einen Weihnachtsmann, der in verschneiten Wäldern seine
Werkstätten hat, in denen er Zwerge beschäftigt und rastlos
darüber nachsinnt, womit er den großen und kleinen Kindern Freude machen kann. »Alle Jahre wieder — — —«, auf
diesen Ton war der Katalog der Zapparoni-Werke gestimmt,
der in jedem Oktober mit einer Spannung erwartet wurde,
deren sich kein Märchenbuch, kein Zukunftsroman erfreut
hatte.

Zapparoni mußte also wohl einen Beauftragten haben, der
diesen Teil seiner Repräsentation übernahm, vielleicht einen
Schauspieler, der den père noble machte, oder auch einen
Roboter. Es war sogar möglich, daß er mehrere solcher
Schemen, solcher Projektionen des eigenen Ich beschäftigte.
Das ist ein alter Traum des Menschen, der besondere Rede-
wendungen hervorgebracht hat, wie etwa: »Ich kann mich
nicht vierteilen«. Zapparoni erkannte das anscheinend nicht
nur als möglich, sondern als vorteilhafte Weitung und Steigerung der Personalität. Seitdem wir mit Teilen unseres Wesens, wie mit der Stimme und dem Erscheinungsbilde, in Ap-

paraturen ein- und aus ihnen wieder heraustreten können,
genießen wir gewisse Vorteile des antiken Sklavenwesens
ohne dessen Nachteile. Wenn einer das erfaßt hatte, so war
es Zapparoni, der Kenner und Entwickler der Automaten
nach der Spiel-, Genuß- und Luxusseite hin. Eines seiner
zum Wunschbild erhobenen Ebenbilder paradierte, mit über-
zeugenderer Stimme und milderem Äußeren, als ihm die Natur verliehen hatte, in Wochenschauen und auf Fernsehschir-
men, ein anderes hielt in Sydney eine Ansprache, während
der Meister sich, behaglich meditierend, in seinem Kabinett
aufhielt.

Ich fühlte ein Schwanken vor dieser Andersartigkeit. Sie
wirkte wie eine optische Täuschung, rief Zweifel an der Identität hervor. Wer sagte mir, ob ich hier vor dem Richtigen
stand? Aber er mußte es sein, und der gute Großvater war
ein Sous-Chef von ihm. Die Stimme war übrigens angenehm.

8

»Rittmeister Richard«, sagte er, »Herr Twinnings hat Sie mir
empfohlen, ich lege auf sein Urteil Wert. Er meint, daß Sie
sich besseren, friedlichen Geschäften widmen wollen, worin
er Ihnen ja seit langem vorangegangen ist. Nun, dazu ist es
nie zu spät.«

Er war mit diesen Worten auf die Terrasse getreten und
lud mich zum Sitzen ein. Ich folgte ihm, benommen wie beim
Zahnarzt, der mit dem ersten Zugriff den schmerzenden
Nerv in seiner Tiefe und am Herde der Entzündung getroffen hat. Die Sache fing ungünstig an.

Ich war natürlich in seinen Augen eine fragwürdige Existenz, war es in meinen eigenen ja auch. Daß er mich also in
wohlwollender Form seiner Nichtachtung versichert hatte,
durfte mich nicht kränken, ganz abgesehen davon, daß den
Empfindsamen zu spielen für mich jetzt fehl am Platze war.

Mit der verächtlichen Anspielung auf meinen Beruf hatte
er eine alte und nie geheilte Wunde berührt. Ich wußte, daß

die Dinge, die ich getrieben hatte, für den Typus von Erfindern und Konstrukteuren, der sich in diesem Geiste krönte,
gleich nach dem Pferdestehlen kamen und daß man gut tat,
sich davon zu distanzieren; aber in dieser Hinsicht konnte
ich Twinnings nicht nachahmen.

Ein Mann wie Zapparoni mochte sagen, was er wollte, es
war wohltönend. Es war in Ordnung nicht nur, weil er die
Presse besolden konnte, die ihm im Leitartikel, im Feuilleton
und in der Reklame huldigte, sondern noch mehr in Ordnung, weil er den Zeitgeist verkörperte. Die Huldigungen
hatten daher das Angenehme, daß sie nicht nur bezahlt, sondern zugleich tief empfunden waren — daß sie weder der Intelligenz noch der Moral der Publizisten mehr zumuteten als
freudige Zustimmung.

Zapparoni konnte als das Paradepferd des technischen
Optimismus gelten, der unsere führenden Geister beherrscht.
Die Technik nahm bei ihm die Wendung zum schlechthin
Angenehmen — der alte Wunsch der Magier, durch Gedan-
ken unmittelbar die Welt zu ändern, schien nahezu erfüllt.
Dazu kam noch die große Wirkung seines Bildes, um das ihn
jeder Staatspräsident beneiden konnte und das man immer
von Scharen von Kindern umgeben sah.

Was da ununterbrochen ersonnen, gebaut und in Serie gefertigt wurde, erleichterte das Leben sehr. Zum guten Ton
gehörte, zu verschweigen, daß es zugleich gefährdete. Es ließ
sich jedoch schwer ableugnen. In Krisenzeiten wurde sichtbar, daß alle diese Liliputroboter und Luxusautomaten nicht
nur zur Verschönerung, sondern auch zur Abkürzung des Lebens beitragen konnten, ohne daß sich an ihrer Konstruktion
viel änderte. Dann zeigten sie ihre Nachtseite.

Im großen glichen die Zapparoni-Werke einem Janustem-
pel mit einem bunten und einem schwarzen Tore, und wenn
sich der Himmel bewölkte, quoll aus dem dunklen ein Strom
von ausgeklügelten Mordinstrumenten hervor, die sich durch
eine widerwärtige Art der Nachstellung auszeichneten. Das
dunkle Tor war gleichzeitig Tabu; es sollte eigentlich gar
nicht vorhanden sein. Aber es sickerten immer wieder beun-

ruhigende Gerüchte aus den Konstruktionsbüros durch, und nicht umsonst lag das Modellwerk im innersten Sperrkreise.

Es liegt mir nun fern, einen Beitrag zu einem unserer beliebtesten Themen zu liefern: »Warum, was nicht geschehen sollte, geschieht.« Schließlich geschieht es ja doch. Mir geht es vielmehr um eine Einzelfrage, die mich in dem Zusammenhange oft beschäftigt hatte und die infolge der demütigenden Begrüßung wieder in mein Bewußtsein trat. Ich meine: warum sind diese Geister, die unser Leben in so beängstigender und unabsehbarer Weise gefährdet und verändert haben, nicht zufrieden mit der Entfesselung und der Beherrschung ungeheurer Kräfte und mit dem Ruhm, der Macht, dem Reichtum, die ihnen zufließen? Warum wollen sie à tout prix auch noch Heilige sein?

Wenn Zapparoni sich über einen Reiter erhob, ihn moralisierte, so war das nicht weniger absurd, als säße ein Haifisch über seine Zähne zu Gericht, die doch das Beste an ihm sind. Reiter hatte es durch Jahrtausende gegeben, und die Welt hatte bestanden trotz Dschingis-Khan und anderen Herren — sie kamen und gingen wie Ebbe und Flut. Aber seitdem es Heilige wie Zapparoni gab, war die Erde bedroht. Die Stille der Wälder, der Abgrund der Tiefsee, der äußerste Luftkreis waren in Gefahr.

Soll Wissen Macht sein, so muß man zunächst wissen, was Wissen ist. Daß Zapparoni darüber nachgedacht hatte, verriet sein Blick; er war ein Eingeweihter, ein Wissender. Er hatte sich Gedanken über die Entwicklung gemacht, die über das Technische hinausgingen. Das sah ich den Augen an. Er blickte als Chimäre über die grauen Dächer; er hatte im lichtblauen Gefieder den Urwald belebt. Ein Schimmer der immateriellen Farbe war abgesplittert in unsere Zeit. Sein Plan, sein Ehrgeiz mußte auf Höheres zielen, als den immer wachsenden Hunger der Massen nach Macht und Luxus zu befriedigen.

Das Auge hatte vorweltliche Einschlüsse. Erkannte es den zeitlosen Einschluß in einer neuen Weltminute, im Trug der Maja mit seiner unendlichen Fülle von Bildern, die wie die

Wassertropfen eines Springbrunnens in das Becken zurückfallen? Fühlte es Sehnsucht nach den großen Wäldern am
Kongo, in denen neue Rassen aufwachsen? Vielleicht würde
der Meister, nach kühnem Ausflug in die Überwelten, dorthin zurückkehren. Schwarze Historiker entwarfen dann ihre
Theorien über ihn wie wir über Montezumas Palast.

Über solche Fragen hätte ich gern gesprochen mit ihm.
Uns alle beschäftigt ja brennend der Gedanke, ob es nicht
doch noch eine Hoffnung gibt. Ein großer Physiker ist immer
auch Metaphysiker. Er hat eine höhere Vorstellung von seinem Wissen, von seiner Aufgabe. Ich hätte gern einen Blick
in die Lagekarte getan. Das wäre mir sogar wertvoller gewesen als die Erfüllung des Anliegens, mit dem ich gekommen
war.

Doch weit davon entfernt, mich in sein Kabinett zu bitten,
empfing der große Mann mich wie ein Chefbrahmane, der
vor dem Tempel der Göttin Kali um ein Almosen angegan-
gen wird. Er empfing mich mit einem Gemeinplatze, wie
man ihn an den Straßenecken hört.

9

Für einen Augenblick hatte ich vergessen, daß ich als Stel-
lungsuchender hier weilte, aber auch nur für einen Augenblick. Wenn etwas mich aus der Misere hätte heben können,
so wäre es ein Wort über unsere Welt und ihren Sinn aus
dem Munde eines ihrer Auguren gewesen — der kurze Hin-
weis eines Chefs.

Es ist eine große Sache, wenn wir aus dem Munde eines
Wissenden erfahren, in welche Händel wir verstrickt sind
und welchen Sinn die Opfer hegen, die vor verhüllten Bildern von uns verlangt werden. Selbst wenn wir Böses hören
würden, bliebe es ein Glück, jenseits des dumpfen Kreisens
die Aufgabe zu sehen.

Indessen war es nicht an mir, hier Fragen zu stellen — im
Gegenteil. Die Begrüßung hatte auf mich wie ein kalter Guß

gewirkt. Für einen Augenblick war ich versucht, mich zu verteidigen. Aber das wäre verkehrt gewesen, und ich begnügte mich daher zu sagen:

»Es ist sehr gütig, daß Sie mich persönlich empfangen haben, Exzellenz.«

Der Titel stand ihm zu, wie viele andere; ich hatte mich bei Twinnings informiert.

»Nennen Sie mich einfach bei Namen, wie es auch alle Arbeiter in unseren Werken tun.«

Er sagte nicht »meine Werke« und »meine Arbeiter«. Wir hatten uns auf zwei Gartenstühle gesetzt und blickten auf den Wiesengrund. Zapparoni hatte ein Bein über das andere geschlagen und blickte mich lächelnd an. Er trug Hausschuhe aus Saffian und machte überhaupt den Eindruck eines Mannes, der den Vormittag behaglich in seinen vier Wänden verbringt. Jetzt sah er eher wie ein Künstler aus, wie ein erfolgreicher Romancier oder ein großer Komponist, der längst die materiellen Sorgen hinter sich gelassen hat und seiner Mittel und seiner Wirkung sicher ist.

Von fern drang das Summen der Werke herein. Ich hatte das Gefühl: gleich wird er dich ausfragen. Ich war darauf vorbereitet, doch hatte ich mir nichts zurechtgelegt, wie ich es vor solchen Begegnungen in früheren Zeiten getan hätte. Das verbot sich hier schon deshalb, weil ich nicht genau wußte, was von mir verlangt wurde. Außerdem hat die Technik der Ausfragung ungemeine Fortschritte gemacht. Wenn sie auch kaum jemals ermitteln wird, was der Mensch ist, so erfaßt sie doch mit großer Schärfe, was er nicht ist, was vorzustellen er sich bemüht. Daher bleibt es das beste, frisch von der Leber weg zu antworten.

»Sie kommen gerade recht«, begann er, »mich über eine Einzelheit aufzuklären, die mir soeben bei meiner Lektüre aufgefallen ist.«

Er deutete dabei auf sein Kabinett. »Ich habe die Memoiren von Fillmor angefangen, den Sie wahrscheinlich kennen — Sie müssen ziemlich vom gleichen Jahrgang sein.«

Diese Bemerkung traf besser zu, als Zapparoni vermutete,

falls er sie nicht als Spitze gemeint hatte. Fillmor war einer von unseren Marschällen. Ich kannte ihn gut; wir hatten zusammen bei Monteron gelernt. Er kam von den Parchimer Dragonern; wie Twinnings liebte er angelsächsische Manieren; beide stammten aus Mecklenburg. In diesem Lande hielt der Hof sich an englische Vorbilder, und das gab vielen, die dorther kamen, einen Londoner Stich.

Fillmor war vom gleichen Schlag wie Lessner, doch ihm weit überlegen, ein typischer Erster, und es galt schon damals für ausgemacht, daß ihm eine glänzende Laufbahn bevorstehe. Monteron hatte wenig Neigung für ihn, aber es war unbestreitbar, daß es sich um einen vorzüglichen Kopf, um ein As handelte. Überhaupt hatte Fillmor keine Freunde; er verbreitete eine kalte Strömung, in der er sich wohlfühlte. Das unterschied ihn von warmen Charakteren wie Lorenz oder von Bonvivants wie Twinnings, deren Freundschaft gesucht wurde. Entsprechend zog es Lorenz zur Truppe, Twinnings zur Adjutantur und Fillmor zu den Führungsabteilungen.

Wir hatten zusammen begonnen; er als Mann des Erfolges, während ich ein Mann des Mißerfolges war. Es lag daher nahe, Vergleiche anzustellen, und ich hatte oft darüber nachgedacht. Wie erklärte sich dieser ruhige, sichere Aufstieg, der auch über die Katastrophen wie über Stufen hinwegführte? Vor allem wohl aus der erstaunlichen Gedächtniskraft. Er war ein Schüler, der nicht zu lernen brauchte, denn was er hörte, war in ihm fixiert. Es grub sich für immer in sein Gedächtnis ein. Wenn man ihm langsam ein Gedicht vorlas, wiederholte er es im freien Vortrag, ohne daß ihm ein Fehler unterlief. Es gab keinen, der sich Sprachen spielender aneignete. Nachdem er sich tausend Vokabeln eingeprägt hatte, begann er, fremde Bücher und Zeitungen zu lesen, wobei er zugleich seine geschichtlichen und politischen Kenntnisse erweiterte. Er schwang sich eher in den Sprachgeist ein, als daß er sich einarbeitete. Ähnliches leistete er in der Rechnung; er war imstande, Operationen mit mehrstelligen Zahlen im Kopfe zu vollziehen.

Das führte zu Zusammenstößen mit den Lehrern, wenn er unvorbereitet vom Blatt weg übersetzte oder Arbeiten abgab, auf denen nur die Aufgabe und die Lösung verzeichnet war. Sie glaubten an unerlaubte Hilfsmittel, bis sie erkannten, mit wem sie es zu tun hatten. Die handbreite Stelle eines schwierigen Autors, auf die sie sich mühsam vorbereitet hatten und mit deren Austüftelung die Stunde hingequält werden sollte, hätte Fillmor, wenn sie ihm nicht in den Zügel gefallen wären, in einer Minute übersetzt. Solche Naturen sind ein Schrecken der Schulmeister. Da sie ihm in der Sache nichts anhaben konnten, suchten sie zum argumentum ad hominem überzugehen. Das war insofern schwierig, als Fillmor auch in seinem Betragen sich durch gemessene Überlegenheit auszeichnete. Auch später, an Monterons furchtbaren Montagen, fiel nie ein Schatten auf ihn. Wenn ihm ein Unrecht geschehen war, pflegte er sich zu rächen, indem er einen flagranten Irrtum abwartete und, nachdem er sich höflich gemeldet hatte, berichtigte. Da kam es denn heraus, daß den Schulfüchsen weniger am Wissen als am Besserwissen gelegen war. Aber der Streich war gut präpariert. Nun wurde er ihnen unheimlich. Sie mußten die Überlegenheit anerkennen, falls sie nicht die Ignorierung vorzogen. Dann bot die Klasse das Bild eines Ersten, der schweigend zuhörte und nie gefragt wurde. Sie schlugen drei Kreuze, wenn sie ihn los waren. Aber am summa cum laude konnte kein Zweifel sein.

Die wunderbare Begabung begleitete ihn im Beruf. Sie förderte ihn auch auf Gebieten, deren Bedeutung man leicht unterschätzt, etwa dort, wo sie als Namensgedächtnis zur Geltung kam. Mit der Zahl der Menschen, die wir namentlich kennen, verbindet sich ein unmittelbarer Einfluß, persönliche Macht. Das gilt vor allem für einen ausgedehnten Wirkungskreis. Die Menschen legen auf ihren Namen Wert. Was mich betrifft, so ließ ich mich dabei immer zu sehr vom Gefühl leiten. Ich wußte die Namen der mir sympathischen, aber auch der unsympathischen Menschen, mit denen ich in Berührung kam, und vergaß die anderen oder verwechselte sie, was noch peinlicher ist. Fillmor überraschte selbst Leute, die er nie gesehen hatte, etwa Telefonisten, indem er sie namentlich begrüßte, und erweckte in ihnen den Eindruck, daß sie mit ihm in einem System stünden.

In bezug auf Zeit, Raum und Tatsachen konnte man nicht orientierter sein als er. Sein Gehirn mußte aussehen wie ein Armaturenbrett. Er beherrschte eine große Zahl von Lagen wie ein Blindspieler, der zugleich in fünfzig Partien verwickelt ist und ein besetztes Schachbrett nach dem anderen aus dem Gedächtnis in die Vorstellung erhebt. Daher war er in jedem Augenblick über die Potenz und die Reserven informiert. Er wußte, was möglich war, und kannte den kürzesten Weg. Er hatte also genau die Begabung, die heute als genial bezeichnet wird und die der Zustimmung des Allgemeinbewußtseins sicher ist. Dazu kam, daß er kaum Leidenschaften hatte, außer einem Ehrgeiz, der nicht auf das Gepränge gerichtet war. Er wollte Kräfte in Bewegung setzen, wollte Verfügungsgewalt.

Da Fillmor stets wußte, was möglich war, und Neigungen nicht kannte, überstand er mühelos den Wechsel der politischen Klimate und der durch ihn gezeitigten Regierungen. Die Wellen, die andere niederschlugen, trugen ihn empor. Männer wie ihn brauchte man unter allen Umständen, in Monarchien, in Republiken, in Diktaturen jeder Art. Während ich mich in das Spezialistentum geflüchtet hatte, um gerade noch geduldet zu werden, war er der unentbehrliche Spezialist für Machthaber. Solche frisch an die Macht gelangten Typen gleichen oft Briganten, die sich in den Besitz einer Lokomotive gesetzt haben, deren Gestänge sie verwirrt. Während sie ratlos stehen, kommen Fachleute wie Fillmor und zeigen ihnen, wie man die Hebel bedient. Ein Pfiff, und alle Räder, die still gestanden haben, ziehen wieder an. Auf solchen Geistern beruht die reine Kontinuität der Machtausübung, der Fortgang des Funktionierens, und ohne sie würden die Revolutionen im Sande verlaufen, würden eine Mischung von Untat und Geschwätz bleiben.

Es versteht sich, daß Fillmor von den alten Kameraden als Überläufer angesehen wurde, während er sie als Narren be-

trachtete. Wahrscheinlich war viel optische Täuschung dabei,
denn Fillmor stand fest; er blieb sich treu als Prototyp des
Zeitgeistes, der alle bewegte, und die Veränderungen gingen
durch ihn hindurch. Ein besonderer Stern des Beharrens
mußte hinzukommen. Ich dachte zuweilen an Talleyrand, an
Bernadotte. Doch gingen ihm der Charme, die Lebensfreude
ab. Er führte nicht einmal eine gute Küche; ich kann das
beurteilen, da er zuweilen, »um die Tradition zu pflegen«, ein
Essen für die alten Kameraden gab. Da fand sich zusammen,
was gerade in Panne war, und ließ sich mit frisierten Weinen
und amerikanischen Greueln vollstopfen. Dabei blieb es, und
wer wirklich Hilfe brauchte, tat besser, zu Twinnings zu gehen.

Aus alldem ist wohl zu schließen, daß Fillmor ein Mann
ganz ohne Phantasie war, denn wer immer weiß, was möglich ist, beschäftigt sich nicht mit dem Absurden, mit dem
Unmöglichen. Das war immer mein Fehler gewesen, der ich
mich schon als Kind nicht mit dem Menü begnügt hatte: daß
ich nach dem Unmöglichen Ausschau hielt. Alle Systeme, die
genau erklären, warum die Welt so ist und gar nicht anders
sein kann, hatten in mir von jeher die Art von Unbehagen
hervorgerufen, mit dem man in einer grell beleuchteten Ge-
fängniszelle das Reglement studiert. Auch wenn man dort
geboren wäre und weder Sterne noch Meere und Wälder je
gesehen hätte, sollte man eine Ahnung haben von zeitloser
Freiheit im unbegrenzten Raum.

Mein Hundsstern ließ mich indessen in einer Zeit geboren
werden, in der gerade das scharf Begrenzte, genau Berechen-
bare Mode war. Nicht nur politisch herrschte hier der Stil
autoritärer und meist brutaler Sicherheit. In diesen Massiven
der Beschränktheit nahm Fillmor einen der höchsten Aus-
sichtspunkte ein.

Ich will zugeben, daß ich lange zu den Bewunderern dieser Art von disponierender Intelligenz gezählt und daß ich
mir viel von ihr versprochen habe, vor allem während der
Jahre, in denen ich bei der Panzerabnahme war. Auch mag
mein Urteil als das eines Mannes gelten, dem es schwer fällt,

einen zweideutigen Posten zu ergattern, während er seinen
Kameraden im Glanze der Bewunderung sieht. Ich will es
anheimstellen. Fillmor hatte Ruhm über Ruhm geerntet und
gab seine Memoiren heraus. Da alles bei ihm berechnet war,
sollte diese Veröffentlichung ohne Zweifel einen neuen Abschnitt seiner Laufbahn einleiten. Einen glücklichen General
in unseren Tagen, einen Marschall, der auf der rechten Seite
triumphierte, erwartet eine höchste Stellung entweder in der
Wirtschaft oder in der Politik. Das gehört zu den paradoxen
Erscheinungen einer dem Soldaten abholden Zeit.

Wenn Zapparoni seinen Vormittag verbracht hatte, die
Memoiren dieses Mannes zu studieren, so war das sicher
kein bloßer Zeitvertreib. Was aber für ein Urteil sollte ich zu
seiner Lektüre abgeben? Es handelte sich um Folgendes:

10

Zapparoni war gleich am Anfang eine Stelle aufgefallen, die
den Beginn des Zeitalters der Weltkriege betraf. Fillmor erwähnte die großen Anfangsverluste, die er zum Teil auf die
Unerfahrenheit der Truppe zurückführte. Sie waren unter
anderem dadurch entstanden, daß der Gegner weiße Flag-
gen gezeigt und das Feuer wiederaufgenommen hatte, als die
sorglos Gewordenen sich ungedeckt näherten. Zapparoni
wollte nun von mir wissen, ob ich Ähnliches erlebt hätte und
ob es sich um eine übliche Kriegslist handle.

Die Frage kam mir gelegen; ich hatte darüber nachgedacht. Anscheinend wollte Zapparoni nach der verunglück-
ten Begrüßung das Gespräch auf ein Gebiet bringen, in dem
er mir Erfahrung zutraute. Das ließ sich nicht übel an.

Was die weißen Fahnen betrifft, so zählen sie zu den Requisiten der Gerüchte, die bald nach Eröffnung der Feindse-
ligkeiten auftauchen. Sie sind zum Teil durch Journalisten
erfunden, deren Aufgabe darin besteht, den Gegner zum
Schwarzen Mann zu machen; zum Teil ist auch etwas Wahres daran.

Innerhalb einer Besatzung, die angegriffen wird, ist der Wille zum Widerstand nicht so gleichmäßig verteilt, wie es dem Angreifer erscheint. Wenn die Lage bedrohlich wird, bilden sich Nester — in einigen will man sich um jeden Preis verteidigen, während in anderen die Sache als verloren betrachtet wird. So kann es zu Bildern kommen, bei denen die angreifende Mannschaft abwechselnd durch Zeichen der Ergebung in Sicherheit gewiegt und dann mit Feuer überschüttet wird. Sie leidet die Wirkung, ohne daß sie die Mannigfaltigkeit der Antriebe erkennt, und nimmt als Nacheinander, was Nebeneinander ist. Notwendig kommt sie zu dem Urteil, daß sie in einen Hinterhalt gelockt wurde. Es handelt sich um eine optische Täuschung, die zwingend ist. Sachlich betrachtet, hat sie sich mit einem gefährlichen Gegenstand befaßt, ohne die Vorsicht zu wahren, die er verlangt. Wir machen dieselbe Erfahrung, wenn wir uns an einem zweischneidigen Messer verletzen, das wir dann an die Wand schleudern. Der Handelnde ist für die Tücke des Objekts verantwortlich, nicht umgekehrt. Der Fehler liegt beim Angreifer. Der Führer, der seinen Leuten die sorglose Annäherung erlaubte, hat sein Handwerk nicht beherrscht. Er hatte Manöverbilder im Kopf.

Zapparoni hatte sich, zuweilen freundlich nickend, diese Ausführung angehört.

»Nicht übel, wenngleich allzu menschlich — gut, daß Sie auch gleich ein Rezept wissen. Der Himmel bewahre uns vor solchen Umtrieben. Der Marschall läßt sich auf so umständliche Erwägungen nicht ein.«

Er lachte behaglich, um dann näher auf den Gegenstand einzugehen.

»Wenn ich Sie recht verstanden habe, liegen die Dinge etwa so: Ich stehe mit einem Konkurrenten, sagen wir einem Konzern, in Verhandlungen. Ich treibe die Leutchen in die Enge — sie machen mir ein günstiges Angebot. Ich treffe meine Vorbereitungen, mache Mittel flüssig, stelle Reserven bereit. Im Augenblick, da unterzeichnet werden soll, wird mir eröffnet, daß ich mit einer Untergruppe verhandelt habe und daß man zu nichts verpflichtet sei. Inzwischen hat man sich erholt oder mit meinem Angebot hausiert. Der ganze Handel soll von vorn anfangen.«

Er machte eine Pause und fuhr dann fort:

»Das ist ein Manöver, das nicht gerade selten ist. Es ist möglich, daß ich mit Teilhabern, die ihre Befugnisse überschritten, zu tun hatte oder daß man die Sache auf die lange Bank schieben, ein Angebot aus mir herauslocken will. Vielleicht waren auch alle einverstanden im Augenblick, in dem das Angebot gemacht wurde und ihnen das Wasser am Halse stand. Inzwischen hat sich die Konjunktur belebt, und man sucht Ausflüchte.«

Er blickte mich bekümmert an und schüttelte den Kopf.

»Bin ich verpflichtet, darüber nachzugrübeln, was hinter den Kulissen vorgegangen ist? Ich durfte annehmen, daß der Mann, mit dem ich verhandelte, Prokura besaß. Ich habe Einbußen erlitten, Zeit verloren, Auslagen gehabt. Ich habe nun andere Sorgen: Wer ist regreßpflichtig?«

Ich wußte nicht, worauf das hinauslaufen sollte, und Zapparoni, dessen Stimme jetzt etwas Halsabschneiderisches bekommen hatte, ließ mir auch keine Zeit, darüber nachzudenken, denn er stellte mir eine Frage nach der anderen.

»Wen würden Sie haftbar machen in meinem Fall?«

»Zunächst den Konzern.«

»Und wenn Sie damit nicht durchdringen?«

»Denjenigen der Partner, der gezeichnet hat.«

»Sehen Sie, das liegt auf der Hand. Man denkt doch gleich klarer, wo Geld auf dem Spiele steht. Das ist etwas Gutes am Geld.«

Er lehnte sich gemütlich zurück und sah mich augenzwinkernd an:

»Und wieviel haben wir denn über die Klinge springen lassen, wenn wir die Burschen gefaßt hatten?«

Verdammt, es schien mir eher, daß er *mich* gefaßt hatte. Erinnerungen an vergangene Höllen wurden wach, an Dinge, die man gern vergißt.

Zapparoni wartete die Antwort nicht ab. Er sagte:

»Ich möchte annehmen, daß wenig davongekommen sind. Und das von Rechts wegen. Hier haftet einer für den anderen, und zwar mit dem Kopf.«

Ich hatte den Eindruck, daß sich die Unterhaltung mehr und mehr in ein Verhör verwandelte:

»Nehmen wir einmal an, daß Sie sich an einen der Partner halten würden — dann müßten wohl *die* dran glauben, die die weiße Fahne gezeigt haben?«

»Das wäre das Nächstliegende.«

»Meinen Sie wirklich? Es läge doch näher, daß man jene bevorzugt expediert, die die Waffen noch in der Hand haben.«

»Das muß ich zugeben.«

»Praktisch dürfte es doch wohl so aussehen, daß man im ersten Zorn überhaupt keine Unterschiede und nicht viel Federlesens macht.«

»Da haben Sie leider recht.«

Es entstand eine Pause. Die Sonne schien heiß auf die Terrasse, und man hörte nur das Summen der Bienen, die die Rabatten abweideten. Ich fühlte, daß ich durch dieses Frage-und-Antwort-Spiel auf einen Plan getrieben wurde, dessen Bedeutung ich nicht übersah. Er war mit Fallgruben durchsetzt. Sie waren derart, daß ich nicht einmal beurteilen konnte, ob ich fiel. Vielleicht waren die Vorzeichen verkehrt. Endlich nahm Zapparoni den Faden wieder auf.

»Ich habe Sie vor drei Entscheidungen gestellt. Sie haben sich zu keiner entschlossen und in jedem Falle unbestimmt geantwortet.«

»Ich dachte, Sie wollten die Rechtslage mit mir durchsprechen.«

»Sind Sie der Ansicht, daß jede Lage eine Rechtslage ist?«

»Nein, aber jede Lage ist *auch* eine Rechtslage.«

»Gut. Aber diese Qualität kann minimal werden. Das wird Ihnen deutlich, wenn Sie mit Querulanten zu tun haben. Außerdem ist jede Lage auch eine soziale Lage, auch eine Kriegslage, auch eine reine Gewichtslage und vieles andere. Aber lassen wir das. Es würde zu weit führen. Übrigens ist auch Ihre theoretische Beurteilung des Falles unbefriedigend.«

Zapparoni sagte das ohne Schärfe, eher wohlwollend. Dann ging er auf die Ausführungen ein, die ich am Anfang gemacht hatte. Sie waren absurd, wenn man sich in die Gesamtlage versetzte, und kamen dem Gegner zugut. Ich unterstellte also, daß es sich bei dem, was Fillmor über die Tücke des Feindes geschrieben hatte, um eine optische Täuschung handelte. Der Angreifer hatte vielmehr eine Anzahl von Gruppen vor sich, die nach verschiedenen Prinzipien, doch ohne List, ohne bösartige Verabredung handelten. Er, Zapparoni, würde mir zeigen, daß zum mindesten die Möglichkeit gegeben war.

Was nun, wenn mein Angriff auf offenem Felde scheiterte? Würden dann jene Gruppen, die die weiße Fahne gezeigt hatten, auf der Übergabe bestehen? Im Gegenteil, sie würden nichts Eiligeres zu tun haben, als die Waffen wiederaufzunehmen, und es würde auf der ganzen Linie ein Gefühl des Triumphes aufflammen. *Hier* würde die Einheit des Gegners hervortreten, dessen dürfte ich sicher sein. Eine geschlagene Macht vereinzelt sich, die siegreiche fühlt und handelt homogen. Niemand will beim Besiegten, doch jeder beim Sieger sein.

Nur hinsichtlich des taktischen Verhaltens, des zweischneidigen Messers, wollte Zapparoni mir zustimmen. Man mußte dem Gegner alles zutrauen. Daß man sich ihm mit Vorsicht zu nähern hatte, lag auf der Hand. Wenn Fillmor ihm Tücke unterstellte, so war das eine pädagogische und wirkungsvolle Vereinfachung. Das würde die Mannschaft, würde das Publikum sofort begreifen, während meine Darstellung akademisch war.

»Haben Sie die Debatte über die Wehrvorlage verfolgt? Unheimliche Gelder sollen uns da wieder für mittelalterliche Einrichtungen abgenommen werden, für eine Wach- und Schließgesellschaft, die hinter der Zeit herhinkt. Sogar Pferde, Hunde und Tauben stehen im Etat. Der Marschall weiß schon, warum er sich nach einem neuen Beruf umsieht.«

So kam er auf den Ton des Anfanges zurück. Ich hatte die

Kammerdebatte nicht verfolgt. Ich hatte das auch in meinen guten Tagen nicht getan. Da las ich schon lieber im Herodot — oder in Vehses Hofgeschichten, wenn ich mich langweilte. Ich pflegte in den Zeitungen die Schlagzeilen, die Vermischten Nachrichten und das Feuilleton zu überfliegen und schenkte mir den Rest. Seitdem ich unter Druck saß, fehlten mir Geld und Neigung dazu. Höchstens studierte ich die Stellenangebote in den Schaukästen. Es gibt ja nichts älteres als eine Zeitung, die einen Tag alt ist. Im übrigen war ich vollauf beschäftigt, über die Winkelzüge nachzusinnen, durch die ich meinen Gläubigern entging. Das lag mir näher als die Politik.

Ich war auch nicht begierig, zu erfahren, wie Zapparoni sich die Armee vorstellte. Wahrscheinlich als eine Abteilung seiner Werke mit Kombinaten, in denen Professoren und Ingenieure in Overalls arbeiteten, eine Gesellschaft von Nichtreitern und Rohköstlern mit künstlichen Gebissen, die aber gern auf den Knopf drückte. Ein mathematischer Kretin richtete in einer Sekunde mehr Unheil an als der Alte Fritz in den drei Schlesischen Feldzügen. Damals wurden Leute wie Fillmor auch noch nicht Marschälle. Eher nahm man einen Halbverrückten wie Blücher, wenn er das Herz auf dem rechten Flecke trug. Der Kopf blieb Handlanger. Aber mich plagten hier auf der Terrasse andere Sorgen als historische Rückblicke.

Meine Vorstellung hatte nicht befriedigt, daran konnte kein Zweifel sein. Zapparoni hatte mich zu einer Äußerung verlockt und war dann um sie herumgegangen wie ein Gärtner um einen Baum, an dem er die kahlen Stellen sieht. Er hatte mich besichtigt wie einen überalterten Hauptmann, bei dessen Vorführungen außer ihm alle Beteiligten von vornherein wissen, daß er an der Majorsecke scheitern soll. Man fragt sich beim Fortgehen, warum das Theater denn überhaupt gemacht wurde. Das Witzige daran war, daß Zapparoni eigentlich meine Ansicht hätte vertreten müssen und ich die seinige. Statt dessen hatte er mich als liberalen Schwätzer entlarvt.

Zapparoni erhob sich; er wollte mich jetzt wohl verabschieden. Aber zu meinem Erstaunen gab er mir noch eine
Frist. Er deutete auf ein Strohdach, dessen Giebel am Ende
des Bachgrundes aus dem Grün hervorragte.

»Ich habe noch etwas zu erledigen, Herr Richard, vielleicht erwarten Sie mich dort. Sie werden sich nicht langweilen. Es ist ein angenehmer Platz.«

Dabei nickte er mir freundlich zu, als hätten wir eine anre-
gende Unterhaltung abgeschlossen, deren Fortsetzung er erwartete. Ich ging die Treppe hinunter, überrascht, verwirrt
durch das Maß an Zeit, das er mir einräumte. Wahrscheinlich
war das eine Laune von ihm. Mich hatte die Befragung angestrengt, erschöpft. Es war gut, daß sie beendet war. Ich betrat
den Gartenpfad mit dem Gefühl, mit dem wir bei der Prüfung die Glocke hören, die eine Pause ankündet.

Bei der ersten Biegung wandte ich mich um. Zapparoni
stand noch auf der Terrasse und blickte mir nach. Er winkte
mir zu und rief:

»Seien Sie mit den Bienen vorsichtig!«

11

Im Hause und auf der Terrasse war die Zeit gemächlich dahingegangen, wie bei den Vorvätern. Man hat ein ähnliches
Gefühl, wenn man im Walde durch die alten Schläge geht. Es
waren keine Anzeichen dafür vorhanden, daß man sich nicht
in der ersten Hälfte des neunzehnten oder besser noch des
achtzehnten Jahrhunderts befand. Das Mauerwerk, die Täfe-
lung, die Gewebe, die Bilder und Bücher, alles zeugte von so-
lider Handarbeit. Man fühlte die alten Maße, den Fuß, die
Elle, den Zoll, die Linie. Man fühlte, daß Licht und Feuer,
Bett und Tafel noch in der alten Weise gehegt und geschätzt
wurden, fühlte den Luxus menschlicher Fürsorge.

Hier draußen war es anders, obwohl der Gang im weichen, goldgelben Sande angenehm war. Wenn ich zwei oder
drei Schritte getan hatte, glätteten sich die Fußstapfen. Ich

sah einen kleinen Wirbel, als ob ein im Grunde verborgenes
Tier sich schüttelte. Dann lag der Weg glatt wie zuvor. Ich
bedurfte aber nicht dieser Wahrnehmung, um zu merken,
daß hier die Zeit schneller lief und größere Wachsamkeit geboten war. In den guten alten Zeiten kam man an Orte, wo
es »nach Pulver roch«. Heut ist die Bedrohung anonymer, ist
atmosphärisch; aber sie wird gefühlt. Man tritt in Bereiche
ein.

Der Weg bestrickte; er lud zum Träumen ein. Zuweilen
trat der Bach so dicht heran, daß er ihn randete. An seinen
Ufern blühte die gelbe Iris, und Pestwurz auf den Sandbän-
ken. Eisvögel streiften darüber hin und netzten sich die Brust.

Die Weiher, in denen die Mönche ihre Karpfen gezogen
hatten, waren mit einem grünen Teppich überwachsen, den
helle Säume einfaßten. Dort gilbten die Wasserlinsen, bleichten die Schalen von Teichmuscheln und Posthörnern. Es
roch nach Moder, nach Minze und Erlenrinde, nach feucht-
heißem Sumpf. Ich dachte an schwüle Sommertage, an denen
wir als Knaben mit kleinen Netzen in solchen Weihern gefischt hatten. Wir hatten dann die Beine mit Mühe aus dem
saugenden Morast gezogen, und dieser Dunst stieg aus den
Stapfen auf.

Schon kam die Grenzmauer. Der Bach verließ sie durch
ein Gitterwerk. Zur Linken tauchte auch das Strohdach auf.
Es ruhte auf roten Pfählen ohne Zwischenwandung und
krönte eher eine Laube als ein Gartenhaus. Es sollte wohl,
wenn man sich in diesem Teil des Parkes aufhielt, gegen Regen oder auch gegen Sonnenschein, aber nicht gegen Wind
und Kälte Schutz bieten. Ein Teil des Daches war schirm-
artig vorgekragt. Darunter standen aus Rohr geflochtene
Stühle und ein grüner Gartentisch. Hier also sollte ich mein
Schicksal abwarten.

Sehr reiche Leute lieben das Einfache. Der Hausherr
schien sich hier wohlzufühlen, das war unschwer zu sehen.
Geräte, die an den Säulen lehnten oder hingen, wiesen auf
angenehmen Zeitvertreib. Dort standen Angeln, Netze, Reu-
sen, Krebsteller, Köderbüchsen, Blendlaternen, kurzum das

Inventar des Binnenfischers für Tag- und Nachtfänge. An einem der Pfeiler hing eine Schrotflinte neben einer Imkermaske, an einem anderen ein Köcher mit Schlägern, wie man sie beim Golfspiel benutzt. Auf dem Tisch lag ein Feldstecher. Ich konnte mich der Gemütlichkeit des Anblicks nicht verschließen, wenngleich das Bewußtsein des Bereiches inmitten des Stillebens bestehen blieb. Die Laube war von Tigerlilien umsäumt.

Das Feld, das der Bauer gepflügt hatte, lag nun ganz nahe; es war verlassen, die Arbeit getan. Die Mittagsstunde war gekommen; er hatte den klassischen Morgen gepflügt. An diesen Acker grenzte eine Wiese im zartesten Grün, als wäre sie aus Devonshire importiert. Ein Pfad führte über eine leichte Brücke dorthin. Das mußte der Golfplatz sein. Ich nahm das Glas zur Hand, die Spielbahn zu betrachten, die wie Velours geschoren war. Außer den Löchern war kein kahler Fleck, kein Unkräutchen zu sehen.

Das Glas war übrigens vorzüglich; es schärfte die Augen auf wunderbare Art. Ich konnte das beurteilen, denn in den Jahren, in denen ich Panzer abgenommen hatte, gehörte auch die Prüfung der Optik zu meinen Aufgaben. Dieser Feldstecher war für die Sicht in einem beschränkten Umkreis eingerichtet, ähnlich wie ein Theaterglas. Auf nahe und mittlere Distanzen holte er die Gegenstände nicht nur heran, sondern vergrößerte sie zugleich.

Diesseits des Baches setzte sich die Wiese fort, doch stand sie hier noch ungemäht im Kraut. Ich vergnügte mich damit, die Blumen anzuvisieren, von denen sie gemustert war. Der Löwenzahn trug bereits Pusteköpfe; ich sah jedes Wimperchen an den winzigen Fallschirmen. Der Grund war sumpfig; hin und wieder, und sogar ganz in der Nähe, stand Wasser an. Die Wasserlöcher waren von Schilf umwachsen, das noch vorjährige Kolben trug. Ich prüfte die Schärfe des Glases an den Stellen, an denen die Wolle aufgeblättert war. Es zeigte das feinste Fäserchen. Am torfigen Rand des Wasserspiegels wuchs Sonnentau. Er machte seinem Namen Ehre; Tautröpfchen blitzten im Mittagslicht. Eines seiner Blättchen hatte eine Mücke eingefangen und sie mit roten Fangfäden umgarnt. Es war ein vortreffliches Glas.

Im nahen Hintergrunde schloß die Mauer das Blickfeld ab. Sie war mit Efeu bewachsen und schien leicht zu übersteigen, doch hätte Zapparoni ihrer nicht bedurft. Er brauchte weder Schloß noch Gitter noch scharfe Hunde, denn innerhalb der Zone hielt jeder sich an die Wege und tat gut daran.

Die Bienenkörbe standen hart an der Mauer, in ihrem Schlagschatten. Ich dachte an Zapparonis Warnung, obwohl ich nicht beabsichtigte, mich von dem Platze zu entfernen, an dem ich in der warmen Sonne saß. Ich weiß nicht, ob die Bienen Mittagspause halten, jedenfalls waren wenig zu sehen.

Daß Zapparoni mich vor den Tieren gewarnt hatte, sprach für ihn, es war ein freundlicher Zug. Die Bienen sind friedliche Tiere; man braucht sie nicht zu fürchten, wenn man sie nicht mutwillig reizt.

Es gibt allerdings Ausnahmen. Als wir in Ostpreußen standen, einem Lande, in dem sich Reiter und Pferde wohlfühlen und in dem auch viel Imkerei getrieben wird, mußten wir uns während der Schwarmzeit vorsehen. Die Immen sind dann reizbar und empfindlich gegen verschiedene Gerüche wie gegen den von warmgerittenen Pferden oder von Menschen, die gezecht haben.

Eines Tages frühstückten wir in einem Obstgarten. Es muß ein festlicher Anlaß gewesen sein, vielleicht ein Geburtstag, denn es standen bereits Wein und Bärenfang auf dem Tisch. Ein Rausch am Morgen hat seinen besonderen Reiz. Wir kamen vom Reiten und waren bald gehörig in Fahrt. Wittgrewe war auch dabei. Die Luft war köstlich, vom Duft zahlloser Blüten erfüllt. Geschäftig summten die Bienen hin und her. Wir bemerkten bald, daß sie weniger friedlich waren als gewöhnlich und daß bald dieser, bald jener der aufgeräumten Runde einen Stich bekam.

In diesem Alter gibt alles Anlaß zu einem Scherz. Wir beschlossen, abzuwarten, wer Bienenkönig würde: wer die meisten Stiche erwischte, dem sollte die Begleichung der Zeche anheimfallen. Da schon allerhand auf dem Tisch stand, saßen wir nun still wie die Puppen und hoben nur ganz langsam das Glas zum Mund. Trotzdem setzten die Immen ihre Angriffe fort. Bald wurde der eine von einem Tierchen, das sich in seinen Haaren verfangen hatte, in die Stirn gestochen, bald fuhr ein anderer mit der Hand an seinen Kragen, bald trug ein dritter ein feuerrotes Ohr davon. Wir brachen ab, nachdem ein dicker, rothaariger Futtermeister, der schon gehörig schwitzte, zwölf Stiche abbekommen hatte und kaum mehr zu erkennen war. Sein Kopf sah wie ein semmelblonder Kürbis aus, beängstigend.

»Sie dürfen sich einmal keine Immen halten«, sagte der Wirt zu ihm. Da alle anderen nur ein, zwei Mal oder auch gar nicht berührt waren, scheint es in der Tat, daß die Bienen wählerisch sind. Mir würden sie nichts anhaben.

Die Erinnerung stimmte mich heiter als Anekdote von dazumal. Wir hatten ohne Sorgen gelebt. Wir hatten dicht an der Grenze gestanden, jenseits der Pfähle lag ein Kosakenregiment. Besuche, Einladungen zu Rennen oder Jagden gingen hin und her. Da kamen Reiter zusammen, wie man sie nicht mehr trifft.

Wie ist es möglich, daß sich die Zeit so schnell verdüstert hat — zu schnell für eine kurze Lebensbahn, ein einziges Geschlecht? Oft kommt es mir vor, als hätte man soeben noch lachend und plaudernd in einem schönen Saal gesessen, dann schreitet man durch ein Flucht von drei, vier Zimmern, und alles wird fürchterlich. Wer ahnte damals, als wir mit den Hetmans zechten, wie dicht der Tod hinter jedem von uns stand? Wir fochten dann scheinbar auf verschiedenen Seiten, und doch wurden wir durch ein und dieselbe Maschine niedergemacht. Wo sind sie geblieben, all diese Jungen, die noch im Fechten mit Lanze und Säbel geübt waren, und mit ihnen ihre Araber und Trakehner und die Steppenpferde, die so zierlich und doch so unermüdlich ihren Herrn trugen? Am Ende ist das alles nur geträumt — — —

Zapparoni ließ auf sich warten. Ich dachte wieder an das Gespräch auf der Terrasse, und meine Laune schwand. Wie mühelos, mit zwei, drei Fragen hatte er den Teil meines Charakters angeleuchtet, an dem ihm gelegen war. Er wollte wissen, wie ich zum Unrecht stand. Dazu hatte er mich auf mein eigenes Gebiet, auf das Feld meiner Stärke geführt. In einer knappen Viertelstunde hatte er meinen schwachen Punkt, meinen Defaitismus, herausgefunden — den Punkt, an dem es hing, daß ich nicht ein großer Mann wie Fillmor, sondern ein abgedankter Rittmeister ohne Aussichten geworden war. Was Fillmor anging, so hatte er den Pferden nie eine Träne nachgeweint. Er hatte zwar auch beritten eine gute Figur gemacht, ich entsann mich dessen, aber er war immer einer der gebrüsteten Herren geblieben, wie von Kobell gemalt. Die große, die göttliche Vereinigung mit dem Tiere hatte er nie gekannt.

Es dauert lange, bis man seine Fehler einsieht, und mancher erkennt sie nie. Der meine lag in der Abweichung vom Üblichen. In meiner Art, zu urteilen und oft auch zu handeln, unterschied ich mich von meiner Umgebung; das war schon innerhalb der Familie hervorgetreten und setzte sich bis ins Alter fort. Ich hatte schon damals das Menü nicht gemocht.

Man hält es für gut, daß einer seine eigene Meinung hat. Das gilt aber nur in beschränktem Umfang; es gilt eigentlich mehr für die Art, in welcher der Betreffende prononciert. Wenn ein großer Mann wie Fillmor kommt, so sagt er im Grunde nur Gemeinplätze. Aber er sagt sie mit großer Bestimmtheit, autoritär. Jeder fühlt: »Das könnte ich auch gesagt haben«. Darin liegt Macht. Mir fehlte diese Zustimmung.

Wenn wir über eine Legende wie über die weißen Fahnen unsere eigene Ansicht haben, so tun wir gut, sie für uns zu behalten, besonders wo Leidenschaft im Spiele ist. Wahrscheinlich hatte ich in Zapparoni die Befürchtung erweckt, er würde, wenn er mich engagierte, nur einen Querulanten mehr haben. Inzwischen saß Theresa daheim und wartete.

12

Die Vögel schwiegen. Ich hörte wieder das Murmeln des Baches im schwülen Grund. Dann fuhr ich auf. Ich war seit dem frühesten auf den Beinen gewesen in der Unruhe eines Menschen, der hinter dem Brot herläuft. In solcher Stimmung überrascht uns der Schlaf wie ein Dieb.

Ich konnte nur genickt haben, denn die Sonne hatte sich kaum bewegt. Der Schlaf im prallen Lichte hatte mich verwirrt. Ich orientierte mich mühsam; der Ort war unfreundlich.

Auch die Bienen schienen nun ihren Mittagsschlaf beendet zu haben; die Luft war von ihrem Summen erfüllt. Sie weideten auf der Wiese, indem sie in Wolken den weißen Schaum abstreiften, der sie überhöhte, oder sie tauchten in ihre bunte Tiefe ein. Sie hingen in Trauben am hellen Jasmin, der den Weg säumte, und aus dem blühenden Ahorn neben der Laube klang ihr Schwärmen wie aus dem Inneren einer großen Glocke, die lange nachschwingt, wenn es Mittag geläutet hat. An Blüten war kein Mangel; es war eines von den Jahren, von denen die Imker sagen, daß die Zaunpfähle honigen.

Dennoch war etwas Fremdes an diesem friedlichen Geschäft. Wenn ich von den Pferden und vom jagdbaren Wild absehe, kenne ich wenig Tiere, denn ich fand nie einen Lehrer, der mich dafür begeisterte. Mit den Pflanzen ist es anders, denn wir hatten einen passionierten Botaniker, mit dem wir auf Exkursion gingen. Wieviel in unserem Werdegange hängt von solchen Begegnungen ab. Wenn ich ein Verzeichnis der Tiere aufstellen sollte, die ich kenne, würde ich mit einem Blättchen auskommen. Das gilt besonders für das Ungeziefer, das zu Legionen die Natur erfüllt.

Immerhin weiß ich, wie eine Biene, eine Wespe oder auch eine Hornisse ungefähr beschaffen ist. Wie ich nun so saß und dem Schwärmen zusah, schienen mir einige Male Wesen vorbeizustreichen, die sich fremdartig abhoben. Auf meine Augen kann ich mich verlassen; ich habe sie nicht nur auf der Hühnerjagd erprobt. Es machte mir keine Mühe, einem die-

ser Wesen mit dem Blick zu folgen, bis es sich auf einer Blüte
niederließ. Dann nahm ich das Glas zu Hilfe und sah, daß ich
mich nicht getäuscht hatte.

Obwohl ich, wie gesagt, wenig Insekten kenne, hatte ich
hier sogleich den Eindruck des Ungeahnten, des höchst Bi-
zarren, etwa den Eindruck: ein Insekt vom Mond. An diesem
Wesen konnte ein Demiurg in fremden Reichen geschaffen
haben, der einmal von Bienen gehört hatte.

Das Wesen ließ mir vollauf Zeit, es zu betrachten, und
außerdem tauchten jetzt überall seinesgleichen auf wie Arbeiter am Werktor, wenn die Sirene gerufen hat. An diesen
Bienen fiel zunächst die Größe auf. Sie waren zwar nicht so
groß wie jene, denen Gulliver in Brobdingnag begegnete
und gegen die er sich mit dem Degen verteidigte, jedoch bedeutend größer, als eine Biene oder auch eine Hornisse ist.
Sie hatten etwa den Umfang einer Walnuß, die noch in der
grünen Schale steckt. Die Flügel waren nicht beweglich wie
Vogel- oder Insektenflügel, sondern sie waren als starrer
Saum um den Körper herumgeführt, also eher Stabilisie-
rungs- und Tragflächen.

Die Größe fiel weniger auf, als man denken sollte, da das
Tier vollkommen durchsichtig war. Die Vorstellung, die ich
von ihm gewann, verdankte ich im wesentlichen den Reflex-
en, die seine Bewegungen im Sonnenlicht hervorriefen.
Wenn es, wie eben jetzt, vor einer Windenblüte stand, deren
Kelch es mit einem wie eine gläserne Sonde geformten Rüssel anstach, war es fast unsichtbar.

Der Anblick fesselte mich in einer Weise, die mich Ort und
Stunde vergessen ließ. Ein ähnliches Erstaunen ergreift uns
bei der Vorführung einer Maschine, in deren Form und
Gangart sich ein neuer Einfall offenbart. Wenn ein Mann aus
dem Biedermeier auf einen unserer Kreuzwege gezaubert
würde, so würde ihm das Getriebe das Gefühl einer monoto-
nen Verwirrung mitteilen. Nach einer Spanne der Verblüffung würde sich ein gewisses Verständnis, eine Ahnung der
Kategorien einstellen. Er unterschiede die Motorräder von
den Personen- und den Lastwagen.

So ging es mir, nachdem ich begriffen hatte, daß es sich hier nicht um eine neue Tierart, sondern um Mechanismen handelte. Zapparoni, dieser Teufelskerl, hatte wieder einmal der Natur ins Handwerk gepfuscht oder vielmehr Anstalten getroffen, ihre Unvollkommenheiten zu verbessern, indem er die Arbeitsgänge abkürzte und beschleunigte. Ich schwenkte emsig das Glas, um seine Wesen zu verfolgen, die wie von starken Schleudern abgeschossene Diamanten durch den Raum fuhren. Ich hörte nun auch ihr zartes Pfeifen, das sich kurz überschlug, wenn sie hart vor den Blüten abbremsten. Und hinten, vor den Körben, die jetzt im Lichte standen, summierte es sich zu einem hellen und pausenlosen Pfiff. Es mußte subtile Überlegungen gekostet haben, um Zusammenstöße zu vermeiden, wo sich die Automatenschwärme massierten, ehe sie sich in die Fluglöcher einschleusten.

Der Vorgang erfüllte mich, ich muß es bekennen, mit dem Vergnügen, das technische Lösungen in uns hervorrufen. Dieses Vergnügen ist zugleich Anerkennung unter Eingeweihten — es triumphierte hier Geist von unserem Geist. Und es erhöhte sich, als ich bemerkte, daß Zapparoni mit mehreren Systemen arbeitete. Ich erfaßte verschiedene Modelle, verschiedene Automatenvölker, die Feld und Büsche abweideten. Besonders stark gebaute Tiere trugen eine ganze Garnitur von Rüsseln, die sie in Dolden und Blütentrauben eintauchten. Andere waren mit Greifarmen ausgerüstet, die sich als zarte Zangen um die Blütenbüschel legten und den Nektar herauspreßten. Wiederum andere Apparate blieben mir rätselhaft. Offenbar diente der Winkel Zapparoni als Versuchsfeld für glänzende Einfälle.

Die Zeit verflog, indem ich mich an diesem Anblick weidete. Allmählich drang ich auch in den Aufbau, in das System der Anlage ein. Die Bienenstände waren in langer Reihe vor der Mauer aufgestellt. Sie zeigten zum Teil die herkömmliche Form, zum Teil waren sie durchsichtig und schienen aus demselben Stoff wie die künstlichen Bienen zu bestehen. Die alten Stöcke waren von natürlichen Bienen bewohnt. Wahrscheinlich sollten diese Völker nur den Maßstab für die Größe des Triumphes über die Natur abgeben. Zapparoni hatte gewiß berechnen lassen, wieviel Nektar ein Volk am Tage, in der Stunde, in der Sekunde bringt. Nun setzte er es auf dem Versuchsfeld neben den Automaten ein.

Ich hatte den Eindruck, daß er die Tierchen mit ihrer vorsintflutlichen Ökonomie in Verlegenheit brachte, denn öfters sah ich eines von ihnen sich einer Blüte nähern, die vor ihm ein gläserner Konkurrent berührt hatte, und sogleich wieder abfliegen. Hatte dagegen eine leibhaftige Biene zuvor am Kelch gesogen, so stand noch immer ein Nachtisch bereit. Ich schloß daraus, daß Zapparonis Geschöpfe ökonomischer verfuhren, das heißt, gründlicher aussaugten. Oder versiegte, wenn sie durch die gläserne Sonde berührt waren, die spendende Kraft der Blumen, schlossen sie ihre Kelche zu?

Wie dem auch sei, der Augenschein lehrte, daß Zapparoni hier wieder eine seiner tollen Erfindungen gemacht hatte. Ich beobachtete nun das Treiben an den gläsernen Ständen, das ein hohes Maß von Methodik verriet. Es hat, glaube ich, durch die Jahrhunderte hindurch bis in unsere Tage gedauert, ehe man das Geheimnis der Bienen erriet. Von Zapparonis Erfindung gewann ich, nachdem ich sie aus meinem Stuhle etwa eine Stunde lang betrachtet hatte, bereits eine Vorstellung.

Die gläsernen Stöcke unterschieden sich von den alten Formaten auf den ersten Blick durch eine große Zahl von Fluglöchern. Sie erinnerten weniger an einen Bienenkorb als an ein automatisches Fernsprechamt. Es waren auch nicht eigentliche Fluglöcher, denn die Bienen traten nicht in die Anlage ein. Ich sah nicht, wo sie ausruhten oder abgestellt wurden oder ihre Garage hatten, denn sie waren ja wohl nicht immer am Werk. Jedenfalls hatten sie im Stock nichts zu tun.

Die Fluglöcher hatten eher die Funktion von Automatenschlitzen oder von Löchern in einem Steckkontakt. Die Bienen näherten sich ihnen, magnetisch angezogen, steckten ihre Rüssel hinein und entleerten ihr gläsernes Bäuchlein von dem Nektar, mit dem es angefüllt war. Dann wurden sie ab-

gestoßen mit einer Kraft, die einem Abschuß glich. Daß es
bei diesem Hin und Her trotz den hohen Fluggeschwindig-
keiten ohne Karambolagen abging, war ein besonderes Mei-
sterstück. Obwohl es sich um einen Vorgang mit einer großen Menge von Einheiten handelte, vollzog er sich in voll-
kommener Exaktheit; es mußte eine Zentrale oder ein zentrales Prinzip geben, das ihn steuerte.

Eine Reihe von Vereinfachungen, Abkürzungen und Nor-
mungen des natürlichen Vorganges war offenbar. So war
zum Beispiel alles ausgespart, was mit der Wachsgewinnung
zu tun hatte. Es gab weder kleine noch große Zellen noch ir-
gendwelche Anlagen, die mit der Verschiedenheit der Geschlechter zu tun hatten, wie denn überhaupt der ganze Betrieb in einem perfekten, aber völlig unerotischen Glanz
strahlte. Es gab da weder Eier noch Puppenwiegen, weder
Drohnen noch eine Königin. Wenn man durchaus an einer
Analogie festhalten wollte, so hatte Zapparoni nur den
Stand geschlechtsloser Arbeitswesen gebilligt und zur Bril-
lanz gebracht. Auch in dieser Hinsicht hatte er die Natur ver-
einfacht, die ja bereits im Drohnenmord einen ökonomi-
schen Ansatz wagt. Er hatte von vornherein weder Männ-
chen noch Weibchen, weder Weisel noch Ammen auf den
Plan gesetzt.

Wenn ich mich recht entsinne, wird der Nektar, den die
Bienen aus den Blüten saugen, in ihrem Magen zubereitet
und macht verschiedene Veränderungen durch. Auch diese
Mühe hatte Zapparoni seinen Geschöpfen abgenommen und
durch einen zentralen Chemismus ersetzt. Ich sah, wie der
farblose Nektar, der in die Anschlüsse gespritzt wurde, sich
in einem System von gläsernen Röhren sammelte, in denen
er allmählich die Farbe änderte. Nachdem er sich zunächst
durch einen Gelbstich getrübt hatte, wurde er strohfarben
und erreichte den Boden in einem prächtigen Honiggelb.

Die untere Hälfte des Standes diente offenbar als Tank
oder Speicherraum, der sich zusehends mit leuchtendem Honig anfüllte. Ich konnte die Zunahme an den Maßstäben verfolgen, die in das Glas geritzt waren. Während ich mit dem

Feldstecher hier und dort die Büsche und den Wiesengrund
bestrich und dann den Blick auf die Stände zurücklenkte,
wuchs der Vorrat um mehrere Teilstriche.

Vermutlich wurde die Zunahme und überhaupt der Betrieb nicht von mir allein beobachtet. Ich unterschied eine
weitere Art von Automaten, die vor den Ständen pendelten
oder auch verharrten, wie es Vorarbeiter oder Ingenieure in
einer Werkstatt oder auf einem Bauplatz tun. Sie hoben sich
von den Schwärmen durch ihre rauchgraue Färbung ab.

13

Ich hatte bei der Teilnahme an dem Getriebe ganz und gar
vergessen, daß ich auf Zapparoni wartete. Doch war er gegenwärtig als unsichtbarer Chef. Ich fühlte die Macht, auf die
sich das Schauspiel gründete.

Im tieferen Bereich der Technik, dort, wo sie Bann wird,
fesselt weniger das Ökonomische, ja nicht einmal der Macht-
charakter, sondern ein spielerischer Zug. Es wird dann deutlich, daß wir in einem Spiel befangen sind, in einem Tanz des
Geistes, den keine Rechenkunst erfaßt. Das Letzte an unserer Wissenschaft ist Ahnung, ist schicksalhafter Ruf, ist reine
Figuration.

Der spielerische Zug wird deutlicher in den Miniaturen als
im Gigantenwesen unserer Welt. Den groben Augen können
nur Massen imponieren, vor allem, wenn sie in Bewegung
sind. Und doch verbergen sich in einer Mücke nicht weniger
Organe als im Leviathan.

Das war es, was mich an Zapparonis Versuchsfeld fesselte,
so daß ich, wie ein Kind die Schule, Zeit und Ort vergaß. Ich
dachte auch nicht daran, daß es vielleicht gefährlich war,
denn öfters pfiffen die Gebilde wie Geschosse an mir vorbei.
Wie sie in Büscheln von den Ständen ausstrahlten, um sich
als blitzende Gewebe über den bunten Flor zu werfen, und
dann zurückschossen, bremsten, im dichten Schwarm verharrten, aus dem durch unhörbare Rufe, durch unsichtbare

Zeichen im schnellen Gleichtakt eine der Sammlerinnen nach der anderen zitiert wurde, um ihre Ernte abzuliefern — das war ein Schauspiel, das sowohl faszinierte wie hypnotisierte, den Geist einwiegte. Ich wußte nicht, was mich mehr erstaunte — die kunstreiche Erfindung der Einzelkörper oder ihr Zusammenspiel. Vielleicht war es im tiefsten Grunde die tänzerische Kraft des Anblicks, die mich entzückte, in hoher Ordnung konzentrierte zwecklose Macht.

Nachdem ich die Evolutionen eine Stunde lang mit großer Spannung betrachtet hatte, glaubte ich zwar nicht das technische Geheimnis zu verstehen, wohl aber das System der Anlage. Kaum war das geschehen, als ich auch schon Kritik ansetzte und auf Verbesserungen sann. Diese Unruhe, diese Unzufriedenheit ist seltsam, obwohl sie zu unseren Charakterzügen zählt. Angenommen, wir würden, etwa in Australien, einer Tierart begegnen, die wir nie gesehen hätten, so würde uns zwar auch Erstaunen übermannen, aber wir würden nicht sogleich darüber nachgrübeln, wie sie zu verbessern sei. Das deutet auf einen Unterschied der schöpferischen Autorität.

Technische Kritik hat heute schon jeder Junge, dem man ein Fahrrad schenkt. Was mich betrifft, so war ich während der Jahre, in denen ich Panzer abzunehmen hatte, darauf dressiert worden. Da gab es immer etwas auszuhandeln, und ich war in den Werken berüchtigt als einer, der Unmögliches verlangt. Die Grundrechnung bei solchen Konstruktionen ist einfach — ihre Aufgabe ist die günstigste Verteilung des Potentials auf Feuer, Bewegung und Sicherheit. Jeder dieser Faktoren kann nur auf Rechnung der anderen erhöht werden. Die Sicherheit steht an letzter Stelle; die Kosten spielen keine Rolle, und ebenso wenig der Komfort. Bei den Verkehrsmaschinen ist das anders; hier stehen die Kosten, die Sicherheit und der Komfort im ersten Rang. Nur in der Geschwindigkeit begegnen sich die Ansprüche. Sie zählt zu den Prinzipien der Zeit. Daher werden ihr nicht nur im Kriege, sondern auch im Frieden Opfer gebracht.

Was Zapparonis Anlage betraf, so drängte sich nach dem

ersten Erstaunen sogleich die Kostenfrage auf. Die gläsernen Geschöpfe machten den Eindruck von Luxusautomaten — ich hielt es für möglich, daß jedes einzelne soviel wie ein guter Wagen oder gar wie ein Flugzeug kostete. Gewiß würde Zapparoni sie nach ihrer Erprobung in Serie herstellen, wie das mit allen seinen Erfindungen geschah. Offensichtlich konnte er auch mit einem solchen Volk, ja vielleicht mit einer einzigen gläsernen Biene an einem Frühlingstage mehr Honig gewinnen als ein Naturschwarm in einem Jahr. Sie konnten wohl auch bei Regen und in der Nacht arbeiten. Aber was bedeuteten solche Gewinne gegenüber den immensen Unkosten?

Gut, Honig war eine köstliche Speise, doch wollte man die Erträge steigern, so war das nicht Sache der Automatenindustrie, sondern eher der Chemie. Ich dachte an Laboratorien, wie ich sie in der Provence gesehen hatte, etwa in Grasse, wo man aus Millionen Blüten den Duftstoff zieht. Dort hat man Wälder von bitteren Orangen, Felder voll Veilchen und Tuberosen und blaue Lavendelhänge in der Macchia. Durch ähnliche Verfahren würde auch Honig zu gewinnen sein. Man konnte die Wiesen ausbeuten wie unsere Kohlenflöze, aus denen man nicht nur Brennstoff, sondern zahllose Chemikalien zieht, Essenzen, Farben, Arzeneien aller Art, auch Spinnfasern. Mich wunderte, daß man nicht bereits darauf verfallen war.

Natürlich hatte Zapparoni die Kostenfrage längst erwogen, oder er wäre der erste Milliardär gewesen, der nicht auf das schärfste zu kalkulieren verstand. Es ist schon manchem zu seinem Schaden aufgefallen, wie gut sehr reiche Leute sich auf den Wert von Pfennigen verstehen. Sie wären nie so reich geworden, wenn ihnen diese Gabe mangelte.

Es war also zu vermuten, daß die Anlage einen Sinn hatte, der außerhalb der üblichen Ökonomie gelegen war. Es mochte sich um das Spielzeug eines Nabobs handeln, an dem er sich ergötzte, wenn er vom Golfplatz oder vom Angeln kam. In einem technischen Zeitalter hat man technische Spielzeuge. Selbst Millionäre haben sich schon mit solchen

Scherzen ruiniert. Beim Spiel hält man die Hand nicht auf
dem Geldbeutel.

Die Annahme war jedoch unwahrscheinlich, denn wenn
Zapparoni für seine menus plaisirs Zeit und Geld verschwen-
den wollte, so hatte er im Lichtspiel dazu vollauf Gelegenheit. Der Zapparoni-Film war seine große Liebhaberei. Er
wagte dort Experimente, die jeden anderen ins Armenhaus
gebracht hätten. An sich war der Gedanke, die Stücke durch
Automaten spielen zu lassen, natürlich alt und in der Geschichte des Lichtspiels schon oft erprobt worden. Am Auto-
matencharakter der Gestalten war indessen nie ein Zweifel
aufgekommen, und daher hatten sich die Versuche auf das
Feld des Märchenhaften oder des Grotesken beschränkt, auf
Grundeffekte des Puppentheaters und der alten Laterna magica. Zapparoni wollte jedoch den Automaten im alten Sinne, den Automaten des Albertus oder des Regiomontanus
verwirklichen. Er wollte künstliche Menschen in natürlicher
Größe, Figuren von Menschenähnlichkeit. Alle Welt hatte
sich über den Gedanken belustigt und entrüstet, ihn für den
geschmacklosen Einfall eines Sonderlings erklärt.

Und doch hatten sich alle getäuscht, denn bereits das erste
dieser Stücke hatte Furore gemacht. Es war ein Luxuspup-
penspiel ohne Puppenspieler und ohne Drähte, die Premiere
nicht nur eines neuen Stückes, sondern einer neuen Kunst-
gattung. Zwar unterschieden die Figuren sich noch ein wenig
von den gewohnten Menschen, jedoch auf vorteilhafte Art.
Die Gesichter waren glänzender, makelloser, die Augen größer geschnitten, edelsteinartig, die Bewegungen langsamer,
vornehmer und in der Erregung auch heftiger, schneller, als
es der Erfahrung entsprach. Und auch das Häßliche, das Ab-
norme wurde in neue, erheiternde oder erschreckende, aber
stets faszinierende Bereiche geführt. Ein Caliban, ein Shy-
lock, ein Glöckner von Notre Dame, wie Zapparoni ihn vor-
führte, konnte in keinem Bett gezeugt, von keiner Menschen-
frau geboren werden, und hätte sie sich noch so absonderlich
versehen. Dazwischen konnten reine Zauberwesen auftreten,
ein Goliath, ein Zwerg Nase, ein Archivarius Lindhorst, ein

kündender Engel, durch dessen Leib und Flügel hindurch die Gegenstände schimmerten.

Man sah, halb mit Bestürzung, halb mit Staunen, daß diese Figurinen das Menschenwesen nicht einfach nachahmten, sondern es über seine Möglichkeiten, seine Skala hinausführten. Die Stimmen erreichten eine Höhe, die jede Nachtigall, und eine Tiefe, die jeden Baß beschämte; Bewegung und Ausdruck verrieten studierte und übertroffene Natur.

Der Eindruck war außerordentlich. Das Publikum bewunderte nun überschwenglich, was es am Vorabend verlacht hatte. Ich will nicht wiederholen, was die Lobredner behaupteten. Sie sahen im Marionettenspiel ein neues Kunstwerk, das Idealtypen aufstellte. Freilich mußte die Naivität des Zeitgeistes hinzukommen, der gewagte Erfindungen wie das Kind seine Puppe ergreift. Die Zeitungen beklagten das Schicksal eines jungen Mannes, der sich in die Themse gestürzt hatte. Er hatte Zapparonis Heroine für eine Frau aus Fleisch und Blut gehalten und die Enttäuschung nicht verschmerzt. Die Werkleitung sprach ihr Bedauern aus und ließ durchblicken, es wäre nicht undenkbar gewesen, daß die schöne Roboterin den jungen Mann erhört hätte. Er hatte voreilig gehandelt, die letzten Möglichkeiten der Technik nicht erfaßt. Auf alle Fälle war der Erfolg gewaltig und brachte sicher die Kosten ein. Zapparoni hatte eine goldene Hand.

Nein, wer mit künstlichen Menschen spielen konnte, der hatte Zeitvertreib genug. Er brauchte sich nicht mit gläsernen Bienen zu belustigen. Es war kein Spielfeld, auf dem ich mich befand. Es gibt jedoch auch andere Gebiete, wo Geld unwichtig wird.

Gewiß, daß diese gläsernen Bienen hier Honig sammelten, war Spielerei. Das war eine absurde Aufgabe für Kunstwerke. Indessen mit Wesen, die das vermochten, konnte man fast alles anfangen. Es war für solche Automaten leichter, Goldkörner und Diamanten einzutragen als Nektar, den sie aus den Blüten geschöpft hatten. Aber sie waren auch für das beste Geschäft noch zu kostspielig. Ökonomisch Absurdes wird nur geleistet, wo Macht auf dem Spiele steht.

Und in der Tat, wer über solche Völker verfügte, war ein mächtiger Mensch. Er war vielleicht mächtiger als ein anderer, der über die gleiche Zahl von Flugzeugen gebot. David war stärker, war intelligenter als Goliath.

Hier konnte die Ökonomie keine Rolle spielen, oder man mußte in die Maße einer anderen Ökonomie eintreten, in das Titanische. Hier mußte man eine andere Rechnung aufstellen. Ich konnte mir über den Preis einer solchen Biene kein Urteil erlauben; doch sollte er sich auch nur auf tausend Pfund belaufen, so war das, vom Standpunkt eines Imkers aus gesehen, irrsinnig. Aber es gibt eben andere Standpunkte. Ein Stratosphärenkreuzer etwa konnte eine Million Pfund kosten; das war, vom Standpunkt eines Imkers oder auch eines Leichten Reiters aus gesehen, nicht minder irrsinnig. Wenn man die unheimliche Last bedachte, die ein solcher Kreuzer ans Ziel tragen sollte, stieg der Preis ins Phantastische. Er wurde wiederum minimal, wenn man den Schaden erwog, der damit beabsichtigt war. Da dampften Milliarden in die Luft, vom Zugriff auf Leib und Leben ganz abgesehen. Konnte man nun ein solches Bienchen dem Untier an die Schwingen heften und es zum Scheitern bringen, dann waren tausend Pfund nur eine Bagatelle, ein Pappenstiel. Man muß zugeben, daß in unserer Welt mit großer Schärfe, und sogar mit Maschinen, gerechnet wird. Doch gibt es Ausnahmen. Da wird man splendid, verschwenderischer als August der Starke, als der Minister Brühl. Und hat doch weniger davon.

Ja, ohne Zweifel befand ich mich auf einem Versuchsfeld der Zapparoni-Werke, auf einem Flugplatz für Mikroroboter. Meine Vermutung, daß es sich um Waffen handelte, traf wohl das Richtige. Darauf und auf den platten Nutzen verfallen wir zuerst. Wenn Zapparoni seine Bienen auf Arbeiterinnen reduziert hatte, so hatte er sie doch des Stachels nicht beraubt, im Gegenteil.

14

Der Anblick hatte mich zunächst als Spiel erheitert, sodann als Kombination entzückt. Nun aber erfaßte ich seine mächtige Bedeutung und war berauscht wie ein Goldsucher, der das Land Ophir betreten hat. Warum mochte der Alte mir den Eintritt in diesen Garten gewährt haben?

»Seien Sie mit den Bienen vorsichtig!« Wie hatte doch alles, was er sagte, noch einen anderen Sinn als den vermuteten. Es mochte vielleicht bedeuten, daß ich kaltes Blut bewahren sollte, und wirklich fühlte ich, daß das Schauspiel an den Angeln des Geistes rüttelte. Wahrscheinlich hatte der Meister es mir als Prüfung zugedacht. Das war der praktische Teil. Er wollte wissen, ob ich seine Tragweite erfaßte, ob ich dem Gedanken gewachsen war. Ob sich vielleicht Carettis Kopf in diesem Park verwirrt hatte?

»Seien Sie mit den Bienen vorsichtig« — das konnte auch eine Warnung vor Neugier sein. Vielleicht wollte er sehen, wie ich mich angesichts des offenbarten Geheimnisses verhielt. Aber ich hatte mich noch nicht von meinem Stuhl bewegt.

Auch war ich zu beschäftigt, um über mein Verhalten nachzudenken; das Treiben fesselte mich ganz und gar. Wenn früher eine Erfindung gemacht wurde, so war sie ein Treffer, über dessen Bedeutung oft der Erfinder sich wenig im klaren war. Die Konstruktionen, die dürftigen Gestänge in den Museen rufen ein Lächeln hervor. Hier aber war ein neuer Gedanke nicht nur in seinen Konsequenzen begriffen, sondern sogleich auf breiter Fläche und in den Einzelheiten ausgeführt. Man hatte ein Modell geschaffen, das die praktischen Forderungen übertraf. Das ließ auf viele Mitarbeiter, auf viele Mitwisser schließen, und ich begriff Zapparonis Sorge um die Geheimhaltung.

Im Laufe des Nachmittags nahm die Zahl der fliegenden Objekte erheblich zu. Im Zeitraum von zwei, drei Stunden raffte sich eine Entwicklung zusammen, an der ich während

eines Lebens teilgenommen hatte — ich meine die Verwandlung einer außerordentlichen Erscheinung in eine typische.
Das hatte ich mit den Automobilen, den Flugzeugen erlebt.
Zunächst erstaunt man über die Erscheinung, die vereinzelt
auftritt, und endlich sieht man sie zu Legionen in blitzenden
Zügen vorbeischwirren. Nicht einmal die Pferde wenden
mehr den Kopf. Der zweite Anblick ist erstaunlicher, aber
wir traten in das Gesetz der Serie, in die Gewohnheit ein.

Zapparoni mußte die Entwicklung dieser Automaten
schon weit vorgetrieben, schon auf das laufende Band gebracht haben, soweit das in seinen Werken möglich war. Es
sah indessen nicht aus, als ob er hier eine neue Handelsware
vorbereitete — eine der Überraschungen, die er alljährlich in
seinen Katalogen auftischte. Das mochte später einmal ab-
fallen. Es mußte ein in sich geschlossenes Unternehmen sein;
das wurde deutlich, als sich das Treiben in einer Weise steigerte, die an eine Schwarmzeit oder an eine Hauptverkehrs-
stunde erinnerte. Es zweigte sich nun in Strängen auch in andere Teile des Parkes ab.

Organisatorisch betrachtet, ließ der Umtrieb verschiedene
Deutungen zu. Es war kaum anzunehmen, daß ein zentrales
Kraftwerk vorhanden war. Das war nicht Zapparonis Stil.
Für ihn hing der Rang eines Automaten von seiner Selbständigkeit ab. Sein Welterfolg beruhte darauf, daß er im Haus,
im Garten, auf kleinstem Raume einen geschlossenen Wirt-
schaftskreis ermöglicht hatte; er hatte den Drähten, den Leitungen, den Röhren, den Geleisen, den Anschlüssen den
Krieg erklärt. Das führte weit ab vom Werkstil des 19. Jahrhunderts und seiner Häßlichkeit.

Eher dachte ich schon an ein Verteilerwesen, an Laboratorien, Akkumulatoren und Tankstellen. Es konnten Stoffe abgeliefert und in Empfang genommen werden, wie hier an den
Bienenständen, zu denen nicht nur Nektar gebracht, sondern
von denen offensichtlich auch Kraft empfangen wurde, denn
ich sah, wie die gläsernen Gebilde förmlich abgeschossen
wurden, wenn sie sich entleert hatten.

Die Luft war nun von einem hellen, gleichmäßigen Pfeifen

erfüllt, von einem Pfeifen, das zwar nicht einschläferte, wohl aber die Aufmerksamkeit hypnotisch abdichtete. Ich mußte mich anstrengen, Traum und Wirklichkeit zu unterscheiden, um nicht Visionen anheimzufallen, die Zapparonis Thema aus eigenem fortspannen.

An gläsernen Bienen hatte ich, wie gesagt, verschiedene Modelle beobachtet. Seit einiger Zeit tauchten in ihrem Strudel noch andere Apparate auf. Sie waren auf das mannigfaltigste an Größe, an Form und Farbe unterschieden und hatten offenbar nicht das mindeste mehr mit Bienen und Imkerei zu tun. Diese neuen Gebilde mußte ich nehmen, wie sie kamen — ich hielt mit der Ausdeutung nicht Schritt. So mag es uns gehen, wenn wir an einem Riff die Tiere betrachten: wir sehen Fische und Krebse, erkennen auch die Medusen, dann aber steigen Wesen aus der Tiefe, die uns unlösbare, beängstigende Rätsel aufgeben. Ich war hier wie ein Mensch aus der Kulturzeit, den man an eine Kreuzung stellt. Er wird nach einigem Erstaunen leicht erraten, daß die Automobile eine neue Art von Kutschen sind. Dazwischen aber bestürzen ihn Konstruktionen in Callots Manier.

15

Kaum also in Zapparonis Einrichtung eingestiegen, hatte ich mir Verbesserungen ausgedacht. Das liegt im Zug der Zeit. Als nun die undurchsichtigen Figuren auftauchten, begann ich, unruhig, vexiert zu werden; auch das ist ein Zug der Zeit, deren Rangordnung sich durch die Beherrschung der Apparaturen bestimmt.

Was mochten die neuen Apparate zu bedeuten haben, die sich in die Bienenschwärme einmischten? Es blieb immer das gleiche: kaum hatte man eine neue Technik begriffen, so zweigte sie auch schon ihre Antithese aus sich ab. In die gläsernen Ströme reihten sich bunte Individuen ein wie Porzellanperlen in eine Glaskette. Sie waren schneller, wie etwa in einer Autokolonne Wagen der Rettungswache, der Feuerwehr, der Polizei. Andere kreisten in der Höhe über dem Verkehr. Sie mußten größeren Umfang haben; ihn zu bestimmen, fehlten mir die Maßstäbe. Besonders beschäftigten mich die grauen Apparate, die vor den Ständen und nun auch ganz in der Nähe das Terrain abflogen. Zu ihnen gehörte einer, der wie aus mattem Horn oder aus Rauchquarz geschnitten war. Er kreiste schwerfällig in geringer Höhe um die Laube, so daß er fast die Tigerlilien streifte, verharrte auch hin und wieder reglos in der Luft. Wenn sich Panzer im Gelände verteilen, überschweben Beobachter sie auf ähnliche Art. Vielleicht war hier eine Aufsicht oder eine Befehlszelle. Ich behielt diesen Rauchgrauen besonders im Auge und suchte zu ermitteln, ob seinen Bewegungen Veränderungen in der Masse der Automatenschwärme korrespondierten oder nachfolgten.

Die Beurteilung der Größenverhältnisse war schwierig, weil es sich um Objekte handelte, die außerhalb der Erfahrung lagen und für die im Bewußtsein keine Norm gegeben war. Ohne Erfahrung gibt es kein Maß. Wenn ich einen Reiter, einen Elefanten, einen Volkswagen sehe, gleichviel auf welche Entfernung, kenne ich sein Maß. Hier aber wurde der Sinn verwirrt.

In solchen Fällen pflegen wir auf die Erfahrung zurückzugreifen, indem wir Teststücke zu Rate ziehen. Ich suchte also, wenn der Rauchkopf sich in meinem Feld bewegte, gleichzeitig einen bekannten Gegenstand zu erhaschen, der mir den Maßstab gab. Das war nicht schwierig, da der Graue seit einigen Minuten zwischen mir und dem nächsten Sumpfloch pendelte. Diese Minuten, während deren ich, die Augen an den Quarz geheftet, langsam den Kopf bewegte, wirkten besonders einschläfernd. Ich konnte nicht sagen, ob die Veränderungen, die ich auf der Oberfläche des Automaten zu erkennen glaubte, sich in der Wirklichkeit abspielten oder nicht. Ich sah Farbwechsel wie bei optischen Signalen, so ein Erblassen und dann ein jähes, blutrotes Aufleuchten. Dann wurden schwarze Auswüchse sichtbar, die sich wie Schnekkenhörner ausstülpten.

Bei alldem vergaß ich nicht, die Größe abzuschätzen, wenn der Rauchgraue den Pendelschlag verkehrte und für die Dauer einer Sekunde über dem Sumpfloch stand. Waren die Automatenschwärme nun abgezogen, oder sah ich sie nicht mehr, weil ich gefesselt war? Jedenfalls war es ganz still im Garten und ohne Schatten, wie es in Träumen ist.

»Ein Quarzschliff von der Größe eines Enteneies« — zu dem Schluß kam ich, als ich den Rauchgrauen mit dem Schilfkolben verglich, an den er fast anstreifte. Solche Schilfkolben kannte ich gut aus meiner Kindheit; wir hatten sie »Zylinderputzer« genannt und uns bei den Versuchen, sie zu pflücken, im Schlamm den Anzug ruiniert. Man mußte abwarten, bis es gefroren hatte, aber auch dann blieb die Annäherung gefährlich, denn das Eis war an den Schilfgürteln brüchig und mit Entenlöchern durchsetzt.

Ein ideales Teststück war die Mücke, die das Blatt des Sonnentaues zierte wie eine in Rubin geritzte Miniatur. Auch der Sonnentau war mir altbekannt. Wir hatten ihn bei unseren Streifereien in den Mooren ausgegraben und in die Terrarien gepflanzt. Die Botaniker bezeichnen ihn als »fleischfressende Pflanze« — diese barbarische Übertreibung hatte das zierliche Kräutlein bei uns in Ansehen gesetzt. Wenn der Rauchkopf, der jetzt niedriger pendelte und fast den Rand des Sumpflochs streifte, zugleich mit dem Sonnentau von meinem Perspektiv erfaßt wurde, sah ich, daß er in der Tat, verglichen mit den Bienen, von beträchtlicher Größe war.

Die angestrengte, eintönige Beobachtung birgt die Gefahr von Visionen, wie jeder weiß, der im Schnee oder in der Wüste ein Ziel verfolgte oder der endlose, schnurgerade Straßen befuhr. Wir beginnen zu träumen; die Bilder gewinnen Macht über uns. — — —

»Der Sonnentau ist also doch eine fleischfressende Pflanze, ein kannibalisches Gewächs.«

Warum mochte ich das gedacht haben? Es kam mir vor, als hätte ich die roten, mit klebrigen Fangnäpfen befransten Blätter in riesiger Vergrößerung gesehen. Ein Wärter warf ihnen Futter vor.

Ich rieb mir die Augen. Ein Traumbild hatte mich genarrt in diesem Garten, in dem das Winzige groß wurde. Aber zugleich hörte ich ein Signal in meinem Inneren wie einen Wecker, wie die Alarmglocke eines Wagens, der mit brutaler Geschwindigkeit näher kommt. Ich mußte etwas Unerlaubtes, etwas Schändliches gesehen haben, das mich erschreckt hatte.

Hier war ein übler Ort. In großer Bestürzung sprang ich auf, zum erstenmal, seitdem ich mich gesetzt hatte, und visierte das Sumpfloch an. Der Rauchgraue war wieder näher gekommen; er hörte auf zu pendeln und umkreiste mich mit ausgeschwenkten Fühlhörnern. Ich achtete nicht auf ihn. Mich fesselte das Bild, auf das er meinen Blick geführt hatte wie ein Vorstehhund auf die Rebhühner.

Der Sonnentau war winzig wie zuvor. Eine Mücke war schon eine gute Mahlzeit für ihn. Doch neben ihm im Wasser lag ein roter obszöner Gegenstand. Ich faßte ihn scharf in das Glas. Jetzt war ich hellwach; es konnte kein Augentrug sein.

Das Sumpfloch war von Schilfhalmen umgittert, durch deren Lücken ich die braune, moorige Pfütze sah. Blätter von Wasserpflanzen bildeten darauf ein Mosaik. Auf einem dieser Blätter lag der obszöne Gegenstand; er hob sich klar von ihm ab. Ich prüfte ihn noch einmal, aber es konnte kein Zweifel bleiben; es war ein menschliches Ohr.

Hier war kein Irrtum möglich: ein abgeschnittenes Ohr. Und ebensowenig war zu bestreiten, daß ich bei klarem Verstande, in ungetrübter Urteilskraft war. Ich hatte weder Wein getrunken noch eine Droge eingenommen, nicht einmal eine Zigarette geraucht. Ich hatte seit langem, schon meiner leeren Taschen wegen, auf das nüchternste gelebt. Auch zähle ich nicht zu den Leuten, die, wie Caretti, plötzlich dies oder jenes sehen.

Ich begann nun, das Sumpfloch methodisch abzusuchen und entdeckte mit wachsendem Entsetzen: es war mit Ohren besät! Ich unterschied große und kleine, zierliche und grobe Ohren, und alle waren mit scharfen Schnitten abgetrennt.

Einige lagen auf den Blättern der Wasserpflanzen wie das erste, das ich bei der Verfolgung des Rauchkopfes entdeckt hatte. Andere waren halb von den Blättern verdeckt, und wiederum andere schimmerten undeutlich durch das braune Moorwasser.

Bei diesem Anblick erfaßte mich eine Welle der Übelkeit wie einen Schiffbrüchigen, der unversehens auf die Feuer- stelle von Kannibalen stößt. Ich erkannte die Provokation, die schamlose Herausforderung, die er umschloß. Er führte auf eine tiefere Stufe der Wirklichkeit. Es war, als ob das Automatentreiben, das mich eben noch so völlig im Bann ge- halten hatte, verschwunden wäre; ich nahm es nicht mehr wahr. Ich hielt für möglich, daß es eine Spiegelung gewesen war.

Zugleich berührte mich ein eisiger Anhauch, die Nähe der Gefahr. Ich fühlte meine Knie schwach werden und ließ mich in den Sessel zurückfallen. Ob wohl mein Vorgänger in ihm gesessen hatte, bevor er verschwunden war? Vielleicht hatte ihm eines dieser Ohren gehört? Ich fühlte einen glühenden Strich am Haaransatz. Jetzt ging es nicht mehr um eine An- stellung. Jetzt ging es um Kopf und Kragen, und wenn ich heil aus diesem Garten herauskommen würde, konnte ich von Glück sagen.

Der Fall mußte durchdacht werden.

16

Eigentlich hätte mich die Begeisterung, in die ich beim Ein- blick in Zapparonis Garten geraten war, stutzig machen sol- len; sie kündete nichts Gutes an. Ich war da leichtsinnig ge- wesen und hatte doch meine Erfahrungen. Aber wer hat die- se Erfahrungen nicht?

Die brutale Vorweisung abgeschnittener Gliedmaßen hat- te mich bestürzt. Doch war sie das in diesem Zusammenhan- ge fällige Motiv. Gehörte sie nicht notwendig zur techni- schen Perfektion und ihrem Rausch, den sie beendete? Gab es in irgendeinem Abschnitt der Weltgeschichte so viel zerstückelte Leiber, so viel abgetrennte Glieder wie in dem unseren? Seit Anbeginn führen die Menschen Kriege, doch ich entsinne mich aus der ganzen Ilias nicht *eines* Beispiels, in dem der Verlust eines Armes oder eines Beines berichtet wird. Die Abtrennung behielt der Mythos den Unmenschen, den Unholden vom Schlage des Tantalus oder des Prokrustes vor.

Man braucht sich nur auf einen Bahnhofsvorplatz zu stellen, um zu sehen, daß bei uns andere Regeln obwalten. Wir haben seit Larrey Fortschritte gemacht, und nicht nur in der Chirurgie. Es gehört zu unseren optischen Täuschungen, daß wir diese Verletzungen auf den Unfall zurückführen. In Wahrheit sind die Unfälle Folgen von Verletzungen, die bereits den Keimen unserer Welt zugefügt wurden, und die Zunahme der Amputationen gehört zu den Anzeichen dafür, daß die sezierende Denkart triumphiert. Der Verlust fand statt, ehe er sichtbar in Anrechnung gebracht wurde. Der Schuß ist längst abgefeuert — wo er dann als Fortschritt der Wissenschaft auftrifft, und sei es auf dem Monde, gibt es ein Loch.

Menschliche Vollkommenheit und technische Perfektion sind nicht zu vereinbaren. Wir müssen, wenn wir die eine wollen, die andere zum Opfer bringen; bei diesem Entschlusse beginnt der Scheideweg. Wer das erkannt hat, wird sauberer arbeiten, so oder so.

Die Perfektion strebt dem Berechenbaren und das Vollkommene dem Unberechenbaren zu. Perfekte Mechanismen umstrahlt daher ein unheimlicher, aber auch faszinierender Glanz. Sie rufen Furcht hervor, aber auch einen titanischen Stolz, den nicht die Einsicht, sondern nur die Katastrophe beugt.

Die Furcht, aber auch die Begeisterung, die uns der Anblick perfekter Mechanismen mitteilt, ist das genaue Gegenstück zu dem Behagen, mit dem uns der Anblick des vollkommenen Kunstwerkes beglückt. Wir spüren den Angriff auf unsere Intaktheit, auf unser Ebenmaß. Daß Arm und Bein gefährdet werden, ist noch das Schlimmste nicht.

17

Soviel, um anzudeuten, daß die Reihenfolge der Bilder und auch der Stimmungen in Zapparonis Garten weniger sinnlos war, als sie mir im ersten Schreck erschien. Dem Rausch, mit dem ich an der Entfaltung des technischen Ingeniums teilgenommen hatte, folgte das Kopfweh, der Katzenjammer, folgten die Zeichen grausamer Verstümmelungen nach. Das eine fordert das andere heraus.

Natürlich konnte die Vermittlung dieser Einsicht nicht in Zapparonis Plan liegen. Er hatte andere Absichten. Ohne Zweifel wollte er Schrecken hervorrufen. Das war ihm durchaus gelungen, und sicher triumphierte er in seinem Kabinett bereits darüber, daß ich ins Garn gegangen war. Wahrscheinlich saß er dort behaglich bei seinen Büchern und verfolgte zuweilen auf dem Bildschirm, was ihm der Rauchgraue sendete. Er würde sehen, wie ich mich verhielt. Zum Glück hatte ich keine Selbstgespräche geführt. In dieser Hinsicht besaß ich Erfahrungen. Aber es war dumm, daß ich aufgesprungen war.

In solchen Fällen war früher der erste und auch der richtige Gedanke der einer Anzeige. Jeder, der während eines Waldspazierganges einen scheußlichen Fund machte, wäre so verfahren; man rief die nächste Polizeiwache an.

Diesen Gedanken schloß ich von vornherein aus. Die Jahre, in denen ich für Bravourstücke Sinn gehabt hatte, waren vorbei. Zapparoni bei der Polizei anzeigen, das hieß Pontius bei Pilatus verklagen, und ich konnte mir an den Fingern abzählen, daß *ich* es sein würde, der noch an diesem Abend als Ohrabschneider hinter Gittern verschwand. Das würde ein Fressen für die Nachtausgaben sein. Nein, dazu konnte nur jemand raten, der dreißig Jahre Bürgerkrieg verträumt hatte. Die Worte hatten ihren Sinn geändert, auch Polizei war nicht mehr Polizei.

Übrigens, um auf den Spaziergänger zurückzukommen — er würde wohl auch heute noch den Fund eines Ohres anzeigen. Was aber, wenn er in ein Waldstück käme, in dem, als ob sein Auge auf Fliegenpilze fiele, Ohren in Menge herumlägen? Dann wäre darauf zu wetten, daß er sich auf leisen Sohlen zurückzöge. Vielleicht erfuhr sein bester Freund, ja seine Frau nicht von dem Fund. In dieser Hinsicht sind wir hellhörig.

»Den Fund laß liegen« — das war der Grundsatz, nach dem hier zu verfahren war. Allerdings brachte mich das in eine andere Gefahr. Ich würde eine Schandtat ignoriert und die sich handgreiflich aufdrängende Nächstenpflicht versäumt haben. Von da bis zur Unmenschlichkeit ist nur ein Schritt. Vielleicht war *das* beabsichtigt. Man wollte mich in ein schändliches Geheimnis ziehen, zunächst als Mitwisser, sodann als Mitschuldigen.

Die Lage war auf alle Fälle mißlich, gleichviel ob ich sie durch Handeln oder Nichthandeln beantwortete. Am besten verfuhr ich nach dem Rate, den ich einmal in einem Wiener Caféhaus gehört hatte. »Gar nicht erst ignorieren« — das war das Gebotene.

Auch dann blieben unangenehme Aussichten. Zapparoni konnte scheitern, Bankrott machen. Er wäre nicht der erste Übermensch, der so verschwand. Was ich in seinem Garten gesehen hatte, ähnelte mehr einer Probemobilmachung als der Musterschau einer Weltfirma. Das konnte ein böses Ende nehmen, und in diesem Falle würde sich ein Sturm der Entrüstung erheben, bei dem jene, die heute im sicheren Winkel saßen, wetteifern würden mit jenen, die dem mächtigen Zapparoni Weihrauch gestreut hatten. Die einen wollten sich entschädigen, die anderen entschuldigen. All diese Pinguine würden sich aber in bezug auf den verkommenen Rittmeister, der in den Skandal mit den abgeschnittenen Ohren verwickelt war, einig sein. »Weder etwas gehört noch gesehen — der klassische Fall«, sagte der Vorsitzende, und über den weißen Westen nickten die Köpfe der Beisitzer.

Ich steckte in einer Lage, in der man nur Fehler machen kann. Jetzt handelte es sich nur noch darum, den besten auszuklügeln und den Kopf halbwegs aus der Schlinge zu ziehen. Theresa wartete; ich konnte sie nicht allein lassen. Es war gut, daß ich mich noch nicht von der Stelle bewegt hatte. Daß ich aufgesprungen war, wollte schließlich nicht viel besagen; das konnte auch wegen des Rauchkopfes geschehen sein. Ich wandte die Augen von dem Sumpfloch ab und legte, als ob ich müde wäre, den Kopf in die Hand.

Es ging jetzt darum, mit heilen Gliedern aus dem Park herauszukommen, was offenbar Caretti nicht gelungen war. Mochten sie sich hier so viel Ohren abschneiden, wie sie wollten, moralische Bedenken sollten mich nicht anfechten. Sie waren es nicht, was mir die Gedanken verwirrte, sondern etwas anderes, das sich im Zwerchfell zusammenballte: physische Übelkeit.

Ich suchte das Gefühl zurückzudrängen; es war mir von Kind auf bekannt. Es lag unterhalb der moralischen Sphäre und war ohne Verdienst, wie der Widerwille gegen bestimmte Speisen nichts ist, dessen man sich rühmen kann. Es gibt Menschen, denen der Genuß, ja schon der Anblick von Erdbeeren oder von Krebsen unzuträglich ist, das rote Gericht überhaupt. Andere, wie ich zum Beispiel, können keine abgeschnittenen Ohren sehen.

Dabei hatte ich in meiner guten Zeit nichts gegen Gewalttaten. Sie waren mir aber nur schmackhaft unter halbwegs Gleichen; es mußte Parität obwalten. Wenn etwa beim Säbelfechten ein Ohr verlorengegangen wäre, so hätte mich das zwar auch als eine unangenehme Sache, doch nicht als eine in diesem Sinne widrige berührt. Das sind Nuancen, die kaum noch unterschieden werden, aber, wie häufig Nuancen, fast alles ausmachen.

Fehlte die Gleichheit, so nahm das Widrige überhand. Der Mangel an Gleichgewicht rief ein Gefühl der Seekrankheit hervor. Der Gegner mußte bewaffnet sein, oder er war kein Gegner mehr. Ich liebte die Jagd und mied die Schlachthäuser. Das Fischen war meine Leidenschaft; ich wurde ihrer überdrüssig, als ich hörte, daß man Bäche und Teiche elektrisch bis auf den letzten Stichling ausfischen kann. Die reine Tatsache, das bloße Hörensagen genügte; ich nahm von da an keine Angel mehr in die Hand. Ein kalter Schatten war auf die Forellenstrudel gefallen und auf die Altwässer, in denen die moosigen Karpfen und Waller träumen, und hatte sie ihres Zaubers beraubt.

Es war nicht Tugend, es war reiner Ekel, der mein Inneres revoltierte, wenn ich viele über einen, einen Großen über einen Kleinen oder selbst eine Dogge über einen Zwergspitz herfallen sah. Das war eine frühe Spielart meines Defaitismus und später ein veralteter Zug, der mich in unserer Welt nur schädigte. Ich machte ihn mir auch oft zum Vorwurf, indem ich mir sagte, daß man, wenn man nun einmal vom Pferd in den Panzer gestiegen ist, auch im Denken umlernen muß. Doch handelt es sich um Dinge, die der Gedanke schwer bezwingt.

18

Mit den Wölfen muß man heulen, sonst macht man böse Erfahrungen. Das wurde mir zum ersten Male durch Atje Hanebut beigebracht, und zwar nachdrücklich. Da dieses erste Mal schon die volle Tücke meines Hundssterns zeigte, gehört es zum Thema und sei hier für alle folgenden erwähnt.

Wenn wir uns unserer Lehrmeister entsinnen, werden wir auch auf jenen stoßen, der uns aus der Kindheit in den Abschnitt führte, den man die Flegeljahre nennt. Das wurde bei mir und anderen Nachbarssöhnen durch Atje Hanebut besorgt. Er mochte damals sechzehn oder siebzehn Jahre alt sein und übte eine unbeschränkte Herrschaft über eine Bande von Zwölfjährigen aus. Er brachte uns einen neuen Begriff von Autorität bei, Bewunderung für einen Anführer, für den man durch Feuer und Wasser geht. Ein solcher erfüllt nicht nur unser tägliches Sinnen und Trachten, sondern wir träumen auch von ihm. Die in die Traumwelt reichende Herrschaft ist ein sicheres Kennzeichen. Man ist gefangen, sowie man von jemandem, sei es im Guten, sei es im Bösen, zu träumen beginnt. Auch von einem guten Autor ist zu verlangen, daß man von ihm träumt. Da beginnt seine Macht.

Wir wohnten am Rande der Stadt, in der Weinstraße, in der jedes Haus in einem großen Garten stand. Sie mündete auf eine Wiesenfläche, die alljährlich zum Eislauf überschwemmt wurde. In frühen Wintern blieben manche Stücke ungemäht. Ich sah dann die Blumen, den eingefrorenen Sommer, unter der Eisdecke. Die Mutter beklagte sich über diese Überschwemmungen, weil sie im Herbst zahllose Mäuse ins Haus trieben.

Die Wiesenfläche führte hinter dem Försterteiche in das Uhlenhorster Moor, während an ihre Längsseite eine Kolonie von Kleingärtnern grenzte, die von uns die Kosaken genannt wurden. Unser Nachbar war Hofrat Meding, ein namhafter Arzt alter Schule, der das Leben eines großen Herrn führte. Er hielt Koch und Kutscher neben anderer Dienerschaft. In seinem Sprechzimmer stand ein Zylinderbüro aus Mahagoni, auf dem immer Rezepte lagen; sie waren mit Goldstücken beschwert. Arme Patienten kurierte er um Gotteslohn.

Wir durften in des Hofrats parkartigem Garten spielen, der stark verwildert war. Natürlich übten die Pferde die Hauptanziehung aus. Wir kannten Stall, Remise und Futterboden in jedem Winkel und waren auch in der Kutscherwohnung zu Haus. Es war ein Glück, daß wir Wilhelm Bindseil, den Sohn des Kutschers, zum Freund hatten.

In der Bindseilschen Familie hatten die Pferde von jeher eine große Rolle gespielt. Der alte Bindseil war Tilsiter Dragoner gewesen; man konnte ihn noch mit flottem Schnurrbart auf dem Schwadronsbild finden, das in der Stube hing. Darunter stand das Motto: »Litauische Dragoner schonen nicht und wollen nicht geschont werden.« Wenn man den alten Bindseil ansah, konnte man sich das schwer vorstellen. Er sprach verworren, und wenn er etwas nicht schonte, so war es die Köhmbuddel.

Sein Bruder, Wilhelms Onkel, war Portier bei der Reitschule. Er trug das Eiserne Kreuz Erster Klasse und hatte den Ritt von Mars-la-Tour mitgemacht. Wilhelm nahm uns zuweilen mit, und wir bewunderten von ferne den großen

Mann. Mein Vater sah das nicht ungern; er schenkte uns Bücher, die uns in dieser Richtung ermunterten. Wir lasen »Ein deutsches Reiterleben«, »Erinnerungen eines Lützower Jägers«, »Der Große König und sein Rekrut«.

Schon damals dehnten wir unsere Streifereien bis zum Moore aus. Es war aber immer ein Wagnis, und wir blieben ganz in den Gärten, als die Sache mit der Feldscheune dazwischen gekommen war. Wir hatten auf einem Moordamm ein Feuerchen gemacht. Hermann, mein kleiner Bruder, trug glimmende Reiser hin und her, mit denen er zündelte. Plötzlich sahen wir einen dürren Schilfgürtel hoch aufflammen. Gleich danach saß das Feuer im Heidekraut. Zuerst versuchten wir, es mit Zweigen auszuschlagen, aber es fraß sich in das Moor ein, das trocken wie Zunder war; und als wir schon vom Löschen und von der Hitze ganz matt waren und unsere Sohlen glühten, züngelte es an der Feldscheune.

Da ließen wir die Zweige fallen und liefen, als ob der Teufel hinter uns her wäre, in die Stadt. Aber auch dort kamen wir nicht zur Ruhe, das Bewußtsein der Untat trieb uns umher. Endlich nahmen wir die Sparbüchse zu Rate und bestiegen den gotischen Turm der Stadtkirche, der an hundert Meter hoch war. Eine Turmbesteigung kostete zehn Pfennige. Dafür hatten wir das grausige Schauspiel des Moorbrandes, zu dessen Bekämpfung drei Feuerwehren ausgerückt waren, aus der Vogelschau. Schon wackelten uns nach den zahllosen Stufen die Knie, und als wir aus der Ferne das Tuten der Feuerhörner hörten und den brandroten Himmel erblickten, wurde uns schwach bis zum Umfallen. Wir wankten hinunter, schlichen uns durch die Altstadtstraßen nach Hause und verkrochen uns ins Bett. Zum Glück fiel kein Verdacht auf uns. Doch lange Zeit wurde ich von Feuerträumen geplagt, fuhr in den Nächten schreiend auf, so daß Hofrat Meding gerufen wurde, der die Eltern beruhigte und Baldriantropfen verschrieb. Er meinte, es sei der Übergang.

Das lag noch ganz in der Kinderwelt. Einige Monate später, als Atje Hanebut seine Herrschaft angetreten hatte, hätte er vielleicht sogar ein Heldenstück daraus gemacht. Er

legte großen Wert auf Findigkeit, die keine Spuren hinterläßt, und gab uns Aufgaben, die darauf abzielten. So hatte er
bald nach unserer Bekanntschaft erfahren, daß ein anderer
Nachbarssohn, Clamor Boddsiek, seinen Eltern einen Taler
gestohlen hatte, den er irgendwo verborgen haben mußte,
damit einige Zeit über den Frevel verging. Atje beauftragte
uns mit der Nachforschung. Es nimmt mich heute noch wunder, daß wir durch raffinierte Kombinationen Clamor Boddsieks Versteck ausmachten; es hätte einem Hellseher zur
Ehre gereicht. Wir hatten seinen Bewegungsraum in kleine
Quadrate eingeteilt, die wir absuchten. Er hatte die Münze in
einen Blumentopf des elterlichen Vorgartens gesteckt. Wir
nahmen sie an uns und lieferten sie Atje ab. Der Zug mag andeuten, mit welchem Eifer wir um seine Gunst bemüht waren. Moralisch gesehen war das natürlich schlimmer als der
ganze Moorbrand, aber wir fühlten nur Freude über unsere
pfadfinderische Pfiffigkeit, als wir sahen, wie Boddsiek noch
tagelang vergeblich an den Blumentöpfen herumdokterte.

Die Kutscher von Hofrat Meding wechselten häufig; der
Dienst war anstrengend. Sie mußten lange im Freien warten,
während der Hofrat seine Besuche machte, und hielten sich,
besonders im Winter, an ihre Buddel, bis es dem Herrn zuviel
wurde. Sie stiegen dann vom herrschaftlichen Kutscher zum
Droschkenkutscher herab und warteten mit lackiertem Zylinder vorm Bahnhof auf Reisende. Auf diese Weise hatte der
alte Hanebut den Vater von Wilhelm Bindseil abgelöst. Auch
der alte Hanebut machte es kaum ein Jahr, denn der Hofrat
wurde ungemütlich, wenn er merkte, daß die Pferde vom Fell
fielen. Daß seine Kutscher »Süpers« waren, nahm er nicht
tragisch, aber die Tiere sollten ihr Recht haben.

Die Mutter Hanebut war eine bekümmerte Frau, die dem
Hofrat aufwartete. Der Vater übte kaum Familienzucht. Er
fuhr entweder Visite oder war im Stall beschäftigt; die übrige
Zeit verbrachte er in einer Kneipe im Potthofe. Von dort ließ
der Hofrat ihn holen, wenn es etwas Eiliges gab.

Der Sohn war Freiherr. Er nahm kleine, wechselnde Beschäftigungen an, trug für die Buchhändler Journalmappen

aus und Bücher für die Leihbibliothek. Im Herbst begleitete er die Bauern, die mit Wagen voll Torf in die Stadt kamen oder »witten Sand« in den Straßen ausriefen. Die Jungen, die um seine Gunst buhlten, waren Gymnasiasten, gehörten also zu einer anderen Schicht als er. Das verhinderte nicht, daß er sie tyrannisch behandelte.

Mein Vater, der es gern gesehen hatte, daß wir uns an Wilhelm Bindseil hielten, war über den neuen Verkehr wenig erfreut. Einmal hörte ich, wie er im Nebenzimmer zur Mutter sagte:

»Dieser Atje vom neuen Kutscher ist ein schlechter Umgang — er bringt den Jungens richtige Proletenmanieren bei.«

Er meinte damit wahrscheinlich die Kanonenstiefel, die Atje Hanebut trug und derentwegen wir, die wir ihn in jeder Hinsicht nachahmten, unsere Mütter so lange geplagt hatten, bis sie sie uns anschafften. Das waren Stiefel, mit denen man durch dick und dünn gehen konnte, durch Sumpf und Dikkicht, unentbehrlich für Waldläufer.

Dieses Wort hatte Atje Hanebut bei uns zur Geltung gebracht; er verstand darunter übrigens weniger weiße als rote Waldläufer. Als er sah, daß wir zur Reitschule liefen, hatte er aus seiner Abneigung gegen die Soldaten kein Hehl gemacht.

»Die müssen strammstehen. Ein Waldläufer steht nicht stramm, höchstens am Marterpfahl.«

Er sagte auch: »Die Soldaten müssen sich hinlegen. Ein Waldläufer legt sich nur hin, wenn er jemand beschleichen will, und nicht auf Kommando — ein Waldläufer nimmt überhaupt keine Befehle an.«

Auf diese Weise wurden wir in die Wildnis eingeführt. Es traf sich, daß bald darauf Indianer auf dem Schützenfest gezeigt wurden. Sie wurden im Zelt durch einen Impresario vorgeführt, der sie bei Namen nannte und ihre Verdienste rühmte, vor allem die Zahl der Skalpierungen. Er sagte mit einer Stimme, als ob er einen Kloß im Munde hätte:

»Der Schwarze Mustang, Unterhäuptling — auch dieser

ist ein sehr aufgeweckter Bursche, hat auch schon sieben
Weiße skalpiert.«

Die Krieger boten sich, ohne dem Publikum Beachtung zu
schenken, den Blicken dar. Sie waren in Kriegsbemalung und
trugen den Federschmuck. Atje Hanebut hatte uns hinge-
führt. Das war freilich etwas anderes als die Reitschule und
der Onkel Bindseil — um so mehr, als die Indianer auch zu
Pferd ihren Mann standen. Es war eines unserer Lieblingsge-
spräche, ob sie es in dieser Hinsicht mit den Mexikanern und
anderen Weißen aufnehmen könnten. Wir waren überzeugt
davon, und diese langen Gespräche dienten nur dem Zwek-
ke, ihre Überlegenheit gegen jeden möglichen Einwand zu
bestätigen. Eine weitere Folge unserer Begeisterung war,
daß wir die Lektüre änderten.

Nach dem Abendessen versammelten wir uns in der Sat-
telkammer, die über dem Stall gelegen war, und setzten uns
auf die Sattelböcke oder auf einen Stoß von Pferdedecken,
die Atjes Lager bildeten. Dort las er uns den »Sohn des Bä-
renjägers« vor — *das* war ein Buch. Es roch dort oben nach
Pferden, nach Heu und Leder, und im Winter glühte der
Eisenofen, denn der Hofrat hatte Holz im Überfluß. Atje saß
mit dem Buche vor der Stallaterne; wir hörten ihm voll
Spannung zu. Es war eine neue Welt, die sich eröffnete. Wir
hockten halbnackt im überhitzten Raume, nur mit kurzen
Hosen und Kanonenstiefeln bekleidet, und zuweilen ließ
Atje uns, um uns abzuhärten, eine Runde durch den eisigen
Park laufen.

Im Sommer waren wir jetzt immer im Uhlenhorster Moor.
Wir kannten nun jeden Winkel, jede Torfkuhle, jeden Stichgraben. Wir konnten auch Feuer anlegen, die keinen Rauch
machten. An schwülen Tagen stellten wir den Kreuzottern
nach, deren Fang eine der Einnahmequellen unseres Chefs
bildete. Der Uhlenhorster Schulze zahlte drei Groschen für
den Kopf. Atje Hanebut verknüpfte das mit seinen Mutpro-
ben.

Die Tiere kamen zu gewissen Zeiten hervor und lagen
ausgestreckt oder zusammengerollt auf den Moordämmen.

Es gehörte ein geübtes Auge dazu, sie zu sehen. Wir mußten sie zuerst erjagen, indem wir sie mit einer Weidengabel niederdrückten und mit Gertenschlägen töteten. Die nächste Stufe bestand darin, daß wir sie lebend ergreifen und hinter dem Kopf halten mußten, bis Atje sie in ein Säckchen schlüpfen ließ. Das waren Terrarienstücke; sie wurden besser bezahlt. Sodann mußten wir das flüchtige Tier an der Schwanzspitze erhaschen und mit abgestrecktem Arm hochhalten. Das war ein sicherer Griff; die Otter vermochte sich, wenn sie frei hing, nur um ein Drittel ihrer Länge aufzurichten und wurde in dieser Haltung von Atje Hanebut begutachtet. Wenn sie ein Terrarienstück war, sich also durch Größe oder Färbung auszeichnete, wanderte sie in das Säckchen, sonst wurde sie auf den Boden geworfen und massakriert. Es gab rein schwarze Stücke, die »Höllenottern«, bei denen die gezackte Binde mit der Grundfarbe verschmolz. Sie waren bei den Liebhabern besonders begehrt.

Wer eine Zeitlang an den Moorgängen teilgenommen hatte und von Atje Hanebut für würdig befunden wurde, durfte in die große Mutprobe einsteigen. Atje wußte, was alle Schlangenfänger wissen: daß eine Schlange, die man auf die untergehaltene Hand niederläßt, sich darauf einrichtet wie auf jeder anderen Unterlage, vorausgesetzt, daß man stille hält. Das Tier erfaßt die Hand nicht als feindliches Objekt.

Es galt also, eine Otter, die der Chef bezeichnete — und dazu wählte er nur die stärksten — aufzunehmen und mit der rechten Hand langsam auf die flache Linke herabzulassen, an die sich das Tier anschmiegte. Es war ein Wunder, daß dabei keiner gebissen wurde, doch, wie gesagt, ließ Atje auch nicht jeden zu dieser Probe zu. Er wußte, was man jemandem zutrauen kann.

Was mich betrifft, so erinnere ich mich daran als an einen der unangenehmsten meines an solchen Augenblicken reichen Lebens, denn die Tiere waren mir zuwider und erschienen mir beängstigend im Traum. Ein Gefühl der Vernichtung durchglitt mich wie eine Klinge, als ich den kühlen, dreieckigen Kopf auf meiner Hand spürte. Aber ich hielt still wie eine Bildsäule. So groß war mein Begehren, dem Chef zu Willen zu sein, sein Lächeln auf mich zu lenken, mich in seinen Augen hervorzutun. Nach dieser Probe durften wir ihn bei seinem Kriegsnamen nennen, den wir allen anderen zu verschweigen gelobten, bekamen auch selbst unseren Namen und gehörten zu seinen Unzertrennlichen. Er wußte bereits als Knabe, wie man sich Menschen zu eigen macht.

Die Streitigkeiten mit den Kosaken hatte Hanebut geerbt. Sie bestanden bereits seit Generationen, vielleicht schon seit der Vorzeit, in der verschiedene Stämme an beiden Ufern des Sumpfes siedelten. Atje machte sich zu unserem Anführer, obwohl er eigentlich besser auf die andere Seite gepaßt hätte. Drüben lag ein zusammengewachsenes Gewirr von Katen, Lauben, Gärtnereien und kleinen Wirtschaften, in das wir als Gymnasiasten nicht eindringen durften, ohne daß es Prügel gab. Das zahlten wir in der Weinstraße den Kosaken heim. Wir wurden von ihnen unserer roten Mützen wegen Gimpel genannt. Keiner von beiden Parteien hätte sich allein in das feindliche Gebiet gewagt. Die Zusammenstöße fanden meist während des Eislaufes statt oder auch im Frühherbst, wenn wir Drachen hochließen.

Als Atje Hanebut in unsere Händel eintrat, führte er Verbesserungen ein. Zu ihnen gehörte der waldläuferhafte Kundschafterdienst und als Waffe die Zwille, eine Astgabel, durch die man mit Hilfe von Gummischnüren schoß. Wir nahmen Schrotkugeln oder »Knicker« dazu. Wie immer bei solchen Verbesserungen tauchte die Zwille auch bald bei den Kosaken auf, die einfach Kieselsteine verfeuerten. Das führte zu einer ständigen Plänkelei.

Derartige Händel krönen sich meist durch einen Exzeß und beschließen sich auch durch ihn, indem die ruhenden Mächte eingreifen. So ging es auch hier. An einem Vormittag verbreitete sich das Gerücht, daß einem Untertertianer, und zwar dem Clamor Boddsiek, mit dem wir die Geschichte mit dem Taler gehabt hatten, auf dem Schulweg ein Auge ausgeschossen worden sei. Es stellte sich später heraus, daß der Schaden weniger schlimm gewesen war, als man in der er-

sten Aufregung geglaubt hatte. Aber an jenem Tage waren
alle ungemein aufgebracht.

Wir versammelten uns gleich nach dem Essen bei Atje
Hanebut, der unverzüglich einen Strafzug anordnete. Meine
Mutter hatte Geburtstag, und es sollte einen großen Kaffee
geben, auch hatte ich einen neuen Anzug bekommen; aber
ich fuhr, nachdem ich den letzten Bissen hinuntergewürgt
hatte, wie alle anderen, ohne mich umzuziehen, in die Kanonenstiefel und steckte die Zwille ein. Die Sache mit dem
Auge beschäftigte mich ganz und gar. Es fand einfach nichts
anderes in mir Platz.

Als alle zusammen waren, verließen wir den Park des
Hofrats durch die schadhafte Hecke, indem wir, einer hinter
dem anderen, Atje Hanebut nachfolgten. Es war ein heißer
Tag, und wir waren mächtig im Zorn, Atje vielleicht am wenigsten.

Dem Grundstück des Hofrats schloss sich auf der Wiesen-
seite der Garten eines Privatdozenten an. Der Gelehrte
pflegte an heißen Tagen in seinem Wintergarten zu studieren, der in den Garten vorsprang und dessen beide Türen er
geöffnet hielt. Da wir Eile hatten und da der gerade Weg der
kürzeste ist, sprengte Atje Hanebut in die Studierstube hinein. Ehe der entsetzte Gelehrte, der aufsprang, um seine fliegenden Papiere zu retten, begriffen hatte, was geschah, war
Atje bereits wieder zur anderen Tür hinausgebraust, ein Dutzend Jungens mit Kanonenstiefeln hinter ihm. Dann durch-
brachen wir die Hecke, die an die große Wiese grenzte, über-
querten die Fläche und drangen in die Kosakei.

Die Wege zwischen den Hecken und Zäunen lagen im
Mittagslicht. Wir waren im verbotenen Bereich. Der Trupp
hatte sich geteilt. Ich lief immer noch mit drei oder vier anderen hinter Atje Hanebut her. Um eine Windung biegend,
sahen wir einen Kosaken, der uns entgegenkam. Es war ein
einzelner Schüler, der einen Tornister trug. Wahrscheinlich
hatte er nachsitzen müssen; dann war es ein Unglückstag für
ihn.

Sowie er uns erkannt hatte, drehte er um und lief wie ein

Wiesel den Weg zurück. Wir stürzten hinter ihm her und jagten ihn. Gewiß wäre er entkommen, wenn nicht aus einem Nebenpfade ein anderer Trupp hervorgebrochen wäre, der ihm den Weg abschnitt. Er war umstellt. Einer erwischte ihn am Ranzen, die anderen kamen von beiden Seiten hinzu, und es hagelte Schläge auf ihn.

Ich fand es zunächst ganz in Ordnung, daß er für Clamor Boddsieks Auge büßte, und das nicht zu knapp. Es war ein schmächtiger Junge, der sich kaum wehrte und der erst den Tornister und dann die Mütze verlor. Auch begann er aus der Nase zu bluten, wenngleich nicht besonders stark. Ich war übrigens nicht der erste, der das bemerkte, sondern ein anderer, der die Mutprobe nicht bestanden hatte und auch nicht bestehen wollte, sondern der eher durch Zufall zu uns gekommen war. Er hieß Weigand, trug eine Brille und gehörte eigentlich nicht dazu. Dieser Weigand war es, der es zuerst bemerkte; ich hörte ihn rufen: »Er blutet ja schon.«

Nun sah ich es auch, und der Auftritt wurde mir zuwider; die Kräfte waren zu ungleich verteilt. Ich sah, daß unser Chef zu einem neuen Schlag ausholte; der Kosake stand jetzt mit dem Rücken an einem Gartenzaun. Er hatte wirklich genug. Ich hing mich Atje in den Arm, indem ich wiederholte: »Er blutet ja schon.«

Es war nicht Insubordination, was mich zu dieser Bewegung trieb. Ich meinte einfach, daß Atje noch nicht gesehen hätte, wie der Kosake blutete, und wollte ihn darauf hinweisen. Ich fiel ihm daher auch nicht in den Arm und sagte nicht diese Worte wie einer, der einen anderen hindern, sondern wie einer, der ihn auf ein Versehen aufmerksam machen will. Weigand hatte den Mißstand als erster wahrgenommen, und ich gab seine Mitteilung weiter an den Chef. Daß es sich um einen Mißstand handelte und daß es darüber nur eine Meinung gab, davon war ich überzeugt. Atje würde ihn abstellen.

Darin hatte ich mich freilich getäuscht. Atje schüttelte mich ab und sah mich mit höchstem Erstaunen an. Offenbar hielt er es nicht für einen Mißstand, sondern sogar für in der Ordnung, daß der Kosake blutete. Dann holte er von neuem aus und schlug mich ins Gesicht. Zugleich hörte ich ihn rufen: »Haut ihn«, und alle fielen über mich her. Es waren meine besten Freunde, die mich viel länger kannten als Atje Hanebut. Ein Wort von ihm genügte, damit sie mich als Feind behandelten. Nur Weigand hielt sich zurück. Aber er nahm auch nicht Partei für mich. Er war verschwunden; ich zahlte für seine Liberalität.

Mein Entsetzen war so groß, daß ich die Schläge wohl wahrnahm, aber nicht fühlte, die auf mich regneten. Auch meinem neuen Anzug wurde übel mitgespielt. Aber das zerrissene Gewand gehört dazu.

Inzwischen hatte der Kosake seine Mütze und seinen Tornister aufgerafft und war, während sie sich mit mir beschäftigten, davongehuscht. Endlich ließen sie von mir ab und zogen davon. Ich blieb zurück, an den Zaun gelehnt, während mir das Herz bis zum Halse schlug. Die Sonne schien prall auf die Büsche; mir schien, als schwärzten ihre Strahlen das grüne Laub. Ich hatte einen bitteren Geschmack im Mund.

Nachdem ich lange am Zaun gestanden und Atem geschöpft hatte, raffte ich mich auf und strebte der Weinstraße zu. Es dauerte, ehe ich mich aus dem Gewirr der Gärten herausgefunden hatte, in dem ich noch nie gewesen war. Endlich hatte ich den Grenzweg erreicht.

In meiner Verwirrung hatte ich das Gefühl, daß sie zurückkämen. Ich hörte das Getrappel eisenbeschlagener Stiefel und hastige Zurufe.

»Da ist er — ein Gimpel, der ists gewesen, der hats getan.«

Und ehe ich noch recht begriffen hatte, was geschah, waren die durch unseren Einbruch aufgestöberten Kosaken über mir. Im Nu hatten sie mich gefaßt. Ich hörte einen Großen, der den Anführer machte:

»Ihr Schweine, zu einem Dutzend über einen kranken Jungen herzufallen — das werden wir euch austreiben.« Diesmal fühlte ich die Schläge, und auch die Tritte, als ich am Boden lag. Wenn ein günstiger Umstand dabei war, so höchstens der, daß sie sich gegenseitig durch ihren Eifer behinderten.

Es ist bei solchen Gelegenheiten wunderlich, mit welcher
Schärfe wir Einzelheiten wahrnehmen. So sah ich, daß in
dem Gedränge um mich her einer nicht recht zum Zuge kam.
Er wurde immer wieder zurückgestoßen; einmal kam mir
sein Gesicht ganz nahe, zwischen den Beinen der anderen. Es
war der Knabe, dem die Nase geblutet hatte; ich erkannte
ihn. Er versuchte verschiedene Male, mit einem Griffel nach
mir zu stoßen, den er aus seinem Ranzen genommen hatte,
aber sein Arm reichte nicht zu.

Die Sache hätte ohne Zweifel ein böses Ende genommen,
denn sie waren völlig von ihrem Rechte überzeugt. Auch
hörte man noch andere mit Hunden heraneilen. Zum Glück
kam ein Bierwagen über den Grenzweg gefahren, von dessen Bock zwei mit ledernen Schürzen angetane Kutscher gemächlich abstiegen. Sie hieben mit ihrer langen Peitsche in
das Gewimmel, indem sie sich ablösten. So sorgten sie für
Ordnung und hatten ihren Spaß dabei. Auch mich traf ein
schmerzhafter Hieb an der Ohrmuschel. Der Haufe stob auseinander, und ich wankte mehr tot als lebendig nach Haus.

Als ich über die Diele zur Treppe schlich, kam gerade der
Vater aus dem Geburtstagszimmer heraus. Der Kaffee war
längst vorbei. Ich stand vor ihm in meinem Aufzug, an dem
nichts heil war als die Kanonenstiefel, mit wirren Haaren
und beschmutztem, unkenntlichem Gesicht. Er mußte annehmen, daß ich mich an diesem Festtag wieder im Gefolge des
Kutscherjungen herumgeprügelt hatte, und das war ja auch
ein durchaus richtiger Schluß. Ich hatte nicht nur der Mutter
das Fest verdorben, sondern auch bereits am ersten Tage
den teuren Anzug zerfetzt, der noch am Mittag sein Wohlge-
fallen erregt hatte. Außerdem hatte sich bereits der Privatdo-
zent beschwert.

Mein Vater war ein ruhiger, gutmütiger Mann. Ich hatte
bis dahin kaum jemals einen Schlag von ihm erhalten, obwohl er oft Grund dazu gehabt hätte. Diesmal aber bekam er
starre Augen und wurde feuerrot im Gesicht. Er gab mir
zwei starke Ohrfeigen.

Das waren wieder Schläge, die ich nicht fühlte, denn meine Überraschung war zu groß. Ich war eher erschrocken als verletzt. Der Vater mußte das sogleich bemerkt haben, denn er drehte sich ärgerlich um und schickte mich ohne Essen ins Bett.

Das war die erste Nacht, in der ich mich allein fühlte. Ich habe deren später noch viele gehabt. Das Wörtchen »allein« bekam für mich einen neuen Sinn. Unsere Zeit ist geeignet, gerade diese Erfahrung zu geben, die viele gemacht haben, obwohl sie sich kaum beschreiben läßt.

Der Alte mußte dann einiges von den Vorgängen erfahren haben, denn er versuchte nach etlichen Tagen, die Sache zwischen uns mit einem Scherz wieder ins Lot zu bringen, indem er einen Vers zitierte:

> Dreimal im Kugelregen
> Den heißen Berg erstürmt — — —

Das stammte aus einem der Gedichte, die wir auswendig lernen mußten und das einer inzwischen längst vergessenen Schlacht gewidmet war, nämlich dem Sturm auf die Spicherer Höhen. Ich war allerdings dreimal im Treffen gewesen, selbst wenn ich die Bierkutscher nicht mitrechnete.

Es wurde auch wieder gut zwischen uns, wenngleich es merkwürdig ist, daß ein solcher Schlag sich nicht vergißt, auch wenn beide Teile nichts lieber hätten als eben dies. Die körperliche Berührung schafft einen neuen Stand. Damit muß man sich abfinden.

Ich habe dem Erlebnis deshalb Raum gegeben, weil es mehr als eine Episode umfaßt. Es kehrte wieder, wie in unserem Leben eine Frau, ein Feind oder ein Unfall wiederkehren kann. Es kehrte wieder, wenngleich in anderer Verhüllung, doch mit demselben Personal. Als die asturischen Dinge begannen, wußten wir, daß diesmal der Spaß aufhören würde, obwohl wir manches gewohnt waren. In der ersten Stadt, in die wir einzogen, hatte man die Klöster geplündert, die Särge in den Grüften aufgebrochen und die Leichname in grotesken Gruppen auf die Straßen gestellt. Da wußten wir, daß wir in ein Land kamen, in dem Schonung nicht zu erwarten war. Wir zogen an einem Schlachterladen vorüber, in dem man die Leichen von Mönchen an Haken gehängt hatte, mit einem Schilde »Hoy matado«, was »Frisch geschlachtet« heißt. Ich habe es mit meinen Augen gesehen.

An diesem Tage überfiel mich eine große Trauer; ich hatte die Gewißheit, daß es mit allem vorbei war, was man geachtet, was man geehrt hatte. Worte wie »Ehre« und »Würde« wurden lächerlich. Da stand wieder das Wort »allein« über mir in der Nacht. Die Schandtat isoliert die Herzen, als wäre der Stern vom Aussterben bedroht. Ich lag im Fieber und dachte an Monteron. Was hätte er wohl gesagt beim Eintritt in solche Landschaften? Aber Monterons Zeit war vorbei, und Männer wie er würden auch nicht eingetreten sein. Sie fallen schon vor der Pforte, denn: »Es gibt ein für allemal Dinge, die ich nicht wissen will«.

Damals wiederholte sich auch mein Tag von Spichern mit seinem Personale, nur daß der Chef, dem ich in den Arm fiel, nicht mehr Hanebut hieß. Es handelte sich auch nicht mehr um eine simple Nase, die blutete. Es ging schon näher an die Ohren heran. Die, denen ich geholfen hatte wie damals dem Kosaken, wußten mir auch diesmal keinen Dank, im Gegenteil. Auch Weigand tauchte wieder auf; er war jetzt moralconditioner einer Weltzeitung. Was man hätte tun müssen, wußte niemand so gut wie er, der nicht dabei gewesen war.

Den ersten Weigand hatte ich übrigens später auf dem Schulhof gefragt, wo er geblieben sei, als es die Prügel gab. Es war ihm eingefallen, daß er seinen Hausaufsatz noch nicht gemacht hatte. Er sagte dann noch: »Es war häßlich, wie ihr alle über ihn herfielet.« Er hatte sich aus dem Ablauf genau das Stück herausgeschnitten, das ihm in den Kram paßte. Così fan tutte — so hielt er es auch weiterhin.

19

All dies fiel mir ein, als mich nach meiner mißlichen Entdeckung die Schwäche immer unwiderstehlicher ergriff. Die

Seekrankheit, gegen die ich ankämpfte, verhieß mir nichts
Gutes; ich ahnte, daß sich wiederholen würde, was ich erduldet hatte, nachdem ich Atje Hanebut in den Arm gefallen
war. Bei Zapparoni würde ich so billig nicht davonkommen.
Ich suchte mir also zuzusprechen wie einem kranken Kind.
Etwa:»Abgeschnittene Ohren liegen auf jeder Autobahn.«
Oder:»Du hast doch schon andere Dinge gesehen, und diese
betreffen dich nicht im mindesten. Du wirst dich jetzt französisch verabschieden.«

Dann suchte ich mir Episoden aus dem »Jüdischen Kriege« des Flavius Josephus in die Erinnerung zu rufen, der von
je zu meinen Lieblingshistorikern gezählt hatte. Da ging es
doch anders zu. Mit welch massivem Bewußtsein, mit welcher Sicherheit des höheren Auftrags und dem entsprechen-
den unangekränkelten Gewissen traten die Partner auf, die
Römer, die Juden in ihren verschiedenen Fraktionen, die
Hilfsvölker, die Besatzungen der Bergvesten, die sich bis
zum letzten Manne, zur letzten Frau verteidigten. Da gab es
noch kein dekadentes Geschwätz, wie hundert Jahre später
bei Tertullian. Titus hatte harte Dinge befohlen, doch mit
sublimer Ruhe, als spräche das Schicksal aus seinem Mund.
Es mußte in der Geschichte immer wieder Abschnitte geben,
in denen Aktion und Rechtsbewußtsein sich vollkommen
deckten, und zwar als Generalstimmung, bei allen auftreten-
den Gegnern und Parteien. Vielleicht hatte Zapparoni bereits wieder einen solchen Abschnitt erreicht. Heut mußte
man im Plan sein, dann zählten die Opfer nicht. Je dichter
man am Mittelpunkt des Planes stand, desto bedeutungsloser
wurden sie. Leute, die im Plan waren oder auch nur glaubten,
im Plan zu sein, gingen über Millionen hinweg, und Massen
jubelten ihnen zu. Ein abgesessener Reiter, ein Mann, der nie
die Waffe erhoben hatte als gegen Bewaffnete, machte demgegenüber eine anrüchige Figur. Das mußte aufhören. Man
mußte auch geistig in den Panzer umsteigen.

Übrigens hatte ich noch den Rest von Twinnings' Pfunden
in der Tasche; ich würde heut abend mit Theresa essen gehen. Ich würde sie in den »Alten Schweden« führen und nett

zu ihr sein. Ich hatte sie meiner Sorgen wegen vernachlässigt. Ich würde ihr sagen, daß es mit Zapparoni nicht geklappt habe, daß aber Besseres in Aussicht sei. Ich würde morgen zu Twinnings gehen und mit ihm über jene Posten sprechen, die er noch nicht erwähnt hatte, weil er sie mir nicht zumutete. Ich konnte die Aufsicht an einem Spieltisch annehmen. Dabei wurde man mit Sicherheit in Skandale verwickelt, die übel endeten, wenn man nicht glatt war wie ein Aal. Man mußte Trinkgelder annehmen. Alte Kameraden, die immer noch ein wenig spielten, wie sie es bei den Leichten Reitern gelernt hatten, würden zunächst erstaunt sein, mir aber dann einen runden oder gar einen eckigen Chip zuschieben, wenn sie eine Glückssträhne gehabt hatten. Es würde gelernt werden. Ich wußte ja, für wen ich es tat. Und ich tat es gern, würde noch anderes tun. Ich würde es Theresa verschweigen und ihr sagen, daß ich in ein Büro ginge.

20

So sann ich hin und wider, aber ich fand keinen ruhenden Pol. Es schwankte das ganze Schiff bis zur Mastspitze. Die Gedanken verirrten sich immer wieder zu dem Sumpfloch, in dessen Richtung zu blicken ich streng vermied. Immer noch hielt ich den Kopf in die Hand gestützt. Der Rauchgraue zog weite Achten vor meinem Sitz.

Gewiß war die Situation beabsichtigt. Das ließ sich schon daraus schließen, daß sich der Hausherr immer noch nicht blicken ließ. Er wartete offenbar ein Ergebnis ab, oder er ließ es abwarten. Was könnte denn aber ein sinnvoller Abschluß sein? Aus dem Park würde ich nicht herauskommen. Sollte ich aufstehen und zur Terrasse zurückkehren? mich dort verhalten, als ob nichts geschehen sei? Leider hatte ich wohl zu stark gezeichnet, als ich die Entdeckung gemacht hatte.

Wenn aber die Situation gestellt war, und zwar als Zwickmühle, so hing viel davon ab, in welchem Maße ich die Regie durchschaute; ich konnte mein Verhalten danach einrichten.

Daß ich das Objekt gesehen hatte, konnte ich zwar ableugnen, aber es war vielleicht vorteilhafter, auf die Provokation
einzugehen, wie man es erwartete. Daß ich nun nachdenklich
verharrte, konnte nicht schaden, denn daß ich die Entdek-
kung ernst nahm und daß sie Schrecken in mir erregte, war
wohl vorausgesehen. Ich mußte den Fall noch einmal durch-
denken, mußte den Kopf anstrengen.

Die Möglichkeit, daß ich auf ein Lemurennest gestoßen
war, wie ich es in der ersten Bestürzung gedacht hatte,
schloß ich nun nicht nur als unwahrscheinlich, sondern mit
voller Bestimmtheit aus. Eine solche Vergeßlichkeit, ein solcher Regiefehler war undenkbar in Zapparonis Bereich. Hier
geschah nichts außerhalb des Planes, und man hatte, bei allem Anschein der Unordnung, das Gefühl, daß die Moleküle
kontrolliert wurden. Ich hatte es sofort empfunden, als ich
den Park betrat. Und wer läßt wohl aus reiner Vergeßlichkeit ganz in der Nähe seiner Wohnung Ohren herumliegen?

Verhielt es sich nun so, daß das Schreckbild gestellt war,
so mußte es mit meiner Anwesenheit zu tun haben. Es mußte
als ein berechnetes Capriccio in die Automatenparade eingeschlossen sein. Bewunderung und Schrecken zu erregen, das
war zu allen Zeiten ein Anliegen der großen Herren. Es
mußte eine Regieanweisung gegeben sein. Und wer hatte die
Requisiten besorgt?

Es war kaum anzunehmen, daß man in den Zapparoni-
Werken, obwohl in ihnen das Unmögliche möglich war, Ohren auf Vorrat hielt. Wo solche Dinge geschehen, und mögen
sie noch so geheim gehalten werden, verbreitet sich unfehlbar das Gerücht. Alle wissen, was niemand weiß. Niemand,
der Kundbare, geht um.

Nun hörte man ja manches, was hinter den Kulissen des
guten Großvaters Zapparoni vorging und, wie das Verschwinden Carettis, nicht an die große Glocke kam. Aber es
hielt sich im Üblichen. Die Sache hier paßte nicht zu Zapparonis Stil. Und sie überstieg schließlich auch meine Verhältnisse. War ich denn jemand, dem zu Ehren man zwei, drei
Dutzend Ohren herunterschnitt? Das konnte der kühnsten

Phantasie nicht einfallen. Und für einen Scherz unterbot es den Geschmack eines Sultans von Dahomey. Ich hatte Zapparonis Einrichtung, hatte sein Gesicht, seine Hände gesehen. Ich mußte mich getäuscht haben, mußte einer Vision zum Opfer gefallen sein. Es war schwül, fast behext in diesem Garten, und der Automatentrubel hatte mich berauscht.

Von neuem nahm ich also das Glas vor Augen und visierte das Moorloch an. Die Sonne stand jetzt im Westen, und alle roten und gelben Töne wurden deutlicher. Es war nun freilich bei der Güte des Glases und der Nähe des Objektes kein Zweifel möglich: es mußten Ohren, menschliche Ohren sein.

Mußten es aber auch *echte* Ohren sein? Wie nun, wenn es sich um Attrappen handelte, um kunstvoll ausgeführte Trugbilder? Sowie mir der Gedanke durch den Kopf schoß, kam er mir wahrscheinlich vor. Der Aufwand war minimal, und der beabsichtigte Effekt einer Prüfung blieb bestehen. Ich hatte gehört, daß die Freimaurer sogar einen wächsernen Leichnam auslegen, vor den der Einzuweihende bei ungewissem Licht geführt wird und in den er auf Geheiß der Oberen ein Messer stoßen muß.

Ja, es war möglich, sogar wahrscheinlich, daß sie mir ein Vexierbild vorlegten. Warum sollten, wo gläserne Bienen flogen, nicht auch wächserne Ohren ausliegen? Auf einen Augenblick des Schreckens folgt jäh die Lösung, und Heiterkeit, Erlösung fast. Das war sogar ein witziger Zug, wenngleich auf meine Kosten — vielleicht sollte er andeuten, daß ich in Zukunft mit Schelmen zu tun hätte.

Ich würde jetzt darauf eingehen und den Narren spielen, so tun, als ob ich die Falle nicht durchschaut hätte. Von neuem barg ich mein Gesicht in der Hand, aber nun, um die in mir aufblühende Heiterkeit zu verheimlichen. Dann nahm ich noch einmal das Glas zur Hand. Die Dinger waren verdammt getroffen — ich möchte fast sagen, sie übertrafen die Wirklichkeit. Aber mich sollten sie nicht hineinlegen. Man war das ja von Zapparoni gewöhnt.

Jetzt sah ich freilich wieder etwas, das mich stutzig machte und neuen Ekel aufsteigen ließ. Eins der Gebilde wurde von einer großen blauen Fliege angeflogen, wie man sie früher vor den Schlachterläden sah. Obwohl der Anblick fatal war, erschütterte er mich doch nicht in meiner Zuversicht. Wenn ich Zapparoni richtig beurteilt hatte — was ich mir nicht entfernt anmaßte, aber hinsichtlich dieses Zuges hätte ich jede Wette angenommen — so konnte es nicht anders sein. Kopf oder Wappen: Zapparoni oder König von Dahomey.

Wir hängen an unseren Theorien und passen ihnen die Erscheinung an. Was die Fliege betraf, so war das Kunstwerk eben so gelungen, daß nicht nur mein Auge, sondern auch die Tiere getäuscht wurden. Es ist ja bekannt, daß an der gemalten Traube des Zeuxis die Vögel gepickt haben. Und ich hatte einmal beobachtet, daß eine Blumenfliege ein künstliches Veilchen umschwebte, das ich im Knopfloch trug.

Außerdem: wer wollte in diesem Park beschwören, was natürlich, was künstlich war? Wäre ein Mensch, wäre ein Liebespaar in innigem Geplauder an mir vorbeigeschritten — ich hätte nicht die Hand dafür ins Feuer legen mögen, daß es aus Fleisch und Blut wäre. Ich hatte kürzlich erst auf dem Raumschirm Romeo und Julia bewundert und hatte mich überzeugen können, daß mit Zapparonis Automaten eine neue und schönere Epoche der Schauspielkunst begann. Wie war man der zurechtgeschminkten Individuen müde, die von Jahrzehnt zu Jahrzehnt belangloser wurden und denen heroisches Handeln und klassische Prosa oder gar Verse so schlecht zu Gesicht standen. Man wußte schließlich nicht mehr, was ein Körper, was Leidenschaft, Gesang waren, wenn man nicht Neger vom Kongo kommen ließ. Da waren Zapparonis Marionetten von anderem Format. Sie brauchten keine Schminke und keine Schönheitskonkurrenzen, in denen man Busen und Hüften ausmißt; sie waren nach Maß gearbeitet.

Ich will natürlich nicht behaupten, daß sie die Menschen übertrafen — das wäre absurd nach allem, was ich über Pferde und Reiter gesagt habe. Dagegen meine ich, daß sie dem Menschen ein neues Maß gaben. Einst haben Gemälde, haben Statuen nicht nur auf die Mode, sondern auch auf den

Menschen eingewirkt. Ich bin überzeugt, daß Botticelli eine
neue Rasse geschaffen hat. Die griechische Tragödie erhöhte
die menschliche Gestalt. Daß Zapparoni mit seinen Automaten Ähnliches versuchte, verriet, daß er sich weit über die
technischen Mittel erhob, indem er sie als Künstler und um
Kunstwerke zu schaffen anwandte.

Für Zauberer, wie Zapparoni sie in seinen Ateliers und Laboratorien beschäftigte, war eine Fliege eine Kleinigkeit. Wo
künstliche Bienen und künstliche Ohren zum Inventar gehören, da wird man auch die Möglichkeit einer künstlichen
Fliege einräumen. Der Anblick sollte mich also nicht irre machen, obwohl er widrig war, ein überflüssiger realistischer
Zug.

Überhaupt verlor ich bei diesem angestrengten Prüfen
und Schauen das Unterscheidungsvermögen zwischen dem,
was natürlich, und dem, was künstlich war. Das wirkte sich
den einzelnen Objekten gegenüber als Skepsis aus und hinsichtlich der Wahrnehmung im ganzen so, daß sie unvollkommen trennte, was außen und innen, was Landschaft und
was Einbildung war. Die Schichten legten sich dicht aufeinander, changierten, vermischten ihren Inhalt, ihren Sinn.

Das war nach dem Erlebten angenehm. Es war erfreulich,
daß die Sache mit den Ohren ihr inneres Gewicht verlor. Ich
hatte mich unnötig aufgeregt. Sie waren natürlich künstlich
oder künstlich natürlich, und bei den Marionetten wird der
Schmerz bedeutungslos. Das ist nicht zu bestreiten, es regt
sogar zu grausamen Scherzen an. Das macht nichts aus, solange wir wissen, daß die Puppe, der wir den Arm ausreißen,
aus Leder ist, und der Neger, auf den wir zielen, aus Papier-
maché. Wir zielen gern auf Menschenähnliches.

Hier aber wurde die Marionettenwelt sehr mächtig, entwickelte ihr eigenes feines, durchdachtes Spiel. Sie wurde
menschenähnlich und trat ins Leben ein. Da wurden Sprün-
ge, Scherze, Capriccios möglich, an die nur selten einer gedacht hatte. Hier gab es keinen Defaitismus mehr. Ich sah
den Eingang zur schmerzlosen Welt. Wer ihn durchschritten
hatte, dem konnte die Zeit nichts anhaben. Ihn faßte kein

Schauder an. Er würde, wie Titus in den zerstörten Tempel,
in das ausgebrannte Allerheiligste eintreten. Ihm hielt die
Zeit ihre Preise, ihre Kränze bereit.

21

In diesem Falle, das fühlte ich, würde mir eine große Laufbahn bei Zapparoni bevorstehen. Dann mußte ich zu verstehen geben, daß das Schaugericht mir behagte, das er da aufgestellt hatte — daß es meinen Appetit schärfte. In diesem
Falle erfaßte ich es als Herrschaftssymbol, als zugehörig den
Ruten und Beilen, die dem Consul Romanus zustanden. Allerdings — wenn es mir gelang, mich über mich selbst hin-
wegzusetzen und meinen Defaitismus zu überwinden, dann
hatte ich nicht nötig, Zapparoni als kleiner Liktor vorauszu-
gehen. Dann konnte ich es getrost mit Fillmor aufnehmen.

An diesen Punkt war ich indessen schon oft gekommen,
wenn mich meine Mißerfolge elendeten. Ich hatte dann meist
wie hier in einer peinlichen Lage die Zeit verläppert und war
vor irgendeiner Brutalität zurückgewichen, wie sie heute
ganz unentbehrlich sind. Auch hier war drauf zu wetten, daß
ich, während ich die Ideen eines Stadttyrannen entwickelte,
nicht einmal fähig wäre, eines dieser Ohren anzufassen, ob
sie nun künstlich waren oder nicht. Das war schon lächerlich.

Was würde Zapparoni denken, wenn ich ein Ohr anfaßte?
Er hatte mich nur vor den Bienen gewarnt. Wahrscheinlich
suchte er gerade einen, der Ohren anfassen kann. Ich nahm
also eines der Handnetze, die an der Laube lehnten, und begab mich damit nach dem Sumpfloche. Dort wählte ich eines
der Ohren und fischte es heraus. Es war ein großes und schönes Ohr, ein Ohr, wie es erwachsene Männer tragen, und
vorzüglich nachgemacht. Ich bedauerte, daß ich keine Lupe
hatte, aber meine Augen waren scharf genug.

Ich legte meine Beute auf den Gartentisch und berührte
sie getrost mit der Hand. Ich mußte zugeben, daß die Nachbildung vollkommen war. Der Künstler hatte den Naturalis-

mus so weit getrieben, daß er sogar an die Gruppe von Här-
chen gedacht hatte, die ein Männerohr im reiferen Alter
kennzeichnen und die meist durch die Rasierklinge gestutzt
werden. Er hatte auch eine kleine Narbe angedeutet — das
war ein romantischer Zug. Man merkte deutlich, daß sie bei
Zapparoni nicht nur für Geld arbeiteten. Es waren Künstler
von überwirklicher Genauigkeit.

Der Rauchkopf war wieder ganz nahe herangekommen
und stand mit ausgestülpten Schneckenhörnern fast reglos
und nur ein wenig zitternd in der Luft. Ich schenkte ihm keine Achtung, denn ich hatte die Augen auf mein Objekt geheftet; es hob sich scharf von der grünen Tischplatte ab.

Wir lernen schon in der Schule, daß uns ein Gegenstand,
den wir geraume Zeit betrachteten, von neuem als eine Art
Vision erscheint, wenn wir die Augen abwenden. Wir sehen
ihn an der Wand, auf die wir blicken, oder im Inneren des
Auges, wenn wir die Lider zumachen. Oft zeichnet er sich
mit großer Schärfe ab und zeigt auch Einzelheiten, die wir
nur unbewußt wahrnahmen. Nur in der Farbe hat das Nachbild sich verändert, indem es auf dem Augengrunde in einem
neuen Licht erscheint. So schwebte auch, als mich bei der Betrachtung eine kurze Schwäche faßte, das Ohr vor meinem
Auge in zartgrünem Glanze, während die Tischplatte sich
blutrot abzeichnete.

Desgleichen gibt es ein geistiges Nachbild von Gegenständen, die uns in Bann schlugen, ein intuitives Gegenbild,
das jenen Teil der Wahrnehmung aufzeigt, den wir unter-
drückt haben. Eine solche Unterdrückung findet bei jeder
Wahrnehmung statt. Wahrnehmen heißt aussparen.

Als ich das Ohr betrachtet hatte, war es mit dem Wunsch
geschehen, daß es ein Spuk, ein Kunstwerk, ein Puppenohr
sei, das niemals den Schmerz gekannt hätte. Nun aber erschien es mir im Nachbild und enthüllte dem inneren Auge,
daß ich es von Anfang an und immer, seitdem ich es erblickt,
als den Brennpunkt dieses Gartens erfaßt und daß sein Anblick das Wort »höre« in mir geformt hatte. Damals in Asturien hatten sie die Leichen aus den Gräbern gezerrt, um der

Menschheit zu kündigen. Wir wußten, daß nur Böses bevorstehen konnte nach einem solchen Empfang — daß wir in die Pforten der Unterwelt eintraten.

Hier aber war der Geist am Werke, der das freie und unberührte Menschenbild verneint. Er hatte diesen Tort erdacht. Er wollte mit Menschenkräften rechnen, wie er seit langem mit Pferdekräften rechnete. Er wollte Einheiten, die gleich und teilbar sind. Dazu mußte der Mensch vernichtet werden, wie vor ihm das Pferd vernichtet worden war. Da mußten solche Zeichen an den Eingangstoren aufleuchten. Wer ihnen zustimmte, ja wer sie nur verkannte, der würde brauchbar sein.

22

Es war ein schändliches Zeichen, ein Eintrittsbillett. So drükken uns Schlepper, die uns an üble Orte führen wollen, ein unzüchtiges Bild in die Hand. Mein Dämon hatte mich gewarnt.

Als ich den Anschlag durchschaute, ergriff mich die blinde Wut. Ein alter Krieger, ein Leichter Reiter und Monterons Schüler antichambrierte vor einem Laden, in dem abgeschnittene Ohren gezeigt wurden, während man im Hintergrunde kicherte. Bis jetzt hatte ich noch mit guten Waffen gefochten und den Dienst verlassen, bevor scheußliche Kalfaktoren ihre Mordbrände ausklügelten. Hier sollten neue Finessen vorbereitet werden, im Liliputanerstil. Wie immer galt die erste Sorge den Vorhängen, damit die Überraschung ausreifte. Sie würden an Polizisten keinen Mangel haben; es gab ja schon Länder, in denen jeder jeden überwachte und sich selbst denunzierte, wenn das nicht ausreichte. Es war kein Geschäft für mich. Ich hatte genug gesehen und zog die Spielbank vor.

Ich warf den Tisch um und stieß das Ohr mit dem Fuß aus dem Weg. Der Rauchkopf war jetzt höchst munter geworden, stieg auf und nieder wie ein Späher, der einen Vorgang in jeder Perspektive genießen will. Ich griff nach der Golftasche und riß eines der stärkeren Eisen heraus, mit dem ich weit ausholte. Als ich in Position stand, ertönte eine knappe Warnung, wie man sie in den Luftschutzbunkern hört. Ich ließ mich aber nicht anfechten, sondern traf, nachdem ich mich um die Achse gedreht hatte, den Rauchkopf mit der Fläche des Eisens, das ihn zerschmetterte. Ich sah eine Spirale aus seinem Bauch springen. Dem folgte eine Reihe von Zündungen, als ob ein Knallfrosch explodierte, und eine rotbraune Wolke stieg vom Eisen auf. Ich hörte wieder eine Stimme:»Augen zu!« Ein Spritzer traf mich und brannte ein Loch in meinen Rockärmel. Eine weitere Stimme rief, daß Hautsalbe im Pavillon sei. Ich fand sie in einer Art von Luftschutztasche, die gesehen zu haben ich mich erinnerte. Der Arm wies keine sichtbare Verletzung auf. Auch die Explosion hatte keinen bedrohlichen Eindruck gemacht.

Die Rufe klangen synthetisch wie aus einem mechanischen Wörterbuch. Sie wirkten ernüchternd wie Verkehrszeichen. Ich hatte mich hinreißen lassen, ohne den Kopf zu Rate zu ziehen. Das war mein alter Fehler, in den ich bei Provokationen verfiel. Ich mußte ihn ablegen. In der Spielbank zum Beispiel gedachte ich, selbst Beleidigungen einzustecken, und traute es mir zu. Zunächst fragte sich aber, wie ich hier herauskäme, denn daß von einer Anstellung nicht mehr die Rede sein konnte, lag auf der Hand.

Ich hatte auch gründlich die Lust verloren, mich weiter mit Zapparonis Intimitäten zu beschäftigen. Wahrscheinlich hatte ich deren schon zuviel gesehen.

23

Die Sonne ging nun zur Neige, aber sie schien immer noch warm auf die Wege, und es war wieder still, ja friedlich im Park. Noch summten Bienen um die Blumen, wirkliche Bienen, während der Automatenspuk verschwunden war. Vermutlich hatten die Gläsernen heute einen großen Tag, ein Manöver gehabt.

Der Tag war lang und heiß gewesen; ich stand benommen vor der Laube und starrte auf den Weg. An seiner Biegung sah ich Zapparoni erscheinen und auf mich zukommen. Wie kam es, daß mich bei seinem Anblick Furcht ergriff? Ich meine nicht jenen Schrecken, den der Machthaber verbreitet, wenn wir ihn nahen sehen. Eher war es ein unbestimmtes Gefühl von Schuld, von schlechtem Gewissen, mit dem ich ihn erwartete. So hatte ich mit zerfetztem Anzug und geschwärztem Gesicht gestanden, als der Vater in die Diele getreten war. Und warum suchte ich das Ohr mit dem Fuß unter den umgestürzten Tisch zu schieben, damit sein Auge nicht darauf fiel? Ich tat es weniger, um meine Neugier zu verhehlen, als aus dem Gefühl, daß es kein Anblick für ihn sei.

Er kam mit langsamen Schritten den Weg herunter und auf mich zu. Dann blieb er vor mir stehen und sah mich mit seinen Bernsteinaugen an. Sie waren nun tief dunkelbraun, mit lichten Einschlüssen. Sein Schweigen bedrückte mich. Endlich hörte ich seine Stimme:

»Ich hatte Ihnen doch gesagt, Sie sollten sich vor den Bienen in acht nehmen.«

Er nahm den Golfschläger zur Hand und sah sich das verätzte Eisen an. Es brodelte immer noch. Sein Blick streifte auch die rauchgrauen Splitter und haftete auf meinem Rockärmel. Ich hatte den Eindruck, daß ihm nichts entging. Dann sagte er:

»Sie haben noch eine von den harmlosen erwischt.«

Es klang nicht unfreundlich. Ich hatte vom Preis eines solchen Roboters keine Vorstellung. Wahrscheinlich überstieg er bei weitem die Summe aller Bezüge, auf die ich im Fall einer Anstellung Anspruch gehabt hätte, vor allem, da es sich wohl um ein Modellstück handelte. Das Ding mußte mit Apparaten vollgestopft gewesen sein.

»Sie waren leichtsinnig. Solche Werke sind keine Golfbälle.«

Auch das klang wohlwollend, als ob er meinen Golfschlag nicht sehr mißbilligte. Ich konnte nicht einmal beschwören, daß der Rauchkopf Übles gewollt hatte. Ich hatte die Nerven verloren, wie man so sagt. Sein Geschwebe, während ich das Ohr untersuchte, hatte mich aufgebracht. Es blieb aber das Ohr oder vielmehr die Ohren als hinreichender Grund. Bei solchem Anblick verlieren die meisten den Humor. Aber ich wollte mich nicht verteidigen. Am besten war es, wenn er es gar nicht sah.

Indessen hatte er es bereits entdeckt. Er berührte es leicht mit dem Golfstock und wendete es dann mit dem Fuße, mit der Spitze des Hausschuhs, um, während er den Kopf schüttelte. Sein Gesicht nahm nun ganz den Ausdruck des gereizten Papageien an. Die Augen hellten sich auf zum reinen Gelb und verloren die Einschlüsse.

»Hier haben Sie gleich ein Beispiel für die Gesellschaft, mit der ich gestraft bin — in einem Tollhaus kann man sie wenigstens einsperren.«

Er schloß dem die Geschichte der Ohren an, nachdem ich den Tisch aufgerichtet und mich neben ihn gesetzt hatte. Sie mußten in meinem Inneren wiederum eine Verwandlung durchmachen. Sie waren tatsächlich abgeschnitten, doch ohne Schmerz, und auch meine Anwesenheit hier hatte mit dieser Verstümmelung zu tun.

Ich mußte dazu wissen, erklärte Zapparoni, daß der wunderbare Eindruck der lebensgroßen Marionetten, wie ich sie als Romeo und Julia bewundert hatte, weniger auf der getreuen Nachbildung des Körpers als auf durchdachten Abweichungen beruht. Was das Gesicht betrifft, so spielen die Ohren dabei fast eine größere Rolle als die Augen, die in Form und Bewegung leicht zu übertreffen sind, von der Farbe ganz abgesehen. Die Ohren sucht man bei den noblen Typen zu verkleinern, sie in der Bildung, der Farbe und dem Ansatz zu verschönern und ihnen eine gewisse Bewegung mitzuteilen, die das Mienenspiel verstärkt. Diese Bewegung läßt sich bei den Tieren und auch bei den Primitiven noch erkennen, während sie den Zivilisierten verloren gegangen ist. Auch müssen beide Ohren in der Symmetrie ein wenig voneinander abweichen. Für einen Künstler ist ein Ohr nicht wie

das andere. In dieser Hinsicht mußte man das Publikum er-
ziehen. Man mußte ihm eine höhere Anatomie beibringen.
Das konnte nur auf lange Sicht geschehen. Es durften Zeit
und Mühe nicht gespart werden. Jahrzehnte würden kaum
ausreichen.

Nun gut, er wollte nicht abschweifen. Was die eben er-
wähnten und auch noch andere Einzelheiten anging, so be-
sorgte sie für die Marionetten Signor Damico, der ein un-
übertrefflicher Ohrenmacher war. Signor Damico war Neapolitaner von Geburt.

Natürlich werden solche Ohren nicht einfach angeheftet
oder am Stück gefertigt wie von einem Holzschnitzer, einem
Bildhauer, einem Wachsgießer. Sie sind vielmehr dem Körper auf eine Weise organisch zu verbinden, die zu den Geheimnissen des neuen Marionettenstils gehört.

Die Schwierigkeit der Arbeit an den Marionetten wird dadurch noch erhöht, daß viele Hände am Stück beschäftigt
sind. Das führt zu Streitigkeiten und Eifersüchteleien zwischen den Artisten, denen die Kollektivarbeit zuwider ist.
Auf diese Weise hatte Signor Damico sich mit allen übrigen
verfeindet, und zwar auf Grund von Bagatellen, die der Erwähnung unwert sind. Kurz und gut, er wollte mit ihnen
nichts mehr zu tun haben. Und da sie von seiner Arbeit auch
nicht profitieren sollten, schnitt er allen Marionetten, an denen sie gemeinsam gearbeitet hatten, mit seinem Rasiermes-
ser die Ohren ab. Dann ging er auf und davon, und es war zu
befürchten, daß er anderswo seine Kunst ausübte. Seit dem
Erfolg der neuen Filme versuchten auch andere sich im Ma-
rionettenbau.

Was war da zu machen? Wenn man ihn anzeigte, berief er
sich auf das Autorenrecht. Man machte sich lächerlich. Man
warf der Presse ein großes Fressen vor. Und Marionetten
dieser Klasse konnte man ein abgeschnittenes Ohr ebensowenig wie natürlichen Menschen wieder anheften, vielleicht
noch weniger.

Zapparoni hatte an diesem Vorfall wieder seine leidige
Abhängigkeit erkannt. Wenn Signor Damico wiedergekom-

men wäre, so hätte er ihm verziehen. Der Mann war unersetzlich, denn man macht nicht so leicht Ohren wie man
Kinder macht. Der Vorfall hatte ferner gezeigt, daß die Aufsicht zu wünschen übrig ließ. Er hatte Zapparoni bewogen,
zu Twinnings zu gehen. Der hatte mich zu ihm geschickt.

Übrigens hatte Zapparoni in der Tat die Ohren meinetwe-
gen in das Sumpfloch werfen lassen und mich beobachtet.
Das war der praktische Teil meiner Vorstellung. Was nun
das Ergebnis angeht, so hatte ich nicht bestanden; ich war
ungeeignet für den von ihm geplanten Posten, über dessen
Art er weiter nichts mitteilte. Es war ein Posten für Leute,
die, komme was wolle, kühlen Kopf behielten und sich nicht
vorschnell entrüsteten. Entrüsten hieß, die Rüstung ablegen.
Ich hätte die Ohren auf den ersten Blick als Spielwerk erkennen müssen, die rote Farbe bezeugte ihre Künstlichkeit.
Auch Caretti war ungeeignet gewesen; er saß in Schweden
im Irrenhaus. Man konnte ihn nicht loslassen. Es war noch
günstig, daß die Ärzte seine Sprüche für reine Phantasie hielten, für das Gefasel eines Menschen, den Wahngebilde ängs-
tigten.

Ich konnte also nach Hause gehn. An den Tag würde ich
zurückdenken. Mir fiel ein Stein vom Herzen, obgleich ich an
Theresa dachte; sie würde traurig sein.

Indessen sollte ich mich noch einmal hinsetzen. Zapparoni
hielt eine Überraschung für mich bereit. Es schien, daß er an
dem Gutachten, das er mir in der Bibliothek über die weißen
Fahnen abgefordert hatte, doch einige Vorzüge fand, wenngleich unter anderen Gesichtspunkten als den geforderten.
Er meinte, daß ich einen gewissen Sinn für Parität habe, für
Gleichgewicht, für das, was den Teilen eines Ganzen zu-
kommt, und daß ich vielleicht neben dem Hundsstern die
Waage im Horoskop hätte. Er wußte ferner, daß ich in den
Jahren, in denen ich bei der Panzerabnahme gewesen war,
ein gutes Auge für Erfindungen gehabt hatte, obgleich ich
dort auf der Schwarzen Liste stand.

Nun wurden in seinen Werken täglich Erfindungen angemeldet, Verbesserungen vorgeschlagen, Vereinfachungen

geplant. Die Arbeiter waren zwar schwer zu behandeln und oftmals Querulanten vom Schlage dieses Neapolitaners, aber geniale Burschen, und man mußte ihre Schwächen mit in Kauf nehmen, als Schattenseite ihrer Vorzüge. Ich könne mir wohl denken, daß es bei dieser doppelten Begabung weder an guten Projekten fehle noch an all dem Streit und Hader, der zwischen Künstlern blüht. Jeder halte seine Lösung für die beste, und einen guten Gedanken wolle jeder zuerst gehabt haben. Man könne das nicht vor den Kadi tragen; hier fehle ein internes Schiedsgericht. Hier sei ein Mann vonnöten, der ein scharfes Auge für technische Dinge mit abwägender Kraft verbinde, was selten zusammentrifft. Er dürfe sogar in den Begriffen ein wenig altertümlich sein.

»Rittmeister Richard, würden Sie das annehmen? — Gut, dann will ich Sie drüben anmelden. Ich hoffe, daß auch ein Vorschuß Sie nicht kränken wird.«

Auf diese Weise war Twinnings doch noch zu seiner Vermittlergebühr gekommen, wenigstens von Zapparonis Seite; denn alte Kameraden versorgte er umsonst.

24

Ich könnte jetzt schließen wie in den Romanen, in denen man zum guten Ende drängt.

Hier gelten andere Prinzipien. Heut kann nur leben, wer an kein happy end mehr glaubt, wer wissend darauf verzichtet hat. Es gibt kein glückliches Jahrhundert, aber es gibt den Augenblick des Glückes, und es gibt Freiheit im Augenblick. Selbst Lorenz, als er im Nichts hing, hatte noch einen Augenblick der Freiheit; er konnte die Welt ändern. Man sagt ja, daß während eines solchen Sturzes das ganze Leben noch einmal vorüberzieht. Das zählt zu den Geheimnissen der Zeit. Der Augenblick vermählt sich der Ewigkeit.

Ich werde vielleicht demnächst ausführen, was es mit diesem Schiedsrichterposten auf sich hatte und was mir in Zapparonis Bereichen widerfuhr. Wir kamen heut nur in die Vorgärten. Daß mein Hundsstern damit erloschen wäre, wird nur vermuten, wer nicht die Macht des Schicksals kennt. Wir brechen nicht aus unseren Schranken aus, nicht aus dem Innersten. Daher auch ändern wir uns nicht. Gewiß, wir wandeln uns, doch wandeln wir in unseren Schranken, im abgesteckten Kreis.

Daß es bei Zapparoni an Überraschungen nicht fehlen würde, geht wohl aus dem Bericht hervor. Er war ein rätselhafter Mensch, ein Meister der Masken, der aus dem Urwald kam. Als er sich mir im Garten näherte, hatte mich sogar Ehrfurcht vor ihm ergriffen, als ob Liktoren vor ihm herschritten. Hinter ihm löschten die Spuren aus. Ich fühlte die Tiefe, auf der er gründete. Fast alle werden heute durch die Mittel beherrscht. Für ihn war das ein Spiel. Er hatte die Kinder eingefangen, sie träumten von ihm. Hinter dem Feuerwerk der Propaganda, dem Rühmen bezahlter Schreiber stand etwas anderes. Auch als Scharlatan war er groß. Jeder kennt diese Südländer, über deren Wiege ein guter Jupiter stand. Oft ändern sie die Welt.

Gleichviel, ich habe ihm Lehrgeld gezahlt. Als er mich prüfte und dann an meinen Platz stellte, fühlte ich Liebe aufkeimen. Es ist schön, wenn einer kommt und zu uns sagt: »Wir wollen die Partie spielen — ich werde sie ausrichten«, und wenn wir es ihm zutrauen. Das nimmt uns viel ab. Es ist schön, wenn einer, und wäre es auch ein Böser, noch in die Rolle des Vaters eintreten kann.

Da gab es Gemächer, in die ich noch nie geschaut hatte, und große Versuchungen, bis endlich mein Hundsstern auch hier obsiegte. Wer aber weiß, ob nicht mein Hundsstern mein Glücksstern ist? Das wird erst das Ende ausweisen.

An diesem Abend aber, als ich in der kleinen Untergrundbahn zum Werk zurückfuhr, glaubte ich fest, daß er erloschen sei. Einer der Wagen, die ich am Morgen bewundert hatte, brachte mich in die Stadt. Es traf sich, daß hier und dort die Läden noch offen waren; ich konnte mir einen neuen Rock kaufen. Ich erstand auch für Theresa ein schönes Sommerkleid, ein rotgestreiftes, das an jenes erinnerte, in dem sie mir zuerst begegnet war. Es paßte wie angegossen; ich kannte genau ihr Maß. Sie hatte manche Stunde mit mir geteilt, vor allem die bitteren.

Wir gingen essen; es war einer der Tage, die man nicht vergißt. Schon bald begann sich zu verwischen, was mir in Zapparonis Garten begegnet war. Es ist am Technischen viel Illusion. Mit Treue aber behielt ich die Worte, die Theresa mir sagte, behielt das Lächeln, das sie begleitete. Es war ein Lächeln, das stärker war als alle Automaten, ein Strahl der Wirklichkeit.

Epilog

Das Historische Seminar gehörte zu den Unterabteilungen des Repetitionskurses. Es tagte in einem aufgelassenen Kloster, das sich am Strom entlangzog und in vielen Stilarten zusammengestückelt war. Ihr Gewirr war gemildert durch den gemeinsamen Verfall. Die Jahre waren wie Gäste über einen Teppich darüber hingeschritten und hatten die Muster gedämpft.

Der Besuch der Vorträge war obligatorisch; ich mußte drei Mal in der Woche daran teilnehmen. Sie pflegten in den Abendstunden zu beginnen und endeten meist erst nach Mitternacht. Ich sehe mich noch oft in meinen Träumen das ungeheure Gebäude durchirren, um in der Dämmerung die Schilder zu entziffern, die an den Türen die Themen anzeigten. Die Schrift war schlecht zu lesen in einer Stunde, in der bereits die Fledermäuse durch die Gänge flatterten. Es kam vor, daß ich mich irrte und in fremdartige Zirkel geriet.

Auch im Historischen Seminar herrschte die Unsitte der Serien. Ein Redakteur, ein Kursusleiter, ein Akademiedirektor, der wenig oder nichts zu sagen hat, will sich ein Ansehen geben, indem er eine Reihe von Themen in einen Rahmen zwingt und so der Langeweile eine neue Ausdehnung verleiht. Es ist unglaublich, wie viele Existenzen auf diese Weise ihr Brot finden.

In die Serie eines dieser Stückmeister geriet ich, als ich wieder einmal in Zeitnot war. Ich war dabei, im letzten Lichte folgende Aufschrift zu entziffern:

> Biographische Abteilung
> Probleme der Automatenwelt
> 12. Folge.
> Rittmeister Richard:
> Der Übergang zur Perfektion

als oben vom Uhrturm die achte Stunde schlug. Auf allen Fluren wiederholten sie die Gongs. Es ist merkwürdig, wie peinlich bei so großem räumlichem Verfall auf Pünktlichkeit geschaut wurde. Es war die letzte Minute; ich schlüpfte in das Kollegium hinein und ließ meine Anwesenheit eintragen. Wohl oder übel mußte ich nun vier, fünf Stunden abmachen. Man möchte denken, daß die Biographische Abteilung kurzweiliger gewesen wäre als die anderen, um so mehr, als es sich meist sogar um autobiographische Darbietungen handelte, um Augenzeugenberichte von Teilnehmern, die entweder einen guten Platz bei den Ereignissen gehabt oder sich besondere Gedanken darüber gemacht hatten. In Abwandlung eines bekannten Wortes hätte man sich also versprechen dürfen: ein Stück Geschichte, gesehen durch ein Temperament.

Von solcher Anregung war nicht viel zu spüren, im Gegenteil. Aus dem reinen Geschehen, aus bloßer Erfahrung ist wenig zu lernen, wenn nicht höhere Qualitäten der Betrachtung hinzutreten. Vielleicht lag in der Vermittlung dieser Einsicht die unausgesprochene Absicht der Veranstaltung. Es kam zu quälenden Wiederholungen, als ob sich Gespenster zu Konferenzen über Abgelebtes auf einer Schutthalde vereint hätten.

In der Biographischen Abteilung hörte man entweder solche, die, wie man so sagt, Geschichte gemacht hatten, oder solche, über die das Rad hinweggegangen war. Im ersten Falle wurde man der Illusionen beraubt; man mußte mit Oxenstierna staunen über das geringe Maß an Vernunft, mit dem die Staaten regiert werden. Im anderen Falle mußte man ein endloses Wenn und Aber anhören. Die Geister, die in der Aktion versagt hatten, moralisierten nun die anderen. Indessen: über wieviel Zeit sie auch verfügten, sie holten in der Ewigkeit nicht ein, was sie im Augenblick, im »Jetzt und Hier«, versäumt hatten.

Wenn angesichts der Rückblicke, an denen teilzunehmen ich gezwungen war, sich in mir eine Überzeugung bildete, so war es die, daß in der Geschichte, was immer man an ihren Bildern und Figuren auszusetzen habe, Notwendiges obwaltet. Sie werden aufgeführt wie in den alten Uhren durch einen Herold, der unwiderruflich kündet, was es geschlagen hat. Was hilft es, daß wir die Augen schließen, die Ohren zuhalten? All diese Geister, die post festum beweisen, wie man es besser hätte machen müssen, mögen klüger, gerechter, gütiger gewesen sein als jene, die zum Zuge kamen, doch waren sie in einem minderen Stande der Notwendigkeit. Damit muß man sich abfinden. Auch sehen unsere Augen unvollkommen, denn in jedes historische Gebäude ist der Widerstand mit eingebaut. Was wäre die Geschichte ohne Schmerz?

Die langen Abende machten deutlich, daß solche Themen weder natur-, noch kunst-, noch geistesgeschichtlich anzufassen sind. Jede Eintagsfliege, jede Herzmuschelschale ist durchgeformter, ist dauerhafter als das große Babylon. Hier sprach der Schöpfer unmittelbar. Jedes große Gemälde, jedes gelungene Gedicht ist in sich ausgewogener, perfekter als der verworrene Teppich, zu dem sich das Geschehen eines Jahrhunderts zusammenwebt. Sollen die Väter und ihre Taten wirklich groß erscheinen, so muß die Kunst, muß der Gesang sich ihrer bemächtigen. Daß endlich die Moral mit alldem nichts zu tun hat und wie leicht die Guten der Bosheit zum Raube fallen, weiß jedes Kind.

Gewiß, es fehlt nicht an großen und kühnen Zügen, doch wie selten durchdringen sie den zähen Widerstand der Masse, die mindere, bösartige Kritik. Die Politik bringt keine Kunstwerke hervor. Sie wirkt an undankbarem Material. Unvollkommene Gebilde unvollkommener Wesen — das ist der Eindruck, den dieses Werden und Vergehen hinterläßt. Und selbst im Rückblick bleibt es einer der großen, feurigen Schmerzen, zu verfolgen, wie die Räder gegen jede ersichtliche Vernunft ihren verhängnisvollen Lauf nahmen. Das ist eine der Abteilungen des Fegfeuers, denn der Schmerz während der Aktion ist kurz und geht mit dem Leben dahin.

Es bleibt die tröstliche Vermutung, daß in und über der Geschichte ein Sinn obwaltet, der mit unseren Mitteln nicht zu errechnen ist. Wir wissen nicht und dürfen nicht wissen, was Geschichte in der Substanz, im Absoluten ist, jenseits der Zeit. Wir ahnen, aber wir kennen nicht das Urteil im Totengericht. Da könnte unverhoffter Glanz hereinbrechen und Mauern umwerfen.

Im Historischen Seminar wurden Lösungen nicht gegeben, und wo sie versucht wurden, konnten sie nicht befriedigen. Ich zog auch Vorträge wie den des Rittmeisters Richard vor, in denen die Konflikte noch gefühlt wurden, noch nicht beruhigt waren. Richard kannte nicht die überraschenden Wendungen, die sein Thema des brennenden Interesses beraubt hatten, das ihm eine lange Reihe von Jahren hindurch zuteil geworden war. Nichts ändert sich gewisser als das Aktuelle, besonders wenn es in aller Munde ist. Das kann man als Gesetz nehmen.

Richard behandelte sein Thema nicht als historisch gewordenen Stoff, über den man sich in Archiven und Bibliotheken unterrichten kann. Das Erlebte war für ihn noch unvergorener Wein. Das ging auch aus seiner Unruhe hervor, die sich zuweilen zur Erregung steigerte. Ich will darauf verzichten, sein Bild zu zeichnen, da sich im Leser solcher persönlicher Berichte ein Porträt zu entwickeln pflegt, das oft getreuer ist als das Äußere, mit dem die Natur uns ausstattet. Vielleicht komme ich bei Gelegenheit auf ihn und seine Erfahrungen zurück.

Was den Text betrifft, so hält er sich an die Aufnahme. Ich habe ihn gekürzt, besonders um Stellen, an denen die Polemik überwog, und kürze ihn bei der Durchsicht zum zweiten Mal. Auch war die Schilderung der asturischen Händel zu umfangreich. Die Prosa von den Wiederholungen und Eigenarten zu entlasten, die dem gesprochenen Wort anhaften, hielt ich für zulässig. Wie weit das gelungen ist, möge der Leser beurteilen.